·毛泽东谈文论史全编·

顾 问：龙新民 郑欣淼 陈 晋 阎晓宏

评点中国古代小说赏析

MAOZEDONG PINGDIAN ZHONGGUO GUDAI XIAOSHUO SHANGXI

❶

毕桂发 主 编
陈锡祥 副主编

中国文史出版社

图书在版编目（CIP）数据

毛泽东评点中国古代小说赏析：全2册 / 毕桂发主编. -- 北京：中国文史出版社，2023.12

（毛泽东谈文论史全编）

ISBN 978-7-5205-4567-9

Ⅰ. ①毛… Ⅱ. ①毕… Ⅲ. ①毛泽东著作研究②古典小说 - 文学欣赏 - 中国 Ⅳ. ① A841.691 ② I207.41

中国国家版本馆 CIP 数据核字 (2023) 第 244884 号

责任编辑：窦忠如

特约编辑：王德俊　窦广利　赵增越　张幼平　邓文华　张永俊

出版发行：中国文史出版社

社　　址：北京市海淀区西八里庄路 69 号院　邮编：100142

电　　话：010-81136606　81136602　81136603（发行部）

传　　真：010-81136655

印　　装：廊坊市海涛印刷有限公司

经　　销：全国新华书店

开　　本：787 毫米 × 1092 毫米　1/16

印　　张：52.25

字　　数：774 千字

版　　次：2024 年 1 月北京第 1 版

印　　次：2024 年 8 月第 3 次印刷

定　　价：158.00（全 2 册）

总　序

2023年12月26日，是中国人民的伟大领袖毛泽东同志诞辰130周年。经过多年酝酿策划和组织编撰，我们于今年正式出版发行《毛泽东谈文论史全编》（以下简称《全编》）以示隆重纪念。

十年前，习近平总书记在纪念毛泽东同志诞辰120周年座谈会上的重要讲话中指出："毛泽东同志是伟大的马克思主义者，是伟大的无产阶级革命家、战略家、理论家，是马克思主义中国化的伟大开拓者，是近代以来中国伟大的爱国者和民族英雄，是党的第一代领导核心，是领导中国人民彻底改变自己命运和国家面貌的一代伟人。"同时，毛泽东同志又是世所公认的伟大的文学家、史学家、诗人和作家。在深入学习贯彻党的二十大精神、纪念毛泽东同志诞辰130周年的重要时间节点上，组织编撰出版这一大型项目图书，为人们缅怀毛泽东同志的丰功伟绩，学习毛泽东同志的伟人品格、政治智慧和文化思想，提供了一套非常重要的文化历史资料；对于弘扬中华优秀传统文化，学习贯彻党的二十大报告中关于"推进文化自信自强，铸就社会主义文化新辉煌"的重要精神，具有十分宝贵的启示和积极的意义。

在组织编撰这部大型项目图书的过程中，我们坚持以习近平新时代中国特色社会主义思想为指导，认真学习党中央关于历史问题的三个决议精神，特别是十九届六中全会通过的《中共中央关于党的百年奋斗重大成就和历史经验的决议》精神，对全部书稿的政治观点和思想内容进行了认真把关，使其符合三个决议精神，也符合习近平总书记十年来有关论述毛泽东同志历史功绩和毛泽东思想指导地位的重要讲话精神，以及关于学习党史国史和弘扬中华传统文化的重要讲话精神。

《全编》计 27 种 40 册 1500 万字。编撰者耗费数十年心血收集、整理、阐析、赏评，把毛泽东在各个时期的文章、诗词、书信、讲话、谈话中引用、化用、批注、圈阅、点评、编选的古今人物和文史作品，把毛泽东传记、年谱、回忆录中提及或引用和评点的古今人物和文史作品，即使片言只语、寸缣尺楮也收集入册，希望能够集散为专、分门别类，尽量避免遗珠之憾，力求内容全面系统、表述科学客观。

这部《全编》有以下几个特点：

资料齐全。毛泽东同志一生酷爱读书，可以说是博览群书、通古贯今。他曾说："饭可以一日不吃，觉可以一日不睡，书不可以一日不读。"他熟读《二十四史》《资治通鉴》等中国历代著名历史著作，熟读中国历代优秀的诗词文学作品，且不动笔墨不读书，读书时做了大量批注和圈画，还常常在自己的文章、诗词、讲话、谈话中引经据典、巧妙运用，真可谓博学约取、学以致用。这就给我们留下了浩如烟海的珍贵史料。在编著这部《全编》时，我们想最大限度地收集、整理、汇编其所涵盖的各个方面的文献史料，力争做到文献可靠、史料精准，可读性、知识性和趣味性兼具，使其成为研究毛泽东思想特别是毛泽东文化思想的重要资料。

分类精细。毛泽东同志喜欢中国古代文学，阅读、圈评了大量各类体式的文学作品，他的诗词创作尤为脍炙人口。因此，收录《全编》中关于毛泽东同志的文史资料，浩瀚如海，编撰者都进行了认真严格的划分整理，将其分三辑，文学类就有两辑，所占分量最大。比如，编撰者将其细分为评点名诗、名词、散曲、辞赋、小说、散文、戏曲的"毛泽东同志评点中国传统文化赏析"7 种 19 册，以及《跟着毛泽东学诗词》《毛泽东诗话》《周世钊论毛泽东诗词》《毛泽东致周世钊书信手迹》与毛泽东读唐诗、宋词、元曲、古文等的"毛泽东与中国诗词曲赋"8 种 9 册。

评述允当。在这部《全编》中，编撰者将每篇作品分为毛泽东评点、人物、事件评述或毛泽东评点、原文和赏析，力求评述或赏析允妥、适当，即深刻理解毛泽东原文含义，紧扣毛泽东的评点，不作过多发挥，文字力求简明生动。同时，编撰者注重史料收集整理的文献性，兼顾知识性和趣味性，这就使得这部大型项目图书兼具很强的可读性。

这部《全编》还有一个最突出的重要特点，那就是比较集中地梳理和呈现了毛泽东同志的历史自信和文化自信。习近平总书记在纪念毛泽东同志诞辰120周年座谈会上的讲话中明确指出，毛泽东同志“是马克思主义中国化的伟大开拓者，是近代以来中国的爱国者和民族英雄”。这个评价反映在毛泽东同志学习和运用、继承和发展中华优秀传统文化方面，鲜明地体现为他的历史自信和文化自信。因此，我们认为这部《全编》的编撰出版，有益于读者更深入体会党的二十大报告论述的“坚持和发展马克思主义，必须同中华优秀传统文化相结合”的重大论断。在这部《全编》中，有关毛泽东圈阅、评点历史人物和文史作品的材料，就很具体地体现了他作为“马克思主义中国化的伟大开拓者”，是如何运用马克思主义的世界观和方法论，去激活中华优秀传统文化的；又是如何通过继承、运用和发挥中华优秀传统文化，为坚持和发展马克思主义提供深厚滋养的。

《全编》除了引用毛泽东同志的相关评点外，主要篇幅是介绍、叙述和评论毛泽东同志评点的对象即历史人物和文史作品，所引毛泽东的评点内容都出自公开的出版物并注明出处。从目前已出版的各类关于毛泽东同志的书籍来看，这是目前更加全面系统反映伟人毛泽东同志的一部大型丛书，但每册又可独立成书，以满足不同读者的阅读喜好与多样需求。当然，限于编撰者的水平和时间，这部《全编》的体例编排和文字表述等方面还有改进和完善空间，恳请专家学者和广大读者朋友不吝批评指正。

《毛泽东谈文论史全编》编委会

2023年12月18日

凡 例

一、本书收入的毛泽东同志评点圈阅的中国古代小说，都有直接或间接的可靠依据，或引用，或化用，或手书，各不相同。

二、本书每篇作品原文尽量采用毛泽东批注的版本或善本；注释则要求简明正确，并征必要的书证；毛泽东读评准确、权威，并用另体排出，以求醒目；赏析紧扣毛泽东的读评，避免泛泛而谈，文字力求简明生动。

三、本书收录作者大体依年代先后为序，其间偶有参差，是为局部参照体裁内容等微有调整。

四、本书一律采用简体汉字排印，在可能引起歧义时，酌情采用繁体字或异体字。行文中括注部分汉语拼音，以便读者阅读。

五、本书涉及的历史地名，一律在旧地名后括注今地名。括注内的地名，一般省去“省”“市”“县”等字样。

目 录

《山海经》 （先秦）无名氏

我国古代地理名著。旧说是夏禹、伯益所作，很不可信。根据近代学者考证，此书出于战国时人之手，而在秦、汉时有所增益。我们姑且归之于无名氏。全书分为南山经、西山经、北山经、东山经等部分，共十八卷。内容主要为民间传说中的地理知识，包括山川、道里、民族、特产、药物、祭祀、巫医等，保存了不少远古的神话传说，对古代历史、地理、文化、民俗、神话等的研究，均有重要参考价值。作者不详，著作时代也无定论。晋郭璞作注，其后考证注释者颇多，以清代毕沅《山海经新校证》和郝懿行《山海经笺疏》较为精详。今人袁珂有《山海经校释》。

【原文】

夸父逐日

夸父与日逐走(1)，入日(2)。渴欲得饮，饮于河、渭(3)；河、渭不足，北饮大泽。未至，道渴而死。弃其杖，化为邓林(4)。(《山海经·海外北经》)

大荒之中，有山名曰成都载天。有人，珥两黄蛇(5)，把两黄蛇(6)，名曰夸父。后土生信，信生夸父。夸父不量力，欲追日景(7)，逮之于禺谷(8)。将饮河而不足也，将走大泽(9)，未至，死于此(10)。……(《山海经·大荒北经》)

【毛泽东评点】

所谓矛盾在一定条件下的同一性，就是说，我们所说的矛盾是现实的矛盾，具体的矛盾，而矛盾的互相转化也是现实的、具体的。神话中的许多变化，例如《山海经》中所说的“夸父追日”，《淮南子》中所说的“羿射九日”，《西游记》中所说的孙悟空七十二变和《聊斋志异》中的许多鬼狐变人的故事等等，这种神话中所说的矛盾的互相变化，乃是无数复杂的现实矛盾的互相变化对于人们所引起的一种幼稚的、想象的、主观幻想的变化，并不是具体的矛盾所表现出来的具体的变化。马克思说：“任何神话都是用想象和借助想象以征服自然力、支配自然力，把自然力加以形象化；因而，随着这些自然力实际上被支配，神话也就消失了。”这种神话中（还有童话中的）千变万化的故事，虽然因为它们想象出人们征服自然力等等，而能够吸引人们的喜欢，并且最好的神话具有“永久的魅力”（马克思），但神话并不是根据具体的矛盾之一定的条件构成的，所以它们并不是现实之科学的反映。这就是说，神话或童话中矛盾构成的诸方面，并不是具体的同一性，只是幻想的同一性。科学地反映现实变化的同一性的，就是马克思主义的辩证法。

——《矛盾论》，载《毛泽东选集》，第 1 卷，人民出版社 1991 年第 2 版，第 330—331 页。

【注释】

（1）夸父，神话人物名，也是一个种族名称。大神后土的子孙，皆为巨人。逐走，追赶，赛跑。走，跑。

（2）入日，走进太阳火热的光轮里。一作“日入”，太阳落山的时候。皆可通。

（3）河、渭，即黄河和渭水。

（4）邓林，地名，在今大别山附近（河南、湖北交界处）。

（5）珥，戴在耳朵上的装饰品。此处做动词用。

（6）把，手里攥着。

（7）日景，即日影。景，同“影”。

（8）逮之于，追到了。逮，追上。禺谷，又叫虞渊，神话传说中是太阳所入之处。

（9）大泽，古泽名，在雁门山以北，纵横千里，是群鸟栖息繁殖的地方，或说即《史记》《汉书》中所谓的“瀚海”。

（10）死于此，晋郭璞《山海经注》作“渴死”。

【赏析】

毛泽东同志在《矛盾论》中讲解马克思主义唯物辩证法中关于矛盾在一定条件下的同一性问题的时候，引用《夸父逐日》等一系列神话故事，在于说明矛盾是现实的矛盾、具体的矛盾，而矛盾的互相转化也是现实的，具体的神话或童话中矛盾构成的诸方面，并不是具体的同一性，而是幻想的同一性。这对于我们正确认识神话与现实的关系，阅读神话和研究神话都具有理论上的指导意义。

《夸父逐日》这个神话故事，描写传说中的神人夸父和太阳赛跑。太阳落山的时候，他跑渴了，把黄河和渭水都喝干了，还没有喝够，又想到北方的大湖里去喝。可是还没有跑到，在路上就渴死了。他扔掉的手杖化为一片山林。故事虽然简短，但却集中地塑造了夸父的英雄形象，这充分地反映了我国古代人民征服自然的强烈愿望和积极的幻想精神。

【原文】

精卫填海

发鸠之山[(1)]，其上多柘木[(2)]，有鸟焉：其状如乌[(3)]，文首[(4)]，白喙[(5)]，赤足，名曰“精卫”[(6)]，其鸣自詨[(7)]。是炎帝少女[(8)]，名曰女娃。女娃游于东海，溺而不返[(9)]，故为精卫。常衔西山之木石，以堙于东海[(10)]。（《山海经·北山经》）

【毛泽东评点】

……总兹所述，盛德所辉。以秉悃忱，则效不违。致于所恨，必补遗缺。念兹在兹，此心不越。养育深恩，春晖朝霭。报之何时，精禽大海。……

——《祭母文》，载《毛泽东早期文稿》，湖南人民出版社1990年版，第410—411页。

【注释】

（1）发鸠之山，山名。旧说在今山西长子县西。

（2）柘（zhè 这）木，桑科灌木或乔木，叶可饲蚕，果可食，类似桑树。

（3）其状如乌，形状类似于乌鸦。其，它，它的。

（4）文首，头上有花纹。文，花纹。

（5）喙（huì 惠），鸟嘴。

（6）精卫，鸟名。一名誓鸟，又名冤禽、志鸟，俗称帝女雀。见南朝梁任昉纂辑的《述拾记》。

（7）其鸣自詨（xiāo 嚣），“精卫”本是这种鸟的叫声，因此说，它的叫声是自己叫自己。詨，叫，呼。

（8）炎帝，即相传教给人民种植五谷和医药知识的神农氏。

（9）溺而不返，淹死在海中没有回来。

（10）堙（yīn 因），填塞。

【赏析】

精卫这只神话传说中的小鸟，因为不慎淹死在东海，便发誓报仇，要把汪洋大海填平，虽然其所衔木石微小，但却一直不肯止息。所以，在精卫身上体现了一种有仇恨而志在必报，不畏艰险，奋斗不懈的精神。晋陶渊明《读〈山海经〉诗》之十：“精卫衔微木，将以填沧海。”清黄垍《短歌行》：“精卫填海，愚公移山，为之在人，成之在天。”更把它与愚公移山的精神相提并论，予以高度赞扬。

毛泽东同志在《祭母文》中缅怀母亲的养育之恩和种种美德，表示做儿子的要报答老人的恩惠。文中所引“精禽大海”，即“精卫填海”，并且把这个典故和唐代诗人的《游子吟》诗联系起来运用，是个很好的创造。孟郊《游子吟》说：“谁言寸草心，报得三春晖。”这就是“春晖朝霭”。对于春天阳光般厚博的母爱，区区小草似的儿女怎能报答于万一呢？毛泽东连用这两个典故，是说自己像小草得到阳光的照射般受到母亲的关怀，而他下决心要像精卫填海那样，永远报答母亲的养育之恩。

【原文】

黄帝擒蚩尤

蚩尤作兵[(1)]，伐黄帝。黄帝乃令应龙攻之冀州之野[(2)]。应龙畜水，蚩尤请风伯雨师[(3)]，纵大风雨。黄帝乃下天女曰“魃”[(4)]。雨止，遂杀蚩尤。(《山海经·大荒北经》)

黄帝与蚩尤战于涿鹿之野[(5)]。蚩尤作大雾，弥三日[(6)]，军人皆惑。乃令风后法斗械作指南车[(7)]，以别四方，遂擒蚩尤。(虞喜《志林》)

【毛泽东评点】

1937年4月5日，派林伯渠参加祭黄帝陵扫墓典礼。毛泽东起草的祭文是：

中华民国二十六年四月五日，苏维埃政府主席毛泽东、人民抗日红军总司令朱德恭遣代表林祖涵，以鲜花时果之仪致祭于我中华民族始祖轩辕黄帝之陵。

赫赫始祖，吾华肇造；胄衍祀绵，岳峨河浩。聪明睿知，光被遐荒；建此伟业，雄立东方。世变沧桑，中更蹉跌；越数千年，强邻蔑德。琉台不守，三韩为墟；辽海燕冀，汉奸何多！以地事敌，敌欲岂足；人执笞绳，我为奴辱。懿维我祖，命世之英；涿鹿奋战，区宇以宁。岂其苗裔，不武如斯；泱泱大国，让其沦胥。东等不才，剑屦俱奋；万里崎岖，为国效命。频年苦斗，备历险夷，匈奴未灭，何以家为。各党各界，团结坚固；不论官民，不分贫富。民族阵线，救国良方；四万万众，坚决抵抗。民主共和，改革内政；亿兆一心，战则必胜。还我河山，卫我国权；此物此志，永勿失谖。经武整军，昭告列祖；实鉴验之，皇天后土。尚飨。

——董学文等：《毛泽东的文艺美学活动》，高等教育出版社1995年版，第50—51页。

【注释】

(1)兵，兵器。

（2）应龙，有翅膀的龙，能蓄水行雨。冀州，古九州之一，其地大约包括河北、山西二省及辽宁省辽河以西、河南省黄河以北广大地区。

（3）风伯雨师，即风神、雨神。

（4）魃（bá 拔），传说中黄帝的女儿，旱神，一名旱母。

（5）涿鹿，今河北省涿鹿县。

（6）弥三日，整整过了三天。

（7）风后，黄帝的臣。法斗机，取法天上北斗星斗勺随季节而转移方向的情况。指南车，据《宋史·舆服志》："指南车……上有仙人，车虽转而手常南指。"按：黄帝造指南车始见于《春秋元命苞》。

【赏析】

黄帝是神话传说中的古帝名。黄帝，又作"皇帝"，即皇天上帝。传说他姓公孙，是少典之子，生于轩辕之丘，故称轩辕氏，又称有熊氏。蚩（chī 吃）尤，神话中东方九黎族首领。有兄弟八十一人，相传以金作兵器，并能呼风唤雨，兴雾作法，好兵喜乱，暴虐天下，和黄帝战于冀州之野，失败被杀。擒杀蚩尤之后，黄帝被诸侯尊为天子，以代神农氏。黄帝蚩尤的战争，当发生在原始社会父权制时期。黄帝可能就是部落联盟酋长。而蚩尤在最早的神话里，和刑天、共工一样，是一个敢于反抗的神的形象。黄帝还是有许多发明创造的文化英雄。传说他造车，教人蒸谷做饭，钻燧取火，始造斧甑等，其臣下发明创造也不少。所以黄帝与另一位部落联盟酋长炎帝被尊为中华民族始祖，数千年来，四时享祭。中国人被称为炎黄子孙。

1937 年 4 月 5 日，在东北沦陷，华北危急，七七事变爆发前夕，毛泽东在中国人民祭祀其始祖——黄帝时，说明结成民族抗日统一战线，坚决抵抗，方能"卫我国权"，具有现实意义和深远的历史意义。

【原文】

女娲补天

往古之时，四极废[(1)]，九州裂[(2)]，天不兼覆，地不周载。火爁焱[(3)]而不灭，水浩洋而不息。猛兽食颛民[(4)]，鸷鸟[(5)]攫[(6)]老弱。于是女娲炼五色石以补苍天，断鳌足以立四极，杀黑龙以济冀州[(7)]，积芦灰以止淫水[(8)]。苍天补，四极正，淫水涸[(9)]，冀州平，狡虫死，颛民生。(《淮南子·览冥训》)

【毛泽东评点】

《红楼梦》第一回“甄士隐梦幻识通灵”中，曹雪芹叙写通灵宝玉原来是女娲补天时弃在青埂下无才补天、幻形入世的一块顽石，后面有一偈云：“无才可去补苍天，枉入红尘若许年；此系身前向后事，倩谁记去作奇传？”毛泽东曾手书过这首诗。

——中央档案馆编：《毛泽东手书选集·古诗词（下）》，北京出版社1993年版，第224页。

曹雪芹还是想“补天”，想补封建制度的“天”。

——龚育之等：《“红学”一家言》，《毛泽东的读书生活》，生活·读书·新知三联书店1986年9月版，第222页。

【注释】

（1）四极，四方，上古的人认为天的四面的尽头，都有柱子支撑。废，指柱折天倾。

（2）九州，传说中的我国中原行政区划，指中国的版图。《南书·禹贡》作冀、衮、青、徐、扬、荆、豫、梁、雍等九州。裂，指塌陷崩裂。

（3）爁焱（liàn yàn 练砚），大火延烧之状。

（4）颛（zhuān 专）民，善良的人民。

（5）鸷（zhì 至）鸟，凶猛的鸟，如鹰、鹫之类。

（6）攫（jué 决），用爪捉住。

（7）冀州，古九州之一。

（8）淫水，平地出水。

（9）涸（hé 合），水干，枯竭。

【赏析】

女娲神话是中国古代创世女神神话。此神话包括造人和补天两大内容，造人是关于人类起源的神话，补天是女娲的又一大功绩。《淮南子·览冥训》中对于女娲补天的描写极为生动，你看，远古的时候，四根撑天柱断了，九州大地陷落、崩裂，烈火熊熊，从不熄灭，洪水滔滔，不见消退。猛兽吞食百姓，凶鸟抓走老人和弱者。“于是女娲炼五色石以补苍天”，多种自然灾害顿时消失，为百姓创造了一个较好的生存环境，其功劳巨大，是伟大的人类母亲神和天地开辟神。

毛泽东同志熟知女娲神话，在读《红楼梦》时也注意到了这个神话，并且亲手书写石上偈语。不仅如此，他还由自然而社会，由远古的女娲修补大自然的“天”，联想到人类社会的“天”——清王朝的封建统治，正确地阐明了曹雪芹写《红楼梦》的初衷，对我们正确理解《红楼梦》有启发作用。

《晏子春秋》 （先秦）晏婴

《晏子春秋》是一部记载春秋时齐相晏子言行的著作。全书包括《内篇》和《外篇》八篇，共二百一十五章，可能是后人缀集编写的，其中有些篇章，善于剪裁富有戏剧性的情节，运用生动幽默的语言，表现了晏子敏捷机智、从容应变的政治才能。

【原文】

悬牛首，卖马肉

灵公好妇人而丈夫饰者[(1)]，国人尽服之。公使吏禁之曰：“女子而男子饰者，裂其衣，断其带。”裂衣，断带，相望而不止。

晏子见[(2)]，公问曰：“寡人使吏禁女子而男子饰者[(3)]，裂断其衣带，相望而不止者，何也？”晏子对曰：“君使服之于内而禁之于外，犹悬牛首于门而卖马肉于内也。公何以不使内勿服，则外莫敢为也。”公曰：“善。”使内勿服，逾月而国人莫之服[(4)]。（《晏子春秋·内篇》）

【毛泽东评点】

那种假统一论，不合理的统一论，形式上的统一论，乃是亡国论的统一论，乃是丧尽天良的统一论。他们要把共产党、八路军、新四军和民主的抗日根据地消灭，要把一切的抗日力量消灭，以便统一于国民党。这是阴谋，这是借统一之名，行专制之实，挂了统一这个羊头，卖他们的一党专制的狗肉，死皮赖脸，乱吹一顿，不识人间有羞耻事。

——《团结一切抗日力量，反对反共顽固派》，载《毛泽东选集》第 2 卷，人民出版社 1991 年版，第 719 页。

他们口里的宪政，不过是“挂羊头卖狗肉”，他们是在挂宪政的羊头，卖一党专政的狗肉。

——《新民主主义的宪政》，载《毛泽东选集》，第2卷，人民出版社1991年版，第736页。

【注释】

（1）灵公，春秋时齐国国君，姓姜，名环。公元前581—前554年在位。丈夫，男子。饰，装束。

（2）晏子，后人对晏婴的尊称。晏婴（？—前500），字平仲，齐国夷维（今山东高密）人，春秋时期政治家。

（3）寡人，国君自己谦称，意思是寡德之人。

（4）莫之服，即莫服之，意即没有女子作男子装束的了。

【赏析】

本篇选自《晏子春秋·内篇杂下》。文章写春秋时代齐灵公，喜欢宫女都穿男子的服装。于是齐国妇女都仿效起来，灵公下令制止，却制止不了，他便问晏婴原因。晏婴回答他说：“你在宫内提倡女扮男装，而在外边却禁止这种打扮，这就好像在店外挂着牛头，里边却卖马肉一样。”“悬牛首于门而卖马肉于内”，后来便演化为“挂羊头卖狗肉”，用以形容内外、表里不一的虚伪，也用于揭露伪善和欺骗。

毛泽东在《团结一切抗日力量，反对反共顽固派》一文中巧用“挂羊头卖狗肉”这个典故，猛烈抨击了国民党顽固反共、反人民的罪恶阴谋，揭露了他们表里不一的反动本质。在《新民主主义的宪政》一文中引用此语说明，国民党顽固派的宪政是打着民主的招牌，干一党专政的事。

《韩非子》（先秦）韩非

韩非子（约前280—前233），即韩非，出身于韩国贵族，早年与李斯就学于荀子。他的著作传到秦国，秦王政（秦始皇）极为重视。后来韩非出使秦国被李斯、姚贾等人谗害下狱，后在狱中自杀。

韩非继承了荀子的儒家学说，并吸收了老子的道术和商鞅、申不害、慎到等早期法家的政治思想，总结了秦和三晋实行变法的经验教训，提出了"法、术、势"相结合的法治理论，为秦统一六国和后世地主阶级推行极端的专制主义奠定了基础。韩非是战国末期法家集大成的思想家，也是优秀的散文家。他的文章，说理周密细致，笔触犀利峻刻，又善于借助寓言和传说来解释抽象的道理。有《韩非子》五十五篇行世。

【原文】

和氏璧

楚人和氏得玉璞楚山中[(1)]，奉而献之厉王[(2)]，厉王使玉人相之[(3)]，玉人曰："石也。"王以为诳[(4)]，而刖其左足[(5)]。及厉王薨[(6)]，武王即位[(7)]，和又奉其璞而献之武王。武王使玉人相之，又曰："石也。"王又以和为诳，而刖其右足。武王薨，文王即位[(8)]，和乃抱其璞而哭于楚山之下，三日三夜，泣尽而继之以血[(9)]。王闻之，使人问其故，曰："天下之刖者多矣，子奚哭之悲也[(10)]？"和曰："吾非悲刖也，悲夫宝玉而题之以石[(11)]，贞士而名之以诳[(12)]。此吾所以悲也。"王乃使玉人理其璞而得宝焉[(13)]，遂命曰"和氏之璧[(14)]"。（《韩非子·和氏》）

【毛泽东评点】

打掉自卑感，砍去妄自菲薄，破除迷信，振奋敢想、敢说、敢做的大无畏创造精神，对于我国七年赶上英国，再加八年或者十年赶上美国的任务，必然会有重大的帮助。卞和献璞，两刖其足；“函关月落听鸡度”，出于鸡鸣狗盗之辈。自古已然，于今为烈。难道不是的吗？

——《卑贱者最聪明，高贵者最愚蠢》，转载陈晋：《文人毛泽东》，上海人民出版社1997年版，第479页。

【注释】

（1）和氏，传说叫卞和。玉璞，蕴藏有玉的石头。楚山，本名叫荆山。

（2）奉，同“捧”。厉王，楚国的国君。按：查楚国在武王之前没有称厉王的，故学者有不同解释。此是寓言，并非史传，不必深究。

（3）玉人，雕琢玉器的工匠。相，察看，识别。

（4）诳（kuáng狂），撒谎欺骗。

（5）刖（yuè月），古代的一种酷刑，砍足。

（6）薨（hōng轰），古代称诸侯死去叫薨。

（7）武王，楚国国君，公元前740—前690年在位。

（8）文王，武王的儿子，公元前689—前677年在位。

（9）泣，眼泪。

（10）奚，为何。

（11）题，评定。

（12）贞士，忠实正直的人。

（13）理，雕琢玉石。焉，于是之意。

（14）命曰，叫它作。命，命名。

【赏析】

本文选自《韩非子·和氏》。文章通过和氏两次献璧的事实，原意是在说明正确的意见往往不易被人接受，美好的事物往往不易被人承认。但从和氏的身上，我们还可以看到为了维护真理而不怕牺牲的精神。

毛泽东曾多次讲过这个故事，借以说明，要使人们相信真理，抛弃偏见，不是一件简单的事，有时还要做出某种牺牲。1958 年 5 月 28 日，毛泽东在一则题为《卑贱者最聪明，高贵者最愚蠢》的批示中，也提到“卞和献璞，两刖其足”的故事，认为历史上许多科学技术发明，“大都出于被压迫阶级，即是说，出于那些社会地位较低、学问较少、条件较差、在开始时总是被人看不起甚至受打击、受折磨、受刑戮的那些人”，“‘函关月落听鸡度’，出于鸡鸣狗盗之辈。自古已然，于今为烈”。号召大家“打掉自卑感，砍去妄自菲薄，破除迷信，振奋敢想、敢说、敢做的大无畏创造精神”，为建设伟大的社会主义强国而奋斗。

【原文】

矛与盾

楚人有鬻楯与矛者[(1)]，誉之曰：“吾楯之坚，物莫能陷也[(2)]。”又誉其矛曰：“吾矛之利，于物无不陷也。”或曰：“以子之矛[(3)]，陷子之楯，何如？”其人弗能应也。夫不可陷之楯与无不陷之矛，不可同世而立[(4)]。（《韩非子·难一》）

【毛泽东评点】

至于重庆军委会发言人所说的那一篇，只好拿“自相矛盾”四个字批评它。既在重庆军委会的通令中说新四军“叛变”，又在发言人的谈话中说新四军的目的在于开到京、沪、杭三角地带创立根据地。就照他这样说吧，难道开到京、沪、杭三角地带算是“叛变”吗？愚蠢的重庆发言人没有想一想，究竟到那里去叛变谁呢？那里不是日本占领的地方吗？你们为什么不让它到那里去，要在皖南就消灭它呢？啊，是了，替日本帝国主义尽忠的人原来应是如此。

——《为皖南事变发表的命令和谈话》，载《毛泽东选集》，第 2 卷，人民出版社 1991 年版，第 776 页。

【注释】

（1）鬻（yù 育），卖。楯，今作“盾”，盾牌，古代作战时用以防御刀箭的籐牌。矛，古代兵器，用于刺杀的进攻性武器。

（2）陷，戳穿，穿透。

（3）子，您，第二人称代词。

（4）夫，语气词，放在句首表示下面要发议论。

【赏析】

这个故事选自《韩非子·难一》，也见于同书《难也》篇。这是一个很有意义的寓言故事。韩非在文中仅用寥寥几笔，就勾画出一个说话、做事前后抵触，被人问得哑口无言的形象，给人留下了深刻的印象。我们现在所用的“矛盾”一词，还有嘲笑那些说话、做事前后自相抵触，时时使用的“自相矛盾”一语，都来源于这个故事。

1941 年 1 月，毛泽东在《为皖南事变发表的谈话和命令》中，抓住重庆军委会发言人的谈话与重庆军委通令的“自相矛盾”之处，加以分析，就把国民党反动派卖国求荣，“替日本帝国主义尽忠”的丑恶本质，充分暴露在全国人民面前。再者，从哲学上来说，“矛盾”也是毛泽东长期探讨的课题，他把自己 1937 年写的一部研究对立统一规律的哲学著作，直接名之为《矛盾论》，是耐人寻味的。

《列子》 （先秦）列御寇

书名，旧题战国列御寇撰，八卷。《汉书·艺文志》著录《列子》八篇，列入道家。今本晋张湛序，自称是根据版本辑录而成。该书多取先秦诸子和汉代人的言论，并杂有两晋的佛教思想和佛教神话，可能是魏晋人托名的伪作。唐王朝自称是老子的后代，宣言道教，天宝元年号《列子》为《冲虚真经》，宋景德中又加称为《冲虚至德真经》，成为道教的经典之一。

列御寇，人名，即列子，相传为先秦早期道家。汉刘向以为与秦穆公同时，唐柳宗元以为与儒公同时。其学本于黄帝老子，有《列子》一书，为传其学者所追记。

【原文】

愚公移山

大行、王屋二山[(1)]，方七百里，高万仞[(2)]。本在冀州之南[(3)]，河阳之北[(4)]。北山愚公者，年且九十，面山而居。惩山北之塞[(5)]，出入之迂也[(6)]，聚室而谋，曰："吾与汝毕力平险，指通豫南[(7)]，达于汉阴[(8)]，可乎？"杂然相许[(9)]。其妻献疑曰[(10)]："以君之力，曾不能损魁父之丘[(11)]，如大行、王屋何[(12)]？且焉置土石[(13)]？"杂曰："投诸渤海之尾[(14)]，隐土之北[(15)]。"

遂率子孙荷担者三夫[(16)]，叩石垦壤，箕畚运于渤海之尾[(17)]。邻人京城氏之孀妻[(18)]，有遗男[(19)]，始龀[(20)]，跳往助之。寒暑易节，始一反焉。

河曲智叟笑而止之[(21)]，曰："甚矣，汝之不惠[(22)]！以残年余力，曾不能毁山之一毛，其如土石何？"北山愚公长息曰："汝心之固[(23)]，固不可彻，曾不若孀妻弱子。虽我之死，有子存焉；子又生孙，孙又生子；子又有子，子又有孙。子子孙孙，无穷匮也[(24)]，而山不加增，何苦而不平？"

河曲智叟亡以应[25]。

操蛇之神闻之[26]，惧其不已也，告之于帝[27]。帝感其诚，命夸娥氏二子负二山[28]，一厝朔东[29]，一厝雍南[30]。自此，冀之南，汉之阴，无陇断焉。(《列子·汤问》)

【毛泽东评点】

中国古代有个寓言，叫做“愚公移山”。说的是古代有一位老人，住在华北，名叫北山愚公。他的家门南面有两座大山挡住他家的出路，一座叫做太行山，一座叫做王屋山。愚公下决心率领他的儿子们要用锄头挖去这两座大山。有个老头子名叫智叟的看了发笑，说是你们这样干未免太愚蠢了，你们父子数人要挖掉这样两座大山是完全不可能的。愚公回答说：我死了以后有我的儿子，儿子死了，又有孙子，子子孙孙是没有尽穷的。这两座山虽然很高，却是不会再增高了，挖一点就会少一点，为什么挖不平呢？愚公批驳了智叟的错误思想，毫不动摇，每天挖山不止。这件事感动了上帝，他就派了两个神仙下凡，把两座山背走了。现在也有两座压在中国人民头上的大山，一座叫做帝国主义，一座叫做封建主义。中国共产党早就下了决心，要挖掉这两座山。我们一定要坚持下去，一定要不断地工作，我们也会感动上帝的。这个上帝不是别人，就是全中国的人民大众。全国人民大众一齐起来和我们一道挖这两座山，有什么挖不平呢？

——《愚公移山》，载《毛泽东选集》，第3卷，人民出版社1991年版，第1102页。

【注释】

(1)大行、王屋，两座山名。大即“太”。行，原讹作“形”。大行山绵亘于河北、山西、河南三省的交界处，北起河北拒马河谷，南至山西省阳城县境，主峰在今山西省晋城市东南，海拔2000米。王屋山，在今河南省西北，北跨山西阳城县西南，西跨山西垣曲县。山有三重，形状像屋，相传为轩辕黄帝访道的地方，故称王屋山。

(2)仞(rèn 刃)，长度单位，古代以周朝的尺八尺(或七尺)为一仞。

（3）冀州，古九州之一，包括今河北、山西全省及辽宁省辽河以西、河南省黄河北岸等地区。

（4）河阳，古地名。今河南孟县有河阳故址。这里泛指黄河北岸（水北岸叫阳，南岸为阴）。

（5）惩，苦于。塞，阻塞。

（6）迂，曲折，绕远。

（7）指通，直通。豫，古九州之一，包括今河南省的大部分和山东、湖北二省的一小部分。

（8）汉阴，汉水以南。汉，汉水。发源于陕西宁强县，流经湖北，至汉口入长江。

（9）杂然相许，众人答应没有次序的样子。

（10）献疑，提出疑问，表示为难。

（11）曾，竟，乃。魁父，小山名。在今河南省开封市陈留镇附近。

（12）如……何，对……又能怎样呢？

（13）焉，疑问词，怎么，哪儿。

（14）渤海之尾，渤海的后面。

（15）隐土，传说中的地名。

（16）荷，担负。

（17）箕畚（jī běn 基本），用竹篾或树条编制的运土工具。

（18）京城氏，即京姓。京城，姓。宋邵思《姓解》三引《风俗通》："郑武公子段封于京，号京城大叔，其后氏焉。"郑武公子段的后代以京城为姓，现作"京"。孀妻，寡妇。

（19）遗男，遗腹子。

（20）龀（chèn 趁），小孩七八岁换牙时。

（21）河曲，古地名，故地在今山西省永济市。黄河由北而南，至此折向东流，经风陵渡入芮城县，成一曲形，故称河曲。

（22）惠，同"慧"，聪明。

（23）固，鄙陋。

（24）匮（kuì 溃），穷尽，完结。

（25）亡，同“无”。

（26）操蛇之神，指山神。神话里说，山神和海神手里都拿着蛇，所以称他们为操蛇之神。

（27）帝，上帝，天帝。

（28）夸娥氏，传说中的大力神。

（29）厝（cuò 错），安置。朔，指古朔方郡，包括今宁夏、山西北部和内蒙古自治区一带。

（30）雍，古九州之一，大概包括今陕西、甘肃等地区。

【赏析】

《愚公移山》是个神话寓言故事，反映出我国古代劳动人民的坚韧不拔的毅力，顽强改造自然的精神。这个故事鼓舞人们下定决心，排除万难，坚持不懈地努力，去夺取最后的胜利。

毛泽东同志把他在中国共产党第七次全国代表大会上所作的闭幕词也名之为《愚公移山》，并在文章中全文引述了这个神话故事。他以马克思列宁主义的观点，用通俗的语言，把这个故事讲解得生动有趣；为在重要的历史转折关头，引导全党和全国人民贯彻党的七大路线，打败国内外反动派，建立一个新民主主义的中国，起到了动员和鼓舞的作用。今天，在社会主义建设新时期，仍具有重要的指导意义。

【原文】

杞人忧天

杞国有人[1]，忧天地崩坠，身亡所寄[2]，废寝食者。又有忧彼之所忧者，因往晓之曰：“天，积气耳，亡处亡气。若屈伸呼吸[3]，终日在天中行止，奈何忧崩坠乎？”

其人曰：“天果积气，日月星宿不当坠耶[4]？”晓之者曰：“日月星宿亦积气中之有光耀者；只使坠[5]，亦不能有所中伤[6]。”

其人曰："奈地坏何[7]？"晓者曰："地积块耳，充塞四虚[8]，亡处亡块。若躇步跐蹈[9]，终日在地上行止，奈何忧其坏？"

其人舍然大喜[10]，晓之者亦舍然大喜。（《列子·天瑞》）

【毛泽东评点】

我们有些同志，就有那么一些怕，又怕房子塌下来，又怕天塌下来。从古以来，只有"杞人忧天"，就是那个河南人怕天塌下来。除了他以外，从来就没有人怕天塌下来的。

——《打退资产阶级右派的进攻》，载《毛泽东选集》，第5卷，人民出版社1991年版，第441页。

【注释】

（1）杞国，即今河南杞县。原为周代诸侯国，国都原在雍丘（今河南杞县），后迁淳于（今山东安丘附近）。

（2）亡，音义同"无"。

（3）若，你。屈伸，指俯仰。

（4）星宿（xiù 秀），星座，泛指星辰。

（5）只使，即使。

（6）中（zhòng 众）伤，打中击伤。

（7）奈……何，对……怎么办。

（8）四虚，四方。

（9）躇（chú 除）步跐（cǐ 此）蹈，泛指人的站立行走。躇，立。跐，踩。蹈，踏。

（10）舍然，释然，指有所领悟，因而消除了忧虑的样子。舍，意义同"释"，消失。

【赏析】

《杞人忧天》这个寓言故事说，杞国有一个人，总是担心天会塌下来，地会陷下去，无寄身之所，竟愁得觉也睡不着，饭也吃不下。唐代大诗人李白有“杞国无事忧天倾”的著名诗句，批评这种庸人自扰现象。后人用“杞人忧天”比喻那种不必要的或无根据的忧虑和担心。

毛泽东同志在文章中引用“杞人忧天”的寓言故事，说明人民群众绝大多数是拥护共产党、拥护社会主义的，怕群众是没有道理，担心天下大乱，就像“杞人忧天”一样是没有根据的。

《淮南子》 （汉）刘安

《淮南子》是西汉淮南王刘安及其门客共同编写的。据《汉书·艺文志》，原分内篇二十一篇，外篇三十三篇，今传内篇二十篇。它的思想基本上属于道家，在阐述其哲学思想时，引用了一些奇物异类、鬼神灵怪的故事，保存了不少神话资料。

【原文】

共工怒触不周山

昔者共工与颛顼争为帝[(1)]，怒而触不周之山[(2)]，天柱折，地维绝[(3)]，天倾西北，故日月星辰移焉；地不满东南，故水潦尘埃归焉[(4)]。(《淮南子·天文训》)

【毛泽东评点】

关于共工头触不周山的故事：

《淮南子·天文训》："昔者共工与颛顼争为帝，怒而触不周之山，天柱折，地维绝。天倾西北，故日月星辰移焉；地不满东南，故水潦尘埃归焉。"

《国语·周语》："昔共工弃此道也，虞于湛乐，淫失其身，欲壅防百川，堕高堙庳，以害天下。皇天弗福，庶民弗助，祸乱并兴，共工用灭。"（韦昭注："贾侍中［按：指后汉贾逵］云：共工，诸侯，炎帝之后，姜姓也。颛顼氏衰，共工氏侵陵诸侯，与高辛氏争而王也。"）

《史记》司马贞补《三皇本纪》："当其（按指女娲）末年也，诸侯有共工氏，任智刑以强，霸而不王，以水乘木，乃与祝融战，不胜而怒，乃头触不周山崩，天柱折，地维绝。"

毛按：诸说不同。我取《淮南子·天文训》，共工是胜利的英雄。你看，“怒而触不周之山，天柱折，地维绝。天倾西北，故日月星辰移焉；地不满东南，故水潦尘埃归焉。”他死了没有呢？没有说。看来是没有死，共工是确实胜利了。

——《渔家傲·反第一次大“围剿”》及作者原注，载《毛泽东诗词集》，中央文献出版社 1996 年版，第 34—35 页。

【注释】

（1）颛顼（zhuān xū 专需），相传说是黄帝的孙子，五帝之一。

（2）不周之山，《山海经·大荒西经》：“大荒之隅，有山而不合，名曰不周。”大概是因为山有缺口，才生出共工触山的神话来的。郦道元《水经注》说，不周山是葱岭、于阗二水的界限，当即今之昆仑山脉。

（3）地维，传说地的四角用四条大绳系着。维，网上大绳。绝，断。

（4）水潦，积水，指江河湖泊。

【赏析】

《渔家傲·反第一次大“围剿”》，是毛泽东同志 1931 年春写的，正当红军反第一次大“围剿”胜利之后，及第二次大“围剿”之前。诗人热情欢呼反第一次大“围剿”的胜利，预示革命的前景。毛泽东同志在注文里列举了关于共工神话的大量资料，做出了“共工是胜利的英雄”的英明判断。诗人赋予共工这个神话以全新的意义，把共工看成是扭转乾坤的英雄。面对红军英勇歼敌的壮烈场面，眼前幻化出一个更为恢宏的神话世界。我们的祖先共工，触倒天柱，断裂地维，挺立于天地之间。而用马克思主义武装起来的千百万工农群众，更是一个无产阶级的英雄群体，他们一定能在推翻蒋家王朝的斗争中不断取得胜利。

毛泽东死典活用，推陈出新，为共工翻案，是一个光辉的范例，发人深省。我们的祖先，在原始氏族时期，把居住在共地（今河南辉县）与颛顼氏族为邻的一个民族，名叫共工的，幻化为泛滥洪水的暴力神，是由于这个氏族正居于黄河转折地方的北岸，为河患开始的地方。共工氏族居住在容易闹水患的地方，自然便以治水为业，所以古代主管水利的官名也叫共工（周以后改为司空）；既然是治水，自然免不了失败，所以共工又被幻化为触发洪水的暴力神。共工氏与颛顼氏既为紧邻，免不了有所争夺。这就是古代神话传说的历史影子。但到后代，却把颛顼氏当作正统，尊之为帝；于是共工氏就降为“争为帝”的霸道了。因此，赋予共工以反抗的革命的性格，并非出自毛泽东的臆断，实起于历代统治者的恶意贬抑，那么，为共工翻案，指出他的胜利与不死，褒扬他的英雄业绩，不仅是合情合理的，而且对反抗蒋家王朝的千百万工农大众的斗争是一个巨大的鼓舞和激励。

【原文】

羿射九日

逮至尧之时[(1)]，十日并出，焦禾稼，杀草木，而民无所食。猰貐[(2)]、凿齿[(3)]、九婴[(4)]、大风[(5)]、封豨[(6)]、修蛇[(7)]，皆为民害。尧乃使羿诛凿齿于畴华之野[(8)]，杀九婴于凶水之上[(9)]，缴大风于青邱之泽[(10)]，上射十日而下杀猰貐，断修蛇于洞庭[(11)]，擒封豨于桑林[(12)]。万民皆喜，置尧为天子。（《淮南子·本经训》）

【毛泽东评点】

神话中的许多变化，例如《山海经》中所说的“夸父追日”，《淮南子》中所说的“羿射九日”，……这种神话中所说的矛盾的互相变化，乃是无数复杂的现实矛盾对于人们所引起的一种幼稚的、想象的、主观幻想的变化，并不是具体的矛盾所表现出来的具体变化。

——《矛盾论》，载《毛泽东选集》，第 1 卷，人民出版社 1991 年版，第 330—331 页。

【注释】

（1）逮至，到了。尧，传说中父系氏族社会后期部落联盟领袖。陶唐氏，名放勋，史称唐尧。

（2）猰貐（yà yú 亚俞），一种怪兽，其形象各书记载不一，有的说是龙首虎爪，牛身马足，行走极快，能吃人，叫声像婴儿啼哭。

（3）凿齿，怪兽名。齿长三尺，其状如凿，直露在下巴外面，并且还能持戈盾等武器。

（4）九婴，一种长有九个脑袋的怪物，能喷云吐火。

（5）大风，按甲骨文的写法，“风”即“凤”字。“凤”，有的说是大鹏鸟，有的说是大孔雀，总之是一种凶猛的大鸟，它飞时常有大风伴随，能毁人房屋，所以有人以为它就是“风伯”（风神）。

（6）封豨（xī 希），大野猪。

（7）修蛇，长大的蟒蛇。据《山海经》上记载，它能吞大象，三年才吐骨头。

（8）畴华，南方泽名。

（9）凶水，高诱注：“北狄之地有凶水。”

（10）缴（zhuó 酌），一种带绳的箭，用作动词，指以缴射物。青邱之泽，东方水名。

（11）洞庭，高诱注：“南方泽名。”当即今之洞庭湖。

（12）桑林，地名。相传是祷雨的地方，可能在中原一带。

【赏析】

羿（yì 意），相传是尧时善于射箭的天神，受东方大帝帝俊的委派，到地上来拯救人类，包括射掉十个太阳中的九个。《楚辞·天问》王逸注：“尧命羿仰射十日，中其九日。”这个故事反映了我国古代人民对自然灾害的斗争精神。像羿这样大无畏地为民除害的英雄人物，无疑是古代劳动人民幻想出来的；他树立的丰功伟绩，反映了古代劳动人民征服旱灾、风灾等自然灾害的成绩与理想愿望。它告诉人们：人类一定能够征服自然。因而，这个故事具有很高的艺术价值和积极意义。

毛泽东同志在《矛盾论》提到“羿射九日”这个神话故事的意义，在于说明神话中矛盾构成的诸方面只是“幻想的同一性”。

【原文】

嫦娥奔月

羿请不死之药于西王母[(1)]，姮娥窃以奔月，怅然有丧，无以续之。托身于月，是为蟾蜍[(2)]，而为月精[(3)]。（《淮南子·览冥训》）

【毛泽东评点】

寂寞嫦娥舒广袖，万里长空且为忠魂舞。

——《蝶恋花·答李淑一》，载《毛泽东诗词集》，中央文献出版社 1996 年版，第 100 页。

【注释】

（1）西王母，西王母原是掌管灾异和刑杀的凶神。其本来状貌为半人半兽，豹尾虎齿，披头散发，善于啸叫。到了汉代，有汉武帝向她求不死之药之说，后遂转化为能使人长寿或不死的吉神和仙人了。

（2）蟾蜍（chán chú 缠除），癞蛤蟆。

（3）月精，月中精灵。

【赏析】

本文录自《淮南子·览冥训》，今本《淮南子》无末三句，系据《初学记》引文补。嫦娥，羿的妻子。原作“恒娥”，后因避汉文帝刘恒讳，改作“姮娥”“嫦娥”。嫦娥神话的主要内容为奔月，最早的记载很简略，后增入羿请药于西王母，后又增入嫦娥奔月后化为蟾蜍的记叙。汉末张衡《灵宪》记载较为完整：“羿请不死之药于西王母，姮娥窃之以奔月。将往，枚筮于有黄。有黄占之，曰：‘吉，翩翩归妹，独将行，逢无晦芒，毋惊毋恐，后且大昌。’姮娥遂托于月，是为蟾蜍。”这里又多出了奔月前去求有黄占卦的事。嫦娥奔月为我们描绘了一幅瑰伟奇特的图景，反映了先民追求美好生活环境的绚丽想象和探寻宇宙秘密的崇高理想。

汉魏六朝以来，嫦娥奔月的故事被诗人们吟咏不绝。人们不大理会窃药及化为蟾蜍之类的传说，逐渐地把嫦娥塑造成一个集众美于一身的女性形象。毛泽东同志在词中把嫦娥描绘为长袖善舞的月中仙女，正是继承了这一传统。不仅如此，毛泽东同志还给这个神话以革命的改造，使她关注故乡人间的变化，受到杨、柳等革命烈士的精神感染，为其歌舞欢庆。战士的矫健，烈士的忠贞，以及作为时代的先驱者为理想而献身的精神，还有广大人民对先烈们的热爱景仰和崇敬，都化为奇妙的形象呈现在读者眼前。

【原文】

削足适履

人莫欲学御龙，而皆欲学御马；莫欲学治鬼，而皆欲学治人；急所用也。解门以为薪[1]，塞井以为臼[2]，人之从事或时相似。水火相憎在其间，五味以和；骨肉相爱[3]，谗贼间之[4]，而父子相危。夫所以养而害所养，譬犹削足而适履[5]，杀头而便冠。(《淮南子·说林训》)

【毛泽东评点】

有一种人的意见是不对的，我们早已批驳了这种意见了；他们说：只要研究一般战争的规律就得了，具体地说，只要照着反动的中国政府或反动的中国学校出版的那些军事条令去做就得了。他们不知道：这些条令仅仅是一般战争的规律，并且全是抄了外国的，如果我们一模一样地照抄过来用，丝毫不变更其形式和内容，就一定是削足适履，要打败仗。

——《中国革命战争的战略问题》，载《毛泽东选集》，第1卷，人民出版社1991年版，第171—172页。

【注释】

（1）薪，做燃料的木材，即柴火。

（2）臼（jiù 旧），舂米的器具，一般用石头凿成。

（3）骨肉，骨和肉，比喻至亲。例如，父母与子女，兄弟姐妹等。

（4）谗贼间之，说坏话的人离间他们。

（5）履（lǚ 吕），鞋子。

【赏析】

《淮南子》中这篇文字是作者刘安用他们的观点来阐述的一些哲理，由于其阶级、历史的局限，在今天看来，意义不大。但是，他们创造的“削足适履”一语，人们常常用来比喻那种不合理的迁就或勉强凑合的行为，却极富生命力。

毛泽东同志在《中国革命战争中的战略问题》一文中使用“削足适履”一语，在于批评“左”倾教条主义者在军事上的错误，特别是批判他们在研究战争规律时，只知道机械地搬用反动的中国政府或反动的中国军事学校出版的那些军事条令，或者照抄外国的东西，而不知道“按照现时情况规定我们自定的东西”，不按照中国革命战争的客观实际情况来研究战争规律，这就是“削足适履”。“从战争学习战争——这是我们的主要方法。”这是毛泽东同志分析了中国革命战争的特点，揭示了中国革命战争的规律，创造出的全新的研究和学习战争的科学方法。

《战国策》 （汉）刘向

《战国策》，西汉刘向根据战国末年的纵横家的著作编辑而成。它记录了战国初期到六国灭亡，共二百四十年（前460—前220）间各国政治、军事、外交方面的动态。全书共三十三篇，秦五篇，齐六篇，楚、赵、魏各四篇，韩、燕各三篇，宋、卫合为一篇，中山为一篇。其文大部分代表纵横家的作风，犀利明快，辩论性强，对后世的散文，特别是像苏洵、苏轼的议论文章，有很大的影响。全书内容庞杂，其中谋臣策士们的政治立场和思想观点及其在历史上的作用各不相同，编者杂取各家，并非纵横家一家的观点。本书最古的注本是汉高诱的注本，今已残缺不全。后由宋曾巩重新编成三十三篇。元吴师道校注本比较详实。

【原文】

南辕北辙

魏王欲攻邯郸[(1)]。季梁闻之[(2)]，中道而反[(3)]，衣焦不申[(4)]，头尘不去，往见王曰：

“今者臣来，见人于大行[(5)]，方北面而持其驾，告臣曰：‘我欲之楚[(6)]。’

臣曰：‘君之楚，将奚为北面[(7)]？’

曰：‘吾马良。’

臣曰：‘马虽良，此非楚之路也。’

曰：‘吾用多[(8)]。’

臣曰：‘用虽多，此非楚之路也。’

曰：‘吾御者善[(9)]。’

此数者愈善而离楚愈远耳。今王动欲成霸王[(10)]，举欲信于天下[(11)]，恃王国之大、兵之精锐，而攻邯郸以广地尊名[12]，王之动欲数[13]，而离王愈远耳，犹至楚而北行也。”（《战国策·魏策四》）

【毛泽东评点】

要胜利，就要坚持抗战，坚持统一战线，坚持持久战。然而一切这些，离不开动员老百姓，要胜利又忽视政治动员，叫做“南其辕而北其辙”，结果必然取消了胜利。

——《论持久战》，载《毛泽东选集》，第 2 卷，人民出版社 1991 年版，第 480—481 页。

以抗战、团结、进步三者为基础之统一及真统一，乃合理统一，乃实际统一，舍此求统一，无论出何花样，弄何玄虚，均为南辕北辙，实属未敢苟同。

——《向国民党的十点要求》，载《毛泽东选集》，第 2 卷，人民出版社 1991 年版，第 722 页。

【注释】

（1）魏，战国时诸侯国名，其地在今河南北部、山西西南部一带，邯郸（hán dān 寒单）战国时赵国都城，即今河北邯郸市。

（2）季梁，魏国臣子。

（3）中道，即道中，半路上。反，同“返”。

（4）焦，皱折。申，通“伸”，平直之意。

（5）大行，大路。

（6）之，往。

（7）奚为，为什么。奚，何。

（8）用，资财。指路费。

（9）御者，驾车的人。

（10）动，行动。霸王（wàng 望），领导诸侯，统治天下的事业。

（11）举，举止，办事。信，取得信任。

（12）广地尊名，扩大土地，提高威名。

（13）数（shuò 朔），频繁。

【赏析】

本文节选自《战国策·魏策四》，后来汉代史学家荀悦著的《申鉴·杂言》所谓"先民有言：适楚而北辕者"云云，显然是把这个故事加以简缩。文章写季梁借"北行之楚"讽喻魏王，说明攻打赵国是同完成霸业背道而驰的行为。成语"南其辕而北其辙"，亦作"南辕北辙"即出自本文。它常用来讥讽那种行动和目的相背离的错误做法。

毛泽东在《论持久战》中使用"南其辕而北其辙"这个典故，说明只有把人民群众调动起来，掀起人民战争，才能夺取抗日战争的胜利。在《向国民党的十点要求》中使用"南辕北辙"一语，主要用意在于揭露蒋介石国民党借统一之名、行专政之实积极反共反人民的阴谋。

【原文】

惊弓之鸟

更赢与魏王处京台之下[1]，仰见飞鸟。更赢谓魏王曰："臣为王引弓虚发而下鸟[2]。"魏王曰："然则射可至此乎？"更赢曰："可。"

有间[3]，雁从东方来，更赢以虚发而下之。魏王曰："然则射可至此乎？"更赢曰："此孽也[4]。"王曰："先生何以知之？"对曰："其飞徐而鸣悲。飞徐者，故疮痛也[5]；鸣悲者，久失群也，故疮未息而惊心未去也[6]，闻弦音引而高飞[7]，故疮陨也[8]。"（《战国策·楚策四》）

【毛泽东评点】

张家口、新保安、怀来和整个北平、天津、塘沽、唐山诸敌，除某几个部队例如三十五军、六十二军、九十四军中的若干个别的师，在依靠工事保守时尚有较强的战斗力外，攻击精神都是很差的，都已成了惊弓之鸟，尤其你们入关以后是如此。

——《关于平津战役的作战方针》，载《毛泽东选集》，第4卷，人民出版社1991年版，第1363页。

【注释】

（1）更羸（léi 雷），战国时的名射手，姓更，名羸。魏王，战国时魏国国君。京，高大。

（2）引弓，开弓，拉弓。虚发，只开弓，不放箭。下，使落下。

（3）有间（jiàn 监），有一段时间，有顷。间，间隔。

（4）孽（niè 聂），通“蘖”，兼有“病”和“孤独”两义。

（5）故疮，旧伤。

（6）未息，没长好。息，生长。

（7）引，伸，展。此指鸟伸展翅膀。

（8）陨（yǔn 允），坠落。

【赏析】

本文选自《战国策·楚策四》。文章写神射手更羸虚拉一弓就射下了受伤的雁，以较小的力量取得了较大的成绩。这是因为他掌握了伤雁再也经受不住弓箭惊吓的特点。“惊弓之鸟”的成语便由此而来。后来人们便用作比喻人受到一次惊吓或打击后，再遇到类似情况就非常惊恐不安的状态。

毛泽东《关于平津战役的作战方针》一文中使用“惊弓之鸟”这个成语，形象地说明一九四八年底国民党的武装力量已经溃不成军，失去了战斗力，这样的军队很快就会被我人民解放军打败，大大鼓舞了我人民解放军指战员的士气。

【原文】

亡羊补牢

臣闻鄙语曰：“见兔而顾犬，未为晚也；亡羊而补牢[1]，未为迟也。”臣闻汤武以百里昌[2]，桀、纣以天下亡[3]。今楚国虽小，绝长续短，犹以数千里，岂特百里哉！王独不见夫蜻蛉[4]乎？六足四翼，飞翔乎天地之间，俯啄蚊虻而食之[5]，仰承甘露而饮之，自以为无患，与人无争也；不知夫五尺童子，方将调饴胶丝[6]，加己乎四仞之上，而下为蝼蚁食也。黄雀因是以[7]，俯噣白粒[8]，仰栖茂树，鼓翅奋翼，自以为无患，与人无争也；不知夫公子王孙[9]，左挟弹，右摄丸，将加己乎十仞之上，以其内为招[10]；昼游乎茂树，夕调乎酸咸，倏忽之间，坠入公子之手。夫黄雀其小者也，黄鹄因是以[11]，游乎江海，淹乎大沼[12]，俯噣鳝鲤，仰啮蔆衡[13]，奋其六翮而凌清风[14]，飘摇乎高翔，自以为无患，与人无争也；不知夫射者方将修其碆卢[15]，治其矰缴[16]，将加己乎百仞之上，被礛磻[17]，引微缴，折风而陨矣；故昼游乎江河，夕调乎鼎鼐[18]。夫黄鹄其小者也，蔡灵侯之事因是以[19]，南游乎高陂，北陵乎巫山[20]，饮茹溪之流[21]，食湘波之鱼[22]，左抱幼妾，右拥嬖女[23]，与之驰骋乎高蔡之中[24]，而不以国家为事；不知夫子发方受命乎灵王[25]，系己以朱丝而见之也。蔡灵侯之事其小者也，君王之事因是以[26]，左州侯[27]，右夏侯，辇从鄢陵君与寿陵君，饭封禄之粟，而载方府之金，与之驰骋乎云梦之中[28]，而不以天下国家为事。而不知夫穰侯方受命于秦王[29]，填黾塞之内[30]，而投已乎黾塞之外。(《战国策·楚策四》)

【毛泽东评点】

老实说，我们的让步是有限度的，我们让步的阶段已经完结了。他们已经杀了第一刀，这个伤痕是很深重的。他们如果还为前途着想，他们就应该自己出来医治这个伤疤。“亡羊补牢，犹未为晚”。这是他们自己性命交关的大问题，我们不得不尽最后的忠告。

——《为皖南事变发表的命令和谈话》，载《毛泽东选集》，第2卷，人民出版社1991年版，第776页。

【注释】

（1）亡羊而补牢，羊跑掉了，再去修补羊圈，还不算晚。比喻发生错误以后，及时纠正、补救，还不算迟。亡，丢失。牢，牲畜圈。

（2）汤、武，商汤王和周武王，二人分别是商朝、周朝的建立者。

（3）桀、纣，夏桀和商纣，相传都是暴君。

（4）蜻蛉，即蜻蜓。

（5）虻，蝇一类飞虫。

（6）饴（yí 移），糖浆。

（7）黄雀，一种小鸟，雄的头顶及腰部黄褐色，叫声动听。

（8）噣，同“啄”。

（9）公子王孙，旧时对封建贵族子弟的称呼。

（10）招，射箭的靶子，目标。

（11）黄鹄（hú 胡），黄色的天鹅。《楚辞·惜誓》：“黄鹄之一举兮，知山川之纡曲；再举兮，睹天地之圜方。”朱骏声《说文通训定声·孚部》：“形似鹤，色苍黄，亦有白者，其翔极高，一名天鹅。”

（12）沼（zhǎo 找），水池。

（13）啮（niè 嗫），咬。

（14）翮（hé 合），鸟羽的茎。

（15）碆（bō 波）卢，射鸟用的石头箭头。

（16）矰缴（zēng zhuó 增浊），猎取飞鸟的射具。缴，系在箭上的丝绳。

（17）磡磻（hánbō 含波），锋利的箭头。

（18）鼐（nài 奈），大鼎。

（19）蔡灵侯，春秋时蔡国的国君，名般。

（20）巫山，在今重庆市东南。

（21）茹溪，在今重庆市巫山县北。

（22）湘，湘江，在今湖南省境内。

（23）嬖（bì 闭），宠爱。

（24）高蔡，古地名，故址在今河南省上蔡县。

（25）子发，楚灵王熊围的大将。

（26）君王，指楚顷襄王熊横。

（27）州侯，州侯、夏侯、鄢陵君、寿陵君，都是楚顷襄王幸臣的封号。

（28）云梦，简称为云或梦。地跨今湖北新州、安陆、云梦、钟祥、荆门、枝江、松滋、监利、洪湖等县。春秋、战国时楚王尝游猎于此。

（29）穰侯，秦国丞相魏冉的封号。秦王，秦昭王，姓嬴，名则。

（30）黾塞，古地名。故址在今河南省信阳市东南。

【赏析】

楚顷襄王熊横，迷恋声色，整天跟一些没有才能、专事谄媚或容貌取宠的幸臣在一起鬼混，不把国家大事放在心上。老臣庄辛苦口婆心劝告，熊横不听，庄辛便请求到赵国住一段时间，以静观事态发展。五个月后，秦国果然派大将白起攻打楚国，不但占领了许多地方，而且连楚国的都城郢都（今湖北江陵北）也攻占了。熊横流亡在城阳（今河南息县西北），想起招致亡国的原因，后悔当初不听庄辛的劝告，于是就派人驾车去赵国把庄辛接回来。庄辛回国后，向熊横谈了选自《战国策·楚策四》中这段文字中所载的这些话，使熊横感到触目惊心，于是，封庄辛为阳陵君，采用他的计划，收复了淮北一带失地。

庄辛在这篇谈话中，运用了一连串的生动的比喻，从生物界极小的蜻蜓谈到黄雀，从黄雀谈到黄鹄，最后谈到蔡灵侯和熊横自己，有力地论证了因贪图享乐以至亡身亡国的道理，鼓励熊横励精图治。文中保存的“亡羊补牢”这句谚语，数千百年来一直流传下来，人们常常用它来比喻受到损失、出了差错，遭到了失败后，想办法去补救。

毛泽东在《为皖南事变发表的命令和谈话》一文中，在对国民党反动派造成皖南事变表明了严正的抗议和揭露了其罪恶阴谋之后，要求国民党当局做几件事来补救他们的弥天大罪。毛泽东借用“亡羊补牢，犹未为晚”这句谚语，对他们做了“最后的忠告”，并且指出：“如若他们怙恶不悛，继续胡闹，那时，全国人民忍无可忍，把他们抛到茅厕里去，那就悔亡无及了。”大长了革命人民的志气，大灭了国民党反动派的威风。

【原文】

鹬蚌相持

赵且伐燕[(1)]，苏代为燕谓惠王曰[(2)]："今者臣来，过易水[(3)]，蚌方出曝[(4)]，而鹬啄其肉[(5)]，蚌合而拑其喙[(6)]。鹬曰：'今日不雨，明日不雨，即有死蚌。'蚌亦谓鹬曰：'今日不出，明日不出，即有死鹬。'两者不肯相舍，渔者得而并禽之[(7)]。今赵且伐燕，燕、赵久相支，以弊大众[(8)]，臣恐强秦之渔父也。故愿王之熟计之也。"惠王曰："善。"乃止。(《战国策·燕策二》)

【毛泽东评点】

你们不应该打边区，你们不可以打边区。"鹬蚌相持，渔人得利""螳螂捕蝉，黄雀在后"，这两个故事，是有道理的。

——《质问国民党》，载《毛泽东选集》，第 3 卷，人民出版社 1991 年版，第 905 页。

【注释】

（1）赵，战国时诸侯国名，故地在今河北南部、山西东部一带。且，将。燕，战国时诸侯国名，故地在今河北北部一带。

（2）苏代，游说之士，与苏秦是兄弟。一说是苏秦之兄。惠王，指赵惠文王。

（3）易水，水名，源出今河北易县。

（4）曝（pù 瀑），晒太阳。

（5）鹬（yù 欲），鸟名，褐色羽毛，长嘴，脚又细又长，常在浅水边或水田捕食小鱼、贝类。

（6）拑，夹住。喙（huì 会），鸟嘴。

（7）禽，同"擒"。

（8）弊，疲劳，用作动词，使之弊。

【赏析】

本文选自《战国策·燕策二》。文章写苏代借用“鹬蚌相持”的故事讽喻赵王，说明合纵（即东方六国联合抗秦）策略的意义。“鹬蚌相持，渔人得利”的成语，就是出自这则史事。它告诉人们，在错综复杂的矛盾斗争中，要警惕共同的敌人，不要因自己的固执，结果两败俱伤，让第三者坐收其利。

毛泽东在《质问国民党》一文中引用这则寓言旨在说明在抗日战争年代，国民党反动派发动反共浪潮进攻边区，只能是国共两党两败俱伤，使日本帝国主义坐收渔利，加深中华民族的灾难。

《牟子》 （汉）牟融

《牟子》，《隋书·经籍志》儒家类有《牟子》二卷，题汉太尉牟融撰，《新唐书·艺文志》著录入释家。据《出三藏记》及《弘明集》只作《牟子理惑》，不著撰人。《弘明集》注云："一名苍梧太守牟子博传。但牟融字子優，不字子博。或为形而误。我们姑以为牟融所撰。"牟融（？—79），字子優，汉安丘（今山东安丘西南）人。少博学，用大夏侯（腾）教授门徒数百人，名驰州里。历任司隶校尉、大鸿庐、大司农、司空、太尉等职。《后汉书》有传。

【原文】

对牛弹琴

公明仪为牛弹清角之操[(1)]，伏食如故[(2)]。非牛不闻，不合其牛矣。转为蚊寅之声[(3)]，孤犊之鸣，即掉尾奋耳，蹀躞而听[(4)]。（《牟子》）

【毛泽东评点】

"对牛弹琴"这句话，含有讥讽对象的意思。如果我们除掉这个意思，放进尊重对象的意思，那就只剩下讥笑弹琴者这个意思了。为什么不看对象乱弹一顿呢?

——《反对党八股》，载《毛泽东选集》，第3卷，人民出版社1991年版，第836页。

【注释】

（1）公明仪，人名。清角，四调名。角是五音之一。操，琴曲。

（2）如故，照旧。故，旧。

（3）蚊，蚊子。虻（méng 萌），似苍蝇而形体略大。此指牛虻，虻同“虻”。

（4）蹀躞（dié xiè 迭谢），小步走路。

【赏析】

“对牛弹琴”选自南朝梁代僧佑编辑的《弘明集》收录的《牟子理惑》残卷。这则寓言是把牛作为讽谕的对象，嘲笑它听不懂像“清角”那样高雅的乐曲，最多只能听些“蚊虻之声”“孤犊之鸣”。

毛泽东在《反对党八股》中使用了“对牛弹琴”这个典故，并对其含义作了新的解释，把那些不看对象，脱离实际，脱离群众的八股文章和无的放矢的倾向喻为“对牛弹琴”，形象地揭示了党八股的实质。

《新序》 （汉）刘向

汉代杂事小说集，刘向撰。今本十卷，系宋曾巩所校定，较原本三十卷已有残缺。全书分《杂事》五卷，《刺奢》一卷，《节士》一卷，《义勇》一卷，《善课》二卷，共计一百六十六章。采集舜、禹至汉代史实，分类编纂，所记史实与《左传》《战国策》《史记》等颇有出入，择取有度，笔削润色，形成了自己的风格，作者尚有《说苑》一书，性质与此相类。

刘向（前77—前6），字子政，本名更生，沛（今江苏沛县）人，汉代经学家、文学家。曾任谏议大夫、宗正等职。成帝时校书秘阁，撰成《别录》，是我国最早的目录学著作。所作辞赋《九叹》等三十九篇，大多散佚；另有《新序》《说苑》《列女传》等，今存。

【原文】

叶公好龙

叶公子高好龙(1)，钩以写龙(2)，凿以写龙(3)，屋室雕文以写龙(4)。于是天龙闻而下之，窥头于牖(5)，施尾于堂(6)。叶公见之，弃而还走(7)，失其魂魄，五色无主(8)。是叶公非好龙也(9)，好夫似龙而非龙者也(10)。(《新序·杂事》)

【毛泽东评点】

很奇怪，南昌方面传来消息，说蒋介石、张静江诸位先生的意见，颇不以湖南农民的举动为然。湖南的右派领袖刘岳峙辈，与蒋、张诸公一个意见，都说："这简直是赤化了！"我想，这一点子赤化若没有时，还成个什么国民革命！嘴里天天说"唤起民众"，民众起来了又害怕得要死，这和叶公好龙有什么两样!

——《湖南农民运动考察报告》，载《毛泽东选集》，第 1 卷，人民出版社 1991 年版，第 41—42 页。

【注释】

（1）叶（yè 业，旧读 shè 涉）公子高，姓沈，名诸梁，字子高。春秋时楚国贵族。封于叶，故称叶公。“叶”是春秋楚邑，在今河南叶县南。好（hào 号），喜欢，爱好。

（2）钩以，即“以钩”，用钩。钩，钩形的刀具。写，雕刻之意。

（3）凿，凿木用的工具。

（4）雕文，雕刻的花纹，图案。

（5）窥（kuī 亏），探看。牖（yǒu 有），窗户。

（6）施（yì 义），延伸。

（7）还（xuán 旋）走，掉转头就跑。走，跑。

（8）五色，古代以青、黄、赤、白、黑五色为正色。这里“五色”指人的脸色。

（9）是，这，指上面所说的情况。

（10）夫（fú 扶），那。

【赏析】

叶公好龙的故事，作者用朴实洗练的笔墨，向人们描绘了一个极富戏剧性的精彩场面：叶公有着特殊的爱好，殷切地期待看到真龙的形象。谁知当真龙出现在他面前时，他却吓得“弃而还走，失其魂魄，五色无主”。作者笔下的形象鲜明具体，语言凝练，描摹传神，使人如见其人，如闻其声，而其中的寓意深长，对那种徒摹虚华，不求实际的人有深刻的教育意义。

毛泽东同志引用这个典故，不仅深刻地揭露了蒋介石之流口谈革命，“嘴里天天说‘唤起民众’”，实际上“民众起来了又害怕得要死”的畏惧革命、反对革命的本质，而且教导我们：在观察、处理问题时，不要为表面假象所迷惑，应该详细观察，具体分析，区别对待。这可以说是毛泽东思想的特征之一，是值得珍视的。

《说苑》 （汉）刘向

汉代杂事小说集，西汉刘向撰。原二十卷，后仅存五卷，经宋曾巩搜辑，复为二十卷。全书内容分为君道、臣术、建本、立节、贵德等二十大类，纂辑先秦至汉代史事，杂以议论，借以阐明儒家的政治思想和伦理观念。书中的材料，经过刘向的笔削润色，人物性格突出，故事情节曲折，语言隽永，形成了饶有趣味的小说风格。《说苑》二十卷传本，以《四部丛刊》宋本为佳，今人校注本则以向宗鲁《说苑校证》（中华书局）较为精当。

【原文】

螳螂捕蝉，黄雀在后

吴王欲伐荆[1]，告其左右曰："敢有谏者死！"舍人有少孺子者欲谏不敢[2]，则怀丸操弹，游于后园，露沾其衣，如是者三旦[3]。吴王曰："子来，何苦沾衣如此。"对曰："园中有树，其上有蝉[4]，蝉高居悲鸣饮露，不知螳螂在其后也[5]；螳螂委身曲附，欲取蝉，而不知黄雀在其旁也[6]；黄雀延颈，欲啄螳螂，而不知弹丸在其下也。此三者皆欲务得其前利，而不顾其后之患也。"吴王曰："善哉！"乃罢其兵。（《说苑·正谏》）

【毛泽东评点】

假如你们也没有什么对付日本人的"蒙汗药""定身法"，又没有和日本人订立默契，那就让我们正式告诉你们吧：你们不应该打边区，你们不可以打边区。"鹬蚌相持，渔人得利""螳螂捕蝉，黄雀在后"，这两个故事，是有道理的。

——《质问国民党》，载《毛泽东选集》，第 3 卷，人民出版社 1991 年版，第 905 页。

【注释】

（1）吴王，即吴王僚（？—前 515），春秋时吴国国君。一名州于。公元前 526—前 515 年在位。屡次兴兵伐楚。后为专诸刺死。荆，国名，春秋楚国的古称。

（2）舍人，官名。皇帝的传从官。《汉书·高帝纪》颜师古注："舍人，亲近左右之通称也。"孺子，儿童的通称。

（3）三旦，三天。旦，天明，早晨。

（4）蝉，昆虫纲蝉科动物的通称。又名知了、蜘蟟。

（5）螳螂，昆虫名。体形较大，色黄褐、暗褐或绿色。生有一对镰刀状的粗大前足，用以捕食害虫，故为益虫。

（6）黄雀，鸟名。也叫芦花黄雀。雄鸟上体浅黄带绿，雌者上体微黄有褐色条纹。

【赏析】

这则寓言故事，抓住蝉、螳螂、黄雀三种动物之间的关系进行生动具体的描绘：螳螂一心在捕蝉，不知道黄雀在后面正打算要吃它。比喻只看见眼前有利可图，不知道祸害就在后面。后来，人们又把这个优美的故事，用来比喻双方不知，让第三者占便宜的愚蠢行为。

毛泽东同志借用这个长期流传于中国民间的故事，警告国民党蒋介石，严正要求他们停止进攻解放区，停止其他危害民族利益、使日本侵略者从中渔利的祸国殃民的反动行径。

《列异传》 （魏）曹丕

志怪小说集。内容大都记述怪异之事，多荒诞不经。原书已亡佚，鲁迅辑得五十则，编入《古小说钩沉》。

关于《列异传》的作者，《隋书·经籍志》谓："《列异传》三卷，魏文帝撰。"《后汉书注》《初学记》所引，也题魏文帝作。看来唐人都认为这部书是魏文帝所作，这不会没有根据。但按《列异传》所记内容，有些是魏文帝以后的事情，显然不是魏文帝的手笔。唐以后的《旧唐书·经籍志》《新唐书·艺文志》都题作晋张华撰。据此，我们现在只能推测很可能是魏文帝原作，又经后人增益，唐人和宋人看到的可能是不同的本子。南朝宋裴松之《三国志注》、后魏郦道元《水经注》都引用过此书，那么说它是魏晋人的作品，是不会错的。

曹丕（187—226）即魏文帝。字子桓，沛国谯县（今安徽亳州）人，三国时魏的建立者、文学家，曹操次子。操死，他袭位为魏王，不久代汉称帝，都洛阳，国号魏。爱好文学，能诗，《燕歌行》是现存最早的文人七言诗。另有《典论·论文》，是我国较早的文学批评著作。《列异传》也系于他的名下，学界多疑为伪托。有《魏文帝集》。

【原文】

宋定伯捉鬼

南阳宋定伯[1]，年少时，夜行逢鬼，问曰："谁？"鬼曰[2]："鬼也。"鬼曰："汝复谁？"定伯诳之[3]，言："我亦鬼。"鬼问："欲至何所？"答曰："欲至宛市[4]。"鬼言："我亦欲至宛市。"遂行。数里，鬼言："步行太亟[5]，可共递相担也[6]，何如？"定伯曰："大善！"鬼便先担定伯数里。鬼言："卿太重[7]，将非鬼也[8]？”定伯言：“我新鬼，故身重耳。”定伯因复担鬼，鬼略无重[9]。如是再三。

定伯复言：“我新鬼，不知鬼悉何所畏忌？”鬼答言：“唯不喜人唾[10]。”于是共行。道遇水，定伯令鬼先渡，听之，了无声音[11]。定伯自渡，漕漼作声[12]。鬼复言：“何以作声？”定伯曰：“新死不习渡水故耳，勿怪吾也。”行欲至宛市[13]，定伯便担鬼著肩上[14]，急持之[15]。鬼大呼，声咋咋然[16]，索下[17]。不复听之。径至宛市中下，着地化为一羊。便卖之。恐其变化，唾之。得钱千五百，乃去。

于时石崇言[18]：“定伯卖鬼，得钱千五百文。”（晋人作《列异传》，唐·释道世《法苑珠林》卷十引）

【毛泽东评点】

1961年1月4日，上午十点四十分，毛泽东办公室打电话到文学研究所，通知何其芳立即到中南海去，毛泽东有指示。……

十一时许，何其芳到颐年堂毛泽东住处。说到《不怕鬼的故事》的序文，毛泽东说：你的问题我现在才回答你。除了战略上藐视，还要讲战术上重视。对具体的鬼，对一个一个的鬼，要具体分析，要讲究战术，要重视。不然，就打不败它。你们编的书上，就有这样的例子。……还有《宋定伯捉鬼》。鬼背他过河，发现他身体重。他就欺骗它，说他是新鬼。“新鬼大，旧鬼小。”所以它重嘛。他后来又从鬼那里知道鬼怕什么东西，就用那个东西治它，就把鬼治住了。你可以再写几百字，写战术上重视。

——何其芳：《毛泽东之歌》，载《人民文学》1977年第9期。

【注释】

（1）南阳，郡名，秦置，辖境在今河南西南部及湖北北部。

（2）以上六字《法宛珠林》原作“鬼寻复问之”，据《太平御览》卷八八四改。

（3）诳（kuāng 匡），欺骗、迷惑。

（4）宛市，宛，今河南南阳市。市，市集。

（5）步行太亟，亟，原作迟，据《太平御览》改。亟，疲乏。

（6）共递相担，互相轮换肩负。也可作互相轮换背负解释。递，轮流交替。担，扛在肩上。

（7）卿，古代第二人称代名词的一种。秦汉以来君呼臣以卿，地位相等的人也互相呼为卿。

（8）将非鬼也，怕不是鬼吧？将，这里是疑问词“莫非”“或者”的意思。也，相当于普通话里“吗”“吧”等疑问口气的助词。

（9）略无重，几乎没有重量。

（10）唾，唾沫。下文“唾之”的“唾”做动词用。

（11）了无声音，一点没有声音。

（12）漕漼（cáo cuī 曹璀），形容涉水的声音。

（13）行欲，将要。

（14）原作“头”上，这里从《太平广记》。

（15）急，紧紧地抓住它。

（16）咋咋（zhà 诈），形容鬼叫的声音。

（17）索下，要求放下。

（18）石崇，字季伦，晋代最富有的贵族。

【赏析】

《法苑珠林》卷十、《太平御览》卷八八四、《太平广记》卷三二一都载有这篇故事，文字有些差异（如“宋定伯”有作“宗定伯”的），但都说出《列异传》，今已不存，鲁迅《中国小说史略》断定，为魏晋人作。石崇生于魏嘉平元年，距魏亡仅十七年。此篇引石崇的话，可见《列异传》作于晋代。《艺文类聚》卷九十四、《太平御览》卷八二八也载有这个故事，但比较简单，又说出《搜神记》。干宝《搜神记》原书今也不存。明朝人从类书和其他书籍辑录而成的二十卷本《搜神记》卷十六也收入了这篇故事，文字却接近《法苑珠林》，并非《艺文类聚》卷九十四、《太平御览》卷八二八所载《搜神记》原文。

世界上并没有鬼。相信有鬼是一种落后的思想，一种迷信，一种怯懦的表现。这已经成为今天人们的常识了。

但在从前，人们并不是这样看的。许多人相信有鬼，而且怕鬼。这是无足奇怪的。人对于自然现象和社会现象还不能科学地去理解的时候，他不可能不有各种各样的迷信。何况那时的反动统治阶级还要利用鬼神来愚弄人民，吓唬人民，巩固他们的统治呢。

今天看来，值得我们惊异的倒不在于当时有鬼论者之多，而在于当有鬼论者占优势的时候，还是有主张无鬼论的少数派。出自《列异传》的《宋定伯捉鬼》，写得很有兴味，也很有意义。你看这个年少时就敢于捉鬼的人，他不但胆大，而且是心细的。他不但夜行遇鬼，毫不畏惧，精神上完全处于主动的地位，而且善于根据具体情况采取适当的办法，使他遇到的鬼从头到尾都在他的掌握之中。最初，鬼问他是谁，他就麻痹它，说“我亦鬼”。鬼建议两者轮流背着走。鬼发现他太重，疑惑他不是鬼。他又一次地麻痹它说：“我新鬼，故身重耳。”他们过河，鬼涉水无声，他却有声。鬼又怀疑了，问他：“何以作声？”他第三次麻痹它：“新死不习渡水故耳。勿怪吾也。”他不但一直使鬼为假象所迷惑，而且还从它的口中探听出来了制服鬼的办法。他说他是新鬼，不知道鬼畏忌什么。鬼告诉他“唯不喜人唾”。后来鬼变成了羊，他就用唾沫唾它，使它不能再变化逃走。这个鬼就是这样终于为他所捕获了。这个故事不正是表现了这个捉鬼的人不但在整个精神上藐视鬼，而且在具体对待它的时候又很谨慎、很有智谋吗？

今天，在战略上藐视和战术上重视敌人的思想仍有指导意义。我们的社会主义事业正在胜利前进，但前进的道路不会一帆风顺，还会有坎坷，有曲折，有困难，国际上由对抗转为对话，总的来看对我们有利，但各种摩擦不断，国内的党风不正，贪污受贿，走私骗税，乃至天灾人祸，都是我们遇到的“鬼”，但只要我们思想解放，战略战术得法，都能战而胜之。

《三五历记》 （三国）徐整

《三五历记》，三五即三皇五帝。三皇，指伏羲氏、神农氏、黄帝。五帝指黄帝、颛顼、帝喾、唐尧、虞舜。三皇五帝，泛指远古帝王。顾名思义，《三五历记》当是记载我国远古史事的书。三国时代吴国徐整作。徐整生平未详。此书已佚，《盘古开天地》引自宋代李昉编《太平御览》。

【原文】

盘古开天地

天地浑沌如鸡子[(1)]，盘古生其中[(2)]。万八千岁，天地开辟，阳清为天，阴浊为地。盘古在其中。一日九变[(3)]，神于天[(4)]，圣于地[(5)]。天日高一丈，地日厚一丈，盘古日长一丈。如此万八千岁，天数极高，地数极深，盘古极长。故天去地九万里。（李昉等《太平御览》（二）引三国吴徐整《三五历记》）

【毛泽东评点】

讲到长征，请问有什么意义呢？我们说，长征是历史记录上的第一次，长征是宣言书，长征是宣传队，长征是播种机。自从盘古开天地，三皇五帝到如今，历史上曾经有过我们这样的长征吗？

——《论反对日本帝国主义的策略》，载《毛泽东选集》，第1卷，人民出版社1991年版，第149—150页。

……自从盘古开天辟地以来，我们不晓得造飞机、造汽车，现在开始能造了。

——《论十大关系》，载《毛泽东选集》，第5卷，人民出版社1977年版，第271页。

【注释】

(1)浑沌，亦作混沌，古人想象中世界开辟以前的状态。《白虎通·天地》："混沌相连，视之不见，听之不闻。"

(2)盘古，盘古氏，神话人物，我国神话中开天辟地首出创世的人。

(3)一日九变，指天地开辟之初，一天九变，处于一种不稳定的状态。

(4)神于天，指盘古的变化比天还神妙。

(5)圣于地，指盘古的变化比地的变化技术还高超。圣，学问技术有特高成就。

【赏析】

这篇优美的神话，在民间传说中还增添了盘古奋力挥动板斧劈开浑沌的情节，充分表现了我国人民征服自然的理想和智慧。"盘古开天地"便由此而来，比喻人类社会的开始或世界的开端。盘古也成了我国老少皆知的神话人物。

毛泽东同志在《论反对日本帝国主义的策略》一文中使用"盘古开天地"这个典故，目的是批驳叛徒张国焘对长征的诬蔑，说明长征是我国历史记录上的第一次，教育全党提高对长征重大意义的认识。在《论十大关系》中讲到"经济建设和国防建设的关系"时再次使用"盘古开天辟地"的典故，在于说明我国在国防建设上取得的可喜成就，说明国防建设的重要性与必要性。

《博物志》（晋）张华

西晋志怪小说集，西晋张华撰。全书十卷，多取材于古书，分类记载异境奇物及古代琐闻杂事，也有怪诞不经的神仙方技故事，其中还保存了不少古代神话的资料，对于研究中国古代文学和历史都有一定的参考价值。原书已佚，今本由后人搜集而成。

张华（232—300），字茂先，范阳方城（今河北涿州）人。西晋大臣、文学家。晋初任中书令，加散骑常侍。惠帝时任侍中、中书监、司空。后被赵王（司马伦）和孙秀所杀。以博闻强记著称。其诗词藻华丽，后人评为“儿女情多，风云气少”（《诗品》）。原有集，已散佚，后人辑有《张司空集》。另撰有《博物志》。

【原文】

湘妃啼竹

尧之二女[(1)]，舜之二妃[(2)]，曰湘夫人[(3)]。舜崩[(4)]，二妃啼，以涕挥竹，竹尽斑[(5)]。（《史补》）

【毛泽东评点】

九嶷山上白云飞，帝子乘风下翠微。斑竹一枝千滴泪，红霞万朵百重衣……

——《七律·答友人》，载《毛泽东诗词集》，中央文献出版社 1996 年版，第 118 页。

【注释】

（1）尧，传说中父系氏族社会后期部落联盟领袖。陶唐氏，名放勋，史称唐尧。尧有两个女儿，名叫娥皇、女英。

（2）舜，传说中父系氏族社会后期部落联盟领袖。姚姓，有虞氏，名重华，史称虞舜。传说他以尧之二女为妃。妃，配偶，妻。

（3）湘夫人，即娥皇、女英，相传她们死后为湘水之神，又称湘夫人。

（4）崩，旧称皇帝死为崩。《礼记·曲礼下》：“天子死曰崩。”

（5）竹尽斑，竹子都长满了斑点或花纹。斑，颜色驳杂不一，也指杂色的花纹或斑点。

【赏析】

本文选自张华《博物志·史补》。湘妃啼竹的故事又见于《述异记》：“舜南巡，葬于苍梧之野，尧之二女娥皇、女英，追之不及，相与恸哭，泪下沾竹，文悉为之斑斑然。”《群芳谱·竹谱》：“斑竹即吴地称湘妃竹者，其斑如泪痕。”故事则更加完善合理。这个美丽的神话，作为湘人的毛泽东自然是熟知的。1961 年，毛泽东有感于湖南三位友人周世钊、李达、乐天宇以土产和诗相赠，其中一位友人赠送的一枝采自九嶷山的斑竹引发了诗人的无限遐想，写下了著名的《七律·答友人》：“九嶷山上白云飞，帝子乘风下翠微。斑竹一枝千滴泪，红霞万朵百重衣……”由古老的美丽神话，想到故乡的山水，想到故乡的亲人，想到亲密的霞姑（杨开慧）。借古志神话，叙写自己的一段生活。抒发诗人的美好情思，遂成不朽之作。

《搜神记》 （晋）干宝

志怪小说集，干宝撰。其主旨虽在“发明神道之不诬”，宣传迷信，但由于不少故事来自民间，故保留了许多优美的神话故事和民间传说，故事完整，情节曲折，语言生动，是魏晋志怪小说的代表作，对后世小说、戏曲有很大的影响。《搜神记》原书三十卷，已散佚。今存二十卷，是明人据类书辑录而成，现有汪绍楹校注本较佳。

干宝，字令升，新蔡（今河南新蔡）人，东晋史学家、文学家。勤学博览，并好阴阳术数。元帝时以著作佐郎领修国史，著《晋纪》，时称良史。又编有神怪灵异故事集为《搜神记》。《晋书》有传。

【原文】

干将莫邪

楚干将莫邪为楚王作剑，三年方成。王怒，欲杀之。剑有雌雄。其妻重身当产[1]，夫语妻曰：“吾为王作剑，三年乃成。王怒，往必杀我。汝若生子是男，大[2]，告之曰：‘出门望南山，松生石上，剑在其背。’”于是即将雌剑往见楚王。王大怒，使相之[3]：“剑有二，一雄一雌。雌来雄不来。”王怒，即杀之。

莫邪子名赤[4]，比后壮[5]，乃问其母曰：“吾父所在？”母曰：“汝父为楚王作剑，三年乃成。王怒，杀之。去时嘱我，语汝子：出户望南山，松生石上，剑在其背。”于是子出户南望，不见有山，但睹堂前松柱下，石低之上[6]，即以斧破其背，得剑。日夜思欲报楚王[7]。

王梦见一儿，眉间广尺[8]，言欲报仇。王即购之千金[9]。儿闻之，亡去[10]，入山行歌[11]。客有逢者，谓：“子年少，何哭之甚悲耶？”曰：“吾干将、莫邪子也，楚王杀吾父，吾欲报之。”客曰：“闻王购子头千金，将子头与剑来，为子报之。”曰：“幸甚！”即自刎，两手捧头及剑奉之，立僵[12]。客曰：“不负子也。”于是尸乃仆。

客持头往见楚王，王大喜。客曰：“此乃勇士头也，当于汤镬煮之[13]。”王如其言。煮头三日三夕，不烂。头踔出汤中[14]，瞋目大怒。客曰：“此儿头不烂。愿王自往监视之，是必烂也。”王即临之。客以剑拟王[15]，王头随堕汤中。客亦自拟己头，头复堕汤中。三首俱烂，不可识别，乃分其汤肉葬之，故通名“三王墓”。今在汝南北宜春县界[16]。（《搜神记》）

【毛泽东评点】

林克说：1959年11月，毛泽东在杭州组织读书小组，……在这期间，他曾跟随毛泽东去爬山，爬的是杭州郊外位于德清县境内的莫干山。

当时，潇潇秋雨把杭州的空蒙山色衬托得婀娜妩媚。毛泽东、罗瑞卿、田家英、李银桥、吴旭君等同志同去莫干山。

莫干山离杭州六十多公里。汽车盘桓于山中。毛泽东一行说古道今，谈笑风生。

据说，春秋时吴王阖闾派铸剑工匠和他的妻子莫邪，到这里铸就一对雌雄宝剑。炉火烧旺以后，铁石不熔化，莫邪听说必须有个女子身殉炉神才能成功，她就纵身炉中。身亡剑就，取名莫邪、干将。后人为纪念他们，把这座山叫做莫干山。

在传说莫邪、干将铸剑的池水旁，屹立着一块巨大的磨剑石，四壁石崖有多处题刻。毛泽东驻足片刻，喃喃自吟：“十年磨一剑，霜刃未曾试。”

莫干山历来有“清凉世界”之称，时值深秋，枫叶正红，翠竹深处亭阁掩映，景色奇丽。山行道上，毛泽东情不自禁，晃头晃脑，边走边吟起了古人描绘莫干山的诗句：“参差楼阁起高岗，半为烟遮半树藏，百道泉源飞瀑布，四周山色蘸幽篁。”

——李林达：《情满西湖》，中央文献出版社1993年12月版，第118—119页。

【注释】

（1）重（chóng 虫）身，身中有身，指怀孕。

（2）大，做动词用，意思是长大之后。

（3）相（xiāng 湘），察看。

（4）莫邪子名赤，《太平御览》卷三六四引《吴越春秋》作“眉间尺”。鲁迅《古小说钩沉》辑《列异传》作“赤鼻”。

（5）比，等到。

（6）石低之上，“低”，疑作“砥”，即础石。

（7）报楚王，向楚王报仇。报，报仇，报复。

（8）眉间广尺，两眉之间的距离宽达一尺。

（9）购之千金，悬千金重赏捉拿他。

（10）亡去，逃走了。亡，逃跑。

（11）行歌，一面走，一面唱。

（12）立僵，尸首立不倒。

（13）汤镬（huò 获），煮汤的大鼎。古时无足的鼎叫镬。《淮南子·说山训》：“尝一脔肉，知一镬之味。”高诱注：“有足曰鼎，无足曰镬。”

（14）踔（chuō 戳），跳跃。

（15）拟，揣度，这里引申为对准的意思。

（16）汝南，古郡名。北宜春县，在今河南汝南县西南六十里，西汉置，后为侯国，东汉改为北宜春。

【赏析】

干将（jiāng 江）、莫邪（yé 爷）皆人名，为夫妇，善铸剑。传说春秋时吴王阖闾请干将铸剑，铁铜不熔化。干将说起自己的老师“冶金铁之类不销，夫妻俱入冶炉中，然后必成物”的事，其妻莫邪“乃断发剪爪投入炉中”“金铁刀濡，遂以成剑”“阳曰干将，阴曰莫邪”，干将匿其阳出其阴而献之，阖闾甚重。事见汉赵晔《吴越春秋·阖闾内传第四》。这是干将莫邪故事的雏形，赞扬了干将莫邪夫妇精湛的铸剑技艺。内容比较单纯。毛泽东同志一行人游览莫干山时，议论风生地谈论的干将莫邪的故事，大致与此相同。这个故事后来又加演变，情节更复杂，内容更丰富。主旨也发生了变化。像我们选录的《搜神记》中的干将莫邪故事，主要表现了统治阶级的凶恶和人民的坚强反抗。残暴的楚王怕干将莫邪又去给别人铸剑，借口杀了干将，还下令搜捕他的儿子，想要斩草除根，用心险恶。可是干将并不甘心无辜送命，而叮嘱妻子报仇。其子赤为了报父仇，不惜自刎献头，何等壮烈！那位侠客，路见不平，拔刀相助，多方设计，并豁出性命去刺杀楚王，又是何等的机智、义勇，他的代人行刺，不仅是人民团结互助的伟大精神的体现，也是大家对统治者具有共同的刻骨仇恨的说明。

《世说新语》 （南朝·宋）刘义庆

笔记小说集，南朝宋临川王刘义庆撰，梁刘孝标注。旧题《世说新书》，简称《世说》。今存本《世说新语》三卷，为宋人晏殊所删并，不知何人加“新语”二字。全书按内容分为德行、言语、政事、文学、方正、雅量、识鉴、巧艺等三十六门。记录汉末到东晋年间遗闻逸事，反映了这个时期士族的生活和风尚。文字简练，清新隽永，人物肖像、精神面貌，历历如绘，具有较高的文学价值。此书在中国小说中自成一体，后世写作逸闻琐事之语，多受其影响，仿作也不少。书中不少故事成为诗词中常用的典故，有的成为戏剧小说的素材，故此书在中国文学史上有重要地位。刘孝标的注，引书多达四百余种，现多已散佚，所以也极有价值。

刘义庆（403—444），彭城（今江苏徐州）人，为刘宋王朝武帝刘裕的侄子，袭封临川王。历任散骑常侍、尚书左仆射、中书令等要职。性情简素，爱好文学，门下招聚了不少才学之士。著作颇多，其中以《世说新语》和《幽明录》最有名，影响很大。

【原文】

别无长物

王恭从会稽还[(1)]，王大看之[(2)]。见其坐六尺簟[(3)]，因语恭：“卿东来[(4)]，故应有此物，可以一领及我[(5)]。”恭无言。大去后，即举所坐者送之。既无余席，便坐荐上[(6)]。后大闻之，甚惊，曰：“吾本谓卿多[(7)]，故求耳。”对曰：“丈人不悉恭[(8)]。恭作人，无长物[(9)]。”（《世说新语·德行》）

【毛泽东评点】

都市苦力工人的力量也很可注意。以码头搬运夫和人力车夫占多数。粪夫清道夫等亦属于这一类。他们除双手外，别无长物，其经济地位和产业工人相似，惟不及产业工人的集中和在生产上的重要。

——《中国社会各阶级的分析》，载《毛泽东选集》，第 1 卷，人民出版社 1991 年版，第 8 页。

【注释】

（1）王恭，字孝伯，东晋太原晋阳（今山西太原）人。曾任前将军、兖青二州刺史、中书令等职，后因讨王愉兵败被杀。为人清廉严峻。会（kuài 贵）稽，郡名，治所在山阴（今浙江绍兴）。

（2）王大，名忱，字元达，小字佛大，也称阿大。东晋太原晋阳人，官至荆州刺史。看之，看望他（王恭）。

（3）簟（diàn 店），竹席。

（4）卿，六朝时，尊者常称卑者为“卿”，同辈亲近也称“卿”。王恭是王忱的侄子，所以忱称恭为“卿”。东来，从东边来。会稽在东晋国都建业（今江苏南京）以东，故这样说。

（5）可以一领及我，可以把一条竹席送给我。可，可以。以，把。领，条。

（6）荐，垫席，草垫子。

（7）谓，以为。

（8）丈人，古时对老人或长辈的尊称。悉，知道，了解。

（9）长（zhàng 张）物，多余的东西。长，多。《吕氏春秋·观世》：“此治世之所以短，而乱世之所以长也。”高诱注：“短，少；长，多也。”

【赏析】

这个故事，主要是宣扬东晋王恭做官清正廉洁，不置产业，当然也就不贪污受贿。你看，王恭做了那么大的官，连一条多余的竹席都没有，他坐的竹席送给王忱后，他只有坐草垫子。仅此一端，就写出了王恭的廉洁。王恭的人生信条“恭作人，无长物”，也便演变成“别无长物”，形容没有多余的东西。

毛泽东同志在《中国社会各阶级的分析》中用“别无长物”来描述“都市苦力工人”的阶级地位和极端贫困的生活，极为贴切。

【原文】

千岩竞秀

顾长康从会稽还[(1)]，人问山川之美。顾云：“千岩竞秀[(2)]，万壑争流[(3)]，草木蒙笼其上，若云兴霞蔚[(4)]。”（《世说新语·言语》）

【毛泽东评点】

1959年7月1日，毛泽东写下《七律·登庐山》，诗前曾有一小序：“一九五九年六月二十九日登庐山，望鄱阳湖、扬子江。千峦竞秀，万壑争流，江日东升，成诗八句。”

——董学文等：《毛泽东的文艺美学活动》，高等教育出版社1995年版。

【注释】

（1）顾长康（约345—406），字长康，名恺之，小字虎头，晋陵无锡（今江苏无锡）人，东晋画家。山阴，今浙江绍兴。

（2）岩，山崖。

（3）壑，坑谷，深涧。

（4）兴，起。蔚，云聚起之状。今多作“云蒸霞蔚”，形容绚烂缛丽。

【赏析】

这则故事中，东晋著名画家顾恺之描绘了山阴道上的美丽景色：“千岩竞秀，万壑争流，草木蒙笼其上，若云兴霞蔚。”几句话把山阴重山迭岭、新丽绚烂的山川之美描写了出来，成为有名的佳句。

毛泽东用“千峦竞秀，万壑争流”来状写庐山地区的江河胜景十分贴切。

【原文】

应接不暇

王子敬云[1]：“从山阴道上行[2]，山川自相映发[3]，使人应接不暇[4]，若秋冬之际[5]，尤难为怀。”（《世说新语·言语》）

【毛泽东评点】

察其原因，不外有少数顽固分子，不顾民族国家利益，恣意妄为。甚有为日寇所利用，假借名义，作为掩护其阴谋活动的工具。数月以来，各县人民纷纷报告，请求制止，日必数起，应接不暇。

——《陕甘宁边区政府第八路军后方留守处布告》，载《毛泽东选集》，第2卷，人民出版社1991年版，第402页。

【注释】

（1）王子敬，即王献之（344—386），字子敬，晋琅琊临沂（今山东临沂）人，居会稽山阴。羲之第七子，著名书法家，与父羲之并称为“二王”。累官至中书令。

（2）山阴，旧县名。秦置。因在会稽山之阴（北）而得名。治所在今浙江绍兴。

（3）映发，辉映。

（4）应接不暇，美景众多，来不及欣赏。

（5）若，如果。

【赏析】

这则故事写居住在山阴的著名书法家对当地山水之美的由衷赞美：在山阴道上行走，山峰河川互相辉映，美不胜收。如果在秋冬之交，景色特别美，尤其让人难以控制激动的感情，这就是“应接不暇”这个成语的来历。故事中洋溢着对祖国山河之美的热情赞美，传为美谈。

1938 年 5 月 15 日，毛泽东同志为陕甘宁边区政府和第八路军后方留守处起草的布告引用了这个典故，是说明广大人民群众积极反对蒋介石集团破坏成立不久的国共合作，保护革命的利益。

【原文】

不甚了了

孔文举年十岁[(1)]，随父到洛[(2)]。时李元礼有盛名[(3)]，为司隶校尉[(4)]。诣门者皆俊才清称及中表亲戚[(5)]，乃通[(6)]。

文举至门，谓吏曰：“我是李府君亲[(7)]。”既通，前坐。元礼问曰：“君与仆有何亲[(8)]？”对曰：“昔先君仲尼与君先人伯阳有师资之尊[(9)]，是仆与君奕世为通好也[(10)]。”元礼及宾客莫不奇之。

太中大夫陈韪后至[(11)]，人以其言语之，韪曰：“小时了了[(12)]，大未必佳。”文举曰：“想君小时，必当了了。”韪大踧踖[(13)]。（《世说新语·言语》）

【毛泽东评点】

每年国家预算要三榜定案。就是说，我们中央委员会的同志，还有一些有关同志，开三次会，讨论定案。这样就使大家都能了解预算的内容。不然，总是经手的同志比较了解，而我们这些人就是举手，但是懂不懂呢？叫做又懂又不懂，不甚了了。

——《在中国共产党第八届中央委员会第二次全体会议上的讲话》，载《毛泽东选集》，第 5 卷，人民出版社 1971 年版，第 315 页。

【注释】

（1）孔文举（153—208），名融，文举是他的字，鲁国（今山东曲阜）人，汉末著名文学家。孔子二十四世孙。曾任北海（今山东寿光）相，人称“孔北海”，还任过少府、太中大夫等职。他性情刚直，直言不讳，后因反对曹操被杀。

（2）洛，今河南洛阳市。

（3）李元礼（110—169），名膺，字元礼，颍川襄城（今河南襄城）人，曾任司隶校尉。为人正直，太学中称为“天下楷模李元礼”，士人以被他接见为荣幸，名为“登龙门”，可见名声之盛。后谋诛宦官被杀。

（4）司隶校尉，官名。汉武帝始置，掌管纠察京师百官及所辖附近各郡，相当于州刺史。魏晋以后，司隶校尉所辖区域改州，称“司州”。

（5）诣（yì艺），到，前往。俊才，才智出众的人。清称，有清高称誉的人。中表亲戚，古代称父亲的姐妹（姑母）的儿子，为外兄弟；称母亲的兄弟（舅父）和姐妹（姨母）的儿子为内兄弟。外为表，内为中，合称“中表兄弟”。

（6）通，通报，传达。

（7）李府君，指李膺。府君，汉时对太守的称呼。

（8）仆（pú璞），指“我”，古代的谦称。

（9）昔，从前。先君，先人，指祖先。仲尼，即孔子（前551—前479），名丘，字仲尼，春秋时鲁国（今山东曲阜）人，我国古代著名思想家、教育家、儒家学派的创始人。伯阳，即老子，姓李，名耳，字伯阳，春秋时楚国（今河南鹿邑）人，道家学派创始人。师资之尊，师生之谊。《史记·老庄申韩列传》：“孔子适周，将问礼于老子。”

（10）是，这样看来。奕世，累世，世世代代。

（11）太中大夫，官名。秦始置，掌议论。隋以后为散官。陈韪（wěi伟），《后汉书》作陈炜，生平不详。

（12）了了，聪明，通晓事理。晋袁宏《后汉纪·献帝纪》：“小时了了者，至大亦未能奇也。”

（13）踧踖（cù jí促及），本意是恭敬的样子，此指局促不安之态。

【赏析】

这则故事写汉末著名文学家孔融十岁时的一次社交活动：他主动到名望很高的李膺家里做客，说话得体，受到名士们的称赞，而掌议论的大夫陈韪不以为然，说是："小时了了，大未必佳。"孔融反唇相讥："想君小时，必当了了。"弄得陈韪局促不安。后来这个故事便深化成"不甚了了"，意思是模模糊糊，不十分明白。

毛泽东同志在报告中引用"不甚了了"这个成语，是要求中央委员会的同志对国家预算虽然不像经手的同志那么懂得，但应当都"了解预算的内容"，以期集中大家的智慧，把国家预算工作做得更好。

【原文】

覆巢之下，将无完卵

孔融被收[1]，中外惶怖[2]。时融儿大者九岁，小者八岁。二儿故琢钉戏[3]，了无遽容[4]。融谓使者曰："冀罪止于身，二儿可得全不[5]？"儿徐进曰："大人岂见，覆巢之下[6]，复有完卵乎？"寻亦收至[7]。（《世说新语·言语》）

【毛泽东评点】

目前日本进攻绥远，陕甘受其威胁。覆巢之下，将无完卵。

——《给杨虎城的信》，载《毛泽东文集》，第1卷，人民出版社1993年版，第416页。

【注释】

（1）收，拘捕。《诗经·大雅·瞻印》："此宜无罪，汝反收之。"

（2）中外，朝廷内外，中央与地方。

（3）故，依然。琢钉戏，古时一种儿童游戏。清周亮工《书影》卷三："金陵童子有琢钉戏：画地为界，琢钉其中，先以小钉琢地，名曰签；以签之所在为主，出界者负；彼此不中者负，中而触所主签亦负。"

（4）了无遽容，全无着急的神色。

（5）可得全不，可以保全吗？不，同"否"，不能。

（6）覆巢，捣翻的鸟窝。

（7）寻，不久。

【赏析】

这个故事写孔子二十四世孙、建安七子之一的名士孔融因反对曹操被拘捕时，孔融希望不要株连到他的儿子，其子却清楚地认识到，“覆巢之下，将无完卵”。以后成为有名的典故，比喻整体遭殃，个体不能幸免。

毛泽东同志在 1936 年 8 月 13 日《致杨虎城的信》中引用了这个故事，日本早已侵占了东北，这时又进攻“绥远”，杨虎城的势力范围“陕甘受到威胁”。当时蒋介石对日仍实行不抵抗主义，对内坚持反共。杨虎城作为西北军的爱国将领，对国民党的政策十分不满，倾向于抗日。毛泽东用这个典故，晓以利害，为实现抗日统一战线而对杨虎城做说服工作，从随后发生的“西安事变”看，收到了良好的效果。

【原文】

自相煎艾

文帝尝令东阿王七步中作诗[(1)]，不成者行大法[(2)]。应声便为诗曰：“煮豆持作羹[(3)]，漉菽以为汁[(4)]。萁在釜下然[(5)]，豆在釜中泣[(6)]。本自同根生[(7)]，相煎何太急！”帝深有惭色。(《世说新语·文学》)

【毛泽东评点】

先生北方领袖，爱国宁肯后人？保卫绥远，保卫西北，保卫华北，先生之责，亦红军及全国人民之责也。今之大计，退则亡，抗则存；自相煎艾则亡，举国奋战则存。

——《给傅作义的信》，《毛泽东文集》，第 1 卷，人民出版社 1991 年版，第 422 页。

【注释】

（1）文帝，即曹丕（187—226），曹操次子，曹操死后，继承王位。公元 220 年迫使汉献帝禅位，自立为帝，国号魏。谥号文。东阿王，即曹植（192—232），字子建，曹丕同母弟，封陈王，复封东阿，世称东阿王，谥号思，又称陈思王，著名诗人。相传曹丕忌其才，常迫害他，曾令他七步中作诗。

（2）大法，国家的重要法令。此指大刑，即死刑。《后汉书·阜陵质王延传》："先帝不忍亲亲之恩，枉屈大法，为王受愆。"

（3）羹，用菜、肉等做成的汤。

（4）漉（lù 鹿），过滤。菽，大豆。

（5）然，通"燃"。

（6）釜（fǔ 斧），古炊器。敛口，圆底，有的有二耳。置于灶口，用以蒸煮。铜、铁、陶制的都有，类似于现在的锅。

（7）"本自"二句，以萁豆相煎，暗指曹丕对曹植的迫害，此是拟物格。

【赏析】

曹植是我国建安时期的杰出作家，才华出众。南朝宋著名诗人谢灵运曾说过："天下才共一石，曹子建独得八斗，我得一斗，自古及今共用一斗。"（《南史·谢灵运传》）从此，人们便以才高八斗比喻人富有才华。曹植在曹丕的逼迫下七步成诗，生动具体地表现了他的才思敏捷，一向为人们所乐道。同时也揭露了曹丕迫害同胞兄弟"自相煎艾（yì 义）"的卑鄙行为。

毛泽东同志在 1936 年 8 月 14 日《给傅作义的信》中引用了曹丕迫害其弟曹植"自相煎艾"的典故，说明在日本侵略者指使下，伪蒙古傀儡政权派兵向傅作义镇守的绥远进逼，严重威胁着西北和华北，不管何党何派，"本是同根生"，都是炎黄子孙，不能做"自相煎艾"的亲痛仇快的蠢事，只有齐心协力，共同奋战，才能战胜日本侵略者。

【原文】

咄咄逼人

桓南郡与殷荆州语次[(1)]，因共作了语[(2)]。顾恺之曰[(3)]：“火烧平原无遗燎[(4)]。”桓曰：“白布缠棺竖旒旐[(5)]。”殷曰：“投鱼深渊放飞鸟。”复作危语[(6)]。桓曰：“矛头淅米剑头炊[(7)]。”殷曰：“百岁老翁攀枯枝。”顾曰：“井上辘轳卧婴儿[(8)]。”殷有一参军在坐[(9)]，云：“盲人骑瞎马，夜半临深池。”殷曰：“咄咄逼人[(10)]！”仲堪眇目故也[(11)]。（《世说新语·排调》）

【毛泽东评点】

涿州之战，久耳英名，况处比邻，实深驰系。迩者李守信卓什海向绥进迫，德王不啻溥义，蒙古傀儡国之出演，咄咄逼人。

——《给傅作义的信》，载《毛泽东文集》第1卷，人民出版社1993年版，第422页。

【注释】

（1）桓南郡，即桓玄（369—404），东晋谯国龙亢（今安徽怀远西）人。桓温子，袭封南郡公。隆安二年，与殷仲堪起兵反对专擅朝政的司马道子及其子司马元显，被任为江州刺史。次年击走殷仲堪，兼并荆州。后举兵东下，攻入建康，杀司马元显，掌握朝政。后北府军将领刘裕声讨，兵败被杀。殷荆州，即殷仲堪（？—399），东晋陈郡（今河南淮阳）人。出身士族。曾任荆州刺史，镇江陵。后桓玄兼并江陵，战败被俘，后自杀。语次，交谈之间。

（2）了语，尽头话，属于一种机智的戏言。

（3）顾恺之（约346—407），字长康，小字虎头，东晋晋陵无锡（今江苏无锡）人，著名画家。博学有才气，曾为桓温及殷仲堪参军。

（4）燎，放火烧田。

（5）旒旐（liú zhào 流兆），指出丧时的魂幡。旒，旌旗下边悬垂的饰物。旐，旧时出丧时为棺柩引路的旗，俗称招魂幡。

（6）危语，使人害怕的话。

（7）淅米，淘米。《仪礼·士丧礼》：“祝淅米于堂，南面用盆。”郑玄注："淅，汰也。"炊，烧火做饭。

（8）辘轳（lù lu 鹿卢），汲取井水的起重装置。井上树立支架，上装可用手摇转的轴，轴上绕绳索，绳端系水桶。摇转手柄，使水桶一起一落，便可汲取井水。

（9）参军，官名。魏晋南北朝时，凡诸王及将军开府者皆置参军，为重要幕僚。

（10）咄咄（duō 多），使人惊惧的声音。形容说话伤害人，令人难受。

（11）眇（miǎo 秒）目，一只眼睛。

【赏析】

这则故事写得十分精彩：桓玄、殷仲堪和顾恺之交谈之间，作"了语"和"危语"，都非常机警有趣，不防殷仲堪的参军忽插话说："盲人骑瞎马，夜半临深池。"只顾说得痛快，忘记了避讳上司一只眼睛，出语伤人。"咄咄逼人"便成为一个典故。

1936年，伪蒙古军两个军向绥远进逼，德王步溥义后尘任伪蒙古军政府总裁，充当日本帝国主义的傀儡，对绥远他们是志在必得，毛泽东同志在给傅作义的信中用"咄咄逼人"形容形势之危急，十分恰切。

【原文】

如倒啖蔗，渐入佳境

顾长康啖甘蔗[(1)]，先食尾，人问所以[(2)]，云[(3)]："渐至佳境。"（《世说新语·排调》）

【毛泽东评点】

你可看点理论书，你需要学理论。兴趣有，似不甚浓厚，应当培养。慢慢读一点，引起兴趣，如倒啖蔗，渐入佳境，就好了。

——《致林克》，载《毛泽东书信选集》，人民出版社1983年版，第530页。

【注释】

（1）顾长康，即顾恺之，字长康。啖（dàn 淡），吃。

（2）所以，原因，情由。

（3）云，说。

【赏析】

这篇只有十七个字的故事，只写了顾恺之吃甘蔗一件逸事，以及他说明倒吃甘蔗的原因的一句话，便传为美谈，形成一个成语。因为甘蔗的根部比尾部甜，由尾及根，越吃越甜，渐渐进入美好的境界。后来即用比喻兴味逐渐浓厚或境况逐渐好转。

毛泽东同志写给他的办公室的秘书林克的信中劝他读点理论书，并用了“如倒啖蔗，渐入佳境”这个典故来劝导，形象地说明学理论兴趣的培养过程，循循善诱，令人信服。

【原文】

咄咄怪事

殷中军被废[(1)]，在信安[(2)]，终日恒书空作字[(3)]。扬州吏民寻义逐之[(4)]，窃视[(5)]，唯作“咄咄怪事”四字而已[(6)]。（《世说新语·黜免》）

【毛泽东评点】

许多共产党人热心提倡封建主义和资本主义的艺术，却不热心提倡社会主义的艺术，岂非咄咄怪事。

——《关于文学艺术的两个批示》，载《毛主席关于文学艺术的五个文件》，人民出版社 1967 年版。

【注释】

（1）殷中军，即殷浩（？—356），字渊源，东晋陈郡长平（今河南西华东北）人。长于谈论，徒有虚名。会稽王昱畏桓温势盛，引他参与朝政。恰逢后赵灭亡，任他都督杨、豫、徐、兖青五州军事，统军进取中原。永和八年（352）在许昌被前秦打败，次年又在山桑（今安徽蒙县北）遭姚襄伏击，大败。桓温乘机上疏攻击，殷浩被废为平民。废，免官。

（2）信安，西晋太康元年（280）以新安县改名，治所在今浙江省衢州市。

（3）书空（kōng 崆）作字，在空中用手指虚画字形。

（4）扬州，古地名，东晋时信安属扬州管辖，此指信安。

（5）窃（qiè 怯）视，偷看。

（6）咄咄（duō 多）怪事，连声惊呼称怪。形容令人惊讶的怪事。咄咄，感叹声，表示责备和惊诧。

【赏析】

这则故事写东晋名士殷浩长于空谈，徒有虚名。在被委任五州都督统军进取中原时，连遭失败，被免官之后，口无怨言，却终日书做“咄咄怪事”。后遂以“咄咄怪事”或“咄咄书空”，形容失志、懊恨之态。

1963 年 12 月 12 日，毛泽东同志在中宣部文艺处编印的一份关于上海举行故事会活动的材料上批示中引用了这个典故，意在说明：“社会主义经济基础已经变了，为这个基础服务的上层建筑之一的艺术部门，至今还是大问题。”他对当时艺术部门的估计是错误的，但要求艺术要适应社会主义经济基础的基本原理是正确的。

《续齐谐记》（南朝梁）吴均

志怪小说集，南朝梁吴均撰，一卷。因是继宋散骑常侍东阳无疑《齐谐记》续写，故以《续齐谐记》为名。内容多为怪异之事，也有岁时风俗及民间传说的记载。本书篇幅不多，文笔清丽，是六朝志怪小说中的优秀作品。

吴均（469—520），字叔庠，吴兴故鄣（今浙江安吉）人。南朝文学家、史学家。出身寒微，自幼聪慧好学，长于诗文，风格明丽清拔，号为“吴均体”。官至奉朝请。明人辑有《吴朝请集》。《梁书》《南史》皆有传。

【原文】

五花丝粽

屈原五月五日[1]，投汨罗水[2]。楚人哀之，至此日以竹筒子贮米，投水以祭之。

汉建武中[3]，长沙区曲[4]，忽见一士人[5]，自云三闾大夫[6]，谓曲曰：“闻君当见祭，甚善，常年为蛟龙所窃[7]。今若有惠，当以楝叶塞其上，以彩线缠之。此二物蛟龙所惮。”曲依其言。

今世五月五日作粽，并带楝叶五色丝，皆汨罗遗风也[8]。（《读齐谐记》）

【毛泽东评点】

1954 年 10 月 26 日，毛泽东在会见访华即将回国的印度总理尼赫鲁时，引用屈原“悲莫悲兮生别离，乐莫乐兮新相知”的诗句来表达自己的心情。接着又向客人介绍说：屈原是中国一个伟大的诗人，他在 2000 多年前写了许多爱国的诗，政府对他不满，把他放逐了。最后屈原没有出路就投河而死。千百年来，中国人民把他死的这天作为节日，就是旧历五月初五的端午节。人们在这天吃粽子，并把它投到河里喂鱼，让鱼吃饱了不再去伤害屈原。

——董学文等：《毛泽东的文艺美学活动》，高等教育出版社，1995 年 12 月版，第 147 页。

【注释】

（1）屈原（约前 340—约前 278），名平，字原，又自云名正则，字灵均。战国时楚（今湖北秭归）人。我国第一位伟大诗人。做过左徒、三闾大夫。所作《离骚》《九章》等，均辑入刘向所编《楚辞》。五月五日，即端午节。

（2）汨（mì 密）罗水，即汨罗江，在湖南省内。

（3）建武，东汉光武帝刘秀的年号（25—56）。

（4）长沙，即今湖南长沙市。区（ōu 欧）曲，人名。

（5）士人，做官的人。先秦时期最低的贵族叫“士”。

（6）三闾大夫，春秋战国时楚官名，掌管王族昭、屈、景三姓。屈原当过三闾大夫，故此指屈原。

（7）蛟龙，古代传说中的动物，民间相传它能发洪水。一说为母龙，无角。《楚辞·九思·守志》：“乘六蛟兮蜿蝉。”

（8）遗风，古代遗留下来的风尚。

【赏析】

1954 年 10 月，印度总理尼赫鲁应邀来华访问，毛泽东三次与他会谈，热情款待。当尼赫鲁向他辞行时，毛泽东引用中国古代伟大爱国诗人屈原“悲莫悲兮生别离，乐莫乐兮新相知”的著名诗句相赠，并介绍屈原的伟大爱国精神世代相传，以至为了纪念他便形成了端午节吃粽子的传统节日，说明他的精神感人之深。尼赫鲁深受感染，认为“主席刚才引用这两句诗，不仅适用于个人，而且也适用于国与国之间”。不仅达到了两国之间的和平与友好的目的，而且也表明了毛泽东对屈原的极高评价与深情思念。

【原文】

牛郎织女

桂阳城武丁[1]，有仙道[2]，谓其弟曰[3]："七月七日[4]，织女当渡河，悉仙还宫[5]。"弟问曰："织女何事渡河？"答曰："织女暂诣牵牛[6]，世人至今云织女嫁牵牛也。"（《读齐谐记》）

【毛泽东评点】

牛郎欲问瘟神事，一样悲欢逐逝波。

——《七律二首·送瘟神》，载《毛泽东诗词集》，中央文献出版社 1996 年版，第 104—105 页。

【注释】

（1）桂阳，古郡名，汉置，郡治在今湖南耒阳市西。武丁，人名。

（2）仙道，仙术。

（3）谓，告诉……说。其，代指武丁。

（4）七月七日，农历七月初七日，其晚上叫作"七夕"，节日名。牛郎织女在天河相会。

（5）悉，全部，所有。宫，天宫。

（6）织女暂诣牵牛，织女暂时和牵牛相会。诣，到。

【赏析】

牛郎织女，牵牛星和织女星，两星隔银河相对，于是有牛郎织女的神话传说：织女是天帝孙女，长年织造云锦，自嫁河西牛郎后，就不再织。天帝责令两人分离，每年只准七月七日在天河上相会一次，俗称"七夕"。这个故事南朝梁殷芸《小说》，南朝梁宗懔《荆楚岁时记》《岁华纪丽》卷三引汉应劭《风俗通》皆有记载，互相异同，可互相补充。我们选的是吴均《续齐谐记》，相对来说比较完整，可见出牛郎织女故事风貌。

毛泽东同志在《七律二首·送瘟神》中单用牛郎，未及织女，不是从歌颂牛女之间的真挚爱情着眼，而是改换了一个视角，让牛郎关心故乡人们的疾病痛苦，是说人间血吸虫病的肆虐，在新中国成立前，共产党没有发动群众捕灭之前，还是同牛郎在时一样，悲者自悲（百姓），欢者自欢（小虫），多少年头这样流水似地过去了。这样为第二首写消灭血吸虫病做了很好的铺垫，形成了鲜明的对比。

《南柯太守传》 （唐）李公佐

唐宋传奇小说，李公佐撰。宋代李昉等《太平广记》卷四百七十五录此文，题作《淳于棼》，注云出《异国录》（当即唐陈翰《异文集》），而唐李肇《国史补》称李公佐《南柯太守传》，则唐时已有单篇流传。文中写淳于棼梦入蚁国，经历荣辱盛衰，寄托人生如梦思想，对当世寓有讽刺，对后世影响颇大，成语“南柯一梦”即源于本篇。明汤显祖据此编为《南柯记》，东任远也据此编为《南柯梦》，流传极为广泛。

李公佐，字颛蒙，陇西（今甘肃东南）人，唐小说家。代宗至宣宗初在世。举进士，曾任江西从事，罢职后又回京师。喜采集怪异故事，所作传奇小说，流传至今有《南柯太守记》《谢小娥传》《庐江冯媪传》《古岳渎经》四篇。

【原文】

南柯太守传

东平淳于棼[1]，吴、楚游侠之士[2]。嗜酒使气，不守细行。累巨产，养豪客。曾以武艺补淮南军裨将[3]，因使酒忤帅，斥逐落魄[4]，纵诞饮酒为事[5]。家住广陵郡东十里[6]。所居宅南有大古槐一株，枝干修密，清阴数亩。淳于生日与群豪大饮其下。贞元七年九月[7]，因沈醉致疾。时二友人于坐扶生归家，卧于堂东庑之下[8]。二友谓生曰：“子其寝矣！余将秣马濯足[9]，俟子小愈而去。”

生解巾就枕，昏然忽忽，仿佛若梦。见二紫衣使者[10]，跪拜生曰：“槐安国王遣小臣致命奉邀。”生不觉下榻整衣，随二使至门。见青油小车[11]，驾以四牡[12]，左右从者七八，扶生上车，出大户，指古槐穴而去。使者即驱入穴中。生意颇甚异之，不敢致问。忽见山川、风候[13]、草木、道路，与人世甚殊。前行数十里，有郛郭城堞[14]。车舆人物，不绝于路。生左右传车者传呼甚严[15]，行者亦争辟于左右[16]。又入大城，朱门重楼，楼上有金书，题曰“大槐安国”。执门者趋拜奔走，旋有一骑传呼曰：“王以驸马远降，令且息东华馆。”因前导而去。俄见一门洞开，生降车而入。彩槛雕楹，华木珍果，列植于庭下，几案茵褥，帘帏肴膳，陈设于庭上。生心甚自悦。复有呼曰：“右相且至[17]。”生降阶祗奉[18]。有一人紫衣象简前趋[19]，宾主之仪敬尽焉。右相曰：“寡君不以弊国远僻，奉迎君子，托以姻亲。”生曰：“某以贱劣之躯，岂敢是望。”右相因请生同诣其所[20]。行可百步，入朱门。矛戟斧钺[21]，布列左右，军吏数百，辟易导侧[22]。生有平生酒徒周弁者[23]，亦趋其中。生私心悦之，不敢前问。右相引生升广殿，御卫严肃，若至尊之所[24]。见一人长大端严，居正位，衣素练服，簪朱华冠[25]。生战栗，不敢仰视。左右侍者令生拜。王曰：“前奉贤尊命[26]，不弃小国，许令次女瑶芳，奉事君子[27]。”生但俯伏而已，不敢致词。王曰：“且就宾宇[28]，续造仪式[29]。”有旨，右相亦与生偕还馆舍。生思念之，意以为父在边将，因殁虏中[30]，不知存亡。将谓父北蕃交通[31]，而致兹事[32]。心甚迷惑，不知其由。

是夕，羔雁币帛[33]，威容仪度，妓乐丝竹，肴膳灯烛，车骑礼物之用，无不咸备。有群女，或称华阳姑，或称青溪姑，或称上仙子，或称下仙子，若是者数辈。皆侍从数十，冠翠凰冠，衣金霞帔[34]，采碧金钿，目不可视。遨游戏乐，往来其门，争以淳于郎为戏弄。风态妖丽，言词巧艳，生莫能对。复有一女谓生曰：“昨上巳日[35]，吾从灵芝夫人过禅智寺，于天竺院观石延舞《婆罗门》[36]。吾与诸女坐北牖石榻上，时君少年，亦解骑来看。君独强来亲洽，言调笑谑。吾与琼英妹结绛巾，挂于枝上，君独不忆念之乎？又七月十六日，吾于孝感寺侍上真子，听契玄法师讲《观音经》[37]。吾于讲下舍金凤钗两只[38]，上真子舍水犀合子一枚[39]。时君亦讲筵中于师处请钗合视之。赏叹再三。嗟异良久。顾余辈曰：‘人之与物，皆非世间所有。’或问吾氏，或访吾里。吾亦不答。情意恋恋，瞩盼不舍。君岂不思念之乎？”

生曰："中心藏之，何日忘之[40]。"群女曰："不意今日与君为眷属。"复有三人，冠带甚伟，前拜生曰："奉命为驸马相者[41]。"中一人与生且故。生指曰："子非冯翊田子华乎[42]？"田曰："然。"生前，执手叙旧久之。生谓曰："子何以居此？"子华曰："吾放游[43]，获受知于右相武成侯段公，因以栖托[44]。"生复问曰："周弁在此知之乎？"子华曰："周生，贵人也。职为司隶[45]，权势甚盛。吾数蒙庇护。"言笑甚欢。俄传声曰："驸马可进矣。"三子取剑佩冕服，更衣之。子华曰："不意今日获睹盛礼，无以相忘也。"有仙姬数十，奏诸异音，婉转清亮，曲调凄悲，非人间之所闻听。有执烛引导者，亦数十。左右见金翠步障[46]，彩碧玲珑，不断数里。生端坐车中，心意恍惚，甚不自安。田子华数言笑以解之。向者群女姑姊，各乘凤翼辇，亦往来其间。至一门，号"修仪宫"。群仙姑姊亦纷然在侧，令生降车辇拜，揖让升降[47]，一如人间。彻障去扇[48]，见一女子，云号"金枝公主"。年可十四五，俨若神仙。交欢之礼，颇亦明显。生自尔情义日洽，荣曜日盛。出入车服，游宴宾御，次于王者。王命生与群寮备武卫。大猎于国西灵龟山。山阜峻秀，川泽广远，林树丰茂，飞禽走兽，无不蓄之。师徒大获[49]，竟夕而还。生因他日，启王曰："臣顷结好之日，大王云奉臣父之命。臣父顷佐边将，用兵失利，陷没胡中。尔来绝书信十七八岁矣。王既知所在，臣请一往拜觐。"王遽谓曰："亲家翁职守北土，信问不绝。卿但具书状知闻，未用便去。"遂命妻致馈贺之礼，一以遣之[50]。数夕还答。生验书本意，皆父平生之迹。书中忆念教诲，情意委曲，皆如昔年。复问生亲戚存亡，闾里兴废。复言路道乖远[51]，风烟阻绝。词意悲苦，言语哀伤。又不命生来觐[52]，云："岁在丁丑，当与女相见[53]。"生捧书悲咽，情不自堪。

他日，妻谓生曰："子岂不思为政乎？"生曰："我放荡不习政事。"妻曰："卿但为之，余当奉赞[54]。"妻遂白于王。累日，谓生曰："吾南柯政事不理，太守黜废[55]。欲借卿才，可曲屈之[56]。便与小女同行。"生敦授教命[57]。王遂敕有司备太守行李[58]。因出金玉、锦绣、箱奁、仆妾、车马，列于广衢[59]，以饯公主之行。生少游侠，曾不敢有望，至是甚悦。因上表曰："臣将门余子，素无艺术[60]，猥当大任[61]，必败朝章[62]。自悲负乘[63]，坐致覆悚[64]。今欲广求贤哲，以赞不逮[65]。伏见司隶颍川周弁[66]，忠亮刚直，守法不回，有毗佐之器[67]。处士冯翊田子华[68]，清慎通变，达政化之源。二人与臣有十年之旧[69]，备知才用，可托政事。周请署南柯司宪[70]，田请署司农[71]。庶使臣政绩有闻，宪章不紊也[72]。”王并依表以遣之。其夕，王与夫人饯于国南[73]。王谓生曰：“南柯国之大郡，土地丰壤，人物豪盛，非惠政不能以治之。况有周、田二赞。卿其勉之，以副国念[74]。”夫人戒公主曰：“淳于郎性刚好酒，加之少年。为妇之道，贵乎柔顺。尔善事之，吾无忧矣。南柯虽封境不遥[75]，晨昏有间。今日睽别[76]，宁不沾巾[77]。”生与妻拜首南去，登车拥骑，言笑甚欢。累夕达郡。郡有官吏、僧道、耆老[78]、音乐、车舆、武卫、銮铃[79]，争来迎奉。人物阗咽[80]，钟鼓喧哗，不绝十数里。见雉堞台观[81]，佳气郁郁。入大城门，——门亦有大榜，题以金字，曰“南柯郡城”。——见朱轩棨户[82]，森然深邃。生下车，省风俗[83]，疗病苦，政事委以周、田，郡中大理。自守郡二十载，风化广被[84]，百姓歌谣，建功德碑[85]，立生祠宇[86]。王甚重之，赐食邑[87]，赐爵位，居台辅[88]。周、田皆以政治著闻，递迁大位。生有五男二女。男以门阴授官[89]，女亦娉于王族[90]。荣耀显赫，一时之盛，代莫比之。

是岁，有檀萝国者，来伐是郡。王命生练将训师以征之。乃表周弁将兵三万，以拒贼之众于瑶台城。弁刚勇轻敌，师徒败绩。弁单骑裸身潜遁，夜归城。贼亦收辎重铠甲而还[91]。生因囚弁以请罪。王并舍之。是月，司宪周弁疽发背[92]，卒。生妻公主遘疾[93]，旬日又薨[94]。生因请罢郡，护丧赴国。王许之。便以司农田子华行南柯太守事。生哀恸发引[95]，威仪在途，男女叫号，人吏奠馔[96]，攀辕遮道者不可胜数[97]，遂达于国。王与夫人素衣哭于郊，候灵舆之至。谥公主曰[98]：“顺仪公主。”备仪仗羽葆鼓吹[99]，葬于国东十里盘龙冈。是月，故司宪子荣信，亦护丧赴国。

生久镇外藩，结好中国[100]，贵门豪族，靡不是洽[101]。自罢郡还国，出入无恒，交游宾从，威福日盛。王意疑惮之。时有国人上表云：“玄象谪见[102]，国有大恐。都邑迁徙，宗庙崩坏。衅起他族[103]，事在萧墙[104]。”时议以生侈僭之应也[105]。遂夺生侍卫，禁生游从，处之私第。生自恃守郡多年，曾无败政，流言怨悖[106]，郁郁不乐。王亦知之，因命生曰：“姻亲二十余年，不幸小女夭枉[107]，不得与君子偕老，良用痛伤。”夫人因留孙自鞠育之[108]，又谓生曰：“卿离家多时，可暂归本里，一见亲族。诸孙留此，无以为念。后三年，当令迎卿。”生曰：“此乃家矣，何更归焉？”王笑曰：“卿本人间，家非在此。”生忽若惛睡[109]，瞢然久之[110]，方乃发悟前事，遂流涕请还。王顾左右以送生。生再拜而去，复见前二紫衣使者从焉。至大户外，见所乘车甚劣，左右亲使御仆，遂无一人，心甚叹异。生上车，行至数里，复出大城。宛是昔年东来之途，山川原野，依然如旧。所送二使者，甚无威势。生愈怏怏。生问使者曰：“广陵郡何时可到？”二使讴歌自若，久乃答曰：“少顷即至。”俄出一穴，见本里闾巷，不改往日，潸然自悲，不觉流涕。二使者引生下车，入其门，升其阶，已身卧于堂东庑之下。生甚惊畏，不敢前近。二使因大呼生之姓名数声，生遂发寤如初。

见家之僮仆拥篲于庭[111]，二客濯足于榻，斜日未隐于西垣，余樽尚湛于东牖[112]。梦中倏忽，若度一世矣。生感念嗟叹，遂呼二客而语之。惊骇，因与生出外，寻槐下穴。生指曰：“此即梦中所经之处。”二客将谓狐狸木媚之所为祟[113]。遂命仆夫荷斤斧，断拥肿[114]，折查枿[115]，寻穴究源。旁可袤丈[116]，有大穴，洞然明朗，可容一榻。上有积土壤，以为城郭台殿之状。有蚁数斛，隐聚其中。中有小台，其色若丹。二大蚁处之，素翼朱首，长可三寸，左右大蚁数十辅之，诸蚁不敢近：此其王矣。即槐安国都也。又穷一穴，直上南枝，可四丈，宛转方中，亦有土城小楼，群蚁亦处其中，即生所领南柯郡也。又一穴：西去二丈，磅礴空圬[117]，嵌窞异状[118]。中有一腐龟壳，大如斗。积雨浸润，小草丛生，繁茂翳荟[119]，掩映振壳[120]，即生所猎灵龟山也。又穷一穴，东去丈余，古根盘屈，若龙虺之状[121]。中有小土壤，高尺余，即生所葬妻盘龙冈之墓也。追想前事，感叹于怀，披阅穷迹，皆符所梦。不欲二客坏之，遽令掩塞如旧。是夕，风雨暴发。旦视其穴，遂失群蚁，莫知所去。故先言“国有大恐，都邑迁徙”，此其验矣。复念檀罗征伐之事，又请二客访迹于外。宅东一里有古涸涧，侧有大檀树一株，藤萝拥织，上不见日。旁有小穴，亦有群蚁隐聚其间。檀萝之国，岂非此耶。嗟乎！蚁之灵异，犹不可穷，况山藏木伏之大者所变化乎？时生酒徒周弁、田子华并居六合县[122]，不与生过从旬日矣[123]。生遽遣家僮疾往候之。周生暴疾已逝，田子华亦寝疾于床。生感南柯之浮虚，悟人世之倏忽，遂栖心道门[124]，绝弃酒色。后三年，岁在丁丑，亦终于家。时年四十七，将符宿契之限矣[125]。

公佐贞元十八年秋八月，自吴之洛[126]，暂泊淮浦[127]，偶觌淳于儿楚[128]，询访遗迹，翻覆再三，事皆摭实[129]，辄编录成传，以资好事。虽稽神语怪，事涉非经[130]，而窃位著生[131]，冀将为戒。后之君子，幸以南柯为偶然，无以名位骄于天壤间云。

前华州参军李肇赞曰[132]：“贵极禄位，权倾国都。达人视此，蚁聚何殊。”

【毛泽东评点】

满江红·和郭沫若同志

一九六三年一月九日

小小寰球，有几个苍蝇碰壁。嗡嗡叫，几声凄厉，几声抽泣。蚂蚁缘槐夸大国，蚍蜉撼树谈何易。正西风落叶下长安，飞鸣镝。　　多少事，从来急，天地转，光阴迫。一万年太久，只争朝夕。四海翻腾云水怒，五洲震荡风雷激。要扫除一切害人虫，全无敌。

——《毛泽东诗词集》，中央文献出版社 1996 年版，第 135—136 页。

三十、“蚂蚁缘槐夸大国”。

“大槐安国”是汤显祖《南柯记》里的故事。

——《对〈毛主席诗词〉中若干词句的解释》，载《毛泽东诗词集》，中央文献出版社 1996 年版，第 262 页。

【注释】

（1）东平，郡名，郡治在今山东东平县。

（2）吴楚游侠之士，吴，今江苏、浙江一带。楚，今湖北、湖南一带。游侠之士，指急人之急，不惜牺牲自己的侠士。

（3）补淮南军裨将，淮南道，今湖南省内长江以北，汉水以东及江苏、安徽两省境内长江以北，淮河以南地区。裨将，副将。

（4）落魄，流落，潦倒。

（5）纵诞，任性，放荡。

（6）广陵郡，唐郡名，旧治在江苏江都县东北，是唐代极繁荣的商业都会。

（7）贞元，唐德宗年号（785—805）。

（8）庑（wú 无），走廊。

（9）餗（mò 末），同“秣”，饲马。濯（zhuó 琢），洗。

（10）紫衣使者，唐代服制，管守门和接待、引导宾客的吏员，服粗紫和紫布衫。

（11）青油小车，车壁上涂着青油的小车子，即所谓“油壁车”，是唐代一种华贵的车子。

（12）四牡，古代贵族乘坐的车子用四匹马来拉。牡，公马。

（13）风候，风物，气候。

（14）郛（fú 浮）郭城堞（dié 蝶），郛郭，外城。堞，城上短墙。

（15）传车者，侍候车子的人。传车，古代官府用来传递公文或运载外出官员的车子。

（16）辟，同“避”。

（17）右相，唐制三省中的中书省的长官，在高宗、玄宗时期曾两度改称“右相”。

（18）祗（zhī 之）奉，恭敬地迎候。

（19）象简，象牙制的手板，表示职位的高。

（20）诣（yì 意），到。

（21）钺（yuè 越），古时铜铁兵器，状如板斧而较大。

（22）辟易，避开。

（23）平生酒徒，生平喝酒的朋友。徒，朋友。

（24）至尊，最尊贵者，指皇帝。

（25）簪朱华冠，戴红花冠。古人戴冠加簪别在头发上，故用“簪”字。

（26）贤尊，对人父的尊称，常用“令尊”。

（27）奉事，服侍，这里是嫁的意思。

（28）宾宇，宾馆。

（29）造，拟具，安排。

（30）殁（mò 末），通“没”，失陷。

（31）北蕃交通，勾通北蕃。北蕃，唐人称北方的几个民族。

（32）而致兹事，才带来现在招为驸马的事。

（33）羔雁币帛，我国古代用羊羔和雁作为隆重的结婚聘礼，币帛，包括玉、马、皮、帛等物。这里的羔、雁、币、帛，都是举行婚礼时的应用之物。

（34）帔（pèi 佩），古代女子所着的披肩。

（35）上巳日，我国古代的一个清洁和欢乐的节日，在农历三月上旬的巳日。唐代把上巳日定为全年三大节日之一，这一天，大家都要出去踏青、游赏。

（36）婆罗门，一种乐曲和舞蹈的名称，即“霓裳羽衣舞”。

（37）观音经，即《观世音经》，避唐太宗李世民讳改为《观音经》。即《法华经》中《观世音菩萨门品》。

（38）讲下，讲经席下，指讲经时。

（39）水犀，兽名，水犀的皮和角可以制器具，极贵重。

（40）中心藏之，何日忘之，语出《诗经·小雅·隰桑》。

（41）相者，宾相。

（42）冯翊（píng yì 平亿），汉郡名，辖今陕西省西安市长安区以西一带，县治在今陕西省大荔县。

（43）放游，漫游。

（44）栖托，栖身，依托。有依靠意思。

（45）司隶，古官名，唐代“京畿采访使”的官，这里用的是古称。

（46）步障，古代贵族女子出行时，用竹竿张幕障蔽四周，以遮蔽路上的尘土；人在幕里，幕随着人走，所以叫步障。

（47）揖让升降，古代宾主相见的礼节。

（48）彻障去扇，去掉障扇。

（49）师徒，军队，这里指出猎的士卒。

（50）一以遣之，专程送去。

（51）乖远，睽隔，遥远。

（52）觐（jīn 津），晚辈见长辈，下级见上级都称觐。

（53）女，这里同“汝”，你。

（54）赞，襄助，帮忙。

（55）黜（chù 处）废，罢免，革除。

（56）曲屈，委屈。屈才之意。

（57）敦授，勉受。兢兢业业地接受王的教令。

（58）有司，有关负责衙门。

（59）广衢（qú 渠），大路。

（60）艺术，这里作“学术“解。艺，才艺，学问。

（61）猥（wěi 委），辱，自谦之词。

（62）朝章，朝廷的典章。

（63）负乘，《易经·解卦》：“负且乘，致寇至。象曰：负且乘，亦可丑也。自我致寇，又谁咎也。”负，负荷，这里指携带的财货。乘，马车。意思是说携带着大量财货，乘着马车，招摇地上路，等于自己去招来寇盗，后来把“负乘”当作“自我寇敌”的代用语。

（64）覆𫗧（sù 束），𫗧，鼎中的食物。覆𫗧就是把盛在食器中的食物翻掉了。这里用比喻不能胜任而致败事，这是淳于棼自谦的话。

（65）不逮，不及，不够的地方。

（66）颍（yǐng 影）川，古郡名，故治在今河南省禹州市。

（67）毗（pī 批）佐，辅助。毗，辅。

（68）处士，没有官爵的人。

（69）旧，老交谊。

（70）司宪，唐官名，即御史，掌监察。这里的司宪即派往地方上的负责监察的官员。

（71）司农，古官名，掌管钱谷等事项，唐无此官名，这里借用古代的官名。

（72）宪章，法令、制度。

（73）国南，首都的南面。国，指都城。

（74）副，相称。

（75）封境，国境。

（76）睽（kuí 癸），隔离。

（77）沾巾，指泪水沾湿手帕。

（78）耆老，年老望重的人。

（79）銮铃，马项下系的铃，这里指马。

（80）阗（tián 田）咽，热闹。

（81）雉堞，城上短墙。

（82）棨（qǐ 起）户，棨，有套子的戟，封建时代贵官出行用棨作前驱仪仗。棨户，即立着棨戟的大门。

（83）省（xǐng 醒）风俗，视察风俗民情。

（84）风化，民众教化。被，及。

（85）功德碑，赞颂功勋、德行的碑。

（86）生祠宇，为活着的人建立的祠堂。

（87）食邑，封建时代皇帝常把指定的城或乡、镇的常年租税收入，赐给他的臣下，这样的城或乡、镇称为受赐者的"食邑"。

（88）居台辅，官居宰相。台辅，宰辅。封建时代最高的执政大员。古代用三台星（即泰阶星）比喻朝廷执政柄的大臣，故称宰相为台辅。

（89）门阴，封建时代大臣的儿子可以按规定取得一个官位，叫作"荫子"。

（90）娉，同"聘"，嫁。

（91）辎（zī 兹）重，军需品。

（92）疽（jū 居）发背，在背上生疽。疽，一种很严重的毒疮。

（93）遘（gòu 够）疾，生病。

（94）薨（hōng 哄），古代天子、诸侯或二品以上官员之死称薨。后来贵族公主之死亦称薨。

（95）发引，灵柩启行。

（96）奠馔（zhuàn 转），用食物来祭奠。

（97）攀辕遮道，攀着淳于棼的车辕，拦住路，表示愿意留淳于棼继续在南柯当郡守。

（98）谥（shì 示），我国古代，贵族或大臣死后要根据他生前的行为起一个号，以显示褒贬，这个号叫作谥号。

（99）羽葆，仪仗中的华盖，上面用鸟羽装饰，形似伞。在封建时代，只有皇族和有大功勋的大臣，才能用羽葆。

（100）中国，都中。国，首都。

（101）靡不是洽，没有不和洽的。

（102）玄象谪见，玄象，天象。谪，谴罚。见，同“现”。意思是说天上表现了谴责下方的征象。

（103）衅起他族，仇衅将由异类引起。他族，指淳于棼。

（104）萧墙，屏风，比喻极近的地方，如同“内部”。

（105）侈僭（jiàn 见），奢侈逾分。封建时代官员的服用、住所等生活供应，都有一定的规格，超过这个规格的限制，在当时是犯罪的。

（106）流言怨悖（bèi 背），私下说了一些怨恨皇上的话。悖，这里是不逊、悖谬的意思。

（107）夭枉，夭折。

（108）鞠育，抚养。语出《诗经·小雅·蓼莪》：“父兮生我，母兮鞠我。拊我蓄我，长我育我。”

（109）惛（hūn 昏），心里糊涂。

（110）瞢（mèng 梦）然，迷迷糊糊地。

（111）篲（huì 会），扫帚。

（112）湛（zhān 沾），清澈而静止的样子。这里用以形容樽中的残酒。

（113）木媚，同“木魅”，树木的精怪。

（114）拥肿，树上隆起不平直的地方。

（115）查（chā 叉）枿（nié 捏上声），查，同“楂”；枿；同“蘖”。查枿，斫剩的树枝。

（116）袤（mào 冒），纵长。《说文》：“南北曰袤，东西曰广。”袤常和广字通用，表广度。

（117）磅礴空圬（wū 污），广大而中空，四面像涂过的墙一样平。磅礴，广大的样子。圬，用泥涂墙。

（118）嵌窞（dàn 淡），陷下去的深坑。

（119）翳（yì 亿）荟（huì 会），翳，覆蔽；荟，丛生。

（120）振，披拂。这里形容繁茂的小草丛生在龟壳上的样子。

（121）虺（huǐ 毁），蝮蛇。这里意义同“蛇”。

（122）六合县，即今江苏省南京市六合区。

（123）过从，互相往来访问。

（124）栖心道门，专门修道。

（125）宿契之限，以前约好的日期。指上文槐安国国王的夫人对淳于棼所说的“后三年当令迎卿”的话。

（126）自吴之洛，自吴郡走到洛阳。吴即今江苏苏州。

（127）淮浦，淮河岸边。

（128）觌（dí 敌），会面。

（129）摭（zhí 直）实，采录事实。

（130）非经，不合乎儒家经典所说的道理。

（131）著生，道家术语，这里有“贪生”之意。

（132）华州，古郡名，故治所在今陕西华县。参军，官名，隋、唐的参军是地方官的僚属。李肇，元和中任翰林学士、中书舍人，著有《翰林志》《唐国史补》，是唐代著名文人。赞，一种文体，用于对人或事发议论，抒感慨，通常押韵。

【赏析】

毛泽东在他的名作《满江红·和郭沫若同志》中，用“蚂蚁缘槐夸大国，蚍蜉撼树谈何易”，前句是指当时以赫鲁晓夫为首的苏联修正主义者自夸大国，后句是说他们攻击坚持马列主义的中国，好比蚍蜉动摇大树，可笑不自量力罢了，表现了毛泽东对修正主义的蔑视和批判，坚持马克思主义的信心和决心。其中“蚂蚁缘槐夸大国”，毛泽东在 1964 年 1 月 27 日写的《对〈毛主席诗词〉中若干词句的解释》中，批注说：“是汤显祖

《南柯记》里的故事。”毛泽东很喜欢汤显祖的戏曲，曾手书《牡丹亭》中的一些精彩唱段，“蚂蚁缘槐”的事直接得之于汤氏《南柯记》，还是顺理成章的。但博览群书的毛泽东，不会不知道《南柯记》取材于唐李公佐的《南柯太守传》，故将此作选录于此以飨读者。

《南柯太守记》叙述吴楚游侠之士淳于棼，嗜酒使气，不守细行。一日沉醉致疾，被友扶归，卧于堂东走廊之下，昏昏入梦。他被邀入“槐安国”，当了驸马，出任南柯太守，他的酒友周弁、田子华也得到援引，做了大官，成为他的得力助手。淳于棼在南柯郡主持一方军政事务达二十年，位比藩王，贵为宰辅，所生五男二女，也都荣耀显赫。后来盛极而衰，先是战争失利，不久公主病逝。他护丧回京，又遭谗毁，先被软禁于家，后被遣送出郭，重返故里。他心极酸悲，猛然醒来，竟是醉中一梦。他梦中所见，所谓“槐安国”乃是家门前大槐树穴中的一个大蚁穴，“南柯郡”是槐树南枝上一个小蚁穴。淳于棼“感南柯之浮虚，悟人世之倏忽，遂栖心道门，绝弃酒色”，三年后终于家。小说通过这样一个虚幻的故事，宣扬了浮生若梦的人生观，固然表现了作者的思想局限，但也反映了作者对政治现实的愤懑和对当权者的讽刺，揭露了当时社会官场的黑暗和政治的险恶。

作品艺术上的最大特色是善于写梦境。梦是人们潜意识的一种表现，是现实生活在人们头脑中一种离奇的折光，它既有别于实际生活，又不完全脱离生活。因此，作家只有写出二者的区别与联系，才能使读者洞察梦境的奥秘，发现生活的真谛。在小说中，作者把梦境写得十分精彩。淳于棼入梦后，始终处于一种迷离恍惚的梦幻状态之中。如他初见蚁王时惶惧失态之状，得知父亲为其主婚时迷惑不解之态，与公主成婚时惴惴不安的心情，得势时作威作福的架势，被遣送还乡时蓦然醒悟的情景，都写得梦味十足。但小说又不脱离现实生活。作品中的蚁国是按照人间国度设计的，幻化的异类是根据人的特性塑造的，一些重大情节，如淳于棼被招为驸马，出为郡守，檀萝国入寇，中谗被逐等等，都是现实政治生活的真实反映。小说这种真幻交织、虚实相间的手法，将现实的情节与梦幻的情节融为一体，做到奇而不失其真，幻而不离其实，极富艺术感染力，收到了特殊的艺术效果。

《酉阳杂俎》 （唐）段成式

唐代志怪小说集，段成式撰。全书前集二十卷，后集十卷，计一千二百八十八条。内容极为广博，“天上天下，方内方外，无所不有”（毛晋跋），“实小说之渊薮”（清李慈铭《越缦堂读书记》八）。诸凡佛道、数术、天文、地理、方物、医药、文学、建筑、魔术、民俗、民族、考古、法律、书法、音乐等应有尽有，价值是多方面的，但其主要价值在志怪小说方面。

段成式（？—863），字柯古，齐州临淄（今山东淄博东北）人。博学强记，早有文名。以门荫授校书郎，累擢尚书郎，为吉州刺史，仕至太常少卿。有《酉阳杂俎》传世。

【原文】

吴刚伐桂

旧言月中有桂，有蟾蜍[(1)]。故异书曰：月桂高五百丈，下有一人常斫之[(2)]，树创遂合[(3)]。人姓吴名刚，西河人[(4)]，学仙有过，谪令伐树[(5)]。（《酉阳杂俎》）

【毛泽东评点】

问讯吴刚何所有，吴刚捧出桂花酒。

——《蝶恋花·答李淑一》，载《毛泽东诗词集》，中央文献出版社1996年版，第100页。

【注释】

（1）蟾蜍（chánchú 缠除），癞蛤蟆。传说嫦娥偷吃不死之药奔月后，化为蟾蜍。

（2）斫（zhuó 茁），砍。

（3）树创遂合，桂树的创口遂砍遂合，就是说，桂树永远砍不倒，吴刚做的是一个永无尽头的苦役。

（4）西河，古县名，今山西汾阳。

（5）谪（zhé 哲），贬斥，责罚。指犯过失而被贬斥和流放。

【赏析】

本文选自唐代段成式《酉阳杂俎·天咫》。过去关于吴刚的传说，大约只有他学仙有过，受罚砍树的故事，毛泽东《蝶恋花·答李淑一》词中不拘成说，驰骋想象，“问讯吴刚何所有，吴刚捧出桂花酒”，诗人由桂树想到桂花酒，又由桂花酒引发出吴刚款待革命先烈的场景，说明了先烈们的事业之感天动地，精神之永放光辉，大大丰富了词作的意义，又赋予古代神话以全新的色彩，是古为今用、推陈出新的一个典范。

《枕中记》 （唐）沈既济

唐代传奇小说。唐沈既济撰。唐代收入陈翰编的《异闻集》，北宋李昉等编《太平广记》卷八十二录入，题作《吕翁》。《绀珠集》则题为《邯郸枕》。两书均不标作撰人。李昉等编《文苑英华》卷八百三十三，篇名、作者具备，作沈既济《枕中记》。唐人李肇《国史补》下，房千里《骰子选格序》（《唐文粹》卷九十四），皆谓沈既济所撰。明清各种小说选集，如《唐人说荟》《龙威秘书》等，则伪托李泌作。明人汤显祖据《枕中记》编为《邯郸记》剧本，影响颇大。以《枕中记》为题材的戏曲，尚有元人马致远《邯郸道省悟黄粱梦》，明人苏汉英《吕真人黄粱梦境记》等。其中《太平广记》本有“主人蒸黄粱为馔”，便是“黄粱梦”的出典。

沈既济（约750—800），苏州吴（今江苏苏州）人，唐代文学家，博通经学。德宗时，杨炎以其有良史才荐于朝，召拜左拾遗、史馆编修。贞元中，杨炎得罪，坐累贬处州司户参军。后复入朝，官至礼部侍郎。撰有《建中实录》十卷，人称其能。又撰传奇《枕中记》《任氏传》，并行于世。《新唐书》有传。

【原文】

枕中记

开元十九年[(1)]，道者吕翁[(2)]，经邯郸道上邸舍中[(3)]，设榻施席，担囊而坐[(4)]。俄有邑中少年卢生[(5)]，衣短裘，乘青驹[(6)]，将适于田[(7)]，亦止邸中，与翁接席，言笑殊畅。久之，卢生顾其衣装弊亵[(8)]，乃叹曰：“大丈夫生世不谐，而困如是乎！”翁曰：“观子肤极腧[(9)]，体胖无恙，谈谐方适，而叹其困者，何也？”生曰：“吾此苟生耳[(10)]，何适之为？”翁曰：

"此而不适，而何为适？"生曰："当建功树名，出将入相[11]，列鼎而食[12]，选声而听，使族益茂而家用肥，然后可以言其适。吾志于学而游于艺[13]，自惟当年青紫可拾[14]，今已过壮室[15]，犹勤田亩[16]，非困而何？"言讫，目昏思寐。是时主人蒸黄粱为馔[17]。翁乃探囊中枕以授之曰："子枕此，当令子荣适如志。"

其枕瓷而窍其两端[18]。生俯首就之。寐中[19]，见其窍大而明朗可处，举身而入，遂至其家。娶清河崔氏女[20]。女容甚丽而产甚殷。由是衣裘服御，日已华侈。明年，举进士[21]，登甲第[22]，释褐授校书郎[23]。应制举[24]，转渭南尉[25]，迁监察御史[26]，转起居舍人为制诰[27]，三年即真，出典同州[28]，寻转陕牧[29]。生好土功[30]，自陕西开河八十里，以济不通。邦人赖之，立碑颂德。迁汴州，领河南道采访使[31]，入京为京兆尹[32]。是时，神武皇帝方事夷狄[33]，吐蕃新诺罗[34]、龙莽布功陷瓜沙[35]，节度使王君㚟与之战于河隍[36]，败绩。帝思将帅之任，遂除生御史中丞河西陇右节度使[37]。大破戎虏，斩首七千级，开地九百里，筑三大城以防要害[38]。北边赖之，以石纪功焉。归朝策勋[39]，恩礼极崇。转御史大夫吏部侍郎[40]。物望清重，群情翕习[41]。大为当时宰相所忌，以飞语中之[42]，贬端州刺史[43]。三年征还，除户部尚书。未几，拜中书侍郎同中书门下平章事[44]。与萧令嵩[45]、裴侍中光庭同掌大政十年[46]，嘉谋密命，一日三接，献替启沃[47]，号为贤相。同列者害之，遂诬与边将交结，所图不轨，下狱。府吏引徒至其门，追之甚急。生惶骇不测，泣谓其妻子曰："吾家本山东[48]，良田数顷，足以御寒馁，何苦求禄？而今及此，思复衣短裘，乘青驹，行邯郸道中，不可得也。"引刀欲自裁，其妻救之，得免。共罪者皆死。生独有中人保护[49]，得减死论，出授驩牧[50]。数岁，帝知其冤，复起为中书令，封赵国公[51]，恩旨殊渥[52]，备极一时。生有五子：僔、倜、俭、位、倚。僔为考功员外[53]，俭为侍御史[54]，位为太常丞[55]。季子倚最贤，年二十四，为右补阙[56]。其姻媾皆天下族望。有孙十余人。凡两窜岭表[57]，再登台铉[58]，出入中外[59]，回翔台阁[60]。三十余年间，崇盛赫奕，一时无比。末节颇奢荡，好逸乐，后庭声色皆第一。前后赐良田甲第、佳人名马，不可胜数。后年渐老，屡乞骸骨[61]。不许。及病，中人候望，接踵于路，名医上药毕至焉。将终，上疏曰："臣本山东书生，以田圃为娱。偶逢圣运，得列官序，过蒙荣奖，特秩鸿私[62]，出拥节旌[63]，入升鼎辅[64]，周旋中外，绵历岁年。有忝恩造[65]，无裨圣化[66]，负乘致寇[67]，履薄战兢[68]。日极一日，不知老之将至。今年逾八十，位历三公[69]，钟漏并歇[70]，筋骸俱弊，弥留沉顿[71]，殆将溘尽[72]。顾无诚效[73]，上答休明[74]，空负深恩，永辞圣代，无任感恋之至。谨奉表称谢以闻。"诏曰："卿以俊德[75]，作余元辅，出雄藩垣[76]，入赞缉熙[77]。升平二纪[78]，寔卿是赖。比因疾累，日谓痊除，岂遽沉顿[79]，良深悯默。今遣骠骑大将军高力士就第候省[80]，其勉加针灸，为余自爱。燕冀无妄[81]，期丁有喜。"其夕卒。

卢生欠伸而寤[82]，见方偃于邸中，顾吕翁在旁，主人蒸黄粱尚未熟，触类如故[83]。蹶然而兴曰："岂其梦寐耶？"翁笑谓曰："人世之事，亦犹是矣。"生然之，良久谢曰："夫宠辱之数，得丧之理，生死之情，尽知之矣。此先生所以窒吾欲也[84]，敢不受教！"再拜而去。

【毛泽东评点】

《清平乐·蒋桂战争》

一九二九年秋

风云突变，军阀重开战。洒向人间都是怨，一枕黄粱再现。　　红旗跃过汀江，直下龙岩上杭。收拾金瓯一片，分田分地真忙。

——《毛泽东诗词集》，中央文献出版社1996年版，第18页。

【注释】

（1）开元十九年，公元731年。开元，唐玄宗李隆基的年号（713—741）。

（2）道者，道士，有道术、神仙术的人。吕翁，本篇中的吕翁没有名字，元人《黄粱梦》杂剧写成是汉钟离度脱吕洞宾的故事。明汤显祖的《邯郸记》也说是吕洞宾。其实吕洞宾在唐代开成年间（836—840）落第入山，时代在沈既济之后，这里的吕翁，与吕洞宾的传说无关。宋人吴曾的《能改斋漫录》，赵与时的《宾退录》，明人胡应麟的《少室山房笔丛》

以及鲁迅先生的《稗边小缀》中，都曾加以辨正。

（3）邯郸，唐朝时县名，即今河北省邯郸市。邸（dǐ 抵）舍，客店。

（4）担囊，背着口袋。

（5）邑，古时城市大者曰都，小者曰邑。邑中，指邯郸县里。

（6）青驹，黑色的小马。

（7）适于田，往田里去。

（8）敝亵，破旧，脏污。

（9）腧（yú 愉），媚，美好。

（10）苟生，苟活，偷生。

（11）出将入相，出外则为将帅，入朝则为宰相。

（12）列鼎而食，古时富贵之家吃饭时鸣钟列鼎，后用以指生活豪奢。鼎，古代贵官用的食具。

（13）游于艺，闲习技艺。指玩习礼乐射御等技艺，语出《论语·述而》。

（14）青紫可拾，取得官位极其容易。汉制中，公侯的印绶用紫色，九卿用青色。后代于是用“青紫”泛指贵官。

（15）壮室，三十岁。

（16）田亩，田间，常用作从事农务的代称。

（17）蒸黄粱为馔，蒸黄粱饭。粱，粟米名，即黄小米。

（18）枕瓷，瓷做的枕头。

（19）寐（mèi 妹），睡着。

（20）清河崔氏，从东汉至唐代，封建统治阶级非常重视氏族门第，非高门世族及其亲戚，很难爬上去。当时全国第一流的高门世族有五姓七族，他们是：清河崔氏、博陵崔氏、范阳卢氏、赵郡李氏、陇西李氏、荥阳郑氏、太原王氏，一些非世族出身的知识分子，只有和世族攀上婚姻，才有可能挤入名士大夫的行列，爬进统治集团中去。所以当时的地主阶级士大夫，以当上五姓七族的女婿为荣。

（21）举进士，唐代科举考试门类很多，有秀才、明经、进士、明法、书、算等科，还有皇帝特命开设的“制科”，但实际上最重要的只有进士、明经两科。进士科仕宦的出路特别好，因此唐代士子更重视进士。

这些考试都由唐朝中央政府的礼部主持，一般每年在京都长安考试一次。参加考试的人员，由州一级的地方政府申送，被申送参加考试的人，称作“举人”。被申送去应“进士科”的中央考试的称作“举进士”。

（22）登甲第，各地申送到京都参加科举考试的“举人”，通过考试被取中，称作“登第”，或“及第”，唐代科举每年“登第”的不过一百多人。“进士科”更少，平均每年不过三十人。

（23）释褐授校书郎，唐代科举登第以后，便可授官，脱去平民所穿的“褐”（粗布衣服），而改着朝服。故用“释褐”作为初次授官的代称。校书郎，秘书省校书郎的简称。秘书省是管理皇家图书的机构。校书郎是掌管校订图书的官。

（24）应制，参加“制科”的考试。唐代制度，进士、明经等科举及第的人，和现职官员还可以参加皇帝特命举行的专门考试——制科，考试及格的人可获得超次的升迁。不过，这种“制科”取中的人很少，每次不过三数人。

（25）转渭南尉，转，升调。渭南尉，唐京畿区渭南县（今陕西渭南）的县尉，县令的属官，掌管一县的治安事务。渭南尉，虽秩在九品下，但唐代重京官，渭南县就在京畿区，所以渭南尉是当时所认为的“美官”。

（26）迁监察御史，迁，升官。监察御史，官名，唐代中央监察机关御史台的属员。御史台职掌对全国行政、司法、军事及全国官吏的监察职务，推勘官员的罪案和皇帝特命推勘的“诏狱”，判决全国各地犯人最后一次的上诉以及全国馆驿（交通）的管理。监察御史定制八员，主要负责监察京都各衙门的行事及出使调查推勘指定的案件。秩正八品以上。

（27）起居舍人，官名。职掌记录皇帝的言、行和朝廷政令大事，编写起居注，以便交付编修国史的“史馆”撰史。唐初常随皇帝左右，以记录言、行。高宗以后，多根据宰相关于政事的记录和抄录朝廷政令、诏诰以作起居注。秩从六品上。知制诰，制诰，以皇帝的名义颁下的公文的通称，即所谓圣旨。职掌制诰的拟稿工作称“知制诰”，是一种极为重要的职务，唐代一般由中书舍人、翰林学士担任。非中书舍人而“知制诰”，当时认为是一种特殊的重用。

（28）典同州，任同州刺史。典，管领。刺史，州的行政长官。同州，唐时属关内道，辖冯翊、下邽、蒲城等八县，州治在今陕西省大荔县。同州刺史，秩从三品。

（29）陕牧，陕州都督的代称。唐代分全国为二十四个都督府，每个都督府管辖若干州，其长官为都督，属文职，兼任所属各州内主要一州的刺史，并职掌纠察所管各州的刺史以下官吏的考试，实际上是节制所属地方的行政长官。都督分上、中、下三级。上都督，秩从二品，陕州都督是上都督，辖五个州。牧，这里是借用周代的官名，唐代的都督，正相当于周代的牧。

（30）土功，水利工程。

（31）迁汴州，领河南道采访使，此句说卢生调任汴州都督并兼任河南道的采访使。唐代武德元年规定，诸州总管（后改称都督），加号“使持节”，表示是皇帝特派的代表朝廷的人员。道，唐代地方行政区域单位，相当于元、明的省，但比省的辖区大。

（32）京兆尹，唐代首都长安的行政长官，秩从二品，是唐代的显官。

（33）神武皇帝，唐玄宗李隆基的尊号。方事戎狄（dí 敌），指对西北边疆突厥、吐谷浑（tū yù hún 突浴浑）的战争。古代称住在西北边疆的少数民族为西戎北狄。近人岑仲勉以为戎族即亚利安族，狄族即突厥族。

（34）吐蕃新诺罗，《旧唐书》作悉诺逻。开元十五年（727）新诺罗大举入寇，攻陷瓜州，被王君㚟（zhuó 灼）所败，追到青海西面。

（35）龙莽布，吐蕃将领，开元十五年，奉新诺罗命攻陷瓜州常乐县。瓜沙，瓜州和沙州。唐代瓜州，在今甘肃省酒泉市瓜州县东。沙州，前凉置，州治在今敦煌市。瓜州和沙州是唐代两个紧连着的西北边防要塞。

（36）节度使王君，节度使是唐官名，高宗永徽年间以后，凡任都督，并带“使持节”头衔的，简称节度使。河湟，黄河与湟水，即指今甘肃、青海一带西北边疆地区。

（37）御史中丞，唐代中央监察和司法机关御史台的副长官。河西陇右节度使，即河西道节度使。睿宗景云二年（711）析陇右道的黄河以西地区为河西道。

（38）筑三大城，中宗景龙二年（708），朔方道大总管张仁亶，击破东突厥，在黄河以北地方（今内蒙古自治区一带）筑三受降域以备边。

（39）策勋，即封以高品勋官的爵位，是唐代一种极为隆重的封官典礼，不常举行。

（40）转御史大夫吏部侍郎，转，升官。御史大夫，御史台台长。吏部，唐尚书省六部之首，吏部侍郎为吏部副长官。官在正三品上。

（41）翕习，亲近。

（42）以飞语中（zhòng 种）之，飞语，流言蜚语，谣言。中，中伤，阴谋陷害。

（43）端州，唐属岭南道，州治在今广东省肇庆市，唐代贬官，多贬到岭南等离京城较远的各道。

（44）同中书门下平章事，唐代宰相的代称。唐制原以中央政府最高机关的尚书、门下、中书三省的长官为宰相综理国务。太宗以后，尚书、侍中、中书令不常设，而有些非中书、门下两省的长官的人，却被委以宰相的职务，即称“同中书门下平章事”。平章，犹商量、研究。事，政事。

（45）萧中令嵩，中书令萧嵩。

（46）裴中侍光庭，侍中裴光庭，字连城，玄宗时宰相，历官吏部尚书、侍中、弘文馆学士，封正平县男，卒谥忠宪。

（47）献替启沃，献替，“献可替否”的省略。献可，呈献善道。替否，消灭不善。替，去。我国古代臣下向君主献善，止不善，称为“献可替否”。

（48）山东，唐人称“山东”泛指华山以东地区，即关中以东，战国时六国旧地。

（49）中人，指宦官，即太监。

（50）授驩（huān 欢）牧，流放到驩州。驩州，唐属岭南道，在今越南境内。

（51）赵国公，邯郸古属赵地，故封为赵国公。唐制，封爵分九等，国公为第三等，仅次于亲王和郡王。“燕”只是一种封号，并非把古代燕国地方封给受封者去管领。

（52）殊渥，极优厚。

（53）考功员外，考功员外郎的省称，在开元二十四年（736）以前，考功员外郎并主持全国的科举考试。

（54）侍御史，御史台属官，监察唐中央政府各机关，提出弹劾，并执行审判。

（55）太常丞，太常寺丞。掌礼乐、祭祀。太常寺，唐代中央机关之一。

（56）右补阙，唐谏官名，属中书省，掌供奉讽谏，有驳正诏书之权。

（57）岭表，岭外，今广东省一带。

（58）台铉（xuàn 炫），又叫台鼎，指宰辅。铉，扛鼎的器具，这里用作鼎的代称。

（59）中外，中央和地方。中，中央；外，首都以外的地方。

（60）回翔台阁，回翔，用鸟的来往飞翔，来比喻官位的迁转。台，指御史台；阁，指中书、门下两省。

（61）乞骸骨，封建时代告老退休的代用语。

（62）特秩鸿私，特殊的奖拔和过多的恩施。

（63）节旌，节，唐代州刺史以上的地方长官，有中央特使的性质，故都称“持节”。旌，一种用羽毛装饰旗杆顶端的大旗。卢生历任刺史、节度使，故这样说。

（64）鼎辅，宰辅，即宰相。

（65）有忝恩造，有负于皇上的恩德。忝，自谦之词。

（66）无裨圣化，无益于圣上的教化。

（67）负乘贻寇，成语，出自《易经》：“负且乘，致寇至。”一般用作不称职的代词。

（68）履薄，“如履薄冰”的省语，比喻一种危险的境地，这里用来形容兢兢业业的态度。语出《诗经·小雅·小旻》。

（69）三公，唐制太尉、司徒、司空为三公。但一般谓“三公”为宰辅。

（70）钟漏并歇，漏。古代用以计时的器具。此句意思是说在世时光已经完结了，是卢生用以比喻自己的衰老。

（71）弥留沉顿，弥留，久留。后多用以形容长病临危的状态。沉顿，沉重，委顿。

（72）溘（hé 何）尽，忽然完了。

（73）顾，但。

（74）休明，指美善、光辉的道德。在封建时代一般用作对皇帝的颂辞。

（75）俊德，杰出的道德，才能。

（76）出雄藩垣，指出朝领兵称雄于藩镇。

（77）入赞缉熙，内任则赞助"太平盛明"的政治。

（78）二纪，古代以十二年岁星一周为一纪。

（79）沉顿，病重。

（80）骠骑（piào jì 票计）大将军高力士，唐制武散官的最高阶称骠骑大将军。高力士，本姓冯，唐玄宗时最得宠信的太监。

（81）无妄，《易经》的卦名。这里用作"不药而愈"的意思。

（82）欠伸而寤，欠，呵欠。伸，伸懒腰。寤，醒。

（83）触类如故，所接触到的一切都和梦前一样。

（84）窒吾欲，消除我的欲望。窒，阻碍不通。

【赏析】

《枕中记》描述唐玄宗开元年间，卢生在邯郸道上的旅舍里，遇见道士吕翁，诉说自己的穷困不得志，当时店主人正在蒸黄粱（黄小米）做饭。吕翁给卢生一个瓷枕，要他枕了睡。他入梦以后，便和高门大族清河崔氏结婚，次年，登进士第，由秘书省校书郎，升为起居舍人，知制诰。三载，出典同州，迁陕州牧。从此青云直上，出将入相，勋业卓著，声势煊赫。同时也招致同僚的妒忌和诬陷，两遭贬斥，流窜荒徼，他深感宦海风波的险恶，差点引刃自刎。后来帝知其冤，复召还朝，宠信如初，官拜中书令，进封赵国公，子孙满堂。年八十余，寿终正寝。卢生欠伸而醒，发现自己仍在旅舍，店家的黄粱饭还没有蒸熟。他顿然觉悟，原来人生的宠辱穷达，生死祸福，都不过是一枕黄粱梦而已。小说中表现人生如梦的思想，对现实中追求荣华富贵的人有所批判，但也反映了佛道思想的虚无的消极方面。唐以后这个故事广为流传，后来逐渐演变为人们常用的成语“黄粱一梦”，用来比喻虚幻的事和不能实现的欲望。毛泽东在《清平乐·蒋桂战争》一词中，正是这样用的，蒋桂战争是1929年春发生在国民党南京军阀蒋介石和桂（广西简称）系军阀李宗仁、白崇禧之间的战争。这场新军阀混战，这场“风云”变出的暴雨，只能引起深受痛苦的人民的怨愤；他们武力统一中国的野心，不过是又一场黄粱梦而已。词中“洒向人间都是怨，一枕黄粱再现”，正是这种含义。但1929年的军阀战争给红军的发展造成了一个有利条件。1929年3月，红四军由江西进入福建西部，占领长汀，5月、6月三次占领龙岩，9月占领上杭，创建了闽西革命根据地，出现了“分田分地真忙”的土地革命的大好形势。

在艺术上，作者善于吸取志怪小说诡谲幻化之长，将虚构人物卢生，置于唐玄宗朝真实环境之中，篇中所言萧嵩、裴光庭等，均实有其人其事，因此让人感到真真假假，虚虚实实，扑朔迷离，构思巧妙，富有传奇色彩。卢生这个人物在唐代士子中颇有典型意义。他的人生理想，为当时的读书人所醉心向往，当作追求的最高理想。作者很能体察这些人的心理状态，将卢生梦前的穷困潦倒、满腹牢骚，梦中的飞黄腾达、志得意满，梦后的怅然若失、万念俱灰，都刻画得惟妙惟肖，淋漓尽致，极富讽刺意味。同时注意细节描写，当卢生“目昏思寐”时，点明“主人蒸黄粱为馔”，待其梦醒时则强调“主人蒸黄粱尚未熟”，前后呼应，不仅增加了小说的戏剧效果，而且深化了人生如梦的主题。

《续玄怪录》（唐）李复言

《续玄怪录》，宋人称《续幽怪录》，李复言撰，传奇小说集。卷数各家著录不一，《唐艺文志》著为五卷，晁公武《读书志》著为十卷，现在通行的有一卷本和四卷本两种。目前较为完备的本子是清人胡珽收入《琳琅秘密丛书》里的本子，它保存了四卷本，又从《太平广记》中辑得引文两卷，作为拾遗，并附有校勘记。

《续玄怪录》是牛僧孺《玄怪录》的仿作，所记异闻，大都推演《玄怪录》的波澜。佛、道两家思想的流行，文中有明显的反映。描摹细致，想象丰富。

李复言（775—832），名谅，复言是他的字。贞元进士，早年参加王叔文为首的革新派，遭贬责，出任地方官，终于岭南节度使任内。

【原文】

定婚店

杜陵韦固[(1)]，少孤。思早娶妇，多歧求婚[(2)]，必无成而罢。元和二年[(3)]，将游清河[(4)]，旅次宋城南店[(5)]。

客有以前清河司马潘昉女见议者。来日先明，期于店西龙兴寺门。固以求之意切，旦往焉。

斜月尚明，有老人倚布囊，坐于阶上，向月检书。固步觇之[(6)]，不识其字；既非虫篆八分科斗之势[(7)]，又非梵书[(8)]。因问曰：“老父所寻者何书？固少小苦学，世间之字，自谓无不识者，西国梵字，亦能读之，唯此书目所未觌[(9)]，如何？”老人笑曰：“此非世间书，君因何得见？”固曰：“非世间书则何也？”曰：“幽冥之书[(10)]。”固曰：“幽冥之人，何以到此？”曰：

"君行自早，非某不当来也。凡幽吏皆掌人生之事[11]，掌人可不行冥中乎？今道途之行，人鬼各半，自不辨尔。"固曰："然则君又何掌？"曰："天下之婚牍耳[12]。"固喜曰："固少孤，常愿早娶，以广胤嗣[13]。尔来十年[14]，多方求之，竟不遂意。今者，人有期此[15]，与议潘司马女，可以成乎？"曰："未也。命苟未合，虽降衣缨而求屠博[16]，尚不可得，况郡佐乎？君之妇，适三岁矣。年十七，当入君门。"因问："囊中何物？"曰："赤绳子耳。以系夫妻之足。及其生，则潜用相系，虽仇敌之家，贵贱悬隔，天涯从宦，吴楚异乡，此绳一系，终不可逭[17]。君之脚，已系于彼矣。他求何益？"曰："固妻安在？其家何为？"曰："此店北，卖菜陈婆女耳。"固曰："可见乎？"曰："陈尝抱来，鬻菜于市[18]。能随我行，当即示君。"

及明，所期不至。老人卷书揭囊而行。固逐之，入菜市。有眇妪[19]，抱三岁女来，弊陋亦甚。老人指曰："此君之妻也。"固怒曰："煞之可乎[20]？"老人曰："此人命当食天禄[21]，因子而食邑[22]，庸可煞乎[23]？"老人遂隐。固骂曰："老鬼妖妄如此[24]！吾士大夫之家[25]，娶妇必敌。苟不能娶，即声伎之美者，或援立之，奈何婚眇妪之陋女？"磨一小刀子，付其奴曰："汝素干事，能为我煞彼女，赐汝万钱。"奴曰："诺。"明日，袖刀入菜行中，于众中刺之而走。一市纷扰。固与奴奔走，获免。问奴曰："所刺中否？"曰："初刺其心，不幸才中眉间。"尔后固屡求婚，终无所遂。

又十四年，以父荫参相州军[26]。刺史王泰俾摄司户掾[27]，专鞫词狱[28]，以为能，因妻以其女，可年十六七，容色华丽。固称惬之极[29]。然其眉间，常帖一花子[30]，虽沐浴寝处[31]，未尝暂去。岁余，固讶之[32]，忽忆昔日奴刀中眉间之说，因逼问之。妻潸然曰[33]："妾郡守之犹子也[34]，非其女也。畴昔父曾宰宋城[35]，终其官。时妾在襁褓[36]，母兄次没，唯一庄在宋城南，与乳母陈氏居。去店近，鬻蔬以给朝夕。陈氏怜小，不忍暂弃。三岁时，抱行市中，为狂贼所刺。刀痕尚在，故以花子覆之。七八年前，叔从事卢龙[37]，遂得在左右。仁念以为女嫁君耳。"固曰："陈氏眇乎？"曰："然。何以知之？"固曰："所刺者固也。"乃曰："奇也，命也！"因尽言之，相钦愈极。后生男鲲，为雁门太守[38]，封太原郡太夫人。乃知阴骘之定[39]，不可变也。

宋城宰闻之，因题其店曰“定婚店”。（《续玄怪录》卷四）

【毛泽东评点】

迷信最大的就是“婚姻命定说”。……那许多号称家庭和睦的好夫妇，都是脑子里装满了“婚姻命定”四个大字的。所以“世世修来同船渡，百世修来共枕眠”、“月老牵丝”、“天作之合”等等，便是他们时记着的格言。

——《婚姻上的迷信问题》，载《毛泽东早期文稿》，湖南出版社1990年版，第443—447页。

【注释】

（1）杜陵，古县名，今陕西省西安市东南。

（2）多歧，多方。

（3）元和，唐宪宗李纯的年号（806—820）。《太平广记》作“贞观”。

（4）清河，郡名，治所在今河北省清河县。

（5）旅次，旅行中留宿。宋城，宋州治所，故址在今河南商丘市南。

（6）固步觇（chān 搀）之，韦固走过去窥看它（书）。觇，看，窥看。

（7）虫篆八分科斗，这是上古时期的几种字体。虫，虫书，篆书的变体，因其像虫鸟之形，故名。篆，指甲骨文、金文、籀文等最古的文字。八分，书体名，形似隶书而多波磔。科斗，即科斗篆，字形头粗尾细，形似蝌蚪，故名。

（8）梵书，此指用梵文写的佛经。

（9）目所未觌（dí 敌），目所未见。觌，见，相见。

（10）幽冥，迷信的人所说的阴间。

（11）人生，一作“生人”，活人。

（12）天下之婚牍（dú 椟），天下人的婚姻簿。牍，古代写字用的木片。后世称公文为文牍，书札为尺牍。

（13）胤（yìn 印）嗣，后代。

（14）尔来，近来。

（15）期此，在此约会。期，相约。

（16）降衣缨而求屠博，降低身份去向屠夫和赌博的人求婚。衣缨，衣服和帽子，代指仕宦人家。

（17）逭（huàn 换），逃避。

（18）鬻（yù 育）菜，卖菜。鬻，卖。

（19）眇妪（miǎo yù 秒预），瞎了一只眼睛的老太婆。眇，一只眼睛。妪，妇人，多指老太婆。

（20）煞，同“杀”，损伤，杀伤。

（21）天禄，旧指所谓上天赐予的禄位。《尚书·大禹谟》：“天禄永终。”

（22）食邑，卿大夫的封地。即采邑。收其赋税而食，故名食邑。指后因子荣封太原郡太夫人。

（23）庸可煞乎，难道可以杀她吗？庸，岂，难道。

（24）妖，邪恶的。妄，虚妄，不实。

（25）吾士大夫之家，我这个官宦人家。士大夫，古代指官僚阶级。《考工记》：“作而行之，谓之士大夫。”

（26）以父荫参相州军，因为父亲的功劳承袭相州参军。荫，封建官僚子孙以先代官爵而受封之称。相州，治所在今河南安阳市。参军，唐时为王府或外府州参赞军政事务的重要幕僚。

（27）司户掾，分掌刑狱的属官。掾，属官的通称。

（28）专鞫（jū 居）词狱，专门掌管审讯诉讼。鞫，审讯。词狱，诉讼。

（29）称惬（chèn qiè 趁怯），合意满足。称，适合，相副。惬，快意，满足。

（30）花子。妇女面饰。《酉阳杂俎·黥》：“今妇人面饰用花子，起自昭容上官氏所制，以掩黥饰。”

（31）寝，原作“閒”，据《事类》改。

（32）讶之，对此事感到惊讶。

（33）潸（shān 衫）然，泪流之状。

（34）犹子，侄子。这里指侄女。

（35）畴昔，从前。宰宋城，做宋城的县令。

（36）襁褓（qiǎng bǎo 抢保），背负小儿所用之物。襁，布幅，用以络负。褓，小儿的被，用以裹覆。

（37）从事卢龙，做卢龙节度使的从事。从事，州郡长官自辟的僚属，多以从事为称。卢龙，唐方镇名，节度使由幽州节度使兼任。

（38）雁门太守，雁门郡的行政长官。雁门，郡名，治所在今山西代县西。

（39）阴骘（zhì 质），旧时所谓暗中有德于人的行为。骘，安定。

【赏析】

《定婚店》中写宦官子弟韦固与其妻的婚姻故事，先由月下老人说破，韦固派家奴刺杀未死，而十四年后终成眷属，这样就把姻缘前定的宿命论观点加以故事化。因其写得委婉曲折，富有人情味，“月老牵丝”，月下老人定终身的故事，几乎家喻户晓，文人并引为典实，称媒人为“月下老人”之说，即源出于此。

1919 年 11 月，湖南长沙一位赵女士因反抗封建包办婚姻而自杀，毛泽东同志在《大公报》连续发表文章进行评论，赞扬赵女士的反抗精神，抨击封建婚姻制度的理论支柱——婚姻命定说，提出“婚姻的中心在恋爱，人生恋爱的要求”，“决不是能挡得住的”，反映了主张婚姻自由的进步主张。

《大唐新语》 （唐）刘肃

《大唐新语》，笔记小说集，唐代刘肃撰。书中所记内容，起自唐初，下迄大历年间，共三十卷，分为医赞、规谏、刚正、清廉、忠烈、节义等三十门，主要是有关政治、道德、教化的记叙，偏重于历史琐闻，多取材于唐代国史旧闻。书后有《总论》一篇，表明作者以前事为鉴戒的意图。所记故事，各具首尾，文笔朴素平直，有相当的文字和史料价值。

作者刘肃，生平未详，只知任过江都县、浔阳县主簿，他无可考。

【原文】

生吞活剥

李义府尝赋诗曰[(1)]：“镂月成歌扇，裁云作舞衣。自怜回雪影，好取洛阳归。”有枣强尉张怀庆[(2)]，好偷名士文章，乃为诗曰：“生情镂月成歌扇，出意裁云作舞衣。照镜自怜回雪影，时来好取洛阳归。”人谓之谚曰：“活剥王昌龄[(3)]，生吞郭正一[(4)]。”（《大唐新语卷十三·谐谑第二十七》）

【毛泽东评点】

但是一切外国的东西，如同我们对于食物一样，都必须经过自己的口腔咀嚼和胃肠运动，送进唾液胃液肠液，把它分解为精华和糟粕两部分，然后排泄其糟粕，吸收其精华，才能对我们的身体有益，决不能生吞活剥地毫无批判地吸收。

——《新民主主义论》，载《毛泽东选集》，第2卷，人民出版社1991年版，第707页。

【注释】

（1）李义府（614—666），瀛州饶阳（今河北饶阳）人，迁居永泰（今四川盐亭）。出身寒门。太宗时以对策擢第。高宗时任中书舍人，武则天时仕至右相，执掌朝政。后被流放。

（2）枣强，古县名，今河北枣强县。尉，即县尉，掌一县的军事。

（3）王昌龄（约698—756），字少伯，京兆长安（今陕西西安）人。一作太原（今山西太原）人。唐代著名诗人。

（4）郭正一，鼓城（今河北晋州）人。少以文辞著称，贞观时由进士历弘文馆学士，迁中书侍郎，执政颇久。明习故事，文辞诏敕，多出其手。后为酷吏周兴诬构，被杀。

【赏析】

“生吞活剥”出自唐刘肃《大唐新语·谐谑》，当时的枣强县尉张怀庆好偷名士文章，他曾将中书令李义府的一首五言绝句每句前各加二字，改成一首七言绝句，而诗的意境却毫无变化，有人讥笑他是“活剥王昌龄，生吞郭正一”（王昌龄是著名诗人，郭正一是文章高手）。后人将这两句话简化为“生吞活剥”，比喻只知道囫囵吞枣或照抄照搬，不加区别地吸收，而不能创新。

毛泽东同志在《新民主主义论》讲到“民族的科学的大众的文化”时引用此语说明，对于外国文化要排泄其糟粕，吸收其精华，而不能不加分析地照搬照抄，“所谓全盘西化的主张，乃是一种错误的观点”。毛泽东同志这个教导至今仍不失其现实意义。

【原文】

图诸凌烟

贞观十七年[(1)]，太宗图画太原倡义及秦府功臣[(2)]：赵公长孙无忌[(3)]、河间王李恭[(4)]、蔡公杜如晦[(5)]、郑公魏徵[(6)]、梁公房玄龄[(7)]、申公高士廉[(8)]、鄂公尉迟敬德[9]、郧公张亮[10]、陈公侯君集[11]、卢公程知节[12]、永兴公虞世南[13]、渝公刘政会[14]、莒公唐俭[15]、英公李勣[16]、胡国公秦叔宝等二十四人于凌烟阁[17]。太宗亲为之赞，褚遂良题阁[18]，阎立本画[19]。及侯君集谋反伏诛，太宗与之诀，流涕谓之曰："吾为卿不复上凌烟阁矣。"（《大唐新语·褒锡第二十三》）

【毛泽东评点】

是则先生一念之转，一心之发，而国仇可报，国土可保，失地可复，先生亦得为光荣之抗日英雄，图诸凌烟，馨香百世，先生果何故而不出此耶？吾人敢以至诚，再一次地请求先生，当机立断，允许吾人之救国要求，化敌为友，共同抗日，则不特吾人之幸，实全国全民族唯一之出路也。

——《给蒋介石的信》，载《毛泽东文集》，第1卷，人民出版社1993年版，第464页。

【注释】

（1）贞观，唐太宗李世民的年号（627—649）。

（2）太宗，即唐太宗李世民。公元626—649年在位。隋大业十三年（617），策动其父在太原起兵反隋。任尚书令，封秦王。

（3）长孙无忌（？—659），河南洛阳人。唐初大臣。在玄武门之变中助太宗夺取帝位。以皇亲及元勋地位，任至司徒，封赵国公。

（4）李恭（591—640），唐初大将。高祖堂侄。曾率军攻取江南广大地区。贞观初年任礼部尚书，封河间郡王。

（5）杜如晦（585—630），字克明，京兆杜陵（今陕西西安东南）人，唐初大臣。累官至尚书右仆射，与房玄龄共掌朝政，订定典章制度，封蔡国公。

（6）魏徵（580—643），字玄成，馆陶（今河北馆陶）人，唐初大臣，太宗时为谏议大夫，并主持梁、陈、齐、周、隋史的编纂工作，主编《群众治要》，封郑国公。

（7）房玄龄（579—648），名乔，字玄龄，齐州临淄（今山东淄博）

人，唐初大臣。协助李世民取得帝位，后任尚书左仆射，监修国史。封梁国公。

（8）高士廉，名俭，字士廉，蓨人，仕至吏部尚书，封许国公。

（9）尉迟敬德（585—658），名恭，字敬德，朔州善阳（今山西朔州）人，唐初大将。仕至襄州都督等职，封鄂国公。

（10）郧（yún 云）公张亮，荥阳（今河南荥阳）人。从太宗定天下，数立奇功，累官刑部尚书，封郧国公。后坐事被诛。

（11）侯君集（？—643），豳州三水（今陕西旬邑）人，唐初大将。初从李世民作战，累迁至兵部尚书等职，封陈国公。后与太子承乾谋反被杀。

（12）程知节（？—665），即程龁金，俗作程咬金，后改程知节，洛州东阿（今山东东阿）人，唐初大将。仕至左领军大将军等职，封卢国公。

（13）虞世南，余姚（今浙江余姚）人，字伯施。太宗时为弘文馆学士，改秘书监。封永兴县公。

（14）刘政会，胙（今河南延津北）人，在平定刘武周时立有大功，封邢国公。

（15）唐俭，字茂系，晋阳（今山西太原）人。佐太宗定天下，为天策府长史，封莒国公。

（16）李勣（594—669），本姓徐，名世勣，字懋功，曹州离孤（今山东东明东南）人。仕至武侯大将军，封曹国公。后与李靖出击东突厥，因功封英国公。

（17）秦叔宝（？—618），名琼，字叔宝，齐州历城（今山东济南）人。从李世民定天下，卓有军功，官至左武卫大将军，封胡国公。凌烟阁，封建王朝为表彰功臣而建造的绘有功臣图像的高阁。

（18）褚遂良（596—658），字登善，钱塘（今浙江杭州）人，一作阳翟（今河南禹州）人，唐大臣、书法家。太宗时累官至中书令。高宗即位，封河南郡公。书学欧阳询、虞世南，取法王羲之，融会汉隶，自成一家。

（19）阎立本，万年（今陕西西安）人，唐代著名画家，工于写真。仕至右相。

【赏析】

凌烟阁是唐王朝统治者为表彰功臣而建造的高阁，阁中绘有功臣图像。其旧址在今陕西西安市城区唐太极宫内。《大唐新语》中记载的唐太宗贞观十七年绘二十四位开国功臣于凌烟阁的事最为著名。此事《旧唐书·太宗本纪（下）》也有记载。此外，唐代宗广德元年也有此举。所以图诸凌烟，是因其为国家为民族立下莫大功劳，以资表彰的盛事。

毛泽东同志在 1936 年 12 月 1 日写给蒋介石的信中运用了“图诸凌烟”的典故。当时日本帝国主义的侵略日益严重，也威胁到了国民党的利益，因而开始与共产党秘密接触，有了国共合作的可能。中共便改变原来的“反蒋抗日”为“逼蒋抗日”。为此在信中义正词严地劝说蒋介石停止内战，共同抗日。不仅从民心、军心向背，敌我力量对比来看是必要的，就是从蒋介石个人的历史评价来讲也是完全必要的。或者沦为千古罪人，或者成为“救国救民之豪杰”，或者图诸凌烟，流芳百世，或者认贼作父，遗臭万年，二者必居其一。这是给蒋介石指出的两种不同的结局。

《太平广记》 （宋）李昉等

小说总集，北宋李昉等编辑。因书成于太宗太平兴国年间，故名。全书按性质分为九十二大类，附一百五十余小类。采录自汉代至宋初的小说、笔记、稗史等四百七十五种，保存了大量的古小说资料。其中引用的书，有很多已经散佚、残缺或被后人窜改，赖此书得以考见。今有经过校正的排印本。

李昉，字明远，饶阳（今河北深州西南）人。仕后汉后周归宋，三入翰林，太宗朝拜平章事，主张弭兵息民。好招揽人才，加以延用。奉敕主持撰写《太平御览》《文苑英华》《太平广记》等大型类书。

【原文】

马拯

唐长庆中[1]，有处士马拯[2]，性冲淡，好寻山水，不择崄峭，尽能跻攀[3]。一日，居湘中，因之衡山祝融峰[4]。诣伏虎师佛堂内[5]，道场严洁[6]，果食馨香，兼列白金皿于佛塔上。见一老僧，眉毫雪色，朴野魁梧，甚喜拯来，使仆挈囊[7]，僧曰："假君仆使近县市少盐酪[8]。"拯许之。仆乃挈金下山去，僧亦不知何向。

俄有一马沼山人[9]，亦独登此来，见拯甚慰悦，乃谓拯曰："适来道中，遇一虎，食一人不知谁氏子。"其服饰，乃拯仆夫也。拯大骇。沼又云："遥见虎食人尽，乃脱皮，改服禅衣[10]，为一老僧也。"拯甚怖惧。及沼见僧，曰："只此是也。"拯白僧曰："马山人来云，某仆使至半山路，已被虎伤，奈何！"僧怒曰："贫道此境，山无虎狼，草无毒螫[11]，路绝蛇虺[12]，林绝鸱鸮[13]，无信妄语耳[14]。"拯细窥僧吻，犹带殷血。

向夜[15]，二人宿其食堂。牢扃其户[16]，明烛伺之。夜已深，闻庭中有虎怒，首触其扉者三四[17]，赖户壮而不隳[18]。二子惧而焚香，虔诚叩首于堂内土偶宾头卢者。良久，闻土偶吟诗曰："寅人但溺栏中水，午子须分艮畔金，若教特进重张弩[19]，过去将军必损心。"二子聆之而解其意，曰："寅人，虎也；栏中，即井；午子，即我耳；艮畔金，即银皿耳。其下两句未能解。"

及明，僧叩门曰："郎君起来食粥。"二子方敢启关。食粥毕，二子计之曰："此僧且在，我等何由下山？"遂诈僧去："井中有异。"使窥次。二子推僧堕井。其僧即时化为虎，二子以巨石镇之而毙矣。二子遂取银皿下山，近昏黑，而遇一猎人，于道旁张弸弓[20]，树上为棚而居。语二子曰："无触我机。"兼谓二子曰："去山下犹远，诸虎方暴，何不且上棚来。"

二子悸怖，遂攀缘而上。将欲人定，忽三五十人过，或僧或道，或丈夫，或妇女。歌唫者[21]，戏舞者。前至弸弓所，众怒曰："朝来被三贼杀我禅和[22]，方金（今）追捕之，又敢有人张我将军。"遂发其机而去。二子并闻其说，遂诘猎者。曰："此是伥鬼[23]，被虎所食之人也。为虎前呵道耳。"二子因征猎者之姓氏，曰："名进，姓牛。"二子大喜曰："土偶诗下句有验矣。特进乃牛进也，将军即此虎也。"遂劝猎者重张其箭，猎者然之，张毕登棚。果有一虎哮吼而至，前足触机，箭乃中其三班，贯心而踣[24]。逡巡诸伥奔走却回，伏其虎，哭甚哀，曰："谁人又杀我将军。"二子怒而叱之曰："汝辈无知下鬼，遭虎啮死，吾今为汝报仇，不能报谢，犹敢恸哭，岂有为鬼不灵如是？"遂悄然。忽有一鬼答曰："都不知将军乃是虎也，聆郎君之说[25]，方大醒悟。"就其虎而哭之，感谢而去。及明，二子分银与猎者而归耳。出传奇。（《太平广记卷四三〇·马拯》）

【毛泽东评点】

七月赣敌进攻，八月湘赣两敌会攻井冈山，边界各县的县城及平原地区尽为敌据，为虎作伥的保安队、挨户团横行无忌，白色恐怖布满城乡。

——《井冈山的斗争》，载《毛泽东选集》，第 1 卷，人民出版社 1991 年版，第 62 页。

一曰全国讨汪。查汪逆收集党徒，附敌叛国，订立卖国密约，为虎作伥，国人皆曰可杀。

——《向国民党的十点要求》，载《毛泽东选集》，第2卷，人民出版社1991年版，第721页。

【注释】

（1）长庆，唐穆宗年号（821—824）。

（2）处士，古时称有才德而隐居不做官的人。

（3）跻（jī 基）攀，登攀。跻，登，升。

（4）衡山，一名岣嵝山。在今湖南衡山县西。有七十二峰，祝融峰是主峰之一。

（5）佛（fó）堂，供奉佛的殿堂。

（6）道场，释道二教诵经礼拜的场所，也指和尚和道士做法事的地方。

（7）挈囊，提着袋子。

（8）盐酪（lào 烙），盐醋。

（9）俄，不久。山人，指隐士。

（10）禅衣，和尚穿的服装，指袈裟。

（11）螫（zhē 遮），蜂、蝎等刺人。

（12）蛇虺（yuán 元），蛇。虺，一种毒蛇。

（13）鸱鸮（chī xiāo 痴肖），像猫头鹰一类的鸟。

（14）妄语，虚妄不实的话。

（15）向夜，天快入夜时。

（16）扃（jiōng 垧），关锁。户，房门。

（17）扉（fēi 非），门扇。

（18）隳（duò 剁），通“堕”，落下。

（19）弩（nǔ 努），用机栝发箭的弓。

（20）彇，当作猵（piān 篇）。猵弓，弓反张。

（21）歌唫（jìn 噤）者，闭口唱的人。唫，闭口。

（22）禅和，即禅和子，参禅的人的通称。

（23）伥（chāng 昌）鬼，也叫“虎伥”。古时迷信，传说被虎啮死后，鬼魂为虎役使；虎行求食，为虎前导。

（24）踣（bó 箔），向前仆倒。

（25）聆（líng 铃），听。

【赏析】

这则寓言故事，以马拯的仆人被化作和尚的老虎吃掉，马拯与隐士马沼寻根究底，终于在猎人的指点下，才弄清了“伥鬼，被虎所食之人也，为虎前呵道（开路）耳”。当然认为被老虎吃掉的人变成伥鬼，又去引导老虎吃人，是一种迷信。后来就把“为虎作伥”，比喻充当恶人的爪牙。明代学者张自烈《正字通》说：“世传虎啮人死，魂不敢他适，辄隶事虎名伥。虎行求食，伥必与俱，为虎前导，遇途有暗伏机阱，则迁道径；呼虎曰‘将军’，死则哭之。”

毛泽东同志在《井冈山的斗争》中引用这个典故，用来揭露为国民党反动派网罗、充当凶手的“保安队”“挨户团”残害人民的猖獗和可恨；在《向国民党的十点要求》中，用来揭示汉奸卖国贼汪精卫和他们的党徒充当日本侵略者的鹰犬和走狗，都是很高明的。

《谈薮》 （宋）庞元英

《谈薮》，一卷，古代文言小说集，宋代庞元英撰。主要记述南宋宁宗、理宗两朝故事，皆他说部所有，疑为书贾抄合成书，托名行世。

庞元英，字懋贤，武城人。官朝散大夫。所著《文昌杂录》，可以证宋史之舛漏。

【原文】

树倒猢狲散

曹咏侍郎以秦桧之姻党而显[(1)]。方盛时，乡里奔走承迎惟恐后；独其妻兄厉德新不然。咏衔怒，帅越时[(2)]。德新为里正[(3)]，咏风邑官胁治百端[(4)]，冀其祈己。竟不屈，桧殂[(5)]，咏贬新州[(6)]。德新遣介致书于咏，咏启封，乃《树倒猢狲散赋》一篇[(7)]。（《谈薮·曹咏妻》）

【毛泽东评点】

帝国主义战争现时已到发生大变化的前夜，一切依靠帝国主义过活的寄生虫，不论如何蠢动于一时，他们的后台总是靠不住的，一旦树倒猢狲散，全局就改观了。

——《为皖南事变发表的命令和谈话》，载《毛泽东选集》，第 2 卷，人民出版社 1991 年版，第 774 页。

【注释】

（1）侍郎，官名。汉代郎官的一种，本为宫廷的近侍。自唐以后指中书、门下二省及尚书所属各部的副长官。秦桧（huì 绘）（1090—1155），字会之，江宁（今江苏南京）人，南宋投降派的代表人物。高宗绍兴年间两任宰相，前后执政十九年，主张投降。杀抗金名将岳飞，贬逐张浚、赵鼎等多人。主持议和，向金人称臣纳币，为人民切牙痛恨。姻党，由婚姻关系而形成的奸党。

（2）帅越，做浙江的安抚使。越，浙江的古称。

（3）里正，宋时制度，每一百户为一里，一里之长为里正。

（4）风邑官，透露消息给县官。邑，旧时县的别称。

（5）殂（cú 祖），死亡。

（6）新州，古州名。治所在今广东省新兴县。

（7）猢狲，猴子的别称。

【赏析】

宋代庞元英《谈薮》中记载的这则小故事幽默风趣，颇具讽刺意味。你看，当权倾朝野的奸臣秦桧当宰相时，曹咏凭借婚姻关系飞黄腾达，为所欲为；秦桧一死，曹咏也随之被贬远州他县。曹咏妻兄厉德新是个正直之士，曹咏得势时而不阿谀逢迎，秦桧倒台后，还写了一篇《树倒猢狲散赋》送给他，对之进行了辛辣的嘲讽，为后人留下了一个著名的典故。树倒了，树上的猴子也就散了。比喻核心人物一倒台，依附着他的人也就随之而散，贬责之意，溢于言表。

毛泽东引用“树倒猢狲散”这个典故，形象地说明以日本等帝国主义为后台的中国亲日派和反共顽固派，是绝没有前途的。他们总是要失败的。历史的发展已经证明了毛泽东同志的这个科学论断是正确的。

《武王伐纣平话》 （元）无名氏

元代讲史话本，又称《武王伐纣书》，别题《吕望兴周》，不署作者姓名，为元代至治（1321—1323）中建安虞氏所刊《全相平话五种》之一。全书从殷汤兴起说到纣王灭亡。上卷叙述妲己入宫太子殷郊反纣事；中卷叙姬昌被囚羑里，黄飞虎反纣，比干剖心及姜尚发迹等事；下卷记武王伐纣作战经过，斩纣王和妲己事。所说故事大部分皆有所据，但又经过民间传说，离奇荒诞，富于趣味。此书对后世的《列国志传》《封神演义》都有较大影响。原本藏于日本内阁文库。国内有文学古籍刊行社影印本及古典文学出版社排印本、中华书局上海编辑所排印本行世。

【原文】

太公钓鱼

当日，姜尚西走至岐州南四十里地[(1)]，虢县南十里[(2)]，有渭水岸[(3)]，有磻溪之水[(4)]。姜尚因命守时，直钩钓渭水之鱼，不用香饵之食，离水面三尺，尚自言曰："负命者上钩来[(5)]！"

姜尚自叹曰："吾今鬓发苍苍，未遇明主！"尚止北望岐州[(6)]，想文王是仁德之君，吾在此直钩钓鱼，数载并无一人来相顾。我有心兴周破纣安天下，吾待离了此个明君，恐无似西伯侯有仁德[(7)]。且守天时。

文王出岐州南四十里虢县。文王入城，东驾行时有万民并大小官员皆来接驾，入衙中歇泊、排宴。文王谓，翌日绝早出虢县南[(8)]，约行到五七里之地。文王见喜气来朝，百鸟皆鸣。文王告大臣曰："贤人近也。"又见黄气冲天[(9)]，有大臣散宜生，大镇宏夭、南宫适，众大臣皆言[(10)]："贤人近也。"有金牛位（尉）引驾大将军奏曰："臣启大王，前是磻溪河岸，是渔公止处也。”文王闻奏，“你先去吧。”武吉蒙宣前去[11]，果见渔公手执钓竿。武吉却回来报与文王：“渔公在彼。”

却说文王望见磻溪河一里地下车，行至岸边，见渔公大礼，恭敬三次，姜尚不顾分毫。文王近前大礼，渔公举手指让，文王大喜而无愠色。姜尚执吊（钓）竿问曰：“公乃何人也？”文王曰：“某是西伯侯姬昌，专来出猎到此，知公大贤，许我伐无道之君如何？”姜尚无言。文王又问：“知公此岸钓引于天意，愿公表察昌令四方求探至此，愿呈肝胆之智，望贤垂意，顿首顿首[12]，惶恐惶恐[13]，贤意如何？”姜尚见文王大礼之言，心内思，惟此人[14]。虽是真主，我不便思文王之德，始三次顾我，我又不顾，文王无分毫愠色，亦无忿怒，此是大君子也。姜尚又试探文王有天子之德。尚答曰：“君非专意举贤，出猎游戏，亦不是坚心求贤，而乘车而至，吾乃钓叟，岂取金紫之名乎[15]？臣恐停车驾，请大王且退去。”姜尚道罢，遂入苇叶而去。文王心内思，惟吾自错矣。令车驾却入虢县，文王请斋三日[16]，沐浴圣体[17]。

第三日，文王宣文武排銮驾再去求贤[18]。文王随从前往磻溪至近。有姜尚先知文王再来，姜尚立钓竿于岸侧，去芦叶深处不出迎，文王至近下车，共文武步行一二里至岸，却不见渔公，只见钓竿，文王赠诗一首。诗曰：

求贤远远到溪头，不见贤人见钓钩。

若得一言明指教，良谋共同立西周。

文王诗毕。文王问：“先生何往？只得一句，言着国事，安天下，定社稷，无非大贤指教。”言罢多时，不闻音耗。文王又吟诗一首，诗曰：

先来表察再来求，不似先前出猎游。

若得一言安社稷，却将性命报恩由。

姜尚于芦花深处听得志气，坚心来求贤。姜尚遂出来与文王相见。二人各叙寒温，礼毕，文王道：“先生还得一句为立国安邦之法，拜为良臣，公意如何？”姜尚见文王谨意诚心，若来求告，姜尚乃答诗一首，诗曰：

谢臣志意诣磻溪，一语安邦定国机。

吾略乱言匡国法，须教陛下镇华夷。

姜尚诗毕，文王大喜，深谢贤良。西伯侯用手扶姜尚，并众臣扶定姜尚上车北进，姜尚又答诗一首，诗曰：

渭水河边执钩钓，文王应梦志心求。
虽然年迈为元帅，一定周家八百秋。

周公又赠诗一首，诗曰：

夜梦飞熊至殿前，果逢良将渭河边。
曾因纣王行无道，扶立周家八百年。

周公诗毕，文王并众文武等都回到岐州。

翌日，文王排宴宴姜尚，姜尚蒙宣，诣于殿下，礼毕，与文王对饮。文王笑而问曰："公何姓？"姜尚答曰："臣姓姜，名尚，字子牙，号飞熊。"文王见言大喜，"正合吾梦也，此真名将也。贤之妻子在于何处？"姜尚曰："臣一身遇明主，何忧妻子乎？"文王见姜尚出语奇异，再问曰："请贤伐纣立国安天下如何？"姜尚曰："臣昔日在于烟波渭水河边坐钓之时非钓鱼，只钓贤君臣，既得大王宠用，何愁伐纣安天下乎？"文王说纣王无道之事，姜尚曰："臣尽知之，此上知纣王不仁，故来投仁君。"王闻之大喜，先封姜尚为恒檀公[19]。姜尚谢文王恩，礼毕。文武见姜尚皆喜，文王宴罢皆退。

有文王夜寝，至三更作一梦，见一美人从外而来，见恒檀公大哭，言："我是东海龙王之女[20]，嫁到西海龙王之子为妻，今为舅姑严恶[21]，请假去觐双亲[22]，到恒檀公境内，我是龙身去处，有狂风骤雨，雹打田禾，风吹稼穑[23]，以此悦我心中。今到恒檀公之境，不敢降雹注雨，故以此悲啼。"文王大惊，忽然客来，文王心内思，惟恒檀公定是大贤能才智慧之人。至明，宣文武百官设朝，文王说梦与众，文王咸皆大喜。文王依轩辕行事[24]，安天下，抚黎民，和合阴阳，谨礼地严设山川，拜封姜尚为太公。（《武王伐纣平话》中、下）

【毛泽东评点】

美国人在北平，在天津，在上海，都洒了些救济粉，看一看什么人愿意弯腰拾起来。太公钓鱼，愿者上钩。嗟来之食，吃下去肚子要痛的。

——《别了，司徒雷登》，载《毛泽东选集》，第 4 卷，人民出版社 1991 年版，第 1495 页。

【注释】

（1）岐州，古州名，治所雍县（今陕西凤翔东南义乌堡）。

（2）虢（guó 国）县，地名，治所在今陕西宝鸡县治虢镇。

（3）渭水，即渭河，在今陕西省境内。

（4）磻（pán 盘）溪，水名，一名璜河。在今陕西宝鸡市东南。

（5）负命，拼命，舍命。

（6）止，只，仅。

（7）西伯侯，即周文王姬昌，曾被殷纣王封为西伯侯。《史记·殷本纪》："西伯出而献河洛之地，以请炮烙之刑。纣乃许之，赐弓矢斧钺，使得征伐，为西伯。"侯，古代五等爵位的第二等。《礼记·王制》："王者之制禄爵，公、侯、伯、子、男，凡五等。"

（8）翌（yì 翼）日，明天。

（9）黄气，黄色云气。古代迷信以为天子之气。

（10）散宜生、大镇宏夭、南宫适（kuò 扩），三人皆文王大臣。

（11）武吉，原为打柴人，因误伤人命吃官司得到姜尚救助。

（12）顿首，叩头，头叩地而拜。古代九拜之。

（13）惶恐，恐惧不安。

（14）惟，为，是。

（15）金紫，金印紫绶的简称。古时相国、丞相之类的高官才印绶金紫。

（16）斋，古人在祭祀前或举行典礼前清心洁身以示庄严。

（17）沐浴，洗发洗澡。圣，封建统治阶级对帝王的谀称。

（18）銮驾，皇帝的车驾。

（19）公，古代五等封爵的第一等。

（20）龙王，传说中统领水族之神，能兴云布雨。

（21）舅姑，公婆。恶（wù 误），讨厌。

（22）觑（qù 去），探视，看望。

（23）稼穑（sè 色），播种和收获。

（24）轩辕，即黄帝。传说中中原各族的共同祖先。

【赏析】

姜太公是我国历史上有名的人物，曾辅佐周文王成就周王朝八百年基业。他用直钩钓鱼的故事传为佳话。在这个故事之前，他穷得没办法，被妻子赶了出来，只得去经商。后来又到殷纣王那里做过官，讨伐过造反的大将黄飞虎。由于他痛恨纣王的残暴，同情黄飞虎的悲惨遭遇，又把黄飞虎放了。纣王知道后，把姜尚的老母杀了，又到处捉拿他。姜尚逃出虎口之后，听说西伯侯姬昌很仁德，又在招贤纳士，想去投靠，怕主动投靠，身价不高，因此便到文王都城附近的渭水河边一个叫磻溪的小地方隐居下来，故意做出直钩钓鱼的奇异举动，等待文王去访他。后来，文王终于把他请去了，封为太公。文王死后，他辅佐武王姬发，推翻了纣王的残暴统治，建立了统一的西周王朝。从此，“太公钓鱼”这个故事，便用来比喻心甘情愿地上套。

毛泽东同志在《别了，司徒雷登》一文中，引用“太公钓鱼，愿者上钩”的故事，意在说明：美国帝国主义在中国人民的解放战争即将取得全国胜利前夕，假惺惺地施舍“救济”，只是一种圈套，谁要去弯腰拾起来，谁就会“上钩”，就得跟着帝国主义走。这有力地揭穿了帝国主义者阴险、奸诈的险恶用心，有助于当时一部分对帝国主义尚存不切实际幻想的人的醒悟。

《绘图三教源流搜神大全》（元）无名氏

《绘图三教源流搜神大全》，该书搜集了有关我国古代儒、道、释（佛）三教的神话传说，出自元明之间无名氏之手。

【原文】

赵公元帅

姓赵，讳公明[(1)]。钟南山人也[(2)]。自秦时避亡山中[(3)]，精修至道。功成，钦奉玉帝旨召为神霄副帅[(4)]。按：元帅乃皓廷霄度天慧觉昏梵炁化生[(5)]，其位在乾[(6)]，金水合炁之象也。其服色：头戴铁冠，手执铁鞭者，金遘水炁也[(7)]。面色黑而胡须者，北炁也[(8)]。跨虎者，金象也。故此水中金之义，躰则为道[(9)]，用则为法[(10)]，法则非雷霆无以彰其威。泰华西台[(11)]，其府乃元帅之主掌。而帅以金轮，亦称西方金象也。元帅上奉天门之令，策役三界[(12)]，巡察五方[(13)]，提点九州[(14)]，为直殿大将军，为北极侍御史[(15)]。

昔汉祖天师[(16)]，修炼仙丹，龙神奏帝，请威猛神吏为之守护，由是元帅上奉玉旨[(17)]，授正一玄坛元帅。正则万邪不干，一则纯一不二，之职至重。天师飞升之后[(18)]，永镇龙虎名山[(19)]。厥今三元开坛[(20)]，传度其趋善建功谢迈之人，及顽冥不化者，皆元帅掌之。故有龙虎玄坛，实赏罚之一司。

部下有八王猛将者，以应八卦也[(21)]。有六毒大神者，以应天煞[(22)]、地煞、年煞、月煞、日煞、时煞也。五方雷神[(23)]，五方猖兵，以应五行[(24)]。二十八将[(25)]，以应二十八宿[(26)]。天和地合二将，所以象天门地户之阖辟[(27)]。水火二营将，所以象春生秋煞之往来。驱雷役电，唤雨呼风，除瘟剪疟，保病禳灾[(28)]，元帅之功莫大焉！至如讼冤伸抑，公能使之解释公平。买卖求财，公能使之宜利和合。但有公平之事，可以对神祷[29]，无不如意。故上天圣号为：高上神霄玉府大都督[30]、五方之巡察使、九州社令都大提点[31]、直殿大将军、主领雷霆副元帅、北极侍御史、三界大都督、应元昭烈侯、掌士定命设帐使、二十八宿都总管[32]、上清正一玄坛飞虎金轮执法赵元帅。

格　联

入化出神，凛凛威光耀日；

驾风鞭电，英英杀气凌霄。

（《绘图三教源流搜神大全·赵元帅》）

【毛泽东评点】

这个小资产阶级内的各阶层虽然同处在小资产阶级经济地位，但有三个不同的部分。第一部分是有余钱剩米的，即用其体力或脑力劳动所得，除自给外，每年有余剩。这种人发财观念极重，对赵公元帅礼拜最勤，虽不妄想发大财，却总想爬上中产阶级地位。他们看见那些受人尊敬的小财东，往往垂着一尺长的涎水。这种人胆子小，他们怕官，也有点怕革命。……对于革命采取怀疑的态度。

——《中国社会各阶级的分析》，载《毛泽东选集》，第 1 卷，人民出版社 1991 年版，第 5 页。

【注释】

（1）讳，指对君主、尊长辈的名字避开不直称。

（2）钟南山，即终南山，在今陕西西安市南。相传道教全真道北五祖中的吕洞宾、刘海蟾等曾在此修炼。

（3）秦，朝代名。我国历史上第一个中央集权的封建王朝（前 221—206）。

（4）玉帝，道教中地位最高、职权最大的天神，全称是“昊天金阙至尊玉皇上帝”，或“玉皇大天尊玄穹高上帝”。简称“玉皇”“玉帝”“玉皇大帝”。

（5）炁（qì汽），同“气”。多见于道家的书。《关尹之·六化》：“以神存炁，以炁存形。”

（6）乾（qián钳），八卦之一，卦形为“☰”，三爻皆阳。象征阳性或刚健。《易·说卦》：“乾为天、为圜、为君、为父、为王、为金。”

（7）遘（gòu够），遇。

（8）北炁，道教认为，北方属水，其色尚黑。北炁，即黑气。

（9）躰，同“体”。《玉篇》：“俗体字。”体是中国哲学范畴，意为“本体”，是最根本、内在的东西，是实有的事物，所以说：“躰则为道”。

（10）用，与“体”相对的范畴，意思是作用，是体的外在表现，是事物的运动。

（11）泰华，即“太华”，华山主峰之一，古称西岳，在今陕西华阴南，属秦岭东段。有朝阳（东峰）、落雁（南峰）、莲花（西峰）、五云（北峰）、玉女（中峰）等五峰。西台，华山西峰，即莲花峰。

（12）三界，天上、地下、人间。

（13）五方，东、西、南、北、中。

（14）九州，传说中的中国上古行政区划，说法不一。《尚书·禹贡》作冀、兖、青、徐、扬、荆、豫、梁、雍。泛指全中国。

（15）侍御史，职掌举劾非法、督察郡县的皇帝亲信官员。

（16）汉祖天师，指道教的创始人张道陵。张道陵（34—156），原名张陵，东汉沛国丰（今江苏丰县）人。曾做江州令，后学道，作道书二十四篇，并用符水咒法为人治病，世称“张天师”。

（17）玉旨，玉皇大帝的诏谕。

（18）飞升，道家谓成仙而去为飞升，这是道教徒对其先师去世的美称。

（19）龙虎名山，即龙虎山，在今江西贵溪西南，由龙、虎二山组成，故名。张道陵曾在此修炼，为道教正一教发源地。

（20）三元，道教对天、地、水的称谓。《云笈七签》卷五十六：“有天、地、水三元之气，生成人伦，长养万物。”

（21）八卦，《周易》中的八种基本图形，用“⚊”“⚋”符号组成，以“⚊”为阳，以“⚋”为阴。名称是乾（☰）、坤（☷）、震（☳）、巽（☴）、坎（☵）、离（☲）、艮（☶）、兑（☱）。《易传》的作者认为八卦主要象征天、地、雷、风、水、火、山、泽八种自然现象，并认为“乾”“坤”两卦占有重要地位，是万事万物的最初根源。

（22）煞（shà 杀），凶神。

（23）雷神，神话中司雷之神。《山海经·海内东经》：“雷泽中有雷神，龙身而人头，鼓其腹在吴西。”

（24）五行，水、火、木、金、土，古代称构成各种物质的五种元素。中国古代思想家企图用日常生活中的五种物质，来说明万物的起源和多样统一，虽被神秘化，但有其合理因素。

（25）二十八将，东汉光武帝刘秀的二十八个有功的武将。此指道教中的二十八个武将。

（26）二十八宿（xiù 秀），古代天文学家把黄道（太阳和月亮所经天区）的恒星分成二十八个星座，称为二十八宿，四方各有七宿。宿，星的位次。《淮南子·天文训》：“五星、八风、二十八宿。”注：“东方：角、亢、氐、房、心、尾、箕；北方：斗、牛、女、虚、危、室、壁；西方：奎、娄、胃、昂、毕、觜、参；南方：井、鬼、柳、星、张、翼、轸。”

（27）阖（hé 合）辟，关闭、开启。

（28）禳（ráng 瓤）灾，祭祷消灾。

（29）祷（dǎo 捣），向神祝告祈福。

（30）大都督，最高军事长官，此指财神的显赫权势。

（31）大提点，职掌刑狱、治安和监察的官员。

（32）都总管，高级军政长官。

【赏析】

在漫长的封建社会中，以小农经济为主的中国人民，为了摆脱贫困，追求美满富裕的生活，总是寄希望于财神赐福，招财进宝。因而，在旧中国，赵公元帅、玉皇大帝和灶君一样，几乎是家家祭祀之神。赵公元帅，名朗，字公明。秦时得道于终南山，道教尊为正一玄坛元帅，故称赵玄坛。其像头戴铁冠，黑面浓须，执铁鞭，骑黑虎。传说其驱雷役电，除瘟禳灾，主持公道，求财如意。赵公明的名字，最早见于晋代干宝的《搜神记》，当时他还是管鬼的幽冥神。到了隋代，他又变成了“瘟神”。宋代以后才变成“财神”。由于在《封神演义》中，被姜子牙正式加封，加之他具有“买卖求财，公能使之宜利和合”的赐财功能，因而，长期受到人们的崇奉。

毛泽东同志在《中国社会各阶级的分析》中，引用赵公元帅这个神话，旨在说明“小资产阶级”中那部分比较富裕的人之经济地位、主观意向和对待革命的态度，以便在革命斗争中，正确地对待他们。这种阶级分析的方法，可以通过光怪陆离的社会现象，认识社会生活的本质，发现社会发展的规律性，因而是一种科学的方法。

《情史》 （明）冯梦龙

文言笔记小说篇，亦名《情史类略》《情天宝鉴》。题江南詹詹外史评辑，冯梦龙作序，一般认为“詹詹外史”为冯梦龙的托名。二十四卷，每卷列一类，分情真、情缘、情通、情迹等。所辑皆前代史传、笔记、传闻中的爱情故事，凡八百七十余篇，是一部搜罗完备的爱情小说选集。可惜有的作品并非原文照录，而是根据前代或同时代的笔记、传奇、话本中的爱情作品加以缩写或改写，失去了原作的风味，但所辑的内容齐全，一些已散佚的作品赖以保存，为研究者提供了某些方便。

冯梦龙（1574—1645），字犹龙，又字子犹，号墨憨斋主人，长洲（今江苏苏州）人，明代著名的通俗小说家、戏曲家。毕生致力于通俗文学的编写和刊行工作，有名的“三言”（《喻世明言》《醒世恒言》《警世通言》）即是他编撰的，笔记小说集有《古今谈概》《情史》《智囊》《智囊补》《太平广记钞》等，并改写《北宋三遂平妖传》《新列国志》等，又刊行过《桂枝儿》《山歌》等民歌集。冯氏对后代文学影响甚大，其后仿作者众，其笔记小说所载故事亦多为后来小说、戏曲改编，又带起明末清初白话短篇小说的创作高潮。

【原文】

关盼盼

徐州张尚书建封[(1)]，有爱妓关盼盼，善歌舞，雅多风态。尚书既殁[(2)]，旧第中有小楼名燕子[(3)]，盼盼念旧爱不嫁，居是楼十余年。有诗三首[(4)]，其一云：

楼上残灯伴晓霜，独眠人起合欢床[(5)]。

相思一夜情多少？地角天涯未是长。

其二：

适看鸿雁岳阳回[(6)]，又睹玄禽逼社来[(7)]。
瑶瑟玉箫无意绪，任从蛛网任从灰。

其三：

北邙松柏锁愁烟[(8)]，燕子楼中思悄然。
自埋剑履歌尘绝[(9)]，红袖香消二十年。

白乐天爱其诗，和之云：

满窗明月满帘霜，被冷香消拂卧床。
燕子楼中更漏水[(10)]，秋宵只为一人长。

今宵有客洛阳回，曾到尚书墓上来。
见说白杨堪作柱，争教红粉不成灰。

钿带罗衫色似烟[(11)]，几回欲起即潸然[(12)]。
自从不舞《霓裳曲》[(13)]，叠在空箱二十年。

又赠绝句讽之：

黄金不惜买蛾眉[(14)]，拣得如花四五枝。
歌舞教成心力尽，一朝身去不相随。

盼盼得知，反复读之，泣曰："自我公薨背[15]，妾非不能死，恐千载之下，以我公重色，有从死之妾，是玷我公清范也[16]。"乃答白公诗曰：

自守空房敛恨眉，形同春后牡丹枝[17]。
舍人不会人深意[18]，讶道泉台不去随[19]。

旬日不食而死。

东坡尝夜登燕子楼[20]，梦盼盼，因作小词[21]云：

天涯倦客，山中归路，望断故园心眼。燕子楼空，佳人何在？空锁楼中燕。古今如梦，何曾梦觉？但有旧愁新怨。异时对黄楼夜景[22]，为余浩叹。

【毛泽东评点】

1956年3月19日上午，毛泽东从徐州登机赴南京，途中用铅笔在林克正在看的一本书的扉页上写了萨都剌的词作《徐州怀古》，并对词的内容和其中的典故作了解释。他解释"燕子楼空"说："'燕子楼'为唐朝驻徐州节度使张音（愔）所建。张音（愔）接父职驻节徐州，结识彭城名姬关盼盼，收娶为妾。她歌舞双色（绝），尤工诗文。张死后归葬洛阳，盼盼恋张旧情，独守空楼十余年。小楼多燕子，故名'燕子楼'。诗人白居易过徐州，因此故事写了一首七绝：'满窗明月满帘霜，被冷腰残拂卧床。燕子楼中霜月夜，秋来只为一人长。'"

——李林达：《情满西湖》，中央文献出版社1993年12月版，第237—238页。

【注释】

（1）徐州，古九州之一，唐时为郡，治所在今江苏徐州市。张尚书建封，即张建封，兖州（今山东兖州）人，字本立，唐成宗、德宗时名臣。曾任御史大夫、濠寿庐三州都团练观察使、徐州刺史、检校礼部尚书等职。其实，关盼盼并非张建封之妾，而是其子张愔（yīn 音）之妾。说关盼盼是张建封之妾，是张冠李戴，小说家附会。

（2）殁（mò 末），死亡。

（3）小楼名燕子，即燕子楼，在今江苏徐州市城区西北隅。

（4）诗三首，据白居易《燕子楼》序，这三首诗是唐代诗人张仲素咏关盼盼之作，后误传为关盼盼本人的作品。

（5）合欢床，合欢是一种象征爱情的花纹图案，此指合欢图案装饰的床。

（6）鸿雁岳阳回，湖南衡阳市南有回雁峰，为衡山七十二峰之一。其峰势如雁回转，相传雁至衡阳而至，遇春而回。

（7）玄禽，燕子。玄，黑色。逼社，靠近社日。社日，古代春秋两季祭祀土地神的日子，一般在立春、立秋后第五个戊日。此外是指春社。

（8）北邙，山名，指地处河南洛阳市的邙山东段，此处多古代商王贵族陵墓。张愔死后“归葬东洛”。

（9）剑履（lǚ），宝剑和鞋子。古时候皇帝对大臣表示宠信，特许剑履上殿，故剑履为大臣的代词。此指张愔。

（10）更（gēng 耕）漏，古代用滴漏计时，夜间漏刻传更，故名曰“更漏”。更，旧时夜间计时的单位。一夜分五更，每更约二小时。

（11）钿（tián 田，又读 diàn 店）带，用金翠珠宝等制成花朵形的首饰。罗衫，丝织的衣衫。罗，古丝织物名，质地薄，手感滑，透气。

（12）潸（shān 删）然，流泪之状。

（13）霓裳曲，即霓裳羽衣曲。唐代乐曲名。本传自西凉，经玄宗润色，改为霓裳羽衣曲。

（14）蛾眉，亦作“娥眉”。女子长而美的眉毛。此作美人的代称。

（15）薨（hōng 轰）背，死亡。薨，原指周代诸侯之死，唐代称二品以上官员之死。

（16）玷（diàn 店），玷辱，污损。指声誉名节受损。清范，高洁的风范。

（17）春后牡丹枝，白居易在《燕子楼》序中说关盼盼“善歌舞，雅多风态”，比之为“风袅牡丹花”，故盼盼在张愔死后自比为“春后牡丹枝”。

（18）舍人，官名。唐时以撰拟诰敕之专官，且有文学资望者的人充任。此指白居易。

（19）讶道，惊讶地说。泉台，泉下，泉埌，指阴间。

（20）东坡，宋代大文学家苏轼，号东坡居士。

（21）小词，苏轼作的这首词叫《永遇乐·彭城夜宿燕子楼梦盼盼因作此词》。写于元丰元年（1078）十月改知徐州时。文中所引为下半阕。上半阕是：“明月如霜，好风如水，清景无限。曲港跳鱼，圆荷泻露，寂寞无人见。纯如三鼓，铿然一叶，黯黯梦云惊断。夜茫茫，重寻无处，觉来小园行遍。”

（22）黄楼，苏轼知徐州时所建，在今江苏徐州市区废黄河西岸。

【赏析】

关盼盼，唐时徐州名妓，善歌舞，工诗文。贞元中张尚书纳为妾，为筑燕子楼。唐代诗人白居易记载较早，其《白氏长庆集》十五《燕子楼诗序》云：“徐州故张尚书有爱妓曰盼盼，善歌舞，雅多风态。余为校书郎时，游徐、泗间。张尚书宴余，酒酣，出盼盼以佐欢，欢甚。余因赠诗云：‘醉娇胜不得，风袅牡丹花。’一欢而去，尔后绝不相闻。昨日，司功员外郎张仲素绘之访余，因吟新诗，有《燕子楼》三首，词甚婉丽，诘其由，为盼盼作也。绘之从事武宁军累年，颇知盼盼始末，云‘尚书既殁，归葬东洛’，而彭城有张氏旧第，第中有小楼名燕子。盼盼念旧爱而不嫁，居是楼十余年，幽独决然，于今尚在。”这大约是关盼盼故事的原型，以后续有增益，也互有出入。本文是在白居易记载的基础上，改张仲素诗为盼盼自作，又加上白居易所作一绝句讽刺关盼盼不从死，于是关盼盼不食而死，最后又以宋代著名词人苏轼的凭吊之词作结，实是把几则故事连缀在一起，突出了关盼盼的钟情知理的性格，更有可读性。

毛泽东同志对“燕子楼”典故的解释详细准确，而且能记诵白居易诗第一首，说明了他对关盼盼故事的熟知和喜欢。

《智囊》 （明）冯梦龙

《智囊》，古代笔记小说集，明冯梦龙编纂。此书编集了明代以前的经史子集、野史丛谈、演义传记中的有关智慧的故事近两千例，分类编辑，有的加以按语。内容上至经国大略，下至市民小智，旁及妇女儿童的高见卓识，无不在他的搜罗选取之列，意蕴丰富，益人意智，文字精约，生动明快。编纂此书的目的，是“感时事之棼丝，叹当局之束手。因思古才智之士，必有说而处此，惩溺计援，视症发药”（梅之焕《智囊补序》）。

【原文】

朱 博

博本武吏[(1)]，不更文法[(2)]。及为冀州刺史[(3)]，行部[(4)]，吏民数百人遮道自言，官寺尽满[(5)]。从事白请且留此县[(6)]，录见诸自言者，事毕乃发，欲以观试博。博心知之，告外趣驾[(7)]。既白驾办，博出就东，见自言者，使从事明敕[(8)]，告吏民：欲言县丞尉者[(9)]，刺史不察黄绶[(10)]，各自诣郡；欲言二千石墨绶长吏者[(11)]，使者行部，还诣治所；其民为吏所冤及言盗贼辞讼事[(12)]，各使属其部从事。博驻车决遣，四五百人皆罢去，如神。吏民大惊，不意博应事变乃至于此。后博徐问，果老从事教民聚会。博杀此吏。

博为左冯翊[(13)]，有长陵大姓尚方禁[(14)]，少时尝盗人妻[(15)]，见斫[(16)]，创著其颊。府功曹受贿[(17)]，白除禁，调守尉。博闻知，以他事召见，视其面，果有瘢。博辟左右问禁[(18)]，是何等创也。禁自知情得，叩头服状。博笑曰：“大丈夫固时有是。冯翊欲洒卿耻，能自效不？”禁且喜且惧，对曰：“必死。”博因敕禁毋得泄语，有便宜辄记言[(19)]，因亲信之，以为耳目。禁晨夜发起部中盗贼及他伏奸，有功效，博擢禁连守县令[20]。久之，召见功曹，闭阁，数责以禁等事，与笔札，使自记，积受一钱以上，无得有匿，欺谩半言[21]，断头矣。功曹惶怖，且自疏奸赃，大小不敢隐。博知其实，乃令就席，受敕自改而已。拔刀使削所记，遣出就职。功曹后常战栗[22]，不敢蹉跌[23]，博遂成就之。（《智囊》卷三《上智部·通简》第9—10页）

【毛泽东评点】

此吏亦可不杀，教以改过，调改他职可也。

使人改过自效。

——《读〈智囊〉批语》，载《毛泽东读文史古籍批语集》，中央文献出版社1993年版，第53—54页。

【注释】

（1）博，即朱博，字子元，汉杜陵（今陕西西安东南）人。成帝时累迁冀并二州刺史。哀帝时代为丞相，后因事下狱，自杀。

（2）更，经历，经过。文法，法制，法规。

（3）冀州，古九州之一，辖今山西、河北全境、河南黄河以北及辽宁辽河以西地区。刺史，官名，巡察官，其官阶低于郡守。

（4）行部，汉代刺史常于每年八月间巡行所部，查核官吏治绩，称为“行部”。

（5）官寺，官署，衙门。

（6）从事，官名。汉以后三公及州郡长官皆自辟僚属，多称从事。

（7）趣（cù促）驾，驾驭车马速行。《后汉书·光武帝纪上》：“于是光武趣驾南辕，昼夜不敢入城邑，舍食道旁。”李贤注：“趣，急也，读曰促。”

（8）明敕，明令。

（9）县尉丞，县尉和县丞。县尉，官名，掌一县的军事。县丞，官名，掌文书及仓狱，为县令辅佐。

（10）黄绶，古代官员系官印的黄色丝带。借指佩此印鉴的官吏。

（11）墨绶，结在印纽上的黑色丝带。墨绶是县官及其职权的象征。

（12）辞讼，争讼，诉讼。

（13）左冯诩，官名。职掌相当于郡太守。治所在长安（今陕西西安西北）。

（14）长陵，县名，西汉置，治所在今陕西咸阳市东北。

（15）尝盗人妻，曾经和别人妻子私通。盗，私通。

（16）见斫（zhuó 酌），被砍。斫，大锄，引申为砍。

（17）功曹，官名。汉代郡守有功曹史，简称功曹，除掌人事外，还参与一郡政务。

（18）辟，通“避”，避开。

（19）便宜，斟酌事宜，不拘陈规，自行决断处理。辄，就。

（20）擢，提拔。

（21）欺谩，欺狂，欺骗。

（22）战栗，因恐惧而颤抖。

（23）蹉跌，跌倒。此是失误之意。

【赏析】

这篇小说写汉代的朱博做官时两件事：一件是他任冀州刺史巡视部属时，数百个官员和老百姓拦道告状。一个从事要他留下来处理此事。朱博心里明白是这个从事要试试他的本领。他让从事明令：想告县级官吏的人，各自到自己郡里去告，刺史不直接监察这一级官员；想告郡守、邑宰一级官员的人，等本刺史巡视回到衙门再来告；其他属于打官司举盗贼之类的事，则到各个管辖部门去找从事处理。处理得当，人们都很佩服朱博的办事能力。后来他弄清了这个事件是那个老从事煽动教唆的，便把那个从事杀掉了。像这个老从事怂恿人们去拦道告状，充其量是个恶作剧，想给朱博来个下马威，批评教育或调任他职也就是了，怎么也不该死罪，所以毛泽东批道：“此吏亦可不杀，教以改过，调改他职可也。”这是比较高明的。

朱博的第一件事办得不好，第二件事却办得相当好。后来他在长安做左冯翊时，长陵大姓尚方禁年轻时和别人妻子通奸，并且面颊被砍伤。他便让尚方禁记录别人言论，视为亲信耳目。尚方禁果然经常破获盗贼等犯罪活动，升至县令。后来，朱博又召见收受贿赂为尚方禁开脱罪责的那位功曹，使他自写罪状，然后又当面销毁。功曹以后尽心尽责，办事没有差错。毛泽东读后批道：“使人改过自效。”很显然，他是赞同朱博的这种做法的。

【原文】

韩 褒

周文帝宇文泰时[(1)]，韩褒为北雍刺史[(2)]。州多盗，褒至，密访之，并州中豪右也[(3)]。褒阳不知[(4)]，并加礼遇，谓曰：“刺史书生，安知督盗？所赖卿等共分其忧耳。”乃悉召桀黠少年[(5)]，尽署主帅[(6)]，与分地界，盗发不获，即以故纵论。于是诸被署者，皆惶恐首伏[(7)]，曰，前盗实某某。具列姓名。褒因取名簿藏之，榜州门曰[(8)]：“凡盗可急来首，尽今月不首者，显戮之[(9)]，籍其妻子以赏前首者[(10)]。”于是，旬月间盗悉出首。褒取簿质对，不爽[(11)]，并原其罪，许自新。由是群盗屏息[(12)]。（《智囊》卷三《上智部·通简》第 11 页）

【毛泽东评点】

使人改过。

——《读〈智囊〉批语》，载《毛泽东读文史古籍批语集》，中央文献出版社 1993 年版，第 55 页。

【注释】

（1）周文帝宇文泰，小名黑獭，武川（今河南南召东）人。仕后魏为关西大都督。后鸩杀孝文帝，立文帝，自为太师，总揽朝政，其子觉篡魏为北周，追尊其为太祖文皇帝。

（2）韩褒（bāo 包），字弘业，北周昌黎（今辽宁义县）人。涉猎经史，深沉有谋略。宇文泰为丞相，引为录事参军，后为丞相府司马，出为北雍州刺史。北雍州，北魏置，治所在三原县（今陕西淳化东）。刺史，官名，巡察官，其官阶低于郡守。

（3）豪右，豪门大族。

（4）阳，通“佯”，假装。

（5）悉，全部。桀黠（xiá 匣），凶悍而狡猾。

（6）署主帅，代理州尉。署，旧时指代理、暂任或试充官职。主帅，斋帅，州尉。

（7）首伏，首先服罪。伏，通“服”。

（8）榜，张榜，用如动词。

（9）显戮，明正典刑，当众处决。

（10）籍（jí 及），进行登记，予以没收。

（11）不爽，不差，没有差错。

（12）屏（bǐng 丙）息，敛迹，消失。

【赏析】

这篇小说写北周韩裒任北雍州刺史时惩治盗贼的故事。他的办法不是抓捕，而是利用这些豪右充当州尉，首先让他们自首，自首者不咎既往，“许自新”，不自首者加以严惩，于是“群盗屏息”，治理收到了很好的效果。毛泽东很欣赏这种办法，批道：“使人改过。”对这种不是不教而诛，而是重在教育挽救人的做法是赞成的。

【原文】

程明道

广济、蔡河出县境，濒河不逞之民[(1)]，不复治生业，专以胁取舟人钱物为事，岁必焚舟十数以立威。明道始至，捕得一人，使引其类[(2)]，得数十人，不复根治旧恶，分地而处之，使以挽舟为业[(3)]，且察为恶者。自是境无焚舟之患[(4)]。

胁舟者业挽舟，使之悟絜矩之道，此大程先生所以为真道学也！（《智囊》卷三《上智部·通简》第11页）

【毛泽东评点】

劳动改造。

——《读〈智囊·程明道〉批语》，载《毛泽东读文史古籍批语集》，中央文献出版社1993年版，第55页。

【注释】

（1）不逞之民，为非犯法的人。

（2）引其类，招致他的同伙。

（3）挽舟，为船拉牵。指驾船。挽，牵引。

（4）患，灾祸。

【赏析】

广济、蔡河一带临河有盗，除抢劫财物以外，还常烧掉渔家船只。程明道捕得一人，便让招致他的同伙来降，不追究过去的罪恶，并把他们分别委置，使他驾船为业，自食其力，从此以后，程明道管辖的地区便不再发生焚烧渔船的事了。毛泽东显然赞成程明道的做法，认为这种做法和我们对有些罪犯实行劳动改造的做法是一致的，便挥笔批注道："劳动改造。"

【原文】

朱胜非

苗、刘之乱，勤王兵向阙[1]。朱忠靖胜非[2]从中调护[3]，六龙反正[4]。有诏以二凶[5]为淮南二路[6]制置使，令将部曲之任[7]。时朝廷幸其速去，其党张达为画计[8]，使请铁卷[9]。既朝辞[10]，遂造堂袖札以恳[11]。忠靖顾吏取笔，判奏行给赐，令所属检详故事[12]，如法制造，二凶大喜。明日将朝，郎[13]官傅宿和漏院[14]白急事，速命延入。宿曰："昨得堂贴[15]，给赐二将铁卷，此非常之典，今可行乎？"忠靖取所持贴，顾执政秉烛同阅[16]，忽顾问曰："检详故事，曾检得否？"曰："无可检。"又问："如法制造，其法如何？"曰："不知。"又曰："如此可给乎？"朱胜非笑而不答，执政皆笑，宿亦笑曰："已得之矣。"遂退。(《智囊》卷四《上智部·迎刃》第13—14页)

【毛泽东评点】

此南宋事。

——《读〈智囊〉批语》，载《毛泽东读文史古籍批语集》，中央文献出版社1993年版，第55页。

【注释】

（1）苗、刘之乱，南宋初权臣刘正彦（时任御营右军副都制）、苗傅（时任护卫军首领驻杭州）发动的叛乱。建炎中二人合谋作乱、杀同佥书枢密院事王渊和大批内官，引兵犯阙，请太后同听政，高宗许诺。封苗傅为武当军节度使。张浚军檄诸路军勤王。苗、刘败，被斩于市。勤王，起兵救援朝廷。阙、阙下，指帝王所居之地，借指朝廷。

（2）朱忠靖胜非，即朱胜非，字藏一，宋蔡州（今河南汝南）人。高宗时，官至尚书右仆射，御营使。平苗、刘之乱，保护朝廷出力甚多，卒谥忠靖。

（3）调（tiáo条）护，调教辅佐。

（4）六龙反正，皇帝归位。此指宋高宗赵构。六龙，古代天子的车驾为六马，马高八尺称龙，因此作为天子车驾的代称。反正，指皇帝复位。

（5）诏，指皇帝颁发的命令文告，即诏书。二凶，指苗傅和刘正彦。

（6）淮南二路，淮南东路（治所在今江苏扬州）和淮南西路（治所在今安徽寿县）。制置使，官名，宋沿唐置，掌措置捍卫疆土的军事。

（7）部曲，本为古代军队编制单位。作为军队的代称。

（8）画计，谋划，出谋划策。

（9）铁卷，即铁契。古代皇帝颁赐功臣授以世代享有某种特权的凭证。汉高祖所创。铁制的契卷上刻有免死等特权的文字，朝廷和受赐者各保存一半。

（10）朝辞，大臣外任，入朝印辞帝王。

（11）造堂，到公堂拜见。

（12）检详，查考。故事，成例，旧日的典章制度。

（13）郎，帝王侍从官的通称。

（14）漏院，古时大臣守漏刻待时上朝之所。

（15）堂贴，亦称堂帖子，唐时宰相下达的文书。

（16）执政，宋代某些高级官员的通称。

【赏析】

这篇小说写南宋朱胜非处理苗、刘之乱首领请誓书铁卷故事，曲折有致，引人入胜。先写二凶请铁卷，朱胜非含糊答应，二凶大喜。继写郎官傅宿急来问讯。再写朱与顾执政对话："忽顾问曰：'检详故事，曾检得否？'曰：'无可检。'又问：'如法制造，其法如何？'曰：'不知。'又曰：'如此可给乎？'朱胜非笑而不答，执政皆笑，宿亦笑曰：'已得之矣。'"朱胜非处理此事干净利落，不露声色，给人留下深刻印象，毛泽东同志批道："此南宋事。"可见对此类事亦甚注意。

【原文】

徐　阶

世庙时[(1)]，倭蹂东南[(2)]，抚按亟告急请兵[(3)]。职方郎谓："兵发而倭已去[(4)]，谁任其咎？"尚书惑之[(5)]。相阶持不可[(6)]，则以羸卒三千往[(7)]。阶争之曰："江南腹心地，捐以共贼久矣。部臣于千里外，何以遥度贼之必去[(8)]，又度其去而必不来。而阻援兵不发也？夫发兵者，但计当与不当耳[9]。不当发，则毋论精弱皆不发，以省费。当发，则必发精者，以取胜，而奈何用虚文涂耳目[10]，置此三千羸卒与数万金之费，以喂贼耶？”尚书惧，乃发精卒六千，俾偏将军许国、李逢时将焉[11]。国已老，逢时敢深入而疏。骤击倭，胜之。前遇伏，溃。当事者以发兵为阶咎[12]。阶复疏云[13]：“法当责将校战而守令守，今将校一不利，辄坐死[14]，而守令偃然自如[15]；及城溃矣，将校复坐死，而守令仅左降，此何以劝惩也？夫能使民者，守令也。今为兵者一，而为民者百，奈何以战守并责将校也？夫守令勤，则粮饷必不乏；守令果，则探哨必不误；守令警，则奸细必不容[16]；守令仁，则乡兵必为用。臣以为重责守令可也。”

汉法之善，民即兵，守令即将，故郡国自能制寇[17]。唐之府兵[18]，犹有井田之遗法[19]。自张说变为彍骑[20]，而兵农始分。流为藩镇[21]，有将校而无守令矣。迄宋以来，无事则专责守令，而将校不讲韬钤之术[22]；有事有专责将校，而守令不参帷幄之筹[23]。是战与守两俱虚也。徐文贞之议，深究季世塌冗之弊[24]。（《智囊》卷八下《明智部·经务》第21—23页）

【毛泽东评点】

莫如今之军区党委制。党政军民统一于党委。

——《读〈智囊〉批语》，载《毛泽东读文史古籍批语集》，中央文献出版社1993年版，第57页。

【注释】

（1）世庙，明世祖朱厚熜，明代皇帝，年号嘉靖。1521—1566年在位。

（2）倭（wō 窝），古代对日本的称呼。蹂，践踏，骚扰。

（3）抚按，明代巡抚和巡按的合称。巡抚为地方行政长官。巡按，官名，明代有巡按御史，是监察御史赴各地巡视的官员。亟，屡次。

（4）职方，官名。明兵部有职方司，主要掌管疆域图籍。

（5）尚书，官名。始置于战国，明以吏、户、礼、兵、刑、工六部分掌全国政务。此指兵部尚书。

（6）相阶，丞相徐阶。徐阶（1494—1574），字子升，明松江华亭（今上海松江）人。历官礼部尚书等职，后代严嵩为相。

（7）羸（léi 雷）卒，瘦弱的兵。

（8）度（duó 夺），推测，估计。

（9）计，计议，商量。当（dàng 荡），适合，合宜。

（10）奈何，怎么。

（11）俾（bì 毕），使，派遣。偏将军，副将。许国，字维桢，明歙（今安徽歙县）人。神宗时累官礼部尚书，兼东阁大学士。李逢时，生平未详。

（12）当事者，当权的人。

（13）复疏，又上奏章。

（14）辄坐死，就因犯罪而被处死。坐，犯罪，判罪。

（15）偃然自如，骄傲自得之态。

（16）奸细，为敌方刺探情报的人，间谍。

（17）郡国，汉初，郡和王国同为地方行政区划。郡直属中央，王国由分封的诸侯王统治。

（18）府兵，府兵制。军士由各级将领统率，另编户籍，与民户有别。凡被拣点充当府兵的，平日务农，农闲教练，征发时自带兵器资粮，轮流宿卫京师，防守边疆。

（19）井田之遗法，即井田法。井田是古代的一种土地制度。以方九百亩为一里，划为九区，形如“井”字，故名。其中为公田，外八区为私田，八家均私百亩，同养公田。公事毕，然后治私事。

（20）张说（667—730），字道济，一说字说之，洛阳（今河南洛阳）人，唐大臣。曾任朔方节度使，建议招募壮丁以充宿卫，改变了府兵制。彍（kuò 扩）骑，强悍的骑兵。彍，亦作“彉”。张满弩弓。

（21）藩镇，地方方面长官。唐初始设。各藩镇掌管一个地区的军政，后来兼管民政、财政，掌握全部军政大权，形成地方割据，常与朝廷对抗。

（22）韬钤（qián 钳）之术，用兵谋略，战略战术。韬钤，古代兵书《六韬》和《玉钤》篇的并称。

（23）帷幄（wéi wò 唯沃）之筹，策划于帷幕之内，引申为筹划，指挥。帷幄，军队的帷幕。筹，策划。

（24）季世，末世；衰微的时代。塌冗，疲沓，松懈。

【赏析】

这篇小说叙述明代名相徐阶的故事，中心问题是面对倭寇骚扰，该不该出兵；出兵打败了，责任应由谁负。这就关系到军队将领与地方长官、军队与民众的关系问题。徐阶认为，守令率勤，军队粮饷就不会少；守令果断，探哨侦察敌情就不会有误；守令警惕性高，奸细就无处藏身；守令仁爱，乡兵就能配合军队作战。所以打仗和防守的责任都应该由守令来负，而不是由军队将校来负。毛泽东读到这里，来一个古今对照，深有体会地批道：“莫如今之军区党委制。党政军民统一于党委。”既肯定了徐阶意见的正确的一面，又指出了与现在我们实行的军区党委制的差距。

【原文】

崔思竞

崔思竞，则天朝或告其再从兄宣谋反[(1)]，付御史张行岌按之[(2)]。告者先诱藏宣妾[(3)]，而云妾将发其谋。宣乃杀之，投尸洛水[(4)]。行岌按略无状[(5)]，则天怒，令重按，奏如初。则天怒曰：“崔宣若实杀妾，反状自明矣。不获妾，如何自雪[(6)]？”行岌惧，逼思竞访妾。思竞乃于中桥[(7)]南北多置钱帛[(8)]，募匿妾者[(9)]，数日略无所闻。而其家每窃议事[(10)]，则告者辄知之。思竞揣家中有同谋者[(11)]，乃佯谓宣妻曰[(12)]：“须绢三百匹，雇刺客杀告者。”而侵晨伏于台前[(13)]。宣家有馆客姓舒[(14)]，婺州人[(15)]，为宣家服役，宣委之同于子弟。须臾见其人至台[(16)]，赂阍人以通于告者[(17)]。告者遂称崔家欲刺我。思竞要馆客于天津桥[(18)]，骂曰：“无赖险獠[(19)]！崔家破家，必引汝同谋，何路自雪？汝幸能出崔家妾，我遗汝五百缣[(20)]，归乡，足成百年之业。不然，亦杀汝必矣！”其人悔谢，乃引自告者之家，搜获其妾，宣乃得免。

一个馆客尚然，彼食客三千者[21]，何如哉？虽然，鸡鸣狗盗[22]，因时效用则有之，皆非甘为服役者也，故相士[23]以廉耻[24]为重。(《智囊》卷九《察智部·得情》第1—2页）

【毛泽东评点】

未必。

——《读〈智囊〉批语》，载《毛泽东读文史古籍批语集》，中央文献出版社1993年版，第59页。

【注释】

（1）则天，武则天（624—705），名曌，并州文水（今山西文水东）人，公元690—705年在位。再从（zòng纵）兄，同曾祖母的哥哥。

（2）御史，官名。职权专主纠察。唐代有侍御史、殿中侍御史和监察御史三种。此指监察御史。按之，查办它（指崔宣谋反事）。

（3）妾，旧社会中的小妻，偏房，侧室。

（4）洛水，即今河南洛河。

（5）按略无状，查办毫无罪状。略无，毫无，全无。

（6）自雪，自己洗除罪名。雪，洗除。

（7）中桥，古桥名。在今河南洛阳市旧城南洛水上。

（8）钱帛，货币和丝织品。帛，丝织物的总称。

（9）募，募集，招募。匿，隐藏。

（10）窃，私自。

（11）揣，考虑估量。

（12）佯，假装。

（13）侵晨，破晓，天刚亮。侵，渐近。

（14）馆客，门客。

（15）婺（wù务）州，州名。隋置。治所在浙江金华。唐辖相当今浙江武义江、金华江流域各县。

（16）须臾，片刻。

（17）阍（hūn 昏）人，守门人。

（18）要（yāo 妖），通“邀”。天津桥，古浮桥名。故址在今河南洛阳市旧城西南，隋、唐皇城正南洛水上。

（19）无赖险獠（liǎo 辽），无赖阴险的家伙。无赖，指撒泼放刁的恶劣行为。獠，古时骂人的词语。《新唐书·褚遂良传》：“武氏（则天）从幄后呼曰：‘何不扑杀此獠。’”

（20）缣（jiān 兼），双丝的细绢。

（21）食客三千，《秦并六国平话》卷上：“吕不韦以秦之强，羞不如四国，亦招致士厚遇之，食客至三千人。”食客，旧时寄食于豪门贵家，帮忙帮闲的人。

（22）鸡鸣狗盗，装鸡叫哄人，装狗进行偷盗。典出《史记·孟尝君列传》。

（23）相，看。士，封建社会中知识分子的通称。

（24）廉耻，廉洁知耻。

【赏析】

这篇小说写武则天当政时，有人告崔思竞的族兄崔宣谋反，并把崔宣的妾隐藏起来。御史张行岌问不问结果，就逼思竞访求崔宣妾的下落。思竞设计弄清了原来是崔宣的一位姓舒的馆客捣的鬼，并到告发者之家，搜获了崔妾，才让崔宣昭雪，幸免于难。接着作者就这个故事发表议论说：一个馆客是这样，那些像吕不韦有三千食客的人，又怎么样呢？那些鸡鸣狗盗之徒，虽然有暂时的效用，都不是死心塌地为你效力的，所以看待士人应以廉洁知耻最为重要。毛泽东对这种议论颇不以为然，大笔一挥批了两个字：“未必。”言简意赅，纠正了作者以偏概全的偏颇看法，对士做出了全面客观公正的评价。

【原文】

冯　子

冯子曰[1]："成大事者争百年，不争一息[2]。然而一息固百年之始也。夫事变之会[3]，如火如风，愚者犯焉，稍觉，则去而违之，贺不害斯已矣[4]。今有道于此[5]，能返风而灭火，则虽拔木燎原[6]，适足以试其伎而不惊[7]。尝试譬之足力[8]，一里之程，必有先至，所争逾刻再[9]；累之而十里百里，则其为刻弥多矣[10]；又况乎智之迟疾，相去不啻千万里者乎[11]！军志有之[12]；兵闻拙速[13]，未闻巧之久。夫速而无巧者，必久而愈拙者也。今有径尺之樽[14]，置诸通衢[15]，先至者得醉，继至者得尝，最后至则干唇而返矣。叶叶而摘之，穷日不能髡一树[16]；秋风下霜，一夕零落。此言造化之捷也[17]。人若是其捷也，其灵万变，而不穷于应卒[18]，此惟敏悟者庶几焉[19]。呜呼[20]！事变之不能停而俟我也[21]，审矣[22]。天下亦乌有智而不捷[23]，不捷而智者哉！"（《智囊》卷十三《捷智部·总叙》第1页）

【毛泽东评点】

吾见其人矣。

——《读〈智囊〉批语》，载《毛泽东读文史古籍批语集》，中央文献出版社1993年版，第60页。

【注释】

（1）冯子，指东汉光武帝功臣冯衍。

（2）一息，一呼一吸，指极短的时间，片刻。

（3）事变之会，世事变迁的时机。

（4）贺不害斯已矣，幸喜不危害自己罢了。

（5）道，方法。

（6）拔木，拔树。燎原，火烧原野。

（7）适足以，恰好能够。伎，同"技"，技巧。

（8）譬（pì辟），比喻，比方。

（9）逾，超过。刻，时间单位，古代用漏壶计时，一昼夜共一百刻。

（10）弥，更加。

（11）不啻（chì 翅），不止，不仅。

（12）军志，兵书。

（13）拙速，快慢。拙，笨拙，与“巧”相对。

（14）樽，本作“尊”。酒杯。

（15）通衢（qú 渠），大道。

（16）髡（kūn 坤），剪去树枝。

（17）造化，天地，自然界。

（18）应卒（cù 醋），亦作“应猝”。应急。

（19）庶几，近似，差不多。

（20）呜呼，叹词，表示感叹。

（21）俟（sì 寺），等待。

（22）审矣，详知，明悉。

（23）乌有，虚幻，不存在。

【赏析】

这篇小说记叙了东汉大臣冯衍的一段议论。冯衍，字敬通，杜陵（今陕西西安东南）人。幼有奇才，年二十博通群书，曾劝说廉丹背叛王莽归附汉朝；归汉后，多次建功，有文五十篇。看来是议论风发之人。这篇小说记载他的这篇议论，中心思想是想成就大业的人就必须迅速地抓住时机，才能达到目的。为说明这个道理，冯衍先说机遇“如火如风”，瞬息即逝，捕捉不易。接着就拿足力快慢、兵闻拙速、树叶之落作比，多方设喻，只有智慧而又敏悟的人才能抓住时机，成就一番事业。言为心声，这段议论充分展现了冯衍的风采，故毛泽东批曰“吾见其人矣”，表示对冯衍的赞赏和倾慕。

【原文】

段秀实　孔　镛

段秀实以白孝德荐为泾州刺史[(1)]。时郭子仪为副元帅[(2)]，居蒲[(3)]。子晞以检校尚书领行营节度使[(4)]，屯邠州[(5)]。邠之恶少窜名伍中，白昼横行市上，有不嗛，辄击伤人，甚之撞害孕妇。孝德不敢言。秀实自州至府白状，因自请为都虞侯[(6)]。孝德即檄署府军。俄而晞士十七人入市取酒，刺杀酒翁，坏酿器。秀实列卒取之，断首置槊上，植市门外。一营大噪，尽甲。秀实解去佩刀，选老躄一人控马[(7)]，径造晞门。甲者尽出。秀实笑而入，曰："杀一老兵，何甲也？吾戴吾头来矣！"甲者愕眙。俄而晞出，秀实责之曰："副元帅功塞天地，今尚书恣卒为暴，使乱天子边，欲谁归罪乎？罪且及副元帅矣！今邠恶子弟窜名籍中，杀害人藉藉如是。人皆曰'尚书以副元帅故不戢士'，然则郭氏功名，其与存者几何？"晞乃再拜曰："公幸教晞！"即叱左右解甲。秀实曰："吾未晡食，为我设具。"食已，又曰："吾疾作，愿一宿门下。"遂卧军中。晞大骇，戒候卒击柝卫之。明日，晞与俱至孝德所陈谢，邠赖以安。

孝宗时[(8)]，以孔镛为田州知府[(9)]。莅任才三日，郡兵尽已调发，而峒獠仓卒犯城[(10)]。众议闭门守，镛曰："孤城空虚，能支几日？只应谕以朝廷恩威，庶自解耳。"众皆难之，谓："孔太守书生迂谈也[(11)]。"镛曰："然则束手受毙耶？"众曰："即尔，谁当往？"镛曰："此吾城，吾当独行。"众犹谏阻。镛即命骑，令开门去。众请以士兵从，镛却之。贼望见门启，以为出战，视之，一官人乘马出，二夫控络而已。门随闭。贼遮马问故。镛曰："我新太守也。尔导我至寨，有所言。"贼叵测[(12)]，姑导以行。远入林箐间，顾从夫，已逸其一，既达贼地，一亦逝矣。贼控马入山林，夹路人裸罥于树者累累[(13)]，呼镛求救。镛问人，乃庠生赴郡[(14)]，为贼邀去，不从，贼将杀之。镛不顾，径入洞。贼露刃出迎。镛下马，立其庐中，顾贼曰："我乃尔父母官，可以坐来，尔等来参见！"贼取榻置中，镛坐，呼众前。众不觉相顾而进。渠酋问镛为谁[(15)]，曰："孔太守也。"贼曰："岂圣人儿孙邪？"镛曰："然。"贼皆罗拜。镛曰："我固知若贼本良民，迫于冻馁，聚此苟图救死。前官不谅，动以兵加，欲剿绝汝。我今奉朝命作汝父母官，视汝犹子孙，何忍杀害？若信能从我，当宥汝罪[16]。可送我还府，我以谷帛赍汝[17]，勿复出掠。若不从，可杀我，后有官军来问罪，汝当之矣！”众错愕曰：“诚如公言，公诚能相恤，请终公任，不复扰犯！”镛曰：“我一语已定，何必多疑！”众复拜。镛曰：“我馁矣，可具食。”众杀牛马，为麦饭以进。镛饱啖之，贼皆惊服。日暮，镛曰：“吾不及入城，可即此宿。”贼设床褥，镛徐寝。明日复进食，镛曰：“吾今归矣，尔等能从往取粟帛乎？”贼曰：“然。”控马送出林间，贼数十骑从。镛顾曰：“此秀才好人。汝既效顺，可释之，与我同返。”贼即解缚，还其巾裾，诸生竞奔去。镛薄暮及城。城中吏登城见之，惊曰：“必太守畏而从贼，导之陷城耳！”争问故，镛言：“第开门[18]，我有处分！”众益疑拒。镛笑语贼：“尔且止，吾当自入，出犒汝。”贼少却。镛入，复闭门。镛命取谷帛从城上投与之。贼谢而去，终不复出。

晞奉汾阳家教，到底自惜功名。段公行法时，已料之审矣。孔太守虽借祖荫，然语言步骤，全不犯凶锋。故曰：“天下之至柔，驰骋天下之至刚。”（《智囊》卷十二《胆智部》第7—10页）

镛曰：“我馁矣，可具食。”众杀牛马，为麦饭以进，镛饱啖之，贼皆惊服。（《智囊》卷十二《胆智部·识断》第10页）

【毛泽东评点】

广西早已植麦。

——《读〈智囊·段秀实　孔镛〉批语》，载《毛泽东读文史古籍批语集》，中央文献出版社1993年版，第59页。

【注释】

（1）段秀实，字成公，汧（qiān千）阳（今陕西千阳）人。孝童，及长，举明经。弃去从军，积功至泾原郑颍节度使，数岁，吐蕃不敢犯境。建中初召为司农卿。朱泚反，段秀实单骑往责，夺笏击之，遂遇害。追赠太尉，谥忠烈。白孝德，唐安西人。原为李光弼偏将，累功至北庭行营节度。徙邠宁。仆固怀恩引吐蕃兵入寇，孝德击败之。永泰初，吐蕃、回纥围泾阳，郭子仪说回纥约盟，吐蕃退走。孝德大战赤沙峰，斩获甚众。封昌化郡王，历太子少傅。泾州，今甘肃泾川县北，唐时为泾原镇（方镇名）治所。刺史，官名，又称州牧，其官阶低于郡守。

（2）郭子仪（697—781），华州郑县（今陕西渭南华州区）人，唐大将。以武举累官至天德军使兼九原太守。安史之乱时，任朔方节度使，在河北击败史思明。肃宗即位，任关内河东副元帅，配合回纥兵收复长安、洛阳。因功升中书令。后又进封汾阳郡王。代宗时仆固怀恩叛变，纠合吐蕃、回纥攻唐，他说服回纥统治者，与唐联兵以拒吐蕃。德宗即位，尊为尚父，罢兵权。

（3）蒲，今山西永济市的蒲州镇。

（4）晞，即郭晞，郭子仪三子。善骑射，从征战有功，收复两京，功劳最大。累官御史中丞。领朔方军援邠州，击破吐蕃、回纥。朱泚乱，曾被俘，以计奔还。改太子宾客卒。

（5）邠州，州名。唐开皇十三年（725）改豳州为邠州，治所在新平，今陕西省彬州市。

（6）都虞候，唐代为藩镇的亲信武官。掌管禁卫、侦查、巡逻等事。

（7）老躄（bì 壁），瘸腿老人。躄，瘸腿。

（8）孝宗，即明孝宗朱佑樘，公元 1488—1505 年在位。

（9）孔镛，字昭文，明长洲（今江苏苏州）人。景泰进士。知高州府，境内僮猺出没。镛单骑入贼寨，谕降。历广西按察使。以右都御史巡抚贵州，计擒悍苗，群盗震慑，弘治初召为工部右侍郎，卒于道。田州，今广西田阳。知府，州的行政长官。

（10）峒獠（liáo 辽），指苗、侗、壮等少数民族的蔑称。峒，部分苗族、侗族、壮族聚居地区的泛称。獠，古时骂人的词语。

（11）迂谈，拘泥，不切实际。

（12）叵（pǒ 笸）测，不可测度。

（13）裸罥（juàn 眷），指人被扒光衣服挂在树上。罥，缠绕，牵挂。

（14）庠生，科举制度中府、州、县学员的别称。庠是古代学校名。

（15）渠酋，大头领。酋，部落的首领，酋长。

（16）宥（yòu 又）汝罪，赦免你们的罪。宥，宽宥，赦罪。汝，你们。

（17）赍（jī 鸡），以物送人。

（18）第，但，只。

【赏析】

这篇小说记述了两个故事：一是唐代的段秀实执法惩办当时兵马副元帅郭子仪之子郭晞部下杀人之罪，并亲自至营责教郭晞，于是邠州治安情况转安；另一个是明代孔镛任广西田州知府，单人独骑深入叛乱的少数民族山寨，进行说服教育，平息了动乱。作者冯梦龙评语中以“至柔”克“至刚”的办法，这是应加肯定的。段、孔二人都是头天去，第二天就回，在敌方吃饭、休息。当孔镛说“我馁矣，可具食”时，“众杀牛马，为麦饭以进”。这句话引起毛泽东的注意，批道：“广西早已植麦。”因为我国南方种稻，过去很少种麦，这则故事写广西明代已经“吃麦饭”，可见当时已种植麦子。

【原文】

陆文裕

陆文裕（树声）为山西提学[(1)]。时晋王有一乐工，甚爱幸之，其子学读书，前任副使考送入学。公到任，即行文黜之[(2)]。晋王再四与言，公曰：“宁可学宫少一人[(3)]，不可以一人污学宫！”坚意不从。

自学宫多假借[(4)]，而贱妨贵、仆抗主者纷纷矣。得陆公一扩清[(5)]，大是快事。（《智囊》卷十二《胆智部》第 12 页）

【毛泽东评点】

封建主义。

——《读〈智囊·陆文裕〉批语》，载《毛泽东读文史古籍批语集》，中央文献出版社 1993 年版，第 59 页。

【注释】

（1）陆文裕，字树声，号平泉。松江华亭（今上海松江）人。明嘉靖会试第一。历官太常卿，掌南江祭酒事。严敕学规，著条教以励诸生。神宗初累拜礼部尚书。卒谥文定。有《平泉题跋》《茶寮记》《汲古丛语》等著作。提学，官名，主管所属州县学校和教育行政。

（2）黜（chù 矗）之，除名之意。黜，废除。

（3）学宫，本指学校的房舍，亦泛指学校。

（4）假借，窃取，不是自己应有的。

（5）扩清，肃清，廓清。

【赏析】

陆文裕任江西提学时不顾晋王再四讲情，坚决把晋王宠幸之人的儿子从学校清理出去，整顿了学校风气，应予赞扬。但冯梦龙在这则故事后写的评语中却从“贱妨贵，仆抗主”角度予以赞扬，这当然是从维护封建社会等级制度和封建秩序着眼的，所以毛泽东批注道：“封建主义。”这是完全正确的。

【原文】

王羲之

王右军幼时[(1)]，大将军甚爱之[(2)]，恒置帐中眠[(3)]。大将军尝先起；须臾钱凤入[(4)]，屏人论逆节事[(5)]，都忘右军在帐中。右军觉[(6)]，既闻所论，知无活理，乃剔吐污头面被褥[(7)]，诈熟眠[(8)]。敦论事半，方悟右军未起，相与大惊曰：“不得不除之。”及开帐，乃见吐唾纵横，信其实熟眠，由是得全[(9)]。（《智囊》卷十三《捷智部·灵变》第 4—5 页）

【毛泽东评点】

此事似误，待查。

——《读〈智囊〉批语》，载《毛泽东读文史古籍批语集》，中央文献出版社 1993 年版，第 61 页。

【注释】

（1）王右军，即王羲之（321—370，又作 303—361），字逸少，琅琊临沂（今山东临沂）人。曾任右军将军，会稽内史，世称“王右军”，东晋著名书法家。

（2）大将军，指王敦，字处仲，官扬州内史，与从兄王导共同辅政。进为征南大将军，镇武昌。后来起兵谋反，病死途中。

（3）恒，常常。

（4）须臾，一会儿。钱凤，字世仪，晋武康（今浙江德清）人。王敦任他为铠曹参军，从敦叛乱，敦败，被杀。

（5）屏（bǐng 饼）人，使人退避。逆节，叛逆。

（6）觉，醒。

（7）剔吐，用手指触动喉舌而使吐出涎水。

（8）诈，假装。

（9）由是，因此。由，缘故。

【赏析】

这篇小说写王羲之年幼时，大将军王敦很喜欢他，所以常常让他在自己帐中睡。有一次王敦先起床，不一会儿钱凤进来，让别人避开，二人便谈起谋反的事，忘记了王右军在帐中。王羲之醒，听到他们的谋反计划，想着这一下活不成了，便想了一个办法，呕吐得满脸满被褥，才机智地躲过了这场灾难。毛泽东同志读后，批道：“此事似误，待查。”毛泽东同志这个判断是对的。此事见《世说新语·假谲》，刘孝标注：“按诸书皆云王允之事，而此言羲之，疑谬。”《晋书·王允之传》里记载了这件事。可能得益于毛泽东同志对史书的熟悉。

【原文】

周文襄

一云[1]：己巳之变[2]，议者请烧通州仓以绝虏望[3]。于肃愍曰[4]：“国之命脉，民之膏脂[5]，奈何不惜！”传示城中有力者恣取之[6]。数日粟尽入城。……自古攻守之策[7]，未有不以食为本者，要在敌未至而预图耳[8]。若搬运不及，则焚弃亦是一策。古名将亦往往有之，决不可赍盗粮也[9]。（《智囊》卷十三《捷智部·灵变》第22页）

【毛泽东评点】

赍盗粮亦何所不可，地不能毁，民不能迁，皆赍盗粮也。

——《读〈智囊〉批语》，载《毛泽东读文史古籍批语集》，中央文献出版社1993年版，第62页。

【注释】

（1）一云，一种说法。

（2）己巳之变，也称土木之变。明英宗被瓦剌军所俘的事件。正统十四年（1449）瓦剌贵族也先率军攻明。宦官王振挟英宗率军五十万亲征，至大同，闻前方小败，即惊慌后撤，行军至土木堡（今河北怀来东）被敌军追及，仓促应战，死伤过半，英宗被俘，王振也被乱军所杀。因这一年是己巳年，故名。

（3）通州，地名，今北京市通州区。

（4）于肃愍，即于谦（1398—1457），字廷益，浙江钱塘（今浙江杭州）人，明大臣。曾任监察御史、兵部右侍郎，巡抚河南、山西，后升任兵部尚书。己巳之变中英宗被俘后，拥立英宗弟为景宗，主持军务，击退也先军。后也先请和，送回英宗。八年，徐有贞等发动夺门之变，拥英宗复位，于谦被诬以“谋逆罪”自杀。万历间谥忠肃，有《于忠肃集》。

（5）膏脂，生物中的油脂。比喻人民用血汗换来的劳动果实或财富。

（6）传示，传达告知。恣，听凭。

（7）攻守之策，攻取和守卫的策略。

（8）预图，事先打算。

（9）赍（jī 基）盗粮，以粮食给强盗。比喻助人为恶或行动对敌人有利。

【赏析】

这篇小说写明英宗己巳之变中，有一种议论，以焚烧通州国库中的粮食以断绝敌人夺取的希望。于谦认为粮食是国家的命脉，老百姓的劳动果实，烧掉太可惜了。于是下令让老百姓搬取，不至于使粮食落入敌人之手。如果实在搬运不及，烧掉也不失为一种办法。古代名将也往往这样做，但决不能把粮食留给强盗，即所谓"赍盗粮"。读到这里，毛泽东批曰："赍盗粮亦何所不可，地不能搬，民不能迁，皆赍盗粮也。"当然，毛泽东同志不是赞成把粮食留给敌人，而是说，即使仓库的粮食搬走了，但土地搬不走，老百姓迁不走，敌人还会强迫人生产粮食，这不也是给敌人提供粮食吗？这种"赍盗粮"是我们不情愿但也是无可奈何的事。

【原文】

张　恺

张恺，鄞县人[(1)]。宣德三年[(2)]，以监生为江陵令[(3)]。时征交趾大军过[(4)]，总督日晡立取火炉及架数百[(5)]。恺即命木工以方漆桌踞半脚，凿其中，以铁锅实之。已又取马槽千余，即取针工各户妇人，以棉布缝成槽，槽口缀以绳，用木桩张其四角，饲马食过便收卷，前路足用，遂以为法。后周文襄荐为工部主事[(6)]，督运大得其力。嗟呼[(7)]！此监生也，用人可以资格限乎？（《智囊》卷十四《捷智部·应卒》第4—5页）

【毛泽东评点】

小知识分子有用。

——《读〈智囊〉批语》，载《毛泽东读文史古籍批语集》，中央文献出版社1993年版，第62页。

【注释】

（1）鄞县，古县名，治所在今浙江宁波。

（2）宣德三年，公元1428年。宣德，明宣宗朱瞻基年号（1426—1435）。

（3）监生，明代在国子监肄业的，统称为监生，初由学政考取，或由皇帝特许。一般又指由捐纳而取得应试资格的人。江陵令，江陵县令。江陵，今湖北江陵。

（4）交趾，古地名。辖境相当今广东、广西的大部和越南的北部、中部。

（5）总督，总管督率。日晡，又作“日餔”。日交申时（15—17时）而食。

（6）周文襄，即周忱（1381—1453），字恂如，明江西吉水（今江西吉水）人。任刑部郎官多年。宣德五年（1430）以工部右侍郎巡抚江南，总督粮税达二十二年。卒谥文襄。工部主事，指工部尚书。

（7）嗟呼，叹词，哎呀。

【赏析】

这篇小说叙述明代张恺以监生身份任江陵县令时，急中生智，改方桌为炉架，缝棉布成马槽，以应南征交趾大军之需。后来周忱推荐他做工部尚书时，督运粮草很得力。作者赞叹道：“此监生也，用人可以资格限乎？”毛泽东似有同感，读后批曰：“小知识分子有用。”这确实是有感于张恺以自己的聪明才智出色地完成了紧迫的军事任务，同时这也与毛泽东重视知识分子在革命斗争中的思想是吻合的。

【原文】

尹见心

尹见心为知县[1]。县近河，河中有一树，从水中生有一年矣，屡屡坏人舟。见心命去之。民曰：“根在水中甚固，不得去。”见心遣能入水者一人，往量其长短若干。为一杉木大桶，较木稍长，空其两头，从树

杪穿下[(2)]，打入水中。因以巨瓢尽涸其水[(3)]，使人入而锯之，木遂断。(《智囊》卷十五《捷智部·敏悟》第5页)

【毛泽东评点】

此即造桥柱新法。

——《读〈智囊〉批语》，载《毛泽东读文史古籍批语集》，中央文献出版社1993年版，第63页。

【注释】

（1）知县，官名。唐称佐官代理县令为知县事。宋制，派中央官员知（主持）某县事，实际即管理一县的行政；有戍兵驻守的，善兵事，简称知县。明清用为一县长官的名称。

（2）树杪（miǎo秒），树梢。杪，树木的末梢。

（3）瓢（piáo嫖），剖开葫芦做成的舀水、盛酒器具。涸（hé禾，又读hào号），水干，枯竭。

【赏析】

尹见心做知县时，见县城附近河中长着一棵树，“屡屡坏人舟”。尹见心令人做了一个大杉木桶，把树罩住，打入水中，用大瓢舀干里面的水，使人进去把树锯掉，为百姓做了一件好事。毛泽东批道：“此即造桥柱新法。”把它和现在造桥的方法联系起来，肯定了这种方法的科学性和实用价值。

【原文】

杨一清　张　永

杨文襄一清与内臣张永同提兵讨安化王[(1)]。杨在军中，语及逆瑾事[(2)]，因以危言动永[(3)]。即于袖中出二疏[(4)]，一言平贼事，一言内变事，嘱永曰：“公班师入京见上[(5)]，先进宁夏疏，上必就公问，公诡言请屏人语[(6)]，乃进内变疏。”永曰：“即不济[7]，奈何？”公曰：“他人言，济不济未可知；公言，必济。顾公言时，须有端绪[8]。万一不信公，公可顿首请上即时召瑾[9]，没其兵器，劝上登城验之。若无反状，杀奴喂狗。又顿首哭泣。上必大怒瑾。瑾诛，公大用，尽矫其所为[10]。吕强、张承业与公[11]，千载三人耳！但须得请即行事，勿缓顷刻。”永勃然作曰：“老奴何惜余年报主乎！”已而永入见[12]，如公策[13]，事果济。（《智囊》卷十六《术智部·委蛇》第6页）

【毛泽东评点】

武宗时事。

——《读〈智囊〉批语》，载《毛泽东读文史古籍批语集》，中央文献出版社1993年版，第63页。

【注释】

（1）杨文襄一清，即杨一清（1454—1530），字应宁，明镇江丹徒（今江苏丹徒）人。曾巡抚陕西，总制三镇（延绥、宁夏、甘肃）军务，进右都御史。后劝宦官张永揭发刘瑾罪恶，瑾被杀。任吏部尚书，兼武英殿大学士。嘉靖初，为首辅，被人攻讦去官。死追谥文襄。内臣、宦官。提兵，率领军队。

（2）语及逆瑾事，谈到刘瑾叛逆的事。刘瑾（？—1510），本姓谈，陕西兴平人，明宦官。正德年间掌司礼监，在东厂、西厂外，加设内衣厂，使缉事人四处活动，镇压异己。斥逐大臣，引进私党。诱武宗游宴微行，侵夺民田，增设皇庄。后宦官张永告他图谋反叛，被处死。

（3）危言，惊人的话。

（4）疏，分条陈述，此指奏章。

（5）班师，军队凯旋，还师。上，皇帝。

（6）诡言，假称，谎言。屏（bǐng饼），使人退避。屏，退避，隐避。

（7）即，倘若。济，成功。

（8）端绪，头绪。

（9）顿首，叩头，头叩地而拜，古代九拜之一。

（10）矫，正曲使直，纠正，匡正。

（11）吕强，字汉盛，东汉成皋（今河南荥阳汜水镇）人。少以宦官为小黄门。黄巾起义时，吕强请先诛左右贪官污吏，大赦党人，灵帝采纳他的意见。中常侍赵恽等构陷之，灵帝派兵召他。他怒而自杀。张承业，字继元，唐僖宗时宦官。本姓康，幼阉。为内常侍张泰养子。昭宗时为河东监军。晋王病卒，以庄宗属承业。庄宗将即皇位，承业谏不听，不食而死。谥正宪。

（12）已而，旋即，不久。

（13）策，策划，计谋。

【赏析】

这篇小说写明武宗朱厚照时重臣杨一清同宦官张永设计除掉专断朝政的宦官头子刘瑾的故事。对此类事，毛泽东也很注意，读得很认真，郑重其事地批道："武宗时事。"

【原文】

李允则

雄州北门外居民极多[(1)]，旧有瓮城甚窄[(2)]。刺史李允则欲大展北城[(3)]，而以辽人通好，嫌于生事。门外有东岳祠[(4)]，允则出白金为大香炉及他供器[(5)]，道以鼓吹，居人争献金帛，故不设备，为盗所窃。乃大出募赏，所在张榜，捕贼甚急，久之不获。遂声言盗自北至，移文北界，兴版筑以护神祠，不逾旬而就，虏人亦不怪之。——今雄州北关城是也。既浚濠，起月堤，岁修禊事[(6)]，召界河战棹为竞渡，纵北人游观，而不知其习水战也。州交旧多陷马坑，城下起楼为斥堠[(7)]，望十里。自罢兵后，人莫敢登。允则曰："南北既讲和矣，安用此为？"命撤楼夷坑，为诸军蔬圃，浚井疏洫，列畦陇，筑短垣，纵横其中，植以荆棘，而其地益阻隘。因治坊巷，徒浮屠北原上[8]，州民旦夕登望三十里。下令安抚司：所治境有隙地悉种榆。榆满塞下。顾谓僚佐曰："此步兵之地，不利骑战，岂独资屋材耶？"

按：（允则）不事威仪[9]，间或步出，遇民有可语者，延坐与语，以此洞知人情。子犹曰[10]：即此便是舜之大智[11]。今人以矜慢为威严[12]，以刚愎为任断[13]；千金在握，而不能构一谋臣[14]，百万在籍，而不能得一死士[15]；无事而猴冠[16]，有事则鼠窜。从自及矣[17]，尚何言乎？（《智囊》卷十七《术智部·谬数》第11页）

【毛泽东评点】

调查研究，平等待人。

——《读〈智囊〉批语》，载《毛泽东读文史古籍批语集》，中央文献出版社1993年版，第64页。

【注释】

（1）雄州，州名。治所在归义（宋改为归信，今河北雄安）。为周世宗从契丹恢复地区之一。

（2）瓮城，大城门外的月城。用以增援城门的防御能力。

（3）允则，即李允则，字垂范，宋代孟（今河南孟州）人。少有才略。历知沧雄等州镇定高阳三路行营兵马都监。仁宗时领康州防御使。在河北二十余年，多有建树。不事，不讲究。威仪，仪仗。

（4）东岳祠，又叫东岳庙，道教所奉泰山神。迷信谓其掌人间生死。每年农历三月二十八日举行祭祀。

（5）白金，即白银。

（6）修禊，古代习俗，于农历三月上旬的巳日（魏以后定为三月三日），到水边嬉游，以消除不祥。

（7）斥堠，侦察，候望。

（8）浮屠，佛塔。

（9）按，按语。指以下是冯梦龙的按语。

（10）子犹，冯梦龙，字子犹。

（11）舜，姓，有虞氏，名重华，史称虞舜。传说中父系氏族社会部落联盟领袖。

（12）矜慢，矜持傲慢。

（13）刚愎（bì 币），强硬固执。任断，果断。

（14）谋臣，出谋划策的臣子。

（15）籍，册簿。死士，敢死的武士。

（16）猴冠，语本《史记·项羽本纪》："人言楚人沐猴而冠耳。"后以比喻不相称的官职。

（17）从自，自从。及矣，到了。

【赏析】

这篇小说写宋代的李允则在雄州做刺史时，不讲究仪仗，有时步行，遇到老百姓要说话的，就让他们坐下来说，因此他对于当地的世风民情了如指掌，采取了一系列防御契丹人的措施，巩固了边防。毛泽东对李允则的这种作风给予高度评价，他批道："调查研究，平等待人。"这与毛泽东本人一贯提倡调查研究的作风是完全一致的。在古人中引为同道，十分高兴。

【原文】

子贡二条

吴征会于诸侯[(1)]。卫侯后至[(2)]，吴人藩卫侯之舍。子贡说太宰嚭曰[(3)]："卫君之来，必谋于其众，其众或欲或否，是以缓来。其欲来者，子之党也；其不欲来者，子之仇也。若执卫侯，是堕党而崇仇也。"嚭说，乃舍卫君。

田常欲作乱于齐[(4)]，惮高、国、鲍、晏，故移其兵欲以伐鲁[(5)]。孔子闻之，谓门弟子曰："夫鲁，坟墓所处，二三子何为莫出？"子路请出，孔子止之。子张、子石请行，孔子弗许。子贡请，孔子许之。遂行至齐，说田常曰："君之伐鲁，过矣！夫鲁，难伐之国：其城薄以卑，其地狭以泄，其君愚而不仁，大臣伪而无用，其士兵又恶甲兵之事，此不可与战。君不如伐吴。夫吴城高以厚，地广以深，甲坚以新，士选以饱，重器精兵，尽在其中，又使明大夫守之，此易伐也。”田常忿然作色，曰：“子之所难，人之所易；子之所易，人之所难。而以教常，何也？”（边批：正是辩端。）子贡曰：“臣闻之：‘忧在内者攻强，忧在外者攻弱。’今君破鲁以广齐，战胜以骄主，破国以尊臣，而君之功不与焉，则交日疏于王。是君上骄主心，下恣群臣，求以成大事，难矣。夫上骄则恣，臣骄则争，是君上与主有郤，下与大臣交争也。如此则君之立于齐，危矣！故曰不如伐吴。伐吴不胜，民人外死，大臣内空，是君上无强臣之敌，下无民人之过，孤主制齐者，唯君也！”田常曰：“善！虽然，吾兵业已加鲁矣，去而之吴，大臣疑我，奈何？”子贡曰：“君按兵无伐，臣请往使吴王，令之救鲁而伐齐，君因以兵迎之。”田常许之。使子贡南见吴王，说曰：“臣闻之：‘王者不绝世，霸者无强敌’，‘千钧之重，加铢而移’。今以万乘之齐，而私千乘之鲁，与吴争强，窃为王危之！且夫救鲁，显名也，伐齐[(6)]，大利也，以扶泗上诸侯，诛暴齐而服强晋[(7)]，利莫大焉。名存亡鲁，实困强齐，智者不疑也。”吴王曰：“善！虽然，吾尝与越战[(8)]，栖之会稽。越王苦身养士，有报我心。子待我伐越而听子。”子贡曰：“越之劲不过鲁，强不过齐。王置齐而伐越，则齐已平鲁矣。且王方以存亡继绝为名，夫伐小越而畏强齐，非勇也。夫勇者不避难，仁者不穷约，智者不失时。今存越示诸侯以仁，救鲁伐齐，威加晋国，诸侯必相率而朝，吴霸业成矣！且王必恶越，臣请东见越王，令出兵以从，此实空越，后从诸侯以伐也。”吴王大说，乃使子贡之越。越王除道郊迎，身御至舍，而问曰：“此蛮夷之国，大夫何以惠然辱而临之？”子贡曰：“今者吾说吴王以救鲁伐齐，其志欲之而畏越，曰‘待我伐越乃可’，如此破越必矣！且夫无报人之志而令人疑之，拙也；有报人之意使人知之，殆也；事未发而先闻，危也。三者举事之大患！”勾践顿首再拜[(9)]，曰：“孤尝不料力，乃与吴战，困于会稽。痛入于骨髓，日夜焦唇干舌，徒欲与吴王接踵而死，孤之愿也！”遂问子贡，子贡曰：“吴王为人猛暴，群臣不堪；国家敝于数战，士卒弗忍，百姓怨上；太宰嚭用事，顺君之过，以安其私，是残国之治也。今王诚发士卒佐之，以徼其志，重宝以说其心，卑辞以尊其礼，其伐齐必也。彼战不胜，王之福矣。战胜，必以兵临晋。臣请北面晋君，令共攻之，弱吴必矣。其锐兵尽于齐，重甲困于晋，而王制其敝，此灭吴必矣。”越王大说，许诺，送子贡金百镒、剑一、良矛二。子贡不受，遂行，报吴王曰：“臣敬以大王之言告越王，越王大恐，曰：‘孤不幸，少失先人，内不自量，抵罪于吴，军败身辱，栖于会稽，国为虚莽。赖大王之赐，使得奉俎豆而修祭祀，死不敢忘，何谋之敢虑！’”后五日，越使大夫种顿首言于吴王曰[(10)]：“东海役臣孤勾践使者臣种，敢修下吏问于左右：今窃闻大王将兴大义，诛强救弱，困暴齐而抚周室，请悉起境内士卒三千人，孤请自被坚执锐，以先受矢石；因越贱臣种奉先人藏器甲二十领、屈卢之矛、步光之剑，以贺军吏。”吴王大说，以告子贡曰：“越王欲身从寡人伐齐，可乎？”子贡曰：“不可。夫空人之国，悉人之众，又从其君，不义。君受其币，许其师，而辞其君。”吴王许诺，乃谢越王。于是吴王乃遂发九郡兵伐齐。子贡因去之晋，谓晋君曰：“臣闻之！‘虑不先定，不可以应卒；兵不先辨，不可以胜敌。’今夫吴与齐将战，彼战而胜，越乱之必矣。与齐战而胜，必以其兵临晋！”晋君大恐，曰：“为之奈何？”子贡曰：“修兵休卒以待之。”晋君许诺。子贡去而之鲁。吴王果与齐人战于艾陵，大破齐师，获七将军之兵而不归，果以兵临晋。与晋人相遇黄池之上。吴、晋争强，晋人击之，大败吴师。越王闻之，涉江袭吴，去城七里而军。吴王闻之，去晋而归，与越战于五湖。三战不胜，城门不守。越遂围王宫，杀夫差而戮其相[(11)]。破吴三年，东向而霸。故子贡一出，存鲁、乱齐、破吴、强晋而霸越，十年之中，五国各有变。

直是纵横之祖[(12)]，全不似圣贤门风[(13)]。(《智囊》卷十九《术智部·辩才》第1—5页)

【毛泽东评点】

什么圣贤门风，儒术伪耳。孟轲、韩非、叔孙通辈都是纵横家。

——《读〈智囊〉批语》，载《毛泽东读文史古籍批语集》，中央文献出版社1993年版，第65页。

【注释】

（1）吴，古国名，姬姓。始皇是周太王之子太伯、仲雍，有今江苏大部、安徽。建都吴（今江苏苏州）。后为越灭。此指吴王夫差。

（2）卫侯，指卫国的国君卫庄公，公元前840—前478年在位。

（3）子贡（前520—？），姓端木，名赐，字子贡，卫人，孔子学生。太宰嚭，伯氏，名嚭（一作嚭），一作帛喜、白喜，字子余。楚大夫伯州犁之孙，出亡奔吴，以功任为太宰。因善逢迎，深得吴王夫差宠信。吴破越后，他受越贿赂，许越媾和，并屡进谗言，谮杀伍子胥。吴亡后，降越为臣。一说为越王勾践所杀。

（4）田常，又叫田成子，即陈成子。陈釐子之子，名恒，一作常。春秋时齐国大臣。齐简公四年（前481年）杀简公，拥立齐平公，任相国，从此齐国由陈氏专权。

（5）鲁，古国名，公元前十一世纪周分封的诸侯国。姜姓。建都曲阜（今山东曲阜）。后为楚所灭。

（6）齐，古国名。公元前十一世纪周分封的诸侯国。姜姓。建都营丘（今山东淄博）。后为秦所灭。

（7）晋，古国名。公元前十一世纪周分封的诸侯国。姬姓。建都于翼（今山西翼城）。春秋后期六卿逐渐强大，互相兼并。公元前四世纪中叶为韩、赵、魏三家所灭。

（8）越，古国名。姒姓。建都会稽（今浙江绍兴）。后为楚所灭。

（9）勾践（？—前465），春秋末年越国国君。公元前497—前465年在位。曾被吴大败，屈辱求和。后十年生聚，卧薪尝胆，转弱为强，灭亡吴国。成为霸主。

（10）大夫种，即文种，字少禽（一作子禽），春秋末年越国大夫。吴王夫差二年（前494），越被吴击败，他献计越王勾践，到吴贿赂太宰嚭，得免亡国。后被授以国政，君臣奋发图强，终灭吴国。后勾践听信谗言，赐剑命他自尽。

（11）夫差（？—前473），春秋末年吴国国君。公元前495—前473年在位。公元前482年，在黄池（今河南封丘西南）和诸侯会盟，与晋争霸，越乘虚攻入吴都。后越再兴民灭吴国，他自杀。

（12）纵横之祖，纵横家的祖先。纵横，即纵横家。战国时期一批从事政治活动的谋士，以审度时势、陈明利害的方法，以“合纵”“连横”的主张，游说列国君王，对当时形势有一定影响，其代表人物为苏秦、张仪。苏秦主张合纵，合山东六国之力以抗秦；张仪主张连横，说六国以事秦。当时谋士一般分为合纵、连横两派。后因称凭辩才进行政治活动者为“纵横家”。

（13）圣贤门风，儒家的风气。圣贤，圣人和贤人的合称。亦泛称道德才智杰出的人。

【赏析】

这篇小说叙述孔子富有辩才的高足子贡进行的一系列游说活动。具体过程是：田常想在齐国作乱，为加强自己的势力，便调军队去攻打鲁国。鲁国是孔子的家乡，孔子便派子贡去说服田常。子贡见田常后说了一番攻打弱小的鲁国不利于加强他的势力，只有去攻强盛的吴国又不能取胜时，才能孤立齐国国君，使他独揽大权的道理。于是田常答应子贡攻鲁部队按兵不动，等待子贡去说服吴国救鲁伐齐，然后去迎战吴国。子贡去南方见吴王，利用吴王称霸的野心，又说了一番吴救鲁伐齐有大名大利可图的道理；又说，胜了齐国后还可以乘胜攻打晋国，吴国便没有对手了。吴王心动，但表示要先讨伐有图强报复之心的越国之后才能动手。子贡又自告奋勇去说服越国派兵随吴王一起打齐国，吴王答应了。子贡去见越王，告诉他吴王担心他报复要来伐越国，为消除吴王的怀疑必须派兵随吴王攻齐。如果攻齐失败，吴国损兵折将，有利于越国；如果胜了，再让晋国会同诸侯攻打驻齐的吴国精锐部队，越军也乘机攻打吴国本土，稳操胜券。越王赞赏不已。这样，吴国就发动九郡兵力去讨伐齐国了。子贡又到晋国，告诉晋国国君做好与齐国作战的准备。吴军在打败了齐军后，果然移兵攻打晋国军队，结果吴军大败。越王听到这个消息，立刻渡江袭击吴国，杀了吴王夫差，三年后越国称霸于诸侯，成为一个强国。冯梦龙叙述了这存鲁、乱齐、破吴、强晋、霸越的游说故事后，感慨子贡所为“直是纵横家之祖耳，全不是圣贤门风”。毛泽东批道：“什么圣贤门风，儒术伪耳。孟轲、韩非、叔孙通辈，都是纵横家。”这个批语，表明了毛泽东对儒家提倡的圣贤门风的评价。所谓“儒术伪耳”，大概是指作为孔门高足弟子的子贡，为了鲁国的利益，四处游说，到处挑间，这本身就恰恰违反了儒家修身、齐家、治国、平天下的宗旨。孟轲被称为“亚圣”，游说于列国诸侯之间；韩非是荀子的学生，“儒家的左派”（毛泽东语），后来也为秦王嬴政出谋划策去了；叔孙通是秦末汉初的大儒，先为项羽部属，后归刘邦，汉朝建立，他与儒生们共立朝仪。在毛泽东看来，这些人的所作所为，其实也是纵横家。由此可见，真正要做点事情，靠“儒术”是行不通的，进一步证明了儒的虚伪和无用。

【原文】

周亚夫

太尉会兵荥阳[(1)]，坚壁不出，吴方攻梁急，梁求救。太尉守便宜[(2)]，欲以梁委吴[(3)]，不肯往。(《智囊》卷二十二《兵智部 · 制胜》)

【毛泽东评点】

非荥阳，乃定陶。

——《读〈智囊〉批语》，载陈晋：《毛泽东读书笔记解析》，广东人民出版社 1996 年版，第 1433 页。

【注释】

（1）荥（xíng 形）阳，今河南荥阳市。

（2）便宜，斟酌事宜，不拘陈规，自行决断处理。

（3）委，丢弃，听任。

【赏析】

这则故事写周亚夫平定吴楚七国之乱的事。周亚夫（？—前 143），沛县（今江苏沛县）人。西汉名将。初封条侯。文帝时，匈奴奴隶主贵族进攻，他以河内守为将军，防守细柳（今陕西咸阳西南）军令严整。景帝时，发生了刘邦分封的同姓王吴、楚、赵、济南、胶东、胶西、淄川七国国王以请“诛晁错清君侧”为名，联兵反抗，其中吴王刘濞是刘邦的侄子，楚王刘交是刘邦的弟弟，赵王刘如意也是刘邦的儿子。梁王刘恢夹在中间。汉朝中央派周亚夫为太卫，率领三十六个将军，三个月内即将七国击败，其中周亚夫斟酌形势，坚守定陶（今山东定陶）是制胜的关键一着。熟悉西汉历史的毛泽东记得很清楚，当发现文中写为“荥阳”时，便批注道：“非荥阳，乃定陶。”

【原文】

孙　膑

孙子同齐使之齐[(1)]，客田忌所[(2)]。忌数与齐诸公子逐射[(3)]。孙子见其马足不甚相远，马有上中下，乃谓忌曰：“君第重射[(4)]，臣能令君胜。”忌然之[(5)]，与王及诸公子逐射千金[(6)]。及临质[(7)]，孙子曰：“今以君之下驷与彼上驷[(8)]，取君上驷与彼中驷，取君中驷与彼下驷。”既驰三辈毕[(9)]，而田忌一不胜而再胜，卒得五千金[(10)]。

唐太宗尝言[(11)]：“自少经略四方[(12)]，颇知用兵之要，每观敌阵，则知其强弱，常以吾弱当其强[(13)]，强当其弱。彼乘吾弱，奔逐不过数百步；吾乘其弱，必出其阵后反而击之，无不溃败。”盖用孙子之术也[(14)]。宋高宗问吴璘以胜敌之术[(15)]，璘曰：“弱者出战，强者继之。”高宗亦曰：“此孙膑驷马之法。”魏伐赵[(16)]，赵急，请救于齐[(17)]。齐威王欲将孙膑[(18)]，膑以刑余辞。乃将田忌而孙子为师，居辎车中[(19)]，坐为计谋。田忌欲引兵救赵，孙子曰：“夫解纷者不控卷[(20)]，救斗者不搏戟[(21)]。批亢捣虚[(22)]，形格势禁[(23)]，则自为解耳。今梁、赵相攻，轻兵锐卒必尽于外，老弱罢于内[(24)]。君不若引兵疾走大梁[(25)]，冲其方虚。彼必释赵而自救，是我一举解赵之困，而收敝于魏也。”忌从之，魏果去邯郸[(26)]，与齐战于桂陵[(27)]，大破梁军。（《智囊》卷二十二《兵制部·制胜》第1—2页）

【毛泽东评点】

所谓以弱当强，就是以少数兵力佯攻敌诸路大军。

所谓以强当弱，就是集中绝对优势兵力，以五六倍于敌一路之兵力，四面包围，聚而歼之。自古能军无出李世民之右者，其次则朱元璋耳。

攻魏救赵，因败魏军，千古高手。

——《读〈智囊〉批语》，载《毛泽东读文史古籍批语集》，中央文献出版社 1993 年版，第 65—66 页。

【注释】

（1）孙子，即孙膑，战国时军事家。齐国阿（今山东阳谷东）、鄄（今河南范县西南）间人。孙武子孙。曾与庞涓同学兵法。后庞涓为魏将，忌其才能，诳他到魏，处以膑刑（去膝盖骨），故称孙膑。后齐威王任为军师，屡破魏军，擒获庞涓。有《齐孙子》即《孙膑兵法》。之齐，到齐国。

（2）田忌，一作田期、田期思。战国初期齐将。封于徐州（今山东滕州南），又称徐州子期。率军先后在桂陵、马陵打败魏军。

（3）齐诸公子，齐国王的各位公子。逐射，赌赛，竞赛时下赌注。

（4）第，如果，连词。

（5）然之，答应他。然，是，表肯定的回答。

（6）千金，黄金千斤。汉代以一斤金为一金，值万钱。

（7）质，作为保证的人或物。

（8）驷，马。《墨子·兼爱下》："方驰千驷，狡骑万帅。"

（9）辈，次，度。《史记·白起王翦列传》："王翦既至关，使使还请善田者五辈。"司马贞索引："谓使者五度请也。"

（10）卒，终于。

（11）唐太宗（599—649），即李世民。唐代皇帝、军事家。公元 626—649 年在位。

（12）经略四方，经营治理国家。经略，以营治理。《左传·昭公七年》："天子经略，诸侯正封，古之制也。"杜预注："经营天下，略有四海，故曰经略。"四方，天下。

（13）当（dāng 珰），抵敌。

（14）盖，语气词，用于句首。

（15）宋高宗（1107—1187），即赵构。南宋皇帝。公元1127—1162年在位。吴璘，字唐卿，德顺军陇干（今甘肃都宁）人，迁居水洛（今甘肃庄浪）。南宋名将。

（16）魏，战国七雄之一。开国君主为魏文侯。魏惠王迁都大梁（今河南开封），后为秦所灭。赵，战国七雄之一。开国君主为赵烈侯，建都晋阳（今山西太原）。后为秦所灭。

（17）齐，古国名。战国七雄之一。公元前十一世纪周分封的诸侯国。姜姓。在今山东北部，建都营丘（今山东临淄）。后为秦所灭。

（18）齐威王，战国时齐国君。田氏，名因齐，一作婴齐。公元前365—前320年在位。将孙膑，以拜孙膑为将。将，用如动词，以……为将。

（19）辎车，古代一种有帷盖的车子，既可载物，又可以作卧车。《释名·释车》："辎车，载辎重卧息其中之车也。"

（20）控卷（quán 泉），伸出拳头。《史记·孙子吴起列传》："解杂乱纷纠者，不控。"司马贞索引："谓解杂乱纷纠者，当善以手解之，不可控卷而击之。卷，即拳也。"

（21）搏戟，一作"搏撠"，揪住。

（22）批亢（gāng 冈）捣虚，扼其要害而击其空虚。

（23）形格势禁，亦作"形禁势格""形劫势禁"。受形势的阻碍或限制。

（24）老弱罢（pí 皮），老弱残兵。罢，通"疲"。

（25）大梁，战国时魏国都，今河南开封。

（26）邯郸，战国时赵国都，今河北邯郸。

（27）与齐战于桂陵，战国时齐国围魏救赵的战役。周显王十六年（前353），齐军乘魏军回救大梁，在桂陵（今河南长垣西）发动猛攻，获得大胜，遂解赵围。

【赏析】

这篇小说写了战国时著名军事家孙膑的两件事。一件是他帮田忌赛马的故事。孙膑到齐国住在田忌家里，在田忌与齐国公子赛马时，他让田忌以最差的马与对方最好的马比赛，以最好的马与对方中等的马比赛，以中等的马与对方最差的马比赛。结果田忌二胜一负赢了这场比赛。这种制胜的方法，被后人称为“驷马法”。作者在叙述完这件事后，又援引唐太宗说自己“用兵之要”——“常以吾弱当其强，强当其弱”，并说这是“用孙子之术也”。毛泽东的批语，对孙膑的“驷马法”和唐太宗李世民的“弱当其强，强当其弱”之法，作了进一步阐发，提出其要义在于以少数兵力佯攻敌大军，再以优势兵力聚敌军围而歼之。这种科学解释不仅吸取了孙膑、李世民这些古代军事家的经验，而且也是对自己在指挥革命战争中的经验总结。毛泽东对李世民、朱元璋的军事指挥才能作了高度评价。

这篇小说写孙膑的第二件事，便是著名的“围魏救赵”的故事。周显王十六年（前353），魏国围攻赵国都城邯郸，赵求救于齐。齐王命田忌、孙膑率军往救。齐军围魏都大梁，迫使魏军回救。齐军在中途桂陵大败魏军，赵围遂解。读了这个故事后，毛泽东批道：“攻魏救赵，因败魏军，千古高手。”对孙膑的卓越的军事才能给予高度评价。1938年，毛泽东在《抗日游击战争的战略问题》中曾引用过这个故事。他说：“在反围攻的作战计划中，我之主力一般是位于内线的。但在兵力优裕的条件下，使用次要力量（例如，县和区的游击队，以至从主力中分出一部分）于外线，在那里破坏敌之交通，钳制敌之增援部队，是必要的。如果收在根据地内久踞不去，我可以倒置地使用上述方法，即以一部留在根据地内围困该敌，而用主力进攻敌所从来之一带地方，在那里大肆活动，引致久踞之敌撤退出去打我主力；这就是‘围魏救赵’的办法。”（《毛泽东选集》第2卷，第429页）

【原文】

赵奢

秦伐韩[1]，军于阏与[2]。赵王[3]……乃遣奢将而往[4]。去邯郸三十里[5]，而令军中曰："有以军事谏者[6]，死。"秦军军武安西[7]，鼓噪勒兵[8]，屋瓦皆振。军中候有一人言急救武安，奢立斩之。坚壁留二十八日不行[9]，复益增垒[10]。秦间来入[11]，奢善食而遣之。间以报秦将，秦将大喜曰："夫去国三十里而军不行[12]，乃增垒，阏与非赵地也。"奢既遣秦间，乃卷甲而趣之[13]，一日一夜至。令善射者去阏与五十里而军。军垒成，秦人闻之，悉甲而至。军士许历请以军事谏，奢曰："内之[14]。"许历曰："秦人不意赵师至，此其来气盛，将军必厚集其阵以待之，不然必败。"奢许诺。许历请就诛[15]，奢曰："胥后令[16]，至邯郸。"历复请谏，曰："先据北山者胜，后至者败。"奢许诺，即发万人趋之[17]。秦兵后至，争山不得上。奢纵兵击之，大破秦军，遂解阏与之围。(《智囊》卷二十二《兵智部·制胜》第2—3页)

【毛泽东评点】

老师坚城之下，又不意赵救，此秦之所以败也。

——《读〈智囊〉批语》，载《毛泽东读文史古籍批语集》，中央文献出版社1993年版，第67页。

【注释】

(1)韩，战国七雄之一。开国君主韩景侯和魏、赵瓜分晋国所建，建都阳翟(今河南禹州)，后迁都新郑(今河南新郑)。前230年为秦所灭。秦，战国七雄之一。开国君主秦襄公护送平王东迁有功，被封为诸侯。春秋时建都于雍(今陕西宝鸡凤翔区)。后逐渐强大，攻灭六国，公元前221年秦王政(秦始皇)统一中国，建立秦朝。

(2)阏(yān淹)与，古邑名。战国韩地，后属赵。在今山西和顺。

(3)赵王，即赵惠文王。

（4）奢，赵奢，战国时赵将。善用兵。曾在阏与大破秦军，封马服君。

（5）邯郸，战国时赵国都城，今河北邯郸。

（6）谏，直言规劝，使改正错误。

（7）武安，今河北武安市西南。

（8）勒兵，操练或指挥军队。

（9）坚壁，加强壁垒。

（10）垒，军营四周所筑的防御工事。

（11）间，间谍。潜入敌方国，侦察情况，刺探情报，进行颠覆活动的人。

（12）去国，离开国都（邯郸）。

（13）卷甲，卷起铠甲，形容快速疾进。趣（cù 促）之，督促、催促他们（军队）。

（14）内（nà 纳）之，使进入，进来。

（15）就诛，受杀，被杀。

（16）胥，通“须”，等待。

（17）趋，疾走，快步而行。

【赏析】

这篇小说讲述秦进攻韩国，韩国向赵国求救。赵国名将赵奢奉赵惠文王令领兵救韩攻秦，巧用敌间谍，又抢占有利地势，在阏与大破秦军，遂解阏与之围。读了这个故事后，毛泽东批道：“老师坚城之下，又不意赵救，此秦所以败也。”就是说秦国的军队出征日久而疲惫，又没有预料到赵国会来救，而赵国却工事坚固，士气旺盛，所以秦国失败。这个分析可谓切中要害，十分中肯，也是经验之谈。

【原文】

赵威后

齐王使使问赵威后[(1)]，书未发，威后问使者曰："岁亦无恙耶[(2)]？民亦无恙耶？王亦无恙耶？"使者不悦，曰："臣奉使使威后，今不问王而先问岁问民，岂先贱而后尊贵者乎？"威后曰："不然[(3)]。苟无岁[(4)]，何有民？苟无民，何有君？有舍本而问末者耶[(5)]？"乃进而问之曰："齐有处士钟离子无恙耶[(6)]？是其为人也，有粮者亦食，无粮者亦食；有衣者亦衣，无衣者亦衣，是助王养其民者也，何以至今不业也[(7)]？叶阳子无恙乎[(8)]？是其为人，哀鳏寡[(9)]，恤孤独[(10)]，振穷困，补不足，是助王息其民者也[(11)]，何以至今不业也？北宫之女婴儿子无恙耶[(12)]？撤其环瑱[(13)]，至老不嫁，以养父母，是皆率民而出于孝情者也，胡为至今不朝也？此二士不业、一女不朝，何以王齐国[(14)]、子万民乎？于陵子仲尚存乎[(15)]？是其为人也，上不臣于王，下不治其家，中不索交诸侯，此率民而出于无用者，何为至今不杀乎？"（《智囊》卷二十五《闺智部·贤哲》第1页）

【毛泽东评点】

不应在杀例。

——《读〈智囊〉批语》，载《毛泽东读文史古籍批语集》，中央文献出版社1993年版，第69页。

【注释】

（1）齐王，战国时齐国国王。使使，派遣使者。赵威后，战国时赵国王后。

（2）岁，一年的农事收成。无恙，无病患。没有灾祸、疾病等事。恙，忧。耶，吗？疑问句。

（3）不然，不是这样。然，此，这样。

（4）苟，如果，假如。

（5）舍本而问末，舍去根本而寻问细枝末节。本末，指事物的根源和结局，引申为主次、先后的意思。儒家学说认为民为贵，社稷次之，君为轻。古代又以农业为本，商工为末。故“岁”“民”为本，“王”为末。

（6）处士，古时称有才德而隐居不仕的人。钟离子，钟离，复姓。子，古代对男子的美称或尊称。

（7）不业，不从事工作。业，从事于。

（8）叶阳子，未详。

（9）鳏（guān 关）寡，老而无妻叫鳏，无夫叫寡，引申为年老而穷苦无告的人。《诗经 · 小雅 · 鸿雁》：“哀此鳏寡。”

（10）恤（xù 序），体恤，周济。孤独，幼而无父和老而无子（的人）。

（11）息民，繁育百姓。息，滋养，繁育。

（12）北宫之女婴儿子，北宫，复姓。

（13）环，一种圆形而中间有孔的玉器。瑱（tiàn），古人冠冕上垂在两侧以塞耳的玉。

（14）王齐国，在齐国做君王。子万民，以万民为子。

（15）于陵子仲，未详。

【赏析】

这篇小说写齐王派遣使者问候赵威后时，赵威后与使者的对话。从对话中看，赵威后是很有点政治头脑的。她先问农业收成，次问百姓，再问君王，体现了儒家以农为本、民贵君轻的思想。接着她又问了齐国四个人的情况，其中两个是隐士，二人都在从事慈善事业，实际上是替君王养育老百姓，应当请他们出来工作；一个是孝女，垂范世人，应当让她参与朝政；还有一个是“上不臣于王，下不治其家，中不索交诸侯”，“率民而出于无用者”的自由主义者，赵威后认为此人对治理国家不利，应当杀掉。毛泽东不同意对最后一个人的处置，批道：“不应在杀例。”这种人所作所为，虽然影响不好，但并没有犯罪，所以是不应该杀的。

【原文】

李畲母

监察御史李畲母[1]，清素贞洁。畲请禄米送至宅[2]，母遣量之，剩三石[3]。问其故，令史曰[4]："御史例不概[5]。"又问脚钱几[6]，又曰："御史例不还脚车钱。"母怒，令送所剩米及脚钱以责畲。畲乃追仓官科罪[7]，诸御史皆有惭色。(《智囊》卷二十五《闺智部·贤哲》第7页)

【毛泽东评点】

李畲应自科罪。

——《读〈智囊〉批语》，载《毛泽东读文史古籍批语集》，中央文献出版社1993年版，第69页。

【注释】

（1）监察御史，官名。隋始设，唐御史台分三院，其中监察御史属察院，掌分察百僚，巡按郡县，纠视刑狱，肃整朝仪（《唐六典》），品秩低而权限广。李畲（yú 俞），字玉田，高邑（今河北高邑）人，初历汜水主簿，累迁国子司业。

（2）禄米，古代官吏的俸给米。

（3）石（dàn 旦），古代容量单位。市制十斗为一石。

（4）令史，唐代六省、六部及御史台低级事务员。

（5）例，规程。不概，不刮平。概，古代量米麦时刮平斗斛的器具。《礼记·月令》："正权概。"《韩非子·外储说左下》："概者，平量者也。"引申为刮平或削平。

（6）脚钱几，运输费多少。

（7）科罪，依律判罪。

【赏析】

这篇小说写唐代监察御史李畲的母亲，在收受禄米时退回了多出的三石，还付了运费，并以此责备李畲。李畲不检讨自己的责任，只追究仓官的罪责，御史们都很惭愧。这样做也收到了较好的效果，但从严要求，他不追究自己的过错是不够的，所以毛泽东批道："李畲应自科罪。"体现了毛泽东严于律己，宽以待人的精神。

【原文】

婴母　陵母

东阳少年起兵[(1)]，欲立令史陈婴为王[(2)]。婴母曰："暴得大名不祥[(3)]，不如有所属，事成封侯[(4)]，不成，非世所指名也。"婴乃推项梁[(5)]。

王陵以兵属汉[(6)]，项羽取陵母置军中[(7)]。陵使至，则东向坐陵母[(8)]，欲以招陵。陵母私送使者，泣曰："愿为妾语陵[(9)]：善事汉王[(10)]，汉王长者[(11)]，毋以老妾为故持二心。"遂伏剑而死[(12)]。

婴母知废[(13)]，胜如陈涉[(14)]、吴广[(15)]、田横[(16)]、英布[(17)]、陈豨诸人[(18)]。陵母知兴，胜如亚父[(19)]、蒯通[(20)]、贯高诸人[(21)]。(《智囊》卷二十五《闺智部·贤哲》第 9 页)

【毛泽东评点】

废话。

——《读〈智囊〉批语》，载《毛泽东读文史古籍批语集》，中央文献出版社 1993 年版，第 10 页。

【注释】

(1) 东阳，古县名。秦置。治所在今安徽天长市西北。少年，青年。

(2) 令史，官名。汉代为郎以下掌文书的官职。陈婴，秦末汉初人，初率起义部队二万人归项梁，后归汉，封堂邑侯。卒谥安。

(3) 暴得大名，突然得到很大的名声。

(4) 侯，古爵位名。为五等爵的第二等。

(5) 项梁，下相(今江苏宿迁西)人。楚名将项燕子，避仇吴中。陈涉起义，项梁与项羽在吴中起兵响应，屡战秦军，为秦将章邯所败，死。

（6）王陵，沛县（今江苏沛县）人，汉初大臣。楚汉战争时，聚众数千人据南阳后归刘邦，转战各地。汉朝建立，封安国侯，任右丞相。后因得罪吕后，改任太傅，病死。

（7）项羽（前232—前202），名籍，字羽，下相人，楚国贵族出身，秦末农民起义领袖。

（8）东向坐，面向东坐。古代以东为上方，尊位。

（9）妾，古代女子卑称。

（10）汉王，即汉高祖刘邦。公元206年，攻灭秦朝后，项羽入关，恢复分封制，刘邦被封为汉王。

（11）长（zhǎng掌）者，旧指显贵的人。

（12）伏剑，用剑自杀。

（13）废，衰败。

（14）陈涉，即陈胜（？—前208），字涉，阳城（今河南登封东南）人。秦末农民起义领袖。

（15）吴广（？—前208），字叔，阳夏（今河南太康）人。秦末农民起义领袖。

（16）田横，秦末狄县（今山东高青东南）人。齐国贵族。秦末起兵，失败后率徒党五百人逃海岛上，汉高祖令他到洛阳，他不愿称臣于汉，中途自杀，其徒党五百人闻讯后也全部自杀。

（17）英布，六县（今安徽六安）人。汉初诸侯王。秦末率骊山刑徒起义，属项羽，封九江王。楚汉战争中归汉，封淮南王。后举兵发动叛乱，战败被杀。

（18）陈豨（xī希），宛句（今山东菏泽西南）人。汉初封列侯。监赵代边兵，招致宾客。赵相周昌言豨宾客盛，擅兵于外，恐有变。高祖召豨归，豨称病，遂反，自立为代王。后失败被杀。

（19）亚父，即范增，居鄛（今安徽桐城南）人，项羽主要谋士，被尊为亚父。他屡劝项羽杀刘邦，项羽不听。后项羽中刘邦反间计，削其权力，愤而离去，途中病死。

（20）蒯通，即蒯彻。汉初范阳（今河北徐水北固城镇）人。陈胜起义后，他说范阳令徐公归降；后又说韩信取齐地，背叛刘邦自立。惠帝时，为丞相曹参宾客。

（21）贯高，汉初为赵王张敖相。汉高祖刘邦过赵，箕倨骂敖。贯高六十岁，请求为赵王杀刘邦。后怨家告发，逮捕敖。对质时，说是自己所为，赵王不知，被打得体无完肤，也不改口。高祖壮而赦之。贯高认为洗雪了赵王谋反的罪名，但自己却背着篡弑的恶名，乃绝食死。

【赏析】

这篇小说写汉初的两位母亲教导儿子的故事：陈婴之母不让儿子“为王”，只让他依附别人，事成封侯，不成，也不至于成为全国通缉的罪犯。因而陈婴归附了项梁。而王陵母则是在儿子归汉，自己被扣作人质的情况下，以自己的自杀以绝王陵的后顾之忧，坚定其跟随汉王刘邦的决心。接着作者议论说：“婴母知废，胜过陈涉、吴广、田横、英布、陈豨诸人；陵母知兴，胜过范增、蒯通、贯高诸人。”毛泽东批曰：“废话。”为什么说冯梦龙的这番议论是废话呢？一是因为婴母教子是不是“知废”，陵母教子是不是“知兴”，这很难说；二是因为作者列举的与二位母亲类比之人，情况也各不相同，更难以知不知兴废言之。故这种议论似是而非，说了等于不说，因此说是“废话”。

《明人百家小说》（明）沈廷松

小说丛书，原名《皇明百家小说》，明沈廷松编。收录明人作文言笔记小说百种。内容多采自古代典籍，录写各种典故。毛泽东读的，是明万历元年刊行的版本，全20册。其中收录的黎澄《南翁梦录》中“德必有位”一则和方大镇《田居乙记》里“记学”与“记仕”的几则故事，毛泽东都有精练的批语。

沈廷松，号石间。编有《明人百家小说》。余不详。

【原文】

德必有位

明王既嗣王位[(1)]，久之，嫡母生男[(2)]，至周晬时[(3)]，英王巡边在外，家事先决于嗣王。有司以周晬礼请[(4)]，乃命以世子例行之[(5)]。有司以王故，难之。王曰：“何疑乎？初以嫡嗣未生，故我权在此位。今既生矣，待长复辟何难[(6)]？”曰：“此事前古多危，请慎思之。”王曰：“顺义行之，安危何足虑也！”卒以世子例行之。期年而嫡嗣殃[(7)]，王甚哀之。君子谓明王诚心不顾于安危，让德克光于今古[(8)]。传曰[(9)]：有德者必其位[(10)]，其斯之谓欤。（黎澄《南翁梦录》第5页）

【毛泽东评点】

可疑。

——《读〈明人百家小说〉批语》，载《毛泽东读文史古籍批语集》，中央文献出版社1993年版，第47页。

【注释】

（1）嗣，继承。

（2）嫡（dí 敌）母，旧时妾生的子女对其父的正妻的称谓。

（3）周晬（zuì 醉），小儿周岁。孟元老《东京梦华录·育子》：“生子……至来岁生日，谓之‘周晬’。”

（4）有司，古代设官分职，各有专司，因称官吏为“有司”。此指主管的官吏。

（5）世子，古代天子、诸侯的嫡长子。此指作为英王的嫡长子，理应继王位。

（6）复辟（bì 闭），失位的君主复位。辟，君主。

（7）期（jī 机）年，一整年，殁（mò 末），死亡。

（8）让德，让位于有德之人。《书·舜典》：“舜让于德，弗嗣。”蔡沈集传：“让于有德之人也。”克光，能够光大。

（9）传（zhuàn 撰），解说，注释儒家经典的著作。此指《左传》。引语见《左传·成公八年》。

（10）有德，有德行。意思是道德品行高尚，能身体力行。有位，指天子之位。《书·大禹谟》：“钦哉，慎乃有位，敬修其可厚。”孔传：“有位，有天子之位。”

【赏析】

封建社会在继承人上实行嫡长子继位的制度。封建帝王的王位必须由皇后所生儿子继承，一般情况下妃生子不能继位。只有在皇后无子时，才立妃所生子。这就造成了种种矛盾，酿成激烈的宫廷斗争。谁被立为太子就是宫廷斗争的中心，由此引起血腥屠杀的事件屡见不鲜。这篇小说写英王妃子所生的儿子明王继位后，皇后又生了一个儿子，当然这势必危及明王的地位。而明王毫不犹豫地让有司按世子例做周晬，并说：“初以嫡嗣未生，故我权在此位。今既生矣，待长复辟何难？”毛泽东同志读到此处，大笔一挥，批曰：“可疑。”这是洞察古今的明智之语，是透过现象抓住了事物的实质。果然，一年之后嫡子死掉了。“王甚哀之”。作者还赞扬这是

“有德者必有其位”，是作者的真心赞叹呢，还是寓贬责于颂扬之中，所谓皮里阳秋之法呢？读者可思而得之。

【原文】

记学（马实　孔子）

马实曰[(1)]：“幸生圣明之世[(2)]，免砖瓦之资。托为丈夫[(3)]，当建名千载[(4)]，不可为空生徒死之物[(5)]，秽天地之间[(6)]。”

孔子曰[(7)]：“可以与人终日而不倦者，其惟学乎？其容体不足观也，其勇力不足惮也[(8)]，其先祖不足称也[(9)]，其族姓不足道也。然而可以闻四方而昭于诸侯者[(10)]，其惟学乎[(11)]！诗曰[(12)]：‘不愆不忘，率由旧章’[(13)]，夫学之谓也[(14)]。”（方大镇《田居乙记》第1页）

【毛泽东评点】

劣语。

无所谓。

——《读〈明人百家小说〉批语》，载《毛泽东读文史古籍批语集》，中央文献出版社1993年版，第47—48页。

【注释】

（1）马实，生平未详。

（2）圣明之世，封建时代对所谓“治世”“明时”的颂词。

（3）托为，托身。丈夫，即大丈夫，指有志气、有节操、有作为的男子。《孟子·滕文公下》：“富贵不能淫，贫贱不能移，威武不能屈，此之谓大丈夫。”

（4）建名千载，百世流芳之意。建名，树立好名声。千载，千年。

（5）空生徒死，白白地生白白地死。

（6）秽，腐烂。天地之间，自然界和社会。

（7）孔子，即孔丘，字仲尼，鲁国陬邑（今山东曲阜南）人，春秋末期著名思想家，儒家学派的创始人。

（8）惮，害怕，畏惧。

（9）称，扬名，表扬。

（10）昭，彰明，显扬。诸侯，西周、春秋时分封的各国国君。

（11）其惟学乎，大概只是学吧！其，表假设，推测。大概，或许。惟，只，仅。

（12）诗，即《诗经》。

（13）不愆不忘，率由旧章，语出《诗经·大雅·假乐》。率，遵循。愆，过失。由，顺从，沿袭。旧章，旧的法度。意思是不要犯过错，不要忘记，一切按旧的法度办事。

（14）夫学之谓也，学的意思啊。夫，句首语气词，表示对某事进行判断。之，的。谓，指称，意指。

【赏析】

读这篇小说之后，毛泽东写了两个评语。第一个评语是针对马实说的那段话的。马实说，幸而生在治世明时，免受生活之累。作为一个男子汉大丈夫，应该树立一个好名声流芳千古，不能做一个酒囊饭袋，遗臭万年。对于马实这种大言不惭的话，毛泽东很不以为然，批曰："劣语。"

第二个批语是针对孔子论学习的重要意义的一段话。孔子的这段话见于《孔子家语卷二·致思第八》，是对他的儿子孔鲤说的，文字不尽相同，引录如下：孔子谓伯鱼曰："鲤乎！吾闻可以与人终日不倦者，其唯学焉。其容体不足观也，其勇力不足惮也，其先祖不足称也，其族姓不足道也，终而有大名以显闻四方，流声后裔者，岂非学之效也。故君子不可以不学其容，不可分不饬，不饬无类，无类失亲，失亲不忠，不忠失礼，失礼不立。夫远见而有光者饬也，近而愈明者学也。譬之污池水潦注焉，雚苇生焉，惟或以观之，孰知其源乎？"这段话，不仅讲了学习的重要意义，而且也道出了学习的目的在于"不忠失礼，失礼不立"，体现了孔子学习以忠信为本，以"立于礼"为最终目的。而文中所引孔子的话是单纯强调学习的重要，而且拿身体、勇力、先祖、族姓四者做衬托。孔子对于这四个方面的看法，毛泽东认为是“无所谓”，表达了对孔子看法的不必明言的态度。

【原文】

记学（枚皋　司马相如）

枚皋文章疾敏[1]，长卿制作淹通[2]，皆尽一时之誉。而长卿首尾温丽，枚皋时有累句[3]。杨子云曰[4]：“军旅之际，戎马之间，飞书驰檄用枚皋[5]；庙廊之下[6]，朝廷之中，高文典册用相如[7]。”（方大镇《田居乙记》第2—3页）

【毛泽东评点】

其实二者都无用。

——《读〈明人百家小说〉批语》，载《毛泽东读文史古籍批语集》，中央文献出版社1993年版，第48页。

【注释】

（1）枚皋，字少孺，淮阴（今江苏淮阴）人，西汉辞赋家。武帝时为郎，以下笔敏捷得名。

（2）长卿，即司马相如（前179—前117），字长卿，蜀郡成都（今四川成都）人，西汉辞赋家。武帝时为郎官。其辞赋大都写帝王苑囿之盛，田猎之乐，铺张扬厉，富于文采。制作，著述，创作。淹通，宏广通达。

（3）累句，病句。

（4）杨子云，即杨雄，一作扬雄（前53—后18），字子云，蜀郡成都（今四川成都）人，西汉文学家、哲学家、语言学家。以文章名世。以下引他的话见晋葛洪《西京杂记》卷三。

（5）飞书驰檄，迅速地书写文件。

（6）庙廊，朝廷。

（7）高文典册，指朝廷的重要文书、法令。

【赏析】

这篇小说出自晋葛洪《西京杂记》卷三，描写西汉两位辞赋家枚皋和司马相如文章的不同风格，以及扬雄对他们的评论。枚皋写文章很快捷，军旅之际，草写战书当然用得着；司马相如写文章很博雅，制定朝廷的法令、文献则比较合适。从表面看，扬雄的评价有一定道理。但毛泽东同志认为“其实二者都无用”。一语道出问题实质，战书写得快，不能决定战争胜负；法令制作弘广博大，也不一定能把国家治理好。所以从实质上看，二者都没有实用价值。这大概是针对汉赋的形式主义风气而言的。

【原文】

记学（苏轼）

有人问苏文忠公曰[(1)]：“公之博洽可学乎[(2)]？”曰：“可。吾读《汉书》[(3)]，盖数过而始尽之。如治道、人物、地理、官制、兵法、货财之类，每一过博求一事，不待数过而事事精核矣[(4)]。参伍错综[(5)]，八面受敌[(6)]，沛然应之而莫御焉。”（方大镇《田居乙记》第3页）

【毛泽东评点】

此法好。然苏是个唯心主义者。

——《读〈明人百家小说〉批语》，载《毛泽东读文史古籍批语集》，中央文献出版社1993年版，第48页。

古人说：文章之道，有开有合。这个说法是对的。苏东坡用“八面受敌”法研究历史，用“八面受敌”法研究宋朝，也是对的。今天我们研究中国社会，也要用个“四面受敌”法，把它分成政治的、经济的、文化的、军事的四个部分来研究，得出中国革命的结论。

——《关于农村调查》，载《毛泽东文集》，第2卷，人民出版社1993年版，第381页。

【注释】

（1）苏文忠公，即苏轼（1037—1101），字子瞻，号东坡居士，眉山（今四川眉山）人，北宋大文学家、书画家。累官至礼部尚书。卒后追谥文忠，故称苏文忠公。学识渊博，其文明白畅达，其诗清新豪健，其书丰腴跌宕，有天真烂漫之趣。

（2）博洽，广博，多指常识渊博。

（3）《汉书》，东汉班固撰。全书分十二纪、八表、十志、七十列传，共百篇，记载自刘邦元年至王莽地皇四年二百三十年间主要事迹，是我国第一部纪传体断代史书。

（4）精核，详细考核。

（5）参伍错综，交互错杂。

（6）八面受敌，功力深厚，能应付各种情况。苏轼《又答王庠书》：“……若学成，八面受敌，与涉猎者不可同日而语也。”

【赏析】

这篇小说叙写宋代著名文学家苏轼的一种读书方法——八面受敌之法。以读《汉书》为例，不是一遍要求把什么问题都解决，而是每遍侧重解决一个问题，数遍之后，如治道、人物、地理等而“事事精核矣”。毛泽东批曰：“此法好。”这种方法和毛泽东提倡三复四温，反复阅读是一致的。但在赞扬苏轼的这一读书方法好的同时，毛泽东没有忘记提醒自己，也是提醒读者，苏轼是个唯心主义者。苏轼的哲学思想，是把儒、道、释结合起来，佛、老哲学中的虚无主义思想占重要地位，所以说从哲学上来看，他基本上是一个唯心主义者。

需要补充说明的是，苏东坡提出的“八面受敌”的读书方法，早就引起了毛泽东的注意。早在1941年9月13日写的《关于农村调查》一文中，他就称赞了苏轼的这种方法，并联系当时实际进行了阐述。

【原文】

记仕（魏牟）

魏公子牟东行[(1)]，穰侯送之曰[(2)]："先生将去冉之山东矣[(3)]，独无一言以教冉乎？"魏公子牟曰："微君言之[(4)]，牟几忘语君。君知夫官不与势期而势自至乎[(5)]？势不与富期而富自至乎？富不与贵期而贵自至乎？骄不与罪期而罪自至乎？罪不与亡期而亡自至乎？"穰侯曰："善，敬受明教。"（方大镇《田居乙记》第3页）

【毛泽东评点】

有理。

——《读〈明人百家小说〉批语》，载《毛泽东读文史古籍批语集》，中央文献出版社1993年版，第49页。

【注释】

（1）魏公子牟，战国时人，名牟。因封于中山，也叫中山公子牟。曾说："身江海之上，心存乎魏阙之下。"后用作心存朝廷或忧公的典故。公子，诸侯之子，魏是诸侯国。

（2）穰侯，即魏冉，原为楚人，战国时秦国大臣。秦昭王母宣太后异父弟。四次任相，封于穰（今河南邓州东南），号穰侯。复封于陶，免相后死于定陶。

（3）山东，战国秦汉时称崤山或华山以东为山东。

（4）微，非，无。

（5）期，邀约，会合。

【赏析】

仕是做官。《记仕》这篇小说是有关做官之道的叙写。小说中通过魏公子牟与穰侯的一问一答，说明了做官与权势、权势与财富、财富与华贵、华贵与骄奢、骄奢与罪恶、罪恶与死亡的相互关系都是"不与期"而"自至”，也就是它们之间的关系是必然的。当然这种官不是清官、好官，应当为做官者戒。毛泽东同志批曰：“有理。”也是为我们敲起警钟。

【原文】

记仕（西门豹）

魏文侯使西门豹往治邺[1]，告之曰：“子往矣，是无邑不有贤豪辩博者也[2]，无邑不有好扬人之恶、蔽人之善者也。往必问贤豪者因而亲之，其辩博者因而师之；问其好扬人之善、蔽人之恶因而察之，不可特闻从事[3]。夫耳闻之不如目见之，目见之不如足践之，足践之不如手辩之。人始入官，如入晦室[4]，久而愈明。明乃治，治乃行。”（方大镇《田居乙记》第3—4页）

【毛泽东评点】

此有唯物论思想。

——《读〈明人百家小说〉批语》，载《毛泽东读文史古籍批语集》，中央文献出版社1993年版，第49页。

【注释】

（1）魏文侯（？—前396），名期，战国时魏国的建立者。公元前445—前396年在位。曾任法家李悝为相，吴起为将，西门豹为邺令。奖励耕战，兴修水利，西取秦国河西地区，北灭中山国，使魏成为战国初期的强国。西门豹，战国时魏国的政治家。曾为邺破除“河伯娶妇”迷信，开渠引水，发展农业生产。邺，旧县名，今河北临漳县西南。

（2）是，总括之词，凡是，到处。邑，旧县的别称。贤豪，贤明豪迈。博辩，雄辩。

（3）特闻，专一听，偏听。

（4）晦室，暗室。

【赏析】

这篇小说写战国时政治家西门豹要去邺当县令前魏文侯对他说的一段话：到处都有贤明豪迈的人，雄辩的人，也有好扬人之恶、蔽人之善的人，对于前者要“亲之”“师之”，对于后者要仔细考察，不能偏听偏信，并且认为耳闻不如目见，目见不如实践，实践不如亲自分析研究。这些议论，大致是说初入官场的人，对许多事情都不了解，即使有所了解，也是耳闻目见的表面现象，只有经过一段时间的“足践”“手辩”的具体而深入的实践之后，对许多问题的看法才能明了起来，治理政事也就会自如了，所以毛泽东认为“有唯物论思想”。

【原文】

记 仕 （孙叔敖）

孙叔敖遇狐丘丈人[1]，狐丘丈人曰：“仆闻之[2]，有三利必有三患，子知之乎？夫爵高者人妒之[3]，官大者主恶之[4]，禄厚者怨归之。”孙叔敖曰：“不然，吾爵益高，吾志益下；吾官益大，吾心益小；吾禄厚，吾施益溥[5]；可以免于患乎？”狐丘丈人曰：“免矣。”（方大镇《田居乙记》第 4 页）

【毛泽东评点】

很难做到。

——《读〈明人百家小说〉批语》，载《毛泽东读文史古籍批语集》，中央文献出版社 1993 年版，第 50 页。

【注释】

（1）孙叔敖，春秋楚令尹。开发水利，灌田万顷。相传三任令尹而不喜，三次去职而不悔。狐丘丈人，狐丘县的老人。狐丘，古邑名。《列子·说符》：“狐丘丈人谓孙叔敖曰：‘人有三怨，子知之乎？’”张谌注：“狐丘，邑名。”丈人，古时对老人或前辈的尊称。

（2）仆，古时自我谦称。

（3）夫，发语词，无义。

（4）恶（wù 务）之，讨厌他。

（5）溥，通“普”，普遍。

【赏析】

这篇小说写孙叔敖做官时，狐丘有位老人提醒他有“三利”就有“三患”，利患相连。孙叔敖则不同意这种看法，表示他能做到：“爵益高”，“志益下”；“官益大”，“心益小”；“禄益厚”，“施益溥”。孙叔敖提出的这些做官修身原则，正是为了避免魏公子牟说的那种转化现象所带来的祸患，这不能不说是一个难得的好想法。但在毛泽东看来，由于当时的社会体制的制约，有点脱离实际，似乎有点唱高调，所以认为“很难做到”。这种看法是实事求是的。

《东周列国志》 （清）蔡元放

长篇小说，百八回，清蔡元放改编。《东周列国志》是一部历史小说，叙写春秋、战国时代五百多年间大部分的历史故事。其成书过程是：明嘉靖隆庆年间余邵鱼撰辑《列国志传》，共八卷，二二六节，作品起于妲己驿堂被魅，终于秦统一天下。明冯梦龙根据史传，把《列国志传》改编为《新列国志》一〇八回，起于周宣王，讫于秦始皇，删去了某些虚构的情节，以《左传》《国语》《史记》为主，参考二十多种史书，凡列国大事一一备载，原书叙述前后颠倒、详略失宜、姓名身世谬误之处皆加改正，文字也明白通畅，细节渲染上，也有一定贡献。后清代蔡元放继续修订并加评语，改成今名。蔡氏抱着“善足以为劝，恶足以为戒”的劝德目的来演述历史，其中部分篇章表现了一定的积极意义，但就整体来看，文学价值不高。由于它运用通俗形式传播历史知识和斗争经验，所以流传较广，影响较大。

蔡元放，即蔡奡（ào 傲），字元放，号七都梦夫、野云主人，清代乾隆年间秣陵（今江苏南京）人。曾将冯梦龙《新列国志》做文字加工，并加大量评语，改名《东周列国志》，于乾隆年间刊印，成为近两百年间最通行的本子。

【原文】

第二回 褒人赎罪献美女 幽王烽火戏诸侯（节录）

褒妃虽篡位正宫[(1)]，有专席之宠[(2)]，从未开颜一笑。幽王欲其欢[(3)]，召乐工鸣钟击鼓，品竹弹丝[(4)]，宫人歌舞进觞[(5)]，褒妃全无悦色。幽王问曰：

“爱卿恶闻音乐[6]，所好何事？”褒妃曰：“妾无好也[7]。曾记昔日手裂彩缯[8]，其声爽然可听。”幽王曰：“既喜闻裂缯之声何不早言？”即命司库日进缯百匹[9]，使宫娥有力者裂之，以悦褒妃。可怪褒妃虽好裂缯，依旧不见笑脸。幽王问曰：“卿何故不笑？”褒妃答曰：“妾生平不笑。”幽王曰：“朕必欲卿一开笑口[10]。”遂出令：“不拘宫内宫外，有能致褒后一笑者，赏赐千金。”虢石父献计曰[11]：“先王昔年因西戎强盛[12]，恐彼入寇，乃于骊山之下[13]，置烟墩二十余所，又置大鼓数十架，但有贼寇，放起狼烟[14]，直冲霄汉，附近诸侯，发兵相救，又鸣起大鼓，催趱前来[15]。今数年以来，天下太平，烽火皆熄[16]。吾主若要王后启齿[17]，必须同后游翫骊山[18]，夜举烽烟，诸侯援兵必至，至而无寇，王后必笑无疑矣。”幽王曰：“此计甚善！”乃同褒后并驾往骊山游翫，至晚设宴骊宫，传令举烽。时郑伯友正在朝中[19]，以司徒为前导[20]，闻命大惊，急趋至骊宫奏曰：“烟墩者，先王所设以备缓急，所以取信于诸侯。今无故举烽，是戏诸侯也。异日倘有不虞[21]，即使举烽，诸侯必不信矣。将何物征兵以救急哉？”幽王怒曰：“今天下太平，何事征兵！朕今与王后出游骊宫，无可消遣，聊与诸侯为戏。他日有事，与卿无与！”遂不听郑伯友之谏。大举烽火，复擂起大鼓。鼓声如雷，火光烛天。畿内诸侯[22]，疑镐京有变[23]，一个个即时领兵点将，连夜赶至骊山，但闻楼阁管籥之音[24]。幽王与褒妃饮酒作乐，使人谢诸侯曰：“幸无外寇，不劳跋涉。”诸侯面面相觑[25]，卷旆而回[26]。褒妃在楼上，凭栏望见诸侯忙去忙回，并无一事，不觉抚掌大笑。幽王曰：“爱卿一笑，百媚俱生，此虢石父之力也！”遂以千金赏之。至今俗语相传“千金买笑”，盖本于此。髯翁有诗，单咏“烽火戏诸侯”之事。诗曰：良夜骊宫奏管簧，无端烽火烛穹苍。可怜列国奔驰苦，止博褒妃笑一场！

【毛泽东评点】

周幽王点烽火——笑值千金。

——毛岸青、邵华主编：《中国出了个毛泽东》丛书，载李林达著《情满西湖》，中央文献出版社 1993 年版，第 180 页。

【注释】

（1）褒妃，褒姒（sì 四），周幽王的宠妃。褒国人，姓姒。周幽王三年（前 779 年）褒国把她进献周王。为幽王所宠。继而被立为王后，犬戎攻杀幽王，她也俘后自缢。正宫，皇后的俗称。

（2）专席之宠，独承宠爱。席，床席。

（3）幽王，即周幽王（？—前 771），西周国王。姬姓，名宫涅（一作涅、湼）。宣王子。公元前 781 年—前 771 年在位。任用虢石父执政，削弱加重，再加地震和旱灾，使人民流离失所。又进攻六济之戎，大败。因宠爱褒姒，废掉申后和太子宜臼。申侯联合犬戎等攻周，杀之于骊山下，西周灭亡。

（4）品竹弹（tán 谈）丝，吹奏管弦乐器。

（5）觞（shāng 伤），古代盛酒器，进觞，即向人敬酒或自饮。

（6）恶（wù 误）闻，讨厌听。恶，讨厌，憎恨。

（7）妾（qiè 切），旧时妇女自称的谦词。

（8）綵缯（zēng 增），綵色的丝织品。綵，彩的异体字。缯，古代纺织品的总称。

（9）司库，官名。《周官·夏官》有司甲，管理库房。

（10）朕（zhèn 镇），古人自称之词。后专用为皇帝的自称。

（11）虢（guó 国）石父，周幽王的佞臣。

（12）西戎，我国古代西方少数民族的称呼。商周之际叫鬼方、昆夷，西周叫狁，春秋后则始叫戎。随世异名，因地殊号，支系众多。

（13）骊山，在今陕西临潼东南。因古骊戎居此得名。

（14）狼烟，燃狼粪升起的烟。古时边防用作军事上的报警信号。

（15）催趱（zǎn 攒），催赶。趱，赶，加快。

（16）烽火，古代边防报警用的两种信号。昼则燃薪以烟报警，夜则举火报警。

（17）启齿，笑。

（18）翫，“玩”的异体字。

（19）郑伯友，周幽王大臣。

（20）司徒，官名。西周始置，春秋时沿置。掌管国家的土地和人民。官司籍田，负责征发徒役。

（21）不虞，不测。虞，臆度，料想。

（22）畿（jī 机），古代王都所在处的千里地面。

（23）镐京，即镐、宗周，与丰同为西周国都，故址在今陕西西安市西。

（24）管籥（yuè 跃），皆为古管乐器。

（25）面面相觑（qù 去），你看我，我看你，互相对看，形容做错了事或极其惊慌时不知如何是好之态。

（26）旂（qí 其），古时旗帜的一种，或绣有龙的图案，或系有铃铛。

【赏析】

《东周列国志》第二回写周幽王暴戾寡恩，狎昵群小，耽于声色，不理朝政，宠爱褒姒，竟以举烽火为戏，博取褒姒一笑。出谋者竟赏之千金。京师千里之内诸侯望见烽火，领兵点将，连夜赶至，却“幸无外寇”。后西戎入侵，再举烽火，诸侯以为又是游戏，所以皆不起兵。幽王被杀，褒姒被俘后自缢。一笑千金便成了古今笑柄。

1963 年 4、5 月间，毛泽东来到杭州，召集部分政治局委员和大区书记参加会议，讨论农村工作。一天晚上在杭州饭店小礼堂举行歌舞晚会，在唱歌、跳舞之后，有的演员讲些杭州的歇后语说给毛泽东、周恩来猜。毛泽东也给大家说了几句歇后语，把大家逗得乐不可支。他讲的歇后语中就有“周幽王点烽火——笑值千金”。这个几千年之前发生的历史事件，在这里成了一个笑料，起到一种解颐怡神的作用，使人们得到愉悦和休息，同时作为一个革命领袖，讲这样的歇后语，不可能不注意到它的教育意义。

【原文】

第七回　公孙阏争东射考　叔公子翚献谄贼隐公（节录）

再说郑伯班师[1]，行至中途，又接得本国文书一道，内称："宋、卫已移兵向戴矣[2]。"庄公笑曰："吾固知二国无能为也[3]！然孔父嘉不知兵[4]，乌有自救而复迁怒者[5]？吾当以计取之。"乃传令四将，分为四队，各各授计，衔枚卧鼓，并望戴国进发。

再说宋、卫合兵攻戴，又请得蔡国领兵助战，满望一鼓成功。忽报："郑国遣上将公子吕领兵救戴，离城五十里下寨。"右宰丑曰[6]："此乃石厚手中败将，全不耐战，何足惧哉？"少顷，又报："戴君知郑兵来救，开门接入去了。"孔父嘉曰："此城唾手可得[7]，不意郑兵相助，又费时日，奈何？"右宰丑曰："戴既有帮手，必然合兵索战，你我同升壁垒，察城中之动静，好做准备。"二将方在壁垒之上，指手画脚。忽听连珠砲响[8]，城上遍插郑国旗号，公子吕全装披挂，倚着城楼外槛，高声叫曰："多赖三位将军气力，寡君已得戴城[9]，多多致谢！"原来郑庄公设计，假称公子吕领兵救戴，其实庄公亲在戎车之中，只要哄进戴城，就将戴君逐出，并了戴国之军。城中连日战守困倦，素闻郑伯威名，谁敢抵敌？几百世相传之城池，不劳余力，归于郑国。戴君引了宫眷，投奔西秦去了。

孔父嘉见郑伯白占了戴城，忿气填胸，将兜鍪掷地曰[10]："吾今日与郑誓不两立！"右宰丑曰："此老奸最善用兵，必有后继。倘内外夹攻，吾辈危矣。"孔父嘉曰："右宰之言，何太怯也？"正说间，忽报："城中着人下战书。"孔父嘉即批来日决战。一面约会卫、蔡二国[11]，要将三路军马，齐退后二十里，以防冲突。孔父嘉居中，蔡、卫左右营，离隔不过三里。立寨甫毕[12]。喘息未定，忽闻寨后一声砲响，火光接天，车声震耳。谍者报[13]："郑兵到了。"孔父嘉大怒，手持方天画戟[14]，登车迎敌。只见车声顿息，火光俱灭了，才欲回营，左边砲声又响，火光不绝。孔父嘉出营观看，左边火光又灭，右边砲响连声，一片火光，隐隐在树木之外。孔父嘉曰："此老奸疑军之计。"传令："乱动者斩！"少顷，左边火光又起，喊声震地，忽报：“左营蔡军被劫。”孔父嘉曰：“吾当亲往救之。”才出营门，只见右边火光复炽，正不知何处军到。孔父嘉喝教御人：“只顾推车向左。”御人着忙，反推向右去。遇着一队兵车，互相击刺，约莫更余[15]，方知是卫国之兵。彼此说明，会兵一处，同到中营。那中营已被高渠弥据了。急回辕时[16]，右有颍考叔[17]，左有公孙阏[18]，两路兵到。公孙阏接住右宰丑，颍考叔接住孔父嘉，做两队厮杀。东方渐晓，孔父嘉无心恋战，夺路而走。遇着高渠弥，又杀一阵。孔父嘉弃了乘车，跟随者止存二十余人，徒步奔脱。右宰丑阵亡。三国车徒，悉为郑所俘获。所掳郑国郊外人畜辎重[19]，仍旧为郑所有。——此庄公之妙计也。史官有诗云：

主客雌雄尚未分，庄公智计妙如神。

分明鹬蚌相持势[20]，得利还归结网人。

【毛泽东评点】

郑庄公这个人很厉害，他对国内斗争和国际斗争都很懂得策略。

《东周列国志》值得读一下。这本书写了很多国内斗争和国外斗争的故事，讲了很多颠覆敌对国家的故事，这是当时社会的剧烈变化在上层建筑方面的反映。这本书写了当时上层建筑方面的复杂的尖锐的斗争，缺点是没有写当时的经济基础，当时的社会经济的剧烈变化。

——董学文等：《毛泽东的文艺美学活动》，高等教育出版社1995年12月版，第204页。

【注释】

（1）郑伯，即郑庄公，因其为诸侯国国君，故称郑伯。班师，旧称出征军队回来，还师。

（2）宋，古国名，亦称商。开国君主是商王纣的庶兄微子启。建都商丘（今河南商丘）。有今河南东部和江苏、安徽、山东间地。卫，古国名。开国君主是周武王弟康叔。建都朝歌（今河南淇县），后迁楚丘（今河南滑县），有今河南北部一带之地。戴，古国名。在今河南兰考、杞县、封丘之间。后为宋所灭。

（3）无能为（wéi 围），没有作为。能为，能有所为，有所作为。

（4）孔父嘉，宋国司马（掌管军政和军赋）。

（5）乌有，没有。

（6）右宰，官名。宰，殷代始置，本为奴隶总管，掌管家务和家奴。西周沿置，掌王家内外事务，有在王左右而赞王的称左宰、右宰。

（7）唾手可得，往手上吐唾沫就可以得到，比喻极其容易得到。

（8）连珠砲，接连发射的火炮。砲，通“炮”。

（9）寡君，臣下对别国谦称本国国君。

（10）兜鍪（dōu móu 都牟），头盔。古和胄，秦汉以后称兜鍪。

（11）蔡，古国名。公元前十一世纪周分封的诸侯国。建都上蔡（今河南上蔡）。后为楚所灭。

（12）甫毕，才完毕。甫，才，方。

（13）谍者，间谍，侦探。

（14）方天画戟，又称方天戟，古代一种兵器。

（15）更余，一更多天。更，旧时夜间计时的单位。一夜分五更，每更约两小时。

（16）辕，领兵将帅的营门。

（17）颍考叔，春秋初郑国人，初为颍谷（今河南登封西南）的封人（掌管封疆的官吏）。后被庄公重用。因与公孙阏争车有隙，后郑伐许时，持旗先登城，被阏从城下射死。

（18）公孙阏，字子都，郑庄公宠臣。

（19）辎（zī 资）重，军用器械、粮草、营帐、服装等的总称。

（20）鹬（yù 玉）蚌相持，鹬和蚌互相争持，老渔翁正好一起把它们捉了。比喻双方相持不下，两败俱伤，让第三者得利。鹬，一种长嘴水鸟。

【赏析】

《东周列国志》第二回至第十回主要写郑庄公的故事。郑庄公，武公长子，名寤生。在位四十三年卒，谥庄，史称郑庄公。郑庄公的确是一个很厉害的人，在国内和国际斗争中都很懂得策略。在国内斗争中，他素知母后姜氏爱其弟共叔段，却封段于地广民众的京城，与国都荥阳相等。段到京城，缮治甲兵，与母姜氏欲为里应外合袭郑反形已露时，并不加诛，怕母亲阻挠。他故意放出往周朝面君辅政的消息，姜氏写密信告段谋反，截获姜氏信后，他率大军突至，段自杀，迁其母姜氏于城颍，并发誓说："不及黄泉，毋相见也。"后听颍考叔谋，掘地及泉，隧而相见，母子和好如初。在这场与弟段争权夺利的斗争中，他既剪除了政敌，又博得了个孝顺的好名声。斗争艺术是很高明的。

在国外斗争中，他也很懂策略。他想攻打宋国，却先联合齐、鲁二国，出师初胜。不料宋国却联合蔡国，轻兵袭击郑国都。他当然只好回救。乘当时宋卫正合兵攻戴之机，以援戴为名骗进戴城，逐戴国君，并了戴国军队，灭亡了戴国。

之后，利用声东击西的疑军之计，又胜了宋、卫、蔡三国联军，大军奏凯，满载而归，由此可见其在国外斗争中策略之高明。

1959 年 12 月 10 日至 1960 年 2 月 9 日，毛泽东组织了一个读书小组，先后在杭州、上海和广州读苏联《政治经济学（教科书）》。参加小组的有陈伯达、胡绳、邓力群、田家英等。这个小组采取边读边议论的方法，逐章逐节地讨论。在边读边议时，毛泽东发表了许多谈话。我们上面援引的毛泽东关于《东周列国志》和郑庄公的论述，就是这些谈话的一部分。在谈话中，毛泽东从经济基础与上层建筑的关系的高度，研究历史经验教训，阐明了国内外的政治斗争与经济斗争的密切关系，提醒全党同志注意当时国内和国际政治斗争的特点，防止内外的颠覆活动，以确保社会主义事业胜利前进。

《水浒传》 （元末明初）施耐庵

又名《忠义水浒传》，长篇小说，元末明初施耐庵撰，一说施耐庵、罗贯中合作。作者在《大宋宣和遗事》和有关水浒的话本、故事的基础上，创作而成。全书以北宋末年宋江所领导的农民起义和农民战争为题材，描写一百零八名英雄好汉被逼上梁山，接受朝廷招安后，奉旨征讨辽邦，征剿田虎、王庆、方腊等农民起义军，最后招致全军覆灭的曲折过程，暴露了封建统治阶级的残暴和腐朽，揭示了当时的社会矛盾，热情地歌颂了起义英雄的反抗斗争，表现了农民阶级强烈要求摆脱剥削与压迫的斗争愿望，并在客观上描述了封建社会中农民革命必然失败的历史命运。但作品歌颂和美化宋江，只反贪官，不反皇帝，鼓吹“忠义”，表现出严重的思想局限。作品的艺术成就极高。首先是它成功地塑造了众多的栩栩如生的艺术形象，宋江的领袖才能，吴用的神机妙算，鲁智深的忠勇仗义，李逵的粗鲁莽撞，林冲的骁勇善战等等，都给人留下了深刻印象。其次，庞大的叙事结构，环环相扣，情节紧张生动，故事性强。最后，语言简洁明快，生动丰富，以传神见长。此书版本很多，主要有百回本、百二十回本和七十回本三种。一百回本在宋江受招安后，有“征辽”和镇压方腊起义等情节。百二十回本，又增入了镇压田虎、王庆的情节。后金圣叹将此书删改，砍去招安及招安以后的事，而以卢俊义一梦作结，称为七十回本（实为七十一回）。

施耐庵，生平未详。元末明初小说家。高儒《百川书志》：“《忠义水浒传》一百回，钱塘施耐庵的本，罗贯中编次。”郭瑛《七修类稿》所记略同。胡应麟《少室山房笔丛》并说罗本（贯中）为其门人。传其生于元成宗元贞二年（1296），卒于明洪武三年（1370）。原名耳，字子安，耐庵是他的字。祖籍苏州，一说扬州。三十五岁时中进士，并出仕钱塘两年，因与当权者不合，弃官还乡，闭门著述。又传，曾参加元末在苏州起义的张士诚军，并与其部将卞元亨友善。这些说法都存在着明显的矛盾和破绽，难以据信。

毛泽东从青年时代就很喜欢《水浒传》，至老不衰。1975 年 8 月 14 日，当陪他读书的芦荻向他请教对中国几部古典小说的评价时，他发表了著名的评《水浒传》的谈话：

《水浒传》这部书，好就好在投降。做反面教材，使人民都知道投降派。

《水浒传》只反贪官，不反皇帝。屏晁盖于一百零八人之外。宋江投降，搞修正主义，把晁盖的聚义厅改为忠义堂，让人招安了。宋江同高俅的斗争，是地主阶级内部这一派反对那一派的斗争。宋江投降了，就去打方腊。

这支农民起义队伍的领袖不好，投降。李逵、吴用、阮小二、阮小五、阮小七是好的，不愿意投降。

鲁迅评《水浒传》评得好，他说：一部《水浒传》，说得很是分明：因为不会反对天子，所以大军一到，便受招安，替国家打别的强盗——不替天行道的强盗去了。终于是奴才。

金圣叹把《水浒传》砍掉了二十多回。砍掉了，不真实。鲁迅非常不满意金圣叹，专门写了一篇评论金圣叹的文章《谈金圣叹》。

《水浒传》一百回本、一百二十回本和七十一回本，三种都要出。把鲁迅的那段话写在前面。

在中南海丰泽园的书房里，毛泽东放了十二种不同版本的《水浒传》。他最常读的两种版本是：中华书局 1966 年出版的《明容与堂刻水浒传》（线装大字本 1—20 册）、上海中华书局 1934 年影印贯华堂原本《金圣叹批改水浒传》。

【原文】

第一回　张天师祈禳瘟疫　洪太尉误走妖魔

话说大宋仁宗天子在位[1]，嘉祐三年三月三日五更三点[2]，天子驾坐紫宸殿，受百官朝贺。但见：

祥云迷凤阁，瑞气罩龙楼。含烟御柳拂旌旗，带露宫花迎剑戟。天香影里，玉簪朱履聚丹墀；仙乐声中，绣袄锦衣扶御驾。珍珠帘卷，黄金殿上现金轝[3]；凤羽扇开，白玉阶前停宝辇。隐隐净鞭三下响，层层文武两班齐。

当有殿头官喝道："有事出班早奏，无事卷帘退朝。"只见班部丛中，宰相赵哲、参政文彦博出班奏曰："目今京师瘟疫盛行[4]，伤损军民甚多。伏望陛下释罪宽恩，省刑薄税，祈禳天灾[5]，救济万民。"天子听奏，急敕翰林院随即草诏，一面降赦天下罪囚，应有民间税赋悉皆赦免；一面命在京宫观寺院，修设好事禳灾。不料其年瘟疫转盛，仁宗天子闻知，龙体不安，复会百官计议。向那班部中，有一大臣越班启奏。天子看时，乃是参知政事范仲淹，拜罢起居，奏曰："目今天灾盛行，军民涂炭，日夕不能聊生。以臣愚意，要禳此灾，可宣嗣汉天师星夜临朝，就京师禁院修设三千六百分罗天大醮[6]，奏闻上帝，可以禳保民间瘟疫。"仁宗天子准奏，急令翰林学士草诏一道，天子御笔亲书，并降御香一炷，钦差内外提点殿前太尉洪信为天使，前往江西信州龙虎山，宣请嗣汉天师张真人星夜来朝，祈禳瘟疫，就金殿上焚起御香，亲将丹诏付与洪太尉，即便登程前去。

洪信领了圣敕，辞别天子，背了诏书，金盒子盛了御香，带了数十人，上了铺马，一行部从，离了东京，取路径投信州贵溪县来。但见：

遥山迭翠，远水澄清。奇花绽锦绣铺林，嫩柳舞金丝拂地。风和日暖，时过野店山村；路直沙平，夜宿邮亭驿馆。罗衣荡漾红尘内，骏马驰驱紫陌中。

且说太尉洪信赍擎御诏[7]，一行人从上了路途，不止一日，来到江西信州。大小官员，出郭迎接；随即差人报知龙虎山上清宫住持道众[8]，准备接诏。次日，众位官同送太尉到于龙虎山下，只见上清宫许多道众，鸣钟击鼓，香花灯烛，幢幡宝盖，一派仙乐，都下山来迎接丹诏，直至上清宫前下马。太尉看那宫殿时，端的是好座上清宫[9]！但见：

青松屈曲，翠柏阴森。门悬敕额金书，户列灵符玉篆。虚皇坛畔，依稀垂柳名花；炼药炉边，掩映苍松老桧。左壁厢天丁力士[10]，参随着太乙真君[11]；右势下玉女金童，簇捧定紫微大帝[12]。披发仗剑，北方真武踏龟蛇[13]；靸履顶冠，南极老人伏龙虎[14]。前排二十八宿星君[15]，后列三十二帝天子[16]。阶砌下流水潺湲，墙院后好山环绕。鹤生丹顶，龟长绿毛。树梢头献果苍猿，莎草内衔芝白鹿。三清殿上击金钟鸣道士步虚；四圣堂前敲玉磬，真人礼斗。献香台砌，彩霞光射碧琉璃；召将瑶坛，赤日影摇红玛瑙。早来门外祥云现，疑是天师送老君。

当下上至住持真人[17]，下及道童侍从，前迎后引，接至三清殿上，请将诏书居中供养着。洪太尉便问监宫真人道："天师今在何处？"住持真人向前禀道："好教太尉得知：这代祖师，号曰'虚靖天师'，性好清高，倦于迎送，自向龙虎山顶，结一茅庵，修真养性，因此不住本宫。"太尉道："目今天子宣诏，如何得见？"真人答道："容禀：诏敕权供在殿上，贫道等亦不敢开读。且请太尉到方丈献茶，再烦计议。"当时将丹诏供养在三清殿上，与众官都到方丈[18]。太尉居中坐下，执事人等献茶，就进斋供，水陆俱备。斋罢，太尉再问真人道："既然天师在山顶庵中，何不着人请将下来相见，开宣丹诏？"真人禀道："这代祖师，虽在山顶，其实道行非常，能驾雾兴云，踪迹不定。贫道等如常亦难得见，怎生教人请得下来！"太尉道："似此如何得见！目今京师瘟疫盛行，今上天子特遣下官赍捧御书丹诏，亲奉龙香，来请天师，要做三千六百分罗天大醮，以禳天灾，救济万民。似此怎生奈何？"真人禀道："天子要救万民，只除是太尉办一点志诚心，斋戒沐浴[19]，更换布衣，休带从人，自背诏书，焚烧御香，步行上山礼拜，叩请天师，方许得见。如若心不志诚，空走一遭，亦难得见。"太尉听说，便道："俺从京师食素到此，如何心不志诚。既然恁地，依着你说，明日绝早上山。"

当晚各自权歇。次日五更时分，众道士起来，备下香汤[20]，请太尉起来沐浴，换了一身新鲜布衣，脚下穿上麻鞋草履，吃了素斋，取过丹诏，用黄罗包袱背在脊梁上，手里提着银手炉，降降地烧着御香，许多道众人等，送到后山，指与路径。真人又禀道："太尉要救万民，休生退悔之心，只顾志诚上去。"

太尉别了众人，口诵天尊宝号，纵步上山来。将至半山，望见山顶直侵霄汉，果然好座大山！正是：

根盘地角，顶接天心。远观磨断乱云痕，近看平吞明月魄。高低不等谓之山，侧石通道谓之岫，孤岭崎岖谓之路，上面平极谓之顶，头圆下壮谓之峦，藏虎藏豹谓之穴，隐风隐云谓之岩，高人隐居谓之洞，有境有界谓之府，樵人出没谓之径，能通车马谓之道，流水有声谓之涧，古渡源头谓之溪，岩崖滴水谓之泉。左壁为掩，右壁为映。出的是云，纳的是雾。锥尖象小，崎峻似峭，悬空似险，削礒如平。千峰竞秀，万壑争流，瀑布斜飞，藤萝倒挂。虎啸时风生谷口，猿啼时月坠山腰。恰似青黛染成千块玉，碧纱笼罩万堆烟。

这洪太尉独自一个行了一回，盘坡转径，揽葛攀藤。约莫走过了数个山头，三二里多路，看看脚酸腿软，正走不动，口里不说，肚里踌躇[21]，心中想道："我是朝廷贵官，在京师时，重裀而卧，列鼎而食，尚兀自倦怠，何曾穿草鞋，走这般山路！知他天师在那里，却教下官受这般苦！"又行不到三五十步，掇着肩气喘。只见山凹里起一阵风，风过处，向那松树背后奔雷也似吼一声，扑地跳出一个吊睛白额锦毛大虫来，洪太尉吃了一惊，叫声："阿呀！"扑地望后便倒。偷眼看那大虫时，但见：

毛披一带黄金色，爪露银钩十八只。

睛如闪电尾如鞭，口似血盆牙似戟。

伸腰展臂势狰狞，摆尾摇头声霹雳。

山中狐兔尽潜藏，涧下獐麅皆敛迹[22]。

那大虫望着洪太尉，左盘右旋，咆哮了一回，托地望后山坡下跳了去。洪太尉倒在树根底下，諕的三十六个牙齿捉对儿厮打，那心头一似十五个吊桶，七上八落的响，浑身却如重风麻木，两腿一似斗败公鸡，口里连声叫苦。大虫去了一盏茶时，方才爬将起来，再收拾地上香炉，还把龙香烧着，再上山来，务要寻见天师。又行过三五十步，口里叹了数口气，怨道："皇帝御限差俺来这里，教我受这场惊恐。"说犹未了，只觉得那里又一阵风，吹得毒气直冲将来，太尉定睛看时，山边竹藤里簌簌地响，抢出一条吊桶大小雪花也似蛇来。太尉见了，又吃一惊，撇了手炉，叫一声："我今番死也！"往后便倒在盘陀石边。微闪开眼来看那蛇时，但见：

昂首惊飙起，掣目电光生。动荡则折峡倒冈，呼吸则吹云吐雾。鳞甲乱分千片玉，尾梢斜卷一堆银。

那条大蛇，径抢到盘陀石边，朝着洪太尉盘作一堆，两只眼迸出金光，张开巨口，吐出舌头，喷那毒气在洪太尉脸上，惊得太尉三魂荡荡，七魄悠悠。那蛇看了洪太尉一回，望山下一溜，却早不见了。太尉方才爬得起来，说道："惭愧！惊杀下官！"看身上时，寒栗子比馉饳儿大小[23]，口里骂那道士："叵耐无礼[24]，戏弄下官，教俺受这般惊恐！若山上寻不见天师，下去和他别有话说。"再拿了银提炉，整顿身上诏敕，并衣服巾帻，却待再要上山去。正欲移步，只听得松树背后隐隐地笛声吹响，渐渐近来。太尉定睛看时，只见那一个道童，倒骑着一头黄牛，横吹着一管铁笛，转出山凹来。太尉看那道童时，但见：

头绾两枚丫髻，身穿一领青衣，腰间绦结草来编，脚下芒鞋麻间隔。明眸皓齿，飘飘并不染尘埃；绿鬓朱颜，耿耿全然无俗态。

昔日吕洞宾有首牧童诗道得好[25]：

草铺横野六七里，笛弄晚风三四声。

归来饱饭黄昏后，不脱蓑衣卧月明。

但见那个道童笑吟吟地骑着黄牛，横吹着那管铁笛，正过山来。洪太尉见了，便唤那个道童："你从那里来？认得我么？"道童不睬，只顾吹笛。太尉连问数声，道童呵呵大笑，拿着铁笛，指着洪太尉说道："你来此间，莫非要见天师么？"太尉大惊，便道："你是牧童，如何得知？"道童笑道："我早间在草庵中伏侍天师，听得天师说道：'今上皇帝差个洪太尉赍擎丹诏御香，到来山中，宣我往东京做三千六百分罗天大醮，祈禳天下瘟疫，我如今乘鹤驾云去也。'这早晚想是去了，不在庵中。

你休上去，山内毒虫猛兽极多，恐伤害了你性命。”太尉再问道：“你不要说谎。”道童笑了一声，也不回应，又吹着铁笛，转过山坡去了。太尉寻思道：“这小的如何尽知此事？想是天师分付他，已定是了。”欲待再上山去，方才惊谑的苦，争些儿送了性命，不如下山去罢。

太尉拿着提炉，再寻旧路，奔下山来。众道士接着，请至方丈坐下。真人便问太尉道：“曾见天师么？”太尉说道：“我是朝中贵官，如何教俺走得山路，吃了这般辛苦，争些儿送了性命。为头上至半山里，跳出一只吊睛白额大虫，惊得下官魂魄都没了；又行不过一个山嘴，竹藤里抢出一条雪花大蛇来，盘做一堆，拦住去路。若不是俺福分大，如何得性命回京？尽是你这道众戏弄下官。”真人复道：“贫道等怎敢轻慢大臣？这是祖师试探太尉之心。本山虽有蛇虎，并不伤人。”太尉又道：“我正走不动，方欲再上山坡，只见松树旁边转出一个道童，骑着一头黄牛，吹着管铁笛，正过山来，我便问他：‘那里来？识得俺么？’他道：‘已都知了。’说天师分付，早晨乘鹤驾云，往东京去了，下官因此回来。”真人道：“太尉可惜错过，这个牧童正是天师。”太尉道：“他既是天师，如何这等猥猥[26]？”真人答道：“这代天师，非同小可。虽然年幼，其实道行非常。他是额外之人，四方显化，极是灵验，世人皆称为道通祖师。”洪太尉道：“我直如此有眼不识真师，当面错过！”真人道：“太尉且请放心。既然祖师法旨道是去了，比及太尉回京之日，这场醮事，祖师已都完了。”太尉见说，方才放心。真人一面教安排筵宴，管待太尉，请将丹诏收藏于御书匣内，留在上清宫中，龙香就三清殿上烧了。当日方丈内大排斋供，设宴饮酌，至晚席罢，止宿到晓。

次日早膳已后，真人、道众并提点、执事人等，请太尉游山。太尉大喜。许多人从跟随着，步行出方丈，前面两个道童引路。行至宫前宫后，看玩许多景致。三清殿上，富贵不可尽言。左廊下九天殿、紫微殿、北极殿；右廊下太乙殿、三官殿、驱邪殿。诸宫看遍，行到右廊后一所去处。洪太尉看时，另外一所殿宇：一遭都是捣椒红泥墙；正面两扇朱红槅子，门上使着肐膊大锁锁着，交叉上面贴着十数道封皮，封皮上又是重重迭迭使着朱印；檐前一面朱红漆金字牌额，上书四个金字，写道：

“伏魔之殿”。太尉指着门道：“此殿是甚么去处？”真人答道：“此乃是前代老祖天师锁镇魔王之殿。”太尉又问道：“如何上面重重迭迭贴着许多封皮？”真人答道：“此是老祖大唐洞玄国师封锁魔王在此。但是经传一代天师，亲手便添一道封皮，使其子子孙孙，不得妄开。走了魔君，非常利害。今经八九代祖师，誓不敢开。锁用铜汁灌铸，谁知里面的事。小道自来住持本宫三十余年，也只听闻。”

洪太尉听了，心中惊怪，想道：“我且试看魔王一看。”便对真人说道：“你且开门来，我看魔王甚么模样。”真人告道：“太尉，此殿决不敢开！先祖天师叮咛告戒：今后诸人不许擅开。”太尉笑道：“胡说！你等要妄生怪事，煽惑良民，故意安排这等去处，假称锁镇魔王，显耀你们道术。我读一鉴之书，何曾见锁魔之法！神鬼之道，处隔幽冥，我不信有魔王在内。快与我打开，我看魔王如何！”真人三回五次禀说：“此殿开不得，恐惹利害，有伤于人。”太尉大怒，指着道众说道：“你等不开与我看；回到朝廷，先奏你们众道士阻当宣诏，违别圣旨，不令我见天师的罪犯；后奏你等私设此殿，假称锁镇魔王，煽惑平民百姓。把你都追了度牒，刺配远恶军州受苦。”真人等惧怕太尉权势，只得唤几个火工道人来，先把封皮揭了，将铁锤打开大锁。众人把门推开，看里面时，黑洞洞地，但见：

昏昏默默，杳杳冥冥，数百年不见太阳光，亿万载难瞻明月影。不分南北，怎辨东西。黑烟霭霭扑人寒，冷气阴阴侵体颤。人迹不到之处，妖精往来之乡。闪开双目有如盲，伸出两手不见掌。常如三十夜，却似五更时。

众人一齐都到殿内，黑暗暗不见一物。太尉教从人取十数个火把，点着将来，打一照时，四边并无一物，只中央一个石碑，约高五六尺，下面石龟趺坐，大半陷在泥里。照那碑碣上时，前面都是龙章凤篆[27]，天书符箓[28]，人皆不识。照那碑后时，却有四个真字大书，凿着“遇洪而开”。却不是一来天罡星合当出世[29]，二来宋朝必显忠良，三来凑巧遇着洪信，岂不是天数？洪太尉着了这四个字，大喜，便对真人说道：“你等阻当我，却怎地数百年前已注定我姓字在此？遇洪而开，分明是教我开看，却何妨。我想这个魔王，都只在石碑底下。汝等从人，与我多唤几个火工人等，将锄头铁锹来掘开。”

真人慌忙谏道：“太尉不可掘动，恐有利害，伤犯于人，不当稳便。”太尉大怒，喝道：“你等道众，省得甚么？碑上分明凿着遇我教开，你如何阻当？快与我唤人来开。”真人又三回五次禀道：“恐行不好。”太尉那里肯听，只得聚集众人，先把石碑放倒，一齐并力掘那石龟，半日方才掘得起；又掘下去，约有三四尺深，见一片大青石板，可方丈围。洪太尉叫再掘起来，真人又苦禀道：“不可掘动。”太尉那里肯听，众人只得把石扳一齐扛起，看时，石板底下，却是一个万丈深浅地穴。只见穴内刮喇喇一声响亮。那响非同小可，恰似：

天摧地塌，岳撼山崩。钱塘江上，潮头浪拥出海门来；泰华山头，巨灵神一劈山峰碎，共工奋怒，去盔撞倒了不周山；力士施威，飞锤击碎了始皇辇。一风撼折千竿竹，十万军中半夜雷。

那一声响亮过处，只见一道黑气，从穴里滚将起来，掀塌了半个殿角。那道黑气，直冲到半天里空中，散作百十道金光，望四面八方去了。众人吃了一惊，发声喊，都走了，撇下锄头铁锹，尽从殿内奔将出来，推倒攧翻无数。惊得洪太尉目睁口呆，罔知所措，面色如土，奔到廊下，只见真人向前叫苦不迭。太尉问道：“走了的却是甚么妖魔？”那真人言不过数句，话不过一席，说出这个缘由。有分教，一朝皇帝，夜眠不稳，昼食忘餐。直使宛子城中藏虎豹，蓼儿洼内聚神蛟。毕竟龙虎山真人说出甚么言语来，且听下回分解。

【毛泽东评点】

张鲁的祖父创教人张陵，一名张道陵，就是江西龙虎山反动透顶的那个张天师的祖宗，《水浒传》第一回描写了龙虎山的场面。

——《读〈三国志集解〉批语》，载《毛泽东读文史古籍批语集》，中央文献出版社 1993 年版，第 143—144 页。

张陵（一称张道陵，其流风余裔经千年转化为江西龙虎山为地主阶级服务的极端反人民的张天师道，《水浒传》第一回有洪太尉误走魔鬼极其神气的描写，一看使人神往，同志们看过了吧？）、张衡、张鲁祖孙三世行五斗米道。……

——《读〈三国志集解〉批语》，载《毛泽东读文史古籍批语集》，中央文献出版社 1993 年版，第 149—150 页。

【注释】

（1）大宋仁宗天子，即北宋仁宗赵祯，公元 1023—1063 年在位。

（2）嘉祐三年，即公元 1058 年。嘉祐，仁宗年号（1056—1063）。

（3）金輦，金车。輦，同“舆”，本是车厢，因指代车。

（4）瘟疫，疫病，包括现代烈性传染病和一般急性传染病。

（5）祈禳（ráng 瓤）天灾，祭祷消除天灾。

（6）罗天大醮（jiào 轿），道士为禳除灾祟而设的盛大的祭天仪式。罗天，即大罗天，道教所称三十六天中最高一重天。

（7）赍（jī 讥）擎，带着。

（8）龙虎山，在今江西贵溪市西南。天师道创始人张陵子孙世居于此。

（9）上清宫，道教正一道著名道观之一。在江西贵溪市上清镇。“上清”为道家所说的神仙居处，故其他道观也用上清命名。

（10）天丁，天兵。力士，壮健有力的天兵。

（11）太乙真君，天神名。

（12）紫微大帝，即紫微垣。星官名。三垣之一。《晋书·天文志上》：“紫宫垣十五星，其西蕃七，东蕃八，在北斗北。一曰紫微，大帝之座也”。

（13）北方真武，本为北方七宿（斗、牛、女、虚、危、室、壁）的总称，因以为北方神名。真武，即玄武。

（14）南极老人，星名，即南极星。旧以为此星主寿，故称南极老人。

（15）二十八宿（xiù 袖），指我国古代天文学家把周天黄道（太阳和月亮所经天区）的恒星分成二十八个星座。《淮南子·天文训》：“五星、八风，二十八宿。”高诱注：“二十八宿，东方：角、亢、氐、房、心、尾、箕；北方：斗、牛、女、虚、危、室、壁；西方：奎、娄、胃、昴、毕、觜、参；南方：井、鬼、柳、星、张、翼、轸也。”星君，星官。

（16）三十二帝天子，三十二天神。佛教称欲界十天，色界十八天，无色界四天，为三十二天。

（17）真人，道家称存养本性或修真得道的人。

（18）方丈，指方丈室，寺院住持的居室。

（19）斋戒沐浴，古人在祭祀前洗澡换衣，整洁身心，以示虔诚。

（20）香汤，调有香料的热水。

（21）踌躇（chóu chú 仇除），犹豫不决。

（22）麄，“麅”的误字，动物名。

（23）馉饳（gǔ duò 古剁），古时的一种面食。一说即“馄饨”。

（24）叵（pǒ 颇）耐，不可耐，可恨。

（25）吕洞宾（798—？），名嵒（一作岩），号纯阳子，相传为唐京北人，一作河中府（今山西永济）人。传说中的八仙之一。通称吕祖，道教全真道尊为北五祖之一。

（26）猥獕（wěi cuī 委崔），容貌、举止丑陋难看或庸俗拘束。

（27）龙章凤篆，指道教的符箓。

（28）天书符箓，天书，道家称元始天尊所说之经，或托言天神所赐之书。符箓，道士所画的一种图形或线条，相传可以役鬼神，辟病邪。

（29）天罡（gāng 岗）星，道教称北斗丛星中三十六星之神。

【赏析】

《水浒传》第一回“张天师祈禳瘟疫　洪太尉误走妖魔”是全书的序言，过去也叫楔子。它的作用是小说矛盾冲突尚未展开之前，对人物的历史及其所处的时代背景和社会环境，以及人物之间的关系做的提示和交代。我国明清之际的文学批评家金圣叹在《水浒传·楔子》回评中说：“楔子者，以物出物之谓也。以瘟疫为楔，楔出祈禳；以祈禳为楔，楔出洪信；以洪信为楔，楔出游山；以游山为楔，楔出开碣；以开碣为楔，楔出三十六天罡，七十二地煞，此所谓正楔也。”金圣叹认为楔子的基本特点是“以物出物”，是做引子用的。“以物出物”，这个“物”是人、是物、是事皆无不可，只要能构成引出关系就行。基于这种理解，他把《水浒传》第一回中各种情事之间的相互关系作为正楔的典范。这一回对全书来说起一个引子的作用，具有序言性质。这种写法的好处是：第一，以物出物，来去自然，发展合理；第二，符合书中后来情节的发展和整个内容，具有一定的历史意义和美学价值；第三，笼罩一种神秘色彩，一开笔便能吸引起读者的兴趣。故是一种好的开端方法。

1958 年 12 月 7 日和 10 日，毛泽东在读《三国志集解 · 张鲁传》时，写下两段很长的批语，两次由谈东汉末年创立五斗米道的张陵而及于《水浒传》第一回中的张天师，一次说："张鲁的祖父创教人张陵，一名张道陵，就是江西龙虎山反动透顶的那个张天师的祖宗。《水浒传》第一回描写了龙虎山的场面。"另一次说："张陵（一称张道陵，其流风余裔经千年转化为江西龙虎山为地主阶级服务的极端反人民的张天师道，《水浒传》第一回有洪太尉误走魔鬼极其神气的描写，一看使人神往，同志们看过了吧？)、张衡、张鲁祖孙三世行五斗米道。"这是 1958 年 12 月在武昌召开的八届六中全会期间，毛泽东为帮助与会者阅读《张鲁传》而写的两段话。稍后，他把 12 月 7 日写的批语划去，指出将 10 日写的批语印在《张鲁传》的前面，一同印发给与会者。他的批语的中心宗旨是讲人民公社办食堂是有历史渊源的。但批语中两次谈到《水浒传》第一回中的张天师，指出张天师的祖宗张陵创立五斗米教，原是一种发动农民起义的手段，是反对封建地主阶级的，在历史上是进步的。但这个道教派别后来被历史统治者所利用，成为他们愚弄麻醉人民的工具，其性质发生根本的变化，变成了"为地主阶级服务的极端反人民的张天师道"。但毛泽东对《水浒传》第一回的艺术描写比较欣赏，称它是"极其神气的描写，一看使人神往"，赞扬了它的撼人心魄的艺术魅力。

【原文】

第四回　赵员外重修文殊院　鲁智深大闹五台山（节录）

……话说鲁智深回到丛林选佛场中禅床上[1]，扑倒头便睡，上下肩两个禅和子推他起来，说道：“使不得。既要出家，如何不学坐禅？”智深道：“洒家自睡，干你甚事？”禅和子道：“善哉！”智深裸袖道：“团鱼洒家也吃，甚么‘鳝哉’？”禅和子[2]道：“却是苦也！”智深便道：“团鱼大腹，又肥甜了，好吃，那得‘苦也’。”上下肩禅和子都不睬他，由他自睡了。次日要去对长老说知智深如此无礼，首座劝道：“长老说道，他后来正果非凡，我等皆不及他，只是护短，你们且没奈何，休与他一般见识。”禅和子自去了。智深见没人说他，每到晚便放翻身体，横罗十字，倒在禅床上睡，夜间鼻如雷响，要起来净手，大惊小怪，只在佛殿后撒尿撒屎，遍地都是。侍者禀长老说：“智深好生无礼，全没些个出家人体面，丛林中如何安着得此等之人？”长老喝道：“胡说！且看檀越之面[3]，后来必改。”自此无人敢说。

鲁智深在五台山寺中，不觉搅了四五个月。时遇初冬天气，智深久静思动。当日晴明得好，智深穿了皂布直裰，系了鸦青绦，换了僧鞋，大踏步走出山门来。信步行到半山亭子上，坐在鹅项懒凳上，寻思道：“干鸟么！俺往常好酒好肉，每日不离口，如今教洒家做了和尚，饿得干瘪了。赵员外这几日又不使人送些东西来与洒家吃[4]，口中淡出鸟来，这早晚怎地得些酒来吃也好。”正想酒哩，只见远远地一个汉子，挑着一付担桶，唱上山来，上面盖着桶盖，那汉子手里拿着一个旋子，唱着上来，唱道：“九里山前作战场，牧童拾得旧刀枪。顺风吹动乌江水，好似虞姬别霸王。”

鲁智深观见那汉子挑担桶上来，坐在亭子上，看这汉子，也来亭子上，歇下担桶。智深道：“兀那汉子[5]，你那桶里，甚么东西？”那汉子道：“好酒！”智深道：“多少钱一桶？”那汉子道：“和尚，你真个也是作耍？”智深道：“洒家和你耍甚么？”那汉子道：“我这酒挑上去，只卖与寺内火工道人、直厅、轿夫、老郎们、做生活的吃。本寺长老已有法旨：但卖与和尚们吃了，我们都被长老责罚，追了本钱，赶出屋去。我们见关着本寺的本钱，见住着本寺的屋宇，如何敢卖与你吃？”智深道：“真个不卖？”那汉子道：“杀了我也不卖！”智深道：“洒家也不杀你，只要问你买酒吃。”那汉子见不是头，挑了担桶便走。智深赶下亭子来，双手拿住扁担，只一脚，交裆踢着，那汉子双手掩着，做一堆蹲在地下，半日起不得。智深把那两桶酒都提在亭子上，地下拾起旋子，开了桶盖，只顾舀冷酒吃。无移时，两大桶酒吃了一桶。智深道：“汉子，明日来寺里讨钱。”那汉子方才疼止，又怕寺里长老得知，坏了衣饭，忍气吞声，那里敢讨钱。把酒分做两半桶挑了，拿了旋子，飞也似下山去了。

只说鲁智深在亭子上坐了半日，酒却上来；下得亭子，松树根边又坐了半歇，酒越涌上来。智深把皂直裰褪膊下来，把两只袖子缠在腰里，露出脊背上花绣来，扇着两个膀子上山来。但见：

头重脚轻，眼红面赤；前合后仰，东倒西歪。踉踉跄跄上山来，似当风之鹤；摆摆摇摇回寺去，如出水之龟。指定天宫，叫骂天蓬元帅；踏开地府，要拿催命判官。裸形赤体醉魔君，放火杀人花和尚。

鲁智深看看来到山门下，两个门子远远地望见，拿着竹篦来到山门下，拦住鲁智深便喝道：“你是佛家弟子，如何喝得烂醉了上山来？你须不瞎，也见库局里贴的晓示：但凡和尚破戒吃酒，决打四十竹篦，赶出寺去，如门子纵容醉的僧人入寺，也吃十下。你快下山去，饶你几下竹篦。”鲁智深一者初做和尚，二来旧性未改，睁起双眼骂道：“直娘贼！你两个要打洒家，俺便和你厮打。”门子见势头不好，一个飞也似入来报监寺，一个虚拖竹篦拦他。智深用手隔过，揸开五指，去那门子脸上只一掌，打得踉踉跄跄；却待挣扎，智深再复一拳，打倒在山门下，只是叫苦。智深道：“洒家饶你这厮。”踉踉跄跄攧入寺里来。监寺听得门子报说，叫起老郎、火工、直厅、轿夫，三二十人，各执白木棍棒，从西廊下抢出来，却好迎着智深。智深望见，大吼了一声，却似嘴边起个霹雳，大踏步抢入来。众人初时不知他是军官出身，次后见他行得凶了，慌忙都退入藏殿里去，便把亮槅关上。智深抢入阶来，一拳一脚，打开亮槅，三二十人都赶得没路，夺条棒，从藏殿里打将出来。

监寺慌忙报知长老，长老听得，急引了三五个侍者直来廊下，喝道："智深不得无礼！"智深虽然酒醉，却认得是长老，撇了棒，向前来打个问讯，指着廊下对长老道："智深吃了两碗酒，又不曾撩拨他们，他众人又引人来打洒家。"长老道："你看我面，快去睡了，明日却说。"鲁智深道："俺不看长老面，洒家直打死你那几个秃驴！"长老叫侍者扶智深到禅床上，扑地便倒了，齁齁地睡了。众多职事僧人围定长老告诉道："向日徒弟们曾谏长老来，今日如何？本寺那里容得这个野猫，乱了清规！"长老道："虽是如今眼下有些罗唣，后来却成得正果，无奈何，且看赵员外檀越之面，容恕他这一番。我自明日叫去埋冤他便了。"众僧冷笑道："好个没分晓的长老！"各自散去歇息。

次日，早斋罢，长老使侍者到僧堂里坐禅处唤智深时，尚兀自未起。待他起来，穿了直裰，赤着脚，一道烟走出僧堂来。侍者吃了一惊，赶出外来寻时，却走在佛殿后撒尿。侍者忍笑不住，等他净了手，说道："长老请你说话。"智深跟着侍者到方丈，长老道："智深虽是个武夫出身，今来赵员外檀越剃度了你，我与你摩顶受记[6]，教你'一不可杀生，二不可偷盗，三不可邪淫，四不可贪酒，五不可妄语'。此五戒乃僧家常理。出家人第一不可贪酒，你如何夜来吃得大醉？打了门子，伤坏了藏殿上朱红槅子，又把火工道人都打走了，口出喊声，如何这般所为？"智深跪下道："今番不敢了。"长老道："既然出家，如何先破了酒戒，又乱了清规？我不看你施主赵员外面，定赶你出寺！再后休犯！"智深起来合掌道："不敢，不敢。"长老留在方丈里，安排早饭与他吃，又用好言语劝他；取一领细布直裰，一双僧鞋，与了智深，教回僧堂去了。

昔有一名贤，走笔作一篇口号，单说那酒。端的做得好！道是：

从来过恶皆归酒，我有一言为世剖。
地水火风合成人，面曲米水和醇酎。
酒在瓶中寂不波，人未酣时若无口。
谁说孩提即醉翁，未闻食糯颠如狗。
如何三杯放手倾，遂令四大不自有[7]！
几人涓滴不能尝，几人一饮三百斗。

亦有醒眼是狂徒，亦有酕醄神不谬[8]。

酒中贤圣得人传，人负邦家因酒覆。

解嘲破惑有常言，“酒不醉人人醉酒。”

但凡饮酒，不可尽欢，常言：“酒能成事，酒能败事。”便是小胆的吃了，也胡乱做了大胆，何况性高的人？

再说这鲁智深自从吃酒醉闹了这一场，一连三四个月，不敢出寺门去。忽一日，天气暴暖，是二月间天气。离了僧房，信步踱出山门外立地，看着五台山，喝采一回。猛听得山下叮叮当当的响声，顺风吹上山来。智深再回僧堂里取了些银两，揣在怀里，一步步走下山来。出得那“五台福地”的牌楼来，看时，原来却是一个市井，约有五七百人家。智深看那市镇上时，也有卖肉的，也有卖菜的，也有酒店面店。智深寻思道：“干呆么！俺早知有这个去处，不夺他那桶酒吃，也自下来买些吃。这几日熬得清水流，且过去看，有甚东西买些吃。”听得那响处，却是打铁的在那里打铁，间壁一家门上，写着“父子客店”。智深走到铁匠铺门前看时，见三个人打铁。智深便道：“兀那待诏[9]，有好钢铁么？”那打铁的看见鲁智深腮边新剃，暴长短须，戗戗地好渗濑人[10]，先有五分怕他。那待诏住了手道：“师父请坐，要打甚么生活？”智深道：“洒家要打条禅杖，一口戒刀，不知有上等好铁么？”待诏道：“小人这里正有些好铁，不知师父要打多少重的禅杖、戒刀，但凭分付。”智深道：“洒家只要打一条一百斤重的。”待诏笑道：“重了，师父，小人打怕不打了，只恐师父如何使得动？便是关王刀，也只有八十一斤。”智深焦躁道：“俺便不及关王，他也只是个人。”那待诏道：“小人据常说，只可打条四五十斤的，也十分重了。”智深道：“便依你说，比关王刀，也打八十一斤的。”待诏道：“师父，肥了不好看，又不中使。依若小人，好生打一条六十二斤的水磨禅杖与师父，使不动时，休怪小人。戒刀已说了，不用分付，小人自用十分好铁打造在此。”智深道：“两件家生，要几两银子？”待诏道：“不讨价，实要五两银子。”智深道：“俺便依你五两银子；你若打得好时，再有赏你。”那待诏接了银两道：“小人便打在此。”智深道：“俺有些碎银子在这里，和你买碗酒吃。”待诏道：“师父稳便，小人赶趁些生活，不及相陪。”

智深离了铁匠人家，行不到三二十步，见一个酒望子，挑出在房檐上。智深掀起帘子，入到里面坐下，敲着桌子叫道：“将酒来！”卖酒的主人家说道：“师父少罪，小人住的房屋，也是寺里的，本钱也是寺里的。长老已有法旨[11]：但是小人们卖酒与寺里僧人吃了，便要追了小人们本钱，又赶出屋，因此，只得休怪。”智深道：“胡乱卖些与洒家吃，俺须不说是你家便了。”店主人道：“胡乱不得，师父别处去吃，休怪，休怪。”智深只得起身，便道：“洒家别处吃得，却来和你说话。”出得店门，行了几步，又望见一家酒旗儿，直挑出在门前。智深一直走进去，坐下叫道：“主人家，快把酒来卖与俺吃。”店主人道：“师父，你好不晓事，长老已有法旨，你须也知，却来坏我们衣饭。”智深不肯动身，三回五次，那里肯卖。智深情知不肯，起身又走。连走了三五家，都不肯卖。智深寻思一计，若不生个道理，如何能勾酒吃？远远地杏花深处，市梢尽头，一家挑出个草帚儿来。智深走到那里看时，却是个傍村小酒店。但见：

傍村酒肆已多年，斜插桑麻古道边。

白板凳铺宾客坐，须篱笆用棘荆编。

破瓮榨成黄米酒，柴门挑出布青帘。

更有一般堪笑处，牛屎泥墙尽酒仙。

智深走入店里来，靠窗坐下，便叫道：“主人家，过往僧人买碗酒吃。”庄家看了一看道：“和尚，你那里来？”智深道：“俺是行脚僧人[12]，游方到此经过[13]，要买碗酒吃。”庄家道：“和尚，若是五台山寺里的师父，我却不敢卖与你吃。”智深道：“洒家不是，你快将酒卖来。”庄家看见鲁智深这般模样，声音各别，便道：“你要打多少酒？”智深道：“休问多少，大碗只顾筛来。”约莫也吃了十来碗，智深问道：“有甚肉，把一盘来吃。”庄家道：“早来有些牛肉，都卖没了。”智深猛闻得一阵肉香，走出空地上看时，只见墙边沙锅里煮着一只狗在那里。智深道：“你家现有狗肉，如何不卖与俺吃？”庄家道：“我怕你是出家人，不吃狗肉，因此不来问你。”智深道：“洒家的银子有在这里。”便将银子递与庄家道：“你且卖半只与俺。”那庄家连忙取半只熟狗肉，捣些蒜泥，将来放在智深面前。智深大喜，用手扯那狗肉，蘸着蒜泥吃，一连又吃了十来碗酒。吃得口滑，只顾要吃，那里肯住。庄家倒都呆了，叫道："和尚，只恁地罢！"智深睁起眼道："洒家又不白吃你的，管俺怎地？"庄家道："再要多少？"智深道："再打一桶来。"庄家只得又舀一桶来。智深无移时，又吃了这桶酒，剩下一脚狗腿，把来揣在怀里，临出门又道："多的银子，明日又来吃。"吓得庄家目瞪口呆，罔知所措。看见他早望五台山上去了。

智深走到半山亭子上，坐了一回，酒却涌上来，跳起身，口里道："俺好些时不曾拽拳使脚，觉道身体都困倦了，洒家且使几路看。"下得亭子，把两只袖子搭在手里，上下左右，使了一回，使得力发，只一膀子，扇在亭子柱上，只听得刮剌剌一声响亮，把亭子柱打折了，坍了亭子半边。门子听得半山里响，高处看时，只见鲁智深一步一攧，抢上山来。两个门子叫道："苦也！这畜生今番又醉得不小，可便把山门关上，把拴拴了。"只在门缝里张时，见智深抢到山门下，见关了门，把拳头擂鼓也似敲门，两个门子那里敢开。智深敲了一回，扭过身来，看了左边的金刚，喝一声道："你这个鸟大汉，不替俺敲门，却拿着拳头吓洒家，俺须不怕你。"跳上台基，把栅剌子只一拔，却似撅葱般拔开了，拿起一根折木头，去那金刚腿上便打，簌簌地泥和颜色都脱下来。门子张见道："苦也！"只得报知长老。智深等了一会，调转身来，看着右边金刚，喝一声道："你这厮张开大口，也来笑洒家。"便跳过右边台基上，把那金刚脚上打了两下，只听得一声震天价响，那尊金刚从台基上倒撞下来。智深提着折木头大笑。

两个门子去报长老，长老道："休要惹他，你们自去。"只见这首座、监寺、都寺，并一应职事僧人，都到方丈禀说："这野猫今日醉得不好，把半山亭子，山门下金刚，都打坏了，如何是好？"长老道："自古天子尚且避醉汉，何况老僧乎？若是打坏了金刚，请他的施主赵员外自来塑新的；倒了亭子，也要他修盖。这个且由他。"众僧道："金刚乃是山门之主，如何把来换过？"长老道："休说坏了金刚，便是打坏了殿上三世佛[(14)]，也没奈何，只可回避他。你们见前日的行凶么？"众僧出得方丈，都道："好个囫囵粥的长老[(15)]！门子，你且休开，只在里面听。"智深在外面大叫道："直娘的秃驴们，不放洒家入寺时，山门外讨把火来，烧了这个鸟寺。”众僧听得叫，只得叫门子拽了大拴，由那畜生入来。若不开时，真个做出来。门子只得捻脚捻手，把拴拽了，飞也似闪入房里躲了，众僧也各自回避。

只说那鲁智深双手把山门尽力一推，扑地攧将入来，吃了一跤。扒将起来，把头摸一摸，直奔僧堂来。到得选佛场中，禅和子正打坐间，看见智深揭起帘子，钻将入来，都吃一惊，尽低了头。智深到得禅床边，喉咙里咯咯地响，看着地下便吐。众僧都闻不得那臭，个个道：“善哉！”齐掩了口鼻。智深吐了一回，扒上禅床，解下绦，把直裰带子都咇咇剥剥扯断了，脱下那脚狗腿来。智深道：“好，好！正肚饥哩！”扯来便吃。众僧看见，便把袖子遮了脸，上下肩两个禅和子远远地躲开。智深见他躲开，便扯一块狗肉，看着上首的道：“你也到口。”上首的那和尚，把两只袖子死掩了脸。

智深道：“你不吃？”把肉望下首的禅和子嘴边塞将去，那和尚躲不迭，却待下禅床，智深把他劈耳朵揪住，将肉便塞。对床四五个禅和子跳过来劝时，智深撇了狗肉，提起拳头，去那光脑袋上咇咇剥剥只顾凿。满堂僧众大喊起来，都去柜中取了衣钵要走。此乱换做“卷堂大散”，首座那里禁约得住？

智深一昧地打将出来，大半禅客都躲出廊下来。监寺、都寺，不与长老说知，叫起一班职事僧人，点起老郎、火工道人、直厅、轿夫，约有一二百人，都执杖叉棍棒，尽使手巾盘头，一齐打入僧堂来。智深见了，大吼一声，别无器械，抢入僧堂里，佛面前推翻供桌，撇两条桌脚，从堂里打将出来。但见：

心头火起，口角雷鸣。奋八九尺猛兽身躯，吐三千丈凌云志气。按不住杀人怪胆，圆睁起卷海双睛。直截横冲，似中箭投崖虎豹；前奔后涌，如着枪跳涧豺狼。直饶揭帝也难当，便是金刚须拱手。

当时鲁智深抡两条桌脚，打将出来，众多僧行见他来得凶了，都拖了棒，退到廊下。智深两条桌脚着地卷将来，众僧早两下合拢来。智深大怒，指东打西，指南打北，只饶了两头的。当时智深直打到法堂下，只见长老喝道：“智深不得无礼，众僧也休动手。”两边众人，被打伤了数十个，见长老来，各自退去。智深见众人退散，撇了桌脚，叫道："长老，与洒家做主。"此时酒已七八分醒了。长老道："智深，你连累杀老僧。前番醉了一次，搅扰了一场，我教你兄赵员外得知，他写书来与众僧陪话。今番你又如此大醉无礼，乱了清规，打坍了亭子，又打坏了金刚。这个且由他。你搅得众僧卷堂而走，这个罪业非小，我这里五台山文殊菩萨道场，千百年清净香火去处，如何容得你这个秽污？你且随我来方丈里过几日，我安排你一个去处。"智深随长老到方丈去。长老一面叫职事僧人留住众禅客，再回僧堂，自去坐禅；打伤了的和尚，自去将息。长老领智深到方丈，歇了一夜。

次日，真长老与首座商议，收拾了些银两赍发他，教他别处去，可先说与赵员外知道。长老随即修书一封，使两个直厅道人，径到赵员外庄上，说知就里，立等回报。赵员外看了来书，好生不然。回书来拜复长老说道："坏了的金刚、亭子，赵某随即备价来修。智深任从长老发遣。"长老得了回书，便叫侍者取领皂布直裰，一双僧鞋，十两白银，房中唤过智深。长老道："智深，你前番一次大醉，闹了僧堂，便是误犯。今次又大醉，打坏了金刚，坍了亭子，卷堂闹了选佛场，你这罪业非轻；又把众禅客打伤了。我这里出家，是个清净去处，你这等做，甚是不好。看你赵檀越面皮，与你这封书，投一个去处安身。我这里决然安你不得了。我夜来看了，赠汝四句偈言[16]，终身受用。"智深道："师父教弟子那里去安身立命？愿听俺师四句偈言。"

真长老指着鲁智深，说出这几句言语，去这个去处。有分教，这人笑挥禅杖，战天下英雄好汉；怒掣戒刀，砍世上逆子谗臣。直教名驰塞北三千里，果证江南第一州。毕竟真长老与智深说出甚言语来，且听下回分解。

【毛泽东评点】

加拿大共产党员、世界著名的胸外科医生白求恩一九三八年六月来到晋察冀，聂荣臻在五台山金刚库迎接他。白求恩告诉聂荣臻，他离开延安的时候，毛泽东专门找他谈了话。毛泽东说："中国有一部很著名的古典小说，叫做《水浒传》，写了鲁智深大闹五台山的故事，五台山就在晋察冀。”毛泽东还风趣地对他说：“五台山，前有鲁智深，今有聂荣臻，聂荣臻就是新的鲁智深。”白求恩到来后，曾对聂荣臻说，你这个鲁智深，同那个鲁智深可不一样哟！鲁智深醉打山门，把寺庙破坏了，你却保护了五台山的庙宇。

——《聂荣臻回忆录》中卷，解放军出版社 1983 年版，第 487 页。

【注释】

（1）禅床，坐禅的坐榻。

（2）禅和子，参禅人的通称。有亲密伙伴之意。和，和尚。

（3）檀越，梵语 Dinapati 的音译。施主。

（4）洒家，宋元时关西一带男子的自称。咱。传统京剧中读“shuāi 家”。

（5）兀那，那，那个，可指人、物、事。

（6）摩顶受记，《法华经》说释迦牟尼佛以大法付嘱大菩萨时，用右手摩其顶。后为佛教授戒传法时的仪规。

（7）四大，佛教以地、水、火、风为四大。认为四者分别包含坚、湿、暖、动四种性能，人身即由此构成，因以用作人身的代称。

（8）酕醄（máo táo 毛桃），大醉之态。

（9）待诏，原指待命供奉内廷的人，即有医卜技术的匠人，在内廷别院等待诏命。宋元时对手艺工匠的尊称本此。

（10）戗戗（qiāng 枪），不顺，倒长之状。渗濑，丑陋，使人可怕的样子。

（11）法旨，佛、道、仙首领的命令。

（12）行脚僧人，步行参禅的云游和尚。

（13）游方，指僧人为修行问道或化缘而云游四方。

（14）三世佛，佛教谓过去、现在、未来都有千佛出世。过去佛为迦叶诸佛，现在佛为释迦牟尼诸佛，未来佛为弥勒诸佛。

（15）囫囵竹，未凿眼的竹子。比喻糊涂，不明事理。

（16）偈（jì 计）言，偈陀（梵文 Gathd）的简称，意思是“颂”，就是佛经中的唱词。

【赏析】

《水浒传》第三回“赵员外重修文殊院　鲁智深大闹五台山”，写鲁达因救金老父女，三拳打死镇关西郑屠，逃到代州雁门，被金老撞见，由金翠莲丈夫赵员外推荐，上佛教胜地五台山出家当了和尚。当和尚后的鲁达，法名智深，绰号花和尚。他不坐禅念佛，两次违反寺规，吃得烂醉，大闹五台山。第一次在半山门外的半山亭碰见一个卖酒的，人家不卖，他一脚踢得那人半天起不来，吃了一桶酒。把门的和尚不让他进山门，便打闹起来，二三十个人都不是他的对手，最后由真长老喝住，他算作罢。第二次是下山到市井，先去打铁匠铺打了禅杖、戒刀，然后去吃酒。吃了一只熟狗脚，把另一只揣在怀里，踉踉跄跄回寺去。酒吃得高兴，在半山亭打了套拳脚，一拳把柱子打折，亭子塌了。然后乘醉又打坏了山门外的两个金刚塑像。因此又和二三百和尚打闹起来，吓得烧香拜佛的香客都跑了。真长老才写信荐他到东京大相寺清长老那里去。大闹五台山，表现了军官出身的鲁智深英勇豪爽、不受拘束的侠骨英风，读来令人神往。

据聂荣臻回忆，1938 年 6 月，国际友人、加拿大著名医生白求恩由延安到晋察冀之前，毛泽东与他谈话时，介绍了《水浒传》鲁智深大闹五台山的故事，并称赞当时在晋察冀领导抗日战争的聂荣臻就是新的鲁智深。抗日战争期间，聂荣臻任八路军一一五师副师长、政治委员、晋察冀军区司令员兼政治委员、中共中央晋察冀分局书记，是晋察冀革命根据地的主要领导人和开拓者，毛泽东把聂荣臻比作鲁智深是对聂荣臻的褒奖，是对晋察冀革命根据地工作的肯定和赞扬。

【原文】

第九回　柴进门招天下客　林冲棒打洪教头（节录）

……林冲等谢了店主人，三个出门，果然三二里，见座大石挢。过得桥来，一条平坦大路，早望见绿柳阴中显出那座庄院。四下一周遭一条涧河，两岸边都是垂杨大树，树阴中一遭粉墙。转弯来到庄前看时，好个大庄院！但见：

门迎黄道[(1)]，山接青龙[(2)]，万枝桃绽武陵溪[(3)]，千树花开金谷苑[(4)]。聚贤堂上，四时有不谢奇花；百卉厅前，八节赛长春佳景。堂悬敕额金牌，家有誓书铁券。朱甍碧瓦，掩映着九级高堂；画栋雕梁，真乃是三微精舍。不是当朝勋戚第，也应前代帝王家。

三个人来到庄上，见那条阔板桥上，坐着四五个庄客，都在那里乘凉。三个人来到桥边，与庄客施礼罢，林冲说道："相烦大哥报与大官人知道，京师有个犯人，送配牢城，姓林的求见。"庄客齐道："你没福，若是大官人在家时，有酒食钱财与你，今早出猎去了。"林冲道："不知几时回来？"庄客道："说不定，敢怕投东庄去歇，也不见得。许你不得。"林冲道："如此是我没福，不得相遇，我们去罢。"别了众庄客，和两个公人再回旧路，肚里好生愁闷。行了半里多路，只见远远的从林子深处，一簇人马飞奔庄上来，但见：

人人俊丽，个个英雄。数十匹骏马嘶风，两三面绣旗弄日。粉青毡笠，似倒翻荷叶高擎；绛色红缨，如烂熳莲花乱插。飞鱼袋内，高插着装金雀画细轻弓；狮子壶中，整攒着点翠雕翎端正箭。牵几只赶獐细犬，擎数对拿兔苍鹰。穿云俊鹘顿绒绦，脱帽锦雕寻护指。摽枪风利，就鞍边微露寒光；画鼓团栾，向鞍上时闻响震。鞍边拴系，无非天外飞禽；马上擎抬，尽是山中走兽。好似晋王临紫塞[(5)]，浑如汉武到长杨[(6)]。

那簇人马飞奔庄上来，中间捧着一位官人，骑一匹雪白卷毛马。马上那人，生得龙眉凤目，皓齿朱唇，三牙掩口髭须，三十四五年纪。头戴一顶皂纱转角簇花巾，身穿一领紫绣团胸绣花袍，腰系一条玲珑嵌宝玉环绦，足穿一双金线抹绿皂朝靴。带一张弓，插一壶箭，引领从人，都到庄上来。林冲看了，寻思道："敢是柴大官人么？"又不敢问他，只自肚里踌躇。只见那马上年少的官人纵马前来，问道："这位带枷的是甚人？"林冲慌忙躬身答道："小人是东京禁军教头，姓林，名冲，为因恶了高太尉，寻事发下开封府问罪，断遣刺配此沧州。闻得前面酒店里说，这里有个招贤纳士好汉柴大官人，因此特来相投。不期缘浅，不得相遇。"

那官人滚鞍下马，飞近前来，说道："柴进有失迎迓。"就草地上便拜。林冲连忙答礼。那官人携住林冲的手，同行到庄上来。那庄客们看见，大开了庄门，柴进直请到厅前。两个叙礼罢。柴进说道："小可久闻教头大名[7]，不期今日来踏贱地，足称平生渴仰之愿。"林冲答道："微贱林冲，闻大人贵名传播海宇，谁人不敬？不想今日因得罪犯，流配来此，得识尊颜，宿生万幸。"柴进再三谦让，林冲坐了客席；董超、薛霸也一带坐了。跟柴进的伴当，各自牵了马去，后院歇息，不在话下。

柴进便唤庄客，叫将酒来。不移时，只见数个庄客托出一盘肉，一盘饼，温一壶酒；又一个盘子，托出一斗白米，米上放着十贯钱，都一发将出来。柴进见了道："村夫不知高下，教头到此，如何恁地轻意？快将进去。先把果盒酒来，随即杀羊相待，快去整治。"林冲起身谢道："大官人，不必多赐，只此十分够了。"柴进道："休如此说。难得教头到此，岂可轻慢。"庄客不敢违命，先捧出果盒酒来。柴进起身，一面手执三杯。林冲谢了柴进，饮酒罢，两个公人一同饮了。柴进说："教头请里面少坐。"柴进随即解了弓袋箭壶，就请两个公人一同饮酒。柴进当下坐了主席，林冲坐了客席，两个公人在林冲肩下。叙说些闲话，江湖上的勾当[8]。

不觉红日西沉。安排得酒食果品海味，摆在桌上，抬在各人面前。柴进亲自举杯，把了三巡，坐下叫道："且将汤来吃。"吃得一道汤，五七杯酒，只见庄客来报道："教师来也。"柴进道："就请来一处坐地相会亦好[9]，快抬一张桌来。"林冲起身看时，只见那个教师入来，歪戴着一顶头巾，挺着脯子，来到后堂。林冲寻思道："庄客称他做教师，必是大官人的师父。"急急躬身唱喏道："林冲谨参。"那人全不睬着，也不还礼。林冲不敢抬头。柴进指着林冲对洪教头道："这位便是东京八十万禁军枪棒教头，林武师林冲的便是，就请相见。"林冲听了，看着洪教头便拜。洪教头说道："休拜，起来。"却不躬身答礼。柴进看了，心中好不快意。林冲拜了两拜，起身让洪教头坐。洪教头亦不相让，便去上首便坐。柴进看了，又不喜欢。林冲只得肩下坐了，两个公人亦就坐了。

洪教头便问道："大官人今日何故厚礼管待配军[10]？"柴进道："这

位非比其他的，乃是八十万禁军教头，师父如何轻慢？”洪教头道：“大官人只因好习枪棒，往往流配军人都来倚草附木，皆道我是枪棒教师，来投庄上，诱些酒食钱米。大官人如何忒认真？”林冲听了，并不做声。柴进说道：“凡人不可易相，休小觑他。”洪教头怪这柴进说“休小觑他”，便跳起身来道：“我不信他，他敢和我使一棒看，我便道他是真教头。”柴进大笑道：“也好！也好！林武师，你心下如何？”林冲道：“小人却是不敢。”洪教头心中忖量道：“那人必是不会，心中先怯了。”因此越来惹林冲使棒。柴进一来要看林冲本事；二者要林冲赢他，灭那厮嘴。柴进道：“且把酒来吃着，待月上来也罢。”

当下又吃过了五七杯酒，却早月上来了，照见厅堂里面，如同白日。柴进起身道：“二位教头较量一棒。”林冲自肚里寻思道：“这洪教头必是柴大官人师父，不争我一棒打翻了他，须不好看。”柴进见林冲踌躇，便道：“此位洪教头也到此不多时，此间又无对手。林武师休得要推辞，小可也正要看二位教头的本事。”柴进说这话，原来只怕林冲碍柴进的面皮，不肯使出本事来。林冲见柴进说开就里，方才放心。只见洪教头先起身道：“来，来，来！和你使一棒看。”一齐都哄出堂后空地上。庄客拿一束棍捧来，放在地下。洪教头先脱了衣裳，拽扎起裙子，掣条棒，使个旗鼓，喝道：“来，来，来！”柴进道：“林武师，请较量一棒。”林冲道：“大官人，休要笑话。”就地也拿了一条棒起来道：“师父请教。”洪教头看了，恨不得一口水吞了他。林冲拿着棒，使出山东大擂，打将入来。洪教头把棒就地下鞭了一棒，来抢林冲。两个教头就明月地下交手，真个好看。怎见是山东大擂，但见：

山东大擂，河北夹枪。大擂棒是鳅鱼穴内喷来，夹枪棒是巨蟒窠中窜出。大擂棒似连根拔怪树，夹枪棒如遍地卷枯藤。两条海内抢珠龙，一对岩前争食虎。

两个教头在明月地上交手，使了四五合棒，只见林冲托地跳出圈子外来，叫一声：“少歇。”柴进道：“教头如何不使本事？”林冲道：“小人输了。”柴进道：“未见二位较量，怎便是输了？”林冲道：“小人只多这具枷，因此，权当输了。”柴进道：“是小可一时失了计较。”大笑着道：

"这个容易。"便叫庄客取十两银子，当时将至。柴进对押解两个公人道："小可大胆，相烦二位下顾，权把林教头枷开了，明日牢城营内但有事务，都在小可身上，白银十两相送。"董超、薛霸见了柴进人物轩昂，不敢违他，落得做人情，又得了十两银子，亦不怕他走了。薛霸随即把林冲护身枷开了。柴进大喜道："今番两位教师再试一棒。"

洪教头见他却才棒法怯了，肚里平欺他做，提起棒却待要使。柴进叫道："且住！"叫庄客取出一锭银来，重二十五两。无一时，至面前。柴进乃言："二位教头比试，非比其他，这锭银子，权为利物；若是赢的，便将此银子去。"柴进心中只要林冲把出本事来，故意将银子丢在地下。洪教头深怪林冲来，又要争这个大银子，又怕输了锐气，把棒来尽心使个旗鼓，吐个门户[12]，唤做把火烧天势。林冲想道："柴大官人心里只要我赢他。"也横着棒，使个门户，吐个势，唤做拨草寻蛇势。洪教头喝一声："来，来，来！"便使棒盖将入来。林冲望后一退，洪教头赶入一步，提起棒，又复一棒下来。林冲看他脚步已乱了，便把棒从地下一跳，洪教头措手不及，就那一跳里，和身一转，那棒直扫着洪教头臁儿骨上，撇了棒，扑地倒了。柴进大喜，叫快将酒来把盏。众人一齐大笑。洪教头那里挣扎起来。众庄客一头笑着，扶了洪教头，羞颜满面，自投庄外去了。

柴进携住林冲的手，再入后堂饮酒，叫将利物来，送还教师。林冲那里肯受，推托不过，只得收了。正是：

欺人意气总难堪，冷眼旁观也不甘。

请看受伤并折利，方知骄傲是羞惭。

柴进留林冲在庄上，一连住了几日，每日好酒好食相待。又住了五七日，两个公人催促要行。柴进又置席面相待送行；又写两封书，分付林冲道："沧州大尹也与柴进好[13]，牢城管营、差拨[14]亦与柴进交厚。可将这两封书去下，必然看觑教头。"即捧出二十五两一锭大银，送与林冲，又将银五两赍发两个公人[15]，吃了一夜酒。次日天明，吃了早饭，叫庄客挑了三个的行李，林冲依旧带上枷，辞了柴进便行。柴进送出庄门作别，分付道："待几日小可自使人送冬衣来与教头。"林冲谢道："如何报谢大官人！”两个公人相谢了。

三人取路投沧州来，将及午牌时候，已到沧州城里，虽是个小去处，亦有六街三市。径到州衙里下了公文，当厅引林冲参见了州官大尹，当下收了林冲，押了回文，一面帖下判送牢城营内来。两个公人自领了回文，相辞了回东京去，不在话下。……

【毛泽东评点】

谁人不知，两个拳师放对，聪明的拳师往往先让一步，而蠢人则其势汹汹，辟头就使出全副本领，结果却往往被退让者打倒。

《水浒传》上的洪教头，在柴进家中要打林冲，连唤几个“来”“来”“来”，结果是退让的林冲看出洪教头的破绽，一脚踢翻了洪教头。

——《中国革命战争的战略问题》，载《毛泽东选集》，第1卷，人民出版社1991年版，第203页。

【注释】

（1）黄道，帝王出游时所走的道路。

（2）青龙，古代谶纬学家附会为以木德王者的瑞兆。此指柴进是后周世宗柴荣后裔。

（3）武陵溪，又作“武陵源”。东汉刘晨、阮肇入天台山迷不得返，饥食桃果，寻水得大溪，溪边遇仙女，并获挽留。及出，已历七世，复往，不知何所。后成为世外仙境的代称。

（4）金谷苑，又作“金谷园”。晋豪富石崇所筑。在今河南洛阳市西北。后泛指富贵人家盛极一时但好景不常的豪华园林。

（5）晋王临紫塞，晋国皇帝到北部边塞打猎，晋王，春秋时晋国国王。紫塞，北方边塞。

（6）汉武到长杨，汉武帝到长杨打猎。汉武，即汉帝刘彻，公元前140—前87年在位。长杨，长杨宫，故址在今陕西周至县东南。秦汉游猎之场所。汉武帝曾去打猎，扬雄有《长杨赋》记其盛况。

（7）小可，宋元人自称谦词。

（8）勾当，事情。

（9）坐地，坐，坐着。

（10）配军，因流刑发配戍边的军卒。

（11）忒（tè 特），太，过甚。

（12）门户，武术用语，架势。

（13）沧州，今河北沧州市。大尹，对府县行政长官的称呼。

（14）牢城，宋时囚禁流配罪犯之所。管营，宋代边远地区管理徒流充军罪犯服役的官吏。差拨，宋代牢城营内看管罪犯的差役。

（15）赍（jī 机）发，打发，资助。

【赏析】

《水浒传》第九回“林冲棒打洪教头”是一个非常精彩的片段。故事的主人公林冲，本是东京八十万禁军教头，家有娇妻使女，是个小康之家，这就形成了一种安分守己、逆来顺受的性格。但他的顶头上司高太尉的儿子高衙内为了霸占他的妻子，利用职权，一再生事陷害，结果他被判刺配沧州。在充军途中，高俅又指使两个公差在野猪林杀害他，又被他的结义兄弟鲁智深救了。快到沧州时，他听说柴进有“招贤纳士”之名，便去拜访他，由此便产生了棒打洪教头的故事。

这个故事本不复杂，但作者却写得一波三折，生动感人。林冲去庄上投奔柴进。正好柴进去打猎，打猎当然可以等他回来，但庄客又说可能到东庄住宿，不一定回来，林冲只好走人，却在半路撞见打猎回来的柴进。柴进热情款待，饮宴之中却来了柴进的枪棒教师洪教头。洪教头若是个晓事之人，也就没有比武之事了。洪教头却是一个心胸狭窄又骄傲自大的小人。两人都是武林中人，本应以礼相待。所以，初见面，林冲见他就拜，洪却礼也不还，柴进不高兴，柴进做了介绍后，林冲又拜，洪还是不答礼，并“便去上首便坐”，柴进更不喜欢。看到柴进用厚礼管待林冲，洪便说不过是“依草附木”，“诱些酒食钱米罢了”。柴进让他不要小看林冲，洪便跳了起来说：“他敢和我使一棒便是真教头。”当林冲谦虚地说不敢时，他便认为林冲“心中先怯了”。柴进一要看林冲本事，二要林冲赢他，灭洪的嘴，便答应待月亮上来比武。比武之前，一再腾挪，比武已是箭在弦上，不比不可了。

及写到比武正文，颇不平板。林冲是犯人，要和主人的教头比武，不能没顾虑，柴进看出了这点，便说“洪教头也到此不多时”，林才放心。及至比了，洪教头先脱了衣裳，拽扎起裙子，掣条棒，使个旗鼓，便大叫：“来，来，来！”恨不得一口水吞了林冲，在柴进催促下，林冲也掣条棒相还，但两人刚使了四五棒，林冲便托地跳出圈外，叫声“少歇”，并自愿认输。当柴进问他原因时，才说出“小人只多这具枷”。原来林冲是带枷和洪教头比武的。于是给林冲去枷，二人重新比试。柴进为了要看林冲的真本事，又拿出二十五两一锭大银赌注。洪教头一怪林冲来，二要得大银，还是先发制人，大叫：“来，来，来！”抢先进招，使个把火烧天势，连打林冲两棒。而林冲心里已明白柴进之意，不慌不忙，先退一步，见洪步伐已乱，便一棒“扫着洪教头镰儿骨上”，结果洪教头“扑地倒了”。比武结束，洪教头当然无脸面再在柴进庄上待下去，林冲自然受到礼遇。在这个故事中，林冲的武艺高强和机智沉着，洪教头心胸狭窄、骄傲轻敌都写得生动如绘。一个不大的情节，作者写来，曲曲折折，错错落落，引人入胜，令人目不暇接，真是绝大本事。明清之际文学批评家金圣叹在回评中说：“又如洪教头要使棒，反是柴大官人说且吃酒，此一顿已是令人心痒之极，乃武师又于四五合时跳出圈子，忽然叫住，曰除枷也；乃柴进又于重提棒时，又忽然叫住。凡作三番跌顿，直使读者眼光一闪一闪，真极奇极肆之笔也。”应该说这个评价是切当的。

毛泽东在 1936 年 12 月写的《中国革命战争的战略问题》中引用了这个故事，其目的是批评以王明为代表的“左”倾冒险主义的军事路线，讲明战略退却的道理。1928 年以后，在共产党和毛泽东的指引下，发动群众，开展土地革命，红军和革命根据地发展很快，特别是从 1930 年冬到 1931 年秋，不到一年时间里，中央红军在毛泽东和朱德指挥下，粉碎了蒋介石调集重兵对革命根据地的三次大规模“围剿”。1933 年 3 月，中央红军又在周恩来、朱德领导指挥下，伏击歼敌，取得了第四次反“围剿”

的胜利。但是，1933年10月，当蒋介石调集一百万军队发动第五次“围剿”时，直接领导这次反“围剿”战争的中央负责人博古等拒不采纳正确意见，提出“御敌于国门之外”的错误口号，结果处处挨打，招致了第五次反“围剿”的失败。现在回过头来总结经验教训，毛泽东批评王明、博古等人的“左”倾冒险主义：“这是鲁莽家和门外汉的理论和实际，是丝毫也没有马克思主义气味的东西，是反马克思主义的东西。”并且明确指出：“战略退却，是劣势军队处在优势军队进攻面前，因为顾及不能迅速地击破其进攻，为了保存军力，待机破敌，而采取的一个有计划的战略步骤。”从而阐明了战略退却的重要意义。

【原文】

第十一回　朱贵水亭施号箭　林冲雪夜上梁山（节录）

沧州牢城营里管营，首告[1]林冲杀死差拨[2]、陆虞候、富安等三人，放火延烧大军草料场。州尹大惊，随即押了公文帖，仰缉捕人员将带做公的，沿乡，历邑，道店，村坊，四处张挂，出三千贯信赏钱[3]，捉拿正犯林冲。看看挨捕甚紧，各处村坊讲动了。

且说林冲在柴大官人东庄上，听得个信息紧急，俟候柴进回庄，林冲便说道：“非是大官人不留小人，只因官司追捕甚紧，排家搜捉；倘或寻到大官人庄上，犹恐负累大官人不好。既蒙大官人仗义疏财，求借林冲些小盘缠，投奔他处栖身，异日不死，当效犬马之报。”柴进道：“既是兄长要行，小人有个去处，作书一封与兄长前去。”正是：

豪杰蹉跎运未通[4]，行藏随处被牢笼。

不因柴进修书荐，焉得驰名水浒中。

林冲道：“若得大官人如此周济，教小人安身立命。只不知投何处去？”柴进道：“是山东济州管下一个水乡，地名梁山泊[5]，方圆八百余里，中间是宛子城、蓼儿洼。如今有三个好汉，在那里扎寨。为头的唤做白衣秀士王伦，第二个换做摸着天杜迁，第三个换做云里金刚宋万。那三个好汉，聚集着七八百小喽罗，打家劫舍，多有做下迷天大罪的人，都投奔那里躲灾避难，他都收留在彼。三位好汉，亦与我交厚，尝寄书缄来。我今修一封书与兄长，去投那里入伙如何？”林冲道：“若得如此顾盼最好！”柴进道：“只是沧州道口现今官司张挂榜文，又差两个军官在那里搜检，把住道口。兄长必用从那里经过。”柴进低头一想道：“再有个计策，送兄长过去。”林冲道：“若蒙周全，死而不忘。”柴进当日先叫庄客背了包裹出关去等。柴进却备了三二十匹马，带了弓箭旗枪，驾了鹰雕，牵着猎狗，一行人马都打扮了，却把林冲杂在里面，一齐上马，都投关外。

却说把关军官坐在关上，看见是柴大官人，却都认得。原来这军官未袭职时[(6)]，曾到柴进庄上，因此识熟。军官起身道：“大官人又去快活！”柴进下马问道：“二位官人缘何在此？”军官道：“沧州太尹行移文书，画影图形，捉拿犯人林冲，特差某等在此守把。但有过往客商，一一盘问，才放出关。”柴进笑道：“我这一伙人内中间夹带着林冲，你缘何不认得？”军官也笑道：“大官人是识法度的，不到得肯夹带了出去[(7)]。请尊便上马。”柴进又笑道：“只恁地相托得过，拿得野味回来相送。”作别了，一齐上马出关去了。行得十四五里，却见先去的庄客在那里等候。柴进叫林冲下了马，脱去打猎的衣服，却穿上庄客带来的自己衣裳，系了腰刀，戴上红缨毡笠，背上包裹，提了衮刀[(8)]，相辞柴进，拜别了便行。

只说那柴进一行人上马，自去打猎，到晚方回，依旧过关送些野味与军官，回庄上去了，不在话下。

且说林冲与柴大官人别后，上路行了十数日，时遇暮冬天气，彤云密布，朔风紧起，又见纷纷扬扬，下着满天大雪。行不到二十余里，只见满地如银。昔金完颜亮有篇词，名百字令，单题着大雪，壮那胸中杀气：

天丁震怒，掀翻银海，散乱珠箔。六出奇花飞滚滚，平填了山中丘壑。皓虎颠狂，素麟猖獗，掣断珍珠索。玉龙酣战，鳞甲满天飘落。谁念万里关山，征夫僵立，缟带霑旗脚。色映戈矛，光摇剑戟，杀气横戎幕。貔虎豪雄[(9)]，偏裨英勇，共与谈兵略。须拼一醉，看取碧空寥廓。

话说林冲踏着雪只顾走，看看天色冷得紧切，渐渐晚了。远远望见枕溪靠湖一个酒店，被雪漫漫地压着。但见：

银迷草舍，玉映茅檐。数十株老树杈枒，三五处小窗关闭。疏荆篱落，浑如腻粉轻铺；黄土绕墙，却似铅华布就。千团柳絮飘帘幕，万片鹅毛舞酒旗。

林冲看见，奔入那酒店里来，揭开芦帘，拂身入去，倒侧身看时，都是座头。拣一处坐下，倚了衮刀，解放包裹，抬了毡笠，把腰刀也挂了。只见一个酒保来问道[10]："客官打多少酒？"林冲道："先取两角酒来[11]。"酒保将个桶儿打两角酒，将来放在桌上。林冲又问道："有甚么下酒？"酒保道："有生熟牛肉、肥鹅、嫩鸡。"林冲道："先切二斤熟牛肉来。"酒保去不多时，将来铺下一大盘牛肉，数般菜蔬，放个大碗，一面筛酒[12]。林冲吃了三四碗酒，只见店里一个人背叉着手，走出来门前看雪。那人问酒保道："甚么人吃酒？"林冲看那人时，头戴深檐暖帽，身穿貂鼠皮袄，脚着一双獐皮窄靿靴；身材长大，貌相魁宏；双拳骨脸，三叉黄须，只把头来摸着看雪。

林冲叫酒保只顾筛酒。林冲说道："酒保，你也来吃碗酒。"酒保吃了一碗。林冲问道："此间去梁山泊还有多少路？"酒保答道："此间要去梁山泊，虽只数里，却是水路，全无旱路。若要去时，须用船去，方才渡得到那里。"林冲道："你可与我觅只船儿。"酒保道："这般大雪，天色又晚了，那里去寻船只？"林冲道："我多与你些钱，央你觅只船来，渡我过去。"酒保道："却是没讨处。"林冲寻思道："这般却怎的又好？"吃了几碗酒，闷上心来，蓦然想起："我先在京师做教头[13]，每日六街三市游玩吃酒[14]，谁想今日被高俅这贼坑陷了我这一场，文了面[15]，直断送到这里，闪得我有家难奔，有国难投，受此寂寞！"因感伤怀抱，问酒保借笔砚来，乘着一时酒兴，向那白粉壁上写下八句："仗义是林冲，为人最朴忠。江湖驰誉望，京国显英雄。身世悲浮梗，功名类转蓬。他年若得志，威镇泰山东。"林冲题罢诗撇下笔，再取酒来。正饮之间，只见那个穿皮袄的汉子走向前来，把林冲劈腰揪住，说道："你好大胆！你在沧州做下迷天大罪，却在这里！现今官司出三千贯信赏钱捉你，却是要怎地？"林冲道："你道我是谁？"那汉道："你不是豹子头林冲？"

林冲道：“我自姓张。”那汉笑道：“你莫胡说，现今壁上写下名字，你脸上文着金印[16]，如何要赖得过？”林冲道：“你真个要拿我！”那汉笑道：“我却拿你做甚么？你跟我进来，到里面和你说话。”那汉放了手，林冲跟着，到后面一个水亭上，叫酒保点起灯来，和林冲施礼，对面坐下。那汉问道：“却才见兄长只顾问梁山泊路头，要寻船去，那里是强人山寨，你待要去做甚么？”林冲道：“实不相瞒：如今官司追捕小人紧急，无安身处，特投这山寨里好汉入伙，因此要去。”那汉道：“虽然如此，必有个人荐兄长来入伙。”林冲道：“沧州横海郡故友举荐将来。”那汉道：“莫非小旋风柴进么？”林冲道：“足下何以知之？”那汉道：“柴大官人与山寨中大王头领交厚，常有书信往来。”原来王伦当初不得第之时，与杜迁投奔柴进，多得柴进留在庄子上，住了几时。临起身，又赍发盘缠银两[17]，因此有恩。林冲听了，便拜道：“有眼不识泰山，愿求大名。”那汉慌忙答礼，说道：“小人是王头领手下耳目，姓朱，名贵，原是沂州沂水县人氏，江湖上但叫小弟做旱地忽律。山寨里教小弟在此间开酒店为名[18]，专一探听往来客商经过。但有财帛者，便去山寨里报知。但是孤单客人到此，无财帛的，放他过去；有财帛的，来到这里，轻则蒙汗药麻翻，重则登时结果，将精肉片为羓子，肥肉煎油点灯。却才见兄长只顾问梁山泊路头，因此不敢下手。次后见写出大名来，曾有东京来的人，传说兄长的豪杰，不期今日得会。既有柴大官人书缄相荐，亦是兄长名震寰海，王头领必当重用。”随即安排鱼肉、盘馔、酒肴，到来相待。两个在水亭上，吃了半夜酒。林冲道：“如何能够船来渡过去？”朱贵道：“这里自有船只，兄长放心；且暂宿一宵，五更却请起来同往。”当时两个各自去歇息。

睡到五更时分，朱贵自来叫林冲起来，洗漱罢，再取三五杯酒相待，吃了些肉食之类。此时天尚未明，朱贵把水亭上窗子开了，取出一张鹊画弓，搭上那一枝响箭，觑着对港败芦折苇里面射将去。林冲道：“此是何意？”朱贵道：“此是山寨里的号箭，少顷便有船来。”没多时，只见对过芦苇泊里三五个小喽罗[19]，摇着一只快船过来，径到水亭下。朱贵当时引了林冲，取了刀仗行李下船。小喽罗把船摇开，望泊子里去，奔金沙滩来。林冲看时，见那八百里梁山水泊，果然是个陷人去处！但见：

山排巨浪，水接遥天。乱芦攒万队刀枪，怪树列千层剑戟。濠边鹿角，俱将骸骨攒成；寨内碗瓢，尽使骷髅做就。剥下人皮蒙战鼓，截来头发做缰绳，阻当官军，有无限断头港陌；遮拦盗贼，是许多绝径林峦。鹅卵石迭迭如山，苦竹枪森森似雨。断金亭上愁云起，聚义厅前杀气生。

当时小喽罗把船摇到金沙滩岸边，朱贵同林冲上了岸，小喽罗背了包裹，拿了刀杖，两个好汉上山寨来。那几个小喽罗自把船摇到小港里去了。林冲看岸上时，两边都是合抱的大树，半山里一座断金亭子。再转将过来，见座大关，关前摆着枪、刀、剑、戟、弓、弩、戈、矛，四边都是擂木炮石。小喽罗先去报知。二人进得关来，两边夹道遍摆着队伍旗号。又过了两座关隘，方才到寨门口。林冲看见四面高山；三关雄壮，团团围定；中间里镜面也似一片平地，可方三五百丈；靠着山口，才是正门，两边都是耳房。朱贵引着林冲来到聚义厅上，中间交椅上坐着一个好汉，正是白衣秀士王伦，左边交椅上坐着摸着天杜迁，右边交椅坐着云里金刚宋万。朱贵、林冲向前声喏了。林冲立在朱贵侧边，朱贵便道："这位是东京八十万禁军教头[20]，姓林，名冲，绰号豹子头。因被高太尉陷害，刺配沧州，那里又被火烧了大军草料场，争奈杀死三人[21]，逃走在柴大官人家，好生相敬。因此，特写书来举荐入伙。"

林冲怀中取书递上，王伦接来拆开看了，便请林冲来坐第四位交椅，朱贵坐了第五位。一面叫小喽罗取酒来，把了三巡，动问柴大官人近日无恙。林冲答道："每日只在郊外猎较乐情。"王伦动问了一回，蓦然寻思道："我却是个不及第的秀才。因鸟气，合着杜迁来这里落草；续后宋万来，聚集这许多人马伴当。我又没十分本事，杜迁、宋万武艺也只平常。如今不争添了这个人，他是京师禁军教头，必然好武艺。倘若被他识破我们手段，他须占强，我们如何迎敌？不若只是一怪，推却事故，发付他下山去便了，免致后患。只是柴进面上却不好看，忘了日前之恩；如今也顾他不得。"正是：

未同豪气岂相求，纵遇英雄不肯留。

秀士自来多嫉妒，豹头空叹觅封侯。

【毛泽东评点】

绍萱、燕铭同志：

看了你们的戏（按：指《逼上梁山》），你们做了很好的工作，我向你们致谢，并请代向演员同志们致谢！历史是人民创造的，但在旧戏舞台上（在一切离开人民的旧文学旧艺术上）人民却成了渣滓，由老爷太太少爷小姐们统治着舞台，这种历史的颠倒，现在由你们再颠倒过来，恢复了历史的面目，从此旧剧开了新生面，所以值得庆贺。郭沫若在历史话剧方面做了很好的工作，你们则在旧剧方面做了此种工作。你们这个开端将是旧剧革命的划时期的开端，我想到这一点就十分高兴，希望你们多编多演，蔚成风气，推向全国去！

敬礼！

毛泽东

一月九日夜

——《给杨绍萱、齐燕铭的信》（1944.1.9），载《毛泽东文集》第3卷，人民出版社1994年版，第88页。

建国以后，毛泽东在谈自己的革命生涯，谈中国共产党的历史经验时还颇有感触地说：革命家是怎样造就出来的呢？他们不是开始就成为革命者的，他们是被反动派逼出来的。我先是湖南省的一个小学教员，我是被逼迫这样的。反对派杀死了很多人民。最后他借用《水浒传》的故事归纳成一句话："每个造反者都是被逼上梁山的。"

——1964年1月同安娜·路易斯·斯特朗的谈话，载《毛泽东哲学思想研究》1986年第5期，第58页。

【注释】

（1）沧州，州名。宋时治清池（今河北沧县东南）。牢城，监狱。管营，古代边远地区管理徒流充军的罪犯的官吏。

（2）差拨，宋代牢城内看管罪犯的差役。

（3）贯，古代穿钱的绳索，每一千为一贯。

（4）蹉跎，失足，颠蹶。

（5）梁山泊，在今山东梁山、郓城等县间。南部梁山以南，本系大野泽的一部分，五代时泽面北移，环梁山皆成巨泽，始称梁山泊。从五代到北宋，多次被溃决的黄河水灌入，面积逐步扩大，周围达八百里。

（6）袭职，承袭官职。

（7）不到得，不见得。

（8）衮刀，狭长而有长柄的大刀。

（9）貔（pí 皮），古籍中的一种猛兽。《书·牧誓》："如虎如貔。"

（10）酒保，卖酒的人，酒店的伙计。

（11）角，古代酒器。青铜制，形状似爵而无柱，前后两尾沿口端斜出似角，有盖。

（12）筛酒，斟酒。

（13）教头，宋代军队中教练武艺的人员。

（14）六街三市，亦称"六街三陌"。唐时都城长安左右有六街，后代者都城多保存此制，遂以"六街三市"指都市中热闹繁华区。此指宋代都城东京。

（15）文了面，在脸上刺了字或记号。文面是宋时防止士兵逃走或施诸发配犯人的一种残酷制度。

（16）金印，宋代称犯人脸上刺的字。

（17）赍（jī 鸡）发，送给，赠予。盘缠，路费。

（18）沂水县，今山东临沂。

（19）喽罗，本作"偻"，亦作"楼罗""娄罗"，伶俐之意，指伶俐能干事的人。旧时多用以称强盗的部下。

（20）禁军，古代称保卫京城或皇宫的部队。

（21）争奈，怎奈，无奈。

【赏析】

林冲，绰号豹子头。原是东京八十万禁军枪棒教头，武艺高强，忠于职守。他有一个富裕的小家庭，因此他安于现状，逆来顺受，根本没有产生过反抗的念头。但灾难却一次又一次地降落在他身上。高太尉的儿子高衙内在东岳庙公然调戏他妻子，他强压怒火，企图苟且偷安。接着高俅又令人伪作出售宝刀，使林冲买去，又诱他误入白虎节堂，被诬为行刺高太尉，论罪被发配沧州。在刺配沧州的路上，高俅本要解差结果他的性命，被鲁智深救了。高俅又遣陆谦、富安勾结管营、差拨，火烧大军草料场，至此林冲才明白高俅是必欲把他置之死地而快。当他杀死陆谦等人之后，逃到柴进庄上，追捕很紧，他已到了“有家难奔，有国难投”的绝境，才经柴进的劝告，雪夜上梁山，走上了革命造反的道路。林冲的道路，典型地说明了乱自上作，官逼民反，逼上梁山的道理。

1944 年 1 月 9 日，毛泽东看见延安平剧院根据《水浒传》中林冲的故事编演的历史剧《逼上梁山》以后，当即高兴地给编导们写了热情赞誉的信，称赞他们写出了人民创造历史的真相，把被统治者颠倒的历史又颠倒了过来，开创了旧剧革命的新局面。因为《逼上梁山》，表现了强烈的反抗精神，受到了毛泽东的称赞，这是很自然的事。在大革命高潮中，毛泽东还常常把自己带队伍上井冈山说成是“没法子，被逼上梁山”（1939 年 7 月 9 日在陕北公学做《三个法宝》的演讲）。在延安给斯大林祝寿的时候，毛泽东还说过一段很精辟的话。他说：“马克思主义的道理千条万绪，归根结底就是一句话：‘造反有理’，……根据这个道理，于是就反抗就斗争，就干社会主义。”甚至到了 1964 年 1 月他同美国记者安娜·路易斯·斯特朗的谈话中还说，他从一个小教员走上革命道路，“是被逼迫这样的”，并且借《水浒传》的故事归纳成一句话：“每个造反者都是被逼上梁山的。”

【原文】

第十六回　杨志押送金银担　吴用智取生辰纲

话休絮烦，似此行了十四五日，那十四个人没一个不怨怅杨志[1]。当日客店里，辰牌时分，慢慢地打火[2]吃了早饭行。正是六月初四日时节，天气未及晌午，一轮红日当天，没半点云彩，其日十分大热。古人有八句诗道：

祝融南来鞭火龙[(3)]，火旗焰焰烧天红。

日轮当午凝不去，万国如在红炉中。

五岳翠干云彩灭，阳侯海底愁波竭[(4)]。

何当一夕金风起[(5)]，为我扫除天下热。

当日行的路，都是山僻崎岖小径，南山北岭，却监着那十一个军汉，约行了二十余里路程，那军人们思量要去柳阴树下歇凉，被杨志拿着藤条打将来，喝道："快走！教你早歇！"众军人看那天时，四下里无半点云彩，其时那热不可当。但见：

热气蒸人，嚣尘扑面。万里乾坤如甑[(6)]，一轮火伞当天。四野无云，风寂寂树焚溪坼；千山灼焰，必剥剥石烈灰飞。空中鸟雀命将休，倒攧入树林深处；水底鱼龙鳞角脱，直钻入泥土窖中，直教石虎喘无休，便是铁人须汗落。

当时杨志催促一行人在山中僻路里行，看看日色当午，那石头上热了，脚疼走不得。众军汉道："这般天气热，兀的不晒杀人[(7)]！"杨志喝着军汉道："快走，赶过前面冈子去，却再理会。"正行之间，前面迎着那土冈子。众人看这冈子时，但见：

顶上万株绿树，根头一派黄沙。嵯峨浑似老龙形，险峻但闻风雨响。山边茅草，乱丝丝攒遍地刀枪；满地石头，碜可可睡两行虎豹，休道西川蜀道险，须知此是太行山。

当时一行十五人奔上冈子来，歇下担仗，那十四人都去松阴树下睡倒了。杨志说道："苦也！这里是甚么去处，你们却在这里歇凉？起来快走！"众军汉道："你便剁做我七八段，其实去不得了！"杨志拿起藤条，劈头劈脑打去，打得这个起来，那个睡倒，杨志无可奈何。

只见两个虞候和老都管气喘急急[(8)]，也巴到冈子上松树下坐了喘气[(9)]。看这杨志打那军健，老都管见了说道："提辖，端的热了走不得[(10)]，休见他罪过。"杨志道："都管，你不知这里正是强人出没的去处，地名叫做黄泥冈。闲常太平时节，白日里兀自出来劫人[(11)]，休道是这般光景，谁敢在这里停脚！”两个虞候听杨志说了，便道：“我见你说好几遍了，只管把这话来惊吓人！”老都管道：“权且教他们众人歇一歇，略过日中行如何？”杨志道：“你也没分晓了！如何使得？这里下冈子去，兀自有七八里没人家，甚么去处，敢在此歇凉！”老都管道：“我自坐一坐了走，你自去赶他众人先走。”

杨志拿着藤条喝道：“一个不走的，吃俺二十棍。”众军汉一齐叫将起来，数内一个分说道：“提辖，我们挑着百十斤担子，须不比你空手走的，你端的不把人当人！便是留守相公自来监押时，也容我们说一句，你好不知疼痒，只顾逞辩！”杨志骂道：“这畜生不怄死俺！只是打便了。”拿起藤条，劈脸便打去。老都管喝道：“杨提辖，且住！你听我说：我在东京太师府里做奶公时，门下官军，见了无千无万，都向着我喏喏连声。不是我口栈，量你是个遭死的军人，相公可怜抬举你做个提辖，比得芥菜子大小的官职，直得恁地逞能！休说我是相公家都管，便是村庄一个老的，也合依我劝一劝；只顾把他们打，是何看待？”杨志道：“都管，你须是城市里人，生长在相府里，那里知道途路上千难万难。”老都管道：“四川、两广也曾去来，不曾见你这般卖弄。”杨志道：“如今须不比太平时节。”都管道：“你说这话，该剜口割舌，今日天下恁地不太平？”

杨志却待再要回言，只见对面松林里影着一个人，在那里舒头探脑价望，杨志道：“俺说甚么？兀的不是歹人来了！”撇下藤条，拿了朴刀，赶入松林里来喝一声道：“你这厮好大胆[12]，怎敢看俺的行货！”正是：

说鬼便招鬼，说贼便招贼，却是一家人，对面不能识。

杨志赶来看时，只见松林里一字儿摆着七辆江州车儿[13]，七个人脱得赤条条的在那里乘凉，一个鬓边老大一搭朱砂记，拿着一条朴刀，望杨志跟前来，七个人齐叫一声：“呵也！”都跳起来。杨志喝道：“你等是甚么人？”那七人道：“你是甚么人？”杨志又问道：“你等莫不是歹人？”那七人道：“你颠倒问，我等是小本经纪，那里有钱与你？”杨志道：“你等小本经纪人，偏俺有大本钱！”那七人问道：“你端的是甚么人？”杨志道：“你等且说那里来的人？”那七人道：“我等弟兄七人是濠州人[14]，贩枣子上东京去，路途打从这里经过，听得多人说这里黄泥冈上时常有贼打劫客商。我等一面走，一头自说道：'我七个只有些枣子，别无甚财赋。'只顾过冈子来。上得冈子，当不过这热，权且在这林子里歇一歇，待晚凉了行。只听得有人上冈子来，我们只怕是歹人，因此使这个兄弟出来看一看。"杨志道："原来如此，也是一般的客人。却才见你们窥望，惟恐是歹人，因此赶来看一看。"那七个人道："客官请几个枣子了去。"杨志道："不必。"提了朴刀，再回担边来。老都管道："既是有贼，我们去休。"杨志说道："俺只道是歹人，原来是几个贩枣子的客人。"老都管道："似你方才说时，他们都是没命的！"杨志道："不必相闹，只要没事便好；你们且歇了，等凉些走。"众军汉都笑了。杨志也把朴刀插在地上，自去一边树下坐了歇凉。

没半碗饭时，只见远远地一个汉子挑着一副担桶，唱上冈子来，唱道："赤日炎炎似火烧，野田禾稻半枯焦。农夫心内如汤煮，公子王孙把扇摇[15]。"那汉子口里唱着，走上冈子来，松林里头歇下担桶，坐地乘凉。众军看见了，便问那汉子道："你桶里是甚么东西？"那汉子应道："是白酒。"众军道："挑往那里去？"那汉子道："挑出村里卖。"众军道："多少钱一桶？"那汉子道："五贯足钱[16]。"众军商量道："我们又热又渴，何不买些吃，也解暑气。"正在那里凑钱，杨志见了，喝道："你们又做甚么？"众军道："买碗酒吃。"杨志调过朴刀杆便打，骂道："你们不得洒家言语[17]，胡乱便要买酒吃，好大胆！"众军道："没事又来鸟乱！我们自凑钱买酒吃，干你甚事？也来打人！"杨志道："你这村鸟，理会的甚么！到来只顾吃嘴！全不晓得路途上的勾当艰难[18]，多少好汉，被蒙汗药麻翻了[19]！"那挑酒的汉子看着杨志冷笑道："你这客官好不晓事！早是我不卖与你吃，却说出这般没气力的话来！"

正在松树边闹动争说，只见对面松林里那伙贩枣子的客人都提着朴刀，走出来问道："你们做甚么闹？"那挑酒的汉子道："我自挑这酒过冈子村里卖，热了，在此歇凉，他众人要问我买些吃，我又不曾卖与他；这个客官道我酒里有甚么蒙汗药，你道好笑么？说出这般话来！"那七个客人说道："我只道有歹人出来，原来是如此，说一声也不打紧。我们正想酒来解渴，既是他们疑心，且卖一桶与我们吃。"那挑酒的道："不卖！不卖！”这七个客人道：“你这鸟汉子也不晓事，我们须不曾说你。你左右将到村里去卖，一般还你钱，便卖些与我们，打甚么不紧[20]？看你不道得舍施了茶汤[21]，便又救了我们热渴。”那挑酒的汉子便道：“卖一桶与你，不争[22]，只是被他们说的不好，又没碗瓢舀吃。”那七人道：“你这汉子忒认真！便说了一声，打甚么不紧？我们自有椰瓢在这里。”只见两个客人去车子前取出两个椰瓢来，一个捧出一大捧枣子来，七个人立在桶边，开了桶盖，轮替换着舀那酒吃，把枣子过口。无一时，一桶酒都吃尽了。七个客人道：“正不曾问得你多少价钱？”那汉道：“我一了不说价，五贯足钱一桶，十贯一担。”七个客人道：“五贯便依你五贯，只饶我们一瓢吃。”那汉道：“饶不的，做定的价钱。”一个客人把钱还他，一个客人便去揭开桶盖，兜了一瓢，拿上便吃，那汉去夺时，这客人手拿半瓢酒，望松林里便走，那汉赶将去。只见这边一个客人从松林里走将出来，手里拿一个瓢，便来桶里舀了一瓢酒，那汉看见，抢来劈手夺住，望桶里一倾，便盖了桶盖，将瓢望地下一丢，口里说道：“你这客人好不君子相[23]！戴头识脸的[24]，也这般罗唣！”

那对过众军汉见了，心内痒起来，都待要吃，数中一个看着老都管道：“老爷爷与我们说一声，那卖枣子的客人买他一桶吃了，我们胡乱也买他这桶吃，润一润喉也好。其实热渴了，没奈何。这里冈子上又没讨水吃处，老爷方便。”老都管见众军所说，自心里也要吃得些，竟来对杨志说：“那贩枣子客人已买了他一桶酒吃，只有这一桶，胡乱教他们买吃些避暑气，冈子上端的没处讨水吃。”杨志寻思道：“俺在远远处望这厮们都买他的酒吃了，那桶里当面也见吃了半瓢，想是好的。打了他们半日，胡乱容他买碗吃罢。”杨志道：“既然老都管说了，教这厮们买吃了，便起身。”

众军健听了这话，凑了五贯足钱，来买酒吃。那卖酒的汉子道：“不卖了！不卖了！这酒里有蒙汗药在里头！”众军陪着笑说道：“大哥直得便还言语！”那汉道：“不卖了！休缠！”这贩枣子的客人劝道：“你这个鸟汉子，他也说得差了，你也忒认真！连累我们也吃你说了几声。须不关他众人之事，胡乱卖与他众人吃些。”那汉道：“没事讨别人疑心做甚么？”这贩枣子客人把那卖酒的汉子推开一边，只顾将这桶酒提与众军去吃，那军汉开了桶盖，无甚舀吃，陪个小心，问客人借这椰瓢用一用。众客人道："就送这几个枣子与你们过酒。"众军谢道："甚么道理。"客人道："休要相谢，都是一般客人，何争在这百十个枣子上。"众军谢了，先兜两瓢，叫老都管吃一瓢，杨提辖吃一瓢，杨志那里肯吃。老都管自先吃了一瓢，两个虞候各吃一瓢。众军汉一发上，那桶酒登时吃尽了。杨志见众人吃了无事，自本不吃，一者天气甚热，二乃口渴难熬，拿起来只吃了一半，枣子分几个吃了。那卖酒的汉子说道："这桶酒被那客人饶一瓢吃了，少了你些酒，我今饶了你众人半贯钱罢。"众军汉凑出钱来还他，那汉子收了钱，挑了空桶，依然唱着山歌，自下冈子去了。

那七个贩枣子的客人，立在松树傍边，指着这一十五人说道："倒也！倒也！"只见这十五个人头重脚轻，一个个面面厮觑[25]，都软倒了。那七个客人从松树林里推出这七辆江州车儿，把车子上枣子丢在地上，将这十一担金珠宝贝都装在车子内，遮盖好了，叫声："聒噪！"[26]一直望黄泥冈下推了去。正是：

诛求膏血庆生辰，不顾民生与死邻。

始信从来招劫盗，亏心必定有缘因。

杨志口里只是叫苦，软了身体，挣扎不起；十五人眼睁睁地看着那七个人都把这金宝装了去，只是起不来、挣不动、说不的。我且问你，这七人端的是谁？不是别人，原来正是晁盖、吴用、公孙胜、刘唐、三阮这七个。却才那个挑酒的汉子，便是白日鼠白胜。却怎地用药？原来挑上冈子时，两桶都是好酒。七个人先吃了一桶，刘唐揭起桶盖，又兜了半瓢吃，故意要他们看着，只是叫人死心塌地。次后吴用去松林里取出药来，抖在瓢里，只做走来饶他酒吃，把瓢去兜时，药已搅在酒里，假意兜半瓢吃，那白胜劈手夺来，倾在桶里，这个便是计策。那计较都是吴用主张，这个换做智取生辰纲。

原来杨志吃的酒少，便醒得快，爬将起来，兀自捉脚不住。看那十四个人时，口角流涎，都动不得，正应俗语道："饶你奸似鬼，吃了洗脚水。"杨志愤闷道："不争你把了生辰纲去[27]，教俺如何回去见得梁中书[28]？这纸领状须缴不得，就扯破了。如今闪得俺有家难奔，有国难投，待走那里去？不如就这冈子上寻个死处。”撩衣破步，望着黄泥冈下便跳。正是断送落花三月雨，摧残杨柳九秋霜。毕竟杨志在黄泥冈上寻死，性命如何，且听下回分解。

【毛泽东评点】

宋江立忠义堂，劫富济贫，理直气壮，可以拿起来就走。宋江（按：应作晁盖。）劫的是“生辰纲”，是不义之财，取之无碍。我们长期不打土豪了，打土豪，分田地，都归公。那也可以，因为是不义之财。

——李锐：《毛泽东早年读书生活》，辽宁人民出版社 1992 年版，第 19 页。

【注释】

（1）怨怅，怨恨。

（2）辰牌，辰时。相当于上午七时至九时。古代用铜壶滴水的方法计时，报时用时牌。

（3）祝融，神名。原为帝喾时的火官，后被尊为火神，成为火或火灾的代称。

（4）阳侯，古代传说中的波涛之神。

（5）金风，秋风。

（6）甑（zèng 赠），蒸食的炊器。

（7）兀的，怎么。

（8）虞候，原是掌管禁尉的一种武官，后来对大官府里听候派遣或传达命令的也称“虞候”。都管，他在梁中书家总管杂务和仆役，故称。

（9）巴到，赶到。

（10）端的，真的，果然。

（11）兀自，仍。

（12）厮，对人表示轻蔑的称呼。

（13）江州车，一种无梁的独轮车，便于山地运输。相传是诸葛亮在巴郡江州（属今重庆市）所造。

（14）濠州，在今安徽凤阳县。

（15）公子王孙，指贵族子弟。

（16）五贯，五千文钱。贯，旧时用绳索穿钱，每一千文为一贯。

（17）洒家，宋、元时陕西、甘肃一带人的自称。

（18）勾当，事情。

（19）蒙汗药，相传吃了使人失去知觉的一种麻醉药。

（20）打甚么不紧，有什么要紧。

（21）不道得，岂不是。

（22）不争，此处是不要紧的意思。

（23）好不君子相，好不规矩。

（24）戴头识脸，体面的意思。

（25）面面厮觑（qù 去），面对面地望着发愣。

（26）聒（guō 郭）噪，打扰，对不起。宋元时打招呼的习惯语。

（27）不争，这里是只因为的意思。生辰纲，编队运送的大批寿礼。纲，为运送大批货物而编的队。

（28）梁中书，名世杰，是北京大名府（今河北大名）的留守，兼管军政民务。中书是他的官衔，留守是他的实职。他是奸相蔡京的女婿，也是蔡京的爪牙。

【赏析】

“智取生辰纲”是水浒英雄的第一次劫富济贫的义举，与后来的一系列惊天动地的农民战争相比，不过是牛刀小试。但作者写得却十分精彩。

原在权相蔡京的女婿梁中书搜刮了十万贯金珠宝货作为生辰贺礼，派杨志押运送往东京。杨志原是宋代名将杨业之后，原是一个下级军官，因失陷花石纲在逃，后因卖刀杀死泼皮牛二，发配北京大名府，受到梁中书赏识，又委以重任，让他押运生辰纲，又信不过，所以又派老都管和两个虞候监视。杨志是个十分精明的人，一路上他晚行早宿，只让在炎热的中午前后赶路，挑担的军健们都叫苦不迭。行了十四五天后，一天中午来到黄泥冈树荫下，便都躺下不走了，赶起这个，那个又躺下，他们又得到了老都管和两个虞候的支持，杨志拿他们没办法。先是发现七个贩枣子的客人赤条条躺在那里，杨志以为是歹人来了，虚惊一场，一波未平，一波又起，不久，又有一个汉子挑两桶酒上冈上来。

这对于走得口里生烟又无处找水喝的军健们是很有诱惑力的。军健们嚷着要买，杨志不准，说是不知有多少好汉被蒙汗药麻翻了，怀疑酒里有蒙汗药，这便是他的精细之处。他怕酒里有药，不肯买吃。偏偏贩枣子的客人不怕，眼见他们买了一桶，用自带的椰瓢舀着吃了，没什么事，可见酒内无药，是好酒了。他们吃完了自己买的一桶，一个汉子又向另一桶中舀了一瓢，拿着就叫，说是再饶一瓢，卖酒的汉子赶着夺，从林中出来另一个汉子却另拿着一只椰瓢也向桶中舀了一瓢，端着便吃，卖酒的汉子当然不答应，夺过来便倒在桶里。这一切都是在杨志等十五人众目睽睽之下发生的，不容你再疑，于是杨志终于同意把那桶酒买下吃了。他们全被麻翻，眼睁睁地看着那七个贩枣子的客人把枣子丢在地上，将十担金珠宝货装上车子，叫声打扰，推着江州车扬长而去。原来那七个贩枣子的客人便是晁盖、吴用、公孙胜、刘唐、三阮。卖酒的汉子，便是白日鼠白胜。今日之事原是他们做就的圈套，原来两桶都是好酒，七个人先买吃一桶，以释杨志之疑。接着刘唐揭起另一桶桶盖，又兜了半瓢吃，是故意让他们看，让人死心塌地相信酒中无药。之后，吴用从林中取出药抖在瓢里，又去舀喝酒，药已搅在酒里，白胜夺过来倒在桶中，做得合情合理，天衣无缝，不容你再置疑。这都是吴用的计策。精细如杨志者终落圈套。一个生动的情节，便把杨志的精细、吴用的智慧刻画得淋漓尽致，两个光彩照人的形象便跃然纸上。

晁盖等人劫取的价值十万贯之巨的生辰纲，是梁中书搜刮的民脂民膏，“不义之财，取之无碍”，作者热烈地赞扬了晁盖等人的革命行动，这叫取之于民，还之于民，是天经地义的。但是，到了千年之后的1958年，集体农民的粮食、棉花、牛、猪和其他财物，一张白条拿了就走，不付任何报酬还美名曰这是“一大二公”，体现了人民公社的社会主义优越性。1959年夏庐山会议期间，一次谈到当时社会上刮的“共产风”时，毛泽东意味深长地说了上面我们引的那段话。毛泽东把宋江（晁盖）等人取的不义之财和我们党在土地革命时期打土豪、分田地取的不义之财一并加以肯定，认为这种做法是对的，是一种行侠仗义的行为。而在社会主义时期，在人民公社运动中，对农民们的集体财产如粮食、棉花、牛、猪等，要拿就拿，拿起就走，这是“一平二调”。“一平二调”，混淆了集体所有制与全民所有制的界限，抹煞了社会主义与共产主义的区别，因而是不对的。

【原文】

第十九回　林冲水寨大并火　晁盖梁山小夺泊（节录）

且说晁盖、公孙胜和阮家三弟兄，并十数个打鱼的，一发都驾了五七只小船[(1)]，离了石碣村湖泊，径投李家道口来。到得那里，相寻着吴用、刘唐船只，合做一处。吴用问起拒敌官兵一事，晁盖备细说了。吴用众人大喜。整顿船只齐了，一同来到旱地忽律朱贵酒店里来相投。朱贵见了许多人来说投托入伙，慌忙迎接。吴用将来历实说与朱贵听了，大喜，逐一都相见了，请入厅上坐定，忙叫酒保安排分例酒来[(2)]，管待众人；随即取出一张皮靶弓来，搭上一枝响箭，望着那对港芦苇中射去。响箭到处，早见有小喽罗摇出一只船来。朱贵急写了一封书呈，备细写众豪杰入伙姓名人数，先付与小喽罗赍了，教去寨里报知；一面又杀羊管待众好汉。

过了一夜，次日早起，朱贵唤一只大船，请众多好汉下船，就同带了晁盖等来的船只，一齐望山寨里来。行了多时，早来到一处水口，只听的岸上鼓响锣鸣。晁盖看时，只见七八个小喽罗，划出四只哨船来，见了朱贵，都声了喏，自依旧先去了。

再说一行人来到金沙滩上岸，便留老小船只并打鱼的人在此等候。又见数十个小喽罗，下山来接引到关上。王伦领着一头领，出关迎接。晁盖等慌忙施礼，王伦答礼道：“小可王伦[(3)]，久闻晁天王大名，如雷贯耳[(4)]。今日且喜光临草寨。”晁盖道：“晁某是个不读书史的人，甚是粗卤，今日事在藏拙，甘心与头领帐下做一小卒，不弃幸甚。”王伦道：“休如此说，且请到小寨，再有计议。”一行从人，都跟着两个头领上山来。到得大寨聚义厅上，王伦再三谦让晁盖一行人上阶。晁盖等七人，在右边一字儿立下；王伦与众头领，在左边一字儿立下。一个个都讲礼罢，分宾主对席坐下。王伦唤阶下众小头目声喏已毕，一壁厢动起山寨中鼓乐。先叫小头目去山下管待来的从人，关下另有客馆安歇。诗曰：

入伙分明是一群，相留意气便须亲。

如何待彼为宾客，只恐身难作主人。

且说山寨里宰了两头黄牛，十个羊，五个猪，大吹大擂筵席。众头领饮酒中间，晁盖把胸中之事，从头至尾，都告诉王伦等众位。王伦听罢，骇然了半晌，心内踌躇，做声不得，自己沉吟，虚应答筵宴。至晚席散，众头领送晁盖等众人关下客馆内安歇，自有来的人伏侍。

晁盖心中欢喜，对吴用等六人说道：“我们造下这等迷天大罪[5]，那里去安身？不是这王头领如此错爱[6]，我等皆已失所，此恩不可忘报！”吴用只是冷笑。晁盖道：“先生何故只是冷笑？有事可以通知。”吴用道：“兄长性直，你道王伦肯收留我们？兄长不看他的心，只观他的颜色动静规模。”晁盖道：“观他颜色怎地？”吴用道：“兄长不见他早间席上与兄长说话，倒有交情；次后因兄长说出杀了许多官兵捕盗巡检，放了何涛，阮氏三雄如此豪杰，他便有些颜色变了。虽是口中应答，动静规模，心里好生不然。若是他有心收留我们，只就早上便议定了座位。杜迁、宋万，这两个自是粗卤的人，待客之事，如何省得？只有林冲那人，原是京师禁军教头，大郡的人，诸事晓得；今不得已，坐了第四位。早间见林冲着王伦答应兄长模样，他自便有些不平之气，频频把眼瞅这王伦，心内自己踌躇。我看这人，倒有顾盼之心，只是不得已。小生略放片言，教他本寨自相火并[7]。”晁盖道：“全仗先生妙策良谋，可以容身。”

当夜七人安歇了。次早天明，只见人报道：“林教头相访。”吴用便对晁盖道：“这人来相探，中俺计了。”七个人慌忙起来迎接，邀请林冲入到客馆里面。吴用向前称谢道：“夜来重蒙恩赐，拜扰不当。”林冲道：“小可有失恭敬。虽有奉承之心，奈缘不在其位，望乞恕罪。”吴学究道[8]：“我等虽是不才，非为草木，岂不见头领错爱之心，顾盼之意，感恩不浅。”晁盖再三谦让林冲上坐，林冲那里肯，推晁盖上首坐了，林冲便在下首坐定。吴用等六人一带坐下。晁盖道：“久闻教头大名，不想今日得会。”林冲道：“小人旧在东京时，与朋友有礼节，不曾有误。虽然今日能够得见尊颜，不得遂平生之愿，特地径来陪话。”晁盖称谢道：“深感厚意。”

吴用便动问道：“小生旧日久闻头领在东京时，十分豪杰，不知缘何与高俅不睦，致被陷害。后闻在沧州，亦被火烧了大军草料场，又是他的计策。向后不知谁荐头领上山？”林冲道：“若说高俅这贼陷害一节，但提起，毛发直立！又不能报得此仇！来此容身，皆是柴大官人举荐到此。”吴用道：“柴大官人，莫非是江湖上人称为小旋风柴进的么？”林冲道：“正是此人。”晁盖道：“小可多闻人说柴大官人仗义疏财，接纳四方豪杰，说是大周皇帝嫡派子孙[9]，如何能够会他一面也好。”

吴用又对林冲道：“据这柴大官人，名闻寰海，声播天下的人，教头若非武艺超群，他如何肯荐上山？非是吴用过称，理合王伦让这第一位头领坐。此天下之公论，也不负了柴大官人之书信。”林冲道：“承先生高谈，只因小可犯下大罪，投奔柴大官人，非他不留林冲，诚恐负累他不便，自愿上山。不想今日去住无门！非在位次低微，且王伦只心术不定，语言不准，难以相聚。”吴用道：“王头领待人接物，一团和气，如何心地倒恁窄狭？”林冲道：“今日山寨，天幸得众多豪杰到此，相扶相助，似锦上添花[10]，如旱苗得雨。此人只怀妒贤嫉能之心，但恐众豪杰势力相压。夜来因见兄长所说众位杀死官兵一节，他便有些不然，就怀不肯相留的模样，以此请众豪杰来关下安歇。”吴用便道：“既然王头领有这般之心，我等休要待他发付，自投别处去便了。”林冲道：“众豪杰休生见外之心，林冲自有分晓。小可只恐众豪杰生退去之意，特来早早说知。今日看他如何相待。若这厮语言有理，不似昨日，万事罢论；倘若这厮今朝有半句话参差时，尽在林冲身上。”晁盖道：“头领如此错爱，俺兄弟皆感厚恩。”吴用便道：“头领为我弟兄面上，倒教头领与旧弟兄分颜。若是可容即容，不可容时，小生等登时告退。”林冲道：“先生差矣！古人有言：‘惺惺惜惺惺，好汉惜好汉[11]。’量这一个泼男女[12]，腌臜畜生[13]，终作何用！众豪杰且请宽心。”林冲起身别了众人，说道：“少间相会。”众人相送出来，林冲自上山去了。正是：

如何此处不留人，休言自有留人处。

应留人者怕人留，身苦难留留客住。

当日没多时，只见小喽罗到来相请，说道：“今日山寨里头领，相请众好汉，去山南水寨亭上筵会。”晁盖道：“上复头领，少间便到。”小喽罗去了，晁盖问吴用道：“先生，此一会如何？”吴学究笑道：“兄长放心，此一会倒有分作山寨之主。今日林教头必然有火并王伦之意。他若有些心懒，小生凭着三寸不烂之舌[14]，不由他不火并。兄长身边各藏了暗器，只看小生把手来拈须为号，兄长便可协力。”晁盖等众人暗喜。

辰牌已后[15]，三四次人来催请。晁盖和众头领身边各各带了器械，暗藏在身上，结束得端正，却来赴席。只见宋万亲自骑马，又来相请，小喽罗抬过七乘山轿，七个人都上轿子，一径投南山水寨里来。到得山南看时，端的景物非常，直到寨后水亭子前下了轿，王伦、杜迁、林冲、朱贵，都出来相接，邀请到那水亭子上，分宾主坐定。看那水亭一遭景致时，但见：

四面水帘高卷，周回花压朱阑。满目香风，万朵芙蓉铺绿水；迎眸翠色，千枝荷叶绕芳塘。华檐外阴阴柳影，锁窗前细细松声。江山秀气满亭台，豪杰一群来聚会。

当下王伦与四个头领杜迁、宋万、林冲、朱贵坐在左边主位上；晁盖与六个好汉吴用、公孙胜、刘唐、三阮坐在右边客席。阶下小喽罗轮番把盏。酒至数巡，食供两次，晁盖和王伦盘话；但提起聚义一事，王伦便把闲话支吾开去。吴用把眼来看林冲时，只见林冲侧坐交椅上，把眼瞅王伦身上。

看看饮酒至午后，王伦回头叫小喽罗取来。三四个人去不多时，只见一人捧个大盘子，里放着五锭大银。王伦便起身把盏，对晁盖说道：“感蒙众豪杰到此聚义，只恨敝山小寨，是一洼之水，如何安得许多真龙？聊备些小薄礼，万望笑留，烦投大寨歇马，小可使人亲到麾下纳降。”晁盖道：“小子久闻大山招贤纳士，一径地特来投托入伙，若是不能相容，我等众人自行告退。重蒙所赐白金，决不敢领。非敢自夸丰富，小可聊有些盘缠使用。速请纳回厚礼。只此告别。”王伦道：“何故推却？非是敝山不纳众位豪杰，奈缘只为粮少房稀，恐日后误了足下[16]，众位面皮不好，因此不敢相留。”说言未了，只见林冲双眉剔起，两眼圆睁，坐在交椅上大喝道：“你前番我上山来时，也推道粮少房稀。今日晁兄与众豪杰到此山寨，你又发出这等言语来，是何道理？”吴用便说道：“头领息怒。自是我等来的不是，倒坏了你山寨情分。今日王头领以礼发付我们下山，送与盘缠，又不曾热赶将去，请头领息怒，我等自去罢休。”林冲道：“这是笑里藏刀[17]，言清行浊的人！我其实今日放他不过！”王伦喝道：“你看这畜生！又不醉了，倒把言语来伤触我，却不是反失上下！”林冲大怒道：“量你是个落第穷儒，胸中又没文学，怎做得山寨之主！”吴用便道：“晁兄，只因我等上山相投，反坏了头领面皮。只今办了船只，便当告退。”晁盖等七人便起身，要下亭子。王伦留道：“且请席终了去。”林冲把桌子只一脚，踢在一边；抢起身来，衣襟底下掣出一把明晃晃刀来，搭的火杂杂。吴用便把手将髭须一摸，晁盖、刘唐便上亭子来，虚拦住王伦叫道：“不要火并！”吴用一手扯住林冲，便道：“头领不可造次[18]！”公孙胜假意劝道：“休为我等坏了大义。”阮小二便去帮住杜迁，阮小五便帮住宋万，阮小七帮住朱贵，吓得小喽罗们目瞪口呆。

林冲拿住王伦骂道：“你是一个村野穷儒，亏了杜迁得到这里。柴大官人这等资助你，赒给盘缠[19]，与你相交，举荐我来，尚且许多推却。今日众豪杰特来相聚，又要发付他下山去。这梁山泊便是你的！你这嫉贤妒能的贼，不杀了，要你何用！你也无大量大才，也做不得山寨之主！”杜迁、宋万、朱贵本待要向前来劝，被这几个紧紧帮着，那里敢动。王伦那时也要寻路走，却被晁盖、刘唐两个拦住。王伦见头势不好，口里叫道：“我的心腹都在那里？”虽有几个身边知心腹的人，本待要来救，见了林冲这般凶猛头势，谁敢向前。林冲即时拿住王伦，又骂了一顿，去心窝里只一刀，肐察地搠倒在亭上。可怜王伦做了多年寨主，今日死在林冲之手，正应古人言：“量大福也大，机深祸亦深。”有诗为证：

独据梁山志可羞，嫉贤傲士少宽柔。

只将寨主为身有，却把群英作寇仇。

酒席欢时生杀气，杯盘响处落人头。

胸怀褊狭真堪恨，不肯留贤命不留。

晁盖见杀了王伦，各掣刀在手。林冲早把王伦首级割下来，提在手里，吓得那杜迁、宋万、朱贵都跪下说道："愿随哥哥执鞭坠！"晁盖等慌忙扶起三人来。吴用就血泊里曳过头把交椅来，便纳林冲坐地，叫道："如有不伏者，将王伦为例！今日扶林教头为山寨之主。"林冲大叫道："先生差矣！我今日只为众豪杰义气为重上头，火并了这不仁之贼，实无心要谋此位。今日吴兄却让此第一位与林冲坐，岂不惹天下英雄耻笑？若欲相逼，宁死而已！弟有片言，不知众位肯依我么？"众人道："头领所言，谁敢不依？愿闻其言。"林冲言无数句，话不一席，有分教，断金亭上，招多少断金之人；聚义厅前，开几番聚义之会。正是替天行道人将至，仗义疏财汉便来。毕竟林冲对吴用说出甚言语来，且听下回分解。

【毛泽东评点】

关于犯错误的同志，我想只有两条：一条他本人愿意革命；再一条，别人也要准许他继续革命。本人也有不愿意继续革命的……那是极少数的。大多数人是愿意继续革命的。但是还有一条，要准许别人革命。我们不要当《阿Q正传》上的假洋鬼子，他不准阿Q革命；也不要当《水浒传》上白衣秀士王伦，他也是不准人家革命。凡是不准人家革命的，那是很危险的。白衣秀士王伦不准人家革命，结果把自己的命革掉了。

——《农业合作化的一场辩论和当前的阶级斗争》，载《毛泽东选集》，第5卷，人民出版社1977年版，第207页。

《水浒传》梁山上有军队有政府，也有保卫侦察这些特殊工作。一百零八位高级将领中就有做特殊工作的。梁山的对面，朱贵开了一个酒店，专门打听消息，然后报告上面。如果有大土豪路过，就派李逵去搞了回来。

——徐中远：《毛泽东读评五部古典小说》，华文出版社1997年版，第108—109页。

《水浒传》里若没有公孙胜、吴用、萧让这些人物，梁山的事业就不行。

——徐中远：《毛泽东读评五部古典小说》，华文出版社 1997 年版，第 107 页。

【注释】

（1）一发，一同，一齐。

（2）分（fèn 奋）例，常规。

（3）小可，宋元人自称谦词。

（4）如雷贯耳，像雷声传入耳朵那样，比喻人的名声极大。贯，贯穿，进入。

（5）迷天大罪，天大的罪恶。迷，通常作“弥”，满。

（6）错爱，谦词，表示身受对方怜惜爱护。

（7）火并，同伙相拼，自相杀伤或吞并。

（8）学究，旧指私塾的教师。

（9）大周皇帝，后周世宗柴荣，公元 955—959 年在位。柴进是柴荣的后裔。

（10）锦上添花，在锦面上再绣上花。比喻好上加好，美上加美。锦，彩色大花纹丝织物。

（11）惺惺惜惺惺，好汉惜好汉，聪明人爱惜聪明人，勇敢有为的男子爱惜勇敢有为的男子。意思是性格、才能或境遇相同的互相爱惜、同情。惺惺，指聪明人。

（12）泼男女，骂人的话，坏东西。

（13）腌臜（ā 阿或 āng 昂，zhā 扎），卑鄙，丑恶。畜（chù 触）生，骂人的话，意思是没有教养，如同禽兽。

（14）三寸不烂之舌，形容能说会道，善于应付的嘴。

（15）辰牌，辰时，十二时辰之一，上午七时至九时。

（16）足下，敬词，称对方。古代下称上或同辈相称皆可用“足下”。

（17）笑里藏刀，比喻表面和善而内心阴险毒辣。

（18）造次，轻率，随便。

（19）赒（zhōu 周）给，周济，救济。盘缠，旅费。

【赏析】

知识分子是一个富于智慧的特殊阶层，任何时代任何阶级的知识分子，没有知识分子的参加革命要取得胜利是不可能的。《水浒传》的军师吴用、公孙胜、萧让、金大坚等都是多有专长的知识分子，他们对梁山的事业都做出了各自的独特贡献。1945 年 4 月 24 日，毛泽东在中国共产党七大会议上的讲话就说过："《水浒传》里若没有公孙胜、吴用、萧让这些人物，梁山的事业就不行。"强调了知识分子在斗争中的重要意义。

然而，任何事物都是一分为二的，知识分子也是如此。《水浒传》中梁山泊的第一位头领王伦，原是个落第秀才，上山落草，坐了第一把交椅，便不准别人革命。林冲上山时，他推三阻四，不愿收留，因为他自己知道他"也没有十分本事，杜迁、宋万武艺也只平常"，怕林冲武艺高强压过他们。后经杜迁、宋万、朱贵一齐劝说，才勉强把林冲留下。到晁盖、吴用等七人劫了生辰纲，两败官军之后，再上梁山投奔入伙时，他又像对待林冲那样，故伎重施，推说："粮少房稀，恐日后误了足下"，"因此不敢相留"。饱受这种刁难之苦的林冲，再也耐忍不住，把在大庭广众之中，把王伦大骂一顿："这梁山泊便是你的！你这嫉贤妒能的贼，不杀了，要你何用！你也无大量大才，做不得山寨之主！"肐察一刀，便结果了王伦的性命。梁山泊义士尊晁盖，自此梁山农民革命事业走上了健康发展的道路。这个故事，刻画出几个性格鲜明的人物：王伦的心胸褊狭，嫉贤妒能，吴用的足智多谋，林冲的刚毅果决，晁盖的领袖风度都跃然纸上。

1955 年 10 月 11 日，毛泽东在中国共产党第七届中央委员会扩大的第六次全体会议上的讲话中，谈到怎样对待犯错误的同志时，便联系到了王伦，劝大家"也不要当《水浒传》上的白衣秀士王伦，他也是不准人家革命"，并告诫说："凡是不准人家革命的，那是很危险的。白衣秀士王伦不准人家革命，结果把自己的命革掉了。"毛泽东的谆谆教导，体现了我们党对待犯错误干部的一贯政策，语重心长，使人受益匪浅。

林冲和晁盖等人投奔梁山，都是先到朱贵的酒店。朱贵在梁山泊对岸开个酒店，这是他的公开身份，实则他是梁山的头领，他是以卖酒为掩护，来做联络工作，刺探情报的。如果有带财帛的客商，便派人下山来抢；如果是没财帛单行客人便放过；如果是有人入伙，便让人来接；如果是官军追捕，就让山寨预做准备。他的联系办法是向芦苇荡中放一支响箭，便有小喽啰摇船出来接应。这个工作对梁山泊自然也是非常重要的。1938年，在延安的时候，毛泽东在一次有关保卫工作的讲话中，便援引了《水浒传》中朱贵开酒店，打听消息的故事，提高了人们对保卫工作的认识，听起来又感到亲切入耳。

【原文】

第二十三回　横海郡柴进留宾　景阳冈武松打虎（节录）

话分两头。只说武松自与宋江分别之后，当晚投客店歇了。次日早，起来打火，吃了饭，还了房钱，拴束包裹，提了哨棒[(1)]，便走上路，寻思道："江湖上只闻说及时雨宋公明，果然不虚。结识得这般弟兄，也不枉了！"

武松在路上行了几日，来到阳谷县地面[(2)]。此去离县治还远[(3)]。当日晌午时分，走得肚中饥渴，望见前面有一个酒店，挑着一面招旗在门前，上头写着五个字道："三碗不过冈。"

武松入到里面坐下，把哨棒倚了，叫道："主人家，快把酒来吃。"只见店主人把三只碗，一双箸[(4)]，一碟热菜，放在武松面前，满满筛一碗酒来。武松拿起碗，一饮而尽，叫道："这酒好生有气力！主人家，有饱肚的买些吃酒。"酒家道："只有熟牛肉。"武松道："好的，切二三斤来吃酒。"店家去里面切出二斤熟牛肉，做一大盘子，将来放在武松面前；随即再筛一碗酒。武松吃了道："好酒！"又筛下一碗。恰好吃了三碗酒，再也不来筛。武松敲着桌子叫道："主人家，怎的不来筛酒？"酒家道："客官要肉便添来。"武松道："我也要酒，也再切些肉来。"酒家道："肉便切来添与客官吃，酒却不添了。”武松道：“却又作怪！”便问主人家道：“你如何不肯卖酒与我吃？”酒家道：“客官，你须见我门前招旗上面明明写道：‘三碗不过冈’。”武松道：“怎地换做‘三碗不过冈’？”

酒家道：“俺家的酒，虽是村酒，却比老酒的滋味；但凡客人来我店中，吃了三碗的，便醉了，过不得前面的山冈去：因此换做‘三碗不过冈’。若是过往客人到此，只吃三碗，更不再问。”武松笑道：“原来恁地[5]。我却吃了三碗，如何不醉？”酒家道：“我这酒叫做透瓶香，又换做出门倒。初入口时，醉好吃，少刻时便倒。”武松道：“休要胡说！没地不还你钱，再筛三碗来我吃！”酒家见武松全然不动，又筛三碗。武松吃道：“端的好酒[6]！主人家，我吃一碗，还你一碗钱，只顾筛来。”酒家道：“客官休只管要饮，这酒端的要醉倒人，没药医。”武松道：“休得胡鸟说[7]！便是你使蒙汗药在里面[8]，我也有鼻子。”店家被他发话不过，一连又筛了三碗。武松道：“肉便再把二斤来吃。”酒家又切了二斤熟牛肉，再筛了三碗酒。武松吃得口滑，只顾要吃；去身边取出些碎银子，叫道：“主人家，你且来看我银子，还你酒肉钱够么？”酒家看了道：“有余。还有些贴钱与你。”武松道：“不要你贴钱。只将酒来筛。”酒家道：“客官，你要吃酒时，还有五六碗酒哩！只怕你吃不的了。”武松道：“就有五六碗多时，你尽数筛将来。”酒家道：“你这条长汉，倘或醉倒了时，怎扶的你住？”武松答道：“要你扶的，不算好汉。”酒家那里肯将酒来筛。武松焦躁道：“我又不白吃你的！休要引老爷性发，通教你屋里粉碎！把你这鸟店子倒翻转来！”酒家道：“这厮醉了，休惹他。”再筛了六碗酒，与武松吃了。前后共吃了十五碗，绰了哨棒，立起身来道：“我却又不曾醉！”走出门前来笑道：“却不说‘三碗不过冈’！”手提哨棒便走。

酒家赶出来叫道：“客官那里去！”武松立住了，问道：“叫我做甚么？我又不少你酒钱，唤我怎地？”酒家叫道：“我是好意。你且回来我家，看抄白官司榜文[9]。”武松道：“甚么榜文？”酒家道：“如今前面景阳冈上有只吊睛白额大虫，晚了出来伤人，坏了三二十条大汉性命。官司如今杖限猎户擒捉发落。冈子路口，多有榜文：可教往来客人，结伙成队，于巳、午、未三个时辰过冈[10]，其余寅、卯、申、酉、戌、亥六个时辰[11]，不许过冈。更兼单身客人，务要等伴结伙而过。这早晚正是未末申初时分[12]，我见你走都不问人，枉送了自家性命。不如就我此间歇了，等明日慢慢凑的三二十人，一齐好过冈子。”武松听了，笑道：“我是清河县人氏[13]，这条景阳冈上[14]，少也走过了一二十遭，几时见说有大虫？你休说这般鸟话来吓我，便有大虫，我也不怕！”酒家道：“我是好意救你，你不信时，进来看官司榜文。”武松道：“你鸟子声！便真个有虎，老爷也不怕！你留我在家里歇，莫不半夜三更，要谋我财，害我性命，却把鸟大虫唬吓我。”酒家道：“你看么！我是一片好心，反做恶意，倒落得你恁地！你不信我时，请尊便自行！”正是：

前车倒了千千辆，后车过了亦如然。

分明指与平川路，却把忠言当恶言。

那酒店里主人摇着头，自进店里去了。这武松提了哨棒，大着步，自过景阳冈来。约行了四五里路，来到冈子下，见一大树，刮去了皮，一片白，上写两行字。武松也颇识几字，抬头看时，上面写道：

近因景阳冈大虫伤人，但有过往客商，可于巳、午、未三个时辰，结伙成队过冈，勿请自误。

武松看了，笑道：“这是酒家诡诈，惊吓那等客人，便去那厮家里宿歇。我却怕甚么鸟！”横拖着哨棒，便上冈子来。那时已有申牌时分，这轮红日，厌厌地相傍下山。武松乘着酒兴，只管走上冈子来。走不到半里多路，见一个败落的山神庙。行到庙前，见这庙门上贴着一张印信榜文。武松住了脚读时，上面写道：

阳谷县示：为景阳冈上，新有一只大虫，伤害人命。现今杖限各乡里正并猎户人等行捕[15]，未获。如有过往客商人等，可于巳、午、未三个时辰，结伴过冈；其余时分及单身客人，不许过冈，恐被伤害性命。各宜知悉。

武松读了印信榜文，方知端的有虎。欲待转身再回酒店里来，寻思道：“我回去时，须吃他耻笑，不是好汉，难以转去。”存想了一回，说道：“怕甚么鸟！且只顾上去看怎地！”

武松正走，看看酒涌上来，便把毡笠儿背在脊梁上，将哨棒绾在肋下，一步步上那冈子来。回头看这日色时，渐渐地坠下去了。此时正是十月间天气，日短夜长，容易得晚。武松自言自说道："那得甚么大虫？人自怕了，不敢上山。"武松走了一直，酒力发作，焦热起来。一只手提着哨棒，一只手把胸膛前袒开，踉踉跄跄，直奔过乱树林来。见一块光挞挞大青石，把那哨棒倚在一边，放翻身体，却待要睡，只见发起一阵狂风来。古人有四句诗单道那风：

无形无影透人怀，四季能吹万物开。

就树撮将黄叶去，入山推出白云来。

原来但凡世上云生从龙，风生从虎[16]。那一阵风过处，只听得乱树背后扑地一声响，跳出一只吊睛白额大虫来。武松见了，叫声："阿呀！"从青石上翻将下来，便拿那条哨棒在手里，闪在青石边。

那个大虫又饥又渴，把两只爪在地下略按一按，和身望上一扑，从半空里蹿将下来。武松被那一惊，酒都做冷汗出了。说时迟，那时快[17]，武松见大虫扑来，只一闪，闪在大虫背后。那大虫背后看人最难，便把前爪搭在地下，把腰胯一掀，掀将起来。武松只一躲，躲在一边。大虫见掀他不着，吼一声，却似半天里起个霹雳，振得那山冈也动，把这铁棒也似虎尾，倒竖起来只一剪。武松却又闪在一边。原来那大虫拿人，只是一扑，一掀，一剪；三般提不着时，气性先自没了一半。那大虫又剪不着，再吼了一声，一兜兜将回来。武松见那大虫复翻身回来，双手抡起哨棒，尽平生气力只一棒，从半空劈将下来。只听得一声响，簌簌地将那树连枝带叶劈脸打将下来。定睛看时，一棒劈不着大虫；原来打急了，正打在枯树上，把那条哨棒折做两截，只拿得一半在手里。

那大虫咆哮，性发起来，翻身又只一扑，扑将来。武松又只一跳，却退了十步远。那大虫恰好把两只前爪搭在武松面前。武松将半截棒丢在一边，两只手就势把大虫顶花皮肐膳地揪住，一按按将下来。那只大虫急要挣扎，被武松尽气力纳定，那里肯放半点儿松宽。武松把只脚望大虫面门上、眼睛里，只顾乱踢。那大虫咆哮起来，把身底下爬起两堆黄泥，做了一个土坑。武松把那大虫嘴直按下黄泥坑里去，那大虫吃武松奈何得没了些气力。武松把左手紧紧地揪住顶花皮，偷出右手来，提起铁锤般大小拳头，尽平生之力，只顾打。打到五七十拳，那大虫眼里、口里、鼻子里、耳朵里，都迸出鲜血来。那武松尽平昔神威，仗胸中武艺，半歇儿把大虫打做一堆，却似挡着一个锦皮袋。有一篇古风单道景阳冈武松打虎：

景阳冈头风正狂，万里阴云霾日光。
触目晚霞挂林薮，侵人冷雾弥穹苍。
忽闻一声霹雳响，山腰飞出兽中王。
昂头踊跃逞牙爪，麋鹿之属皆奔忙。
清河壮士酒未醒，冈头独坐忙相迎。
上下寻人虎饥渴，一掀一扑何狰狞！
虎来扑人似山倒，人往迎虎如岩倾。
臂腕落时坠飞炮，爪牙爬处成泥坑。
拳头脚尖如雨点，淋漓两手猩红染。
腥风血雨满松林，散乱毛须坠山奄。
近看千钧势有余，远观八面威风敛。
身横野草锦斑销，紧闭双睛光不闪。

当下景阳冈上那只猛虎，被武松没顿饭之间，一顿拳脚，打得那大虫动弹不得，使得口里兀自气喘[18]。武松放了手，来松树边寻那打折的棒橛，拿在手里；只怕大虫不死，把棒橛又打了一回。那大虫气都没了，武松再寻思道："我就地拖得这死大虫下冈子去。"就血泊里双手来提时，那里提得动，原来使尽了气力，手脚都苏软了。武松再来青石坐了半歇，寻思道："天色看看黑了，倘或又跳出一只大虫来时，却怎地斗得它过？且挣扎下冈子去，明早却来理会。"就石头边寻了毡笠儿，转过乱树林边，一步步挨下冈子来。

【毛泽东评点】

"你们太刺激了。"我们讲的是对付国内外反动派即帝国主义者及其走狗们，不是讲对任何别的人。对于这些人，并不发生刺激与否的问题，刺激也是那样，不刺激也是那样，因为他们是反动派。划清反动派和革命派的界限，揭露反动派的阴谋诡计，引起革命派内部的警觉和注意，长自己的志气，灭敌人的威风，才能孤立反动派，战而胜之，或取而代之。在野兽面前，不可以表现丝毫的怯懦。我们要学景阳冈上的武松。在武松看来，景阳冈上的老虎刺激它也是那样，不刺激它也是那样，总之是要吃人的。或者把老虎打死，或者被老虎吃掉，二者必居其一。

——《论人民民主专政》，载《毛泽东选集》，第 4 卷，人民出版社 1991 年版，第 1473 页。

【注释】

（1）哨棒，一种防身的长木棍。因巡逻放哨多用，故称哨棒。

（2）阳谷县，今山东省阳谷县。

（3）县治，县城。

（4）箸（zhù 注），筷子。

（5）恁地，如此，这样。

（6）端的，真的，果然。

（7）胡鸟（diǎo）说，胡说。鸟，通“屌”。常用于骂人的粗话，如鸟人、鸟东西等。

（8）蒙汗药，相传吃了能使人失去知觉并不致死的一种短时麻醉药。

（9）抄白官司榜文，指阳谷县关于景阳冈有虎的公文抄件。后文中的“印信榜文”，则是盖有印鉴的正式榜文。

（10）巳、午、未三个时辰，按古时干支计时，分别是九时至十一时，十一时至十三时，十三时至十五时。

（11）寅、卯、申、酉、戌（xū 须）、亥六个时辰分别是三时至五时、五时至七时、十五时至十七时、十七时至十九时、十九时至二十一时、二十一时至二十三时。

（12）未末申初，即十五时前后。未，十三时至十五时。

（13）清河县，今河北省清河县。

（14）景阳冈，在今山东省阳谷县城东南景阳冈村。

（15）里正，古时乡官。

（16）云生从龙，风生从虎，《易·乾》：“同声相应，同气相求。水流湿，火就燥。云从龙，风从虎。圣人作而万物睹。”后因用“云从龙，风从虎”比喻事物之间的感应关系。

（17）说时迟，那时快，古代小说中的常用套语。意思是事情发生的速度不是记叙速度所能跟得上的。

（18）兀自，还，高。

【赏析】

《水浒传》中武松，出身于城市贫民，性情刚烈，武艺高强。富于正义感，勇于打抱不平，以景阳冈打虎的壮举而驰名江湖。景阳冈武松打虎，是一场惊心动魄的生死搏斗。武松先喝了十八碗酒，拒不听从酒家的劝告，踉踉跄跄地走上冈子来，遇到老虎以后，吓出一身冷汗，酒意全消。他机敏地躲过老虎的一扑、一掀、一剪，双手抡起哨棒，使尽平生气力打去，却打在树枝上，没有打中老虎，那条哨棒也折作两截，只拿一半在手里。武松失去了打虎的武器，只有徒手相搏了。但他在酒醉的状态下，单凭赤手空拳，硬是把一只吊睛白额猛虎按在地上打死了。他唯恐老虎不死，又捡起半截木棒打了一回。这才真正显出了他那过人的胆量、顽强的意志和巨大的气力。高度传奇性的情节和高度理想化的人物，水乳交融地凝结为一个艺术整体，以致读者一提起景阳冈打虎这扣人心弦的故事，武松的英雄形象就须眉毕现地活跃在眼前，一提起武松，也不能不想起那惊心动魄的英雄事迹。

此外，武松打虎写得生动有力，还在于典型细节的运用得当。金圣叹在此回夹批中说：“人是神人，虎是活虎。”所谓“神人”，是指武松是个有神奇气力和机敏的人；所谓“活虎”，是指作者写出了虎搏人的全部本领。虎的声势，虎的吼声，老虎搏人的一扑、一掀、一剪，运用这些细节，就把虎写活了。武松看见大虫跳出来时，“叫声‘阿呀’”，“从青石上翻将下来”，“便拿那条哨棒在手里”，“闪在青石边”；大虫从半空里蹿将下来，武松一惊，酒都做冷汗出了，以及当他拿起哨棒打老虎时竟一棒打在树枝上，通过这些细节，写武松的吃惊、躲闪，从躲闪里写出武松又是机灵勇敢的。

在《水浒传》“读法”中，金圣叹提出“草蛇灰线法”，举例说“如景阳冈勤叙许多‘哨棒’字”，并在此回夹批中，点明“哨棒”共有十六处之多。初看起来，这些哨棒似乎没有什么关系。原来武松是借哨棒作为防身之用，所以写他时刻不离哨棒。到了哨棒打折，才显出徒手打虎的神威来。

中华人民共和国成立前夕，在庆祝中国共产党诞生二十八周年的时候，毛泽东在他的著名论著《新民主主义论》中，借用“武松打虎”的故事，纠正某些人的错误想法。“你们太刺激。”这些人劝中国共产党和中国人民“不要太刺激”国内外反动派，即帝国主义者及其走狗们。毛泽东指出，对于反动派，“并不发生刺激与否的问题，刺激也是那样，不刺激也是那样”。从而说明了我们应该像武松打虎那样，对反动派坚决斗争到底，绝不手软，更不怯懦。

【原文】

第三十八回　及时雨会神行太保　黑旋风斗浪里白条（节录）

话说当时宋江别了差拨[1]，出抄事房来，到点视厅上看时，见那节级掇条凳子坐在厅前[2]，高声喝道：“那个是新配到囚徒？”牌头指着宋江道：“这个便是。”那节级便骂道：“你这黑矮杀才，倚仗谁的势要，不送常例钱来与我[3]？”宋江道：“‘人情人情，在人情愿。’你如何逼取人财？好小哉相！”两边看的人听了，倒捏两把汗。那人大怒，喝骂：“贼配军，安敢如此无礼！颠倒说我小哉！那兜驮的，与我背起来，且打这厮一百讯棍[4]。”两边营里众人都是和宋江好的，见说要打他，一哄都走了，只剩得那节级和宋江。那人见众人都散了，肚里越怒，拿起讯棍，便奔来打宋江。宋江说道：“节级，你要打我，我得何罪？”那人大喝道：“这贼配军，是我手里行货，轻咳嗽便是罪过。”宋江道：“你便寻我过失，也不到得该死。”那人怒道：“你说不该死，我要结果你也不难，只似打杀一个苍蝇。”宋江冷笑道：“我因不送得常例钱便该死时，结识梁山泊吴学究的，却该怎地？”那人听了这话，慌忙丢了手中讯棍，便问道：“你说甚么？”宋江又答道：“自说那结识军师吴学究的，你问我怎的？”那人慌了手脚，拖住宋江问道：“你正是谁？那里得这话来？”宋江笑道：“小可便是山东郓城县宋江[5]。”那人听了大惊，连忙作揖说道：“原来兄长正是及时雨宋公明。”宋江道：“何足挂齿！”那人便道：“兄长，此间不是说话处，未敢下拜。同往城里叙怀，请兄长便行。”宋江道：“好，节级少待，容宋江锁了房门便来。”

宋江慌忙到房里取了吴用的书，自带了银两，出来锁上房门，分付牌头看管，便和那人离了牢城营内，奔入江州城里来[6]，去一个临街酒肆中楼上坐下。那人问道：“兄长何处见吴学究来？”宋江怀中取出书来，递与那人。那人拆开封皮，从头读了，藏在袖内，起身望着宋江便拜。宋江慌忙答礼道：“适间言语冲撞，休怪，休怪！”那人道：“小弟只听得说有个姓宋的发下牢城营里来。往常时，但是发来的配军，常例送银五两，今番已经十数日，不见送来，今日是个闲暇日头，因此下来取讨，不想却是仁兄。恰才在营内甚是言语冒渎了哥哥[7]，万望恕罪！”宋江道：“差拨亦曾常对小可说起大名。宋江有心要拜识尊颜，又不知足下住处，亦无因入城，特地只等尊兄下来，要与足下相会一面，以此耽误日久。不是为这五两银子不舍得送来，只想尊兄必是自来，故意延挨。今日幸得相见，以慰平生之愿。”说话的，那人是谁？便是吴学究所荐的江州两院押牢节级戴院长戴宗。那时故宋时，金陵一路节级，都称呼“家长”；湖南一路节级，都称呼“院长”。原来这戴院长有一等惊人的道术，但出路时，赍书飞报紧急军情事，把两个甲马拴在两只腿上，作起神行法来，一日能行五百里；把四个甲马拴在腿上，便一日能行八百里。因此人都称做神行太保戴宗。有《临江仙》为证：

面阔唇方神眼突，瘦长清秀人材，皂纱巾畔翠花开。黄旗书令字，红串映宣牌。　　健足欲追千里马，罗衫常惹尘埃，神行太保术奇哉。程途八百里，朝去暮还来。

当下戴院长与宋公明说罢了来情去意，戴宗、宋江俱各大喜。两个坐在阁子里，叫那卖酒的过来，安排酒果、肴馔、菜蔬来，就酒楼上两个饮酒。宋江诉说一路上遇见许多好汉，众人相会的事务，戴宗也倾心吐胆，把和这吴学究相交来往的事，告诉了一遍。

两个正说到心腹相爱之处，才饮得两三杯酒，只听楼下喧闹起来，过卖连忙走入阁子来，对戴宗说道："这个人只除非是院长说得他下，没奈何，烦院长去解拆则个。"戴宗问道："在楼下作闹的是谁？"过卖道："便是时常同院长走的那个换做铁牛李大哥，在底下寻主人家借钱。"戴宗笑道："又是这厮在下面无礼，我只道是甚么人。兄长少坐，我去叫了这厮上来。"

戴宗便起身下去，不多时，引着一个黑凛凛大汉上楼来。宋江看见，吃了一惊，便问道："院长，这大哥是谁？"戴宗道："这个是小弟身边牢里一个小牢子，姓李，名逵，祖贯是沂州沂水县百丈村人氏。本身一个异名，换做黑旋风李逵。他乡中都叫他做李铁牛。因为打死了人，逃走出来，虽遇赦宥，流落在此江州，不曾还乡。为他酒性不好，多人惧他。能使两把板斧，及会拳棍，现今在此牢里勾当[9]。"有诗为证：

家住沂州翠岭东，杀人放火恣行凶。
不搽煤墨浑身黑，似着朱砂两眼红。
闲向溪边磨巨斧，闷来岩畔斫乔松。
力如牛猛坚如铁，撼地摇天黑旋风。

李逵看着宋江问戴宗道："哥哥，这黑汉子是谁？"戴宗对宋江笑道："押司，你看这厮恁么粗卤，全不识些体面。"李逵便道："我问大哥：怎地是粗卤？"戴宗道："兄弟，你便请问这位官人是谁便好，你倒却说'这黑汉子是谁'，这不是粗卤，却是甚么？我且与你说知：这位仁兄，便是闲常你要去投奔他的义士哥哥。"李逵道："莫不是山东及时雨黑宋江？"戴宗喝道："咄！你这厮敢如此犯上，直言叫唤，全不识些高低，兀自不快下拜等几时？"李逵道："若真个是宋公明，我便下拜；若是闲人，我却拜甚鸟！节级哥哥，不要瞒我拜了，你却笑我。"宋江便道："我正是山东黑宋江。"李逵拍手叫道："我那爷，你何不早说些个，也教铁牛欢喜。"扑翻身躯便拜。宋江连忙答礼，说道："壮士大哥请坐。"戴宗道："兄弟，你便来我身边坐了吃酒。"李逵道："不耐烦小盏吃，换个大碗来筛。”宋江便问道：“却才大哥为何在楼下发怒？”李逵道：“我有一锭大银，解了十两小银使用了，却问这主人家挪借十两银子，去赎那大银出来，便还他，自要些使用。叵耐这鸟主人不肯借与我(10)，却待要和那厮放对，打得他家粉碎，却被大哥叫了我上来。”宋江道：“只用十两银子去取，再要利钱么？”李逵道：“利钱已有在这里了，只要十两本钱去讨。”宋江听罢，便去身边取出一个十两银子，把与李逵，说道：“大哥，你将去赎来用度。”戴宗要阻挡时，宋江已把出来了。李逵接得银子，便道：“却是好也！两位哥哥只在这里等我一等，赎了银子便来送还，就和宋哥哥去城外吃碗酒。”宋江道：“且坐一坐，吃几碗了去。”李逵道：“我去了便来。”推开帘子，下楼去了。

戴宗道：“兄长休借这银与他便好；却才小弟正欲要阻，兄长已把在他手里了。”宋江道：“却是为何？”戴宗道：“这厮虽是耿直，只是贪酒好赌。他却几时有一锭大银解了，兄长吃他赚漏了这个银去。他慌忙出门，必是去赌。若还赢得时，便有的送来还哥哥；若是输了时，那里讨这十两银来还兄长？戴宗面上须不好看。”宋江笑道：“院长尊兄何必见外，量这些银两，何足挂齿，由他去赌输了罢。我看这人倒是个忠直汉子。”戴宗道：“这厮本事自有，只是心粗胆大不好。在江州牢里，但吃醉了时，却不奈何罪人，只要打一般强的牢子。我也被他连累得苦。专一路见不平，好打强汉，以此江州满城人都怕他。”诗曰：

贿赂公行法枉施，罪人多受不平亏。
以强装弹真堪恨，天使拳头付李逵。

宋江道：“俺们再饮两杯，却去城外闲玩一遭。”戴宗道：“小弟也正忘了和兄长去看江景则个。”宋江道：“小可也要看江州的景致，如此最好。”……

却说李逵走到江边看时，见那渔船一字排着，约有八九十只，都缆系在绿杨树下。船上渔人，有斜枕着船梢睡的，有在船头上结网的，也有在水里洗浴的。此时正是五月半天气，一轮红日，将及沉西，不见主人来开舱卖鱼。李逵走到船边，喝一声道：“你们船上活鱼把两尾来与我。”那渔人应道：“我们等不见渔牙主人来，不敢开舱。你看，那行贩都在岸上坐地。”李逵道：“等甚么鸟主人！先把两尾鱼来与我。”那渔人又答道：“纸也未曾烧，如何敢开舱？那里先拿鱼与你？”李逵见他众人不肯拿鱼，便跳上一只船去，渔人那里拦挡得住。李逵不省得船上的事，只顾便把竹笆篾一拔，渔人在岸上只叫得：“罢了！”李逵伸手去艎板底下一绞摸时，那里有一个鱼在里面。原来那大江里渔船，船尾开半截大孔，放江水出入，养着活鱼，却把竹笆篾拦住，以此船舱里活水往来，养放活鱼，因此江州有好鲜鱼。这李逵不省得，倒先把竹笆篾提起了，将那一舱活鱼都走了。李逵又跳过那边船上去拔那竹篾，那七八十渔人都奔上船，把竹篙来打李逵。李逵大怒，焦躁起来，便脱下布衫，里面单系着一条棋子布捎儿，见那乱竹篙打来，两只手一驾，早抢了五六条在手里，一似扭葱般都扭断了。渔人看见，竟吃一惊，却都去解了缆，把船撑开去了。李逵愤怒，赤条条地拿两截折竹篙，上岸来赶打，行贩都乱纷纷地挑了担走。

正热闹里，只见一个人从小路里走出来，众人看见叫道：“主人来了，这黑大汉在此抢鱼，都赶散了渔船。”那人道：“甚么黑大汉，敢如此无礼！”众人把手指道：“那厮兀自在岸边寻人厮打。”那人抢将过去，喝道：“你这厮吃了豹子心大虫胆，也敢来搅乱老爷道路！”李逵看那人时，六尺五六身材，三十二三年纪，三柳掩口黑髯，头上裹顶青纱万字巾[11]，掩映着穿心红一点鬏儿，上穿一领白布衫，腰系一条绢搭膊，下面青白枭脚，多耳麻鞋，手里提条行秤。那人正来卖鱼，见了李逵在那里横七竖八打人，便把秤递与行贩接了，赶上前来大喝道：“你这厮要打谁？”李逵也不回话，抡过竹篙，却望那人便打。那人抢入去，早夺了竹篙，李逵便一把揪住那人头发，那人便奔他下三面，要跌李逵。怎敌得李逵水牛般气力，直推将开去，不能够拢身，那人便望肋下擢得几拳，李逵那里着在意里。那人又飞起脚来踢，被李逵直把头按将下去，提起铁锤般大小拳头，去那人脊梁上擂鼓也似打。那人怎生挣扎？李逵正打哩，一个人在背后劈腰抱住，一个人便来帮助手，喝道：“使不得，使不得！”李逵回头看时，却是宋江、戴宗。李逵便放了手，那人略得脱身，一道烟走了。

戴宗埋冤李逵道：“我教你休来讨鱼，又在这里和人厮打。倘或一拳打死了人，你不去偿命坐牢？”李逵应道：“你怕我连累你，我自打死一个，我自去承当。”宋江便道：“兄弟休要论口，拿了布衫，且去吃酒。”李逵向那柳树根头拾起布衫，搭在肐膊上，跟了宋江、戴宗便走。行不得十数步，只听的背后有人叫骂道：“黑杀才今番来和你见个输赢。”李逵回转头来看时，便是那人，脱得赤条条地，匾扎起一条水裩儿，露出一身雪练也似白肉，头上除了巾帻，显出那个穿心一点红俏儿来，在江边独自一个把竹篙撑着一只渔船赶将来，口里大骂道：“千刀万剐的黑杀才，老爷怕你的，不算好汉！走的，不是好男子！”李逵听了大怒，吼了一声，撇了布衫，抢转身来，那人便把船略拢来，凑在岸边，一手把竹篙点定了船，口里大骂着。李逵也骂道：“好汉便上岸来。”那人把竹篙去李逵腿上便搠，撩拨得李逵火起，托地跳在船上。说时迟，那时快，那人只要诱得李逵上船，便把竹篙望岸边一点，双脚一蹬，那只渔船，一似狂风飘败叶，箭也似投江心里去了。

李逵虽然也识得水，却不甚高，当时慌了手脚。那个人也不叫骂，撇了竹篙，叫声：“你来，今番和你定要见个输赢。”便把李逵肐膊拿住，口里说道：“且不和你厮打，先教你吃些水。”两只脚把船只一晃，船底朝天，英雄落水，两个好汉扑通地都翻筋斗撞下江里去。宋江、戴宗急赶至岸边，那只船已翻在江里，两个只在岸上叫苦。江岸边早拥上三五百人，在柳阴树下看，都道：“这黑大汉今番却着道儿，便挣扎得性命，也吃了一肚皮水。”宋江、戴宗在岸边看时，只见江面开处，那人把李逵提将起来，又淬将下去，两个正在江心里面清波碧浪中间，一个显浑身黑肉，一个露遍体霜肤。两个打做一团，绞做一块，江岸上那三五百人没一个不喝采。但见：

一个是沂水县成精异物，一个是小孤山作怪妖魔。这个是酥团结就肌肤，那个如炭屑凑成皮肉。一个是马灵官白蛇托化[12]，一个是赵元帅黑虎投胎[13]。这个似万万锤打就银人，那个如千千火炼成铁汉。一个是五台山银牙白象，一个是九曲河铁甲老龙。这个如布漆罗汉显神通，那个似玉碾金刚施勇猛。一个盘旋良久，汗流遍体迸真珠；一个揪扯多时，水浸浑身倾墨汁。那个学华光教主[14]，向碧波深处显形骸；这个象黑煞天神[15]，在雪浪堆中呈面目。正是玉龙搅暗天边日，黑鬼掀开水底天。

当时宋江、戴宗看见李逵被那人在水里揪住，浸得眼白，又提起来，又纳下去，何止渰了数十遭，正是：

舟行陆地力能为，拳到江心无可施。

真是黑风吹白浪，铁牛儿作水牛儿。

宋江见李逵吃亏，便叫戴宗央人去救。戴宗问众人道：“这白大汉是谁？”有认得的说道：“这个好汉便是本处卖鱼主人，换做张顺。”宋江听得，猛省道：“莫不是绰号浪里白条的张顺？”众人道：“正是，正是。”宋江对戴宗说道：“我有他哥哥张横的家书在营里。”戴宗听了，便向岸边高声叫道：“张二哥不要动手，有你令兄张横家书在此。这黑大汉是俺们兄弟，你且饶了他，上岸来说话。”张顺在江心里见是戴宗叫他，却也时常认得，便放了李逵，赴到岸边，爬上岸来，看着戴宗唱个喏道：“院长休怪小人无礼。”戴宗道：“足下可看我面，且去救了我这兄弟上来，却教你相会一个人。”张顺再跳下水里，赴将开去，李逵正在江里探头探脑价挣扎水。张顺早到分际，带住了李逵一只手，自把两条腿踏着水浪，如行平地，那水浸不过他肚皮，渰着脐下，摆了一只手，直托李逵上岸来。江边看的人个个喝采。宋江看得呆了。半晌，张顺、李逵都到岸上，李逵喘做一团，口里只吐白水。戴宗道：“且都请你们到琵琶亭上说话。”张顺讨了布衫穿着，李逵也穿了布衫，四个人再到琵琶亭上来。

戴宗便对张顺道：“二哥，你认得我么？”张顺道：“小人自识得院长，只是无缘，不曾拜会。”戴宗指着李逵问张顺道：“足下日常曾认得他么？今日倒冲撞了你。”张顺道：“小人如何不认得李大哥？只是不曾交手。”李逵道：“你也渰得我够了。”张顺道：“你也打得我好了。”戴宗道：“你两个今番却做个至交的弟兄。常言道：‘不打不成相识。’”李逵道：“你路上休撞着我。”张顺道：“我只在水里等你便了。”四人都笑起来，大家唱个无礼喏。

【毛泽东评点】

梁山泊也做城市工作，神行太保戴宗就是做城市工作的。祝家庄没有城市工作就打不下来。

——董学文等：《毛泽东的文艺美学活动》，高等教育出版社1995年版，第115页。

周恩来把日本内阁总理大臣田中角荣从休息室请到毛泽东的扶手椅边。这时，毛泽东向他们两位示以欢迎的微笑。“你们吵完了吗？”不等回答，他又宣称，“吵吵架对你们有好处。”田中壮着胆子说：“我们进行了友好的谈话。”面对一场关于中日战争是否使中国遭受了“灾难”（日方的用语）的争论避而不谈。毛以哲学家的姿态出现，居高临下。因为会谈远不是什么诚挚的协商。当挥手请这两位总理就座时，他说道：“不打不成交嘛！”毛建议这位并不引人注目的日本人喝点茅台酒。田中回答说：“听说茅台是六十五度，不过我很喜欢喝。”这位领导人纠正道：“不是六十五度，而是七十度。谁给了你这个错误的信息！”毛的后一句话使话题远离了茅台酒而向其可能的方向深入。“顺便说一句，中国古老的东西太多了，让旧的东西捆住你可不好。”

——R. 特里尔：《毛泽东传》，河北人民出版社 1990 年版，第 455—456 页。

【注释】

（1）差拨，宋代牢城营内看管囚犯的差役。

（2）节级，唐宋时低级武官。

（3）常例钱，按惯例送的钱。旧时官员、吏役向人勒索的名目之一。

（4）讯棍，又叫讯杖。古代刑具。拷问囚犯的棍棒。

（5）小可，自称谦词。

（6）江州，今江西九江市。

（7）冒渎，冒犯，亵渎。多用作谦词。

（8）赦宥（yòu 又），宽恕，赦免。

（9）勾当，办事，当差之意。

（10）叵（pǒ 颇）耐，不可耐，可恨。

（11）万字巾，头巾名。宋制万字巾下阔上狭，形同繁体万字，故名。

（12）马灵官白蛇，道教四神之一，即五星灵官大帝华光天王骑的白蛇。至妙吉祥化身，投胎马三只眼。生三日能战，曾斩东海龙王除水孽受业于妙乐天尊，曾闹阴司、天宫，战哪吒，敌齐天大圣，终皈依佛道，佐玄武上帝降妖。

（13）赵元帅黑虎，即赵公明。道教四神之一，玉帝封为神霄副元帅。他斗戴铁冠，执黑鞭，骑黑虎。能呼风唤雨，保病禳灾，治冤伸抑，买卖求财，被民间祠为财神。

（14）华光教主，即马灵官元帅。此指张顺。

（15）黑煞天神，凶神，恶神。此指李逵。

【赏析】

《水浒传》第三十八回“及时雨会神行太保　黑旋风斗浪里白条”写宋江杀阎婆惜后被充军江州牢城，因有吴用书信得识管营节级戴宗以及戴宗手下的小牢子李逵，又因李逵去抢活鱼做鲜汤，而与浪里白条张顺交手，被戴宗、宋江劝住，因为宋江也捎了张顺之兄张横的一封信。这一回中，李逵、张顺、戴宗等三位水浒重要头领在互相矛盾斗争中先后登场，读来兴味盎然！

戴宗的公开身份是江州牢城营节级，是宋王朝的下级军官，暗中却与梁山泊军师吴用有密切联系。梁山英雄是占山为王，有自己根据地，戴宗是在城市里以合法身份，刺探情报，结交英雄，通风报信，而且他拴上甲马能日行八百里，因此绰号神行太保。戴宗有这样的身份，这样的条件，做情报工作就非常有利了。戴宗的地下工作是水浒农民起义事业的一个重要组成部分。梁山泊如果没有城市地下工作的配合，要取得胜利是不可思议的。1945 年 4 月 24 日，毛泽东在中国共产党第七次全国代表大会上的谈话中，讲到城市工作与根据地工作同等重要时，就援引《水浒传》上的例子说：“梁山泊也做城市工作，神行太保戴宗就是做城市工作的。”强调了城市工作的重要作用。

在这回中，李逵与张顺的搏斗，也写得极其生动。宋江、戴宗、李逵三人在琵琶亭吃酒后，宋江想喝鲜鱼汤。李逵便自告奋勇去江边讨。他到江边时，渔船却弯在那里，因为鱼行尚未开市。他鲁莽地放跑了一舱鱼，因此和七八十个渔人打了起来，渔人打他不过，便解缆把渔船都撑离岸边，他又去打买鱼的。正在这时鱼牙子来了，谁知鱼牙子不是他的对手，被他按倒地上，朝脊背上像擂鼓样痛打一顿。这个鱼牙子怎肯善罢甘休，他撑来一条船，把李逵诱上船，荡到江心，翻了底朝天，便和李逵搏斗起来，淹得李逵毫无招架之力。原来这个人叫张顺，水性十分好，涉水如履平地，可以露出腰部，绰号浪里白条。后来宋江、戴宗才把两人劝开。原来张顺也认识戴宗，只是没有交往。戴宗指着李逵问张顺道："足下日常曾认得他么？今日倒冲撞了你。"张顺道："小人如何不认得李大哥？只是不曾交手。"李逵道："你也渰得我够了。"张顺道："你也打得我好了。"戴宗道："你两个今番却做个至交的弟兄。常言道：'不打不成相识。'"李逵道："你路上休撞着我。"张顺道："我只在水里等你便了。"四人都笑起来。

"不打不成相识"，意思是经过交手，各见本领，互相了解，结交更能投合。1972 年 9 月 27 日，毛泽东在会见前来会谈恢复中日邦交的日本总理大臣田中角荣时意味深长地说："不打不成交嘛！"把原话略加变化，其含义不变。这表面上是指周恩来与田中的谈判争吵，实则是指中国抗日战争。其潜台词是，经过八年抗日战争，我们打胜了，现在日本要承认它的侵略给中国人民带来了深重灾难，进行反省道歉，才能实现邦交正常化，从而进一步发展睦邻友好关系。

【原文】

第四十四回　锦豹子小径逢戴宗　病关索长街遇石秀（节录）

……杨雄被张保并两个军汉逼住了，施展不得，只得忍气，解拆不开。正闹中间，只见一条大汉挑着一担柴来，看见众人逼住杨雄，动弹不得。那大汉看了，路见不平，便放下柴担，分开众人，前来劝道："你们因甚打这节级？"那张保睁起眼来喝道："你这打脊饿不死冻不杀的乞丐，敢来多管！"那大汉大怒，焦躁起来，将张保劈头只一提，一交颠翻在地。那几个帮闲的见了，却待要来动手，早被那大汉一拳一个，都打的东倒西歪。杨雄方才脱得身，把出本事来施展动，一对拳头穿梭相似，那几个破落户都打翻在地。张保见不是头[1]，爬将起来，一直走了。杨雄愤怒，大踏步赶将去。张保跟着抢包袱的走，杨雄在后面追着，赶转小巷去了。那大汉兀自不歇手，在路口寻人厮打，戴宗、杨林看了，暗暗地喝采道："端的是好汉，此乃'路见不平，拔刀相助[2]'，真壮士也！"正是：

匣里龙泉争欲出[3]，只因世有不平人。

旁观能辨非和是，相助安知疏与亲。

当时戴宗、杨林便向前邀住劝道："好汉看我二人薄面，且罢休了。"两个把他扶劝到一个巷内。杨林替他挑了柴担，戴宗挽住那汉手，邀入酒店里来。杨林放下柴担，同到阁儿里面。那大汉叉手道："感蒙二位大哥解救了小人之祸。"戴宗道："我弟兄两个也是外乡人，因见壮士仗义之事，只恐一时拳手太重，误伤人命，特地做这个出场，请壮士酌三杯，到此相会结义则个[4]。"那大汉道："多得二位仁兄解拆小人这场，却又蒙赐酒相待，实是不当。"杨林便道："'四海之内，皆兄弟也[5]'，有何伤乎？且请坐。"戴宗相让，那汉那里肯僭上。戴宗、杨林一带坐了，那汉坐于对席。叫过酒保，杨林身边取出一两银子来，把与酒保道："不必来问，但有下饭，只顾买来与我们吃了，一发总算。"酒保接了银子去，一面铺下菜蔬、果品、按酒之类。

三人饮过数杯，戴宗问道："壮士高姓大名？贵乡何处？"那汉答道："小人姓石，名秀，祖贯是金陵建康府人氏[6]。自小学得些枪棒在身，一生执意，路见不平，但要去相助，人都呼小弟作'拼命三郎'。因随叔父来外乡贩羊马卖，不想叔父半途亡故，消折了本钱，还乡不得，流落在此蓟州卖柴度日[7]。既蒙拜识，当以实告。"戴宗道："小可两个因来此间干事，得遇壮士，如此豪杰流落在此卖柴，怎能够发迹[8]？不若挺身江湖上去，做个下半世快乐也好。"石秀道："小人只会使些枪棒，别无甚本事，如何能够发达快乐？"戴宗道："这般时节认不得真，一者朝廷不明，二乃奸臣闭塞。小可一个薄识，因一口气去投奔了梁山泊宋公明入伙，如今论秤分金银，换套穿衣服，只等朝廷招安了[9]，早晚都做个官人。"石秀叹口气道："小人便要去，也无门路可进。"戴宗道："壮士若肯去时，小可当以相荐。”石秀道：“小人不敢拜问二位官人贵姓？”戴宗道：“小可姓戴名宗，兄弟姓杨名林。”石秀道：“江湖上听说有个江州神行太保，莫非正是足下？”戴宗道：“小可便是。”叫杨林身边包袱内取一锭十两银子，送与石秀做本钱。石秀不敢受，再三谦让，方才收了，才知道他是梁山泊神行太保。正欲诉说些心腹之话，投托入伙，只听得外面有人寻问入来。三个看时，却是杨雄带领着二十余人，都是做公的，赶入酒店里来。戴宗、杨林见人多，吃了一惊，乘闹哄里，两个慌忙走了。

石秀起身迎住道：“节级那里去来？”杨雄便道：“大哥，何处不寻你，却在这里饮酒。我一时被那厮封住了手，施展不得，多蒙足下气力，救了我这场便宜[10]。一时间只顾赶了那厮去，夺他包袱，却撇了足下。这伙兄弟听得我厮打，都来相助，依还夺得抢去的花红缎匹回来，只寻足下不见。却才有人说道：‘两个客人，劝他去酒店里吃酒。’因此才知得，特地寻将来。”石秀道：“却才是两个外乡客人，邀在这里酌三杯，说些闲话，不知节级呼唤。”杨雄大喜，便问道：“足下高姓大名？贵乡何处？因何在此？”石秀答道：“小人姓石，名秀，祖贯是金陵建康府人氏。平生性直，路见不平，便要去舍命相护，以此都唤小人做‘拼命三郎’。因随叔父来此地贩卖羊马，不期叔父半途亡故，消折了本钱，流落在此蓟州卖柴度日。”杨雄看石秀时，好个壮士，生得上下相等。有首《西江月》词，单道着石秀好处。但见：

身似山中猛虎，性如火上浇油。心雄胆大有机谋，到处逢人搭救。全仗一条杆棒，只凭两个拳头。掀天声价满皇州，拼命三郎石秀。

【毛泽东评点】

我们要保持过去革命战争时期的那么一股劲，那么一股革命热情，那么一种拼命精神，把革命工作做到底。什么叫“拼命”？《水浒传》上有那么一位，叫拼命三郎石秀，就是那个“拼命”。我们从前干革命，就是有一种拼命精神。每一个人有一条生命，或者六十岁，或者七十岁，或者八十岁，九十岁，看你有多长的命。只要你还能工作就多多少少应当工作。而工作的时候就要有一股革命热情，就要有一种拼命精神。有些同志缺乏这种热情，缺乏这种精神，停滞下来了。这种现象不好，应当对这些同志进行教育。

——《坚持艰苦奋斗，密切联系群众》，载《毛泽东选集》，第5卷，人民出版社1977年版，第420—421页。

【注释】

（1）不是头，情况不妙。

（2）路见不平，拔刀相助，路上遇见不平的事，拔出刀来帮助被欺负的人。旧时形容勇于抱不平的正义行为。元杨显之杂剧《酷寒亭·楔子》："这个是路见不平，拔刀相助，则是误伤人命。"

（3）龙泉，指宝剑，典出《晋书·张华传》："张华见斗、牛二星之间有紫气，使人于丰城狱中掘地得二剑，一名龙泉，一名太阿。"

（4）则个，语气助词。用法略同"着""者"。表示叮嘱，希望，或加强语气。

（5）四海之内，皆兄弟也，旧称天下的人都亲如兄弟。语出《论语·颜渊》："君子敬而无失，与人恭而有礼，四海之内，皆兄弟也。"

（6）金陵建康府，治所在上元（今江苏南京市区）。东晋王导称为"建康古之金陵"。后人因作今南京市的别称。

（7）蓟（jì 技）州，州名，治所在渔阳（今天津蓟州区）。辖境相当于今河北蓟县、三河、玉田、丰润、遵化等县。

（8）发迹，此指由贫穷而富足，也指由卑微而得显达。

（9）招安，劝说造反者投降归顺。

（10）便宜，斟酌事宜，不拘成规，自行决断处理。

【赏析】

《水浒传》第四十四回"锦豹子小径逢戴宗　病关索长街遇石秀"写戴宗和李逵去蓟州请入云龙公孙胜，途中结交裴宣、邓飞等饮马川英雄，到蓟州城内正遇杨雄决刑回来，众相识与他挂红贺喜，却被踢杀羊张保等七八个泼皮军汉抢去。好汉敌不过人多，杨雄正在无法。一条担柴的大汉，放下柴担，帮助厮打，那伙人被大汉一拳一个，打得东倒西歪，狼狈而逃。杨雄去追赶抢包袱的人，那大汉才被戴宗、杨林劝住，三人到酒店吃酒，戴宗劝他上梁山泊入伙，问他姓甚名谁。原来这大汉名叫石秀，金陵建康府人，会些枪棒武艺，平生性急，路见不平，便要去舍命相护，因此得了个诨号叫"拼命三郎"。后来杨雄来找石秀，戴宗、杨林已避开。原来杨雄也不认识石秀，石秀又做了自我介绍，二人从此相识，结为异姓兄弟。石秀与杨雄素无瓜葛，见杨雄受张保等泼皮欺侮，但帮他厮打，体现了一种路见不平，拔刀相助的见义勇为的精神。石秀豁出性命去做这些与自己毫不相干的事，基于他的"四海之内，皆兄弟也"的思想基础。自己的兄弟有事，不和自己的事一样吗？因此就要豁出性命去做，表现了一种热情、勇气和力量，一种拼命精神。

这种拼命精神是非常可贵的。在革命战争年代，"舍得一身剐，敢把皇帝拉下马"，我们就是凭着这种革命热情、决心和勇气，凭着一股拼命精神，夺来了全国胜利。新中国成立以后，我们要建设社会主义，仍然需要每一个革命者要保持过去革命战争时期的那么一股劲，那么一股革命热情，那么一种拼命精神，把革命工作进行到底。什么是"拼命"？毛泽东1957年3月19日在南京党员干部会议上讲话中，讲到在社会主义革命和建设中仍然要保持和发扬光大革命热情和拼命精神，他举的例子就是《水浒传》的"拼命三郎"石秀。像石秀那样豁出命来去干事业。就是"少活二十年，也要拿下大油田！"这是铁人王进喜的豪言壮语。艰苦奋斗，英勇拼搏，为国争光，女排等体育健儿身上体现了这种精神。这种革命热情、拼命精神是我们的宝贵财富，应该世代相传。对那些革命意志衰退，拼命精神缺乏的人，应当进行教育。

【原文】

第五十回　吴学究双掌连环计　宋公明三打祝家庄（节录）

话说当时军师吴用启烦戴宗道："贤弟可与我回山寨去取铁面孔目裴宣、圣手书生萧让、通臂猿侯健、玉臂匠金大坚。可教此四人带了如此行头[(1)]，连夜下山来，我自有用他处。"戴宗去了。

只见寨外军士来报，西村扈家庄上扈成牵牛担酒，特来求见。宋江叫请入来。扈成来到中军帐前，再拜恳告道："小妹一时粗卤，年幼不省人事，误犯威颜，今者被擒，望乞将军宽恕。奈缘小妹原许祝家庄上，前者不合奋一时之勇，陷于缧绁。如蒙将军饶放，但用之物，当依命拜奉。"宋江道："且请坐说话。祝家庄那厮，好生无礼，平白欺负俺山寨，因此行兵报仇，须与你扈家无冤。只是令妹引人捉了我王矮虎[(2)]，因此还礼，拿了令妹。你把王矮虎放回还我，我便把令妹还你。"扈成答道："不期已被祝家庄拿了这个好汉去。"吴学究便道："我这王矮虎，今在何处？"扈成道："如今拘锁在祝家庄上，小人怎敢去取？"宋江道："你不去取得王矮虎来还我，如何能够得你令妹回去？"吴学究道："兄长休如此说，只依小生一言：今后早晚祝家庄上，但有些响亮，你的庄上，切不可令人来救护。倘或祝家庄上有人投奔你处，你可就缚在彼。若是捉下得人时，那时送还令妹到贵庄。只是如今不在本寨，前日已使人送在山寨，奉养在宋太公处。你且放心回去，我这里自有个道理。"扈成道："今番断然不敢去救应他，若是他庄上果有人来投我时，定缚来奉献将军麾下[(3)]。"宋江道："你若是如此，便强似送我金帛。"扈成拜谢了去。

且说孙立却把旗号上改换做"登州兵马提辖孙立[(4)]"，领了一行人马，都来到祝家庄后门前。庄上墙里望见是登州旗号，报入庄里去。栾廷玉听得是登州孙提辖到来相望，说与祝氏三杰道："这孙提辖是我弟兄，自幼与他同师学艺，今日不知如何到此？"带了二十余人马，开了庄门，放下吊桥，出来迎接。孙立一行人都下了马，众人讲礼已罢，栾廷玉问道："贤弟在登州守把，如何到此？"孙立答道："总兵府行下文书，对调我来此间郓州守把城池，提防梁山泊强寇，便道经过，闻知仁兄在此祝家庄，特来相探。本待从前门来，因见村口庄前俱屯下许多军马，不好冲突，特地寻觅村里，从小路问到庄后，入来拜望仁兄[5]。”栾廷玉道：“便是这几时连日与梁山泊强寇厮杀，已拿得他几个头领在庄里了，只要捉了宋江贼首，一并解官。天幸今得贤弟来此间镇守，正如锦上添花，旱苗得雨。”孙立笑道：“小弟不才，且看相助捉拿这厮们，成全兄长之功。”栾廷玉大喜，当下都引一行人进庄里来，再拽起了吊桥，关上了庄门。孙立一行人安顿车仗人马，更换衣裳，都在前厅来相见。祝朝奉与祝龙、祝虎、祝彪三杰，都相见了，一家儿都在厅前相接。

栾廷玉引孙立等上到厅上相见，讲礼已罢，便对祝朝奉说道：“我这个贤弟孙立，绰号病尉迟，任登州兵马提辖。今奉总兵府对调他来，镇守此间郓州。”祝朝奉道：“老夫亦是治下。”孙立道：“卑小之职，何足道哉！早晚也要望朝奉提携指教。”祝氏三杰相请众位尊坐。孙立动问道：“连日相杀，征阵劳神。”祝龙答道：“也未见胜败。众位尊兄，鞍马劳神不易。”孙立便叫顾大嫂引了乐大娘子叔伯姆两个去后堂拜见宅眷。唤过孙新、解珍、解宝参见了，说道：“这三个是我兄弟。”指着乐和便道：“这位是此间郓州差来取的公吏。”指着邹渊、邹润道：“这两个是登州送来的军官。”祝朝奉并三子虽是聪明，却见他又有老小，并许多行李车仗人马，又是栾廷玉教师的兄弟，那里有疑心，只顾杀牛宰马，做筵席管待众人，且饮酒食。

过了一两日，到第三日，庄兵报道：“宋江又调军马杀奔庄上来了。”祝彪道：“我自去上马拿此贼。”便出庄门，放下吊桥，引一百余骑马军杀将出来。早迎见一彪军马，约有五百来人，当先拥出那个头领，弯弓插箭，拍马抡枪，乃是小李广花荣。祝彪见了，跃马挺枪，向前来斗，花荣也纵马来战祝彪。两个在独龙冈前，约斗了数十合，不分胜败。花荣卖个破绽[6]，拨回马便走，引他赶来。祝彪正待要纵马追去，背后有认得的说道：“将军休要去赶，恐防暗器，此人深好弓箭。”祝彪听罢，便勒转马来不赶，领回人马投庄上来，拽起吊桥，看花荣时，也引军马回去了。祝彪直到厅前下马，进后堂来饮酒。孙立动问道：“小将军今日拿得甚贼？”祝彪道：“这厮们伙里有个甚么小李广花荣，枪法好生了得。斗了五十余合，那厮走了，我却待要赶去追他，军人们道，那厮好弓箭，因此各自收兵回来。”孙立道：“来日看小弟不才，拿他几个。”当日筵席上叫乐和唱曲，众人皆喜。

至晚席散，又歇了一夜，到第四日午牌[7]，忽有庄兵报道：“宋江军马又来在庄前了。”堂下祝龙、祝虎、祝彪三子都披挂了，出到庄前门外，远远地望见，早听得鸣锣擂鼓，呐喊摇旗，对面早摆下阵势。这里祝朝奉坐在庄门上，左边栾廷玉，右边孙提辖，祝家三杰，并孙立带来的许多人伴，都摆在两边。早见宋江阵上豹子头林冲高声叫骂，祝龙焦躁，喝叫放下吊桥，绰枪上马，引一二百人马，大喊一声，直奔林冲阵上。庄门下擂起鼓来，两边各把弓弩射住阵脚，林冲挺起丈八蛇矛[8]，和祝龙交战，连斗到三十余合，不分胜败。两边鸣锣，各回了马。祝虎大怒，提刀上马，跑到阵前，高声大叫宋江决战。说言未了，宋江阵上早有一将出马，乃是没遮拦穆弘来战祝虎。两个斗了三十余合，又没胜败。祝彪见了大怒，便绰枪飞身上马，引二百余骑，奔到阵前。宋江队里病关索杨雄，一骑马，一条枪，飞抢出来战祝彪。

孙立看见两队儿在阵前厮杀，心中忍耐不住，便唤孙新：“取我的鞭枪来，就将我的衣甲、头盔、袍袄把来披挂了。”牵过自己马来，——这骑马号乌骓马[9]，鞴上鞍子，扣了三条肚带，腕上悬了虎眼钢鞭，绰枪上马。祝家庄上，一声锣响，孙立出马在阵前。宋江阵上林冲、穆弘、杨雄都勒住马，立于阵前。孙立早跑马出来，说道：“看小可捉这厮们。”孙立把马兜住，喝问道：“你那贼兵阵上有好厮杀的，出来与我决战。”宋江阵内鸾铃响处，一骑马跑将出来，众人看时，乃是拼命三郎石秀来战孙立。两马相交，双枪并举。两个斗到五十合，孙立卖个破绽，让石秀枪搠入来，虚闪一个过，把石秀轻轻的从马上捉过来，直挟到庄前撇下，喝道：“把来缚了。”祝家三子把宋江军马一搅，都赶散了。三子收军回到门楼下，见了孙立，众皆拱手钦伏。孙立便问道：“共是捉得几个贼人？”祝朝奉道：“起初先捉得一个时迁，次后拿得一个细作杨林，又捉得一个黄信；扈家庄一丈青捉得一个王矮虎；阵上拿得两个：秦明、邓飞。今番将军又捉得这个石秀，这厮正是烧了我店屋的。共是七个了。”孙立道：“一个也不要坏他，快做七辆囚车装了，与些酒饭，将养身体，休教饿损了他，不好看。他日拿了宋江，一并解上东京去，教天下传名，说这个祝家庄三杰。”祝朝奉谢道：“多幸得提辖相助，想是这梁山泊当灭也。”邀请孙立到后堂筵宴，石秀自把囚车装了。看官听说，石秀的武艺不低似孙立，要赚祝家庄人，故意教孙立捉了，使他庄上人一发信他。孙立又暗暗地使邹渊、邹润、乐和去后房里把门户都看了出入的路数。杨林、邓飞见了邹渊、邹润，心中暗喜。乐和张看得没人，便透个消息与众人知了。顾大嫂与乐大娘子在里面已看了房户出入的门径。

至第五日，孙立等众人都在庄上闲行，当日辰牌时候[10]，早饭已后，只见庄兵报道：“今日宋江分兵做四路，来打本庄。”孙立道：“分十路待怎地？你手下人且不要慌，早作准备便了。先安排些挠钩套索，须要活捉，拿死的也不算。”庄上人都披挂了，祝朝奉亲自率引着一班儿上门楼来看时，见正东上一彪人马，当先一个头领，乃是豹子头林冲，背后便是李俊、阮小二，约有五百以上人马在此。正西上又有五百来人马，当先一个头领，乃是小李广花荣，随背后是张横、张顺。正南门楼上望时，也有五百来人马，当先三个头领，乃是没遮拦穆弘、病关索杨雄、黑旋风李逵。四面都是兵马，战鼓齐鸣，喊声大举。栾廷玉听了道：“今日这厮们厮杀，不可轻敌。我引了一队人马出后门，杀这正西北上的人马。”祝龙道：“我出前门，杀这正东上的人马。”祝虎道：“我也出后门，杀那西南上的人马。”祝彪道：“我自出前门，捉宋江，是要紧的贼首。”祝朝奉大喜，都赏了酒。各人上马，尽带了三百余骑奔出庄门，其余的都守庄院门楼前呐喊。此时邹渊、邹润已藏了大斧，只守在监门左侧。解珍、解宝藏了暗器，不离后门。孙新、乐和已守定前门左右。顾大嫂先拨军兵保护乐大娘子，却自拿了两把双刀在堂前踅，只听风声，便乃下手。

且说祝家庄上擂了三通战鼓，放了一个炮，把前后门都开，放下吊桥，一齐杀将出来。四路军兵出了门，四下里分投去厮杀。临后孙立带了数十个军兵，立在吊桥上。门里孙新便把原带来的旗号插起在门楼上，乐和便提着枪，直唱将出来。邹渊、邹润听得乐和唱，便唿哨了几声；抡动大斧，早把守监门的庄兵砍翻了数十个，便开了陷车，放出七只大虫来，各各寻了器械，一声喊起。顾大嫂掣出两把刀，直奔入房里，把应有妇人，一刀一个，尽都杀了。祝朝奉见头势不好了，却待要投井时，早被石秀一刀剁翻，割了首级。那数十个好汉，分投来杀庄兵。后门头解珍、解宝便去马草堆里放起把火，黑焰冲天而起。

四路人马见庄上火起，并力向前。祝虎见庄里火起，先奔回来。孙立守在吊桥上，大喝一声："你那厮那里去？"拦住吊桥。祝虎省口，便拨转马头，再奔宋江阵上来。这里吕方、郭盛两戟齐举，早把祝虎和人连马搠翻在地，众军乱上，剁做肉泥。前军四散奔走。孙立、孙新迎接宋公明入庄。

且说东路祝龙斗林冲不住，飞马望庄后而来。到得吊桥边，见后门头解珍、解宝把庄客的尸首一个个撺将下来。火焰里祝龙急回马，望北而走。猛然撞着黑旋风，踊身便到，抡动双斧，早砍翻马脚。祝龙措手不及，倒撞下来，被李逵只一斧，把头劈翻在地。祝彪见庄兵走来报知，不敢回，直望扈家庄投奔，被扈成叫庄客捉了，绑缚下，正解将来见宋江。恰好遇着李逵，只一斧，砍翻祝彪头来，庄客都四散走了。李逵再抡起双斧，便看着扈成砍来，扈成见局面不好，投马落荒而走，弃家逃命，投延安府去了[11]。后来中兴内也做了个军官武将。

且说李逵正杀得手顺，直抢入扈家庄里，把扈太公一门老幼，尽数杀了，不留一个。叫小喽啰牵了有的马匹，把庄里一应有的财赋，捎搭有四五十驮，将庄院门一把火烧了，却回来献纳。

再说宋江已在祝家庄上正厅坐下，众头领都来献功，生擒得四五百人，夺得好马五百余匹，活捉牛羊不计其数。宋江见了，大喜道："只可惜杀了栾廷玉那个好汉。"正嗟叹间，闻人报道：黑旋风烧了扈家庄，砍得头来献纳。宋江便道："前日扈成已来投降，谁教他杀了此人？如何烧了他庄院？"

只见黑旋风一身血污，腰里插着两把板斧，直到宋江面前，唱个大喏[12]，说道："祝龙是兄弟杀了，祝彪也是兄弟砍了，扈成那厮走了，扈太公一家，都杀得干干净净，兄弟特来请功。”宋江喝道：“祝龙曾有人见你杀了，别的怎地是你杀了？”黑旋风道：“我砍得手顺，望扈家庄赶去，正撞见一丈青的哥哥，解那祝彪出来，被我一斧砍了，只可惜走了扈成那厮。他家庄上，被我杀得一个也没了。”宋江喝道：“你这厮，谁叫你去来？你也须知扈成前日牵牛担酒，前来投降了，如何不听得我的言语，擅自去杀他一家，故违了我的将令？”李逵道：“你便忘记了，我须不忘记，那厮前日教那个鸟婆娘赶着哥哥要杀，你今却又做人情。你又不曾和他妹子成亲，便又思量阿舅、丈人。”宋江喝道：“你这铁牛，休得胡说！我如何肯要这妇人？我自有个处置。你这黑厮，拿得活的有几个？”李逵答道：“谁鸟耐烦，见着活的便砍了。”宋江道：“你这厮违了我的军令，本合斩首，且把杀祝龙、祝彪的功劳折过了，下次违令，定行不饶。”黑旋风笑道：“虽然没了功劳，也吃我杀得快活。”

只见军师吴学究引着一行人马，都到庄上来与宋江把盏贺喜。宋江与吴用商议道，要把这祝家庄村坊洗荡了。石秀禀说起：“这钟离老人仁德之人，指路之力，救济大忠，也有此等善心良民在内，亦不可屈坏了这等好人。”宋江听罢，叫石秀去寻那老人来。石秀去不多时，引着那个钟离老人来到庄上，拜见宋江、吴学究。宋江取一包金帛赏与老人，永为乡民：“不是你这个老人面上有恩，把你这个村坊，尽数洗荡了，不留一家。因为你一家为善，以此饶了你这一境村坊人民。”那钟离老人只是下拜。宋江又道：“我连日在此搅扰你们百姓，今日打破祝家庄，与你村中除害，所有各家赐粮米一石(13)，以表人心。”就着钟离老人为头给散，一面把祝家庄多余粮米，尽数装载上车；金银财赋，犒赏三军众将(14)；其余牛羊骡马等物，将去山中支用。打破祝家庄，得粮五十万石。宋江大喜。大小头领，将军马收拾起身，又得若干新到头领，孙立、孙新、解珍、解宝、邹渊、邹润、乐和、顾大嫂，并救出七个好汉。孙立等将自己马也捎带了自己的财赋，同老小乐大娘子，跟随了大队军马上山。当有村坊乡民，扶老挈幼，香花灯烛，于路拜谢。宋江等众将一齐上马，将军兵分作三队摆开，前队鞭敲金镫，后军齐唱凯歌，正是：

盗可盗，非常盗；强可强，真能强。只因灭恶除凶，聊作打家劫舍。

地方恨土豪欺压，乡村喜义士济施。众虎有情，为救偷鸡钓狗；独龙无助，难留飞虎扑雕。谨具上万资粮，填平水泊；更赔许多人畜，踏破梁山。……

【毛泽东评点】

《水浒传》上宋江三打祝家庄，两次都因情况不明，方法不对，打了败仗。后来改变办法，从调查情况入手，于是熟悉了盘陀路，拆散了李家庄、扈家庄和祝家庄的联盟，并且布置了藏在敌人营盘中的伏兵，用了和外国故事中所说木马计相像的办法，第三次就打了胜仗。《水浒传》上有很多唯物辩证法的事例，这个三打祝家庄，算是最好的一个。

——《矛盾论》，载《毛泽东选集》，第1卷，人民出版社1991年版，第313页。

《水浒传》上的祝家庄，两次都打不进去，第三次打进去了，因为搞了木马计。有一批人假装合作打宋江，祝家庄便欢迎得很，相信他们，这是合法的。但这批人暗中准备非法斗争，等到宋江打到面前，内部就起来暴动，革命没有内部变化是不行的。中国的三打祝家庄，外国的新木马计，都是这样。单单采取合法斗争这一形式就不行。堡垒最容易从内部攻破。一打、二打，为什么打不进去，《水浒传》的作者写得非常好，写得完全符合事实。我们对敌人如此，敌人对我们也是如此。

——陈晋：《毛泽东与文艺传统》，中央文献出版社1992年版，第161—162页。

1959年2月在省市委书记会议上的讲话中，毛泽东向人们谈到三打祝家庄的故事给人们的启示说："一打"后石秀探庄，解决了道路问题；"二打"分化祝家庄、李家庄、扈家庄的三庄联盟；然后是解决祝家庄内部问题，于是有了孙立的假投降，"三打"就成功了。

——陈晋：《毛泽东与文艺传统》，中央文献出版社1992年版，第161页。

【注释】

（1）行（háng 杭）头，封建社会中商肆、行会的首领。

（2）令妹，称对方之妹的敬词。令，善，美。

（3）麾（huī 挥）下，在主帅的旌旗之下，即部下。

（4）登州，州名，治所在今山东蓬莱市。

（5）仁兄，旧时对同辈友人的敬称。

（6）破绽（zhàn 占），衣裳上的裂缝，引申为语言行动上的不周到之处，即漏洞。

（7）午牌，即午时，十一时至十三时。

（8）丈八蛇矛，一种一丈八尺长的古代长矛。

（9）乌骓（zhuī 追）马，项羽所骑战马名骓，后人称作乌骓。后指好战马。

（10）辰牌时候，七时至九时。

（11）延安府，府名。北宋时治所在府址（今陕西延安）。

（12）唱个大喏（nuò 诺），古代男子叉手行礼，同时大声致敬。

（13）一石（shí 实，今读 dàn 旦），市制中容量，十斗为一石。

（14）犒（kào 靠）赏，本指以牛酒宴赏军士，引申为酬赏劳绩的通称。

【赏析】

《水浒传》中的“三打祝家庄”是一次大战役，前后一共用了四回书的篇幅。作者信笔写来，笔酣墨饱，淋漓尽致，极其精彩。梁山泊义军为什么要打祝家庄？原来杨雄、石秀杀了潘巧云之后，便和时迁去投梁山泊，住在祝家庄，时迁偷了店里的报晓鸡，杀了吃，因此打起来，石秀放火把祝家庄烧了。三人出走，一二百人追赶，时迁被挠钩搭住捉去了。杨雄遇见了李家庄庄主李应的管家杜兴，杜兴引杨雄；石秀请李应要回时迁，李应两次派人去要，都不答应，又亲自去，反被祝虎射了一箭，所以到宋江一打祝家庄时，祝家庄与李家庄的联盟已告破。但由于不识盘陀路，贸然进兵，中了埋伏，吃了败仗。二打祝家庄时，扈三娘捉了王矮虎，被祝家庄要去，林冲又捉了扈三娘，送上梁山。扈成要求放回扈三娘，宋江要求他不要助祝家庄，如有祝家庄人逃去便缚住，扈成满口答应。这就拆散了扈祝两家的联合，最终孤立祝家庄。三打祝家庄时，又添了新的援军。登州兵马提辖孙立，与解珍、解宝、邹渊、邹润、孙新、顾大嫂、乐和共八个好汉，杀了土豪和贪官，来投奔梁山。孙立听说宋江二打祝家庄陷了几位弟兄，便来献计说：利用他和祝家庄的教师栾廷玉是师兄弟的关系，谎称对调来到郓州，顺便看望栾廷玉，以便里应外合。吴用、宋江采用了孙立的计策，约期内外夹攻。当宋江率大军四面杀上祝家庄时，孙立等人已在庄内动手，杀了祝朝奉和祝家人，断了祝氏三杰的退路，三人皆被杀死，栾廷玉逃走。祝家庄告破。

三打祝家庄从杨雄、石秀来投奔，到打破祝家庄，表现了宋江作为农民起义领袖善于用人和指挥作战的卓越才能。在三打祝家庄时，宋江用石秀、杨林探路，这是用新来的头领立功；靠林冲活捉扈三娘，这是用旧头领建功；用孙立等八位好汉做内应，这是信用新头领；采纳吴用的双掌连环计，这是依靠旧头领。这里写出了宋江善于用人，能使各路好汉归心的领袖风度。宋江也会指挥作战，一打破了盘陀路，拆散了李家庄与祝家庄的联盟；二打活捉扈三娘，拆散了扈家庄与祝家庄的联盟；三打利用孙立等英雄里应外合，打破了祝家庄。在三打祝家庄中，也刻画了各种人物的性格。宋江显得有气度，能容人用人，使四方豪杰归心；吴用显得足智多谋，善于用计；石秀则显得机警精细；等等。

毛泽东对“三打祝家庄”的故事有浓厚兴趣，不同时期曾多次用它来说明革命斗争中的问题。早在1937年写的《矛盾论》中，毛泽东在讲到“研究问题，忌带主观性、片面性和表面性”时，便援引了“三打祝家庄”的故事，并感赞“《水浒传》上有很多唯物辩证法的事例，这个三打祝家庄，算是最好的一个”，是用来说明哲学道理的。

1942年11月12日，在西北局高干会上逐条讲解斯大林关于布尔什维克化的十二条，第七条主要谈要讲求革命性和灵活性的结合，毛泽东由此谈到统一战线，谈到要善于采用合法的和秘密的斗争策略，又援引了“三打祝家庄”来做例证，说孙立等八条好汉去投祝家庄，声言要帮祝家庄共同抗击梁山军队，这是合法的，公开的，而其实是暗中做内应，这是秘密的，宋江打来了，他们暴动，促成了祝家庄的瓦解，并赞扬“《水浒传》的作者写得非常好，写得完全符合事实”。

1959年2月在省市委书记会议上的讲话中，再次向与会者谈到了“三打祝家庄”的故事对人的启示。

此外，1945年2月22日，看了延安平剧院公演的新编历史剧《三打祝家庄》后，毛泽东写信向话剧的编者、导演、演员们祝贺，说：“我看了你们的戏，觉得很好，很有教育意义。继《逼上梁山》之后，此剧创造成功，巩固了平剧革命的道路。”（艾克恩：《延安文艺运动纪盛》，第569—570页。）

【原文】

第五十八回　三山聚义打青州　众虎同心归水泊（节录）

当有武松引孔亮拜告鲁智深、杨志，求救哥哥孔明，并叔叔孔宾。鲁智深便要聚集三山人马，前去攻打。杨志道：“若要打青州[(1)]，须用大队军马，方可打得。俺知梁山泊宋公明大名，江湖上都唤他做及时雨宋江，更兼呼延灼是他那里仇人。俺们弟兄和孔家弟兄的人马，都并做一处，洒家这里，再等桃花山人马齐备，一面且去攻打青州。孔亮兄弟，你可亲身星夜去梁山泊，请下宋公明来，并力攻城，此为上计。亦且宋三郎与你至厚，你们弟兄心下如何？”鲁智深道：“正是如此。我只见今日也有人说宋三郎好，明日也有人说宋三郎好，可惜洒家不曾相会。众人说他的名字，聒得洒家耳朵也聋了，想必其人是个真男子，以致天下闻名。前番和花知寨在清风山时，洒家有心要去和他厮会，及至洒家去时，又听得说道去了，以此无缘不得相见。罢了！孔亮兄弟，你要救你哥哥时，快亲自去那里告请他们。洒家等先在这里和那撮鸟们厮杀[(2)]。”孔亮交付小喽啰与了鲁智深，只带一个伴当，扮做客商，星夜投梁山泊来。

且说鲁智深、杨志、武松三人，去山寨里唤将施恩、曹正，再带一二百人下山来相助。桃花山李忠、周通得了消息，便带本山人马，尽数起点，只留三五十个小喽啰看守寨栅，其余都带下山来，青州城下聚集，一同攻打城池，不在话下。

却说孔亮自离了青州，迤逦来到梁山泊边催命判官李立酒店里买酒吃[3]，问路。李立见他两个来得面生，便请坐地[4]，问道："客人从那里来？"孔亮道："从青州来。"李立问道："客人要去梁山泊寻谁？"孔亮答道："有个相识在山上，特来寻他。"李立道："山上寨中，都是大王住处，你如何去得？"孔亮道："便是要寻宋大王。"李立道："既是来寻宋头领，我这里有分例[5]。"便叫火家快去安排分例酒来相待。孔亮道："素不相识，如何见款？"李立道："客官不知，但是来寻山寨头领，必然是社火中人故旧交友[6]，岂敢有失祗应[7]！便当去报。"孔亮道："小人便是白虎山前庄户孔亮的便是。"李立道："曾听得宋公明哥哥说大名来，今日且喜上山。"二人饮罢分例酒，随即开窗，就水亭上放了一支响箭。见对港芦苇深处，早有小喽啰棹过船来。到水亭下，李立便请孔亮下了船，一同摇到金沙滩上岸，却上关来。孔亮看见三关雄壮，枪刀剑戟如林，心下想道："听得说梁山泊兴旺，不想做下这等大事业！"已有小喽啰先去报知，宋江慌忙下来迎接。孔亮见了，连忙下拜。宋江问道："贤弟缘何到此？"孔亮拜罢，放声大哭。宋江道："贤弟心中有何危厄不决之难，但请尽说不妨。便当不避水火，力为救解，与汝相助，贤弟且请起来。"孔亮道："自从师父离别之后，老父亡化，哥哥孔明与本乡上户争些闲气起来，杀了他一家老小，官司来捕捉得紧。因此反上白虎山，聚得五七百人，打家劫舍。青州城里，却有叔父孔宾，被慕容知府捉了，重枷钉在狱中。因此我弟兄两个去打城子，指望救取叔叔孔宾。谁想去到城下，正撞了一个使双鞭的呼延灼。哥哥与他交锋，致被他捉了，解送青州，下在牢里，存亡未保。小弟又被他追杀一阵。次日，正撞着武松，说起师父大名来，他便引我去拜见同伴的，一个是花和尚鲁智深，一个是青面兽杨志。他二人一见如故，便商议救兄一事。他道：'我请鲁、杨二头领并桃花山李忠、周通，聚集三山人马，攻打青州；你可连夜快去梁山泊内，告你师父宋公明，来救你叔兄两个。'以此今日一径到此。"宋江道："此是易为之事，你且放心。先来拜见晁头领，共同商议。"

宋江便引孔亮参见晁盖、吴用、公孙胜，并众头领，备说呼延灼走在青州，投奔慕容知府，今来捉了孔明，以此孔亮来到，恳告求救。晁盖道："既然他两处好汉，尚兀自仗义行仁，今者三郎和他至爱交友，如何不去？三郎贤弟，你连次下山多遍，今番权且守寨，愚兄替你走一遭。"宋江道："哥哥是山寨之主，不可轻动。这个是兄弟的事。既是他远来相投，小可若自不去[8]，恐他弟兄们心下不安；小可情愿请几位弟兄同走一遭。"说言未了，厅上厅下一齐都道："愿效犬马之劳，跟随同去。"宋江大喜。当日设筵管待孔亮。饮筵之间，宋江唤铁面孔目裴宣定拨下山人数，分作五军起行：前军便差花荣、秦明、燕顺、王矮虎，开路作先锋；第二队，便差穆弘、杨雄、解珍、解宝；中军便是主将宋江、吴用、吕方、郭盛；第四队便是朱仝、柴进、李俊、张横；后军便差孙立、杨林、欧鹏、凌振，摧军作合后。梁山泊点起五军，共计二十个头领，马步军兵三千人马。其余头领，自与晁盖守把寨栅。当下宋江别了晁盖，自同孔亮下山来。梁山人马分作五军起发，正是：

初离水泊，浑如海内纵蛟龙；乍出梁山，却似风中奔虎豹。五军并进，前后列二十辈英雄；一阵同行，首尾分三千名士卒。绣彩旗如云似雾，蘸钢刀灿雪铺霜。鸾铃响，战马奔驰；画鼓振，征夫踊跃。卷地黄尘霭霭，漫天土雨蒙蒙。宝纛旗中，簇拥着多智足谋吴学究；碧油幢下，端坐定替天行道宋公明。过去鬼神皆拱手，回来民庶尽歌谣。

话说宋江引了梁山泊二十个头领，三千人马，分作五军前进，于路无事，所过州县，秋毫无犯。已到青州，孔亮先到鲁智深等军中，报知众好汉，安排迎接。宋江中军到了，武松引鲁智深、杨志、李忠、周通、施恩、曹正，都来相见了。宋江让鲁智深坐地，鲁智深道："久闻阿哥大名，无缘不曾拜会，今日且喜认得阿哥。"宋江答道："不才何足道哉[9]！江湖上义士，甚称吾师清德。今日得识慈颜，平生幸甚。"杨志也起身再拜道："杨志旧日经过梁山泊，多蒙山寨重义相留；为是洒家愚迷，不曾肯住。今日幸得义士壮观山寨，此是天下第一好事。"宋江答道："制使威名，播于江湖，只恨宋江相会太晚。"鲁智深便令左右置酒相管待，一一都相见了。……

次日，宋江问："青州一节，近日胜败如何？"……宋江大队人马，见城上火起，一齐拥将入来，宋江急急传令：休教残害百姓，且收仓库钱粮。就大牢里救出孔明，并他叔叔孔宾一家老幼，便教救灭了火。把慕容知府一家老幼，尽皆斩首，抄扎家私，分俵众军(10)。天明，计点在城百姓被火烧之家，给散粮米救济。把府库金帛，仓廒米粮，装载五六百车；又得了二百余匹好马，就青州府做个庆喜筵席，请三山头领同归大寨。

李忠、周通使人回桃花山，尽数收拾人马钱粮下山，放火烧毁寨栅。鲁智深也使施恩、曹正回二龙山，与张青、孙二娘收拾人马钱粮，也烧了宝珠寺寨栅。数日之间，三山人马皆已完备。宋江领了大队人马，班师回山。先叫花荣、秦明、呼延灼、朱仝四将开路，所过州县，分毫不扰。乡村百姓，扶老挈幼，烧香罗拜迎接。数日之间，已到梁山泊边。众多水军头领，具舟迎接。晁盖引领山寨马步头领，都在金沙滩迎接。直至大寨，向聚义厅列位坐定。大排筵席庆贺新到山寨头领，呼延灼、鲁智深、杨志、武松、施恩、曹正、张青、孙二娘、李思、周通、孔明、孔亮：共十二位新上山头领。……

【毛泽东评点】

我就听过毛泽东同志介绍说：《水浒传》要当作一部政治书看。它描写的是北宋末年的社会情况。中央政府腐败，群众就一定会起来革命。当时农民聚义，群雄割据。占据了好多山头，如清风山、桃花山、二龙山等，最后汇集到梁山泊，建立一支武装，抵抗官兵。这支队伍，来自各个山头，但是统帅得好。他从这里引申我们领导革命也要从认识山头，承认山头，照顾山头，到消灭山头，克服山头主义。

——薄一波：《回忆片断》，载 1981 年 12 月 8 日《人民日报》。

【注释】

（1）青州，府名，宋时治所在东阳城。

（2）撮鸟（cuō diǎo 搓鸼），骂人的话。鸟，借作“屌”。

（3）迤逻（yǐ lǐ 以里），亦作“迤逦”，曲折连绵。催命判官，传说中冥司中阎罗王属下掌管生死簿的官。此是李立绰号。

（4）坐地，坐下，坐着。

（5）分例，常规。

（6）社火，同伙。

（7）祇（zhī 之）应，照应，恭敬地伺候。

（8）小可，自称谦词。

（9）不才，对自己的谦称。

（10）分俵，亦作“分裱”。分施，分给。

【赏析】

《水浒传》第五十八回“三山聚义打青州　众虎同心归水泊”写白虎山的孔明因救其叔父孔宾一家而被陷在青州，其弟孔亮便去请二龙山的武松、鲁智深和桃花山的李忠、周通等求助，三山合力攻打青州，显得兵力不够，孔亮又去梁山泊求援。宋江等二十位头领，带领三千人马，智擒双鞭大将呼延灼，赚开城门，杀了慕容知府，得了不少粮食马匹，三山英雄共十二名同归梁山聚义，起义队伍又得到了大的发展，随后又得史进等少华山英雄上山，义军更加壮大。连同原梁山的林冲等人，晁盖东溪村起义的人，以及浔阳江上的张顺等水军头领，构成了梁山农民起义军的基本队伍，当时在晁盖的正确路线的指引下，农民起义事业得到了波澜壮阔的发展。

不仅梁山泊农民起义军是这样由少到多，由小到大，百川汇海式地发展起来的，我们中国的革命事业也是这样逐步发展起来的。南昌起义的、井冈山的、平江起义的、百色起义的、海陆丰的、黄麻起义的、赣东北的、陕北根据地的等，也像《水浒传》中是由很多山头的起义队伍会合起来的。这当然就有一个如何对待山头的问题，根据革命老人薄一波同志回忆，毛泽东就曾拿《水浒传》中由各个山头义军汇成梁山农民起义大军的事例，说明我们领导革命也要从认识山头，承认山头，照顾山头，到消灭山头，克服山头主义，这样才能使我们的革命事业不断地由胜利走向新的胜利。

【原文】

第七十一回　忠义堂石碣受天文　梁山泊英雄排座次（节录）

话说宋公明，一打东平[(1)]，两打东昌[(2)]，回归山寨，计点大小头领，共有一百八员，心中大喜。遂对众兄弟道："宋江自从闹了江州上山之后，皆赖托众弟兄英雄扶助，立我为头。今者共聚得一百八员头领，心中甚喜。自从晁盖哥哥归天之后，但引兵马下山，公然保全。此是上天护佑，非人之能。纵有被掳之人，陷于缧绁[(3)]，或是中伤回来，且都无事。今者一百八人皆在面前聚会，端的古往今来，实为罕有。从前兵刃到处，杀害生灵，无可禳谢。我心中欲建一罗天大醮[(4)]，报答天地神明眷佑之恩：一则祈保众弟兄身心安乐；二则惟愿朝廷早降恩光，赦免逆天大罪[(5)]，众当竭力捐躯，尽忠报国，死而后已；三则上荐晁天王早生天界，世世生生，再得相见。就行超度横亡、恶死，火烧、水溺，一应无辜被害之人，俱得善道。我欲行此一事，未知众弟兄意下如何？"众头领都称道："此是善果好事，哥哥主见不差。"吴用便道："先请公孙胜一清主行醮事，然后令人下山，四远邀请得道高士，就带醮器赴寨，仍使人收买一应香烛、纸马、花果、祭仪、素馔、净食，并合用一应物件。"商议选定四月十五日为始，七昼夜好事。山寨广施钱财，督并干办。日期已近，向那忠义堂前挂起长旛四首[(6)]。堂上扎缚三层高台。堂内铺设七宝三清圣像[(7)]，两班设二十八宿十二宫辰[(8)]，一切主醮星官真宰[(9)]。堂外仍设监坛崔、卢、邓、窦神将[(10)]。摆列已定，设放醮器齐备，请到道众，连公孙胜共是四十九员。是日晴明的好，天和气朗，月白风清。宋江、卢俊义为首，吴用与众头领为次拈香。公孙胜作高功，主行斋事，关发一应文书符命，不在话下。当日醮筵，但见：

香腾瑞霭，花簇锦屏。一千条画烛流光，数百盏银灯散彩。对对高张羽盖，重重密布幢旛。风清三界步虚声[(11)]，月冷九天垂沆瀣[(12)]。金钟撞处，高功表进奏虚皇[(13)]；玉珮鸣时，都讲登坛朝玉帝[(14)]。绛绡衣星辰灿烂，芙蓉冠金碧交加。监坛神将狰狞，直日功曹勇猛。道士齐宣宝忏，上瑶台酌水献花；真人密诵灵章[15]，按法剑踏罡布斗[16]。青龙隐隐来黄道[17]，白鹤翩翩下紫宸[18]。

当日公孙胜与那四十八员道众，都在忠义堂上做醮，每日三朝，至第七日满散。宋江要求上天报应，特教公孙胜专拜青词[19]，奏闻天帝，每日三朝。却好至第七日三更时分，公孙胜在虚皇坛第一层，众道士在第二层，宋江等众头领在第三层，众小头目并将校都在坛下。众皆恳求上苍，务要拜求报应。是夜三更时候，只听得天上一声响，如裂帛相似，正是西北乾方天门上。众人看时，直竖金盘：两头尖，中间阔，又换做天门开，又换做天眼开，里面毫光射人眼目，霞彩缭绕，从中间卷出一块火来，如栲栳之形[20]，直滚下虚皇坛来。那团火绕坛滚了一遭，竟钻入正南地下去了。此时天眼已合，众道士下坛来，宋江随即叫人将铁锹锄头掘开泥土，跟寻火块。那地下掘不到三尺深浅，只见一个石碣[21]，正面两侧，各有天书文字。有诗为证：

忠义英雄迥结台，感通上帝亦奇哉！

人间善恶皆招报，天眼何时不大开！

当下宋江且教化纸满散。平明，斋众道士，各赠与金帛之物，以充衬资。方才取过石碣看时，上面乃是龙章凤篆蝌蚪之书[22]，人皆不识。众道士内有一人姓何，法讳玄通，对宋江说道："小道家间祖上留下一册文书，专能辨验天书，那上面自古都是蝌蚪文字，以此贫道善能辨认，译将出来，便知端的。"宋江听了大喜，连忙捧过石碣，教何道士看了，良久说道："此石都是义士大名镌在上面：侧首一边是'替天行道'四字，一边是'忠义双全'四字；顶上皆有星辰南北二斗；下面却是尊号。若不见责，当以从头一一敷宣。"宋江道："幸得高士指迷，缘分不浅，若蒙见教，实感大德。唯恐上天见责之言，请勿藏匿，万望尽情剖露，休遗片言。"宋江唤过圣手书生萧让，用黄纸誊写。何道士乃言："前面有天书三十六行，皆是天罡星[23]，背后也有天书七十二行，皆是地煞星[24]，下面注着众义士的姓名。"观看良久，教萧让从头至后，尽数抄誊。

石碣前面，书梁山泊天罡星三十六员：

天魁星呼保义宋江　　　　天罡星玉麒麟卢俊义

天机星智多星吴用
天勇星大刀关胜
天猛星霹雳火秦明
天英星小李广花荣
天富星扑天雕李应
天孤星花和尚鲁智深
天立星双枪将董平
天暗星青面兽杨志
天空星急先锋索超
天异星赤发鬼刘唐
天微星九纹龙史进
天退星插翅虎雷横
天剑星立地太岁阮小二
天罪星短命二郎阮小五
天败星活阎罗阮小七
天慧星拼命三郎石秀
天哭星双尾蝎解宝

天闲星入云龙公孙胜
天雄星豹子头林冲
天威星双鞭呼延灼
天贵星小旋风柴进
天满星美髯公朱仝
天伤星行者武松
天捷星没羽箭张清
天祐星金枪手徐宁
天速星神行太保戴宗
天杀星黑旋风李逵
天究星没遮拦穆弘
天寿星混江龙李俊
天平星船火儿张横
天损星浪里白条张顺
天牢星病关索杨雄
天暴星两头蛇解珍
天巧星浪子燕青

石碣背面，书地煞星七十二员：

地魁星神机军师朱武
地勇星病尉迟孙立
地雄星井木犴郝思文
地英星天目将彭玘
地猛星神火将魏定国
地正星铁面孔目裴宣
地阖星火眼狻猊邓飞
地暗星锦豹子杨林
地会星神算子蒋敬
地祐星赛仁贵郭盛

地煞星镇三山黄信
地杰星丑郡马宣赞
地威星百胜将韩滔
地奇星圣水将单廷珪
地文星圣手书生萧让
地阔星摩云金翅欧鹏
地强星锦毛虎燕顺
地轴星轰天雷凌振
地佐星小温侯吕方
地灵星神医安道全

地兽星紫髯伯皇甫端　　地微星矮脚虎王英
地慧星一丈青扈三娘　　地暴星丧门神鲍旭
地然星混世魔王樊瑞　　地猖星毛头星孔明
地狂星独火星孔亮　　地飞星八臂那吒项充
地走星飞天大圣李衮　　地巧星玉臂匠金大坚
地明星铁笛仙马麟　　地进星出洞蛟童威
地退星翻江蜃童猛　　地满星玉旛竿孟康
地遂星通臂猿侯健　　地周星跳涧虎陈达
地隐星白花蛇杨春　　地异星白面郎君郑天寿
地理星九尾龟陶宗旺　　地俊星铁扇子宋清
地乐星铁叫子乐和　　地捷星花项虎龚旺
地速星中箭虎丁得孙　　地镇星小遮拦穆春
地稽星操刀鬼曹正　　地魔星云里金刚宋万
地妖星摸着天杜迁　　地幽星病大虫薛永
地伏星金眼彪施恩　　地空星小霸王周通
地僻星打虎将李忠　　地全星鬼脸儿杜兴
地孤星金钱豹子汤隆　　地角星独角龙邹润
地短星出林龙邹渊　　地藏星笑面虎朱富
地囚星旱地忽律朱贵　　地平星铁臂膊蔡福
地损星一枝花蔡庆　　地奴星催命判官李立
地察星青眼虎李云　　地恶星没面目焦挺
地丑星石将军石勇　　地数星小尉迟孙新
地阴星母大虫顾大嫂　　地刑星菜园子张青
地壮星母夜叉孙二娘　　地劣星活闪婆王定六
地健星险道神郁保四　　地耗星白日鼠白胜
地贼星鼓上蚤时迁　　地狗星金毛犬段景住

当时何道士辨验天书，教萧让写录出来。读罢，众人看了，俱惊讶不已。宋江与众头领道：“鄙猥小吏[25]，原来上应星魁，众多弟兄也原来都是一会之人。上天显应，合当聚义。今已数足，上苍分定位数，为大小二等。天罡地煞星辰，都已分定次序，众头领各守其位，各休争执，不可逆了天言。”众人皆道：“天地之意，物理数定，谁敢违拗？”宋江遂取黄金五十两，酬谢何道士。其余道众收得经资，收拾醮器，四散下山去了。有诗为证：

月明风冷醮坛深，鸾鹤空中送好音。

地煞天罡排姓字，激昂忠义一生心。

且不说众道士回家去了，只说宋江与军师吴学究、朱武等计议，堂上要立一面牌额，大书“忠义堂”三字；断金亭也换个大牌扁。前面册立三关，忠义堂后建筑雁台一座，顶上正面大厅一所，东西各设两房。正厅供养晁天王灵位，东边房内，宋江、吴用、吕方、郭盛；西边房内，卢俊义、公孙胜、孔明、孔亮。第二坡左一代房内，朱武、黄信、孙立、萧让、裴宣；右一代房内，戴宗、燕青、张清、安道全、皇甫端。忠义堂左边，掌管钱粮仓廒收放，柴进、李应、蒋敬、凌振；右边花荣、樊瑞、项充、李衮。山前南路第一关，解珍、解宝守把；第二关，鲁智深、武松守把；第三关，朱仝、雷横守把。东山一关，史进、刘唐守把；西山一关，杨雄、石秀守把；北山一关，穆弘、李逵守把。六关之外，置立八寨：有四旱寨，四水寨。正南旱寨，秦明、索超、欧鹏、邓飞；正东旱寨，关胜、徐宁、宣赞、郝思文；正西旱寨，林冲、董平、单廷珪、魏定国；正北旱寨，呼延灼、杨志、韩滔、彭玘。东南水寨，李俊、阮小二；西南水寨，张横、张顺；东北水寨，阮小五、童威；西北水寨，阮小七、童猛。其余各有执事。

从新置立旌旗等项，山顶上立一面杏黄旗[26]，上书“替天行道”四字[27]。忠义堂前绣字红旗二面：一书“山东呼保义”，一书“河北玉麒麟”。外设飞龙飞虎旗、飞熊飞豹旗、青龙白虎旗、朱雀玄武旗[28]，黄钺白旄，青旛皂盖，绯缨黑纛。中军器械外，又有四斗五方旗[29]、三才九曜旗[30]、二十宿旗、六十四卦旗[31]、周天九宫八卦旗[32]、一百二十四面镇天旗。尽是侯健制造。金大坚铸造兵符印信。一切完备，选定吉日良时，杀牛宰马，祭献天地神明，挂上忠义堂、断金亭牌额，立起“替天行道”杏黄旗。

宋江当日大设筵宴，亲捧兵符印信，颁布号令：“诸多大小兄弟，各各管领，悉宜遵守，毋得违误，有伤义气。如有故违不遵者，定依军法治之，决不轻恕。”……

当日梁山泊宋公明传令已了，分调众头领已定，各各领了兵符印信，筵宴已毕，人皆大醉，众头领各归所拨寨分，中间有未定执事者，都于雁台前后驻扎听调。有篇言语，单道梁山泊的好处，怎见得：

八方共域，异姓一家。天地显罡煞之精，人境合杰灵之美。千里面朝夕相见，一寸心死生可同。相貌语言，南北东西虽各别；心情肝胆，忠诚信义并无差。其人则有帝子神孙，富豪将吏，并三教九流[33]，乃至猎户渔人，屠儿刽子，都一般儿哥弟称呼，不分贵贱；且又有同胞手足，捉对夫妻，与叔侄郎舅，以及跟随主仆，争斗冤仇，皆一样的酒筵欢乐，无问亲疏。或精灵，或粗卤，或村朴，或风流，何尝相碍，果然认性同居；或笔舌，或刀枪，或奔驰，或偷骗，各有偏长，真是随才器使。可恨的是假文墨，没奈何着一个圣手书生，聊存风雅；最恼的是大头巾[34]，幸喜得先杀却白衣秀士，洗尽酸悭[35]。地方四五百里，英雄一百八人。昔时常说江湖上闻名，似古楼钟声声传播；今日始知星辰中列姓，如念珠子个个连牵。在晁盖恐托胆称王，归天及早；惟宋江肯呼群保义，把寨为头。休言啸聚山林[36]，早愿瞻依廊庙[37]。

梁山泊忠义堂上号令已定，各各遵守。宋江拣了吉日良时，焚一炉香，鸣鼓聚众，都到堂上。宋江对众道：“今非昔比，我有片言。今日既是天罡地曜相会，必须对天盟誓，各无异心，死生相托，患难相扶，一同保国安民。”众皆大喜。各人拈香已罢，一齐跪在堂上，宋江为首誓曰：“宋江鄙猥小吏，无学无能，荷天地之盖载，感日月之照临，聚弟兄于梁山，结英雄于水泊，共一百八人，上符天数，下合人心。自今已后，若是各人存心不仁，削绝大义，万望天地行诛，神人共戮，万世不得人身，亿载永沉末劫。但愿共存忠义于心，同着功勋于国，替天行道，保境安民。神天鉴察，报应昭彰。”誓毕，众皆同声共愿，但愿生生相会，世世相逢，永无断阻。当日歃血誓盟[38]，尽醉方散。……

再说宋江自盟誓之后，一向不曾下山，不觉炎威已过，又早秋凉，重阳节近。宋江便叫宋清安排大筵席，会众兄弟同赏菊花，换做菊花之会。但有下山的兄弟们，不论远近，都要招回寨来赴筵。至日，肉山酒海，先行给散马步水三军一应小头目人等，各令自去打团儿吃酒。且说忠义堂上遍插菊花，各依次坐，分头把盏。堂前两边筛锣击鼓，大吹大擂，语笑喧哗，觥筹交错[39]，众头领开怀痛饮。马麟品箫，乐和唱曲，燕青弹筝，各取其乐。不觉日暮，宋江大醉，叫取纸笔来，一时乘着酒兴，作《满江红》一词。写毕，令乐和单唱这首词，道是：

喜遇重阳，更佳酿今朝新熟。见碧水丹山，黄芦苦竹。头上尽教添白发，鬓边不可无黄菊。愿樽前长叙弟兄情，如金玉。　　统豺虎，御边幅。号令明，军威肃。中心愿平虏，保民安国。日月常悬忠烈胆，风尘障却奸邪目。望天王降诏，早招安[40]，心方足。

乐和唱这个词，正唱到"望天王降诏，早招安"，只见武松叫道："今日也要招安，明日也要招安，冷了弟兄们的心！"黑旋风便睁圆怪眼，大叫道："招安，招安，招甚鸟安！"只一脚，把桌子踢起，做粉碎。宋江大喝道："这黑厮怎敢如此无礼！左右与我推去，斩讫报来！"众人都跪下告道："这人酒后发狂，哥哥宽恕。"宋江答道："众贤弟请起，且把这厮监下。"众人皆喜。有几个当刑小校，向前来请李逵。李逵道："你怕我敢挣扎！哥哥杀我也不怨，剐我也不恨，除了他，天也不怕。"说了，便随着小校去监房里睡。宋江听了他说，不觉酒醒，忽然发悲。吴用劝道："兄长既设此会，人皆欢乐饮酒，他是个粗卤的人，一时醉后冲撞，何必挂怀，且陪众兄弟尽此一乐。"宋江道："我在江州，醉后误吟了反诗，得他气力来，今日又作《满江红》词，险些儿坏了他性命！早是得众兄弟谏救了。他与我身上情分最重，因此潸然泪下[41]。"便叫武松："兄弟，你也是个晓事的人，我主张招安，要改邪归正，为国家臣子，如何便冷了众人的心？"鲁智深便道："只今满朝文武，多是奸邪，蒙蔽圣聪，就比俺的直裰染做皂了，洗杀怎得干净？招安不济事，便拜辞了，明日一个个各去寻趁罢。"宋江道："众弟兄听说：今皇上至圣至明，只被奸臣闭塞，暂时昏昧，有日云开见日，知我等替天行道，不扰良民，赦罪招安，同心报国，青史留名，有何不美！因此只愿早早招安，别无他意。"众皆称谢不已。当日饮酒，终不畅怀。席散，各回本寨。

【毛泽东评点】

《水浒传》这部书，好就好在投降。做反面教材，使人民都知道投降派。

《水浒传》只反贪官，不反皇帝。屏晁盖于一百零八人之外。宋江投降，搞修正主义，把晁的聚义厅改为忠义堂，让人招安了。宋江同高俅的斗争，是地主阶级内部这一派反对那一派的斗争。宋江投降了，就去打方腊。

这支农民起义队伍的领袖不好，投降。李逵、吴用、阮小二、阮小三、阮小七是好的，不愿意投降。

鲁迅评《水浒传》评得好，他说："一部《水浒传》，说得很分明：因为不反对天子，所以大军一到，便受招安，替国家打别的强盗——不'替天行道'的强盗去了。终于是奴才。"（《三闲集·流氓的变迁》）

金圣叹把《水浒传》砍掉了二十多回。砍掉了，不真实。鲁迅非常不满意金圣叹，专写了一篇评论金圣叹的文章《谈金圣叹》。（见《南腔北调集》）

《水浒传》百回本、百二十回本和七十一回本，三种都要出。把鲁迅的那段评语印在前面。

——中共中央文献研究室编：《关于〈水浒〉的谈话》，载《建国以来毛泽东文稿》，第13册，中央文献出版社1998年版，第457页。

【注释】

（1）东平，府名，宋宣和元年（1119）由郓州改，治所在须城（今山东东平）。

（2）东昌，府名。治所在今山东省聊城。

（3）缧绁（lèi xiè 累泄），拘系犯人的绳索，引申为囚禁。

（4）罗天大醮（jiào 叫），道士为禳除灾祟而设的规模盛大的道场。

（5）逆天大罪，违背天意或天道的大罪。指反抗宋王朝。

（6）旛（fān 番），长方而下垂的旗子。

（7）七宝三清圣像，指用金、银等宝物装饰的道教元始天尊、灵宝天尊、道德天尊的神像。七宝，七种珍宝。佛经说法不一，《法华经》以金、银、琉璃、真珠、玫瑰、砗磲、玛瑙为七宝；《无量寿经》以金、银、琉璃、珊瑚、琥珀、砗磲、玛瑙为七宝，等等。三清，道教对玉清境洞真教主元始天尊、上清境洞玄教主灵宝天尊、太清境洞神教主道德天尊的合称。

（8）二十八宿（xiù 秀），指我国古代天文学家把周天黄道（太阳和月亮所经天区）的恒星分为二十八个星座。《淮南子·天文训》："五星八风，二十八宿。"高诱注："二十八宿，东方：角、亢、氐、房、心、尾、箕；北方：斗、牛、女、虚、危、室、壁；西方：奎、娄、胃、昴、毕、觜、参；南方：井、鬼、柳、星、张、翼、轸也。"十二宫辰，即子、丑、寅、卯、辰、巳、午、未、申、酉、戌、亥十二支。此外用于记星次。

（9）星官，我国古代把天上的恒星几个几个地组合在一起，并命名。这种恒星组合叫星官。真宰，宇宙的主宰。

（10）崔、卢、邓、窦神将，待查。

（11）三界，佛教指众生轮回的欲界、色界和无色界。步虚声，道士唱经礼赞的声音。

（12）九天，天的中央和八方。沆瀣（háng xiè 行屑），夜间的水汽，露水。

（13）高功，道教法师的专名。在举行宗教仪式时高座居中，在道士中被认为道功最高，故名。虚皇，道教神名。

（14）玉帝，道教称天帝为玉皇大帝，简称玉帝、玉皇。

（15）真人，道教称存养本性或修真得道的人。

（16）踏罡（gāng 冈）步斗，道教法师祈天或作法的步伐。表示脚踏在天宫罡星斗宿之上。

（17）青龙，即苍龙。四灵之一。古时以为祥瑞之物。黄道，即黄道吉日。旧时迷信星命之说，谓青龙、明堂、金匮、天德、玉堂、司命等六辰是吉神，六辰值日之时，诸事皆宜，称为"黄道吉日"。

（18）紫宸（chén 辰），即紫宫，神话中天帝的居室。

（19）青词，道士上奏天庭或征召神将的符箓。用朱笔书写在青藤纸上，故称。

（20）栲栳（kǎo lǎo 考老），用柳条编成的盛物器具。亦称笆斗。

（21）石碣（jié 洁），圆顶的石碑。

（22）龙章凤篆，指道家的符箓。蝌蚪之书，即蝌蚪文字。古文字体的一种。笔画多头大尾小，状如蝌蚪，故称。

（23）天罡星，道教称北斗丛星中三十六星之神。

（24）地煞星，星相家所称主凶煞之星。

（25）鄙猥，鄙野猥琐。

（26）杏黄旗，杏黄色的旗帜。在古代小说、戏曲中指绿林好汉聚众起事的义旗。

（27）替天行道，代行上天的意旨。按照天意，在人间做正义的事业。

（28）朱雀玄武旗，古代的两种军旗。朱雀，画有朱雀图形的军旗。玄武旗，绘有龟形的旗帜，做北面或后面军阵的旗帜。《吴子·治兵》：“必左青龙，右白虎，前朱雀，后玄武，招摇在上，从事于下。”

（29）四斗五方旗，形容旗面积大，有四五斗方。斗方，一尺见方。

（30）三才九曜（yào 要）旗，绘有三才九曜图形的军旗。三才，天、地、人。九曜，指北斗七星及辅佐二星。

（31）六十四卦旗，绘有六十四卦的军旗。《易》的八卦经，两两重复排列为六十四卦。卦名是：乾、坤、屯、蒙、需、讼、师、比、小畜、履、泰、否、同人、大肖、谦、豫、随、蛊、临、观、噬嗑、贲、剥、复、无妄、大畜、颐、大过、坎、离、咸、恒、遯、大壮、晋、明夷、家人、睽、蹇、解、损、益、夬、姤、萃、升、困、井、革、鼎、震、艮、渐、归妹、丰、旅、巽、兑、涣、节、中孚、小过、既济、未济。

（32）九宫八卦旗，绘有九宫八卦图形的军旗。九宫，术数家所指的九个方位。《易》纬家有“九宫八卦”之说，既离、艮、兑、乾、坤、坎、震、巽八卦之宫，加上中央宫。八卦，《周易》中八种具有象征意义的基本图形，每个图形分别用代表阳的“⚊”（阳爻）和代表阴的“⚋”（阴爻）组成。名称是乾（☰）、坤（☷）、震（☳）、巽（☴）、坎（☵）、离（☲）、艮（☶）、兑（☱）。

（33）三教九流，指宗教和学术的各种流派。三教，佛、儒、道。九流，儒家、道家、阴阳家、法家、名家、墨家、纵横家、杂家、农家。

（34）大头巾，指官僚。

（35）酸悭，寒酸悭吝。

（36）啸聚，互相招呼着聚集起来，指聚众起义。

（37）廊庙，指朝廷。

（38）歃（shà 霎）血，口含血。一说，以指蘸血，涂于口旁。古代订盟时的一种仪式。

（39）觥（gōng 公）筹交错，酒器和酒筹交互错杂，形容相聚宴饮的欢乐。觥，古代的一种酒器。筹，行酒令用的筹码。

（40）招安，招抚，招降。劝使归顺。封建统治者瓦解农民起义军的一种手段。

（41）潸然泪下，流泪不止之状。

【赏析】

《水浒传》第七十一回“忠义堂石碣受天文　梁山泊英雄排座次”，是在晁盖中箭身亡之后，宋江坐了第一把交椅，一打东平，两打东昌，连胜官军，山寨大小头领聚集到一百零八位，梁山革命事业的极盛时期，宋江指使吴用假造石碣天文，排定英雄座次，把聚义厅改为忠义堂，又立了一面“替天行道”的杏黄旗，公然背叛农民起义的道路，谋求宋王朝招安，向统治者投降，从此，把梁山农民起义事业引上失败的道路。毛泽东在1975年8月14日的评论《水浒传》谈话中，指出水浒这支农民起义军头领不好，投降。宋江投降的重要标志是把晁盖的聚义厅改为忠义堂，压制革命派。

为什么说改聚义厅为忠义堂，就是投降呢？梁山农民起义军的正确路线，是晁盖制定的。晁盖是一个富有反抗精神“敢于大异”的人物，他认为十万贯金珠宝的生辰纲是“不义之财，取之无碍”。随后，他率领吴用、三阮等人抗拒官军追捕，拉起队伍上了梁山。梁山泊在王伦领导下，只干一些打家劫舍拦路抢劫的事，从“不敢拒敌官军”。晁盖联合林冲，火并王伦，结束了王伦的领导路线，屡败官军，高高举起起义的大旗。于是晁盖从反贪官开始，逐步走上了反皇帝的道路。晁盖领导梁山英雄“竭力同心，共聚大义”，公开声称“兀自要和大宋皇帝作个对头”，要把“昏君赃官都杀光”，体现了农民起义的革命精神。

晁盖身亡后，宋江大权在握时，立即把聚义厅改为忠义堂，公开扭转起义军的革命方向。房子还是那所房子，只是换了一块牌，而且这牌子上“聚义”和“忠义”仅有一字之差，却代表了革命和投降两条根本对立的政治路线。“义”在封建社会里，不同的阶级赋予它不同的内容，农民阶级有农民阶级的“义”，地主阶级有地主阶级的“义”。晁盖等人的“聚义”，是哪里有压迫，哪里就有反抗，是逼上梁山，造反有理。它不仅“要和大宋皇帝作个对头”，而且要“杀去东京，夺了鸟位”。“聚义”的矛头是指向封建统治阶级及其总代表大宋皇帝的，它体现了农民起义的正确路线。宋江的所谓“忠义”，首先要农民起义军“忠于君王”，即忠于赵宋皇帝。他讲的“义”是一种封建阶级的道德观念，是从属于“忠”的。“忠义”是束缚梁山农民起义军的一条精神枷锁，是宋江投降主义路线的思想基础。与此同时，宋江还在忠义堂前竖起了“替天行道”的杏黄旗。“替天行道”，就是替“受命于天”的“天子”赵宋皇帝效劳，维护其反动的封建统治。这是宋江的政治纲领。因此，宋江搞修正主义，改“聚义厅”为“忠义堂”，乃是宋江把晁盖所制定的农民起义路线篡改成投降路线的明显标志。而且为清除晁盖革命路线的影响，在他们伪造的石碣之中竟没有晁盖的名字，“屏晁盖于一百零八人之外”，完全抹杀了晁盖这位梁山事业开创者的革命功勋，在那篇体现梁山起义军理想的颂词中竟说“在晁盖恐托胆称王，归天及早”，恶毒之极。

但是，在农民起义的将领中，也有不愿投降的。像毛泽东所指出的李逵、吴用、三阮等人就不愿意投降。他们是梁山上的革命派。对于这些梁山上的革命势力，宋江或者严厉镇压，迫其就范，或者以兄弟义气相笼络，使其俯首听命。在随后举行的菊花会上，当宋江通过《满江红》表露出“望天王降诏，早招安，心方足”的愿望时，武松愤怒地抗议说：“今日也要招安，明日也要招安，冷了弟兄们的心！”李逵反抗更是激烈，他圆睁怪眼，大叫道：“招安，招安，招甚鸟安！”一脚把桌子踢起，摔得粉碎。就是宋江威胁要杀李逵，斥责武松“不晓事”之后，鲁智深还据理力争，他打比方说，就像他的直裰染黑了，怎么也洗不干净，并表示“招安不济事，便拜辞了，明日一个个各去寻趁罢”。换句话说，宁愿散伙，自谋生路，也不愿招安，反对招安的态度是很坚决的。后来的事实也证明了这一点，武松在战斗中失去一臂，鲁智深留下照顾他，李逵被宋江药死，因为怕他再起来造反，还有吴用、三阮、李俊等不愿投降。但宋江把持了领导权，还有坐第二把交椅的卢俊义本来不情愿上山而被吴用设计骗上山的，还有像关胜、徐宁、呼延灼等一大批降将等，都是愿意投降的。所以，宋江亲自去东京，想通过妓女李师师向风流天子宋徽宗吹枕头风，被李逵扰了，没有能得逞。后来在两赢童贯，三败高俅，有了向宋朝皇帝讨价的筹码后，便勾结主张招安的宿元景太尉实现了招安梦想，宋江便随即带领人马，打着“顺天”“护国”的旗帜，到东京去朝拜皇帝，终于使这支农民起义军变成了保皇军，成了镇压方腊农民起义军的工具。兔死狗烹，成了宋王朝皇帝走狗和奴才的宋江，最终也没有逃脱被害的命运，整个梁山农民起义的事业也被他葬送了。

众所周知，毛泽东关于评论《水浒传》的谈话曾经引起一场评《水浒传》反对投降派的全国规模的政治运动。对这件事，当事人芦荻先生说：“毛泽东评《水浒传》，完全是对《水浒传》这部小说讲的，并没有别的意思。”

毛泽东评《水浒传》的起因是，1975 年 8 月 13 日，当时陪毛泽东读书的北京大学讲师芦荻向毛泽东请教对我国几部古典长篇章回小说的看法。毛泽东先谈了对《三国演义》《红楼梦》等几部书的看法，接着又谈了《水浒传》。起因是很自然的。毛泽东的谈话，当时没有录音，是芦荻根据自己的记录回忆整理的。

姚文元 8 月 14 日得到毛泽东谈话的记录，于当天给毛泽东写了一封信，信中说：关于《水浒传》的评论“这个问题很重要”。“对于中国共产党人，中国无产阶级、贫下中农和一切革命群众在现在和将来，在本世纪和下世纪坚持马克思主义，反对修正主义，把毛主席的革命路线坚持下去，都有重大的、深刻的意义。应当充分发挥这部‘反面教材’的作用。”姚提出把毛泽东的这篇谈话和他给毛泽东的信“印发政治局在京同志，增发出版局、《人民日报》《红旗》《光明日报》，以及北京市大批判组谢静宜同志和上海市委写作组”，并“组织和转载评论文章”。姚文元的这封信也于当天到了毛泽东那里，毛泽东批示“同意”。8月31日，《人民日报》一版头条位置和二版的整版上刊登了《红旗》杂志短评《重视对〈水浒〉的评论》和署名“竺方明”的长篇文章《评〈水浒〉》。9月4日《人民日报》公布了毛泽东关于评论《水浒传》的意见，在社论中提出评论《水浒传》“是我国政治战线上的又一次重大斗争”。

9月15日，中共中央、国务院在大寨召开农业学大寨会议。到会的有邓小平、华国锋等。江青也来到大寨。邓小平强调整顿。江青则大讲评《水浒传》，影射攻击周恩来、邓小平。她说：“评《水浒传》要联系实际，宋江架空晁盖，现在有没有人架空毛主席呀？我看是有的！”“有人弄了一些土豪劣绅进了政府！”江青要求在会上放她的讲话录音，印发她的讲话稿。当时主持中央工作的华国锋请示毛泽东。毛泽东答复：“放屁，文不对题”，“稿子不要发，录音不要放，讲话不要印”。（贾思楠：《毛泽东人际交往实录》，第354—355页。）后来，毛泽东还对邓小平说：“江青在学大寨上的讲话是放屁！完全文不对题。”又说：“江青这个人不懂事，没有多少人信她的。你不必跟她计较。”（东方骥：《落日余晖——毛泽东秘闻》，河北人民出版社1989年版，第276页。）这样，被江青、姚文元之流别有用心掀起的评《水浒传》逆流才偃旗息鼓，草草收场了。

但是，对毛泽东晚年对《水浒传》的评论，学术界仍有不同看法。一种看法认为，毛泽东对《水浒传》的这些评论，是“别具慧眼的一家之言，是从他自身的经验观感出发对《水浒传》的一种评论”（《毛泽东早年读书生活》，第20页）。另一种看法认为：“毛泽东晚年评《水浒传》，确实是有感而发，从这部小说的实际情况来看，其所‘发’也是得当的，不失为精练明快的一家之言。”毛泽东的这些评论，“不能说是‘实出无心’，‘顺口评《水浒传》’，而是从宏观的历史文化角度隐约透露出他对革命事业的隐忧！”（《毛泽东与文艺传统》，中央文献出版社1993年版，第170页。）

【原文】

第七十三回 黑旋风乔捉鬼 梁山泊双献头（节录）

且说李逵和燕青离了四柳村，依前上路，此时草枯地阔，木落山空，于路无话。两个因宽转梁山泊北，到寨尚有七八十里，巴不到山[1]，离荆门镇不远。当日天晚，两个奔到一个大庄院敲门，燕青道："俺们寻客店中歇去。"李逵道："这大户人家，却不强似客店多少！"说犹未了，庄客出来，对说道："我主太公正烦恼哩[2]！你两个别处去歇。"李逵直走入去，燕青拖扯不住，直到草厅上。李逵口里叫道："过往客人借宿一宵，打甚鸟紧[3]！便道太公烦恼！我正要和烦恼的说话。"里面太公张时，看见李逵生得凶恶，暗地教人出来接纳，请去厅外侧首，有间耳房，叫他两个安歇，造些饭食，与他两个吃，着他里面去睡。多样时，搬出饭来，两个吃了，就便歇息。

李逵当夜没些酒，在土炕子上翻来复去睡不着，只听得太公、太婆在里面哽哽咽咽的哭，李逵心焦，那双眼怎地得合。巴到天明，跳将起来，便向厅前问道："你家甚么人，哭这一夜，搅得老爷睡不着。"太公听了，只得出来答道："我家有个女儿，年方一十八岁，被人强夺了去，以此烦恼。"李逵道："又来作怪！夺你女儿的是谁？"太公道："我与你说他姓名，惊得你屁滚尿流！他是梁山泊头领宋江，有一百单八个好汉，不算小军。"李逵道："我且问你：他是几个来？"太公道："两日前，他和一个小后生各骑着一匹马来。"李逵便叫燕青："小乙哥，你来听这老儿说的话，俺哥哥原来口是心非，不是好人了也。"燕青道："大哥莫要造次[4]，定没这事！"李逵道："他在东京兀自去李师师家去[5]，到这里怕不做出来！"李逵便对太公说道："你庄里有饭，讨些我们吃。我实对你说，则我便是梁山泊黑旋风李逵，这个便是浪子燕青。既是宋江夺了你的女儿，我去讨来还你。"太公拜谢了。

李逵、燕青径望梁山泊来，直到忠义堂上。宋江见了李逵、燕青回来，便问道："兄弟，你两个那里来？错了许多路，如今方到。"李逵那里答应，睁圆怪眼，拔出大斧，先砍倒了杏黄旗，把“替天行道”四个字扯做粉碎，众人都吃一惊。宋江喝道：“黑厮又做甚么[6]？”李逵拿了双斧，抢上堂来，径奔宋江。诗曰：

梁山泊里无奸佞[7]，忠义堂前有诤臣[8]。

留得李逵双斧在，世间直气尚能伸。

当有关胜、林冲、秦明、呼延灼、董平五虎将，慌忙拦住，夺了大斧，揪下堂来。宋江大怒，喝道：“这厮又来作怪！你且说我的过失。”李逵气做一团，那里说得出。燕青向前道：“哥哥听禀一路上备细。他在东京城外客店里跳将出来，拿着双斧，要去劈门，被我一交攧翻，拖将起来。说与他：‘哥哥已自去了，独自一个风甚么[9]？’恰才信小弟说，不敢从大路走。他又没了头巾，把头发绾做两个丫髻。正来到四柳村狄太公庄上，他去做法官捉鬼[10]，正拿了他女儿并奸夫两个，都剁做肉酱。后来却从大路西边上山，他定要大宽转，将近荆门镇，当日天晚了，便去刘太公庄上投宿。只听得太公两口儿一夜啼哭，他睡不着，巴得天明，起去问他。刘太公说道：‘两日前梁山泊宋江和一个年纪小的后生，骑着两匹马到庄上来，老儿听得说是替天行道的人，因此叫这十八岁的女儿出来把酒[11]，吃到半夜，两个把他女儿夺了去。’李逵大哥听了这话，便道是实，我再三解说道：‘俺哥哥不是这般的人，多有依草附木，假名托姓的在外头胡做。’李大哥道：‘我见他在东京时，兀自恋着唱的李师师不肯放，不是他是谁？’因此来发作。”宋江听罢，便道：“这般屈事，怎地得知？如何不说？”李逵道：“我闲常把你做好汉，你原来却是畜生！你做得这等好事！”宋江喝道：“你且听我说！我和三二千军马回来，两匹马落路时，须瞒不得众人。若还抢得一个妇人，必然只在寨里！你却去我房里搜看。”李逵道：“哥哥，你说甚么鸟闲话！山寨里都是你手下的人，护你的多，那里不藏过了！我当初敬你是个不贪色欲的好汉，你原来是酒色之徒。杀了阎婆惜，便是小样；去东京养李师师，便是大样。你不要赖，早早把女儿送还老刘，倒有个商量。你若不把女儿还他时，我早做早杀了你，晚做晚杀了你。”宋江道：“你且不要闹嚷，那刘太公不死，庄客都在，俺们同去面对。若还对翻了，就那里舒着脖子，受你板斧；如若对不翻，你这厮没上下，当得何罪？”李逵道：“我若还拿你不着，便输这颗头与你！”宋江道：“最好，你众兄弟都是证见。”便叫铁面孔目裴宣写了赌赛军令状二纸，两个各书了字，宋江的把与李逵收了，李逵的把与宋江收了。李逵又道：“这后生不是别人，只是柴进。”柴进道：“我便同去。”李逵道：“不怕你不来。若到那里对翻了之时，不怕你柴大官人，是米大官人，也吃我几斧。”柴进道：“这个不妨，你先去那里等。我们前去时，又怕有跷蹊[12]。”李逵道：“正是。”便唤了燕青：“俺两个依前先去，他若不来，便是心虚，回来罢休不得。”正是：

至人无过任评论[13]，其次纳谏以为恩。最下自差偏自是，令人敢怒不敢言。

燕青与李逵再到刘太公庄上，太公接见，问道：“好汉，所事如何？”李逵道：“如今我那宋江，他自来教你认他，你和太婆并庄客都仔细认他。若还是时，只管实说，不要怕他，我自替你做主。”只见庄客报道：“有十数骑马来到庄上了。”李逵道：“正是了。”侧边屯住了人马[14]，只教宋江、柴进入来。宋江、柴进径到草厅上坐下。李逵提着板斧立在侧边，只等老儿叫声是，李逵便要下手。那刘太公近前来拜了宋江。李逵问老儿道：“这个是夺你女儿的不是？”那老儿睁开尫羸眼[15]，打起老精神，定睛看了道：“不是。”宋江对李逵道：“你却如何？”李逵道：“你两个先着眼睬他，这老儿惧怕你，便不敢说是。”宋江道：“你叫满庄人都来认我。”李逵随即叫到众庄客人等认时，齐声叫道：“不是。”宋江道：“刘太公，我便是梁山泊宋江，这位兄弟，便是柴进。你的女儿，都是吃假名托姓的骗将去了。你若打听得出来，报上山寨，我与你做主。”宋江对李逵道：“这里不和你说话，你回来寨里，自有辩理。”宋江、柴进自与一行人马，先回大寨里去。燕青道：“李大哥，怎地好？”李逵道：“只是我性紧上，错做了事。既然输了这颗头，我自一刀割将下来，你把去献与哥哥便了。”燕青道：“你没来由寻死做甚么？我教你一个法则[16]，换做负荆请罪。”李逵道：“怎地是负荆？”燕青道：“自把衣服脱了，将麻绳绑缚了，脊梁上背着一把荆杖，拜伏在忠义堂前，告道：‘由哥哥打多少。’他自然不忍下手。这个换做负荆请罪。”李逵道：“好却好，只是有些惶恐，不如割了头去干净。”燕青道：“山寨里都是你兄弟，何人笑你?”李逵没奈何，只得同燕青回寨来，负荆请罪。

【毛泽东评点】

那些李逵式的官长，看见弟兄们犯事，就懵懵懂懂地乱处置一顿，犯事人不服，闹出许多纠纷，领导者的威信也丧失干净，这不是红军里常见的吗?

——《反对本本主义》，载《毛泽东选集》，第1卷，人民出版社1991年版，第112页。

1975年8月14日，毛泽东在《关于〈水浒〉的评论》中说：“这支农民起义队伍的领袖不好，投降。李逵、吴用、阮小二、阮小五、阮小七是好的，不愿意投降。”

——中共中央文献研究室编：《关于〈水浒〉的谈话》，载《建国以来毛泽东文稿》，第13册，中央文献出版社1998年版，第457页。

【注释】

（1）巴，靠近，挨着。

（2）太公，古代对老年男子的尊称。

（3）鸟，通“屌”，骂人的话。

（4）造次，轻率，鲁莽。

（5）兀自，还自。李师师，北宋末年东京名妓。词人周帮彦等多与往来，相传宋徽宗也屡至其家。金人攻破东京后，流落南方。轶事传闻不一。

（6）厮，家伙，小子。古代对男子的轻蔑称呼。

（7）奸佞，邪恶而用花言巧语谄媚的人。

（8）诤臣，直言规劝的臣子。

（9）风，通“疯”，发疯。

（10）法官，对道士的尊称。

（11）把酒，端着酒杯劝酒。

（12）跷蹊（qiāo qí 敲奇），亦作“蹊跷”。奇怪，可疑。

（13）至人，思想道德修养最高的人。

（14）屯住，驻扎。

（15）尫羸（wāng léi 汪雷），瘦弱，瘠病。

（16）法则，方法，办法之意。

【赏析】

《水浒传》第七十三回“黑旋风乔捉鬼　梁山泊双献头”，是写李逵忠诚鲁莽的典型故事。主人公李逵，绰号“黑旋风”，雇工出身。因仗义杀人，流落江州，结识宋江，后参加梁山农民起义军。他为人鲁莽，但忠于农民革命，立场坚定，爱憎分明，淳朴爽直，勇敢顽强，坚决反对招安投降，是梁山泊农民起义军中革命派的代表人物。由于他对梁山事业的忠诚，所以他不能容忍损害梁山事业的任何行为。这回写他随宋江到东京进行招安活动时，看到宋江的卑劣行为，便大闹李师师，惊得风流天子宋徽宗一道烟跑了。后来宋江等人大队人马撤走后，他和燕青绕远路从小路回梁山，经过四柳村中，杀了一对奸夫，为民除害。到了刘太公庄上，听刘太公说他的十八岁的女儿三天前被梁山泊的宋江和一个白面后生掠走了。李逵信以为真，回到梁山，宋江问他也不理，“睁圆怪眼，拔出大斧，先砍倒了杏黄旗，把‘替天行道’四个字扯做粉碎”，“抢上堂来，径奔宋江”，被五虎将拦住。和宋江立下赌赛军令状，输了砍头。后来查清是一个名叫王江的人掠去了刘太公的女儿，于是，李逵回山负荆请罪。这个故事，李逵听了一面之词，没有全面调查，便鲁莽从事，险些闹出人命，这是他的缺点，但这缺点又是和他对梁山革命事业的挚爱，与对宋江的信赖联系在一起的，又是他对农民起义事业的忠诚的表现。

土地革命战争时期，有江西革命根据地的时候，红军游击队中有的人在行动计划之前不留心了解社会实际情况，往往离开实际调查去估量政治形势，指导革命斗争，鲁莽从事，因此弄出许多错误。毛泽东在他为了反对红军中的教条主义思想而写的《反对本本主义》一文中，把红军游击队里的这种人称为“李逵式的官长”。指出不坚持调查研究和实事求是，就不可能对问题作出正确的决策和决断，就会像李逵那样，“闹出许多纠纷，领导者的威信也丧失干净”，给革命事业带来损害，我们应当引以为戒。

【原文】

第一百十九回　鲁智深浙江坐化　宋公明衣锦还乡（节录）

话说当下方腊殿前启奏，愿领兵出洞征战的，正是东床附马主爵都尉柯引。方腊见奏，不胜之喜。柯驸马当下同领南兵，带了云璧奉尉，披挂上马出师。方腊将自己金甲锦袍，赐与附马，又选一骑好马，叫他出战。那柯驸马与同皇侄方杰，引领洞中护御军兵一万人马，驾前上将二十余员，出到帮源洞口[1]，列成阵势。

却说宋江军马困住洞口，已教将佐分调守护。宋江在阵中，因见手下弟兄，三停内折了二停，方腊又未曾拿得，南兵又不出战，眉头不展，面带忧容。只听得前军报来说：“洞中有军马出来交战。”宋江、卢俊义见报，急令诸将上马，引军出战，摆开阵势，看南军阵里，当先是柯驸马出战[2]。宋江军中，谁不认得是柴进？宋江便令花荣出马迎敌。花荣得令，便横枪跃马，出到阵前，高声喝问：“你那厮是甚人，敢助反贼，与吾大兵敌对？我若拿住你时，碎尸万段，骨肉为泥！好好下马受降，免汝一命！”柯驸马答道：“我乃山东柯引，谁不闻我大名？量你这厮们，是梁山泊一伙强徒草寇，何足道哉！偏俺不如你们手段？我直把你们杀尽，克复城池，是吾之愿！”宋江与卢俊义在马上听了，寻思柴进口里说的话，知他心里的事。他把“柴”字改作“柯”字，“柴”即是“柯”也。“进”字改作“引”字，“引”即是“进”也。吴用道：“且看花荣与他迎敌。”当下花荣挺枪跃马，来战柯引。两马相交，二般军器并举。两将斗到间深里，绞做一团，扭做一块。柴进低低道：“兄长可且诈败，来日议事。”花荣听了，略战三合，拨回马便走。柯引喝道：“败将，吾不赶你！别有了得的，叫他出来，和俺交战！”花荣跑马回阵，对宋江、卢俊义说知就里。吴用道：“再叫关胜出战交锋。”当时关胜舞起青龙偃月刀[3]，飞马出战，大喝道："山东小将，敢与吾敌?"那柯附马挺枪，便来迎敌。两个交锋，全无惧怯。二将斗不到五合，关胜也诈败佯输，走回本阵。柯驸马不赶，只在阵前大喝："宋兵敢有强将出来，与吾对敌?"宋江再叫朱仝出阵，与柴进交锋。往来厮杀，只瞒众军。两个斗不过五七合，朱仝诈败而走。柴进赶来虚搠一枪，朱仝弃马跑归本阵，南军先抢得这匹好马。柯驸马招动南军，抢杀过来，宋江急令诸将引军退去十里下寨。柯驸马引军追赶了一程，收兵退回洞中。

已自有人先去报知方腊，说道："柯驸马如此英雄，战退宋兵，连胜三将。宋江等又折一阵，杀退十里。"方腊大喜，叫排下御宴，等待驸马卸了戎装披挂，请入后宫赐坐。亲捧金杯，满劝柯驸马道："不想驸马有此文武双全！寡人只道贤婿只是文才秀士，若早知有此等英雄豪杰，不致折许多州郡。烦望驸马大展奇才，立诛贼将，重兴基业，与寡人共享太平无穷之富贵。"柯引奏道："主上放心！为臣子当以尽心报效，同兴国祚[4]。明日谨请圣上登山，看柯引厮杀，立斩宋江等辈。"方腊见奏，心中大喜，当夜宴至更深，各还宫中去了。次早，方腊设朝，叫洞中敲牛宰马，令三军都饱食已了，各自披挂上马，出到帮源洞口，摇旗发喊，擂鼓搦战。方腊却领引内侍近臣，登帮源洞山顶，看柯驸马厮杀。

且说宋江当日传令，分付诸将："今日厮杀，非比他时，正在要紧之际。汝等军将，各各用心，擒获贼首方腊，休得杀害。你众军士，只看南军阵上柴进回马引领，就便杀入洞中，并力追捉方腊，不可违误！"三军诸将得令，各自摩拳擦掌，掣剑拔枪，都要掳掠洞中金帛，尽要活捉方腊，建功请赏。当时宋江诸将，都到洞前，把军马摆开，列成阵势。只见南兵阵上，柯驸马立在门旗之下，正待要出战，只见皇侄方杰立马横戟道："都尉且押手停骑，看方某先斩宋兵一将，然后都尉出马，用兵对敌。"宋兵望见燕青跟在柴进后头，众将皆喜道："今日计必成矣！"各人自行准备。且说皇侄方杰，争先纵马搦战。宋江阵上，关胜出马，舞起青龙刀，来与方杰对敌。

两将交马，一往一来，一翻一复，战不过十数合，宋江又遣花荣出阵，共战方杰。方杰见二将来夹攻，全无惧怯，力敌二将。又战数合，虽然难见输赢，也只办得遮拦躲避。宋江队里，再差李应、朱仝骤马出阵，并力追杀。方杰见四将来夹攻，方才拨回马头，望本阵中便走。柯驸马却在门旗下截住，把手一招，宋将关胜、花荣、朱仝、李应四将赶过来。柯驸马便挺起手中铁枪奔来，直取方杰。方杰见头势不好，急下马逃命时，措手不及，早被柴进一枪戳着。背后云奉尉燕青赶上一刀，杀了方杰。南军众将惊呆了，各自逃生，柯驸马大叫："我非柯引，吾乃柴进，宋先锋部下正将小旋风的便是。随行云奉尉，即是浪子燕青。今者已知得洞中内外备细。若有人活捉得方腊的，高官任做，细马拣骑。三军投降者，俱免血刃，抗拒者全家斩首！"回身引领四将，招起大军，杀入洞中。方腊领着内侍近臣，在帮源洞顶上见杀了方杰，三军溃乱，情知事急，一脚踢翻了金交椅，便望深山中奔走。宋江领起大队军马，分开五路，杀入洞来，争捉方腊，不想已被方腊逃去，止拿得侍从人员。燕青抢入洞中，叫了数个心腹伴当，去那库里，掳了两担金珠细软出来，就内宫禁苑，放起火来。柴进杀入东宫时，那金芝公主自缢身死。柴进见了，就连宫苑烧化，以下细人，放其各自逃生。众军将都入正宫，杀尽嫔妃彩女、亲军侍御、皇亲国戚，都掳掠了方腊内宫金帛。宋江大纵军将，入宫搜寻方腊。

却说阮小七杀入内苑深宫里面，搜出一箱，却是方腊伪造的平天冠[(5)]、衮龙袍[(6)]、碧玉带、白玉珪、无忧履。阮小七看见上面都是珍珠异宝，龙凤锦文，心里想道："这是方腊穿的，我便着一着，也不打紧。"便把衮龙袍穿了，系上碧玉带，着了无忧履，戴起平天冠，却把白玉珪插放怀里，跳上马，手执鞭，跑出宫前。三军众将，只道是方腊，一齐闹动，抢将拢来看时，却是阮小七，众皆大笑。这阮小七也只把做好嬉，骑着马东走西走，看那众将多军抢掳。正在那里闹动，早有童枢密带来的大将王禀、赵谭入洞助战。听得三军闹嚷，只说拿得方腊，径来争功。却见是阮小七穿了御衣服，戴着平天冠，在那里嬉笑。王禀、赵谭骂道："你这厮莫非要学方腊，做这等样子！"阮小七大怒，指着王禀、赵谭道："你这两个，直得甚鸟！若不是俺哥哥宋公明时，你这两个驴马头，早被方腊已都砍下了！今日我等众将弟兄成了功劳，你们颠倒来欺负！朝廷不知备细，只道是两员大将来协助成功。"王禀、赵谭大怒，便要和阮小七火并。当时阮小七夺了小校枪，便奔上来戳王禀。呼延灼看见，急飞马来隔开，已自有军校报知宋江。飞马到来，见阮小七穿着御衣服，宋江、吴用喝下马来，剥下违禁衣服，丢去一边。宋江陪话解劝。王禀、赵谭二人虽被宋江并众将劝和了，只是记恨于心。

当日帮源洞中，杀的尸横遍野，流血成渠，按宋鉴所载，斩杀方腊蛮兵二万余级。当下宋江传令，教四下举火，监临烧毁宫殿。龙楼凤阁，内苑深宫，珠轩翠屋，尽皆焚化。有诗为证：

黄屋朱轩半入云，涂膏衅血自䜣䜣。

若还天意容奢侈，琼室阿房可不焚。

当时宋江等众将监看烧毁已了，引军都来洞口屯驻，下了寨栅，计点生擒人数，只有贼首方腊未曾获得。传下将令，教军将沿山搜捉。告示乡民：但有人拿得方腊者，奏闻朝廷，高官任做；知而首者，随即给赏。

却说方腊从帮源洞山顶落路而走，便望深山旷野，透岭穿林，脱了赭黄袍(7)，丢去金花幞头，脱下朝靴，穿上草履麻鞋，爬山奔走，要逃性命。连夜退过五座山头，走到一处山凹边，见一个草庵，嵌在山凹里。方腊肚中饥饿，却待正要去茅菴内寻讨些饭吃，只见松树背后转出一个胖大和尚来，一禅杖打翻，便取条绳索绑了。那和尚不是别人，是花和尚鲁智深。拿了方腊，带到草菴中，取了些饭吃，正解出山来，却好迎着搜山的军健，一同绑住捉来见宋先锋。宋江见拿得方腊，大喜，便问道："吾师，你却如何正等得这贼首着?"鲁智深道："洒家自从在乌龙岭上万松林里厮杀，追赶夏侯成入深山里去，被洒家杀了贪战贼兵，直赶入乱山深处。迷踪失径，迤逦随路寻去，正到旷野琳琅山内，忽遇一个老僧，引领洒家到此处茅菴中，嘱付道：'柴米菜蔬都有，只在此间等候。但见个长大汉从松林深处来，你便捉住。'夜来望见山前火起，小僧看了一夜，又不知此间山径路数是何处。今早正见这贼爬过山来，因此，俺一禅杖打翻，就捉来绑，不想正是方腊！"……

【毛泽东评点】

宋江投降了，就去打方腊。

……

鲁迅评《水浒传》评得好，他说："一部《水浒传》，说得很分明：因为不反对天子，所以大军一到，便受招安，替国家打别的强盗——不'替天行道'的强盗去了。终于是奴才。"（《三闲集·流氓的变迁》）

——中共中央文献研究室编：《关于〈水浒〉的谈话》，载《建国以来毛泽东文稿》，第 13 册，中央文献出版社 1998 年版，第 457 页。

【注释】

（1）帮源洞，洞名，方腊起义的根据地。在今浙江淳安县，深广约四十里。

（2）柯驸马，即柴进。柴进化装打入方腊内部，被招为驸马。驸马，皇帝的女婿。

（3）青龙偃月刀，刀类兵器名。因形如偃月，并铸有青龙而得名。

（4）国祚（zuò 坐），国运。

（5）平天冠，冕的俗称，天子所戴。洪迈《客斋三笔·平天冠》："祭服之冕，自天子至于下士执事者皆用之，特以梁數及旒的多少为别。俗呼为平天冠，盖指言至尊乃得用。"

（6）衮（gǔn 滚）龙袍，古代皇帝的朝服，上有龙纹，故称。

（7）赭（zhě 者）黄袍，古代皇帝穿的袍服。赭黄，土黄色。

【赏析】

《水浒传》在七十回后，主要描写了梁山好汉接受招安，以及征辽，为国家效力，平田虎、王庆、方腊的过程。在征辽，平田虎、王庆回来，梁山一百零八位好汉无一伤亡，但在平方腊的战役中，两支农民起义军，两败俱伤，方腊农民起义军被宋江等人镇压下去了，方腊本人被捉送东京斩首示众，这次队伍彻底溃灭了。但在这场残酷的战争中，梁山起义军也付出了惨重的代价，一百零八位好汉只剩下二十七位生还，宋江又被赐予御酒下了药毒死，宋江怕李逵重新造反，也把李逵毒死，吴用上吊而死，卢俊义被赐的御酒中下了水银坠河而死。总之，平方腊回来之后，梁山所剩不多的首领，又被朝廷几乎斩尽杀绝，一场轰轰烈烈的农民起义，就这样以悲惨的结局而告结束。

《水浒传》第一百十九回“鲁智深浙江坐化　宋公明衣锦还乡”，描写宋江率领梁山英雄打破方腊的根据地——帮源洞，活捉方腊，两支农民起义军自相残杀的最后的惨烈场面。这种悲剧是由于宋江的路线酿成的。毛泽东指出：“宋江投降了，就去打方腊。”这正像鲁迅所说，是“替天行道”的强盗打不“替天行道”的强盗，这“替天行道”的强盗实际上已成了统治阶级的帮凶，沦为统治者的奴才。方腊，是北宋末年浙江农民起义的领袖。他于徽宗宣和二年（1120）秋发动起义，在漆园中誓师，指斥宋王朝的罪恶。自号“圣公”，年号永乐。他打算划江而守，渐图进取，十年内推翻宋王朝。宋徽宗派童贯率十五万大军前往镇压，并三次下诏招抚，都被严辞拒绝。后来方腊战败被俘，在东京英勇就义。方腊像中国历史上许多农民起义领袖一样，即使在斗争失败时，也宁肯站着死，决不跪着生。表现了同反动统治者血战到底的英雄气概。而投降派宋江，充当统治阶级的鹰犬和帮凶，去攻打别的农民起义军，起到了统治者起不到的作用。宋江即使遭到奸臣暗算时仍然坚持投降到底。“宁可朝廷负我，我忠义不负朝廷”，活画出宋江的奴才相。宋江和方腊比较：方腊起义代表了革命农民的要求，宋江投降则适应了地主阶级的需要。方腊起义经过浴血奋战虽然失败，但它打击了封建统治，播下了革命火种；宋江投降则麻痹了群众的革命意志，维护了封建统治。二者的性质是根本不同的。这就是《水浒传》留给我们的深刻的历史教训。

《三国演义》（元末明初）罗贯中

长篇历史小说。全称《三国志通俗演义》或《三国志演义》。元末明初罗贯中撰。《三国演义》取材于东汉末年和魏、蜀、吴三国的历史，根据陈寿《三国志》和裴松之注，以及元代《三国志平话》和有关传说材料，经过综合熔裁，创作而成。它形象地反映了东汉灵帝（刘宏）中平元年（184）到西晋武帝（司马炎）太康元年（280）近一个世纪的社会生活，描写了汉末、三国时期复杂的政治斗争、军事斗争和外交斗争，以及给人民生活造成的苦难，再现了这一时期的历史面貌。艺术成就很高，成功地塑造了曹操、诸葛亮、关羽、张飞、刘备、孙权、周瑜等众多的典型人物形象；全书事件复杂，情节曲折，有声有色，引人入胜，尤其长于战争场面的描写；结构宏伟，剪裁精当，脉络清楚，布局严谨，“文不甚深，言不甚俗，文白间杂，雅俗共赏”，易为读者所接受。清初毛宗岗假托金圣叹的话，称之为“第一才子书”。小说尊刘贬曹，表现了封建正统观念。对黄巾起义农民称为“盗贼”，暴露了作者的阶级偏见。人物性格缺少发展，有类型化之嫌，有些描写似嫌过分，正如鲁迅所说：“欲显刘备之长厚而似伪，状诸葛之多智而近妖”。今所见最早的刻本为明嘉靖壬午年（1522）刊刻的《三国志通俗演义》，二十四卷，分二百四十则，题“晋平阳侯陈寿史传，后学罗本贯中编次”。清初毛宗岗又做了一些修改评点，成为通行的一百二十回本。人民文学出版社删去评点，1957 年首次刊印，以后又多次重印。

作者罗贯中（约 1330—约 1400），名本，贯中是他的字，别号湖海散人，山西太原人（还有东原、武林、庐陵等不同说法）。元末明初小说家、戏曲家。相传写小说数十种，现在留存的，除《三国演义》外，还有《隋唐志传》《残唐五代史》和《三遂平妖传》等。亦能词曲，杂剧有《赵太祖龙虎风云会》等三种。

毛泽东喜读《三国演义》，在他中南海游泳池畔的书房里，除放着多种平装版本的《三国演义》外，还有两种线装木刻大字本的《三国演义》：一种是上海涵芬楼版的《三国志通俗演义》，一种是人民文学出版社1974年2月影印的《三国志通俗演义》。这两种版本的《三国志通俗演义》每部都是二十四个分册，因为字都比较大，毛泽东很喜爱。

【原文】

词曰[1]：

滚滚长江东逝水，浪花淘尽英雄。是非成败转头空。青山依旧在，几度夕阳红。　　白发渔樵江渚上，惯看秋月春风。一壶浊酒喜相逢。古今多少事，都付笑谈中。

第一回　宴桃园豪杰三结义　斩黄巾英雄首立功（节录）

话说天下大势，分久必合，合久必分：周末七国分争，并入于秦；及秦灭之后，楚、汉分争，又并入于汉；汉朝自高祖斩白蛇而起义，一统天下，后来光武中兴，传至献帝，遂分为三国。推其致乱之由，殆始于桓、灵二帝。桓帝禁锢善类[2]，崇信宦官。及桓帝崩，灵帝即位，大将军窦武、太傅陈蕃，共相辅佐；时有宦官曹节等弄权，窦武、陈蕃谋诛之，机事不密，反为所害，中涓自此愈横[3]。

建宁二年四月望日，帝御温德殿[4]。方升座，殿角狂风骤起，只见一条大青蛇，从梁上飞将下来，蟠于椅上。帝惊倒，左右急救入宫，百官俱奔避。须臾，蛇不见了。忽然大雷大雨，加以冰雹，落到半夜方止，坏却房屋无数。建宁四年二月，洛阳地震；又海水泛溢，沿海居民，尽被大浪卷入海中。光和元年，雌鸡化雄。六月朔，黑气十余丈，飞入温德殿中。秋七月，有虹现于玉堂，五原山岸，尽皆崩裂。种种不祥，非止一端。帝下诏问群臣以灾异之由，议郎蔡邕上疏，以为蜺堕鸡化[5]，乃妇寺干政之所致[6]，言颇切直。帝览奏叹息，因起更衣。曹节在后窃视，悉宣告左右；遂以他事陷邕于罪，放归田里。后张让、赵忠、封谞、段珪、曹节、侯览、蹇硕、程旷、夏恽、郭胜十人朋比为奸，号为“十常侍”。帝尊信张让，呼为“阿父”。朝政日非，以致天下人心思乱，盗贼蜂起。

时巨鹿郡有兄弟三人：一名张角，一名张宝，一名张梁。那张角本是个不第秀才，因入山采药，遇一老人，碧眼童颜，手执藜杖，唤角至一洞中，以天书三卷授之，曰：“此名《太平要术》。汝得之，当代天宣化，普救世人。若萌异心，必获恶报。”角拜问姓名。老人曰：“吾乃南华老仙也。”言讫，化阵清风而去。角得此书，晓夜攻习，能呼风唤雨，号为“太平道人”。中平元年正月内，疫气流行，张角散施符水，为人治病，自称“大贤良师”。角有徒弟五百余人，云游四方，皆能书符念咒。次后徒众日多，角乃立三十六方，大方万余人，小方六七千，各立渠帅(7)，称为将军；讹言：“苍天已死，黄天当立；岁在甲子，天下大吉。”令人各以白土，书“甲子”二字于家中大门上。青、幽、徐、冀、荆、扬、兖、豫八州之人，家家侍奉大贤良师张角名字。角遣其党马元义，暗赍金帛(8)，结交中涓封谞，以为内应。角与二弟商议曰：“至难得者，民心也。今民心已顺，若不乘势取天下，诚为可惜。”遂一面私造黄旗，约期举事；一面使弟子唐周，驰书报封谞。唐周乃径赴省中告变(9)。帝召大将军何进调兵擒马元义，斩之；次收封谞等一干人下狱。张角闻知事露，星夜举兵，自称“天公将军”，张宝称“地公将军”，张梁称“人公将军”；申言于众曰：“今汉运将终，大圣人出。汝等皆宜顺天从正，以乐太平。”四方百姓，裹黄巾从张角反者四五十万。贼势浩大，官军望风而靡(10)。何进奏帝火速降诏，令各处备御，讨贼立功；一面遣中郎将卢植、皇甫嵩、朱儁各引精兵，分三路讨之。

且说张角一军，前犯幽州界分。幽州太守刘焉，乃江夏竟陵人氏，汉鲁恭王之后也；当时闻得贼兵将至，召校尉邹靖计议。靖曰：“贼兵众，我兵寡，明公宜作速招军应敌。”刘焉然其说(11)，随即出榜招募义兵。榜文行到涿县，引出琢县中一个英雄。那人不甚好读书；性宽和，寡言语，喜怒不形于色；素有大志，专好结交天下豪杰；生得身长七尺五寸(12)，两耳垂肩，双手过膝，目能自顾其耳，面如冠玉，唇若涂脂；中山靖王刘胜之后，汉景帝阁下玄孙：姓刘，名备，字玄德。昔刘胜之子刘贞，汉武时封涿鹿亭侯，后坐酎金失侯[13]，因此遗这一枝在涿县。玄德祖刘雄，父弘。弘曾举孝廉[14]，亦尝作吏，早丧。玄德幼孤，事母至孝；家贫，贩屦织席为业[15]，家住本县楼桑村。其家之东南，有一大桑树，高五丈余，遥望之，童童如车盖[16]。相者云："此家必出贵人。"玄德幼时，与乡中小儿戏于树下，曰："我为天子，当乘此车盖。"叔父刘元起奇其言，曰："此儿非常人也！"因见玄德家贫，常资给之。年十五岁，母使游学，尝师事郑玄、卢植，与公孙瓒等为友。及刘焉发榜招军时，玄德年已二十八岁矣。

当日见了榜文，慨然长叹。随后一人厉声言曰："大丈夫不与国家出力，何故长叹？"玄德回视其人：身长八尺，豹头环眼，燕颔虎须，声若巨雷，势如奔马。玄德见他形貌异常，问其姓名。其人曰："某姓张，名飞，字翼德。世居涿郡，颇有庄田，卖酒屠猪，专好结交天下豪杰。恰才见公看榜而叹，故此相问。"玄德曰："我本汉室宗亲，姓刘，名备。今闻黄巾倡乱，有志欲破贼安民；恨力不能，故长叹耳。"飞曰："吾颇有资财，当招募乡勇，与公同举大事，如何？"玄德甚喜，遂与同入村店中饮酒。正饮间，见一大汉，推着一辆车子，到店门首歇了；入店坐下，便唤酒保："快斟酒来吃，我待赶入城去投军。"玄德看其人：身长九尺，髯长二尺；面如重枣，唇若涂脂；丹凤眼，卧蚕眉：相貌堂堂，威风凛凛。玄德就邀他同坐，叩其姓名。其人曰："吾姓关，名羽，字长生，后改云长，河东解良人也。因本处势豪，倚势凌人，被吾杀了；逃难江湖，五六年矣。今闻此处招军破贼，特来应募。"玄德遂以己志告之。云长大喜。同到张飞庄上，共议大事。

飞曰："吾庄后有一桃园，花开正盛；明日当于园中祭告天地，我三人结为兄弟，协力同心，然后可图大事。"玄德、云长齐声应曰："如此甚好。"次日，于桃园中，备下乌牛白马祭礼等项，三人焚香再拜而说誓曰："念刘备、关羽、张飞，虽然异姓，既结为兄弟，则同心协力，救困扶危；上报国家，下安黎庶[17]；不求同年同月同日生，只愿同年同月同日死。皇天后土，实鉴此心。背义忘恩，天人共戮！"誓毕，拜玄德为兄，关羽次之，张飞为弟。祭罢天地，复宰牛设酒，聚乡中勇士，得三百余人，就桃园中痛饮一醉。来日收拾军器，但恨无马匹可乘。正思虑间，人报有两个客人，引一伙伴儅，赶一群马，投庄上来。玄德曰："此天佑我也！"三人出庄迎接。原来二客乃中山大商：一名张世平，一名苏双，每年往北贩马，近因寇发而回。玄德请二人到庄，置酒管待，诉说欲讨贼安民之意。二客大喜，愿将良马五十匹相送；又赠金银五百两，镔铁一千斤，以资器用。玄德谢别二客，便命良匠打造双股剑。云长造青龙偃月刀，又名"冷艳锯"，重八十二斤。张飞造丈八点钢矛。各置全身铠甲。共聚乡勇五百余人，来见邹靖。邹靖引见太守刘焉。三人参见毕，各通姓名。玄德说起宗派，刘焉大喜，遂认玄德为侄。

不数日，人报黄巾贼将程远志统兵五万来犯涿郡。刘焉令邹靖引玄德等三人，统兵五百，前去破敌。玄德等欣然领军前进，直至大兴山下，与贼相见。贼众皆披发，以黄巾抹额[18]。当下两军相对，玄德出马，左有云长，右有翼德，扬鞭大骂："反国逆贼，何不早降！"程远志大怒，遣副将邓茂出战。张飞挺丈八蛇矛直出，手起处，刺中邓茂心窝，翻身落马。程远志见折了邓茂，拍马舞刀，直取张飞。云长舞动大刀，纵马飞迎。程远志见了，早吃一惊，措手不及，被云长刀起处，挥为两段。后人有诗赞二人曰：

英雄露颖在今朝，一试矛兮一试刀。
初出便将威力展，三分好把姓名标。

众贼见程远志被斩，皆倒戈而走。玄德挥军追赶，投降者不计其数，大胜而回。刘焉亲自迎接，赏劳军士。次日，接得青州太守龚景牒文，言黄巾贼围城将陷，乞赐救援。刘焉与玄德商议。玄德曰："备愿往救之。"刘焉令邹靖将兵五千，同玄德、关、张，投青州来。贼众见救军至，分兵混战。玄德兵寡不胜，退三十里下寨。玄德谓关、张曰："贼众我寡；必出奇兵，方可取胜。"乃分关公引一千军伏山左，张飞引一千军伏山右，鸣金为号[19]，齐出接应。次日，玄德与邹靖引军鼓噪而进。贼众迎战，玄德引军便退。贼众乘势追赶，方过山岭，玄德军中一齐鸣金，左右两军齐出，玄德麾军回身复杀[20]。三路夹攻，贼众大溃。直赶至青州城下，太守龚景亦率民兵出城助战。贼势大败，剿戮极多，遂解青州之围。后人有诗赞玄德曰：

运筹决算有神功，二虎还须逊一龙。

初出便能垂伟绩，自应分鼎在孤穷。

龚景犒军毕，邹靖欲回。玄德曰：“近闻中郎将卢植与贼首张角战于广宗，备昔曾师事卢植，欲往助之。”于是邹靖引军自回，玄德与关、张引本部五百人投广宗来。至卢植军中，入帐施礼，具道来意。卢植大喜，留在帐前听调。

时张角贼众十五万，植兵五万，相拒于广宗，未见胜负。植谓玄德曰：“我今围贼在此，贼弟张梁、张宝在颍川，与皇甫嵩、朱儁对垒。汝可引本部人马，我更助汝一千官军，前去颍川打探消息，约期剿捕。”玄德领命，引军星夜投颍川来。时皇甫嵩、朱儁领军拒贼，贼战不利，退入长社，依草结营。嵩与儁计曰：“贼依草结营，当用火攻之。”遂令军士，每人束草一把，暗地埋伏。其夜大风忽起。二更以后，一齐纵火，嵩与儁各引兵攻击贼寨，火焰张天，贼众惊慌，马不及鞍，人不及甲，四散奔走。

杀到天明，张梁、张宝引败残军士，夺路而走。忽见一彪军马[21]，尽打红旗，当头来到，截住去路。为首闪出一将：身长七尺，细眉长髯；官拜骑都尉，沛国谯郡人也，姓曹，名操，字孟德。操父曹嵩，本姓夏侯氏，因为中常侍曹腾之养子，故冒姓曹。曹嵩生操，小字阿瞒[22]，一名吉利。操幼时，好游猎，喜歌舞；有权谋，多机变。操有叔父，见操游荡无度，尝怒之，言于曹嵩。嵩责操。操忽心生一计：见叔父来，诈倒于地，作中风之状。叔父惊告嵩，嵩急视之，操故无恙。嵩曰：“叔言汝中风，今已愈乎？”操曰：“儿自来无此病；因失爱于叔父，故见罔耳[23]。”嵩信其言。后叔父但言操过，嵩并不听。因此，操得恣意放荡。时人有桥玄者，谓操曰：“天下将乱，非命世之才不能济[24]。能安之者，其在君乎？”南阳何颙见操，言：“汉室将亡，安天下者，必此人也。”汝南许劭，有知人之名。操往见之，曰：“我何如人？”劭不答。又问，劭曰：“子治世之能臣，乱世之奸雄也。”操闻言大喜。年二十，举孝廉，为郎[25]，除洛阳北部尉[26]。初到任，即设五色棒十余条于县之四门，有犯禁者，不避权贵，皆责之。中常侍蹇硕之叔，提刀夜行，操巡夜拿住，就棒责之。由是，内外莫敢犯者，威名颇震。后为顿丘令。因黄巾起，拜为骑都尉，引马步军五千，前来颍川助战。正值张梁、张宝败走，曹操截住，大杀一阵，斩首万余级，夺得旗幡、金鼓，马匹极多。张梁、张宝死战得脱。操见过皇甫嵩、朱儁，随即引兵追袭张梁、张宝去了。

【毛泽东评点】

他（按：指毛泽东）很欣赏“话说天下大势，分久必合，合久必分”，符合辩证法。

——权延赤：《真实毛泽东》，内蒙古人民出版社1999年版，第70页。

……“开发西北”，“建设西北”，先生之志则大矣，先生之办法则不可。……谈到这个办法问题，询谋佥同，国人皆曰可行，不信先生独为不可行，是则国共两党实无不能合作之理。《三国演义》云天下大势，合久必分，分久必合。弟与先生分十年矣，今又有合的机会，先生其有意乎？……

——《致邵力子（1936.9.8）》，载《毛泽东书信选集》，人民出版社1983年版，第54—55页。

1956年3月5日，毛泽东在国务院有关部门汇报手工业工作情况时，所作的指示中，又一次引用《三国演义》开头的一句话“天下大势，分久必合，合久必分”来说明在手工业合作化过程中，要妥善解决集中生产和分散生产的关系。……

——徐中远：《毛泽东读评五部古典小说》，华文出版社1997年版，第183页。

……概念同感觉，不但是数量上的差别，而且有了性质上的差别。循此继进，使用判断和推理的方法，就可以产生出合乎论理的结论来。《三国演义》上所谓“眉头一皱，计上心来”，我们普通说话所谓“让我想一想”，就是人在脑子中运用概念以做判断和推理的工夫。这是认识的第二阶段。……

——《实践论》，载《毛泽东选集》，第 4 卷，人民出版社 1991 年版，第 285 页。

三国时代的道教是遍于全国的、群众性的。在北方有天公将军张角三兄弟最为广大的革命的群众运动，他们的口号是“苍天已死，黄天当立”。苍天，汉朝统治阶级。黄天，农民阶级。……其后，历代都有大小规模不同的众多的农民革命斗争，其性质当然与现在马克思主义革命运动根本不相同。但有相同的一点，就是极端贫苦农民广大阶层梦想平等、自由，摆脱贫困，丰衣足食。在一方面，带有资产阶级激进民主派的性质。另一方面，则带有原始社会主义性质，表现在互助关系上。第三方面，带有封建性质，表现在小农的私有制、上层封建制——从天公将军张角到天王洪秀全。……

——《读〈三国志集解批语〉·张鲁传》，载《毛泽东读文史古籍批语集》，中央文献出版社 1993 年版，第 144—145 页。

《三国演义》的作者罗贯中不是继承司马迁的传统，而是继承朱熹的传统。南宋时，异族为患，所以罗贯中以蜀为正统。

——龚育之等：《毛泽东的读书生活》，生活·读书·新知三联书店 1986 年版，第 258 页。

【注释】

（1）这首词词牌为《临江仙》，明著名诗人杨慎作，见于他的《廿一史弹词》，是秦汉开场词（作品的第三段），写历代兴亡引起的人生感慨。罗著原无此词，不知何人何时移到《三国演义》卷首。

（2）禁锢（gù 顾）善类，指东汉桓帝刘志时的“党锢之祸”。其时宦官集团把持政权，引起士族官僚集团的反对，形成激烈的争斗。结果宦官集团得势，把士族集团中的大批反对派，镇压迫害，逮捕定罪。后虽释放，却终身不准做官，叫作“禁锢”。善类，意即好人，指反对宦官专权的士大夫。

（3）中涓，皇帝宫廷中，管理通报、打扫清洁的臣子。此处指宦官，也即太监。

（4）御，封建主义的特定用语，皇帝衣食住行的行动都叫御；御某殿，即登某殿。

（5）蜺，同“霓”。古代迷信观念，认为色彩鲜明的内环叫虹，雄性；色彩暗淡的外环叫蜺，雌性。

（6）妇寺干政，妇指皇太后、皇后、皇帝的乳母一类人；寺是寺人（侍人），即宦官。干政，干预政事，掌握实权。

（7）渠帅，首领。

（8）赍（jī 技），持，携带。

（9）省中，皇帝的居处叫禁中，政府长官办公的地方叫省中，合称禁省，也用以泛指宫禁。后文第二回有“省家”，义略同，侧重在指政府长官。

（10）靡（mǐ 米），溃散。

（11）然其说，以他的意见为是，赞同他的意见。然，动词，以为正确。

（12）生得身长七尺五寸，古代的尺度比现在为小（汉尺约相当今尺七八寸），所以古代人的身高和现代人实际并无大异。

（13）坐酎（zhòu 咒）金失侯，坐，这里作犯法解。汉代法制，皇帝祭祀宗庙时诸侯要献金助祭，叫作酎金。坐酎金失侯，是说犯了没有按照规定缴纳酎金的法制，被削去侯爵。坐，犯法。

（14）举孝廉，汉代选拔士人做官的一种制度：地方官向朝廷推荐孝父母而清廉的人，叫作举孝廉。被推荐的人得到这种做官的资格，也叫举孝廉。

（15）屦（jù 巨），麻鞋。

（16）童童如车盖，形容大树枝叶非常茂密。古代统治者车上设有遮幔，形略如伞，叫作车盖。封建迷信意识，认为树生得像车盖，就是这家要出“贵人”的“预兆”。

（17）黎庶，老百姓。

（18）以黄巾抹额，用黄色巾帕裹扎额部，是武人的一种打扮。（抹额，也常作名词用。）

（19）鸣金，敲击钲、铙（后来则多指锣）等金属乐器。一般是军中收兵的号令；这里反用为进军的信号。

（20）麾（huī 挥），指挥。

（21）一彪军马，一支人马，但有时偏重形容它出现得突然，来势迅猛。

（22）小字，小名，乳名。

（23）见罔，加以诬陷。

（24）命世，名声显赫于当世。

（25）郎，官名，一般是殿廷侍卫之职。汉代有中郎、侍郎、郎中等官，统称为郎。往往是初入仕途，转任其他官职的阶梯。

（26）除洛阳北部尉，授予洛阳县北部尉的官职。因洛阳是大县，设两名尉，分管南部、北部的治安工作。除，授官任职。

【赏析】

《三国演义》第一回“宴桃园豪杰三结义　斩黄巾英雄首立功”，定下基调，统贯全书，有序论性质。作者罗贯中从历史循环论出发，认为历史发展的大趋势是，分久必合，合久必分。合是统一，分即分裂，不统一。也就是历史发展总是有统一，也有分裂，统一久了，就会分裂，分裂久了，又会统一。这种分分合合的情形，会循环往复，永远持续下去。罗贯中的这个结论是以三国之前的历史发展事实为根据的，周是合，战国是分，统一于秦，又合，楚汉争雄，又分，统一于西汉，至于东汉都是合，到了汉献帝三国鼎立，又是分。从而堕入了历史循环论的怪圈。这种看法虽然不科学，但也包含着辩证法因素。因此毛泽东很欣赏这句话，“符合辩证法”，他曾多次运用这个说法来解释现实问题。1936 年 9 月 8 日，毛泽东写给邵力子的信中引了《三国演义》开头的一句话：“天下大势，合久必分，分久必合。”而且有意把后两句的顺序颠倒一下，意在说明国共两党第二次合作势在必行，是强调合，颇有新意。而 1956 年 3 月 5 日，毛泽东在国务院有关部门汇报手工业工作情况时，所做的指示中，又一次引用“天下大势，分久必合，合久必分”这句话，说明在农业合作化过程中，要妥善解决集中生产和分散生产的关系。修理和服务行业过于集中，群众不满意，就需要适当地分散和多设点，以方便群众。这是用这个道理来说明我国当时的经济政策。

《三国演义》是历史小说，写历史小说要先研究历史的渊源流变。作者从东汉分为魏、蜀、吴三国，追本穷源，追到宦官十常侍的专权。十常侍专权，造成政治混乱，民不聊生，引起黄巾起义。而十常侍的专权，是由于桓、灵二帝的宠信所致，所以叙三国追本于桓、灵二帝。因此《三国演义》第一回，就从“桓帝禁锢善类，宠信宦官”讲起；讲到灵帝时宦官黄节弄权，害死大将军窦宪、太傅陈蕃；灵帝又亲信宦官十常侍，“朝政日非，以致天下人心思乱，盗贼蜂起”。这才引起黄巾起义，农民一起义，统治阶级的在朝派与在野派便都结成了反动的“神圣同盟”，一起向革命人民扑来。这才引出草泽英雄的聚，才有桃园三结义，才有刘关张的破黄巾；才有何进的谋诛宦官的召外兵，才有董卓的专权废立，才有诸镇的起兵讨伐董卓。作者就是根据历史本身的源流演变来写的，这才形成了被清代文学批评家称道的“追本穷源之法”。

《三国演义》在对魏、蜀、吴三国的描写上，以蜀汉为正统，以曹魏、孙吴为僭国，以三国统一于晋为国运。它的基本思想倾向是推崇刘备，贬低曹操、孙权和司马懿父子的。第一回刘备是“中山靖王刘胜之后，汉景帝阁下玄孙”，是一个“素有大志、专好结交天下豪杰”的英雄，俨然是以刘备为正统。而写到曹操则是本姓夏侯氏，其父因是中常侍曹腾养子，冒姓曹。曹操幼时，“好游猎，喜歌舞；有权谋，多机变”，玩弄小权术，欺骗其父、叔，是一个无父无君之辈。听到许劭评他是“治世之能臣，乱世之奸雄”，竟“闻言大喜”，俨然就是一个奸雄。这个基调贯穿全书，便形成了尊刘贬曹的思想倾向。这样描写三国时期的历史，是不符合实际的，违背了司马迁提出的“不溢美，不隐恶”“直录直书”的现实主义精神。罗贯中是根据南宋儒学大师朱熹的观点。朱熹的《通鉴纲目》，建安二十六年四月，刘备称帝改元，《纲目》特书“昭帝皇帝章武元年”。而在陈寿的《三国志》中是以曹魏为正统，称曹操传为《武帝纪》，称刘备传为《蜀先主传》，不称《昭烈帝纪》。当然朱熹以蜀汉为正统的观点，形成是有其客观原因的。朱熹生南宋，南宋偏安一隅，中原被金人占领，他只能称偏安一隅的南宋为正统，所以也称偏安一隅的蜀汉为正统了。

毛泽东认为：“《三国演义》的作者罗贯中不是继承司马迁的传统，而是继承朱熹的传统。南宋时，异族为患，所以罗贯中以蜀为正统。”因为公正地说，从汉末的军阀混战，群雄割据，到魏、吴、蜀三国鼎立，三国对历史的发展都起了一定作用，但相比而言，曹操创立的魏国贡献最大。1959年，一次在谈到历史学家翦伯赞一篇关于曹操的文章时，毛泽东说：“曹操结束汉末豪族混战的局面，恢复了黄河两岸的广大平原，为后来的西晋统一铺平了道路。”（《毛泽东的读书生活》第258页）

此外，毛泽东还很喜爱印于《三国演义》卷首的《临江仙》词。这首词原是明代著名诗人杨慎所作《廿一史弹词》中的一段，并不是罗贯中所作，不知何人何时冠于该书卷首。但这首词气势雄伟，大气磅礴，内容又切合《三国演义》的描写，所以毛泽东非常喜欢，曾经圈点并加以手书。

至于这回中写曹操幼时“忽心生一计”，诈作中风，欺骗其父、叔，也可视为“眉头一皱，计上心来”（《实践论》）的一个实例吧。

【原文】

第八回　王司徒巧施连环计　董太师大闹凤仪亭（节录）

次日，吕布在府中打听，绝不闻音耗[(1)]。径入堂中，寻问诸侍妾。侍妾对曰：“夜来太师与新人共寝，至今未起。”布大怒，潜入卓卧房后窥探[(2)]。时貂蝉起于窗下梳头，忽见窗外池中照一人影，极长大，头戴束发冠[(3)]；偷眼视之，正是吕布。貂蝉故蹙双眉，做忧愁不乐之态，复以香罗频拭眼泪[(4)]。吕布窥视良久乃出；少顷，又入。卓已坐于中堂，见布来，问曰：“外面无事乎？”布曰：“无事。”侍立卓侧。卓方食，布偷目窃望，见绣帘内一女子往来观觑[(5)]，微露半面，以目送情。布知是貂蝉，神魂飘荡。卓见布如此光景，心中疑忌，曰：“奉先无事且退。”布怏怏而出[(6)]。

董卓自纳貂蝉后，为色所迷，月余不出理事。卓偶染小疾，貂蝉衣不解带，曲意逢迎[(7)]，卓心愈喜。吕布入内问安，正值卓睡。貂蝉于床后探半身望吕布，以手指心，又以手指董卓，挥泪不止。布心如碎。卓朦胧双目，见布注视床后，目不转睛；回身一看，见貂蝉立于床后。卓大怒，叱布曰："汝敢戏吾爱姬耶[8]！"唤左右逐出："今后不许入堂！"吕布怒恨而归，路遇李儒[9]，告知其故。儒急入见卓曰："太师欲取天下，何故以小过见责温侯？倘彼心变，大事去矣。"卓曰："奈何？"儒曰："来朝唤入，赐以金帛，好言慰之，自然无事。"卓依言。次日，使人唤布入堂，慰之曰："吾前日病中，心神恍惚，误言伤汝，汝勿记心。"随赐金十斤，锦二十匹。布谢归；然身虽在卓左右，心实系念貂蝉。

卓疾既愈，入朝议事。布执戟相随，见卓与献帝共谈[10]，便乘间提戟出内门，上马径投相府来；系马府前，提戟入后堂，寻见貂蝉。蝉曰："汝可去后园中凤仪亭边等我。"布提戟径往，立于亭曲栏之傍。良久，见貂蝉分花拂柳而来，果然如月宫仙子，——泣谓布曰："我虽非王司徒亲女，然待之如己出。自见将军，许侍箕帚[11]，妾已生平愿足。谁想太师起不良之心，将妾淫污。妾恨不即死；止因未与将军一诀，故且忍辱偷生。今幸得见，妾愿毕矣！此身已污，不得复事英雄；愿死于君前，以明妾志！"言讫，手攀曲栏，望荷花池便跳。吕布慌忙抱住，泣曰："我知汝心久矣！只恨不能共语！"貂蝉手扯布曰："妾今生不能与君为妻，愿相期于来世。"布曰："我今生不能以汝为妻，非英雄也！"蝉曰："妾度日如年，愿君怜而救之。"布曰："我今偷空而来，恐老贼见疑，必当速去。"蝉牵其衣曰："君如此惧怕老贼，妾身无见天日之期矣！"布立住曰："容我徐图良策。"语罢，提戟欲去。貂蝉曰："妾在深闺，闻将军之名，如雷灌耳[12]，以为当世一人而已[13]，谁想反受他人之制乎！"言讫，泪下如雨。布羞惭满面，重复倚戟，回身搂抱貂蝉，用好言安慰。两个偎偎倚倚，不忍相离。

却说董卓在殿上，回头不见吕布，心中怀疑，连忙辞了献帝，登车回府；见布马系于府前；问门吏，吏答曰："温侯入后堂去了。"卓叱退左右，径入后堂中，寻觅不见；唤貂蝉，蝉亦不见。急问侍妾，侍妾曰："貂蝉在后园看花。"卓寻入后园，正见吕布和貂蝉在凤仪亭下共语，画戟倚在一边。卓怒，大喝一声。布见卓至，大惊，回身便走。卓抢了画戟，挺着赶来。吕布走得快，卓肥胖赶不上，掷戟刺布。布打戟落地。卓拾戟再赶，布已走远。卓赶出园门，一人飞奔前来，与卓胸膛相撞，卓倒于地。正是：冲天怒气高千丈，仆地肥躯做一堆。未知此人是谁，且听下文分解。

【毛泽东评点】

吕布戏貂蝉——英雄难过美人关。

——毛岸青、邵华主编：《中国出了个毛泽东》丛书：李林达著《情满西湖》，中央文献出版社 1993 年版，第 180 页。

【注释】

（1）音耗，消息。

（2）窥探，偷看。窥，从小孔、空隙或隐蔽处偷看。

（3）束发冠，古代冠的一种。其制如传统戏中演员所戴，用金累丝造，上嵌睛绿珠石，四爪蟒龙在上盘绕，下加额子一件，左右插长雉羽。

（4）香罗，指香罗帕，一种丝织的巾帕。

（5）觑觑（qù 去），偷看。觑，窥伺。

（6）怏怏，因不平或不满而郁郁不乐。

（7）曲意逢迎，违反自己的本心迎合别人的意思。

（8）爱姬，爱妾。姬，妾。

（9）李儒，董卓的谋士。

（10）献帝，即汉献帝刘协。公元 190—220 年在位。

（11）侍箕帚，服侍洒扫，即做妾之意。

（12）如雷灌耳，亦作“如雷贯耳”。形容人的名声很大。

（13）当世一人，当代独一无二。

【赏析】

《三国演义》第八回“王司徒巧使连环计　董太师大闹凤仪亭”写东汉末年宦官专权，董卓率羌兵入都城洛阳，专权跋扈，司徒王允为国除奸，施连环计，先将养女貂蝉许董卓义子吕布为妻，又送给董卓做妾，离间董卓、吕布二人的关系，吕布后为夺貂蝉，果杀董卓。

吕布，字奉先，是个勇而无谋、见利忘义之徒。他原为丁原养子，受董卓贿赂而杀丁原，此次为夺取美女貂蝉，又杀董卓。但此人骁勇异常，当初曹操矫诏，联合十八路诸侯讨伐董卓时，吕布一连击杀河内太守王匡部下名将方悦、上党太守张杨部将穆顺，又重伤北海太守孔融部将武安国。之后，又与刘备、关羽、张飞大战三十余合，可以说有万夫不当之勇。所以他以英雄自居。但他实则算不上英雄，因为按曹操的说法："夫英雄者，胸怀大志，腹有良谋，有包藏宇宙之机，吞吐天地之志者也"。而吕布虽然英勇无敌，但只是匹夫之勇，有勇无谋。果然中了王允的连环计，杀董卓而得貂蝉。在此后的军阀混战中，他很快便失败被杀，貂蝉也不知所终。这确实是英雄难过美人关。但历史上此类事不只是一个吕布，冲冠一怒为红颜的吴三桂，烽火戏诸侯的周幽王，宠爱杨贵妃而导致安史之乱的唐玄宗李隆基，以地道相通私幸名妓李师师的宋徽宗等等，无不是为美色而酿成祸乱，导致国破家亡的。因此吕布戏貂蝉——英雄难过美人关，具有深刻的教育意义。

【原文】

第二十一回　曹操煮酒论英雄　关公赚城斩车胄（节录）

玄德也防曹操谋害，就下处后园种菜，亲自浇灌，以为韬晦之计(1)。关、张二人曰："兄不留心天下大事，而学小人之事(2)，何也？"玄德曰："此非二弟所知也。"二人乃不复言。

一日，关、张不在，玄德正在后园浇菜。许褚、张辽引数十人入园中曰："丞相有命，请使君便行。"玄德惊问曰："有甚紧事？"许褚曰："不知。只教我来相请。"玄德只得随二人入府见操。操笑曰："在家做得好大事！"唬得玄德面如土色。操执玄德手，直至后园，曰："玄德学圃不易(3)！"玄德方才放心，答曰："无事消遣耳。"操曰："适见枝头梅子青青，忽感去年征张绣时，道上缺水，将士皆渴；吾心生一计，以鞭虚指曰：‘前面有梅林。’军士闻之，口皆生唾，由是不渴。今见此梅，不可不赏。又值煮酒正熟(4)，故邀使君小亭一会。”玄德心神方定。随至小亭，已设樽俎(5)：盘置青梅，一樽煮酒。二人对坐，开怀畅饮。

酒至半酣，忽阴云漠漠，骤雨将至。从人遥指天外龙挂(6)，操与玄德凭栏观之。操曰：“使君知龙之变化否？”玄德曰：“未知其详。”操曰：“龙能大能小，能升能隐：大则兴云吐雾，小则隐介藏形；升则飞腾于宇宙之间，隐则潜伏于波涛之内。方今春深，龙乘时变化，犹人得志而纵横四海。龙之为物，可比世之英雄。玄德久历四方，必知当世英雄。请试指言之。”玄德曰：“备肉眼安识英雄？”操曰：“休得过谦。”玄德曰：“备叨恩庇(7)，得仕于朝。天下英雄，实有未知。”操曰：“既不识其面，亦闻其名。”玄德曰：“淮南袁术，兵粮足备，可为英雄？”操笑曰：“冢中枯骨，吾早晚必擒之！”玄德曰：“河北袁绍，四世三公，门多故吏；今虎踞冀州之地，部下能事者极多，可为英雄？”操笑曰：“袁绍色厉胆薄，好谋无断；干大事而惜身，见小利而忘命：非英雄也。”玄德曰：“有一人名称八俊(8)，威镇九州——刘景升可为英雄？”操曰：“刘表虚名无实，非英雄也。”玄德曰：“有一人血气方刚，江东领袖——孙伯符乃英雄也？”操曰：“孙策藉父之名，非英雄也。”玄德曰：“益州刘季玉，可为英雄乎？”操曰：“刘璋虽系宗室，乃守户之犬耳，何足为英雄！”玄德曰：“如张绣、张鲁、韩遂等辈皆何如？”操鼓掌大笑曰：“此等碌碌小人，何足挂齿！”玄德曰：“舍此之外，备实不知。”操曰：“夫英雄者，胸怀大志，腹有良谋，有包藏宇宙之机(9)，吞吐天地之志者也(10)。”玄德曰：“谁能当之？”操以手指玄德，后自指，曰：“今天下英雄，惟使君与操耳！”玄德闻言，吃了一惊，手中所执匙箸，不觉落于地下。时正值天雨将至，雷声大作。玄德乃从容俯首拾箸曰：“一震之威，乃至于此。”操笑曰：“丈夫亦畏雷乎？”玄德曰：“圣人迅雷风烈必变(11)，安得不畏？”将闻言失箸缘故(12)，轻轻掩饰过了。操遂不疑玄德。后人有诗赞曰：

勉从虎穴暂栖身，说破英雄惊杀人。

巧借闻雷来掩饰，随机应变信如神。

天雨方住，见两个人撞入后园，手提宝剑，突至亭前，左右拦挡不住。操视之，乃关、张二人也。原来二人从城外射箭方回，听得玄德被许褚、张辽请将去了，慌忙来相府打听；闻说在后园，只恐有失，故冲突而入。却见玄德与操对坐饮酒。二人按剑而立。操问二人何来。云长曰："听知丞相和兄饮酒，特来舞剑，以助一笑。"操笑曰："此非'鸿门会'[13]，安用项庄、项伯乎？"玄德亦笑。操命："取酒与二'樊哙'压惊。"关、张拜谢。须臾席散[14]，玄德辞操而归。云长曰："险些惊杀我两个！"玄德以落箸事说与关、张。关、张问是何意。玄德曰："吾之学圃，正欲使操知我无大志；不意操竟指我为英雄，我故失惊落箸。又恐操生疑，故借惧雷以掩饰之耳。"关、张曰："兄真高见！"

【毛泽东评点】

1957 年 3 月 20 日 13 时至 14 时，由南京飞往上海途中，……当飞机飞临镇江上空时他书写了辛弃疾的《南乡子·登京口北固亭有怀》，并向我解释了这首词的意思和词中的典故。

——林克：《忆毛泽东学英语》，载《毛泽东的读书生活》，第 261—262 页，生活·读书·新知三联书店 1986 年版。

1957 年 3 月 20 日，毛泽东乘飞机由南京飞往上海。途经镇江上空时，毛泽东触景生情书写了宋辛弃疾《南乡子·登京口北固亭有怀》这首词。写完后，围绕这首词的内容，毛泽东又讲了许多。在说到"生子当如孙仲谋"这一句时，毛泽东说是借引曹操的言语。接着，毛泽东讲到《三国演义》中曹操煮酒论英雄一节，曹操说："夫英雄者，胸怀大志，腹有良谋，有包藏宇宙之机，吞吐天地之志者也。"刘备问："谁能当之？"曹操以手指刘备后自指说："今天下英雄，惟使君与操耳。"说到这里，毛泽东继续发挥说，尽管刘备比曹操所见略逊，但刘备这个人会用人，能团结人，终成大事。

——《秘书工作》1993 年第 11 期第 26 页。

【注释】

（1）韬（tāo 滔）晦之计，收敛锋芒，隐蔽才华意图，待时而起的计谋。韬，韬光，敛藏光彩。晦，晦迹，隐藏踪迹。

（2）小人，识见狭浅的人。语出《论语·子路》："樊迟请学稼。子曰：'吾不如老农。'请学为圃。子曰：'吾不如老圃。'樊迟出。子曰：'小人哉：樊须也。'"

（3）学圃，学习种菜。

（4）煮酒，烫酒。

（5）樽俎（zǔ 组），同"尊俎"。古代盛酒和盛肉的器皿，此用为宴席的代称。

（6）龙挂，即龙卷风。远看积雨云下呈漏斗状舒卷下垂，古人缺乏科学知识，认为是龙下挂吸水。

（7）叨（tāo 涛）恩庇，辱承恩惠庇护。叨，谦词，辱承、忝荷。

（8）八俊，称同一时代或同一地域有才望的八位杰出人才。《三国志·魏书·刘表传》："少知名，号八俊。"刘表与同郡张俭等号"八俊"。

（9）包藏宇宙之机，隐含天地万物的心思。宇宙，天地万物的总称。机，机心，机巧的心思。

（10）吞吐天地之志，掌握天下的志向。吞吐，吞进和吐出。比喻出纳、隐现、聚散的变化。天地，指天下。

（11）迅雷风烈必变，遇着迅雷、大风，一定改变容色，表示孔子对上天的畏惧。语出《论语·乡党》。迅雷风烈，即迅雷烈风。

（12）筯（zhù 注），"箸"的异体字。筷子。

（13）鸿门会，指充满阴谋和杀机的宴会。典故出于秦汉之际，刘邦与项羽争霸，二人曾在鸿门（今陕西临潼东）相会，宴会中，项羽谋士范增使项庄舞剑，意欲刺杀刘邦；而项羽叔父项伯也起而舞剑，意在保护刘邦。后刘邦猛将樊哙闯入，救刘邦得免于难。

（14）须臾，片刻。

【赏析】

《三国演义》第二十一回“曹操煮酒论英雄　关公赚城斩车胄”是非常精彩的故事。当时刘备新败，暂依曹操，曹操也乐于让刘备留居许都，以便掌握。汉献帝下密诏给国舅董承，要聚十义，除掉曹操，刘备参与了此事。在这种情势下，刘备为防曹操谋害，便在住处后园种菜，以为韬晦之计。一天，关、张不在，曹操派张辽、许褚去请刘备吃酒。一见面，曹操便说：“在家做得好大事！”刘备以为密谋杀操之事泄露，吓得面如土色。当说了去年征张绣时“望梅止渴”的故事，又见青梅，又值煮酒正熟，特邀刘备小酌，刘备心神方定。饮宴中，大雨将至，天上出现龙挂。于此曹操由龙的变化说到当世英雄。曹操问刘备谁是当世英雄，刘备说，天下英雄，实有未知，意欲搪塞过去。曹操说，即使不识其面，也闻其名。这样刘备非说不可，没有退路了。接着刘备一连说袁术、袁绍、刘表、刘璋、孙策、张绣、张鲁、韩遂等，曹操认为这些人都称不上英雄，并加以评论。刘备只好说，舍此之外，备实不知。接着曹操便说出自己对英雄的理解：“夫英雄者胸怀大志，腹有良谋，有包藏宇宙之机，吞吐天地之志者也。”刘备问：“谁能当之？”曹操以手指刘备，后自指，说：“今天下英雄，惟使君（刘备）与操耳！”刘备听了以后，吓得手中的筷子都落在地上，巧借闻雷掩饰过去了。这两个政敌，一个要掩饰，一个要试探，所以一旦说破天下英雄只有他们两个，其他皆不足挂齿，刘备吃惊不小。经过这次较量，刘备取得了胜利，曹操便不怀疑他了。

毛泽东熟知青梅煮酒论英雄的故事，所以在书写讲解辛弃疾《南乡子·登京口北固亭有怀》词中“生子当如孙仲谋”时，就讲述了青梅煮酒论英雄这个故事，而且对这两位英雄有自己的评价：尽管刘备比曹操所见略逊，但刘备这个人会用人，能团结人，终成大事。就总的成就来看，曹操比刘备的成就大得多。毛泽东说：“曹操统一北方，创立魏国。那时黄河流域是全国的中心地区。他改革了东汉的许多恶政，抑制豪强，发展生产，实行屯田制，还督促开荒，推行法制，提倡节俭，使遭受大破坏的社会开始稳定、恢复、发展。”（孙宝义编：《毛泽东的读书生涯》第221页，知识出版社1993年版）他又说：“曹操结束东汉末豪族混战的局面，恢复了黄河两岸的广大平原，为后来的西晋统一铺平了道路。”（龚育之等：《毛泽东的读书生活》第 258 页，1986 年 9 月北京第 1 版）这对于作为大英雄的曹操的评价是公允的。毛泽东认为刘备总的来看，比曹操略逊一筹，但他有自己的长处，就是会用人，能团结人，所以也成就了一番事业。毛泽东评之为“终成大事”，这个评价也是不低的。

【原文】

第二十七回　美髯公千里走单骑　汉寿侯五关斩六将（节录）

却说曹操部下诸将中，自张辽而外，只有徐晃与云长交厚，其余亦皆敬服。独蔡阳不服关公，故今日闻其去，欲往追之。操曰：“未忘故主，来去明白，真丈夫也。汝等皆当效之。”遂叱退蔡阳，不令去赶。程昱曰：“丞相待关某甚厚，今彼不辞而去，乱言片楮[1]，冒渎钧威[2]，其罪大矣。若纵之使归袁绍，是与虎添翼也。不若追而杀之，以绝后患。”操曰：“吾昔已许之，岂可失信！彼各为其主，勿追也。”因谓张辽曰：“云长封金挂印，财贿不以动其心，爵禄不以移其志，此等人吾深敬之。想他去此不远，我一发结识他做个人情[3]。汝可先去请住他，待我与他送行，更以路费征袍赠之，使为后日记念。”张辽领命，单骑先往。曹操引数十骑随后而来。

却说云长所骑赤兔马[4]，日行千里，本是赶不上；因欲护送车仗，不敢纵马，按辔徐行。忽听背后有人大叫：“云长且慢行！”回头视之，见张辽拍马而至。关公教车仗从人，只管望大路紧行；自己勒住赤兔马，按定青龙刀[5]，问曰：“文远莫非欲追我回乎？”辽曰：“非也。丞相知兄远行，欲来相送，特先使我请住台驾[6]，别无他意。”关公曰：“便是丞相铁骑来，吾愿决一死战！”遂立马于桥上望之。见曹操引数十骑，飞奔前来，背后乃是许褚、徐晃、于禁、李典之辈。操见关公横刀立马于桥上，令诸将勒住马匹，左右排开。关公见众人手中皆无军器，方始放心。操曰："云长行何太速？"关公于马上欠身答曰："关某前曾禀过丞相。今故主在河北，不由某不急去。累次造府[7]，不得参见，故拜书告辞，封金挂印，纳还丞相。望丞相勿忘昔日之言。"操曰："吾欲取信于天下，安肯有负前言。恐将军途中乏用，特具路资相送。"一将便从马上托过黄金一盘。关公曰："累蒙恩赐，尚有余资。留此黄金以赏将士。"操曰："特以少酬大功于万一，何必推辞？"关公曰："区区微劳，何足挂齿。"操笑曰："云长天下义士，恨吾福薄，不得相留。锦袍一领，略表寸心。"令一将下马，双手捧袍过来。云长恐有他变，不敢下马，用青龙刀尖挑锦袍披于身上，勒马回头称谢曰："蒙丞相赐袍，异日更得相会。"遂下桥望北而去。许褚曰："此人无礼太甚，何不擒之？"操曰："彼一人一骑，吾数十余人，安得不疑？吾言既出，不可追也。"曹操自引众将回城，于路叹想云长不已。……

云长将曹操赠袍事，告知二嫂，催促车仗前行。至天晚，投一村庄安歇。庄主出迎，须发皆白，问曰："将军姓甚名谁？"关公施礼曰："吾乃刘玄德之弟关某也。"老人曰："莫非斩颜良、文丑的关公否？"公曰："便是。"老人大喜，便请入庄。关公曰："车上还有二位夫人。"老人便唤妻女出迎。二夫人至草堂上，关公叉手立于二夫人之侧。老人请公坐，公曰："尊嫂在上，安敢就坐！"老人乃令妻女请二夫人入内室款待，自于草堂款待关公。关公问老人姓名。老人曰："吾姓胡，名华。桓帝时曾为议郎，致仕归乡[8]。今有小儿胡班，在荥阳太守王植部下为从事。将军若从此处经过，某有一书寄与小儿。"关公允诺。

次日早膳毕[9]，请二嫂上车，取了胡华书信，相别而行，取路投洛阳来。前至一关，名东岭关。把关将姓孔，名秀，引五百军兵在岭上把守。当日关公押车仗上岭，军士报知孔秀，秀出关来迎。关公下马，与孔秀施礼。秀曰："将军何往？"公曰："某辞丞相，特往河北寻兄。"秀曰："河北袁绍，正是丞相对头。将军此去，必有丞相文凭[10]？"公曰："因行期慌迫，不曾讨得。"秀曰："既无文凭，待我差人禀过丞相，方可放行。"关公曰："待去禀时，须误了我行程。"秀曰："法度所拘，不得不如此。"关公曰："汝不容我过关乎？"秀曰："汝要过去，留下老小为质[11]。"关公大怒，举刀就杀孔秀。秀退入关去，鸣鼓聚军，披挂上马，杀下关来，大喝曰：“汝敢过去么！”关公约退车仗，纵马提刀，竟不打话，直取孔秀。秀挺枪来迎。两马相交，只一合，钢刀起处，孔秀尸横马下。众军便走。关公曰：“军士休走。吾杀孔秀，不得已也，与汝等无干。借汝众军之口，传语曹丞相，言孔秀欲害我，我故杀之。”众军俱拜于马前。

关公即请二夫人车仗出关，望洛阳进发。军士报知洛阳太守韩福。韩福急聚众将商议。牙将孟坦曰[12]：“既无丞相文凭，即系私行；若不阻挡，必有罪责。”韩福曰：“关公勇猛，颜良、文丑俱为所杀。今不可力敌，只须设计擒之。”孟坦曰：“吾有一计：先将鹿角拦定关口[13]，待他到时，小将引兵和他交锋，佯败诱他来追[14]，公可用暗箭射之。若关某坠马，即擒解许都，必得重赏。”商议停当，人报关公车仗已到。韩福弯弓插箭，引一千人马，排列关口，问：“来者何人？”关公马上欠身言曰：“吾汉寿亭侯关某，敢借过路。”韩福曰：“有曹丞相文凭否？”关公曰：“事冗不曾讨得。”韩福曰：“吾奉丞相钧命，镇守此地，专一盘诘往来奸细[15]。若无文凭，即系逃窜。”关公怒曰：“东岭孔秀，已被吾杀。汝亦欲寻死耶？”韩福曰：“谁人与我擒之？”孟坦出马，轮双刀来取关公。关公约退车仗，拍马来迎。孟坦战不三合，拨回马便走。关公赶来。孟坦只指望引诱关公，不想关公马快，早已赶上，只一刀，砍为两段。关公勒马回来，韩福闪在门首，尽力放了一箭，正射中关公左臂。公用口拔出箭，血流不住，飞马径奔韩福，冲散众军，韩福急走不迭，关公手起刀落，带头连肩，斩于马下；杀散众军，保护车仗。

关公割帛束住箭伤，于路恐人暗算，不敢久住，连夜投汜水关来。把关将乃并州人氏，姓卞，名喜，善使流星锤；原是黄巾余党，后投曹操，拨来守关。当下闻知关公将到，寻思一计：就关前镇国寺中，埋伏下刀斧手二百余人，诱关公至寺，约击盏为号，欲图相害。安排已定，出关迎接关公。公见卞喜来迎，便下马相见。喜曰：“将军名震天下，谁不敬仰！今归皇叔，足见忠义！”关公诉说斩孔秀、韩福之事。卞喜曰：“将军杀之是也。某见丞相，代禀衷曲。”关公甚喜，同上马过了汜水关，到镇国寺前下马。众僧鸣钟出迎。原来那镇国寺乃汉明帝御前香火院，本寺有僧三十余人。内有一僧，却是关公同乡人，法名普净，当下普净已知其意，向前与关公问讯，曰："将军离蒲东几年矣？"关公曰："将及二十年矣。"普净曰："还认得贫僧否？"公曰："离乡多年，不能相识。"普净曰："贫僧家与将军家只隔一条河。"卞喜见普净叙出乡里之情，恐有走泄，乃叱之曰："吾欲请将军赴宴，汝僧人何得多言！"关公曰："不然。乡人相遇，安得不叙旧情耶？"普净请关公方丈待茶[16]。关公曰："二位夫人在车上，可先献茶。"普净教取茶先奉夫人，然后请关公入方丈。普净以手举所佩戒刀，以目视关公。公会意，命左右持刀紧随。卞喜请关公于法堂筵席[17]。关公曰："卞君请关某，是好意，还是歹意？"卞喜未及回言，关公早望见壁衣中有刀斧手[18]，乃大喝卞喜曰："吾以汝为好人，安敢如此！"卞喜知事泄，大叫："左右下手！"左右方欲动手，皆被关公拔剑砍之。卞喜下堂绕廊而走，关公弃剑执大刀来赶。卞喜暗取飞锤掷打关公。关公用刀隔开锤，赶将入去，一刀劈卞喜为两段。随即回身来看二嫂，早有军人围住，见关公来，四下奔走。关公赶散，谢普净曰："若非吾师，已被此贼害矣。"普净曰："贫僧此处难容，收拾衣钵[19]，亦往他处云游也[20]。后会有期，将军保重。"关公称谢，护送车仗，往荥阳进发。

荥阳太守王植，却与韩福是两亲家；闻得关公杀了韩福，商议欲暗害关公，乃使人守住关口。待关公到时，王植出关，喜笑相迎。关公诉说寻兄之事。植曰："将军于路驱驰，夫人车上劳困，且请入城，馆驿中暂歇一宵[21]，来日登途未迟。"关公见王植意甚殷勤，遂请二嫂入城。馆驿中皆铺陈了当。王植请公赴宴，公辞不往；植使人送筵席至馆驿。关公因于路辛苦，请二嫂晚膳毕，就正房歇定；令从者各自安歇，饱喂马匹。关公亦解甲憩息[22]。

却说王植密唤从事胡班听令曰："关某背丞相而逃，又于路杀太守并守关将校，死罪不轻！此人武勇难敌。汝今晚点一千军围住馆驿，一人一个火把，待三更时分[23]，一齐放火；不问是谁，尽皆烧死！吾亦自引军接应。"胡班领命，便点起军士，密将干柴引火之物，搬于馆驿门首，约时举事。胡班寻思："我久闻关云长之名，不识如何模样，试往窥之。"

乃至驿中，问驿吏曰："关将军在何处？"答曰："正厅上观书者是也。"胡班潜至厅前，见关公左手绰髯，于灯下凭几看书。班见了，失声叹曰："真天人也[24]！"公问何人，胡班入拜曰："荥阳太守部下从事胡班。"关公曰："莫非许都城外胡华之子否？"班曰："然也。"公唤从者于行李中取书付班。班看毕，叹曰："险些误杀忠良！"遂密告曰："王植心怀不仁，欲害将军，暗令人四面围住馆驿，约于三更放火。今某当先去开了城门，将军急收拾出城。"关公大惊，忙披挂提刀上马，请二嫂上车，尽出馆驿，果见军士各执火把听候。关公急来到城边，只见城门已开。关公催车仗急急出城。胡班还去放火。关公行不到数里，背后火把照耀，人马赶来。当先王植大叫："关某休走！"关公勒马，大骂："匹夫！我与你无仇，如何令人放火烧我？"王植拍马挺枪，径奔关公，被关公拦腰一刀，砍为两段。人马都赶散。关公催车仗速行，于路感胡班不已。

行至滑州界首，有人报与刘延。延引数十骑，出郭而迎。关公马上欠身而言曰："太守别来无恙！"延曰："公今欲何往？"公曰："辞了丞相，去寻家兄。"延曰："玄德在袁绍处，绍乃丞相仇人，如何容公去？"公曰："昔日曾言定来。"延曰："今黄河渡口关隘，夏侯惇部将秦琪据守，恐不容将军过渡。"公曰："太守应付船只，若何？"延曰："船只虽有，不敢应付。"公曰："我前者诛颜良、文丑，亦曾与足下解厄[25]。今日求一渡船而不与，何也？"延曰："只恐夏侯惇知之，必然罪我。"关公知刘延无用之人，遂自催车仗前进。到黄河渡口，秦琪引军出问："来者何人？"关公曰："汉寿亭侯关某也。"琪曰："今欲何往？"关公曰："欲投河北去寻兄长刘玄德，敬来借渡。"琪曰："丞相公文何在？"公曰："吾不受丞相节制，有甚公文！"琪曰："吾奉夏侯将军将令，守把关隘，你便插翅，也飞不过去！"关公大怒曰："你知我于路斩戮拦截者乎？"琪曰："你只杀得无名下将，敢杀我么？"关公怒曰："汝比颜良、文丑若何？"秦琪大怒，纵马提刀，直取关公。二马相交，只一合，关公刀起，秦琪头落。关公曰："当吾者已死，余人不必惊走。速备船只，送我渡河。"军士急撑舟傍岸。关公请二嫂上船渡河。渡过黄河，便是袁绍地方。关公所历关隘五处，斩将六员。后人有诗叹曰：

挂印封金辞汉相，寻兄遥望远途还。

马骑赤兔行千里，刀偃青龙出五关。

忠义慨然冲宇宙，英雄从此震江山。

独行斩将应无敌，今古留题翰墨间。

关公于马上自叹曰："吾非欲沿途杀人，奈事不得已也。曹公知之，必以我为负恩之人矣。"……

【毛泽东评点】

现在很多青年知识分子没有自由，没有走路之权。例如，从西安到延安的这一条路上，遍设关防，进步的知识青年要通过是困难的。因为他们既没有青龙偃月刀、嘶风赤兔马，又没有过五关斩六将的本领，那只有被赶到集中营"训练团"里去。这件事情似乎有些难办。但是，如果知识分子跟八路军、新四军、游击队结合起来，就是说笔杆子跟枪杆子结合起来，那么，事情就好办了。

——《一二·九运动的伟大意义》，载《毛泽东文集》，第 2 卷，人民出版社 1993 年版，第 257 页。

【注释】

（1）片楮（chǔ 楚），片纸，简短的文字。楮，木名。叶似桑，多涩毛，实圆色红，皮可制桑皮纸，因以为纸的代称。

（2）冒渎（dú 独），亦作"冒黩"。冒犯，亵渎。钧威，指曹操的威名。钧，旧时对尊长和上级的敬称。

（3）一发，越发，索性。有时作一齐、一起解。

（4）赤兔马，亦作"赤菟马"。骏马名。《后汉书 · 吕布传》："布常御良马，号曰赤菟，能驰城飞堑。"

（5）青龙刀，又称"青龙偃月刀"。刀类兵器名。因其形如偃月，并雕有青龙，故称。

（6）台驾，尊驾，对人的一种敬称。

（7）造府，到府上。造，往，到。

（8）致仕，辞官退休。

（9）早膳（shàn 善），早饭。膳，饭食。

（10）文凭，用作凭证的官方文书。

（11）质（zhì 至），作为保证的人或物。

（12）牙将，古代中下级军官。

（13）鹿角，军事上的防御设备。用带枝杈树木植在地上，以阻止敌人的行进，形似鹿角。

（14）佯（yáng 羊）败，假装败。

（15）盘诘（jié 结），盘问。奸细，为敌方提供情报的人。

（16）方丈，佛教名词。原指居士或禅士的长老或住持所居之处。

（17）法堂，佛教语。寺院演讲佛法的讲堂。

（18）壁衣，遮蔽墙壁的大型帷幕，可用来临时隐藏人众。

（19）衣钵，佛教用语。法衣和钵。钵，僧徒食器，钵多罗（梵文 Pata）的略称。

（20）云游，指僧道到处漫游，行踪飘忽，有如行云。

（21）馆驿，驿站上设的旅舍。

（22）解甲，脱下战衣。指军事行动间的休息。憩（qì 气）息，休息。

（23）三更，指半夜十一点到次日一时。

（24）天人，仙人，神人。

（25）足下，称对方的敬词。古代下称上或同辈相称都用“足下”。解厄，解除苦难。厄，苦难，困穷。

【赏析】

《三国演义》第二十七回“美髯公千里走单骑　汉寿侯五关斩六将”是关羽的光荣史。它写刘、关、张在徐州失散之后，暂在许都归降曹操的关羽，虽然曹操待他是上马金下马银，奏请汉献帝封他为寿亭县侯。一听说刘备在河北袁绍处的消息，便封金挂印，不辞而别。曹操乐得送个顺水人情，又亲自去送行，赠金赐袍，关羽却毅然离曹而去。一路上在东岭关杀孔秀，在洛阳关斩孟坦、韩福，在汜水关斩卞喜，在荥阳关斩王植，在黄河渡口斩秦琪，总计冲破五处关隘，斩杀六员曹将。后来有人写诗称赞说："马骑赤兔行千里，刀偃青龙出五关。"而过五关斩六将还是在保护刘备的两位夫人所乘车辆情况下发生的，尤其难能可贵。所以，身在曹营心在汉，表现了关羽重义的品格，过五关斩六将又充分表现了关羽勇武的神威。后来便成了战胜艰难险阻的代名词。

1939 年 12 月 9 日，延安青年集会，隆重纪念"一二・九"爱国学生运动四周年，毛泽东发表了《一二・九运动的伟大意义》的著名讲演。"一二・九运动"是 1935 年 12 月 9 日发生在北平的学生救亡运动，其直接意义是推动了"七七"抗战，准备了"七七"抗战。但知识分子要想成就一番事业，就只有和共产党结合，和广大工农群众，和八路军、新四军结合，才能实现。所以，当时许多进步的知识分子，冲破国民党的重重封锁，纷纷奔向革命圣地延安。虽然这些青年知识分子没有像关羽的青龙偃月刀那样的得力武器和日行千里的嘶风赤兔马，也没有关羽过五关斩六将的本领，但只要跟八路军、新四军、游击队结合起来，笔杆子与枪杆子结合起来，就好办了。这是给广大知识分子指出的正确道路。

【原文】

第二十八回　斩蔡阳兄弟释疑　会古城主臣聚义（节录）

周仓跟着关公，往汝南进发[1]。行了数日，遥见一座山城。公问土人："此何处也？"土人曰："此名古城[2]。数月前有一将军，姓张，名飞，引数十骑到此，将县官逐去，占住古城，招军买马，积草屯粮。今聚有三五千人马，四远无人敢敌。"关公喜曰："吾弟自徐州失散，一向不知下落，谁想却在此！"乃令孙乾先入城通报，教来迎接二嫂。

却说张飞在芒砀山中[3]住了月余，因出外探听玄德消息，偶过古城，入县借粮；县官不肯，飞怒，因就逐去县官，夺了县印，占住城池，权且安身。当日孙乾领关公命，入城见飞。施礼毕，具言："玄德离了袁绍处，投汝南去了。今云长直从许都送二位夫人至此，请将军出迎。”张飞听罢，更不回言，随即披挂持矛上马，引一千余人，径出北门。孙乾惊讶，又不敢问，只得随出城来。关公望见张飞到来，喜不自胜，付刀与周仓接了，拍马来迎。只见张飞圆睁环眼，倒竖虎须，吼声如雷，挥矛向关公便搠。关公大惊，连忙闪过，便叫：“贤弟何故如此？岂忘了桃园结义耶[(4)]？”飞喝曰：“你既无义，有何面目来与我相见！”关公曰：“我如何无义？”飞曰：“你背了兄长，降了曹操，封侯赐爵[(5)]。今又来赚我！我今与你拼个死活！”关公曰：“你原来不知！——我也难说。现放着二位嫂嫂在此，贤弟请自问。”二夫人听得，揭帘而呼曰：“三叔何故如此？”飞曰：“嫂嫂住着。且看我杀了负义的人，然后请嫂嫂入城。”甘夫人曰：“二叔因不知你等下落，故暂时栖身曹氏。今知你哥哥在汝南，特不避险阻，送我们到此。三叔休错见了。”糜夫人曰：“二叔向在许都，原出于无奈。”飞曰：“嫂嫂休要被他瞒过了！忠臣宁死而不辱。大丈夫岂有事二主之理！”关公曰：“贤弟休屈了我。”孙乾曰：“云长特来寻将军。”飞喝曰：“如何你也胡说！他那里有好心，必是来捉我！”关公曰：“我若捉你，须带军马来。”飞把手指曰：“兀的不是军马来也[(6)]！”

关公回顾，果见尘埃起处，一彪人马来到。风吹旗号，正是曹军。张飞大怒曰：“今还敢支吾么[(7)]？”挺丈八蛇矛便搠将来。关公急止之曰：“贤弟且住。你看我斩此来将，以表我真心。”飞曰：“你果有真心，我这里三通鼓罢，便要你斩来将！”关公应诺。须臾，曹军至。为首一将，乃是蔡阳，挺刀纵马大喝曰：“你杀吾外甥秦琪，却原来逃在此！吾奉丞相命，特来拿你！”关公更不打话，举刀便砍。张飞亲自擂鼓。只见一通鼓未尽，关公刀起处，蔡阳头已落地。众军士俱走。关公活捉执认旗的小卒过来[(8)]，问取来由。小卒告说：“蔡阳闻将军杀了他外甥，十分忿怒，要来河北与将军交战。丞相不肯，因差他往汝南攻刘辟。不想在这里遇着将军。”关公闻言，教去张飞前告说其事。飞将关公在许都时事细问小卒；小卒从头至尾，说了一遍，飞方才信。

【毛泽东评点】

张飞在古城相会时，怀疑关云长，是有很高度的原则性的。关羽形式上是投降了曹操，封了寿亭侯，帮曹操杀了颜良、文丑，你又回来究竟是干什么来了？我们一定要有严肃性、原则性。当然过火是要不得的，所以去年抢救运动，十几天，我们马上就停下来了。

——董学文等：《毛泽东的文艺美学活动》，高等教育出版社1995年版，第112页。

【注释】

（1）汝南，古地名，今河南汝南县。

（2）古城，即古城集。其故址在今河南确山县北，西北距驻马店市十八华里。

（3）芒砀山，即芒山和砀山的合称，皆在今河南永城市东北。

（4）桃园结义，民间俗传三国时刘备、关羽、张飞三人在张飞庄后桃园中祭告天地，结拜为兄弟。事见《三国演义》第一回。

（5）封侯赐爵，关羽替曹操斩了颜良之后，曹操表奏朝廷，封关羽为汉寿亭侯，铸印送关羽。事见《三国演义》第二十六回。

（6）兀的，这，指点时所用的词语。

（7）支吾，亦作“枝梧”。用含混的言语搪塞。

（8）认旗，即军旗，旗上有将领的官号或姓名。

【赏析】

《三国演义》第二十八回“斩蔡阳兄弟释疑　会古城主臣聚义”写得也很精彩。刘、关、张在徐州失散之后，刘备到河北依了袁绍，关羽降了曹操，张飞占据古城，天各一方，不通音信。后关羽得知刘备在袁绍处，便千里走单骑，过五关斩六将，保护着甘糜二夫人去找刘备。中途碰到孙乾得知刘备已赶汝南，劝说刘辟共同抗曹，便转向汝南进发。在路过古城时得知古城乃张飞占据，便命孙乾前去通告，让张飞出城迎接。不料张飞听了之后，一言不发，随即披挂持矛上马，见了关羽，圆睁环眼，倒竖虎须，吼声如雷，挥矛便搠。关羽责备张飞忘了桃园结义。这对结义兄弟为什么忘了不求同年同月同日生，但求同年同月同日死的誓言呢？正像毛泽东同志所说，从形式上来看，关羽降了曹操，封侯赐爵，替曹操杀了河北名将颜良、文丑，为曹操立下了汗马功劳，现在你又回来干什么呢？张飞责其无义，并疑是来赚他。对于暂据小城的张飞来说，这种怀疑是有道理的，是高度的原则性和警惕性的表现。所以尽管甘糜二夫人作证，孙乾说情，张飞仍是不信。正在这时，蔡阳率领一彪曹营人马来到了。关羽提出以斩蔡阳为证，张飞亲自为其擂鼓三通。一通鼓还未擂完，关羽手起刀落，蔡阳人头落地，兄弟释疑，和好如初。随后又与刘备相会，刘、关、张三个异姓兄弟又战斗在一起了。“古城会”这个故事写得紧凑、简洁、曲折多变，而又合情合理，有很强的吸引力和说服力。

1944 年 10 月 25 日，毛泽东到延安中央党校作报告，在谈到审干问题时，援引了“古城会”这个故事，赞扬张飞怀疑关羽是有很高度的原则性的表现。我们搞审干，一定要有严肃性、原则性。但是不能过火，并以去年进行的抢救运动为例，发现过火了，很快就纠正了。同时在“古城会”中，张飞这个粗人并不是一味粗鲁，而是粗中有细。他不信关羽的表白，也不信两位夫人的作证，观察到曹军到来更加怀疑，待斩了蔡阳，又细询小卒，方才相信关羽，都是他精细一面的表现。

【原文】

第三十八回　定三分隆中决策　战长江孙氏报仇（节录）

却说玄德访孔明两次不遇，欲再往访之。关公曰：“兄长两次亲往拜谒[(1)]，其礼太过矣。想诸葛亮有虚名而无实学，故避而不敢见。兄何惑于斯人之甚也！”玄德曰：“不然。昔齐桓公欲见东郭野人，五反而方得一面[(2)]。况吾欲见大贤耶？”张飞曰：“哥哥差矣。量此村夫，何足为大贤！今番不须哥哥去；他如不来，我只用了条麻绳缚将来！”玄德叱曰：

“汝岂不闻周文王谒姜子牙之事乎(3)？文王且如此敬贤，汝何太无礼！今番汝休去，我自与云长去。”飞曰：“既两位哥哥都去，小弟如何落后！”玄德曰：“汝若同往，不可失礼。”飞应诺。

于是三人乘马引从者往隆中(4)。离草庐半里之外，玄德便下马步行，正遇诸葛均。玄德忙施礼，问曰：“令兄在庄否(5)？”均曰：“昨暮方归。将军今日可与相见。”言罢，飘然自去。玄德曰：“今番侥幸得见先生矣！”张飞曰：“此人无礼！便引我等到庄也不妨，何故竟自去了！”玄德曰：“彼各有事，岂可相强。”三人来到庄前叩门，童子开门出问(6)。玄德曰：“有劳仙童转报：刘备专来拜见先生。”童子曰：“今日先生虽在家，但今在草堂上昼寝未醒。”玄德曰：“既如此，且休通报。”分付关、张二人，只在门首等着。玄德徐步而入，见先生仰卧于草堂几席之上。玄德拱立阶下。半晌，先生未醒。关、张在外立久，不见动静，入见玄德犹然侍立(7)。张飞大怒，谓云长曰：“这先生如何傲慢！见我哥哥侍立阶下，他竟高卧，推睡不起！等我去屋后放一把火，看他起不起！”云长再三劝住。玄德仍命二人出门外等候。望堂上时，见先生翻身将起，——忽又朝里壁睡着。童子欲报。玄德曰：“且勿惊动。”又立了一个时辰(8)，孔明才醒，口吟诗曰：

大梦谁先觉？平生我自知。
草堂春睡足，窗外日迟迟。

孔明吟罢，翻身问童子曰：“有俗客来否(9)？”童子曰：“刘皇叔在此，立候多时。”孔明乃起身曰：“何不早报！尚容更衣。”遂转入后堂。又半晌，方整衣冠出迎。玄德见孔明身长八尺，面如冠玉，头戴纶巾(10)，身披鹤氅(11)，飘飘然有神仙之概。玄德下拜曰：“汉室末胄(12)、涿郡愚夫，久闻先生大名，如雷贯耳。昨两次晋谒，不得一见，已书贱名于文几，未审得入览否？”孔明曰：“南阳野人(13)，疏懒性成，屡蒙将军枉临，不胜愧赧(14)。”二人叙礼毕，分宾主而坐，童子献茶。茶罢，孔明曰：“昨观书意，足见将军忧民忧国之心；但恨亮年幼才疏，有误下问。”玄德曰：“司马德操之言，徐元直之语，岂虚谈哉？望先生不弃鄙贱，曲赐教诲。”孔明曰：“德操、元直，世之高士。亮乃一耕夫耳，安敢谈天下事？二公谬举矣。将军奈何舍美玉而求顽石乎?”玄德曰:“大丈夫抱经世奇才[15],岂可空老于林泉之下[16]?愿先生以天下苍生为念[17],开备愚鲁而赐教[18]。”孔明笑曰:“愿闻将军之志。”玄德屏人促席而告曰[19]:“汉室倾颓[20],奸臣窃命[21],备不量力,欲信大义于天下[22],而智术浅短,迄无所就。惟先生开其愚而拯其厄,实为万幸!”孔明曰:“自董卓造逆以来[23],天下豪杰并起。曹操势不及袁绍,而竟能克绍者,非惟天时[24],抑亦人谋也。今已拥百万之众,挟天子以令诸侯[25],诚不可与争锋[26]。孙权据有江东,已历三世,国险而民附[27],此可用为援而不可图也。荆州北据汉、沔,得尽南海[28],东连吴会[29],西通巴、蜀[30],此用武之地,非其主不能守[31]:是殆天所以资将军[32],将军岂有意乎?益州险塞[33],沃野千里,天府之国[34],高祖因之以成帝业;今刘璋暗弱[35],民殷国富[36],而不知存恤[37],智能之士,思得明君。将军既帝室之胄,信义著于四海,总揽英雄[38],思贤如渴,若跨有荆、益,保其岩阻[39],西和诸戎[40],南抚彝、越[41],外结孙权,内修政理;待天下有变,则命一上将将荆州之兵以向宛、洛[42],将军身率益州之众以出秦川[43],百姓有不箪食壶浆以迎将军者乎[44]?诚如是,则大业可成,汉室可兴矣。此亮所以为将军谋者也。惟将军图之。”言罢,命童子取出画一轴,挂于中堂,指谓玄德曰:“此西川五十四州之图也。将军欲成霸业,北让曹操占天时,南让孙权占地利,将军可占人和。先取荆州为家,后即取西川建基业,以成鼎足之势,然后可图中原也。”玄德闻言,避席拱手谢曰:“先生之言,顿开茅塞[45],使备如拨云雾而睹青天[46]。但荆州刘表、益州刘璋,皆汉室宗亲,备安忍夺之?”孔明曰:“亮夜观天象,刘表不久人世;刘璋非立业之主:久后必归将军。”玄德闻言,顿首拜谢。只这一席话,乃孔明未出茅庐,已知三分天下,真万古之人不及也!后人有诗赞曰:

“豫州”当日叹孤穷,何幸南阳有卧龙!

欲识他年分鼎处,先生笑指画图中。

玄德拜请孔明曰:“备虽名微德薄,愿先生不弃鄙贱,出山相助。备当拱听明诲。”孔明曰:“亮久乐耕锄,懒于应世,不能奉命。”玄德泣曰:“先生不出,如苍生何!”言毕,泪沾袍袖,衣襟尽湿。孔明见其意甚诚,乃曰:

"将军既不相弃，愿效犬马之劳[47]。"玄德大喜，遂命关、张入，拜献金帛礼物。孔明固辞不受。玄德曰："此非聘大贤之礼，但表刘备寸心耳。"孔明方受。于是玄德等在庄中共宿一宵。次日，诸葛均回，孔明嘱付曰："吾受刘皇叔三顾之恩，不容不出。汝可躬耕于此，勿得荒芜田亩。待我功成之日，即当归隐。"……

玄德等三人别了诸葛均，与孔明同归新野[48]。玄德待孔明如师，食则同桌，寝则同榻，终日共论天下之事。……

【毛泽东评点】

……一个阶级革命要胜利，没有知识分子是不可能的。你们看过《三国演义》《水浒传》，魏、蜀、吴三个国家，每个国家都有每个国家的知识分子，有高级的知识分子，有普通的知识分子，那个穿八卦衣拿鹅毛扇子的就是知识分子……至于封建时代的诸葛亮、刘伯温，《水浒传》里的吴用，都是封建社会里的知识分子。

——《在中国共产党第七次全国代表大会上的口头政治报告》，载《毛泽东文集》，第3卷，人民出版社1994年版，第342—343页。

三国时期，荆州失守，蜀军进攻东吴，被东吴将领陆逊火烧连营七百里，打得大败。其原因就在于刘备没有区分与处理好主要矛盾与次要矛盾的关系，在谋略中没有抓住主要矛盾。诸葛亮在《隆中对》中所确定的战略方针是"东联孙吴，北拒曹操"。曹刘是主要矛盾，孙刘是次要矛盾。孙刘的矛盾是统一战线内部的矛盾。所以当孙权数次讨荆州时，诸葛亮总是一再推诿软磨，而不硬抗，直到最后才让出荆州的部分地方。刘备不了解这一点，派了根本不执行联吴为根本，争夺荆州为枝节，要有理有节方针的关羽去驻守荆州。……刘备见关羽被杀，荆州丢失，遂起兵攻打东吴，众臣苦谏都不听，实在是因小失大。

——杨振之等：《巨人之谜》，四川文艺出版社1993年版，第241—242页。

【注释】

（1）拜谒（yè 夜），拜见。谒，请见，进见。一般用于下对上，幼对长，或用作谦词。此用作谦词。

（2）“齐桓公”二句，春秋时齐桓公亲自去看一个小臣东郭野人，三次都没见着。旁人劝他不要去了，他不听，第五次才得以相见。

（3）汝岂不闻周文王谒子牙之事乎。周文王姬昌出猎，见到直钩钓于渭水之滨的姜子牙，聘为丞相，后佐武王灭周，封于齐。事见《史记·齐太公世家》。

（4）隆中，山名，在今湖北襄阳市。

（5）令兄，对别人兄长的尊称。

（6）童子，未成年的仆役。

（7）犹然，仍然。

（8）一个时辰，约两小时。时辰，旧时计时的单位。把一昼夜平分为十二段，每段叫作一个时辰。每个时辰分别以地支为名称。

（9）俗客，指尘世间人，与神仙，或出家、隐逸之人相对。

（10）纶（guān 官）巾，用丝带制成的一种冠巾，后来又名“诸葛巾”。

（11）鹤氅（chǎng 厂），鸟羽制成的裘。用作外套。氅，鹫鸟的羽毛。

（12）汉室末胄（zhòu 宙），汉代皇族的末代后裔。胄，指帝王或贵族的后裔。

（13）南阳，古郡名，汉时辖今河南西南部及湖北西北部一带地域。治所在宛县（今河南南阳）。野人，古代从事农业生产的农奴或平民。

（14）愧赧（nǎn 难），因羞愧而脸红。

（15）经世奇才，治理国家的奇异之才。

（16）林泉，山林泉石胜境，此指退隐之地。

（17）天下苍生，天下的老百姓。苍生，本指生长草木之处，借指百姓。

（18）愚鲁，愚笨。鲁，迟钝，钝拙。

（19）屏（bìng 并）人，使旁边的人退避。屏，斥退。促席，接席，座位靠近。

（20）汉室倾颓，汉朝统治崩溃。

（21）奸臣窃命，指董卓、曹操先后专权。命，指皇帝的政令。

（22）欲信大义于天下，要在天下伸张大义。信，同“伸”。

（23）“自董卓造逆”二句，指东汉末年，董卓杀死少帝刘辩，独揽大权，引致军阀割据。

（24）“非惟天时”二句，不但是时机好，而且也是人的筹划得当。

（25）挟天子以令诸侯，挟制皇帝来号令诸侯。诸侯，指割据称雄的军阀。

（26）争锋，争强，争胜。

（27）国险民附，地势险要，百姓归附。

（28）汉、沔（miǎn 免），此指汉水中游一带。汉水亦名沔水。得尽南海，一直到南海的物资，都能利用。南海，泛指南方近海的地方。

（29）吴会（guì 贵），吴郡和会稽郡的合称。即今江苏省长江以南地区和浙江北部。

（30）巴、蜀，巴郡和蜀郡。就是现在的四川省和重庆市。

（31）其主，指荆州牧刘表。

（32）殆，大概。资，助。

（33）益州，今四川省。

（34）天府，险要富庶的地方。

（35）暗弱，昏庸无能。

（36）民殷，人多。殷，多，蕃盛。

（37）存恤，爱抚。

（38）总揽英雄，广泛罗致人才。

（39）岩阻，险要。

（40）戎，古时对西方少数民族的泛称。

（41）彝越，泛指西南一带的少数民族。

（42）宛、洛，皆古地名。即今河南南阳市和洛阳市，意思是指中原一带。

（43）秦川，即今陕西、甘肃一带地方。

（44）箪食（sì 寺）壶浆，用箪盛着饭，用壶盛着水（去劳军）。

（45）顿开茅塞，一下子解开了心里的疙瘩。懂得了某种道理，有了某种知识。顿，立刻，一下子。茅塞，像茅草阻塞道路。

（46）拨云雾而睹青天，拨开云雾，看到青天。比喻冲破黑暗，见到光明。

（47）犬马之劳，古时臣子对君主常自比为犬马，表示像犬马那样替主子奔走。

（48）新野，古地名，今河南新野县。

【赏析】

《三国演义》第三十八回“定三分隆中决策　战长江孙氏报仇”，写刘备三顾茅庐，到隆中去请躬耕于南阳的诸葛亮。诸葛亮面如冠玉，头戴纶巾，身披鹤氅，飘飘然有神仙之概，完全是一个隐士身份，一个高级的知识分子。他虽然隐居乡间，却关心着世局，对天下大势了如指掌。所以一席话，为刘备制定了“东联孙吴，北拒曹操”的战略方针，夺取荆襄以立足，占有益州以建业，造成三分天下之势。未出茅庐，已知三分天下，是一般人所不及的，是诸葛亮潜心研究政局的结果。后来世局的发展果如所料，这个正确的策略使刘备终成大业。这充分说明了知识分子的重要作用。后来荆州失守，刘备伐吴失败，都是违背了这个方针的结果。

1941 年蒋介石发动的皖南事变中，新四军军部被歼，军长叶挺被俘，对抗日造成很不利的影响。但毛泽东还认为，即使在这种情况下，国共两党两军的矛盾仍然是统一战线内部的矛盾，是次要矛盾，而与日本侵略者的矛盾才是主要矛盾。“事理纷繁，重在主要矛盾。”说到这里，毛泽东顺手拈来《三国演义》中“隆中决策”中诸葛亮为刘备制定的“联吴抗曹”的战略方针为证。而制定这个方针的未出茅庐的诸葛亮是个知识分子。刘备执行这个正确方针而建立蜀汉政权，后来违背这个方针，导致兵败身亡。不仅表现了知识分子在革命斗争中的重要作用，也说明了抓主要矛盾的重要意义。

【原文】

第三十九回　荆州城公子三求计　博望城军师初用兵（节录）

……却说玄德自得孔明，以师礼待之。关、张二人不悦，曰："孔明年幼，有甚才学？兄长待之太过！又未见他真实效验！"玄德曰："吾得孔明，犹鱼之得水也。两弟勿复多言。"关、张见说，不言而退。一日，有人送犛牛尾至。玄德取尾亲自结帽。孔明入见，正色曰："明公无复有远志，但事此而已耶？"玄德投帽于地而谢曰："吾聊假此以忘忧耳。"孔明曰："明公自度比曹操若何？"玄德曰："不如也。"孔明曰："明公之众，不过数千人，万一曹兵至，何以迎之？"玄德曰："吾正愁此事，未得良策。"孔明曰："可速招募民兵，亮自教之，可以待敌。"玄德遂招新野之民，得三千人。孔明朝夕教演阵法。

忽报曹操差夏侯惇引兵十万，杀奔新野来了。张飞闻知，谓云长曰："可着孔明前去迎敌便了。"正说之间，玄德召二人入，谓曰："夏侯惇引兵到来，如何迎敌？"张飞曰："哥哥何不使'水'去？"玄德曰："智赖孔明，勇须二弟，何可推调[1]？"关、张出，玄德请孔明商议，孔明曰："但恐关、张二人不肯听吾号令；主公若欲亮行兵，乞假剑印。"玄德便以剑印付孔明，孔明遂聚集众将听令。张飞谓云长曰："且听令去，看他如何调度。"孔明令曰："博望之左有山，名曰豫山；右有林，名曰安林：可以埋伏军马。云长可引一千军往豫山埋伏，等彼军至，放过休敌；其辎重粮草，必在后面，但看南面火起，可纵兵出击，就焚其粮草。翼德可引一千军去安林背后山谷中埋伏，只看南面火起，便可出，向博望城旧屯粮草处纵火烧之[2]。关平、刘封可引五百军，预备引火之物，于博望坡后两边等候，至初更兵到，便可放火矣。"又命于樊城取回赵云[3]，令为前部，不要赢，只要输。"主公自引一军为后援，各须依计而行，勿使有失。"云长曰："我等皆出迎敌，未审军师却作何事？"孔明曰："我只坐守县城。"张飞大笑曰："我们都去厮杀，你却在家里坐地[4]，好自在！"孔明曰："剑印在此，违令者斩！"玄德曰："岂不闻'运筹帷幄之中，决胜千里之外'[5]？二弟不可违令。”张飞冷笑而去。云长曰：“我们且看他的计应也不应，那时却来问他未迟。”二人去了。众将皆未知孔明韬略[6]，今虽听令，却都疑惑不定。孔明谓玄德曰：“主公今日可便引兵就博望山下屯住。来日黄昏，敌军必到，主公便弃营而走；但见火起，即回军掩杀。亮与糜竺、糜芳引五百军守县。”命孙乾、简雍准备庆喜筵席，安排“功劳簿”伺候。派拨已毕，玄德亦疑惑不定。

却说夏侯惇与于禁等引兵至博望，分一半精兵作前队，其余尽护粮车而行。时当秋月，商飙徐起[7]。人马趱行之间[8]，望见前面尘头忽起。惇便将人马摆开，问向导官曰：“此间是何处？”答曰：“前面便是博望坡，后面是罗川口。”惇令于禁、李典押住阵脚，亲自出马阵前。遥望军马来到，惇忽然大笑。众问：“将军为何而笑？”惇曰：“吾笑徐元直在丞相面前，夸诸葛亮为天人[9]；今观其用兵，乃以此等军马为前部，与吾对敌，正如驱犬羊与虎豹斗耳！吾于丞相前夸口，要活捉刘备、诸葛亮，今必应吾言矣。”遂自纵马向前。赵云出马。惇骂曰：“汝等随刘备，如孤魂随鬼耳！”云大怒，纵马来战。两马相交，不数合，云诈败而走。夏侯惇从后追赶。云约走十余里，回马又战，不数合又走，韩浩拍马向前谏曰：“赵云诱敌，恐有埋伏。”惇曰：“敌军如此，虽十面埋伏[10]，吾何惧哉！”遂不听浩言，直赶至博望坡。一声炮响，玄德自引军冲将过来，接应交战。夏侯惇笑谓韩浩曰：“此即埋伏之兵也！吾今晚不到新野，誓不罢兵！”乃催军前进。玄德、赵云退后便走。

时天色已晚，浓云密布，又无月色。昼风既起，夜风愈大。夏侯惇只顾催军赶杀。于禁、李典赶到窄狭处，两边都是芦苇。典谓禁曰：“欺敌者必败。南道路狭，山川相逼，树木丛杂，倘彼用火攻，奈何？”禁曰：“君言是也。吾当往前为都督言之；君可止住后军。”李典便勒回马，大叫：“后军慢行！”人马走发，那里拦当得住？于禁骤马大叫：“前军都督且住！”夏侯惇正走之间，见于禁从后军奔来，便问何故。禁曰：“南道路狭，山川相逼，树木丛杂，可防火攻。”夏侯惇猛省，即回马令军马勿进。言未已，只听背后喊声震起，早望见一派火光烧着，随后两边芦苇亦着。一霎时，四面八方，尽皆是火；又值风大，火势愈猛。曹家人马，自相践踏，死者不计其数。赵云回军赶杀，夏侯惇冒烟突火而走。

且说李典遇见势头不好，急奔回博望城时，火光中一军拦住。当先大将，乃关云长也。李典纵马混战，夺路而走。于禁见粮草车辆，都被火烧，便投小路奔逃去了。夏侯兰、韩浩来救粮草，正遇张飞。战不数合，张飞一枪刺夏侯兰于马下。韩浩夺路走脱。直杀到天明，却才收军。杀得尸横遍野，血流成河。后人有诗曰：

博望相持用火攻，指挥如意笑谈中。

直须惊破曹公胆，初出茅庐第一功！

夏侯惇收拾残军，自回许昌。

却说孔明收军。关、张二人相谓曰："孔明真英杰也！"行不数里，见糜竺、糜芳引军簇拥着一辆小车，车中端坐一人，乃孔明也。关、张下马拜伏于车前。须臾，玄德、赵云、刘封、关平等皆至，收聚众军，把所获粮草辎重，分赏将士，班师回新野(11)。新野百姓望尘遮道而拜，曰："吾属生全，皆使君得贤人之力也！"孔明回至县中，谓玄德曰："夏侯惇虽败去，曹操必自引大军来。"玄德曰："似此如之奈何？"孔明曰："亮有一计，可敌曹军。"正是：破敌未堪息战马，避兵又必赖良谋。未知其计若何，且看下回分解。

【毛泽东评点】

……一个阶级革命要胜利，没有知识分子是不可能的。你们看过《三国演义》《水浒传》，魏、蜀、吴三个国家，每个国家都有每个国家的知识分子，有高级的知识分子，有普通的知识分子，那个穿八卦衣拿鹅毛扇子的就是知识分子；梁山泊里没有公孙胜、吴用、萧让这些人就不行，当然没有别人也不行。无产阶级要翻身，劳苦群众要有知识分子，任何一个阶级都要有为它那个阶级服务的知识分子。奴隶主有为奴隶主服务的知识分子，就是奴隶主的圣人，比如希腊的亚里士多德、苏格拉底。我们中国的奴隶主也有为他们服务的知识分子，周公旦就是奴隶主的圣人。至于封建时代的诸葛亮、刘伯温，《水浒传》里的吴用，都是封建社会里的知识分子。……我们要欢迎他们为我们党服务，为我们党的利益而奋斗，为人民的利益而奋斗。……

——《在中国共产党第七次全国代表大会上的口头政治报告》，载《毛泽东文集》，第3卷，人民出版社1994年版，第342—343页。

刘备得了孔明，说是“如鱼得水”，确有其事，不仅小说上那么写，历史上也那么写，也像鱼跟水的关系一样。群众就是孔明，领导就是刘备，一个领导，一个被领导。

——《打退资产阶级右派的进攻》，载《毛泽东选集》，第5卷，人民出版社1991年版，第452页。

诸葛亮，当其未出茅庐时，一点用也没有，及一出山握有兵权，则神出鬼没了。

——陈晋：《毛泽东与文艺传统》，中央文献出版社1992年版，第132页。

贺子珍回忆说：“毛泽东爱用鱼水关系形容红军同群众的关系。他说过，三国时候的刘备，把诸葛亮比作水，把自己比作鱼，用这个比喻说明诸葛亮重要。我们共产党是把群众比作水的，只有把根子扎在群众中，我们才能打胜仗，立于不败之地，这个道理，红军上上下下都懂得。”

——王行娟：《贺子珍的路》，作家出版社1985年版，第152页。

【注释】

（1）推调（tiáo条），推托，推辞。

（2）博望城，古县名，西汉置，南朝宋废。治所在今河南方城西南。

（3）樊城，今湖北襄阳市。

（4）坐地，坐着。

（5）运筹帷幄之中，决胜千里之外，运用帐幕里筹划好的计谋，就可以决定千里之外的胜利。语出《史记·高祖本纪》：“夫运筹帷幄之中，决胜千里之外，吾不如子房。”（子房，张良的字。）筹，策划。帷幄，军队的帷幕。

（6）韬略，《六韬》、《三略》是古代的兵书，后因称用兵的谋略为“韬略”。

（7）商飙（biāo 标），秋天的大风。商，旧以为五音中的金音，声凄厉，与肃杀的秋气相应，故称秋为商秋。

（8）趱（zǎn 攒）行，赶路，快走。

（9）天人，旧指才能杰出的人。

（10）十面埋伏，十面设伏兵围歼敌军。《前汉书平话》卷中：“垓下聚兵百万，会天下诸侯，围羽九重山前，信定十面埋伏，逼羽乌江自刎。”

（11）新野，今河南新野。

【赏析】

知识分子不是一个独立的阶级，但是一个富有智慧的阶层，他们总要依附于某个阶级，依附于某个阶级就可能发挥重大作用。毛泽东说：“一个阶级革命要胜利，没有知识分子是不可能的。”他还举例说：“你们看过《三国演义》《水浒传》，魏、蜀、吴三个国家，每个国家都有自己的知识分子，有高级的知识分子，有普通的知识分子，那个穿八卦衣拿鹅毛扇子的就是知识分子。”大家知道“那个穿八卦衣拿鹅毛扇子的”知识分子就是诸葛亮。这说明无产阶级革命领袖对知识分子在革命斗争中的重要地位和作用是十分重视的，不仅无产阶级是这样，历史上各个阶级都是如此。三国时蜀汉的刘备是以知人善任、爱民如子著称的，他也很懂得知识分子的重要。他在汉末的军阀混战之中，忽而依附袁绍，忽而依附曹操，被打得东逃西窜，无立足之地。放下架子，三顾茅庐去请被称为有经天纬地之才的卧龙先生诸葛亮。他得到诸葛亮出山相助，如获至宝，对人说：“吾得孔明，犹鱼之得水也。”鱼儿离不开水，瓜儿离不开秧，要革命离不开知识分子，这个道理刘备似乎是明白的。他信任孔明，就敢任用孔明，支持孔明。当夏侯惇统兵来攻打时，他授孔明以“印剑”，整个战役由孔明坐镇指挥，自己也听凭孔明派遣带兵出阵，当关羽、张飞不信任孔明时，他加以制止，支持孔明。但这时他对孔明的部署也是“疑惑不定”。

依照诸葛亮的战略部署，关羽、张飞各引一千军埋伏在博望坡两侧，由赵云诱敌，刘备引兵接战。以致敌将夏侯惇不知中计，还以为诸葛亮亦不过如此，扬言："吾今晚不到新野，誓不罢兵！"当其部将于禁、李典意识到诸葛亮可能用火攻，去告知夏侯惇时，话未落地，"只听背后喊声震起，早望见一派火光烧着，随后两边芦苇亦着。一霎时，四面八方，尽皆是火；又值风大，火势亦猛。曹家人马，自相践踏，死者不计其数"。夏侯兰被张飞刺死，夏侯惇等大败而归，诸葛亮大获全胜，关羽、张飞才心悦诚服。火烧博望坡是诸葛亮出山后指挥的第一仗，写得有声有色。正如毛泽东所说："诸葛亮，当其未出茅庐时，一点用也没有，及一出山握有兵权，则神出鬼没了。"

诸葛亮之所以能获得成功，关键是得到了刘备的支持，正确处理鱼与水的关系。毛泽东在 1957 年讲到领导与群众的关系时说："群众就是孔明，领导就是刘备，一个领导，一个被领导。"赋予了这个历史经验以新的意蕴。

【原文】

第四十三回　诸葛亮舌战群儒　鲁子敬力排众议

却说鲁肃、孔明辞了玄德、刘琦，登舟望柴桑郡来[1]。二人在舟中共议。鲁肃谓孔明曰："先生见孙将军，切不可实言曹操兵多将广。"孔明曰："不须子敬叮咛，亮自有对答之语。"及船到岸，肃请孔明于馆驿中暂歇，先自往见孙权。权正聚文武于堂上议事，闻鲁肃回，急召入问曰："子敬往江夏[2]，体探虚实若何？"肃曰："已知其略，尚容徐禀。"权将曹操檄文示肃曰："操昨遣使赍文至此，孤先发遣来使，现今会众商议未定。"肃接檄文观看。其略曰：

孤近承帝命，奉词伐罪。旄麾南指，刘琮束手；荆襄之民，望风归顺。今统雄兵百万，上将千员，欲与将军会猎于江夏[3]，共伐刘备，同分土地，永结盟好。幸勿观望，速赐回音。

鲁肃看毕曰："主公尊意若何？"权曰："未有定论。"张昭曰："曹操拥百万之众，借天子之名，以征四方，拒之不顺。且主公大势可以拒操者，长江也。今操既得荆州，长江之险，已与我共之矣，势不可敌。以愚之计，不如纳降，为万安之策。"众谋士皆曰："子布之言，正合天意。"孙权沉吟不语。张昭又曰："主公不必多疑。如降操，则东吴民安，江南六郡可保矣。"孙权低头不语。须臾，权起更衣，鲁肃随于权后。权知肃意，乃执肃手而言曰："卿欲如何？"肃曰："恰才众人所言，深误将军。众人皆可降曹操，惟将军不可降曹操。"权曰："何以言之？"肃曰："如肃等降曹，当以肃还乡党[4]，累官故不失州郡也；将军降操，欲安所归乎？位不过封侯，车不过一乘，骑不过一匹，从不过数人，岂得南面称孤哉[5]！众人之意，各自为己，不可听也。将军宜早定大计。"权叹曰："诸人议论，大失孤望。子敬开说大计，正与吾见相同。此天以子敬赐我也！但操新得袁绍之众，近又得荆州之兵，恐势大难以抵敌。"肃曰："肃至江夏，引诸葛瑾之弟诸葛亮在此，主公可问之，便知虚实。"权曰："卧龙先生在此乎？"肃曰："现在馆驿中安歇。"权曰："今日天晚，且未相见。来日聚文武于帐下，先教见我江东英俊，然后升堂议事。"

肃领命而去。次日至馆驿中见孔明，又嘱曰："今见我主，切不可言曹操兵多。"孔明笑曰："亮自见机而变，决不有误。"肃乃引孔明至幕下。早见张昭、顾雍等一班文武二十余人，峨冠博带，整衣端坐。孔明逐一相见，各问姓名。施礼已毕，坐于客位。张昭等见孔明丰神飘洒，器宇轩昂，料道此人必来游说[6]。张昭先以言挑之曰："昭乃江东微末之士，久闻先生高卧隆中，自比管、乐。此语果有之乎？"孔明曰："此亮平生小可之比也。"昭曰："近闻刘豫州三顾先生于草庐之中，幸得先生，以为'如鱼得水'，思欲席卷荆襄。今一旦以属曹操，未审是何主见？"孔明自思张昭乃孙权手下第一个谋士，若不先难倒他，如何说得孙权？遂答曰："吾观取汉上之地，易如反掌。我主刘豫州躬行仁义，不忍夺同宗之基业，故力辞之。刘琮孺子，听信佞言，暗自投降，致使曹操得以猖獗。今我主屯兵江夏，别有良图，非等闲可知也。"昭曰："若此，是先生言行相违也。先生自比管、乐。管仲相桓公，霸诸侯，一匡天下；乐毅扶持微弱之燕，下齐七十余城[7]：此二人者，真济世之才也。先生在草庐之中，但笑傲风月，抱膝危坐。今既从事刘豫州，当为生灵兴利除害，剿灭乱贼。且刘豫州未得先生之前，尚且纵横寰宇，割据城池；今得先生，人皆仰望。虽三尺童蒙，亦谓彪虎生翼，将见汉室复兴，曹氏即灭矣。朝廷旧臣，山林隐士，无不拭目而待：以为拂高天之云翳，仰日月之光辉，拯民于水火之中，措天下于衽席之上[8]，在此时也。何先生自归豫州，曹兵一出，弃甲抛戈，望风而窜；上不能报刘表以安庶民，下不能辅孤子而据疆土；乃弃新野，走樊城，败当阳，奔夏口，无容身之地：是豫州既得先生之后，反不如其初也。管仲、乐毅，果如是乎？愚直之言，幸勿见怪！”孔明听罢，哑然而笑曰[9]：“鹏飞万里，其志岂群鸟能识哉？譬如人染沉疴[10]，当先用糜粥以饮之，和药以服之；待其腑脏调和，形体渐安，然后用肉食以补之，猛药以治之：则病根尽去，人得全生也。若不待气脉和缓，便投以猛药厚味，欲求安保，诚为难矣。吾主刘豫州，向日军败于汝南，寄迹刘表，兵不满千，将止关、张、赵云而已：此正如病势尪羸已极之时也[11]。新野山僻小县，人民稀少，粮食鲜薄，豫州不过暂借以容身，岂真将坐守于此耶？夫以甲兵不完，城郭不固，军不经练，粮不继日，然而博望烧屯，白河用水，使夏侯惇、曹仁辈心惊胆裂：窃谓管仲、乐毅之用兵，未必过此。至于刘琮降操，豫州实出不知；且又不忍乘乱夺同宗之基业，此真大仁大义也。当阳之败，豫州见有数十万赴义之民，扶老携幼相随，不忍弃之，日行十里，不思进取江陵，甘与同败，此亦大仁大义也。寡不敌众，胜负乃其常事。昔高皇数败于项羽[12]，而垓下一战成功[13]，此非韩信之良谋乎[14]？夫信久事高皇，未尝累胜。盖国家大计，社稷安危，是有主谋。非比夸辩之徒，虚誉欺人：坐议立谈，无人可及；临机应变，百无一能。诚为天下笑耳！”这一篇言语，说得张昭并无一言回答。

座上忽一人抗声问曰：“今曹公兵屯百万，将列千员，龙骧虎视，平吞江夏，公以为何如？”孔明视之，乃虞翻也。孔明曰：“曹操收袁绍蚁聚之兵，劫刘表乌合之众，虽数百万不足惧也。”虞翻冷笑曰：“军败于当阳，计穷于夏口，区区求救于人，而犹言‘不惧’，此真大言欺人也！”孔明曰：“刘豫州以数千仁义之师，安能敌百万残暴之众？退守夏口，所以待时也。今江东兵精粮足，且有长江之险，犹欲使其主屈膝降贼，不顾天下耻笑。由此论之，刘豫州真不惧操贼者矣！”虞翻不能对。

座间又一人问曰：“孔明欲效仪、秦之舌[15]，游说东吴耶？”孔明视之，乃步骘也。孔明曰：“步子山以苏秦、张仪为辩士，不知苏秦、张仪亦豪杰也：苏秦佩六国相印，张仪两次相秦，皆有匡扶人国之谋，非比畏强凌弱，惧刀避剑之人也。君等闻曹操虚发诈伪之词，便畏惧请降，敢笑苏秦、张仪乎？”步骘默然无语。

忽一人问曰：“孔明以曹操何如人也？”孔明视其人，乃薛综也。孔明答曰：“曹操乃汉贼也，又何必问？”综曰：“公言差矣。汉传世至今，天数将终。今曹公已有天下三分之二，人皆归心。刘豫州不识天时，强欲与争，正如以卵击石，安得不败乎？”孔明厉声曰：“薛敬文安得出此无父无君之言乎！夫人生天地间，以忠孝为立身之本。公既为汉臣，则见有不臣之人，当誓共戮之：臣之道也。今曹操祖宗叨食汉禄，不思报效，反怀篡逆之心，天下之所共愤；公乃以天数归之，真无父无君之人也！不足与语！请勿复言！”薛综满面羞惭，不能对答。

座上又一人应声问曰：“曹操虽挟天子以令诸侯，犹是相国曹参之后[16]。刘豫州虽云中山靖王苗裔，却无可稽考，眼见只是织席贩屦之夫耳，何足与曹操抗衡哉！”孔明视之，乃陆绩也。孔明笑曰：“公非袁术座间怀橘之陆郎乎[17]？请安坐，听吾一言：曹操既为曹相国之后，则世为汉臣矣；今乃专权肆横，欺凌君父，是不惟无君，亦且蔑祖，不惟汉室之乱臣，亦曹氏之贼子也。刘豫州堂堂帝胄，当今皇帝按谱赐爵，何云‘无可稽考’？且高祖起身亭长，而终有天下；织席贩屦，又何足为辱乎？公小儿之见，不足与高士共语！”陆绩语塞。

座上一人忽曰：“孔明所言，皆强词夺理，均非正论，不必再言。且请问孔明治何经典？”孔明视之，乃严畯也。孔明曰：“寻章摘句，世之腐儒也，何能兴邦立事？且古耕莘伊尹[18]，钓渭子牙[19]，张良、陈平之流[20]，邓禹、耿弇之辈[21]，皆有匡扶宇宙之才，未审其生平治何经典。岂亦效书生，区区于笔砚之间，数黑论黄，舞文弄墨而已乎？”严峻低头丧气而不能对。

忽又一人大声曰："公好为大言，未必真有实学，恐适为儒者所笑耳。"孔明视其人，乃汝南程德枢也。孔明答曰："儒有君子小人之别。君子之儒，忠君爱国，守正恶邪，务使泽及当时，名留后世。若夫小人之儒，惟务雕虫[22]，专工翰墨；青春作赋，皓首穷经；笔下虽有千言，胸中实无一策。且如杨雄以文章名世[23]，而屈身事莽，不免投阁而死，此所谓小人之儒也；虽日赋万言，亦何取哉！"程德枢不能对。众人见孔明对答如流，尽皆失色。

时座上张温、骆统二人，又欲问难。忽一人自外而入，厉声言曰："孔明乃当世奇才，君等以唇舌相难，非敬客之礼也。曹操大军临境，不思退敌之策，乃徒斗口耶！"众视其人，乃零陵人，姓黄，名盖，字公覆，现为东吴粮官。当时黄盖谓孔明曰："愚闻多言获利，不如默而无言。何不将金石之论为我主言之，乃与众人辩论也？"孔明曰："诸君不知世务，互相问难，不容不答耳。"于是黄盖与鲁肃引孔明入。至中门，正遇诸葛瑾，孔明施礼。瑾曰："贤弟既到江东，如何不来见我？"孔明曰："弟既事刘豫州，理宜先公后私。公事未毕，不敢及私。望兄见谅。"瑾曰："贤弟见过吴侯，却来叙话。"说罢自去。

鲁肃曰："适间所嘱，不可有误。"孔明点头应诺。引至堂上，孙权降阶而迎，优礼相待。施礼毕，赐孔明坐。众文武分两行而立。鲁肃立于孔明之侧，只看他讲话。孔明致玄德之意毕，偷眼看孙权：碧眼紫髯，堂堂一表。孔明暗思："此人相貌非常，只可激，不可说。等他问时，用言激之便了。"献茶已毕，孙权曰："多闻鲁子敬谈足下之才，今幸得相见，敢求教益。"孔明曰："不才无学，有辱明问。"权曰："足下近在新野，佐刘豫州与曹操决战，必深知彼军虚实。"孔明曰："刘豫州兵微将寡，更兼新野城小无粮，安能与曹操相持。"权曰："曹兵共有多少？"孔明曰："马步水军，约有一百余万。"权曰："莫非诈乎？"孔明曰："非诈也。曹操就兖州已有青州军二十万；平了袁绍，又得五六十万；中原新招之兵三四十万；今又得荆州之军二三十万：以此计之，不下一百五十万。亮以百万言之，恐惊江东之士也。"鲁肃在旁，闻言失色，以目视孔明，孔明只做不见。权曰："曹操部下战将，还有多少？"孔明曰："足智多谋之士，能征惯战之将，何止一二千人。"权曰："今曹操平了荆、楚，复有远图乎?”孔明曰:“即今沿江下寨,准备战船,不欲图江东,待取何地?”权曰:“若彼有吞并之意,战与不战,请足下为我一决。”孔明曰:“亮有一言,但恐将军不肯听从。”权曰:“愿闻高论。”孔明曰:“向者宇内大乱,故将军起江东,刘豫州收众汉南,与曹操并争天下。今操芟除大难,略已平矣;近又新破荆州,威震海内;纵有英雄,无用武之地:故豫州遁逃至此。愿将军量力而处之:若能以吴、越之众,与中国抗衡[24],不如早与之绝;若其不能,何不从众谋士之论,按兵束甲,北面而事之?”权未及答。孔明又曰:“将军外托服从之名,内怀疑贰之见[25],事急而不断,祸至无日矣!”权曰:“诚如君言,刘豫州何不降操?”孔明曰:“昔田横[26],齐之壮士耳,犹守义不辱。况刘豫州王室之胄,英才盖世,众士仰慕。事之不济,此乃天也,又安能屈处人下乎!”

孙权听了孔明此言,不觉勃然变色,拂衣而起,退入后堂。众皆哂笑而散。鲁肃责孔明曰:“先生何故出此言?幸是吾主宽洪大度,不即面责。先生之言,藐视吾主甚矣。”孔明迎面笑曰:“何如此不能容物耶[27]!我自有破曹之计,彼不问我,我故不言。”肃曰:“果有良策,肃当请主公求教。”孔明曰:“吾视曹操百万之众,如群蚁耳!但我一举手,则皆为齑粉矣!”肃闻言,便入后堂见孙权。权怒气未息,顾谓肃曰:“欺吾太甚!”肃曰:“臣亦以此责孔明,孔明反笑主公不能容物。破曹之策,孔明不肯轻言,主公何不求之?”权回嗔作喜曰:“原来孔明有良谋,故以言词激我。我一时浅见,几误大事。”便同鲁肃重复出堂,再请孔明叙话。权见孔明,谢曰:“适来冒渎威严,幸勿见罪。”孔明亦谢曰:“亮言语冒犯,望乞恕罪。”权邀孔明入后堂,置酒相待。

数巡之后,权曰:“曹操平生所恶者:吕布、刘表、袁绍、袁术、豫州与孤耳。今数雄已灭,独豫州与孤尚存。孤不能以全吴之地,受制于人。吾计决矣。非刘豫州莫与当曹操者;然豫州新败之后,安能抗此难乎?”孔明曰:“豫州虽新败,然关云长犹率精兵万人;刘琦领江夏战士,亦不下万人。曹操之众,远来疲惫;近追豫州,轻骑一日夜行三百里,此所谓‘强弩之末,势不能穿鲁缟’者也[28]。且北方之人,不习水战。荆州士民附操者,迫于势耳,非本心也。今将军诚能与豫州协力同心,破曹军必矣。

操军破，必北还，则荆、吴之势强，而鼎足之形成矣。成败之机，在于今日。惟将军裁之。”权大悦曰：“先生之言，顿开茅塞[29]。吾意已决，更无他疑。即日商议起兵，共灭曹操！”遂令鲁肃将此意传谕文武官员，就送孔明于馆驿安歇。

张昭知孙权欲兴兵，遂与众议曰：“中了孔明之计也！”急入见权曰：“昭等闻主公将兴兵与曹操争锋。主公自思比袁绍若何？曹操向日兵微将寡，尚能一鼓克袁绍；何况今日拥百万之众南征，岂可轻敌？若听诸葛亮之言，妄动甲兵，此所谓负薪救火也。”孙权只低头不语。顾雍曰：“刘备因为曹操所败，故欲借我之兵以拒之，主公奈何为其所用乎？愿听子布之言。”孙权沉吟未决。张昭等出，鲁肃入见曰：“适张子布等，又劝主公休动兵，力主降议，此皆全躯保妻子之臣，为自谋之计耳。愿主公勿听也。”孙权尚在沉吟。肃曰：“主公若迟疑，必为众人误矣。”权曰：“卿且暂退，容我三思。”肃乃退出。时武将或有要战的，文官都是要降的，议论纷纷不一。

且说孙权退入内宅，寝食不安，犹豫不决。吴国太见权如此，问曰：“何事在心，寝食俱废？”权曰：“今曹操屯兵于江汉，有下江南之意。问诸文武，或欲降者，或欲战者，欲待战来，恐寡不敌众；欲待降来，又恐曹操不容：因此犹豫不决。”吴国太曰：“汝何不记吾姐临终之语乎？”孙权如醉方醒，似梦初觉，想出这句话来。正是：追思国母临终语，引得周郎立战功。毕竟说着甚的，且看下文分解。

【毛泽东评点】

在军事上，蒋介石发动全面内战差不多五个多月了，我们至今已经歼灭了敌人三十八个旅，占七十五个旅的半数多一点，很难想象以后就不能再歼灭了。阎锡山、顾祝同两区已不能进攻了，程潜现在也没有攻势。刘邓十九日发起的战役可以说是我们反攻，这次我们进攻他们，他们处处被动。顾祝同如不调动胡宗南的部队就很难再进攻，可能由薛岳那里调第十一师或者由胡宗南那里调部队来打，这样，延安又解围了。如果顾祝同不能进攻，我们就攻他。我们还是用袭击的办法，集中优势兵力，消灭敌人。目前国民党军对延安、连水、临沂、烟台还可能有攻势，对晋察冀、东北也可能有一些攻势，此外便无足观。对敌人如果不加分析，就会像三国时曹操号称八十三万人马，把东吴搞得议论纷纷一样。蒋介石的进攻是可以打破的，经过半年到一年消灭他七八十个旅，停止他的进攻，我们开始反攻，把他在美国援助下积蓄的力量在一年内打破，使国共两党的力量达到平衡。达到了平衡就很容易超过它。那时我们就可以打出去，首先是安徽、河南、湖北、甘肃，然后可以再向长江以南发展，这大约要用三年到五年的时间。然而我们也不能说那时就能消灭蒋介石，我们宁可把事情估计得严重一些，最坏也无非是打十五年，打得我们连一个县城都没有了，这些我们也要有准备，一九四一年和一九四二年，我们占有的县城就极少。现在，我们原有的四百九十九个县城还只失掉了一百七十多个。

——《要胜利就要搞好统一战线》，载《毛泽东文集》第 4 卷，人民出版社 1996 年版，第 198—199 页。

【注释】

（1）柴桑，古郡名。治所在今江西九江市西南。

（2）江夏，郡名，治所在武昌。

（3）会猎，会战的婉转说法，不明言战争，以打猎为喻。

（4）乡党，相传周制以五百家为党，以一万两千五百家为乡，后因以“乡党”泛指乡里。

（5）南面称孤，指做皇帝。南面，古代以面向南为尊位，帝王的座位面向南，故称居帝位为南面。孤，古代帝王的自称。

（6）游说（shuì 税），原是战国策士们周游列国、劝说诸侯采纳其政治主张的一种活动，后用作泛指劝说别人采纳其意见、主张。

（7）下，此是使之降服之意。

（8）衽（rèn 任）席之上，比喻安全舒适的地方。衽，床席。

（9）哑（yǎ 雅，旧 è 鄂）然，笑声，笑貌。

（10）沉疴（kē 科），重病。

（11）尪羸（wāng léi 汪雷），瘦弱，衰病。

（12）高皇，即汉高祖刘邦，西汉王朝的创立者。公元前206—公元前195年在位。项羽（前232—前202），名籍，字羽，下相（今江苏宿迁西）人。

（13）垓（gāi 该）下一战，指公元前202年发生在垓下（今安徽灵璧东南）的刘邦攻灭项羽的战争。

（14）韩信（？—前196），淮阴（今江苏淮阴）人，著名军事家。

（15）仪、秦，即张仪、苏秦，两人都是战国时期以雄辩著名的说客。

（16）曹参（？—前190），沛县（今江苏沛县）人，汉高祖刘邦的功臣，后继萧何为汉惠帝丞相。

（17）座间怀橘，典出《三国志·吴志·陆绩传》，陆绩六岁时，曾在袁术座间，把三个待客的橘子放在怀中，临走时不小心，掉了出来，袁术问他时，他答说是要带回去孝敬母亲。这故事被传为"美谈"。小说写诸葛亮先以此事来称问陆绩，语含调侃揶揄之意。

（18）古耕莘伊尹，商初大臣。名伊，一说名挚，尹是官名。传说奴隶出身，原为有莘氏女的陪嫁之臣。帮助汤攻灭夏桀，后佐丙吉、仲任二王。

（19）钓渭子牙，即吕尚，名望，字子牙，曾钓于渭水。辅佐周文王、周武王伐纣。

（20）张良、陈平，二人皆汉初大臣。张良（？—前185），字子房，传为城父（今安徽亳州东南）人。刘邦的主要谋士。陈平（？—前178），阳武（今河南原阳东南）人。刘邦的重要谋士。历任惠帝、吕后、文帝时丞相。

（21）邓禹、耿弇（yǎn 眼），两人都是汉光武帝刘秀的功臣。邓禹，字仲华，东汉初南阳新野（今河南新野）人，曾从刘秀镇压铜马、赤眉农民起义军。耿弇，字伯昭，东汉初扶风茂陵（今陕西兴平东北）人，曾从刘秀镇压赤眉、铜马农民起义军。

（22）雕虫，指辞赋的雕章琢句，不切实用，有鄙薄之意。

（23）杨雄，又作"扬雄"，西汉著名辞赋家，在王莽的新朝做过官，因事害怕要受刑，跳楼自杀，几乎摔死。

（24）中国，中原，中土。指古代帝都所在的黄河流域，相对于其余地区而言。

（25）疑贰，疑惑不定，三心二意。

（26）田横，秦末汉初齐国贵族。齐王田广被韩信俘虏，田横自立为王，后来退守海岛。汉高祖刘邦派人去招降，田横走到洛阳附近自杀，部下五百人都不枉自杀。

（27）容物，度量大，能容人。

（28）强弩之末，势不能穿鲁缟（gǎo 稿），《汉书·韩安国传》：“且臣闻之，……强弩之末，力不能入鲁缟。”强弩发出的箭，到了末尾，连最薄的鲁缟（绢）也不能穿透。强，亦作“彊”。

（29）顿开茅塞，一下子解开了心里的疙瘩，懂得了某种道理。茅塞，像茅草阻塞道路。

【赏析】

东汉末年，曹操统一了北方后，进一步要统一全国，就要南下。南下的第一个战略目标夺取荆州实现后，就要沿江东下，攻打孙权。曹操听从谋士荀攸之计，迫使孙权归降，共擒刘备。于是“一面发檄遣使赴东吴；一面计点马步水军共八十三万，诈称一百万，水陆并进，船骑双行，沿江而来，西连荆、峡，东接蕲、黄，寨栅联络三百余里”。曹操大军压境，是战是降，东吴面临抉择。当时东吴朝野面对如此严重之形势，“时武将或有要战的，文官都是要降的，议论纷纷不一”。“欲待战来，恐寡不敌众；欲待降来，又恐曹操不容：因此犹豫不决”。恰在这时，诸葛亮受刘备派遣随同到江夏为刘表吊丧的鲁肃回到柴桑。于是有“诸葛亮舌战群儒　鲁子敬力排众议”一回的精彩描写。诸葛亮来的目的是联合东吴，共抗曹操。但东吴却是一片投降之声，于是舌战群儒，驳倒张昭、虞翻、步骘、薛综、陆绩、程德枢等人主降的错误言论，让孙权下决心抗曹，才算达到目的。当时孙权虽然不愿意向曹操投降，但对刘备的力量也有怀疑。因此，诸葛亮向孙权分析了形势。他说，刘备虽然在当阳失败，但目前还有关羽的水军万人，刘琦的江夏战士亦不下万人；曹军虽然人多势众，但长途跋涉，已经非常疲惫，就像一支飞到尽头的箭，它的力量连一层薄薄的鲁国产的绢也穿不透；再加上曹军多是北方人，不习惯水战，荆州降军人心不服等不利条件；这样，孙刘联合抗曹，定能取胜。“操军破，必北返，则荆、吴之势强，而鼎足之形成矣。”诸葛亮的分析坚定了孙权抗击曹操的决心。舌战群儒，刻画了诸葛亮能言善辩、眼光远大、智谋超群的英雄形象。

文情曲折，峰回路转，令人目不暇接，是本文的一个特色。孔明至东吴，鲁肃不马上引见孙权，却安排馆驿安歇，一曲；孙权不当日即见，却待明日，二曲；到了明日，又不去见孙权，却先见众谋士，三曲；及见众谋士，彼此论辩，议论龃龉，四曲；诸葛亮既与众谋士意见不合，又违忤孙权，五曲；到了孙权作色而起，拂衣而入，读者至此，几乎怀疑联吴抗曹不能实现，诸葛亮的东吴之行将一无所获。然而下文峰回路转，词洽情投，将欲通之，忽若阻之；将欲近之，忽若远之。令人惊疑不定，真是文章妙境。

1946 年 11 月 21 日，毛泽东在召开的中共中央会议上的讲话中援引了这个故事。他说：“三国时曹操号称八十三万人马，把东吴搞得议论纷纷。”教育全党要吸取诸葛亮在赤壁之战前对当时政治军事形势分析的经验，避免东吴群臣的为敌人所吓倒的情况，正确分析了经过一年内战之后，国共两党力量已经达到平衡，平衡之后就很容易超过它。预言三年到五年时间就可以取得全国性胜利。后来战争的发展完全证明了毛泽东对形势分析正确无误。

【原文】

第四十四回　孔明用计激周瑜　孙权决计破曹操（节录）

次日清晨，孙权升堂。左边文官张昭、顾雍等三十余人；右边武官程普、黄盖等三十余人：衣冠济济[(1)]，剑佩锵锵[(2)]，分班侍立。少顷周瑜入见。礼毕，孙权问慰罢，瑜曰：“近闻曹操引兵屯汉上，驰书至此，主公尊意如何?”权即取檄文与周瑜看。瑜看毕,笑曰:“老贼以我江东无人,敢如此相侮耶!”权曰:“君之意若何?”瑜曰:“主公曾与众文武商议否?”权曰:“连日议此事:有劝我降者,有劝我战者。吾意未定,故请公瑾一决。”瑜曰:“谁劝主公降?”权曰:“张子布等皆主其意。”瑜即问张昭:“愿闻先生所以主降之意。”昭曰:“曹操挟天子而征四方,动以朝廷为名;近又得荆州,盛势愈大。吾江东可以拒操者,长江耳。今操艨艟战舰,何止千百!水陆并进,何可当之?不如且降,更图后计。”瑜曰:“此迂腐之论也!江东自开国以来,今历三世,安忍一旦废弃!”权曰:“若此,计将安出?”瑜曰:“操虽托名汉相,实为汉贼。将军以神武雄才,仗父兄余烈,据有江东,兵精粮足,正当横行天下,为国家除残去暴,奈何降贼耶?且操今此来,多犯兵家之忌,北土未平,马腾、韩遂为其后患,而操久于南征,一忌也;北军不熟水战,操舍鞍马,仗舟楫,与东吴争衡,二忌也;又时值隆冬盛寒,马无藁草,三忌也;驱中国卒,远涉江湖,不服水土,多生疾病,四忌也。操兵犯此数忌,虽多必败。将军擒操正在今日。瑜请得精兵数万人,进屯夏口,为将军破之!”权矍然起曰[3]:“老贼欲废汉自立久矣,所惧二袁、吕布、刘表与孤耳。今数雄已灭,惟孤尚存。孤与老贼,势不两立!卿言当伐,甚合孤意。此天以卿授我也。”瑜曰:“臣为将军决一血战,万死不辞。只恐将军狐疑不安。”权拔佩剑砍面前奏案一角曰:“诸官将有再言降操者,与此案同!”言罢,便将此剑赐周瑜,即封瑜为大都督,程普为副都督,鲁肃为赞军校尉。如文武官将不听号令者,即以此剑诛之。瑜受了剑,对众言曰:“吾奉主公之命,率众破曹。诸将官吏来日俱于江畔行营听令。如迟误者,依七禁令五十四斩施行[4]。”言罢,辞了孙权,起身出府,众文武各无言而散。

……

次日平明[5],瑜赴行营,升中军帐高坐。左右立刀斧手,聚集文官武将听令。原来程普年长于瑜,今瑜爵居其上,心中不甚;是日乃托病不出,令长子程咨自代。瑜令众将曰:“王法无亲,诸君各守乃职。方今曹操弄权,甚于董卓:囚天子于许昌,屯暴兵于境上。吾今奉命讨之,诸君幸皆努力向前。大军到处，不得扰民。赏劳罚罪，并不徇纵。”令毕，即韩当、黄盖为前部先锋，领本部战船，即日起程，前至三江口下寨，别听将令；蒋钦、周泰为第二队；凌统、潘璋为第三队；太史慈、吕蒙为第四队；陆逊、董袭为第五队；吕发、朱治为四方巡警使，催促六郡官军，水陆并进，克期取齐。调拨已毕，诸将各自收拾船只军器起行。程咨回见父程普，说周瑜调兵，动止有法。普大惊曰：“吾素欺周郎懦弱，不足为将；今能如此，真将才也！我如何不服！”遂亲诣行营谢罪。瑜亦逊谢(6)。

【毛泽东评点】

三国时代，曹操带领大军下江南，攻打东吴。那时，周瑜是个“青年团员”，当东吴的统帅，程普等老将不服，后来说服了，还是由他当，结果打了胜仗。现在要“周瑜”当团中央委员，大家就不赞成。

——《青年团的工作要照顾青年的特点》，载《毛泽东著作选读》下册，人民出版社 1986 年版，第 700 页。

“《三国演义》是小说，《三国志》是史书，二者不可等同视之。若说生动形象，当然要推演义；若论真实性，就是更接近历史真实，罗贯中的《三国演义》就不如陈寿的《三国志》啰！”“比如，旧戏里诸葛亮是须生，而周瑜是小生，显然诸葛亮比周瑜年纪大。这可能来源于演义，而在《三国志》上记载周瑜死时三十七岁，那时诸葛亮才三十岁，即比周瑜小七岁。”

——陶鲁笳：《忆毛泽东同志教我们读书》，载《党史文献》1993 年第 9 期。

【注释】

（1）济济，众多的样子。

（2）剑佩锵锵，行动时剑和佩玉相击发出锵锵的声音。

（3）矍（jué 决）然，瞪大眼睛之态，形容惊喜四顾的神情。

(4)七禁令五十四斩，古代的军法。七禁，指轻军、慢军、盗军、欺军、乱军、误军等七条禁令。其中每条禁令又包括若干具体项目，共计五十四项，违反任何一项都要处以斩刑，叫五十四斩。见《太平御览》录《武侯兵法》。

(5)平明，天大亮的时候。

(6)逊谢，道歉谢罪。

【赏析】

《三国演义》第四十四回“孔明用计激周瑜　孙权决计破曹操”，写曹操百万大军南下，打下荆州之后，直接威胁东吴。面对如此严峻形势，东吴朝野议论纷纷，主战与主降争论激烈，在诸葛亮的劝说下，孙权决计抗曹，任命年仅二十八岁的周瑜为大都督，抗击曹操，这便是有名的赤壁大战。当时孙权任命这么年轻的周瑜为大都督，东吴老将程普不服，首次点兵竟让儿子代替他。儿子回来后，说周瑜调兵遣将，动止有法。程普知道自己错了，向周瑜登门谢罪。

这个情节虽然简单，但却提出了一个大问题，即在革命斗争中，如何对待青年干部的问题。1953年6月3日，毛泽东在接见青年团第二次全国代表大会主席团成员的讲话中，谈到必须重视青年干部的培养和选拔时，援引了《三国演义》中这个故事，并意味深长地说：“三国时期，曹操率大军南下，攻打东吴。那时周瑜是个‘青年团员’，当东吴的统帅，程普等老将不服，后来说服了，还是由他当，结果打了胜仗。现在要‘周瑜’当团中央委员，大家就不赞成。这行吗?”这个故事，深入浅出地说明了选拔干部不能论资排辈，要培养青年干部的道理。后来毛泽东多次讲过，青年人富于创造，最少保守思想，青年人往往抓住真理，所向披靡，干出一番事业来，把青年人比作早晨八九点的太阳，把希望寄托在青年一代身上，十分重视革命接班人的培养，表现了一个伟大革命家的高瞻远瞩，胸怀宽广，给我们以深刻教育。

【原文】

第四十五回　三江口曹操折兵　群英会蒋干中计（节录）

却说周瑜闻诸葛瑾之言，转恨孔明，存心欲谋杀之。次日，点齐军将，入辞孙权。权曰："卿先行，孤即起兵继后。"瑜辞出，与程普、鲁肃领兵起行，便邀孔明同往。孔明欣然从之。一同登舟，驾起帆樯，迤逦望夏口而进。离三江口五六十里，船依次第歇定。周瑜在中央下寨，岸上依西山结营，周围屯住。孔明只在一叶小舟内安身。

周瑜分拨已定，使人请孔明议事。孔明至中军帐，叙礼毕，瑜曰："昔曹操兵少，袁绍兵多，而操反胜绍者，因用许攸之谋，先断乌巢之粮也。今操兵八十三万，我兵只五六万，安能拒之？亦必须先断操之粮，然后可破。我已探知操军粮草，俱屯于聚铁山。先生久居汉上，熟知地理。敢烦先生与关、张、子龙辈，吾亦助兵千人，星夜往聚铁山断操粮道。彼此各为主人之事，幸勿推调。"孔明暗思："此因说我不动，设计害我。我若推调，必为所笑。不如应之，别有计议。"乃欣然领诺。瑜大喜。孔明辞出。鲁肃密谓瑜曰："公使孔明劫粮，是何意见？"瑜曰："吾欲杀孔明，恐惹人笑，故借曹操之手杀之，以绝后患耳。"肃闻言，乃往见孔明，看他知也不知。只见孔明略无难色，整点军马要行。肃不忍，以言挑之曰："先生此去可成功否？"孔明笑曰："吾水战、步战、马战、车战，各尽其妙，何愁功绩不成，非比江东公与周郎辈止一能也。"肃曰："吾与公瑾何谓一能？"孔明曰："吾闻江南小儿谣言云：'伏路把关饶子敬，临江水战有周郎。'公等于陆地但能伏路把关；周公瑾但堪水战，不能陆战耳。"

肃乃以此言告知周瑜。瑜怒曰："何欺我不能陆战耶！不用他去！我自引一万马军，往聚铁山断操粮道。"肃又将此言告孔明。孔明笑曰："公瑾令吾断粮者，实欲使曹操杀吾耳。吾故以片言戏之，公瑾便容纳不下。目今用人之际，只愿吴侯与刘使君同心，则功可成；如各相谋害，大事休矣。操贼多谋，他平生惯断人粮道，今如何不以重兵提备？公瑾若去，必为所擒。今只当先决水战，挫动北军锐气，别寻妙计破之。望子敬善言以告公瑾为幸。”鲁肃遂连夜回见周瑜，备述孔明之言。瑜摇首顿足曰：“此人见识胜吾十倍，今不除之，后必为我国之祸！”肃曰：“今用人之际，望以国家为重。且待破曹之后，图之未晚。”瑜然其说。

却说玄德分付刘琦守江夏，自领众将引兵往夏口。遥望江南岸旗幡隐隐，戈戟重重，料是东吴已动兵矣，乃尽移江夏之兵，至樊口屯扎。玄德聚众曰：“孔明一去东吴，杳无音信，不知事体如何。谁人可去探听虚实回报？”糜竺曰：“竺愿往。”玄德乃备羊酒礼物，令糜竺至东吴，以犒军为名，探听虚实。竺领命，驾小舟顺流而下，径至周瑜大寨前。军士入报周瑜，瑜召入。竺再拜，致玄德相敬之意，献上酒礼。瑜受讫，设宴款待糜竺。竺曰：“孔明在此已久，今愿与同回。”瑜曰：“孔明方与我同谋破曹，岂可便去？吾亦欲见刘豫州，共议良策；奈身统大军，不可暂离。若豫州肯枉驾来临，深慰所望。”竺应诺，拜辞而回。肃问瑜曰：“公欲见玄德，有何计议？”瑜曰：“玄德世之枭雄，不可不除。吾今乘机诱至杀之，实为国家除一后患。”鲁肃再三劝谏，瑜只不听，遂传密令：“如玄德至，先埋伏刀斧手五十人于壁衣中，看吾掷杯为号，便出下手。”

却说糜竺回见玄德，具言周瑜欲请主公到彼面会，别有商议。玄德便教收拾快船一只，只今便行。云长谏曰：“周瑜多谋之士，又无孔明书信，恐其中有诈，不可轻去。”玄德曰：“我今结东吴以共破曹操，周郎欲见我，我若不往，非同盟之意。两相猜忌，事不谐矣。”云长曰：“兄长若坚意要去，弟愿同往。”张飞曰：“我也跟去。”玄德曰：“只云长随我去。翼德与子龙守寨。简雍固守鄂县。我去便回。”分付毕，即与云长乘小舟，并从者二十余人，飞棹赴江东。玄德观看江东艨艟战舰、旌旗甲兵，左右分布整齐，心中甚喜。军士飞报周瑜：“刘豫州来了。”瑜问：“带多少船只来？”军士答曰：“只有一只船，二十余从人。”瑜笑曰：“此人命合休矣！”乃命刀斧手先埋伏定，然后出寨迎接。玄德引云长等二十余人，直到中军帐，叙礼毕，瑜请玄德上坐。玄德曰：“将军名传天下，备不才，何烦将军重礼？”乃分宾主而坐。周瑜设宴相待。

且说孔明偶来江边，闻说玄德来此与都督相会，吃了一惊，急入中军帐窃看动静。只见周瑜面有杀气，两边壁衣中密排刀斧手。孔明大惊曰："似此如之奈何？"回视玄德，谈笑自若；却见玄德背后一人，按剑而立，乃云长也。孔明喜曰："吾主无危矣。"遂不复入，仍回身至江边等候。

周瑜与玄德饮宴，酒行数巡，周瑜起身把盏，猛见云长按剑立于玄德背后，忙问何人。玄德曰："吾弟关云长也。"瑜惊曰："非向日斩颜良、文丑者乎？"玄德曰："然也。"瑜大惊，汗流满背，便斟酒与云长把盏。少顷，鲁肃入。玄德曰："孔明何在？烦子敬请来一会。"瑜曰："且待破了曹操，与孔明相会未迟。"玄德不敢再言。云长以目视玄德。玄德会意，即起身辞瑜曰："备暂告别。即日破敌收功之后，专当叩贺。"瑜亦不留，送出辕门。玄德别了周瑜，与云长等来至江边，只见孔明已在舟中。玄德大喜。孔明曰："主公知今日之危乎？"玄德愕然曰："不知也。"孔明曰："若无云长，主公几为周郎所害矣。"玄德方才省悟，便请孔明同回樊口。孔明曰："亮虽居虎口，安如泰山。今主公但收拾船只军马候用。以十一月二十甲子日后为期，可令子龙驾小舟来南岸边等候。切勿有误。"玄德问其意。孔明曰："但看东南风起，亮必还矣。"玄德再欲问时，孔明催促玄德作速开船，言讫自回。玄德与云长及从人开船，行不数里，忽见上流头放下五六十只船来，船头上一员大将，横矛而立，乃张飞也。因恐玄德有失，云长独力难支，特来接应。于是三人一同回寨，不在话下。

却说周瑜送了玄德，回至寨中，鲁肃入问曰："公既诱玄德至此，为何又不下手？"瑜曰："关云长，世之虎将也，与玄德行坐相随，吾若下手，他必来害我。"肃愕然。忽报曹操遣使送书至。瑜唤入。使者呈上书看时，封面上判云："汉大丞相付周都督开拆。"瑜大怒，更不开看，将书扯碎，掷于地下，喝斩来使。肃曰："两国相争，不斩来使。"瑜曰："斩使以示威！"遂斩使者，将首级付从人持回。随令甘宁为先锋，韩当为左翼，蒋钦为右翼。瑜自部领诸将接应。来日四更造饭，五更开船，鸣鼓呐喊而进。

……

操问众将曰："昨日输了一阵，挫动锐气；今又被他深窥吾寨。吾当作何计破之？"言未毕，忽帐下一人出曰："某自幼与周郎同窗交契，愿凭三寸不烂之舌[(1)]，往江东说此人来降。"曹操大喜，视之，乃九江人，姓蒋，名干，字子翼，现为帐下幕宾。操问曰："子翼与周公瑾相厚乎？"干曰："丞相放心。干到江左，必要成功。"操问："要将何物去？"干曰："只消一童随往，二仆驾舟，其余不用。"操甚喜，置酒与蒋干送行。干葛巾布袍，驾一只小舟，径到周瑜寨中，命传报："故人蒋干相访。"周瑜正在帐中议事，闻干至，笑谓诸将曰："说客至矣[(2)]！"遂与众将附耳低言，如此如此。众皆应命而去。

瑜整衣冠，引从者数百，皆锦衣花帽，前后簇拥而出。蒋干引一青衣小童，昂然而来。瑜拜迎之。干曰："公瑾别来无恙[(3)]！"瑜曰："子翼良苦：远涉江湖，为曹氏作说客耶？"干愕然曰："吾久别足下，特来叙旧，奈何疑我作说客也？"瑜笑曰："吾虽不及师旷之聪[(4)]，闻弦歌而知雅意。"干曰："足下待故人如此，便请告退。"瑜笑而挽其臂曰："吾但恐兄为曹氏作说客耳。既无此心，何速去也？"遂同入帐。叙礼毕，坐定，即传令悉召江左英杰与子翼相见。

须臾[(5)]，文官武将，各穿锦衣；帐下偏裨将校，都披银铠：分两行而入。瑜都教相见毕，就列于两傍而坐。大张筵席，奏军中得胜之乐，轮换行酒[(6)]。瑜告众官曰："此吾同窗契友也。虽从江北到此，却不是曹家说客。公等勿疑。"遂解佩剑付太史慈曰："公可佩我剑作监酒：今日宴饮，但叙朋友交情；如有提起曹操与东吴军旅之事者，即斩之！"太史慈应诺，按剑坐于席上。蒋干惊愕，不敢多言。周瑜曰："吾自领军以来，滴酒不饮；今日见了故人，又无疑忌，当饮一醉。"说罢，大笑畅饮。座上觥筹交错[(7)]。饮至半酣，瑜携干手，同步出帐外。左右军士，皆全装惯带，持戈执戟而立。瑜曰："吾之军士，颇雄壮否？"干曰："真熊虎之士也。"瑜又引干到帐后一望，粮草堆如山积。瑜曰："吾之粮草，颇足备否？"干曰："兵精粮足，名不虚传。"瑜佯醉大笑曰："想周瑜与子翼同学业时，不曾望有今日。"干曰："以吾兄高才，实不为过。"瑜执干曰："大丈夫处世，遇知己之主，外托君臣之义，内结骨肉之恩，言必行，计必从，祸福共之。假使苏秦、张仪、陆贾、郦生复出，口似悬河，舌如利刃，安能动我心哉！"[(8)]言罢大笑。蒋干面如土色。瑜复携干入帐，会诸将再饮；因指诸将曰："此皆江东之英杰。今日此会，可名'群英会'。"

饮至天晚，点上灯烛，瑜自起舞剑作歌。歌曰：

丈夫处世兮立功名；立功名兮慰平生。

慰平生兮吾将醉；吾将醉兮发狂吟！

歌罢，满座欢笑。至夜深，干辞曰："不胜酒力矣。"瑜命撤席，诸将辞出。瑜曰："久不与子翼同榻，今宵抵足而眠。"于是佯作大醉之状，携干入帐共寝。瑜和衣卧倒，呕吐狼藉[9]。蒋干如何睡得着？伏枕听时，军中鼓打二更，起视残灯尚明。看周瑜时，鼻息如雷。干见帐内桌上，堆着一卷文书，乃起床偷视之，却都是往来书信。内有一封，上写"蔡瑁张允谨封"。干大惊，暗读之。书略曰：

某等降曹，非图仕禄，迫于势耳。今已赚北军困于寨中，但得其便，即将操贼之首，献于麾下[10]。早晚人到，便有关报[11]。幸勿见疑。先此敬覆。

干思曰："原来蔡瑁、张允结连东吴！"遂将书暗藏于衣内。再欲检看他书时，床上周瑜翻身，干急灭灯就寝。瑜口内含糊曰："子翼，我数日之内，教你看操贼之首！"干勉强应之。瑜又曰："子翼，且住！……教你看操贼之首！……"及干问之，瑜又睡着。干伏于床上，将近四更，只听得有人入帐唤曰："都督醒否？"周瑜梦中做忽觉之状，故问那人曰："床上睡者何人？"答曰："都督请子翼同寝，何故忘却？"瑜懊悔曰："吾平日未尝饮醉；昨日醉后失事，不知可曾说甚言语？"那人曰："江北有人到此。"瑜喝："低声！"便唤："子翼。"蒋干只睡着。瑜潜出帐。干窃听之，只闻有人在外曰："张、蔡二都督道：'急切不得下手，……'"后面言语颇低，听不真实。少顷，瑜入帐，又唤："子翼。"蒋干只是不应，蒙头假睡。瑜亦解衣就寝。干寻思："周瑜是个精细人，天时寻书不见，必然害我。"睡至五更，干起唤周瑜；瑜却睡着。干戴上巾帻，潜步出帐，唤了小童，径出辕门[12]。军士问："先生那里去？"干曰："吾在此恐误都督事，权且告别。"军士亦不阻挡。

干下船，飞棹回见曹操。操问："子翼干事若何？"干曰："周瑜雅量高致，非言词所能动也。"操怒曰："事又不济，反为所笑！"干曰："虽不能说周瑜，却与丞相打听得一件事。乞退左右。"干取出书信，将上项事逐一说与曹操。操大怒曰："二贼如此无礼耶！"即便唤蔡瑁、张允到帐下。操曰："我欲使二人进兵。"瑁曰："军尚未曾练熟，不可轻进。"操怒曰："军若练熟，吾首级献于周郎矣[13]！"蔡、张二人不知其意，惊慌不能回答。操喝令武士推出斩之。须臾，献头帐下，操方省悟曰[14]："吾中计矣。"后人有诗叹曰：

曹操奸雄不可挡，一时诡计中周郎。

蔡张卖主求生计，谁料今朝剑下亡！

众将见杀了张、蔡二人，入问其故。操虽心知中计，却不肯认错，乃谓众将曰："二人怠慢军法，吾故斩之。"众皆嗟呀不已。操于众将内选毛玠、于禁为水军都督，以代蔡、张二人之职。

细作探知，报过江东。周瑜大喜曰："吾所患者，此二人耳。今既剿除，吾无忧矣。"肃曰："都督用兵如此，何愁曹贼不破乎！"瑜曰："吾料诸将不知此计，独有诸葛亮见识胜我，想此谋，亦不能瞒也。子敬试以言挑之，看他知也不知，便当回报。"正是：还将反间成功事，去试从旁冷眼人。未知肃去问孔明还是如何，且看下文分解。

【毛泽东评点】

张澜谢过，言路一转，感佩道："润之先生，此次您竟会来重庆，是我们意想不到的！您现在来了，我们又不能不为您的个人安危而忧虑啊！"

"我们这些人都在为您的安全担心啊！"鲜英蹙额道。

毛泽东神情坦荡，悠然一笑，感激道："多谢关怀！多谢你们各位的关怀！此次单刀赴会来之前，我们是作了充分研究和估计的，按目前形势看来，可说有惊无险，或者是有险不危。我现在不是甚好吗？毫无所损，我一下飞机，没有把我扣留起来啊！我是诸葛亮到东吴，身在虎口，安如泰山啊！"

——林洪：《老成谋国，乘虚御风——毛泽东三访张澜》，载《毛泽东和党外朋友们》，团结出版社 1996 年第 2 版，第 80 页。

1958 年 7 月初刚上庐山时，毛泽东心情舒畅，在同周小舟和笔者（李锐）几个人谈话，谈到"大跃进"高指标时，由于他的"发号施令"，要"三大元帅挂帅"，而引起经济形势的紊乱，他也不便于指责"元帅"搞乱了局面。于是引了《三国演义》中蒋干过江的故事，那么“元帅”会感慨得很：“曹营的事难办得很哪！”引得我们都大笑起来，他本人也大笑起来。

——李锐：《毛泽东早年读书生活》，辽宁人民出版社 1992 年版，第 27 页。

【注释】

（1）三寸不烂之舌，形容能说会道，善于应对的嘴。

（2）说（shuì 税）客，用话语劝说别人使之听从自己意见的人。

（3）恙（yàng 样），疾病。

（4）师旷之聪，师旷耳朵之灵。师旷，春秋时晋国乐师，以善辨音律著称。聪，耳朵灵敏。

（5）须臾，顷刻。

（6）行酒，依次斟酒。

（7）觥（gōng 弓）筹交错，酒器和酒筹交互错杂，形容相聚宴饮的欢乐。觥，古代的一种酒器。筹，行酒令的筹码。

（8）苏秦、张仪、陆贾、郦生，苏秦、张仪是战国时期纵横家。苏秦，字季子，战国时东周洛阳（今河南洛阳）人。张仪，魏国贵族后代。陆贾，汉初楚人，从高祖定天下，曾说南越王陀向汉称臣。郦生即郦食其（yì jì 义季），秦汉之际陈留高阳乡（今河南杞县高阳乡）人，汉初著名辩士。

（9）狼藉，据说狼睡在草上，离去时就把草扒乱；因此乱七八糟之状叫狼藉。

（10）麾下，在主帅的旌麾之下，即部下。

（11）关报，用文书通知或报告。

（12）辕门，领门将帅的营门。

（13）首级，斩下的人头。

（14）省（醒）悟，知觉，明白。

【赏析】

《三国演义》第四十五回“三江口曹操折兵　群英会蒋干中计”，写曹操率百万之众南下攻吴，首战受挫。曹营一位幕僚蒋干自告奋勇，过江劝说东吴大都督周瑜归降。但志大才疏的蒋干，根本不是周瑜的对手，完全陷入周瑜的掌握之中，把周瑜伪造的曹营水军都督蔡瑁、张允欲杀曹操的密信盗了回去，曹操中了周瑜的反间计，杀了蔡、张二人，使本来就很弱的水军更加削弱了，成为赤壁之战曹操战败的直接原因，这是个很深刻的历史教训。

据毛泽东原秘书李锐回忆，1959年庐山会议初期，毛泽东心情愉快，在和李锐、周小舟等几个人谈话时，承认“大跃进”引起了国民经济比例失调，造成了混乱的局面，但不是“大跃进”本身的问题，也不是“三大元帅”升帐的问题，而是浮夸风等具体做法问题，也就是说是好心办了坏事，并且自己承担了责任。当然，这种认识在今天看来是远远不够的。这种情况就像蒋干过江一样。蒋干是真心实意去为曹操劝说周瑜的，但却上了周瑜的当，中了他的反间计，使曹操误杀了蔡瑁、张允两位新降的水军将领，大大削弱了曹操水军的力量，这是好心办了坏事。毛泽东用蒋干过江来比喻“大跃进”的失误，通俗易懂，形象生动，也说明他对“大跃进”出现的问题的认识很不够，所以，后来彭德怀的严厉批评，与他的认识差距大，他便不能接受，把本来要纠“左”的会议，变成了批判右倾的会议，给国家和人民带来了更大的灾难。

诸葛亮到东吴劝说孙权，共同抗击曹操，建立统一战线，在大敌当前的情况下，又有鲁肃的保护，安全是有一定的保证的，但是碰到了心胸狭窄、嫉贤妒能的周瑜，便如入虎穴龙潭了。当诸葛亮劝得孙权下了抗曹决心后，周瑜暗想：“孔明早已料着吴侯之心。其计划又高我一头。久必为江东之患，不如杀之。”遭到鲁肃的反对，而想招降诸葛亮。周瑜一计不成，又生一计，又想诱杀刘备，因有关羽保驾也落空了。刘备也意识到诸葛亮处境危险，想让他一同回去。但赤壁之战还未打响，他的任务还未完成。诸葛亮对刘备说：“亮虽居虎口，安如泰山。”并约定十一月二十日让赵云驾小舟来接。周瑜后来又让诸葛亮三天造十万支箭，立下军令状，想借机杀诸葛亮。而诸葛亮用奇谋草船借箭，又使周瑜的图谋告败。最后又让诸葛亮祭风，当东风大起，战斗即将打响，周瑜派丁奉、徐盛带兵去杀诸葛亮时，诸葛亮秘登了赵云接他的快船，扬帆而去。诸葛亮圆满地完成了出使东吴的使命，使联吴抗曹的决策得以实现。同时他在东吴的危险处境，也表现了他的大智大勇、神机妙算，一向为人们所称道。

毛泽东1945年去重庆和蒋介石谈判，其处境和诸葛亮在东吴相类似，所以，毛泽东以之作比。经过四十多天的艰难谈判，终于签订了《双十协定》，揭穿了蒋介石假谈真打的阴谋，赢得了人心，争得了主动，表现了毛泽东作为一个伟大的无产阶级革命家的大无畏精神和英雄气概。

【原文】

第四十九回　七星坛诸葛祭风　三江口周瑜纵火（节录）

却说周瑜立于山顶，观望良久，忽然望后而倒，口吐鲜血，不省人事。左右救回帐中。诸将皆来动问，尽皆愕然相顾曰："江北百万之众，虎踞鲸吞。不争都督如此[1]，倘曹兵一至，如之奈何？"慌忙差人申报吴侯，一面求医调治。

却说鲁肃见周瑜卧病，心中忧闷，来见孔明，言周瑜卒病之事。孔明曰："公以为何如？"肃曰："此乃曹操之福，江东之祸也。"孔明笑曰："公瑾之病，亮亦能医。"肃曰："诚如此，则国家万幸！"即请孔明同去看病。肃先入见周瑜。瑜以被蒙头而卧。肃曰："都督病势若何？"周瑜曰："心腹搅痛，时复昏迷。"肃曰："曾服何药饵？"瑜曰："心中呕逆，药不能下。"肃曰："适来去望孔明，言能医都督之病。现在帐外，烦来医治，何如？"瑜命请入，教左右扶起，坐于床上。孔明曰："连日不晤君颜，何期贵体不安！"瑜曰："'人有旦夕祸福[2]'，岂能自保？"孔明笑曰："'天有不测风云[3]'，人又岂能料乎？"瑜闻失色，乃作呻吟之声。孔明曰："都督心中似觉烦积否？"瑜曰："然。"孔明曰："必须用凉药以解之。"瑜曰："已服凉药，全然无效。"孔明曰："须先理其气；气若顺，则呼吸之间，自然痊可。"瑜料孔明必知其意，乃以言挑之曰："欲得顺气，当服何药？"孔明笑曰："亮有一方，便教都督气顺。"瑜曰："愿先生赐教。"

孔明索纸笔，屏退左右，密书十六字曰：

欲破曹公，宜用火攻；万事俱备，只欠东风。

写毕，递与周瑜曰：“此都督病源也。”瑜见了大惊，暗思：“孔明真神人也！早已知我心事！只索以实情告之。”乃笑曰：“先生已知我病源，将用何药治之？事在危急，望即赐教。”孔明曰：“亮虽不才，曾遇异人，传授奇门遁甲天书[(4)]，可以呼风唤雨。都督若要东南风时，可于南屏山建一台，名曰‘七星坛’：高九尺，作三层，用一百二十人，手执旗幡围绕。亮于台上作法，借三日三夜东南大风，助都督用兵，何如？”瑜曰：“休道三日三夜，只一夜大风，大事可成矣。只是事在目前，不可迟缓。”孔明曰：“十一月二十日甲子祭风，至二十二日丙寅风息，如何？”瑜闻言大喜，矍然而起。便传令差五百精壮军士，往南屏山筑坛；拨一百二十人，执旗守坛，听候使令。

孔明辞别出帐，与鲁肃上马，来南屏山相度地势，令军士取东南方赤土筑坛。方圆二十四丈，每一层高三尺，共是九尺。下一层插二十八宿旗[(5)]：东方七面青旗，按角、亢、氐、房、心、尾、箕，布苍龙之形；北方七面皂旗，按斗、牛、女、虚、危、室、壁，作玄武之势；西方七面白旗，按奎、娄、胃、昴、毕、觜、参，踞白虎之威；南方七面红旗，按井、鬼、柳、星、张、翼、轸，成朱雀之状。第二层周围黄旗六十四面，按六十四卦，分八位而立。上一层用四人，各人戴束发冠，穿皂罗袍，凤衣博带，朱履方裾。前左立一人，手执长竿，竿尖上用鸡羽为葆[(6)]，以招风信[(7)]；前右立一人，手执长竿，竿上系七星号带，以表风色[(8)]；后左立一人，捧宝剑；后右立一人，捧香炉。坛下二十四人，各持旌旗、宝盖、大戟、长戈、黄钺、白旄、朱幡、皂纛，环绕四面。孔明于十一月二十日甲子吉辰，沐浴斋戒[(9)]，身披道衣，跣足散发[(10)]，来到坛前。分付鲁肃曰：“子敬自往军中相助公瑾调兵。倘亮所祈无应，不可有怪。”鲁肃别去。孔明嘱付守坛将士：“不许擅离方位，不许交头接耳，不许失口乱言，不许失惊打怪。如违令者斩！”众皆领命。孔明缓步登坛，观瞻方位已定，焚香于炉，注水于盂，仰天暗祝。下坛入帐中少歇，令军士更替吃饭。孔明一日上坛三次，下坛三次。——却并不见有东南风。

且说周瑜请程普、鲁肃一班军官，在帐中伺候，只等东南风起，便调兵出；一面关报孙权接应。黄盖已自准备火船二十只，船头密布大钉；船内装载芦苇干柴，灌以鱼油，上铺硫黄、焰硝引火之物，各用青布油单遮盖；船头上插青龙牙旗，船尾各系走舸[11]：在帐下听候，只等周瑜号令。甘宁、阚泽窝盘蔡和、蔡中在水寨中，每日饮酒，不放一卒登岸；周围尽是东吴军马，把得水泄不通：只等帐上号令下来。周瑜正在帐中坐议，探子来报："吴侯船只离寨八十五里停泊，只等都督好音。"瑜即差鲁肃遍告各部下官兵将士："俱各收拾船只、军器、帆橹等物。号令一出，时刻休违。倘有违误，即按军法。"众兵将得令，一个个磨拳擦掌，准备厮杀。是日，看看近夜，天色清明，微风不动。瑜谓鲁肃曰："孔明之言谬矣。隆冬之时，怎得东南风乎？"肃曰："吾料孔明必不谬谈。"将近三更时分，忽听风声响，旗幡转动。瑜出帐看时，旗脚竟飘西北，霎时间东南风大起。

瑜骇然曰："此人有夺天地造化之法、鬼神不测之术！若留此人，乃东吴祸根也。及早杀却，免生他日之忧。"急唤帐前护军校尉丁奉、徐盛二将："各带一百人。徐盛从江内去，丁奉从旱路去，都到南屏山七星坛前，休问长短，拿住诸葛亮便行斩首，将首级来请功。"二将领命。徐盛下船，一百刀斧手荡开棹桨；丁奉上马，一百弓弩手各跨征驹：往南屏山来。于路正迎着东南风起。后人有诗曰：

七星坛上卧龙登，一夜东风江水腾。

不是孔明施妙计，周郎安得逞才能？

丁奉马军先到，见坛上执旗将士，当风而立。丁奉下马提剑上坛，不见孔明，慌问守坛将士。答曰："恰才下坛去了。"丁奉忙下坛寻时，徐盛船已到。二人聚于江边。小卒报曰："昨晚一只快船停在前面滩口。适间却见孔明披发下船，那船望上水去了。"丁奉、徐盛便分水陆两路追袭。徐盛教拽起满帆，抢风而使。遥望前船不远，徐盛在船头上高声大叫："军师休去！都督有请！"只见孔明立于船尾大笑曰："上覆都督：好好用兵；诸葛亮暂回夏口，异日再容相见。"徐盛曰："请暂少住，有紧话说。"孔明曰："吾已料定都督不能容我，必来加害，预先教赵子龙来相接。将军不必追赶。"徐盛见前船无蓬，只顾赶去。看看至近，赵云拈弓搭箭，立于船尾大叫曰:“吾乃常山赵子龙也！奉令特来接军师。你如何来追赶？本待一箭射死你来，显得两家失了和气。教你知我手段！”言讫，箭到处，射断徐盛船上篷索。那篷堕落下水，其船便横。赵云却教自己船上拽起满帆，乘顺风而去。其船如飞，追之不及。岸上丁奉唤徐盛船近岸，言曰：“诸葛亮神机妙算，人不可及。更兼赵云有万夫不当之勇，汝知他当阳长坂时否？吾等只索回报便了。”于是二人回见周瑜，言孔明预先约赵云迎接去了。周瑜大惊曰：“此人如此多谋，使我晓夜不安矣！”鲁肃曰：“且待破曹之后，却再图之。”

【毛泽东评点】

蒋介石于十一月调集十万兵力，以鲁涤平为总指挥，兵分八路，由北向南，采取“长驱直入，分兵合击”的战略，对江西革命根据地开始了第一次“围剿”。十二月三十日拂晓，雾气蒙蒙。毛泽东和朱德向着海拔四百三十米高的黄竹岭指挥所走去，毛泽东一边走，一边对朱德说：“总司令，你看，真是天助我也。三国时，诸葛亮借东风大破曹兵。今天，我们借晨雾，全歼顽敌啊！”说完，两个人爽朗地笑了，周围的同志也笑了。张辉瓒果然按照红军的预料，率师部和两个旅由龙冈向东行进，来钻入为他们早已准备好的“口袋”。经过一天激烈战斗，敌军前线总指挥张辉瓒被活捉，他率领的师部和两旅人马被红军全歼。

——吴吉清：《在毛主席身边的日子里》，江西人民出版社 1978 年版，第 41 页。

晚，毛泽东邀请来访的斯诺共进晚餐，并进行了长达四小时的交谈，在座的有乔冠华、龚澎。据斯诺后来撰写的文章回忆：用毛的话来说，我们的谈话简直是“山南海北”，“海阔天空”，有些方面是独特的。……最后，毛泽东送斯诺到门口，同他握了手，嘱咐他要谨慎小心，引用了一句中国的格言：“天有不测风云。”

——斯诺：《漫长的革命》，载《斯诺在中国》，生活·读书·新知三联书店 1982 年版，第 283、297 页。

【注释】

（1）不争，宋元俗语，想不到，没奈何之意。

（2）人有旦夕祸福，比喻灾祸的难以预料。旦夕，早晚。元无名氏杂剧《合同文字》第四折："天有不测风云，人有旦夕祸福。那小厮恰才无病，怎生下在牢里便有病。"

（3）天有不测风云，指天气变化无常，难以预测。常与"人有旦夕祸福"连用，指人的祸福像天气一样变化无常，难以预测。

（4）奇门遁甲，一种术数。以十天干中的"乙、丙、丁"为"三奇"，以八卦中的变相"休、生、伤、杜、景、死、惊、开"为"八门"，故名"奇门"；十天干中"甲"最尊贵而不显露，"六甲"常隐藏于"戊、己、庚、辛、壬、癸"所谓"六仪"之内，三奇、六仪分布九宫，而"甲"不独占一宫，故名"遁甲"。迷信者认为根据奇门遁甲可推算吉凶祸福。

（5）下文角、亢、氐、房、心、尾、箕是东方七宿，斗、牛、女、虚、危、室、壁是北方七宿，奎、娄、胃、昴、毕、觜、参是西方七宿，井、鬼、柳、星、张、翼、轸是南方七宿，中国古代天文学把这二十八个星宿，叫作"二十八宿"。又按四方分为四组，即：苍龙（东）、白虎（西）、朱雀（南）、玄武（北）。这里关于"祭风"的描写，就是从"天人感应"的迷信思想派生出的巫术，小说以此来神化诸葛亮。

（6）葆，羽葆，用鸟羽扎成一丛。

（7）风信，指风的动静起止。

（8）风色，指风向。

（9）沐浴斋戒，古人在祭祀前洗澡换衣，整洁身心，表示虔敬。《孟子·离娄下》："虽有恶人，斋戒沐浴，则可以祀上帝。"

（10）跣（xiǎn 显）足散发，打着赤脚，披散头发。

（11）走舸（gè 各），指平时供联系、应急人渡人用的轻便小船。

【赏析】

《三国演义》第四十九回"七星坛诸葛祭风　三江口周瑜纵火"，实是赤壁之战正文。在吴蜀联合，共抗曹操，调兵遣将，制胜曹操的战术——火攻确定之后，战斗何时打响，实则只差一个条件——东风。当时正是冬天，北风居多，东风很少，而周瑜要使其火攻奏效，非有东风不可，以致忧郁成疾。诸葛亮以抗曹大局为重，自告奋勇，登坛祭风，也许时有凑巧，三天之后果起了东南风。风起之后，诸葛亮由赵云接回夏口，火烧赤壁，曹操八十三万军队全被击溃，曹操仓皇逃回北方，三国鼎立的局面初步形成。所以，“借东风”是脍炙人口的重要情节。这个故事表现了诸葛亮的足智多谋，但关于祭风的描写，正如鲁迅指出的那样是“状诸葛之智慧而近妖”。

1930年12月30日，在第一次反“围剿”时，战斗打响之前，毛泽东对朱德说：“三国时，诸葛亮借东风大破曹兵。今天，我们借晨雾，全歼顽敌啊！”利用风与利用雾，都是利用有利的自然条件，对取胜起到很好的作用。结果这次战斗打得好，活捉了敌军前线总指挥张辉瓒，他率领的师部和两旅人马被红军全歼，取得了第一次反“围剿”的胜利。毛泽东高兴地写了词：

渔家傲·反第一次大“围剿”

一九三一年春

万木霜天红烂漫，天兵怒气冲霄汉。雾满龙冈千嶂暗，齐声唤，前头捉了张辉瓒。　　二十万军重入赣，风烟滚滚来天半。唤起工农千百万，同心干，不周山下红旗乱。

1965年1月9日晚，毛泽东与美国友人斯诺共进晚餐，并进行长达四小时的长谈，临走时，毛泽东嘱咐斯诺，要谨慎小心，并引用了一句中国格言：“天有不测风云。”我们知道，这句格言往往和“人有旦夕祸福”连用，毛泽东连这后一句也不肯说出，对老朋友关心体贴，可谓细致入微。

从艺术上看，对风的描写很有特色。写风的将至，有无数曲折，写风之既至，又有许多点染。所谓曲折，如孔明上坛三次，下坛三次，并无动静；又如等到天晚，不见风起，周瑜疑惑，说此时安得会有东风；又如等到三更，先听风声响，出帐视之，旗带忽飘西北；又如周瑜叹诧为奇，而曹操一边见之，又以为一阳初始，偶亦有之，不足为奇。所谓点染，如丁奉、徐盛迎风而走，守坛将士当风而立；又如赵云扯篷，其船如飞，从了望见远帆，忽而孔明已到；等等。清代文学批评家毛宗岗评曰："吾尝叹今之善画者，能画花画雪画月，而独不能画风，今读七星坛一篇，而如见乎丹矣。"这个评价是不为过的。

【原文】

第五十九回　许褚裸衣斗马超　曹操抹书间韩遂（节录）

却说当夜两兵混战，直到天明，各自收兵。马超屯兵渭口，日夜分兵，前后攻击。曹操在渭河内将船筏锁链作浮桥三条，接连南岸。曹仁引军夹河立寨，将粮草车辆穿连，以为屏障。马超闻之，教军士各挟草一束，带着火种，与韩遂引军并力杀到寨前，堆积草把，放起烈火。操兵抵敌不住，弃寨而走。车乘、浮桥，尽被烧毁。西凉兵大胜，截住渭河。曹操立不起营寨，心中忧惧。荀攸曰："可取渭河沙土筑起土城，可以坚守。"操拨三万军担土筑城。马超又差庞德、马岱各引五百马军，往来冲突；更兼沙土不实，筑起便倒，操无计可施。时当九月尽，天气暴冷，彤云密布[(1)]，连日不开。曹操在寨中纳闷。忽人报曰："有一老人来见丞相，欲陈说方略。"操请入。见其人鹤骨松姿，形貌苍古。问之，乃京兆人也，隐居终南山，姓娄，名子伯，道号"梦梅居士"。操以客礼待之。子伯曰："丞相欲跨渭安营久矣，今何不乘时筑之？"操曰："沙土之地，筑垒不成。隐士有何良策赐教？"子伯曰："丞相用兵如神，岂不知天时乎？连日阴云布合，朔风一起[(2)]，必大冻矣。风起之后，驱兵士运土泼水，比及天明，土城已就。"操大悟，厚赏子伯。子伯不受而去。

是夜北风大作。操尽驱兵士担土泼水；为无盛水之具，作缣囊盛水浇之[(3)]，随筑随冻。比及天明，沙水冻紧，土城已筑完。细作报知马超。

超领兵观之，大惊，疑有神助。次日，集大军鸣鼓而进。操自乘马出营，止有许褚一人随后。操扬鞭大呼曰："孟德单骑至此，请马超出来答话。"超乘马挺枪而出。操曰："汝欺我营寨不成，今一夜天已筑就，汝何不早降！"马超大怒，意欲突前擒之，见操背后一人，睁圆怪眼，手提钢刀，勒马而立。超疑是许褚，乃扬鞭问曰："闻汝军中有虎侯[4]，安在哉？"许褚提刀大叫曰："吾即谯郡许褚也！"目射神光，威风抖擞。超不敢动，乃勒马回。操亦引许褚回寨。两军观之，无不骇然。操谓诸将曰："贼亦知仲康乃虎侯也！"自此军中皆称褚为虎侯。许褚曰："某来日必擒马超。"操曰："马超英勇，不可轻敌。"褚曰："某誓与死战！"即使人下战书，说虎侯单搦马超来日决战。超接书大怒曰："何敢如此相欺耶！"即批次日誓杀"虎痴"。

次日，两军出营布成阵势。超分庞德为左翼，马岱为右翼，韩遂押中军。超挺枪纵马，立于阵前，高叫："虎痴快出！"曹操在门旗下回顾众将曰："马超不减吕布之勇！"言未绝，许褚拍马舞刀而出。马超挺枪接战。斗了一百余合，胜负不分。马匹困乏，各回军中，换了马匹，又出阵前。又斗一百余合，不分胜负。许褚性起，飞回阵中，卸了盔甲，浑身筋突，赤体提刀，翻身上马，来与马超决战。两军大骇。两个又斗到三十余合，褚奋威举刀便砍马超。超闪过，一枪望褚心窝刺来。褚弃刀将枪挟住。两个在马上夺枪。许褚力大，一声响，拗断枪杆，各拿半节在马上乱打。操恐褚有失，遂令夏侯渊、曹洪两将齐出夹攻。庞德、马岱见操将齐出，麾两翼铁骑，横冲直撞，混杀将来。操兵大乱。许褚臂中两箭。诸将慌退入寨。马超直杀到壕边，操兵折伤大半。操令坚闭休出。马超回至渭口，谓韩遂曰："吾见恶战者莫如许褚，真'虎痴'也！"

【毛泽东评点】

1947年6月中旬的一天，转移中的中央纵队在田次湾宿营。毛泽东、周恩来和任弼时等人坐在火堆前。毛泽东耳听木柴燃烧的噼啪声，仍然是若有所思的神情。

"主席又在想什么？"周恩来小声问，谈心一般。

“小时候我喜欢看《三国》，读起来就放不下……”毛泽东继续说，“《三国演义》算我读到的第一本军事教科书吧。可也受了一点骗，许褚好像不得了。现在发觉算不得什么。我们警卫排的战士都是种田的农民，我看哪个都比许褚厉害……”

——权延赤：《巨人的魅力》，载《卫士长谈毛泽东》，北京出版社 1989 年版，第 239—242 页。

【注释】

（1）彤云，阴云。

（2）朔风，北风。

（3）缣（jiān 兼）囊，细绢做的袋子。缣，双丝的细绢。《释名·释采帛》：“缣，兼也，其丝细致，数兼于绢，染兼五色，细致不漏水也。”

（4）虎侯，许褚的诨号。《三国志·魏书·许褚传》：“（马超）乃问太祖曰：‘公有虎侯者安在？’……军中以褚力如虎而痴，故号曰虎痴，是以‘超问虎侯’，至今天下称焉，皆谓其姓名也。”

【赏析】

《三国演义》第五十九回“许褚裸衣斗马超　曹操抹书间韩遂”写两个勇将搏杀的故事。许褚，字仲康，三国时谯国谯（今安徽亳州）人。八尺多高，腰大十围，容貌雄毅，勇力过人。后为曹操警卫队队长。军中以其力如猛虎而痴，号曰“虎痴”。马超，字孟起，陇西（今甘肃陇西）人，汉末为偏将军，因其父被曹操所杀，进军潼关与曹操大战。败投刘备，后为蜀汉五虎上将之一，也是著名的勇将。本回写马超与曹操在渭河两岸大战的情形。马超十分骁勇，曾屡败曹操，在此前的一次战斗中，曾追赶得曹操弃袍割须，绕马而走，险些被捉。所以，在这次两军对垒时，曹操加强戒备，许褚寸步不离。曹操乘马出营，只有许褚一人随后，当曹操劝马超投降时，马超大怒，意欲突前擒之，“见操背后一人，睁圆怪眼，手提钢刀，勒马而立”。当问知曹操背后所立正是有“虎侯”之称的许褚时，“超不敢动，乃勒回马”，“两军观之，无不骇然”。

第二天，两军对阵时，两人斗了一百余合，胜负不分，换马之后，又斗一百余合，不分胜负。许褚性起，飞回阵中，卸了盔甲，浑身筋突，赤体提刀，翻身上马，来与马超决战。两军大骇。两个又斗三十余合。当马超用枪刺向许褚心窝时，许褚扔了手中战刀，双手抓住马超的枪头，一用力，把枪杆拗断，两人“各拿半节在马上乱打”。这时两军将士齐出，混杂起来，许褚由于赤身裸体，臂上中了两箭。

这回对许褚的描写极其精彩，突出了许褚勇武的性格，给人留下了深刻的印象。作者塑造这两个人物形象，用的互衬法，互相衬托，棋逢对手，将遇良才，故两个人物性格都刻画得很成功。正如毛宗岗在该回回评中所说：“马超者，蜀中五虎将之一也。此卷中于其未入之时，先写马超之勇，而将写马超之勇，先写许褚之勇，写许褚之勇正以写马超也。然许褚但矜其勇，而马超斗之，亦不过以勇斗勇耳。……”作品中的每个人物都是独立的存在，不是单纯为了衬托别人而存在，而他们之间往往是互衬关系，当然在具体情节中，也可有侧重。就本回而言，与其说是写许褚来衬托马超，不如说写马超来衬托许褚。未交战前，马超得知是许褚而不敢动，交战时，两人大战二百三十余回合，不分胜负，其枪杆又被许褚拗断，特别是许褚赤膊上阵来战马超，其英雄气概感人至深，所以，虽然两人都是勇武，许褚给人的印象更深。

1947 年 6 月，毛泽东同志在转战陕北途中，讲到小时候读《三国演义》，觉得“许褚好像不得了，现在发觉算不得什么”，因为“我们警卫排的战士都是种田的农民，我看哪个都比许褚厉害”。毛泽东这样说，并不否定许褚的勇武善战，而是拿这个历史人物与无产阶级革命战士相比，虽然都是警卫人员，工作性质相似，但我们的警卫战士有马列主义、毛泽东思想的武装，不仅勇武，而且觉悟高，智谋广，相比之下，许褚这个只知“赤膊上阵”（鲁迅语）的人物就算不得什么了。当然，这也是毛泽东同志对警卫战士的赞扬和勉励。

【原文】

第六十五回　马超大战葭萌关　刘备自领益州牧（节录）

却说败兵回到益州[1]，报刘璋[2]。璋大惊，闭门不出。人报城北马超救兵到，刘璋方敢登城望之。见马超、马岱立于城下，大叫："请刘季玉答话。"刘璋在城上问之。超在马上以鞭指曰："吾本领张鲁兵来救益州，谁想张鲁听信杨松谗言，反欲害我。今已归降刘皇叔。公可纳土拜降，免致生灵受苦。如或执迷，吾先攻城矣！"刘璋惊得面如土色，气倒于城上。众官救醒。璋曰："吾之不明，悔之何及！不若开门投降，以救满城百姓。"董和曰："城中尚有兵三万余人；钱帛粮草，可支一年：奈何便降？"刘璋曰："吾父子在蜀二十余年，无恩德以加百姓；攻战三年，血肉捐于草野：皆我罪也。我心何安？不如投降以安百姓。"众人闻之，皆堕泪。忽一人进曰："主公之言，正合天意。"视之，乃巴西西充国人也，姓谯，名周，字允南。此人素晓天文。璋问之，周曰："某夜观乾象，见群星聚于蜀郡；其大星光如皓月，乃帝王之象也。况一载之前，小儿谣云：'若要吃新饭，须待先主来。'此乃预兆。不可逆天道。"黄权、刘巴闻言皆大怒，欲斩之。刘璋当住。忽报："蜀郡太守许靖，逾城出降矣。"刘璋大哭归府。

次日，人报刘皇叔遣幕宾简雍在城下唤门。璋令开门接入。雍坐车中，傲睨自若[3]。忽一人掣剑大喝曰："小辈得志，傍若无人！汝敢藐视吾蜀中人物耶！"雍慌下车迎之。此人乃广汉绵竹人也，姓秦，名宓，字子勑。雍笑曰："不识贤兄，幸勿见责。"遂同入见刘璋，具说玄德宽洪大度，并无相害之意。于是刘璋决计投降，厚待简雍。次日，亲赍印绶文籍，与简雍同车出城投降。玄德出寨迎接，握手流涕曰："非吾不行仁义，奈势不得已也！"共入寨，交割印绶文籍，并马入城。

玄德入成都，百姓香花灯烛，迎门而接。玄德到公厅，升堂坐定。郡内诸官，皆拜于堂下；惟黄权、刘巴，闭门不出。众将忿怒，欲往杀之。玄德慌忙传令曰："如有害此二人者，灭其三族[4]！"

玄德亲自登门，请二人出仕。二人感玄德恩礼，乃出。孔明请曰："今西川平定，难容二主：可将刘璋送去荆州。”玄德曰：“吾方得蜀郡，未可令季玉远去。”孔明曰：“刘璋失基业者，皆因太弱耳。主公若以妇人之仁，临事不决，恐此土难以长久。”玄德从之，设一大宴，请刘璋收拾财物，佩领振威将军印绶，令将妻子良贱[5]，尽赴南郡公安住歇，即日起行。

玄德自领益州牧。其所降文武，尽皆重赏，定以名爵：严颜为前将军，法正为蜀郡太守，董和为掌军中郎将，许靖为左将军长史，庞义为营中司马，刘巴为左将军，黄权为右将军。其余吴懿、费观、彭羕、卓膺、李严、吴兰、雷铜、李恢、张翼、秦宓、谯周、吕义、霍峻、邓芝、杨洪、周群、费祎、费诗、孟达，文武投降官员，共六十余人，并皆擢用。诸葛亮为军师，关云长为荡寇将军、汉寿亭侯，张飞为征虏将军、新亭侯，赵云为镇远将军，黄忠为征西将军，魏延为扬武将军，马超为平西将军。孙乾、简雍、糜竺、糜芳、刘封、吴班、关平、周仓、廖化、马良、马谡、蒋琬、伊籍，及旧日荆襄一班文武官员，尽皆升赏。遣使赍黄金五百斤、白银一千斤、钱五千万、蜀锦一千匹，赐与云长。其余官将，给赏有差[6]。杀牛宰马，大餉士卒，开仓赈济百姓[7]：军民大悦。

益州既定，玄德欲将成都有名田宅，分赐诸官。赵云谏曰：“益州人民，屡遭兵火，田宅皆空；今当归还百姓，令安居复业，民心方服；不宜夺之为私赏也。”玄德大喜，从其言。使诸葛军师定拟治国条例，刑法颇重。法正曰：“昔高祖约法三章[8]，黎民皆感其德。愿军师宽刑省法，以慰民望。”孔明曰：“君知其一，未知其二：秦用法暴虐，万民皆怨，故高祖以宽仁得之。今刘璋暗弱，德政不举，威刑不肃；君臣之道，渐以陵替[9]。宠之以位，位极则残；顺之以恩，恩竭则慢。所以致弊，实由于此。吾今威之以法，法行则知恩；限之以爵，爵加则知荣。恩荣并济，上下有节。为治之道，于斯著矣。”法正拜服。自此军民安堵[10]。四十一州地面，分兵镇抚，并皆平定。法正为蜀郡太守，凡平日一餐之德，睚眦之怨[11]，无不报复。或告孔明曰：“孝直太横，宜稍斥之。”孔明曰：“昔主公困守荆州，北畏曹操，东惮孙权，赖孝直为之辅翼，遂翻然翱翔，不可复制。今奈何禁止孝直，使不得少行其意耶？”因竟不问。法正闻之，亦自敛戢[12]。

一日，玄德正与孔明闲叙，忽报云长遣关平来谢所赐金帛。玄德召入。平拜罢，呈上书信曰："父亲知马超武艺过人，要入川来与之比试高低。教就禀伯父此事。"玄德大惊曰："若云长入蜀，与孟起比试，势不两立。"孔明曰："无妨。亮自作书回之。"玄德只恐云长性急，便教孔明写了书，发付关平星夜回荆州。平回至荆州，云长问曰："我欲与马孟起比试，汝曾说否？"平答曰："军师有书在此。"云长拆开视之。其书曰：

亮闻将军欲与孟起分别高下。以亮度之：孟起虽雄烈过人，亦乃黥布、彭越之徒耳(13)；当与翼德并驱争先，犹未及美髯公之绝伦超群也。今公受任守荆州，不为不重；倘一入川，若荆州有失，罪莫大焉。惟冀明照。

云长看毕，自绰其髯笑曰："孔明知我心也。"将书遍示宾客，遂无入川之意。

【毛泽东评点】

毛泽东曾对薄一波说：看《三国演义》，不但要看战争，看外交，而且要看组织。你们北方人（按：薄一波是山西定襄人。）刘备、关羽、张飞、赵云、诸葛亮，组织了一个班子南下，到了四川，同"地方干部"一起建立了一个很好的根据地。

——薄一波：《回忆片断——记毛泽东同志二三事》，载 1981 年 12 月 26 日《人民日报》。

毛泽东有许多事情、许多优点是一般人不了解的。比如毛泽东提倡学习，不是说说而已，他买了很多书来读。……他外出到哪个省，总要预先对那个省的省志及某些县的县志都翻阅一下。见了省里、县里的干部，他总要先讲讲开玩笑的话。比如到石家庄附近的正定县，他就讲，赵子龙是你们这里人，你们知道不知道？到河南，他就讲关云长不是山西人，是河南人，说关云长不姓关，因为在河南有了人命案，逃往山西，到了潼关人家问他姓什么，他一下说不上来，一看这里是潼关，就说姓关。后来我看到笔记小说上有这样说的，毛泽东大概也是从这种书里看来的。像这类的掌故，毛泽东知道得很多。

——杨尚昆：《一九八六年九月五日在中共中央文献研究室召集的一次座谈会上的讲话》，载《毛泽东读古书实录》，上海人民出版社 1994 年版，第 6 页。

【注释】

（1）益州，州名。辖境约当今四川析多山、云南怒山、哀牢山以东，甘肃武都、西当，陕西秦岭以南，湖北郧县、保康西北，贵州除东边以外地区。治所在成都（今四川成都）。

（2）刘璋（？—219），字季玉，三国江夏竟陵（今湖北天门西北）人。继其父为益州牧。降刘备后，被安置于南郡公安。孙权夺取荆州，又任他为益州牧，驻秭归，不久病死。

（3）傲睨自若，傲然斜着眼睛看人，跟平常一样。形容态度傲慢，蔑视一切。

（4）三族，有几种说法：①父族、母族、妻族。②父、子、孙。③父母、兄弟、妻子。④父辈兄弟、自己兄弟、儿子兄弟。

（5）良贱，这里同“主仆“。封建统治阶级把奴仆看作“贱人”。

（6）给赏有差，按等级差别给予不同的赏赐。

（7）赈（zhèn 震）济，用财物救济。

（8）约法三章，约定法律三条。汉高祖刘邦攻下秦都咸阳，为了收买人心，与秦民约定，实施三条法律：“杀人者死，伤人及盗抵罪。”其余秦的苛法全部废除。

（9）陵替，指统治秩序不能维持。陵，臣下权势侵凌君上。替，君权衰落。

（10）安堵，又作案堵、按堵，秩序照常，没有变乱之意。

（11）睚眦（yá zì 牙自）之怨，瞪眼睛之类的小怨忿。睚眦，怒目而视。

（12）敛戢（jí 吉），约束行动之意。敛，收缩。戢，停止。

（13）黥布、彭越，二人都是汉高祖的猛将。黥布（？—前 195），又称英布，六县（今安徽六安）人，曾坐法黥面，故又称黥布。彭越（？—前 196），字仲，昌邑（今山东金乡西北）人。二人都是汉初诸侯王，后举兵叛乱，被杀。

【赏析】

《三国演义》第六十五回“马超大战葭萌关　刘备自领益州牧”写刘备战败并收降马超，驱走刘璋，占领益州全境，自领益州牧，建立起一个有稳固根据地的政权。这是公元214年的事。公元221年，刘备自称汉皇帝，定都成都，国号汉，年号章武。蜀汉正式建立。

但就蜀汉政权来讲，刘备领益州牧后组建的领导班子便是雏形，从这里我们可以看到刘备的用人做法。刘备带领一班人占领益州，这是他的原班人马，其主要成员都是北方人，刘备和张飞是今河北涿州人，关羽是今山西解良人，诸葛亮是今山东沂南人等等，这些人构成了蜀汉政权的领导核心，都是北方人。但是北方人到南方建立一个政权，就有一个如何对待原刘璋政权的归降官员问题，这个问题解决得好坏，直接关系到蜀汉政权的巩固和发展。刘备不仅有争王图霸的胸怀和胆略，而且忠于友谊，与关羽、张飞患难与共，誓同生死。他礼贤下士，知人善任，一直待诸葛亮以师礼，委以军国重任。这使得他这个领导核心十分团结、稳固，经得起任何风浪。但随着事业的发展，就有一个如何对待后加盟者，特别是归降者的问题。在这个问题上，刘备也是比较高明的，占领益州后，他除了把刘璋迁到南郡公安外，原刘璋部下的六十多名官员全部接收下来，委以新职。其中严颜为前将军，法正为蜀郡太守，董和为掌军中郎将，许靖为左将军长史，庞义为营中司马，刘巴、黄权分别为左、右将军，都是比较重要的职务，特别是连原先不愿投降的刘巴、黄权也委以重任，这就使蜀汉政权中新老干部、外来人与本地人、北方人与南方人的关系问题得到了较好的解决，使蜀汉政权的整个官僚机构比较团结，根据地也巩固了下来。刘备死后，这条用人路线诸葛亮也一直坚持下去。诸葛亮南征，对彝族首领孟获七擒七纵，当孟获心悦诚服归降后，仍把南中地区交由孟获管理而中央政权不派一兵一卒，不派一名官吏，是充分信任地方干部的表现。诸葛亮后得姜维，便把他当作自己的接班人来培养，托以军务。他死后由蒋琬执政，蒋琬之后便是费祎执政，而费祎就是原刘璋部下的归降官员。这些都说明刘备执行的北方干部与南方地方干部结合在一起的政策是对的，其效果是好的。

毛泽东很欣赏刘备的用人路线，他曾对薄一波说：“你们北方人刘备、关羽、张飞、赵云、诸葛亮，组织了一个班子南下，到了四川，同‘地方干部’一起建立了一个很好的根据地。”他的意思是说，外来干部一定要同地方的干部很好地团结在一起，才能做出一番事。这是从组织才能、政策和策略的视角对历史经验的总结，也是对历史经验的升华。古为今用，对我们今天执行正确的干部政策，锻炼各级干部的组织才能，都是一种很好的教育。

【原文】

第六十六回　关云长单刀赴会　伏皇后为国捐生（节录）

却说孙权要索荆州。张昭献计曰：“刘备所倚仗者，诸葛亮耳。其兄诸葛瑾今仕于吴，何不将瑾老小执下，使瑾入川告其弟，令劝刘备交割荆州：‘如其不还，必累及我老小。’亮念同胞之情，必然应允。”权曰：“诸葛瑾乃诚实君子，安忍拘其老小？”昭曰：“明教知是计策，自然放心。”权从之，召诸葛瑾老小，虚监在府；一面修书，打发诸葛瑾往西川去。不数日，早到成都，先使人报知玄德。玄德问孔明曰：“令兄此来为何？”孔明曰：“来索荆州耳。”玄德曰：“何以答之？”孔明曰：“只须如此如此。”

计会已定[(1)]，孔明出郭接瑾[(2)]。不到私宅，径入宾馆。参拜毕，瑾放声大哭。亮曰：“兄长有事但说。何故发哀？”瑾曰：“吾一家老小休矣！”亮曰：“莫非为不还荆州乎？因弟之故，执下兄长老小，弟心何安？兄休忧虑，弟自有计还荆州便了。”瑾大喜，即同孔明入见玄德，呈上孙权书。玄德看了，怒曰：“孙权既以妹嫁我，却乘我不在荆州，竟将妹子潜地取去，情理难容！我正要大起川兵，杀下江南，报我之恨，却还想来索荆州乎！”孔明哭拜于地，曰：“吴侯执下亮兄长老小，倘若不还，吾兄将全家被戮。兄死，亮岂能独生？望主公看亮之面，将荆州还了东吴，全亮兄弟之情！”玄德再三不肯，孔明只是哭求。玄德徐徐曰：“既如此，看军师面，分荆州一半还之：将长沙、零陵、桂阳三郡与他。”亮曰：“既蒙见允，便可写书与云长令交割三郡。”玄德曰：“子瑜到彼，须用善言求吾弟。吾弟性如烈火，吾尚惧之。切宜仔细。”

瑾求了书，辞了玄德，别了孔明，登途径到荆州。云长请入中堂，宾主相叙。瑾出玄德书曰：“皇叔许先以三郡还东吴，望将军即日交割，令瑾好回见吾主。”云长变色曰：“吾与吾兄桃园结义，誓共匡扶汉室。荆州本大汉疆土，岂得妄以尺寸与人？‘将在外，君命有所不受[3]’。虽吾兄有书来，我却只不还。”瑾曰：“今吴侯执下瑾老小，若不得荆州，必将被诛。望将军怜之！”云长曰：“此是吴侯谲计[4]，如何瞒得我过！”瑾曰：“将军何太无面目？”云长执剑在手曰：“休再言！此剑上并无面目！”关平告曰：“军师面上不好看，望父亲息怒。”云长曰：“不看军师面上，教你回不得东吴！”

瑾满面羞惭，急辞下船，再往西川见孔明。孔明已自出巡去了。瑾只得再见玄德，哭告云长欲杀之事。玄德曰：“吾弟性急，极难与言。子瑜可暂回，容吾取了东川、汉中诸郡，调云长往守之，那时方得交付荆州。”瑾不得已，只得回东吴见孙权，具言前事。孙权大怒曰：“子瑜此去，反覆奔走，莫非皆是诸葛亮之计？”瑾曰：“非也。吾弟亦哭告玄德，方许将三郡先还，又无奈云长恃顽不肯。”孙权曰：“既刘备有先还三郡之言，便可差官前去长沙、零陵、桂阳三郡赴任，且看如何。”瑾曰：“主公所言极善。”权乃令瑾取回老小，一面差官往三郡赴任。不一日，三郡差去官吏，尽被逐回，告孙权曰：“关云长不肯相容，连夜赶逐回吴。迟后者便要杀。”孙权大怒，差人召鲁肃责之曰：“子敬昔为刘备作保，借吾荆州；今刘备已得西川，不肯归还，子敬岂得坐视？”肃曰：“肃已思得一计，正欲告主公。”权向：“何计？”肃曰：“今屯兵于陆口[5]，使人请关云长赴会。若云长肯来，以善言说之；如其不从，伏下刀斧手杀之。如彼不肯来，随即进兵，与决胜负，夺取荆州便了。”孙权曰：“正合吾意。可即行之。”阚泽进曰：“不可。关云长乃世之虎将，非等闲可及。恐事不谐，反遭其害。”孙权怒曰：“若如此，荆州何日可得！”便命鲁肃速行此计。肃乃辞孙权，至陆口，召吕蒙、甘宁商议。设宴于陆口寨外临江亭上，修下请书，选帐下能言快语一人为使，登舟渡江。江口关平问了，遂引使人入荆州，叩见云长，具道鲁肃相邀赴会之意，呈上请书。云长看书毕，谓来人曰："既子敬相请，我明日便来赴宴。汝可先回。"

使者辞去。关平曰："鲁肃相邀，必无好意；父亲何故许之？"云长笑曰："吾岂不知耶？此是诸葛瑾回报孙权，说吾不肯还三郡，故令鲁肃屯兵陆口，邀我赴会，便索荆州。吾若不往，道吾怯矣。吾来日独驾小舟，只用亲随十余人，单刀赴会，看鲁肃如何近我！"平谏曰："父亲奈何以万金之躯，亲蹈虎狼之穴？恐非所以重伯父之寄托也。"云长曰："吾于千枪万刃之中，矢石交攻之际，匹马纵横，如入无人之境；岂忧江东群鼠乎！"马良亦谏曰："鲁肃虽有长者之风，但今事急，不容不生异心。将军不可轻往。"云长曰："昔战国时赵人蔺相如[6]，无缚鸡之力，于渑池会上[7]，觑秦国君臣如无物；况吾曾学万人敌者乎[8]！既已许诺，不可失信。"良曰："纵将军去，亦当有准备。"云长曰："只教吾儿选快船十只，藏善水军五百，于江上等候。看吾红旗起处[9]，便过江来。"平领命自去准备。

却说使者回报鲁肃，说云长慨然应允，来日准到。肃与吕蒙商议："此来若何？"蒙曰："彼带军马来，某与甘宁各人领一军伏于岸侧，放炮为号，准备厮杀；如无军来，只于庭后伏刀斧手五十人，就筵间杀之。"计会已定。次日，肃令人于岸口遥望。辰时后[10]，见江面上一只船来，梢公水手只数人，一面红旗，风中招飐，显出一个大"关"字来。船渐近岸，见云长青巾绿袍，坐于船上；傍边周仓捧着大刀；八九个关西大汉，各跨腰刀一口。鲁肃惊疑，接入庭内。叙礼毕，入席饮酒，举杯相劝，不敢仰视。云长谈笑自若。

酒至半酣，肃曰："有一言诉与君侯，幸垂听焉：昔日令兄皇叔，使肃于吾主之前，保借荆州暂住，约于取川之后归还。今西川已得，而荆州未还，得毋失信乎？"云长曰："此国家之事，筵间不必论之。"肃曰："吾主只区区江东之地，而肯以荆州相借者，为念君侯等兵败远来，无以为资故也。今已得益州，则荆州自应见还；乃皇叔但肯先割三郡，而君侯又不从，恐于理上说不去。"云长曰："乌林之役，左将军亲冒矢石，勠力破敌，岂得徒劳而无尺寸之资？今足下复来索地耶？"肃曰："不然。君侯始与皇叔同败于长坂，计穷力竭，将欲远窜，吾主矜念皇叔身无处所，不爱土地，使有所托足，以图后功；而皇叔愆德隳好[11]，已得西川，又占荆州，贪而背义，恐为天下所耻笑。惟君侯察之。”云长曰：“此皆吾兄之事，非某所宜与也。”肃曰：“某闻君侯与皇叔桃园结义，誓同生死。皇叔即君侯也，何得推托乎？”云长未及回答，周仓在阶下厉声言曰：“天下土地，惟有德者居之。岂独是汝东吴当有耶！”云长变色而起，夺周仓所捧大刀，立于庭中，目视周仓而叱曰：“此国家之事，汝何敢多言！可速去！”仓会意，先到岸口，把红旗一招。关平船如箭发。奔过江东来。云长右手提刀，左手挽住鲁肃手，佯推醉曰：“公今请吾赴宴，莫提起荆州之事。吾今已醉，恐伤故旧之情。他日令人请公到荆州赴会，另作商议。”鲁肃魂不附体，被云长扯至江边。吕蒙、甘宁各引本部军欲出，见云长手提大刀，亲握鲁肃，恐肃被伤，遂不敢动。云长到船边，却才放手，早立于船首，与鲁肃作别。肃如痴似呆，看关公船已乘风而去。后人有诗赞关公曰：

藐视吴臣若小儿，单刀赴会敢平欺。

当年一段英雄气，尤胜相如在渑池。

云长自回荆州。鲁肃与吕蒙共议：“此计又不成，如之奈何？”蒙曰：“可即申报主公，起兵与云长决战。”肃即时使人申报孙权。权闻之大怒，商议起倾国之兵，来取荆州。忽报：“曹操又起三十万大军来也！”权大惊，且教鲁肃休惹荆州之兵，移兵向合肥、濡须，以拒曹操。

【毛泽东评点】

张澜谢过，言路一转，感佩道：“润之先生，此次您竟会来重庆，是我们意想不到的！您现在来了，我们又不能不为您的个人安危而忧虑啊！”

“我们这些人都在为您的安全担心啊！”鲜英蹙额道。

毛泽东神情坦荡，悠然一笑，感激道：“多谢关怀！多谢你们各位的关怀！此次单刀赴会，来之前，我们是作了充分研究和估计的，按目前形势看来，可说有惊无险，或者是有险不危。我现在不是甚好吗？毫毛无损。我一下飞机，没有把我扣留起来啊！我是诸葛亮到东吴，身在虎口，安如泰山啊！”

——林淇：《老成谋国，乘虚御风——毛泽东三访张澜》，载《毛泽东和党外朋友们》，团结出版社1996年第2版，第80页。

【注释】

（1）计会（kuài 块），考虑，商量。

（2）郭，外城。

（3）将在外，君命有所不受，指主将在外对敌作战，如果朝廷颁发的命令对战争不利时，可以不遵照执行。原作“将在军，君命有所不受”。见《史记·孙子吴起列传》：“孙子曰：‘臣既已受命为将，将在军，君命有所不受。’”

（4）谲（jué 决）计，诡计。谲，诡诈，欺诳。

（5）陆口，古地名。又名蒲圻口、蒲矶口、刀环口，俗名陆溪口。在今湖北嘉鱼西南，陆水入长江处。吴国军事重镇。

（6）蔺相如，战国时赵国大臣。赵惠文王时，秦向赵强索“和氏璧”，他奉命带璧赴秦，据理力争，完璧归赵。渑池会后升为上卿。对同朝大臣廉颇容忍谦让，使颇感愧，成为知交。

（7）渑（miǎn 免）池会，指公元前二七九年，蔺相如随赵惠文王与秦昭王会于渑池（今河南渑池西）之事。在这次会上，秦昭王想恃强借机侮辱赵王，蔺相如智勇兼施，奋不顾身，秦王终于没有占到便宜。

（8）万人敌，战胜万人之术。指兵法。《史记·项羽本纪》：“剑一人敌，不足学，学万人敌。”

（9）认旗，行军时主将所有的作为标识的旗记。旗上有不同的标记，以便士兵辨认。《通典·兵二》：“认旗远看难辨，即每营各别画禽兽自为标记。”

（10）辰时，十二时辰之一，七时至九时。

（11）愆（qiān 千）德隳（huī 灰）好，损害道义，破坏交情。愆，犯过失。隳，败坏。

【赏析】

《三国演义》第六十六回“关云长单刀赴会　伏皇后为国捐生”，写关羽赴江东鲁肃的宴会，拒绝东吴讨还荆州和伏皇后欲灭曹操反被所害的故事。

“关云长单刀赴会”一节，写得极其精彩。关羽是刘备的结义兄弟，义重如山，位居蜀汉五虎上将之首，武艺超群，在小说中，他的形象被写得异常高大，简直成了勇武和义气的化身。首先，关羽东征西讨，所向无敌，声威气概，不可一世。他有很多脍炙人口的英雄业绩，像温酒斩华雄，斩颜良诛文丑，过五关斩六将，水淹七军等，都表现了他的超群绝伦的胆略和武艺。而单刀赴会便是最为人们所称道的故事之一。其次，关羽与刘备、张飞亲如手足，生死与共，历尽艰难困苦而终不互相背叛。“义重如山”便是关羽英雄行为的思想基础。

关云长单刀赴会是在这样的情况下发生的：当时关羽镇守荆州，鲁肃镇守陆口，两国隔江对峙。在刘备得了西川之后，孙权便派诸葛亮之兄弟诸葛瑾入川向刘备讨还荆州，刘备假意许先还三郡，让诸葛瑾找关羽交割，却被关羽拒绝，矛盾便集中到关羽身上。鲁肃便想出由他出面宴请关羽，逼讨荆州的计策。关羽带兵前往，两国战端遂开；关羽只身前往，便于宴会中逼讨，不答应便由埋伏的刀斧手杀之。所以这是一次充满杀机的“鸿门宴”。如不赴宴，怕被东吴笑他怯懦，这是“刚而自矜”的关羽所不取的，他说：“吾于千枪万刃之中，矢石交攻之际，匹马纵横，如入无人之境，岂忧江东群鼠乎！”于是关羽安排了关平如何接应之后，“青巾绿袍，坐于船上；傍边周仓捧着大刀，八九个关西大汉，各挎腰刀一口”。鲁肃见了，十分惊疑，饮宴间，不敢仰视，关羽却谈笑自若。

酒至半酣，鲁肃讲起讨还荆州之事，关羽说：“此国家之事，筵间不必论之。”想搪塞过去，鲁肃再步步紧逼时，关羽则说：“此皆吾兄之事。”把还不还荆州推到刘备身上。当鲁肃说如不还荆州，将有背与刘备桃园结义之情时，关羽还未回答，忽被周仓插断：“天下土地，惟有德者居之，岂独是汝东吴当有耶！”云长变色而起，夺周仓手中刀，立在院子里，目视而叱周仓曰：“此国家之事，汝何敢多言！可速去！”周仓会意，到长江岸边，把红旗一招，关平船如箭发，奔过江东来。原来是关羽之计。在千钧一发之际，只见关羽“右手提刀，左手挽住鲁肃手”，假装酒醉说，公今日请我赴宴，莫谈荆州之事，改日在荆州我宴请你时，再作商议。吕蒙、甘宁见这种情状，恐鲁肃被伤，埋伏的士兵也不敢动。关羽到船边，才放开鲁肃，登船乘风而去。作者就是这样把关羽放在矛盾冲突中刻画的，关羽的勇武精神和压倒一切敌人的英雄气概表现得十分突出。另外，作者还用对比衬托的手法来刻画关羽。如关羽到来，“鲁肃惊疑”，宴会之间，“不敢仰视”，被扯到江边，“鲁肃魂不附体”，关羽乘船而去，“肃如痴似呆”。这些描写更衬托了关羽的大无畏精神。

毛泽东在重庆谈判期间，1945 年 8 月 30 日下午去“民主之家”特园拜访民主人士张澜、鲜英时，曾对他们说：“此次单刀赴会，来之前，我们是做了充分研究和估计的，按目前的形势看来，可说有惊无险，或者是有险不危。”抗日战争胜利后，蒋介石为了掠夺胜利果实，在美帝国主义的支持下，积极准备内战。为了争取和平，揭露美蒋的真面目，毛泽东、周恩来等亲赴国民党陪都重庆与蒋介石谈判，深入虎穴龙潭。经过四十三天的谈判，发表了《国共双方代表会谈纪要》（即《双十协定》），这在政治上使中国共产党获得了极大的主动，使国民党陷入被动。这次谈判揭露了蒋介石假和平、真备战的阴谋，团结教育了广大人民，使其更积极地投入到反对美蒋反动派的斗争。谈判期间发生了李少石被暗杀，校场口郭沫若等民主人士被殴打事件，说明了在特务如麻的重庆，形势是很险恶的，但国民党最终不敢对毛泽东下毒手，正如毛泽东所说是“有惊无险，有险不危”。不仅证明了毛泽东的预料准确，而且表现了一个共产党领导为了人民的利益，敢于压倒一切敌人而不被敌人所压倒的大无畏英雄气概。这种精神与关羽的单刀赴会是不可同日而语的。

【原文】

第七十一回　占对山黄忠逸待劳　据汉水赵云寡胜众（节录）

却说孔明分付黄忠："你既要去，吾教法正助你。凡事计议而行。吾随后拨人马来接应。"黄忠应允，和法正领本部兵去了。孔明告玄德曰："此老将不着言语激他，虽去不能成功。他今既去，须拨人马前去接应。"乃唤赵云："将一支人马，从小路出奇兵接应黄忠：若忠胜，不必出战；倘忠有失，即去救应。"又遣刘封、孟达："领三千兵于山中险要去处，多立旌旗，以壮我兵之声势，令敌人惊疑。"三人各自领兵去了。又差人往下辨授计与马超，令他如此而行。又差严颜往巴西阆中守隘，替张飞、魏延来同取汉中。

却说张郃与夏侯尚来见夏侯渊，说："天荡山已失，折了夏侯德、韩浩。今闻刘备亲自领兵来取汉中，可速奏魏王，早发精兵猛将，前来策应。"夏侯渊便差人报知曹洪。洪星夜前到许昌，禀知曹操。操大惊，急聚文武，商议发兵救汉中。长史刘晔进曰："汉中若失，中原震动。大王休辞劳苦，必须亲自征讨。"操自悔曰："恨当时不用卿言，以致如此！"忙传令旨，起兵四十万亲征。时建安二十三年秋七月也[1]。曹操兵分三路而进：前部先锋夏侯惇，操自领中军，使曹休押后，三军陆续起行。操骑白马金鞍，玉带锦衣；武士手执大红罗销金伞盖，左右金瓜银钺[2]，镫棒戈矛，打日月龙凤旌旗；护驾龙虎官军二万五千，分为五队，每队五千，按青、黄、赤、白、黑五色，旗幡甲马[3]，并依本色：光辉灿烂，极其雄壮。

……

不一日，军至南郑[4]。曹洪接着，备言张郃之事。操曰："非郃之罪，胜负乃兵家常事耳。"洪曰："目今刘备使黄忠攻打定军山[5]，夏侯渊知大王兵至，固守未曾出战。"操曰："若不出战，是示懦也。"便差人持节到定军山，教夏侯渊进兵。刘晔谏曰："渊性太刚，恐中奸计。"操乃作手书与之。使命持节到渊营，渊接入。使者出书，渊拆视之。略曰：

凡为将者，当以刚柔相济，不可徒恃其勇。若但任勇，则是一夫之敌耳。吾今屯大军于南郑，欲观卿之"妙才"，勿辱二字可也。

夏侯渊览毕大喜，打发使命回讫，乃与张郃商议曰："今魏王率大兵屯于南郑，以讨刘备。吾与汝久守此地，岂能建立功业？来日吾出战，务要生擒黄忠。"张郃曰："黄忠谋勇兼备，况有法正相助，不可轻敌。此间山路险峻，只宜坚守。"渊曰："若他人建了功劳，吾与汝有何面目见魏王耶？汝只守山，吾去出战。"遂下令曰："谁敢出哨诱敌？"夏侯尚曰："吾愿往。"渊曰："汝去出哨，与黄忠交战，只宜输，不宜赢。吾有妙计，如此如此。"尚受令，引三千军离定军山大寨前行。

却说黄忠与法正引兵屯于定军山口，累次挑战，夏侯渊坚守不出；欲要进攻，又恐山路危险，难以料敌，只得据守。是日，忽报山上曹兵下来搦战。黄忠恰待引军出迎，牙将陈式曰："将军休动，某愿当之。"忠大喜，遂令陈式引军一千，出山口列阵。夏侯尚兵至，遂与交锋。不数合，尚诈败而走。式赶去，行到半路，被两山上擂木炮石，打将下来，不能前进。正欲回时，背后夏侯渊引兵突出，陈式不能抵当，被夏侯渊生擒回寨。部卒多降。有败军逃得性命，回报黄忠，说陈式被擒。忠慌与法正商议，正曰："渊为人轻躁，恃勇少谋。可激劝士卒，拔寨前进，步步为营[6]，诱渊来战而擒之：此乃'反客为主'之法[7]。"忠用其谋，将应有之物，尽赏三军，欢声满谷，愿效死战。黄忠即日拔寨而进，步步为营；每营住数日，又进。渊闻之，欲出战。张郃曰："此乃'反客为主'之计，不可出战，战则有失。"渊不从，令夏侯尚引数千兵出战，直到黄忠寨前。忠上马提刀出迎，与夏侯尚交马，只一合，生擒夏侯尚归寨。余皆败走，回报夏侯渊。渊急使人到黄忠寨，言愿将陈式来换夏侯尚。忠约定来日阵前相换。次日，两军皆到山谷阔处，布成阵势。黄忠、夏侯渊各立马于本阵门旗之下。黄忠带着夏侯尚，夏侯渊带着陈式，各不与袍铠，只穿蔽体薄衣。一声鼓响，陈式、夏侯尚各望本阵奔回。夏侯尚比及到阵门时[8]，被黄忠一箭射中后心。尚带箭而回。渊大怒，骤马径取黄忠。忠正要激渊厮杀。两将交马，战到二十余合，曹营内忽然鸣金收兵。渊慌拨马而回，被忠乘势杀了一阵。渊回阵问押阵官："为何鸣金？"答曰："某见山凹中有蜀兵旗幡数处，恐是伏兵，故急招将军回。"渊信其说，遂坚守不出。

黄忠逼到定军山下，与法正商议。正以手指曰：“定军山西，巍然有一座高山，四下皆是险道。此山上足可下视定军山之虚实。将军若取得此山，定军山只在掌中也。”忠仰见山头稍平，山上有些少人马。是夜二更，忠引军士鸣金击鼓，直杀上山顶。此山有夏侯渊部将杜袭守把，止有数百余人。当时见黄忠大队拥上，只得弃山而走。忠得了山顶，正与定军山相对。法正曰：“将军可守在半山，某居山顶。待夏侯渊兵至，吾举白旗为号，将军却按兵勿动；待他倦怠无备，吾却举起红旗，将军便下山击之；以逸待劳[9]，必当取胜。”忠大喜，从其计。

却说杜袭引军逃回，见夏侯渊，说黄忠夺了对山。渊大怒曰：“黄忠占了对山，不容我不出战。”张郃谏曰：“此乃法正之谋也。将军不可出战，只宜坚守。”渊曰：“占了吾对山，观吾虚实，如何不出战？”郃苦谏不听。渊分军围住对山，大骂挑战。法正在山上举起白旗；任从夏侯渊百般辱骂，黄忠只不出战。午时以后[10]，法正见曹兵倦怠，锐气已堕，多下马坐息，乃将红旗招展。鼓角齐鸣，喊声大震，黄忠一马当先，驰下山来，犹如天崩地塌之势。夏侯渊措手不及，被黄忠赶到麾盖之下，大喝一声，犹如雷吼。渊未及相迎，黄忠宝刀已落，连头带肩，砍为两段。后人有诗赞黄忠曰：

苍头临大敌，皓首逞神威。力趁雕弓发，风迎雪刃挥。
雄声如虎吼，骏马似龙飞。献馘功勋重[11]，开疆展帝畿。

【毛泽东评点】

……宣传鼓动重于指派命令，反对命令主义。讲这个问题时，毛党代表特地给大家讲了三国时黄忠老将大败夏侯渊的故事。他说，黄忠本来年迈、体衰，很难取胜夏侯渊。可是诸葛亮使用了“激将法”，把黄忠的勇气鼓动起来了。于是黄忠立下军令状，如不斩夏侯渊于马下，提头来见。结果，黄忠果然杀了夏侯渊。毛党代表指出，我们的战士是有高度阶级觉悟的，我们用不着“激将法”，但是我们却要学习诸葛亮善于作宣传鼓动工作，用宣传鼓动提高战士的阶级觉悟，启发大家的革命英雄主义。

——赖传珠：《古田会议前后》，载 1961 年 6 月 23 日《人民日报》。

【注释】

（1）建安二十三年，即公元217年。建安，汉献帝刘协的年号，公元196—220年。

（2）金瓜，古代卫士的一种兵仗，棒端作金瓜形，故名。钺斧钺，古代军法用以杀人的斧子。

（3）旗幡（fān番），旗帜。幡，长方而下垂的旗子。甲马，铠甲与战马。

（4）南郑，古县名。在今陕西汉中东。

（5）定军山，在今陕西勉县东南。

（6）步步为营，军队每前进一步就设下一道营垒。形容进军谨慎。

（7）反客为主，使客人反过来成为主人。比喻变被动为主动。

（8）比及，及至，等到。

（9）以逸待劳，以我方的安闲暇整、养精蓄锐对付敌人的疲劳，以便乘机出击取胜。《孙子·军争》："以近待远，以逸待劳，以饱待饥，此治力者也。"逸，安闲。待，敌，抵御。劳，疲倦。

（10）午时，十二时辰之一，十一时至十三时。

（11）献馘（guó国），献所割下敌人的耳朵。古代战争中割取所杀敌人或俘虏的左耳以计算献功。《诗经·大雅·皇矣》："机讯连连，攸馘安安。"毛传："馘，获也。不服者杀而献其左耳曰馘。"

【赏析】

《三国演义》第七十回、七十一回"老黄忠计夺天荡山""占对山黄忠逸待劳"两回是描写蜀汉老将黄忠的精彩篇章。前者写黄忠在另一老将严颜帮助下打败魏之名将张郃，夺取了军事要地天荡山，立下大功。后者写黄忠又两次请缨，抵御夏侯渊，诸葛亮仍用激将法激他，并让法正助他。因为诸葛亮认为，"此老将不着言语激他，虽去不能成功。他今既去，须拨人马前去接应"。于是派赵云领兵接应，其他几路人马也围绕此次战役做了调动。

黄忠的对手夏侯渊亦不是等闲之辈，东汉末年他随曹操起兵，从征袁绍、韩遂，以勇武著称。此时奉命率军守汉中。天荡山失守后，曹操亲率大军增援，又作书指示，夏后渊已箭在弦上，不得不发，虽有张郃一再提醒，还是不能不出战。一战告捷，捉了蜀将陈式。但接着就中了法正的“反客为主”之计：激励士卒“拔寨前进，步步为营，诱渊来战而擒之”。这是黄忠、法正针对夏侯渊“为人轻躁，恃勇少谋”的特点采取的正确战法。夏侯渊令夏侯尚出战，黄忠提刀上马，只一合，生擒夏侯尚。随后用陈式交换夏侯尚，夏侯尚又被黄忠一箭射进后心，在气势上已输了一筹。这时夏侯渊大怒，骤马来取黄忠，这正是黄忠求之不得的。但“两将交马，战到二十余合，曹营内忽然鸣金收兵”。自此夏侯渊“遂坚守不出”。

如何战胜夏侯渊又遇到新问题。法正早已看在眼里，定军山西有一座巍然高山，此山上足可看定军山之虚实。于是便夜袭魏兵，夺得了有利地势。黄忠与法正定下了制胜妙计：法正居山顶，黄忠居山腰。夏侯渊兵至，举白旗为号，黄忠按兵不动；待魏军倦怠无备，法正举红旗，黄忠便下山冲击。这个计策很灵，夏侯渊果然中计，任他百般辱骂，黄忠只不战。中午以后，法正见曹兵倦怠，锐气已堕，多下马坐息，便把红旗一展，顿时鼓角齐鸣，喊声大震。黄忠一马当先，冲下山来，夏侯渊措手不及，被黄忠“连头带肩，砍作两段”。老将黄忠斩曹操大将夏侯渊，为蜀汉又立大功，迁为征西将军。在以后的旧小说、旧戏曲中把他描写成勇敢善战的老将，一般也因此以“老黄忠”作为老当益壮的代称。清代文学批评家毛宗岗在评到这回说：“诸葛亮之两用黄忠，非用其老也，用其老而壮也；又非专用其壮也，用其壮而老也。盖有老谋而后有壮事。老而壮，则其老不为弱，壮而老，则其壮不为轻。”毛宗岗指出的黄忠的老当益壮且老谋深算是很对的。

早在我军初创时期，为了纠正红四军党内存在的各种非无产阶级思想。1929年12月在福建省上杭县古田村召开了中国共产党红军第四军第九次代表大会。这就是在我们党和人民解放军的历史上具有重要意义的“古田会议”。毛泽东的著名文章《关于纠正党内的错误思想》，就是这次代表大会写的决议的第一部分。

1930年5月，红四军二纵队到了寻邬。毛泽东以党代表的身份召开了一次大队以上的干部会，对如何教育部队讲了七条意见，其中第六条是，宣传鼓动重于指派命令，反对命令主义。讲这个问题时，毛泽东不是泛泛讲许多大道理，而是给大家讲了《三国演义》中老将黄忠大败夏侯渊的故事，用以教育和启发大家，提高阶级觉悟，发扬革命英雄主义精神。

【原文】

第七十八回　治风疾神医身死　传遗命奸雄数终（节录）

却说曹操自杀华佗之后，病势愈重，又忧吴、蜀之事。正虑间，近臣忽奏东吴遣使上书。操取书拆视之，略曰：

臣孙权久知天命已归王上[(1)]，伏望早正大位[(2)]，遣将剿灭刘备，扫平两川，臣即率群下纳土归降矣。

操观毕大笑，出示群臣曰："是儿欲使吾居炉火上耶[(3)]！"侍中陈群等奏曰："汉室久已衰微，殿下功德巍巍，生灵仰望[(4)]。今孙权称臣归命，此天人之应，异气齐声。殿下宜应天顺人，早正大位。"操笑曰："吾事汉多年，虽有功德及民，然位至于王，名爵已极，何敢更有他望？苟天命在孤[(5)]，孤为周文王矣[(6)]。"司马懿曰："今孙权既称臣归附，王上可封官赐爵，令拒刘备。"操从之，表封孙权为骠骑将军、南昌侯，领荆州牧。即日遣将赍诰敕赴东吴去讫[(7)]。

【毛泽东评点】

1970年5月下旬，毛泽东在中共中央政治局会议上第三次提出他不当国家主席，不设国家主席。他说："三国时，孙权劝曹操当皇帝，曹操说，孙权是要把他放在炉火上烤。我劝你们不要把我当曹操，你们也不要做孙权。"毛泽东用三国故事，坚决表示不再任国家主席，坚持不再设国家主席。

——朱仲丽：《女皇梦——江青外传》，东方出版社1988年版，第411页。

【注释】

（1）天命，古代以君权为神授，统治者自称受命于天，叫作天命。

（2）伏望，表示希望的敬辞。多用于下对上。大位，帝位。

（3）是儿，这小子，指孙权。

（4）生灵，百姓，人民。

（5）孤，古代侯王的自称。

（6）周文王，即姬昌，商末周族领袖。本为商臣，称西伯。后虽建周，仍为诸侯国，未灭商称天子。在位五十年。

（7）赍（jī 击），以物送人。诰敕，朝廷封官赐爵文书。

【赏析】

《三国演义》第七十八回“治风疾神医身死　传遗命奸雄数终”，写曹操杀神医华佗之后而死。其中有一个情节是，刘备夺取汉中后，进位汉中王，孙权遣使上书，劝曹操篡汉自立，自做皇帝。曹操看罢书信大笑，对群臣说：“是儿欲使吾居炉火上耶！”这是一句语义双关的话：因为汉朝是所谓“火德”，居火之上，就是取代汉朝，自己做皇帝；曹操从名义上拥戴汉王朝，实际是大权独揽，挟天子以令诸侯，一旦改变为自己做皇帝，可能引起更多的反对，有一定的危险性，所以孙权表面上的奉承话，却包藏着险恶的用心，要把曹操放在炉火上“烧烤”。这不是说曹操不想自己做皇帝，而是认为条件和时机还不成熟，所以当陈群等奏请他“应天顺人，早正大位”时，他笑着说：“苟天命在孤，孤为周文王矣。”周文王，即姬昌，原为商纣之臣，封西伯侯，后建都立国，仍为诸侯国，未称天子，后来武王姬发灭商建周，称天子，以周代商。曹操自比周文王，就是把篡汉自立，自己做皇帝的事留给他的儿子去做。孙权致书曹操劝他当皇帝，是欲使曹操攻刘备，而曹操表荐孙权官爵，是要使孙权攻刘备，皆都是醉翁之意不在酒。所以，这个不大的情节，却有丰富的意蕴。

1970 年 3 月，毛泽东提出了召开四届人大。在四届人大将要召开的时候，毛泽东提出了不设国家主席的建议。这个建议遭到妄想当国家主席的林彪一伙的反对。所以毛泽东在不长的时间内，三番五次地重申他的建议，并援引三国时孙权劝曹操当皇帝的故事，曹操说，孙权要他当皇帝是要把他放在火炉上烤。并告诫全党，不要把他当曹操，自己也不要做孙权。毛泽东的这一举措，打破了林彪、江青两个反党集团妄图篡夺党和国家的最高权力的迷梦，保证党政军大权仍然牢牢地掌握在毛泽东、周恩来等老一辈无产阶级革命家手中，使我国的社会主义事业胜利前进。

【原文】

第八十一回　急兄仇张飞遇害　雪弟恨先主兴兵（节录）

却说先主欲起兵东征[(1)]，赵云谏曰："国贼乃曹操，非孙权也。今曹丕篡汉[(2)]，神人共怒。陛下可早图关中，屯兵渭河上流，以讨凶逆，则关东义士，必裹粮策马以迎王师；若舍魏以伐吴，兵势一交，岂能骤解。愿陛下察之。"先主曰："孙权害了朕弟；又兼傅士仁、糜芳、潘璋、马忠皆有切齿之仇[(3)]；啖其肉而灭其族，方雪朕恨：卿何阻耶？"云曰："汉贼之仇，公也；兄弟之仇，私也。愿以天下为重。"先主答曰："朕不为弟报仇，虽有万里江山，何足为贵？"遂不听赵云之谏，下令起兵伐吴；且发使往五溪，借番兵五万，共相策应；一面差使往阆中，迁张飞为车骑将军，领司隶校尉，封西乡侯，兼阆中牧。使赍诏而去。

……

却说先主每日自下教场操演军马，克日兴师，御驾亲征[(4)]。于是公卿都至丞相府中见孔明，曰："今天子初临大位，亲统军伍，非所以重社稷也。丞相秉钧衡之职[(5)]，何不规谏？"孔明曰："吾苦谏数次，只是不听。今日公等随我入教场谏去。"当下孔明引百官来奏先主曰："陛下初登宝位，若欲北讨汉贼，以伸大义于天下，方可亲统六师[(6)]；若只欲伐吴，命一上将统军伐之可也，何必亲劳圣驾？"先主见孔明苦谏，心中稍回。忽报张飞到来，先主急召入。飞至演武厅拜伏于地，抱先主足而哭。先主亦哭。飞曰："陛下今日为君，早忘了桃园之誓[(7)]！二兄之仇，如何不报？"

先主曰："多官谏阻，未敢轻举。"飞曰："他人岂知昔日之盟？若陛下不去，臣舍此躯与二兄报仇！若不能报时，臣宁死不见陛下也！"先主曰："朕与卿同往：卿提本部兵自阆州而出，朕统精兵会于江州，共伐东吴，以雪此恨！"飞临行，先主嘱曰："朕素知卿酒后暴怒，鞭挞健儿，而复令在左右：此取祸之道也。今后务宜宽容，不可如前。"飞拜辞而去。

次日，先主整兵要行。学士秦宓奏曰："陛下舍万乘之躯[8]，而徇小义，古人所不取也。愿陛下思之。"先主曰："云长与朕犹一体也，大义尚在，岂可忘耶？"宓伏地不起曰："陛下不从臣言，诚恐有失。"先主大怒曰："朕欲兴兵，尔何出此不利之言！"叱武士推出斩之。宓面不改色，回顾先主而笑曰："臣死无恨，但可惜新创之业，又将颠覆耳！"众官皆为秦宓告免。先主曰："暂且囚下，待朕报仇回时发落。"孔明闻知，即上表救秦宓。其略曰：

臣亮等切以吴贼逞奸诡之计，致荆州有覆亡之祸；陨将星于斗牛[9]，折天柱于楚地：此情哀痛，诚不可忘。但念迁汉鼎者[10]，罪由曹操；移刘祚者[11]，过非孙权。窃谓魏贼若除，则吴自宾服。愿陛下纳秦宓金石之言[12]，以养士卒之力，别作良图，则社稷幸甚！天下幸甚！

先主看毕，掷表于地曰："朕意已决，无得再谏！"遂命丞相诸葛亮保太子守两川；骠骑将军马超并弟马岱，助镇北将军魏延守汉中，以当魏兵。虎威将军赵云为后应，兼督粮草；黄权、程畿为参谋；马良、陈震掌理文书；黄忠为前部先锋；冯习、张南为副将；傅彤、张翼为中军护尉；赵融、廖淳为合后。川将数百员，并五溪番将等，共兵七十五万，择定章武元年七月丙寅日出师[13]。

【毛泽东评点】

"皖南新四军军部被歼——这是蒋介石杀我们的一刀，这一刀杀得很深。许多人看了这种情形，都非常气愤，就以为抗日没有希望了。国民党都是坏人，都应该反对。我们必须指出，气愤是完全正当的，哪有看这种严重情形而不气愤的呢？但是抗日仍然是有希望的，国民党里也不都是坏人。对于各部分的国民党人，应该采取不同的政策。对于那些丧尽天良的坏蛋，对于那些敢于攻打进步军队、进步团体、进步人员的人，我们是决不能容忍的，是必定要还击的，是决不能让步的，因为这类坏蛋，已经丧尽天良，当一个民族敌人深入国土的时候，他们还闹磨擦、闹惨案、闹分裂。不管他们心里怎么想，他们是在实际上帮助了日本和汪精卫，或者有些人本来就是暗藏的汉奸。对于这些人，如果不加以惩罚，我们就要犯错误，就是纵容汉奸卖国贼，就是不忠实于民族抗战，就是不忠实于祖国，就是纵容坏蛋来破坏统一战线，就是违背了党的政策。”

说到这里，毛泽东慢慢地掏出火柴，点燃手里的那支烟，深深地吸了一口，又徐徐将烟喷出，烟雾缥缈，变化无穷。

在场的所有人眼光都集中在毛泽东的身上。所有人的注意力都被毛泽东吸引了。毛泽东又接着说：

“但是这种给投降派和反共顽固派以打击的政策，全是为了坚持抗日，全是为了保护统一战线。因此，我们对于那些忠心抗日的人，对于一切非投降派、非反共顽固派的人们，对于这样的国民党员，是表示好意的，是团结他们的，是尊重他们的，是愿意长期和他们合作以便把国家弄好的。谁如果不这样做，他也就违背了党的政策。”

“为什么呢？”

在场的李卓然听得入了神。

毛泽东一手撑腰，一手拿烟。

“事理纷繁，重在主要矛盾。你读过《三国演义》没有？”

“读过。”

“三国时期，荆州失守，蜀军进攻东吴，被东吴将领陆逊火烧连营七百里，打得大败，其原因就在于刘备没有区分与处理好主要矛盾与次要矛盾的关系，在谋略中没有抓住主要矛盾。诸葛亮在《隆中对》中所确定的战略方针是‘东联孙吴，北拒曹操’。曹刘是主要矛盾，孙刘是次要矛盾。孙刘的矛盾是统一战线内部的矛盾。所以当孙权数次讨荆州时，诸葛亮总是一再推诿软磨，而不硬抗，直到最后才让出荆州的部分地方。刘备不了解这一点，派了根本不执行联吴为根本，争夺荆州为枝节，要有理有节方针的关羽去驻守荆州。关羽这个人虽然斩华雄，诛颜良、文丑，过五关斩六将，擒庞德，威震华夏，但孤傲自大，刘备封‘关、张、赵、马、黄’五虎大将时，关羽怒曰：‘翼德吾弟也；孟起世代名家；子龙久随吾兄，即吾弟也；位与吾相并，可也。黄忠何等人，敢与吾同列？大丈夫终不与老卒为伍！’当孙权派诸葛瑾为儿子向关羽女儿求婚，以结秦晋之好，共伐曹操时，关羽却勃然大怒，说：‘吾虎女安肯嫁犬子乎！不看汝弟（诸葛亮）之面，应斩汝首！再休多言’，诸葛瑾抱头鼠窜而去。孙权便攻占了荆州，孙刘联盟瓦解。刘备见关羽被杀，荆州丢失，遂起兵攻打东吴，众臣苦谏都不听，实在是因小失大。正如赵云所说：‘国贼是曹操非孙权也，且先灭魏，则吴自服。’诸葛亮也上表谏止说：‘臣亮等切以吴贼逞奸诡之计，致荆州有覆亡之祸；陨将星于斗牛，折天柱于楚地；此情哀痛，诚不可忘，但念迁汉鼎者，罪由曹操；移刘祚者，过非孙权。窃谓魏贼若除，则吴自宾服。愿陛下纳秦宓金石之言，以养士卒之力，别作良图。则社稷幸甚！天下幸甚！’可是刘备看完后，把表掷于地上，说：‘朕意已决，无得再谏。’决意起大军东征，最终导致兵败身亡。”

——杨振之等：《巨人之谜》，四川文艺出版社 1993 年版，第 240—242 页。

【注释】

（1）先主，即蜀汉先主刘备。

（2）曹丕篡汉，公元 220 年，曹丕代汉称帝，都洛阳，国号魏。曹丕，即魏文帝。

（3）傅士仁、糜芳，在吴蜀争夺荆州的战争中投降东吴。潘璋、马忠，关羽父子败走麦城，被潘璋部将马忠所获，遂遇害。

（4）御驾亲征，天子亲自率兵征讨。御驾，皇帝的车驾。

（5）秉，执掌。钧衡，比喻国家政务重任。

（6）六师，周天子所统六军之师。周制一万两千五百人为师，泛指全国军队。

（7）桃园之誓，刘备、关羽、张飞在桃园结拜为异姓兄弟时发下的誓言，其中有“不求同年同月同日生，只愿同年同月同日死”的话。见《三国演义》第一回《宴桃园豪杰三结义　斩黄巾英雄首立功》。

（8）万乘（shèng 圣）之躯，帝王之体。万乘，周制，王畿方千里，能出兵车万乘，后以“万乘”指帝位。乘，一车四马。

（9）陨将星于斗牛，指关羽被东吴杀害。陨，坠落。斗牛，二十八宿中的斗宿和牛宿。两宿的分野，在今浙江、江苏、安徽、江西等地，此是东吴之地。

（10）迁汉鼎，迁移汉鼎。夏、商、周以九鼎为国之重器，国灭则鼎迁。迁汉鼎，即灭亡汉朝。

（11）移刘祚，转移刘氏汉朝的皇位。祚，皇位，国统。

（12）金石之言，亦作“金玉良言”，省作“金石言”。比喻非常宝贵的教导和劝告。

（13）章武元年，即公元221年。章武，蜀汉昭烈帝刘备年号（221—223）。

【赏析】

《三国演义》第八十一回“急兄仇张飞遇害　雪弟恨先主兴兵”，写荆州被东吴攻破关羽被杀之后，刘备欲起倾国之兵讨伐东吴。赵云以讨魏是公仇，伐吴是私仇谏劝，刘备不听。诸葛亮几次三番相劝，刘备“只是不听”，不得已又率百官到教场去谏劝，才劝得刘备“心中稍回”，又遇张飞火上浇油，刘备决意兴兵。临发，学士秦宓冒死进谏，被监囚，诸葛亮再次上表谏劝，刘备看罢，掷表于地曰：“朕意已决，无得再谏！”刘备不听谏劝，一意孤行，导致夷陵大败，不久病死。

刘备之败的原因，正像毛泽东所分析的，是没有区分与处理好主要矛盾与次要矛盾的关系，在谋略中没有抓住主要矛盾。曹刘是主要矛盾，孙刘是次要矛盾。孙刘的矛盾是统一战线内部的矛盾。刘备伐吴，破坏了孙刘联盟，致使孙吴投降曹魏，蜀汉陷入两面夹击之中，因而失败。这是政治谋略的失误，值得后人记取。

历史往往有惊人的相似之处。1941年1月，我国历史上发生了震惊中外的皖南事变，叶挺领导的新四军军部被歼，这对力量不大的共产党来讲是个很沉重的打击。事变之后，如何对待蒋介石和国民党反动派，共产党内部便产生了不同意见。有的同志主张从政治上、军事上立即全面反击。毛泽东认为："我们是必须制裁反动派，反击顽固派的，但是我们要站在严格的自卫立场上，任何党员都不许超过自卫原则。蒋介石既有抗战的一面，又有反共的一面，在反共方面也有两重性，即既有对中共实行高压政策和军事进攻的一面，又有不愿在根本上破裂国共合作的一面。我党的方针是'以其人之道，还治其人之身'，以打对打，以拉对拉。对他不愿在根本上破裂国共合作的一面，采取联合政策，对他动摇和反共的一面，采取斗争和孤立的政策。但是斗争必须是有理、有利、有节，三者缺一，就要吃亏。"这是毛泽东对国民党的情况做了精辟的分析之后提出的极高明的斗争策略。毛泽东还用《三国演义》中刘备伐吴的历史经验教育全党，很快便统一了全党同志对皖南事变的认识。这是毛泽东从政策和策略的视角来总结历史经验，说明现实问题的一个范例。

【原文】

第八十四回　陆逊营烧七百里　孔明巧布八阵图（节录）

却说韩当、周泰探知先主移营就凉，急来报知陆逊。逊大喜，遂引兵自来观看动静：只见平地一屯，不满万余人，大半皆是老弱之众，大书"先锋吴班"旗号。周泰曰："吾视此等兵如儿戏耳。愿同韩将军分两路击之。如其不胜，甘当军令。"陆逊看了良久，以鞭指曰："前面山谷中，隐隐有杀气起；其下必有伏兵，故于平地设此弱兵，以诱我耳。诸公切不可出。"众将听了，皆以为懦。

次日，吴班引兵到关前搦战，耀武扬威，辱骂不绝；多有解衣卸甲，赤身裸体，或睡或坐。徐盛、丁奉入帐禀陆逊曰："蜀兵欺我太甚！某等愿出击之！"逊笑曰："公等但恃血气之勇，未知孙、吴妙法[(1)]。此彼诱敌之计也：三日后必见其诈矣。"徐盛曰："三日后，彼移营已定，安能击之乎？"逊曰："吾正欲令彼移营也。"诸将哂笑而退。过三日后，会诸将于关上观望，见吴班兵已退去。逊指曰：“杀气起矣。刘备必从山谷中出也。”言未毕，只见蜀兵皆全装惯束，拥先主而过。吴兵见了，尽皆胆裂。逊曰：“吾之不听诸公击班者，正为此也。今伏兵已出，旬日之内，必破蜀矣。”诸将皆曰：“破蜀当在初时；今连营五六百里，相守经七八月，其诸要害，皆已固守，安能破乎？”逊曰：“诸公不知兵法。备乃世之枭雄[(2)]，更多智谋，其兵始集，法度精专；今守之久矣，不得我便，兵疲意沮，取之正在今日。”诸将方才叹服。后人有诗赞曰：

虎帐谈兵按六韬[(3)]，安排香饵钓鲸鳌。

三分自是多英俊，又显江南陆逊高。

却说陆逊已定了破蜀之策，遂修笺遣使奏闻孙权，言指日可以破蜀之意。权览毕，大喜曰：“江东复有此异人，孤何忧哉！诸将皆上书言其懦，孤独不信。今观其言，果非懦也。”于是大起吴兵来接应。

却说先主于猇亭尽驱水军[(4)]，顺流而下，沿江屯扎水寨，深入吴境。黄权谏曰：“水军沿江而下，进则易，退则难。臣愿为前驱。陛下宜在后阵，庶万无一失。”先主曰：“吴贼胆落，朕长驱大进，有何碍乎？”众官苦谏，先主不从。遂分兵两路：命黄权督江北之兵，以防魏寇；先主自督江南诸军，夹江分立营寨，以图进取。细作探知，连夜报知魏主，言：“蜀兵伐吴，树栅连营，纵横七百余里，分四十余屯，皆傍山林下寨；今黄权督兵在江北岸，每日出哨百余里，不知何意。”

……

不说魏兵袭吴。且说马良至川，入见孔明，呈上图本而言曰：“今移营夹江，横占七百里，下四十余屯，皆依溪傍涧，林木茂盛之处。皇上令良将图本来与丞相观之。”孔明看讫，拍案叫苦曰：“是何人教主上如此下寨？可斩此人！”马良曰：“皆主上自为，非他人之谋。”孔明叹曰：“汉朝气数休矣[(5)]！”良问其故，孔明曰：“包原隰险阻而结营[(6)]，此兵家之大忌。倘彼用火攻，何以解救？又，岂有连营七百里而可拒敌乎？祸不远矣！陆逊拒守不出，正为此也。汝当速去见天子，改屯诸营，不可如此。”良曰：“倘今吴兵已胜，如之奈何？”孔明曰：“陆逊不敢来追，成都可保无虞。”良曰：“逊何故不追？”孔明曰：“恐魏兵袭其后也。主上若有失，当投白帝城避之[7]。吾入川时，已伏下十万兵在鱼腹浦矣[8]。”良大惊曰：“某于鱼腹浦往来数次，未尝见一卒，丞相何作此诈语？”孔明曰：“后来必见，不劳多问。”马良求了表章，火速投御营来。孔明自回成都，调拨军马救应。

却说陆逊见蜀兵懈怠，不复提防，升帐聚大小将士听令曰：“吾自受命以来，未尝出战。今观蜀兵，足知动静，故欲先取江南岸一营。谁敢去取？”言未毕，韩当、周泰、凌统等应声而出曰：“某等愿往。”逊教皆退不用，独唤阶下末将淳于丹曰：“吾与汝五千军，去取江南第四营：蜀将傅彤所守。今晚就要成功。吾自提兵接应。”淳于丹引兵去了，又唤徐盛、丁奉曰：“汝等各领兵三千，屯于寨外五里。如淳于丹败回，有兵赶来，当出救之，却不可追去。”二将自引军去了。

却说淳于丹于黄昏时分，领兵前进，到蜀寨时，已三更之后[9]。丹令众军鼓噪而入。蜀营内傅彤引军杀出，挺枪直取淳于丹；丹敌不住，拨马便回。忽然喊声大震，一彪军拦住去路：为首大将赵融。丹夺路而走，折兵大半。正走之间，山后一彪蛮兵拦住：为首番将沙摩柯。丹死战得脱，背后三路军赶来。比及离营五里，吴军徐盛、丁奉二人两下杀来，蜀兵退去，救了淳于丹回营。丹带箭入见陆逊请罪。逊曰：“非汝之过也。吾欲试敌人之虚实耳。破蜀之计，吾已定矣。”徐盛、丁奉曰：“蜀兵势大，难以破之，空自损兵折将耳。”逊笑曰：“吾这条计，但瞒不过诸葛亮耳。天幸此人不在，使我成大功也。”

遂集大小将士听令：使朱然于水路进兵，来日午后东南风大作，用船装载茅草，依计而行；韩当引一军攻江北岸，周泰引一军攻江南岸，每人手执茅草一把，内藏硫黄焰硝，各带火种，各执枪刀，一齐而上，但到蜀营，顺风举火；蜀兵四十屯，只烧二十屯，每间一屯烧一屯。各军预带干粮，不许暂退，昼夜追袭，只擒了刘备方止。众将听了军令，各受计而去。

却说先主正在御营寻思破吴之计，忽见帐前中军旗幡，无风自倒。乃问程畿曰：“此为何兆？”畿曰：“今夜莫非吴兵来劫营？”先主曰：“昨夜杀尽，安敢再来？”畿曰：“倘是陆逊试敌，奈何？”正言间，人报山上远远望见吴兵尽沿山望东去了。先主曰：“此是疑兵。”令众休动，命关兴、张苞各引五百骑出巡。黄昏时分，关兴回奏曰：“江北营中火起。”

先主急令关兴往江北，张苞往江南，探看虚实："倘吴兵到时，可急回报。"二将领命去了。初更时分，东南风骤起。只见御营左屯火发。方欲救时，御营右屯又火起。风紧火急，树木皆着，喊声大震。两屯军马齐出，奔离御营中，御营军自相践踏，死者不知其数。后面吴兵杀到，又不知多少军马。先主急上马，奔冯习营时，习营中火光连天而起。江南、江北，照耀如同白日。冯习慌上马引数十骑而走，正逢吴将徐盛军到，敌住厮杀。先主见了，拨马投西便走。徐盛舍了冯习，引兵追来。先主正慌，前面又一军拦住，乃是吴将丁奉，两下夹攻。先主大惊，四面无路。忽然喊声大震，一彪军杀入重围，乃是张苞，救了先主，引御林军奔走。正行之间，前面一军又到，乃蜀将傅彤也，合兵一处而行。背后吴兵追至。先主前到一山，名马鞍山(10)。张苞、傅彤请先主上的山时，山下喊声又起：陆逊大队人马，将马鞍山围住。张苞、傅彤死据山口。先主遥望遍野火光不绝，死尸重叠，塞江而下。

次日，吴兵又四下放火烧山，军士乱窜，先主惊慌。忽然火光中一将引数骑杀上山来，视之，乃关兴也。兴伏地请曰："四下火光逼近，不可久停。陛下速奔白帝城，再收军马可也。"先主曰："谁敢断后？"傅彤奏曰："臣愿以死挡之！"当日黄昏，关兴在前，张苞在中，留傅彤断后，保着先主，杀下山来。吴兵见先主奔走，皆要争功，各引大军，遮天盖地，往西追赶。先主令军士尽脱袍铠，塞道而焚，以断后军。正奔走间，喊声大震，吴将朱然引一军从江岸边杀来，截住去路。先主叫曰："朕死于此矣！"关兴、张苞纵马冲突，被乱箭射回，各带重伤，不能杀出。背后喊声又起，陆逊引大军从山谷中杀来。

先主正慌急之间，此时天色已微明，只见前面喊声震天，朱然军纷纷落涧，滚滚投岩：一彪军杀入，前来救驾。先主大喜，视之，乃常山赵子龙也。时赵云在川中江州(11)，闻吴、蜀交兵，遂引军出；忽见东南一带火光冲天，云心惊，远远探视，不想先主被困，云奋勇冲杀而来。陆逊闻是赵云，急令军退。云正杀之间，忽遇朱然，便与交锋；不一合，一枪刺朱然于马下，杀散吴兵，救出先主，望白帝城而走。先主曰："朕虽得脱，诸将士将奈何？"云曰："敌军在后，不可久迟。陛下且入白帝城歇息，臣再引兵去救应诸将。”此时先主仅存百余人入白帝城。后人有诗赞陆逊曰：

持矛举火破连营，玄德穷奔白帝城。

一旦威名惊蜀魏，吴王宁不敬书生。

【毛泽东评点】

三国时期，荆州失守，蜀军进攻东吴，被东吴将领陆逊火烧连营七百里，打得大败，其原因就在于刘备没有区分与处理好主要矛盾与次要矛盾的关系，在谋略中没有抓住主要矛盾。……刘备见关羽被杀，荆州丢失，遂起兵攻打东吴，众臣苦谏都不听，实在是因小失大。

——杨振之等：《巨人之谜》，四川文艺出版社 1993 年版，第 241—242 页。

【注释】

（1）孙、吴妙法，春秋时孙武和战国时吴起的兵法。孙武著《孙子兵法》十三篇。吴起著《吴子》四十八篇。

（2）枭（xiāo 嚣）雄，雄豪杰出的人物。

（3）六韬，汉人采掇旧说，假托为吕尚编写的古代兵书。分《文韬》《武韬》《龙韬》《虎韬》《豹韬》《犬韬》六个部分，故称六韬。

（4）猇（xiāo 消）亭，古地名。在今湖北枝江市境长江北岸。

（5）气数，气运、命运。

（6）“包原隰（xí 习）险阻”二句，把大军铺开驻扎在地势过于复杂的大片地方，是军事家的大忌讳。包，通苞，草木丛生的地方。原，高平之处。隰，低湿的地方。险阻，地势险要的地方。

（7）白帝城，在今重庆市奉节县东白帝山上。

（8）鱼腹浦，在今重庆市奉节县东南二里，即八阵图下边的沙洲。

（9）三更，指夜间十二时前后，约当半夜。

（10）马鞍山，一名望楚山，在今湖北襄阳市西南。

（11）江州，古地名，治所在今四川苍溪县东北。

【赏析】

《三国演义》第八十四回“陆逊营烧七百里　孔明巧布八阵图”写的就是吴蜀彝陵之战。这是我国历史上以弱胜强的著名战例。

建安二十四年（219）十月，孙权袭取荆州，十二月，擒杀蜀汉守将关羽。章武二年（222），刘备率领七十万大军东下，自巫峡连营至彝陵（今湖北宜昌东），并得武陵蛮的支持，声势浩大。吴大将陆逊先坚守不出，直到蜀军疲惫，才在猇亭（今湖北枝江境长江北岸）决战。利用火攻，大破蜀军四十余营，刘备尽失舟船器械、水步军资，狼狈逃至白帝城（今重庆奉节东北），次年病死。

这次大战描写得极其精彩，刘备、陆逊的性格写得非常鲜明。刘备意气用事，骄傲自大，一意孤行，指挥失当。虽有荆州之失，按诸葛亮“东联孙吴，北拒曹操”的战略方针，这是一次不应该发生的战争。他不听群臣百般劝阻，发动这次战争，吴蜀联盟破裂，孙吴归附曹魏，使蜀处于吴魏夹击之中，是缺乏政治远见的表现。他骄傲自大，一意孤行，在战前和战中都不听众将意见，自己把军队驻扎在高山密林交通不便之处，且连营四十余座，绵延七百余里，违反了军事常识。所以一遭火攻，全线溃败，又无御敌措施，一败涂地，落得个兵败身死的下场，大大削弱了蜀国的力量。

东吴大将陆逊沉着应战，成竹在胸，指挥若定的军事家形象也很突出。他采用战略防御原则，避开敌人的锐气，全力固守。敌人东下时，吴将都主张迎击，他不准，甚至不去分兵救援被蜀军围困的孙桓。刘备出兵诱敌，他也不肯出战。他选择了有利于防御也有利于进攻的彝陵作为阵地，使刘备不能前进，只能困守在各个山地上，容易被各个击破。他善于捕捉有利战机，两军相拒七八个月，敌军兵疲意沮、无计可施之际，才进行反击。他看准刘备布阵的缺点，采用火攻的战术，非常奏效。在战略反攻前，又用小部兵力试探敌军虚实，然后做了周密部署。反攻开始，一鼓作气，大败蜀军，取得了战争胜利。一个足智多谋、指挥若定的杰出军事家的形象便跃然纸上。

另外，小说情节紧张，气氛浓烈，间不容发，令人透不过气来，景物的烘托也很出色。

彝陵之战是我国古代战争史上以弱胜强的著名战役之一。毛泽东在《中国革命战争的战略问题》和《论持久战》中，都举了这个战例，说明战略防御中的战略退却和战役进行中指挥员的主观指导，对决定战争胜负有着重要的作用。

1941年1月皖南事变发生后，讲到在新形势下如何对待与蒋介石和国民党反动派，应采取“有理、有利、有节”的方针政策时，又用彝陵之战的历史经验教育全党说：刘备失败的原因，“就在于刘备没有区分与处理好主要矛盾与次要矛盾的关系，在谋略上没有抓主要矛盾”。“曹刘是主要矛盾，孙刘是次要矛盾。孙刘的矛盾是统一战线内部的矛盾。”所以，毛泽东认为，只有“抓住主要矛盾，分清主次与轻重缓急，先曹后孙才是大局为重的上策”。古为今用，毛泽东用历史经验说明现实问题，得心应手，收到了很好的效果。

【原文】

第九十回　驱巨兽六破蛮兵　烧藤甲七擒孟获（节录）

却说败残蛮兵有千余人，大半中伤而逃，正遇蛮王孟获。获收了败兵，心中稍喜，却与带来洞主商议曰：“吾今洞府已被蜀兵所占，今投何地安身？”带来洞主曰：“止有一国可以破蜀。”获喜曰：“何处可去？”带来洞主曰：“此去东南七百里，有一国，名乌戈国。国主兀突骨，身长丈二，不食五谷，以生蛇恶兽为饭；身有鳞甲，刀箭不能侵。其手下军士，俱穿藤甲；其藤生于山涧之中，盘于石壁之上；国人采取，浸于油中，半年方取出晒之；晒干复浸，凡十余遍，却才造成铠甲；穿在身上，渡江不沉，经水不湿，刀箭皆不能入，因此号为‘藤甲军’。今大王可往求之。若得彼相助，擒诸葛亮如利刀破竹也。”孟获大喜，遂投乌戈国，来见兀突骨。其洞无宇舍，皆居土穴之内。孟获入洞，再拜哀告前事。兀突骨曰：“吾起本洞之兵，与汝报仇。”获欣然拜谢。于是兀突骨唤两个领兵俘长：

一名土安，一名奚泥，起三万兵，皆穿藤甲，离乌戈国望东北而来。行至一江，名桃花水，两岸有桃树，历年落叶于水中，若别国人饮之尽死，惟乌戈国人饮之，倍添精神。兀突骨兵至桃花渡口下寨，以待蜀兵。

却说孔明令蛮人哨探孟获消息，回报曰："孟获请乌戈国主，引三万藤甲军，现屯于桃花渡口。孟获又在各番聚集蛮兵，并力拒战。"孔明听说，提兵大进，直至桃花渡口。隔岸望见蛮兵，不类人形，甚是丑恶；又问土人，言说即日桃叶正落，水不可饮。孔明退五里下寨，留魏延守寨。

次日，乌戈国主引一彪藤甲军过河来，金鼓大震。魏延引兵出迎。蛮兵卷地而至。蜀兵以弩箭射到藤甲之上，皆不能透，俱落于地；刀砍枪刺，亦不能入。蛮兵皆使利刀钢叉，蜀兵如何抵挡，尽皆败走。蛮兵不赶而回。魏延复回，赶到桃花渡口，只见蛮兵带甲渡水而去；内有困乏者，将甲脱下，放在水面，以身坐其上而渡。魏延急回大寨，来禀孔明，细言其事。孔明请吕凯并土人问之。凯曰："某素闻南蛮中有一乌戈国，无人伦者也。更有藤甲护身，急切难伤。又有桃叶恶水，本国人饮之，反添精神；别国人饮之即死：如此蛮方，纵使全胜，有何益焉？不如班师早回[(1)]。"孔明笑曰："吾非容易到此，岂可便去！吾明日自有平蛮之策。"于是令赵云助魏延守寨，且休轻出。

次日，孔明令土人引路，自乘小车到桃花渡口北岸山僻去处，遍观地理。山险岭峻之处，车不能行，孔明弃车步行。忽到一山，望见一谷，形如长蛇，皆光峭石壁，并无树木，中间一条大路。孔明问土人曰："此谷何名？"土人答曰："此处名为盘蛇谷。出谷则三江城大路，谷前名塔郎甸。"孔明大喜曰："此乃天赐吾成功于此也！"遂回旧路，上车归寨，唤马岱分付曰："与汝黑油柜车十辆，须用竹竿千条，柜内之物，如此如此。可将本部兵去把住盘蛇谷两头，依法而行。与汝半月限，一切完备。至期如此施设。倘有走漏，定按军法。"马岱受计而去。又唤赵云分付曰："汝去盘蛇谷后三江大路口，如此守把。所用之物。克日完备[(2)]。"赵云受计而去。又唤魏延分付曰："汝可引本部兵去桃花渡口下寨。如蛮兵渡水来敌，汝便弃了寨，望白旗处而走。限半个月内，须要连输十五阵，弃七个寨栅。若输十四阵，也休来见我。"魏延领命，心中不乐，怏怏而去[(3)]。孔明又唤张翼另引一军，依所指之处，筑立寨栅去了；却令张嶷、马忠引本洞所降千人，如此行之。各人都依计而行。

却说孟获与乌戈国主兀突骨曰："诸葛亮多有巧计，只是埋伏。今后交战，分付三军：但见山谷之中，林木多处，不可轻进。"兀突骨曰："大王说的有理。吾已知道中国人多行诡计。今后依此言行之。吾在前面厮杀，汝在背后教道[4]。"两人商议已定。忽报蜀兵在桃花渡口北岸立起营寨。兀突骨即差二俘长引藤甲军渡了河，来与蜀兵交战。不数合，魏延败走。蛮兵恐有埋伏，不赶自回。次日，魏延又去立了营寨。蛮兵哨得，又引众军渡过河来战。延出迎之。不数合，延败走。蛮兵追杀十余里，见四下并无动静，便在蜀寨中屯住。次日，二俘长请兀突骨到寨，说知此事。兀突骨即引兵大进，将魏延追一阵。蜀兵皆弃甲抛戈而走，只见前有白旗。延引败兵，急奔到白旗处，早有一寨，就寨中屯住。兀突骨驱兵追至，魏延引兵弃寨而走。蛮兵得了蜀寨。次日，又望前追杀。魏延回兵交战，不三合又败，只看白旗处而走，又有一寨，延就寨屯住。次日，蛮兵又至。延略战又走。蛮兵占了蜀寨。

话休絮烦[5]，魏延且战且走，已败十五阵，连弃七个营寨。蛮兵大进追杀。兀突骨自在军前破敌，于路但见林木茂盛之处，便不敢进；却使人远望，果见树阴之中，旌旗招飐。兀突骨谓孟获曰："果不出大王所料。"孟获大笑曰："诸葛亮今番被吾识破！大王连日胜了他十五阵，夺了七个营寨，蜀兵望风而走。诸葛亮已是计穷；只此一进，大事定矣！"兀突骨大喜，遂不以蜀兵为念。至第十六日，魏延引败残兵，来与藤甲军对敌。兀突骨骑象当先，头戴日月狼须帽，身披金珠缨络，两肋下露出生鳞甲，眼目中微有光芒，手指魏延大骂。延拨马便走。后面蛮兵大进。魏延引兵转过了盘蛇谷，望白旗而走。兀突骨统引兵众，随后追杀。兀突骨望见山上并无草木，料无埋伏，放心追杀。赶到谷中，见数十辆黑油柜车在当路。蛮兵报曰："此是蜀兵运粮道路，因大王兵至，撇下粮车而走。"兀突骨大喜，催兵追赶。将出谷口，不见蜀兵，只见横木乱石滚下，垒断谷口。兀突骨令兵开路而进，忽见前面大小车辆，装载干柴，尽皆火起。兀突骨忙教退兵，只闻后军发喊，报说谷口已被干柴垒断，车中原来皆是火药，一齐烧着。兀突骨见无草木，心尚不慌，令寻路而走。只见山上两边乱丢火把，火把到处，地中药线皆着，就地飞起铁炮。满谷中火光乱舞，但逢藤甲，无有不着。将兀突骨并三万藤甲军，烧得互相拥抱，死于盘蛇谷中。孔明在山上往下看时，只见蛮兵被火烧的伸拳舒腿，大半被铁炮打的头脸粉碎，皆死于谷中，臭不可闻。孔明垂泪而叹曰："吾虽有功于社稷，必损寿矣！"左右将士，无不感叹。

却说孟获在寨中，正望蛮兵回报。忽然千余人笑拜于寨前，言说："乌戈国兵与蜀兵大战，将诸葛亮围在盘蛇谷中了。特请大王前去接应。我等皆是本洞之人，不得已而降蜀；今知大王前到，特来助战。"孟获大喜，即引宗党并所聚番人，连夜上马；就令蛮兵引路。方到盘蛇谷时，只见火光甚起，臭气难闻。获知中计，急退兵时，左边张嶷，右边马忠，两路军杀出。获方欲抵敌，一声喊起，蛮兵中大半皆是蜀兵，将蛮王宗党并聚集的番人，尽皆擒了。孟获匹马杀出重围，望山径而走。正走之间，见山凹里一簇人马，拥出一辆小车；车中端坐一人，纶巾羽扇[6]，身衣道袍，乃孔明也。孔明大喝曰："反贼孟获！今番如何？"获急回马走。旁边闪过一将，拦住去路，乃是马岱。孟获措手不及，被马岱生擒活捉了。此时王平、张翼已引一军赶到蛮寨中，将祝融夫人并一应老小皆活捉而来。

孔明归到寨中，升帐而坐，谓众将曰："吾今此计，不得已而用之，大损阴德[7]。我料敌人必算吾于林木多处埋伏，吾却空设旌旗，实无兵马，疑其心也。吾令魏文长连输十五阵者，坚其心也。吾见盘蛇谷止一条路，两壁厢皆是光石，并无树木，下面都是沙土，因令马岱将黑油柜安排于谷中，车中油柜内，皆是预先造下的火炮，名曰'地雷'，一炮中藏九炮，三十步埋之，中用竹竿通节，以引药线；才一发动，山损石裂。吾又令赵子龙预备草车，安排于谷口。又于山上准备大木乱石。却令魏延赚兀突骨并藤甲军入谷，放出魏延，即断其路，随后焚之。吾闻：'利于水者必不利于火。'藤甲虽刀箭不能入，乃油浸之物，见火必着。蛮兵如此顽皮，非火攻安能取胜？使乌戈国之人不留种类者，是吾之大罪也！"众将拜伏曰："丞相天机，鬼神莫测也！"孔明令押过孟获来。孟获跪于帐下。孔明令去其缚，教且在别帐与酒食压惊。孔明唤管酒食官至坐榻前，如此如此，分付而去。

却说孟获与祝融夫人并孟优、带来洞主、一切宗党在别帐饮酒。忽一人入帐谓孟获曰："丞相面羞，不欲与公相见。特令我来放公回去，再招人马来决胜负。公今可速去。"孟获垂泪言曰："七擒七纵，自古未尝有也。吾虽化外之人，颇知礼义，直如此无羞耻乎？"遂同兄弟妻子宗党人等，皆匍匐跪于帐下，肉袒谢罪曰[8]："丞相天威，南人不复反矣！"孔明曰："公今服乎？"获泣谢曰："某子子孙孙皆感覆载生成之恩，安得不服！"孔明乃请孟获上帐，设宴庆贺，就令永为洞主。所夺之地，尽皆退还。孟获宗党及诸蛮兵，无不感戴，皆欣然跳跃而去。后人有诗赞孔明曰：

羽扇纶巾拥碧幢，七擒妙策制蛮王。

至今溪洞传威德，为选高原立庙堂。

长史费祎入谏曰："今丞相亲提士卒，深入不毛，收服蛮方；目今蛮王既已归服，何不置官吏，与孟获一同守之？"孔明曰："如此有三不易：留外人则当留兵，兵无所食，一不易也；蛮人伤破，父兄死亡，留外人而不留兵，必成祸患，二不易也；蛮人累有废杀之罪，自有嫌疑，留外人终不相信，三不易也。今吾不留人，不运粮，与相安于无事而已。"众人尽服。于是蛮方皆感孔明恩德，乃为孔明立生祠[9]，四时享祭，皆呼之为"慈父"；各送珍珠金宝、丹漆药材、耕牛战马，以资军用，誓不再反。南方已定。

【毛泽东评点】

中午时分，参谋报告："毛主席、朱总司令、周副主席来了。"刘伯承等听到毛泽东等人亲自到来，为最高统帅亲临指挥十分高兴，立即到村头迎接，陪同到先遣司令部休息。午饭时，用缴获的米酒招待中央领导。毛泽东端起大碗米酒高兴地说："祝贺先遣司令和干部战士们！"接着幽默地问起刘伯承："诸葛亮七擒七纵才使孟获心服。你怎么一下子说服了小叶丹呢？"刘伯承谦虚地说："主要是我们严格执行了党的民族政策。"毛泽东又问："你跟小叶丹结拜真的跪在地上起誓吗？"刘伯承说："那当然，彝人最讲义气，他看我诚心诚意，才信任我们。……”

——李智舜：《毛泽东与十大元帅》，中共中央党校出版社1994年版，第101—102页。

1956年，康区发生叛乱。在一次人代会后中央把民族地区的同志留下来为此专门研究讨论。

一天，毛泽东请天宝和瓦札木基到他家里做客，探讨一些政策问题。毛泽东对待民族工作中的问题是十分慎重的，而且一向注意听取少数民族同志的意见。

毛泽东让天宝等分坐在他的两旁，然后把一张全国地图铺在桌上，他一边询问叛乱情况，一边对照地图核实发生叛乱的地方。……当谈到一些叛乱分子被捉，放回后又叛乱的问题时，毛泽东告诫说：“诸葛亮就是七擒七纵，我们共产党为什么不可以百擒百纵呢？”

——殷理田主编：《毛泽东交往百人丛书·军事人物篇·天宝》，山西人民出版社1993年版，第30页。

一九五三年，贵州匪患已基本肃清，唯有程莲珍这名布依族女匪首仍逍遥法外。……剿匪部队终于将她缉拿归案了。……李达向毛泽东汇报说：“这个女匪首，下面要求杀。”但毛泽东明确指示：“不能杀。”并半庄半谐地指出：“好不容易出了一个女匪首，又是少数民族，杀了岂不可惜？”“主席的意思是……”“人家诸葛亮擒孟获，就敢七擒七纵，我们擒了个程莲珍，为什么就不敢来个八擒八纵？连两擒两纵也不行？总之，不能一擒就杀。”

——刘荣光等：《毛泽东的人际艺术》，中共中央党校出版社1992年版，第164—165页。

1952年7月，习仲勋受毛泽东之命，争取青海省昂拉部落第十二代千户项谦归顺。事后，毛泽东见到习仲勋时，说：“仲勋，你真厉害，诸葛亮七擒孟获，你比诸葛亮还厉害。”

——汤洛：《毛泽东点评习仲勋》，载《爱情婚姻家庭（冷暖人生）》2008年第1期。

杀掉蒋介石很容易，有一把刀一下子就杀了，可是脑壳只有一个，杀了就安不上了。人总是要死的，有老死的，病死的，战场上打死的，有站着死的，坐着死的，躺着死的……蒋介石也是要死的。但是中央主张现在不叫他的脑袋搬家，因为杀了他就没有戏唱了，这是对抗日不利。何况杀了他，还会有蒋介石第二、蒋介石第三……中央也不主张把他关起来，而是主张把他放了。过去诸葛亮对孟获还七擒七纵，对蒋介石为什么不可以一擒一纵呢？

——董志英：《毛泽东轶事》，昆仑出版社1989年版，第172—173页。

【注释】

（1）班师，旧指军队出征归来，还师。

（2）克日，约定或限定时日。

（3）怏怏，因不平或不满而郁郁不乐。

（4）教道，同“教导”。教育指导。

（5）絮烦，啰唆烦琐。

（6）纶（guān关）巾羽扇，头上戴着丝带头巾，手中拿着羽毛扇子。形容诸葛亮的装束。

（7）阴德，旧时所谓暗中做的有德于人的事，剥削阶级宣扬迷信，说积阴德的人必有善报，借以迷惑或欺骗人民。

（8）肉袒，把上衣脱掉一部分，露出身体，表示谢罪，愿意接受刑罚。这里是甘愿降服的意思。

（9）生祠，旧时给活人建立的祠堂。

【赏析】

“七擒孟获”，或称“七擒七纵”，是我国历史上的著名故事。相传三国时，诸葛亮为了巩固蜀汉后方，于蜀汉建兴三年（225）平定南中（包括今四川南部、云南、贵州等地），曾七次生擒彝族酋长孟获，又七次释放，最后，孟获心悦诚服。事见《三国志·蜀书·诸葛亮传》注引《汉晋春秋》。但《汉晋春秋》并没有叙述“七擒七纵”经过。《三国演义》第八十七回至九十回据此加以敷演，占了四回篇幅，生动地描写了“七擒七纵”的具体过程，情节离奇，战斗紧张，颇具魅力。但因篇幅过长，不能全录，只择取半回即第七次擒纵以飨读者。

“七擒七纵”写来各不相同：第一次孟获三路洞主与诸葛亮交战，中埋伏被捉，说是“山僻路狭，误遭汝手”，不服；第二次，诸葛亮利用矛盾，孟获由原放回的洞主乘酒醉缚来，孟获推说洞中之人未肯心服；第三次，孟获让人诈降，妄图里应外合，攻击诸葛亮，被识破捉住，说是因其弟贪口腹之故，误了大事，不肯降服；第四次，孟获起十万蛮兵与诸葛亮大战，战败被俘，说是误中诡计；第五次，孟获被银冶洞二十一洞主杨锋设计捉住，献与诸葛亮，孟获推说“非汝之能，乃吾洞之人，自相残害”；第六次，孟获妻祝融夫人善飞刀，木鹿大王更有驱虎豹之法，被诸葛亮所破，孟获等又来诈降，被识破受捉，说是“吾等自我送死，非汝之能也”，仍不肯降服，于是便第七次擒纵。孟获得乌戈国国主兀突骨率三万“藤甲军”相助。这些蛮兵身穿藤甲，“渡江不沉，经水不湿，刀箭皆不能入”。“行至一江，名桃花水，两岸有桃树，历年落叶于水中，若别国人饮之尽死，惟乌戈国人饮之，倍添精神”，因此蜀军不能取胜。后来诸葛亮亲自侦察，发现了盘蛇谷，“形如长蛇，皆光峭石壁，并无树木，中间一条大路”。把兀突骨的三万“藤甲军”诱入谷中，预先埋下的“地雷”一齐爆发，山下两边乱丢火把，把“藤甲军”全部烧死在谷中，再次捉住孟获及其部从。当一人告诉孟获：丞相“特令我来放公回去，再招人马来决胜负”，孟获垂泪言曰：“七擒七纵，自古未尝有也。”遂与妻子等肉袒谢罪曰：“丞相天威，南人不复反矣！”诸葛亮便令孟获永为洞主，所夺之地，尽皆退还，并不派一官，不留一兵一卒，很有点现在的“民族区域自治”的味道。“七擒七纵”，便成了我们古代历史上的一段佳话。

毛泽东很喜欢《三国演义》，自然也很熟悉“七擒孟获”的故事，在不同的历史时期，曾多次用这个故事教育全党。一次是1935年5月26日中午，长征中红军先头部队到达大渡河边的安顺场，准备渡河。当时刘伯承、聂荣臻率领的先头部队是胜利通过彝族区到达这里的。在通过彝族区时，先遣令刘伯承与彝族首领小叶丹歃血为盟，结为兄弟，才得以通过。所以，毛泽东见到刘伯承时就问他："诸葛亮七擒七纵才使孟获心服，你怎么一下子就说服了小叶丹呢？"表示对刘伯承这个工作十分赞赏。

第二次是，1952年，习仲勋在青海省昂拉部落第十二代千户项谦归顺后，毛泽东称赞他"比诸葛亮还厉害"。

还有一次是1956年，西藏康区发生叛乱，在一次人代会后，毛泽东设家宴宴请西藏民族干部天宝同志，并询问起康区叛乱的情况。当天宝汇报说，一些叛乱分子被捉，放回后又叛乱，毛泽东告诫说："诸葛亮就是七擒七纵，我们共产党为什么不可以百擒百纵呢？"再次用历史经验教育大家，表现了一个共产党领袖的宽广胸怀和政策观念。

至于谈到如何处理匪首程莲珍时，毛泽东又援引诸葛亮擒孟获的故事，旨在说明重在教育，令其改恶从善，体现了我们党给出路和注意民族政策。后来程莲珍果然改恶从善，在剿匪中立有特殊功劳。

1936年12月"西安事变"时，针对有人主张杀掉或长期监禁蒋介石的错误意见，毛泽东援引"七擒七纵"故事教育全党，收到了好的效果更是大家熟知的。

【原文】

第九十六回　孔明挥泪斩马谡　周鲂断发赚曹休（节录）

却说孔明回到汉中(1)，计点军士，只少赵云、邓芝，心中甚忧；乃令关兴、张苞，各引一军接应。二人正欲起身，忽报赵云、邓芝到来，并不曾折一人一骑；辎重等器，亦无遗失。孔明大喜，亲引诸将出迎。赵云慌忙下马伏地曰："败军之将，何劳丞相远接？"孔明急扶起，执手而言曰："是吾不识贤愚，以致如此！各处兵将败损，惟子龙不折一人一骑，何也？"邓芝告曰："某引兵先行，子龙独自断后，斩将立功，敌人惊怕，因此军资什物，不曾遗弃。"孔明曰："真将军也！"遂取金五十斤以赠赵云，又取绢一万匹赏云部卒。云辞曰："三军无尺寸之功，某等俱各有罪；若反受赏，乃丞相赏罚不明也。且请寄库，候今冬赐与诸军未迟。"孔明叹曰："先帝在日，常称子龙之德，今果如此！"乃倍加钦敬。

忽报马谡、王平、魏延、高翔至。孔明先唤王平入帐，责之曰："吾令汝同马谡守街亭(2)，汝何不谏之，致使失事？"平曰："某再三相劝，要在当道筑土城，安营守把。参军大怒不从，某因此自引五千军离山十里下寨。魏兵骤至，把山四面围合，某引兵冲杀十余次，皆不能入。次日土崩瓦解，降者无数。某孤军难立，故投魏文长求救。半途又被魏兵困在山谷之中，某奋死杀出。比及归寨，早被魏兵占了。及投列柳城时，路逢高翔，遂分兵三路去劫魏寨，指望克复街亭。因见街亭并无伏路军，以此心疑。登高望之，只见魏延、高翔被魏兵围住，某即杀入重围，救出二将，就同参军并在一处。某恐失却阳平关(3)，因此急来回守。非某之不谏也。丞相不信，可问各部将校。"孔明喝退，又唤马谡入帐。谡自缚跪于帐前。孔明变色曰："汝自幼饱读兵书，熟谙战法。吾累次叮咛告戒：街亭是吾根本。汝以全家之命，领此重任。汝若早听王平之言，岂有此祸？今败军折将，失地陷城，皆汝之过也！若不明正军律，何以服众？汝今犯法，休得怨吾。汝死之后，汝之家小，吾按月给与禄粮，汝不必挂心。"叱左右推出斩之。谡泣曰："丞相视某如子，某以丞相为父。某之死罪，实已难逃；愿丞相思舜帝殛鲧用禹之义(4)，某虽死亦无恨于九泉(5)！"言讫大哭。孔明挥泪曰："吾与汝义同兄弟，汝之子即吾之子也，不必多嘱。"左右推出马谡于辕门之外，将斩。参军蒋琬自成都至，见武士欲斩马谡，大惊，高叫："留人！"入见孔明曰："昔楚杀得臣而文公喜(6)。今天下未定，而戮智谋之臣，岂不可惜乎？"孔明流涕而答曰："昔孙武所以能制胜于天下者，用法明也。今四方争，兵戈方始，若复废法，何以讨贼耶？合当斩之。"须臾，武士献马谡首级于阶下。孔明大哭不已。蒋琬问曰："今幼常得罪，既正军法，丞相何故哭耶？"孔明曰："吾非为马谡而哭。吾想先帝在白帝城临危之时，曾嘱吾曰：'马谡言过其实，不可大用(7)。'今果应此言。乃深恨己之不明，追思先帝之言，因此痛哭耳！"大小将士，无不流涕。马谡亡年三十九岁，时建兴六年夏五月也。后人有诗曰：

失守街亭罪不轻，堪嗟马谡枉谈兵。

辕门斩首严军法，拭泪犹思先帝明。

【毛泽东评点】

“刘张事件”上报华北局又申报中央。那天，毛泽东和刘少奇、周恩来、彭真、薄一波等书记处领导在颐年堂开会，专门研究杀不杀的问题。毛泽东说：“非杀不可。挥泪斩马谡，这是万不得已的事情。”1952年2月10日，河北省特别法庭判处刘青山、张子善死刑。

——李银桥：《在毛泽东身边十五年》，河北人民出版社1991年6月版，第171—172页。

【注释】

（1）汉中，郡名。治所在南郑（今陕西汉中东）。

（2）街亭，古地名。亦称街泉亭。故址在今甘肃庄浪东南。

（3）阳平关，故址在今陕西勉县西白马河入汉水处。地处川、陕交通要冲。

（4）舜帝殛（jí及）鲧用禹，相传鲧治水失败，舜帝杀鲧，又用鲧的儿子禹去治水，终成大功。

（5）九泉，指地下，犹黄泉。

（6）楚杀得臣而文公喜，成得臣是楚国的大将，由于对晋战争失利，回国被迫自杀。晋文公听到这个消息非常高兴。

（7）“马谡言过其实，不可大用”，见《三国志·蜀书·诸葛亮传》。

【赏析】

《三国演义》第九十六回中写的“孔明挥泪斩马谡”是中国历史上一个很有名的故事。被斩人马谡（190—228），字幼常，三国襄阳宜城（今湖北宜城南）人。以好论军事，为诸葛亮所重，诸葛亮用为参军，是诸葛亮在军事上的助手。在南征中曾提出“攻心为上，攻城为下”的正确建议为诸葛亮所采纳。建兴六年（228）诸葛亮率大军北伐，他被任为前部先锋，驻守具有重要战略意义的街亭（在今甘肃秦安境），违背诸葛亮的节制，又不听老将王平等谏劝，舍水登山固守，被魏军切断汲水之道，因而导致大败。甚至危及总部的安危，诸葛亮只好唱“空城计”。事后，诸葛亮赏罚分明，奖赏不折一兵一卒的老将赵云，杀了马谡，善待其子女家属，妥善处理了后事，上书后主刘禅，自陈己过，自贬三等，降为右将军，代理丞相事。表现了诸葛亮严于法制、赏罚分明的态度，从而彰显了他杰出政治家、军事家的光辉形象，给人们留下了有益的历史教训。

毛泽东最善于古为今用，他称判处刘青山、张子善是“挥泪斩马谡”。刘青山和张子善都是于革命有功的老干部，当时刘是天津地委书记，张是天津专署专员。刘住在原来一个大汉奸的别墅里，生活奢侈、腐化，偷抽大烟，张子善则投其所好，把专署公安处缴来的毒品送给刘抽。当时，天津地区洪涝成灾，刘、张合谋侵吞救灾物资和救济款。1950 年下半年，刘又用公款从香港购进两辆小轿车，一辆自用，一辆送给别人。刘、张还与不法资本家串通一气，盗用公款倒卖钢材，以饱私囊，使国家蒙受了重大经济损失。1951 年 11 月底，在河北省委第三次代表大会上，刘、张的问题被揭露出来。12 月 4 日，河北省委通过决议，开除刘、张党籍，依法将其拘留审查。刘、张事件由河北省委上报华北局，华北局又上报中央。中央书记处在讨论刘、张该不该杀的问题时，毛泽东坚决地说：“非杀不可。挥泪斩马谡，这是万不得已的事情。”这是新中国成立后反腐败的第一大案。刘、张事件的处理，向人们表明了中国共产党人的决心：对于像刘、张那样过去对革命有大功的人，只要腐化堕落、蜕化变质，犯了大罪，也是决不会姑息和手软的。刘、张事件的严肃处理，大大推动了当时正在开展的“三反”“五反”运动。正在进行反腐败斗争的中国共产党人，重温这个历史教训，是有益的。

·毛泽东谈文论史全编·

顾　问：龙新民　郑欣淼　陈　晋　阎晓宏

评点中国古代小说赏析

MAOZEDONG PINGDIAN ZHONGGUO GUDAI XIAOSHUO SHANGXI

②

毕桂发　主　编
陈锡祥　副主编

中国文史出版社

目　录

《征四寇》 （元末明初）施耐庵

《征四寇》是摘取英雄谱本百十五回《水浒传》六十六回以后而成，内容是梁山泊英雄受招安的经过，征辽，征田虎，征王庆，征方腊。

【原文】

第十回 燕青月夜遇道君 戴宗定计赚萧让

诗曰：

混沌初分气磅礴，人生禀性有愚浊。

圣君贤相共裁成，文臣武士登台阁。

忠良闻者尽欢忻，邪佞听时俱忿跃。

历代相传至宋朝，罡星煞曜离天角。

宣和年上乱纵横[(1)]，梁山泊内如期约。

百单八位尽英雄，乘时播乱居山东。

替天行首存忠义，三度招安受帝封。

二十四阵破辽国，大小诸将皆成功。

清溪洞里擒方腊，雁行零落悲秋风。

事事集成忠义传，用资谈柄江湖中。

话说梁山泊好汉，水战三败高俅，尽被擒捉上山。宋公明不肯杀害，尽数放还。高太尉许多人马回京，就带萧让、乐和前往京师听候招安一事。却留下参谋闻焕章在梁山泊里。那高俅在梁山泊时，亲口说道："我回到朝廷，亲引萧让等面见天子，便当力奏，亲自保举，火速差人就便前来招安。"因此上就叫乐和为伴，与萧让一同去了，不在话下。

且说梁山泊众头目商议，宋江道："我看高俅此去，未知真实。"吴用笑道："我观此人生的蜂目蛇形，是个转面无恩之人。他折了许多军马，费了朝廷许多钱粮，回到京师，必然推病不出，朦胧奏过天子，权将军士歇息。萧让、乐和，软监在府里。若要等招安，空劳神力。"宋江道："似此怎生奈何！招安犹可，又且陷了二人。"吴用道："哥哥再选两个乖觉的人，多将金宝前去京师，探听消息，就行钻刺关节[(2)]，斡运衷情，达知今上，令高太尉藏匿不得，此为上计。"燕青便起身说道："旧年闹了东京，是小弟去李师师家入肩[(3)]。不想这一场大闹，他家已自猜了八分。只有一件，他却是天子心爱的人，官家那里疑他？他自必然奏说：梁山泊知得陛下在此私行，故来惊吓。已是奏过了。如今小弟多把些金珠去那里入肩。枕头上关节最快，亦是容易。小弟可长可短，见机而作。"宋江道："贤弟此去，须担干系。"戴宗便道："小弟帮他去走一遭。"神机军师朱武道："兄长昔日打华州时，尝与宿太尉有恩。此人是个好心的人。若得本官于天子前早晚题奏，亦是顺事。"宋江想起："九天玄女之言，'遇宿重重喜'，莫非正应着此人身上？"便请闻参谋来堂上同坐。宋江道："相公曾认得太尉宿元景么？"闻焕章道："他是在下同窗朋友。如今和圣上寸步不离。此人极是仁慈宽厚，待人接物，一团和气。"宋江道："实不瞒相公说，我等疑高太尉回京，必然不奏招安一节。宿太尉旧日在华州降香，曾与宋江有一面之识。今要使人去他那里打个关节，求他添力，早晚于天子处题奏，共成此事。"闻参谋答道："将军既然如此，在下当修尺书奉去。"宋江大喜，随即教取纸笔来。一面焚起好香，取出玄女课，望空祈祷，卜得个上上大吉之兆。随即置酒与戴宗、燕青送行。收拾金珠细软之物两大笼子，书信随身藏了，仍带了开封府印信公文。两个扮作公人，辞了头领下山。渡过金沙滩，望东京进发。戴宗托着雨伞，背着个包，燕青把水火棍挑着笼子，拽扎起皂衫，腰系着缠袋，脚下都是腿绷护膝，八搭麻鞋。于路上离不得饥餐渴饮，夜住晓行。

不则一日，来到东京，不由顺路入城，却转过万寿门来。两个到得城门边，把门军当住。燕青放下笼子，打着乡谈说道："你做甚么当我？"军汉道："殿帅府有钧旨：梁山泊诸色人等，恐有夹带入城。因此着仰各门，但有外乡客人出入，好生盘诘。"燕青笑道："你便是了事的公人，将着自家人，只管盘问。俺两个从小在开封府勾当[4]，这门下不知出入了几万遭，你颠倒只管盘问，梁山泊人，眼睁睁的都放他过去了。”便向身边取出假公文，劈脸丢将去道：“你看这是开封府公文不是？”那监门官听得，喝道：“既是开封府公文，只管问他怎地！放他入去。”燕青一把抓了公文，揣在怀里，挑起笼子便走。戴宗也冷笑了一声。两个径奔开封府前来，寻个客店安歇了。有诗为证：

两挑行李奔东京，昼夜兼行不住程。

盘诘徒劳费心力，禁门安识伪批情。

次日，燕青换领布衫穿了，将搭膊系了腰，换顶头巾歪带着，只妆做小闲模样[5]。笼内取了一帕子金珠，分付戴宗道：“哥哥，小弟今日去李师师家干事。倘有些撅撒[6]，哥哥自快回去。”分付戴宗了当，一直取路，径投李师师家来。到的门前看时，依旧曲槛雕栏，绿窗朱户，比先时又修的好。燕青便揭起斑竹帘子，便从侧首边转将入来。早闻的异香馥郁。入到客位前，见周回吊挂名贤书画，阶檐下放着三二十盆怪石苍松；坐榻尽是雕花香楠木小床，坐褥尽铺锦绣。燕青微微地咳嗽一声。丫出来见了，便传报李妈妈出来。看见是燕青，吃了一惊，便道：“你如何又来此间？”燕青道：“请出娘子来，小人自有话说。”李妈妈道：“你前番连累我家坏了房子，你有话便说。”燕青道：“须是娘子出来，方才说。”李师师在窗子后听了多时，转将出来。燕青看时，别是一般风韵。但见容貌似海棠滋晓露，腰肢如杨柳袅东风，浑如阆苑璃姬[7]，绝胜桂宫仙姊[8]。有诗为证：

芳容丽质更妖娆，秋水精神瑞雪标。

凤眼半弯藏琥珀，朱唇一颗点樱桃。

露来玉指纤纤软，行处金莲步步娇。

白玉生香花解语，千金良夜实难消。

当下李师师轻移莲步，款蹙湘裙，走到客位里面。燕青起身，把那帕子放在桌上，先拜了李妈妈四拜，后拜李行首两拜。李师师谦让道：“免礼。俺年纪幼小，难以受拜。”燕青拜罢，起身道：“前者惊恐，小人等安身无处。”李师师道：“你休瞒我！你当初说道是张闲，那两个是山东客人，临期闹了一场。不是我巧言奏过官家，别的人时，却不满门遭祸。他留下词中两句，道是：‘六六雁行连八九，只等金鸡消息。’我那时便自疑惑。正待要问，谁想驾到。后又闹了这场，不曾问的。今喜你来，且释我心中之疑。你不要隐瞒，实对我说知。若不明言，决无干休。”燕青道：“小人实诉衷曲，花魁娘子休要吃惊。前番来的那个黑矮身材，为头坐的，正是呼保义宋江；第二位坐的，白俊面皮，三牙髭须，那个便是柴世宗嫡派子孙，小旋风柴进；这公人打扮，立在面前的，便是神行太保戴宗；门首和杨太尉厮打的，正是黑旋风李逵；小人是北京大名府人氏，人都唤小人做浪子燕青。当初俺哥哥来东京求见娘子，教小人诈作张闲，来宅上入肩。俺哥哥要见尊颜，非图买笑迎欢，只是久闻娘子遭际今上，以此亲自特来告诉衷曲。指望将替天行道、保国安民之心，上达天听，早得招安，免致生灵受苦。若蒙如此，则娘子是梁山泊数万人之恩主也。如今被奸臣当道，谗佞专权，闭塞贤路，下情不能上达。因此上来寻这条门路，不想惊吓娘子。今俺哥哥无可拜送，只有些少微物在此，万望笑留。”燕青便打开帕子，摊在桌上，都是金珠宝贝器皿。那虔婆爱的是财(9)，一见便喜。忙叫奶子收拾过了，便请燕青，教进里面小阁儿内坐地，安排好细食茶果，殷勤相待。原来李师师家，皇帝不时间来，因此上公子王孙，富豪子弟，谁敢来他家讨茶吃。

且说当时铺下盘馔酒肴果子，李师师亲自相待。燕青道：“小人是个该死的人，如何敢对花魁娘子坐地？”李师师道：“休恁地说！你这一般义士，久闻大名。只是奈缘中间无有好人与你们众位作成，因此上屈沉水泊。”燕青道：“前番陈太尉来招安，诏书上并无抚恤的言语，更兼抵换了御酒。第二番领诏招安，正是诏上要紧字样，故意读破句读：‘除宋江，卢俊义等大小人众所犯过恶，并与赦免。’因此上又不曾归顺。童枢密引将军来，只两阵杀的片甲不归。次后高太尉役天下民夫，造船征进，只三阵，人马折其大半。高太尉被俺哥哥活捉上山，不肯杀害，重重管待，送回京师，生擒人数，尽都放还。他在梁山泊说了大誓，如回到朝廷，奏过天子，便来招安。因此带了梁山泊两个人来，一个是秀才萧让，一个是能唱乐和，眼见的把这二人藏在家里，不肯令他出来。损兵折将，必然瞒着天子。”李师师道：“他这等破耗钱粮，损折兵将，如何敢奏！这话我尽知了。且饮数杯，别作商议。”燕青道：“小人天性不能饮酒。”李师师道：“路远风霜，到此开怀，也饮几杯，再作计较。”燕青被央不过，一杯两盏，只得陪侍。

原来这李师师是个风尘妓女，水性的人，见了燕青这表人物，能言快说，口舌利便，倒有心看上他。酒席之间，用些话来嘲惹他。数杯酒后，一言半语，便来撩拨[10]。燕青是个百伶百俐的人，如何不省得。他却是好汉胸襟，怕误了哥哥大事，那里敢来承惹？李师师道：“久闻的哥哥诸般乐艺，酒边闲听，愿闻也好。”燕青答道：“小人颇学的些本事，怎敢在娘子跟前卖弄过？”李师师道：“我便先吹一曲，教哥哥听。”便唤丫嬛取箫来。锦袋内掣出那管凤箫，李师师接来，口中轻轻吹动。端的是穿云裂石之声[11]。有诗为证：

俊俏烟花大有情，玉箫吹出凤凰声。

燕青亦自心伶俐，一曲穿云裂太清[12]。

燕青听了，喝采不已。李师师吹了一曲，递过箫来。与燕青道：“哥哥也吹一曲与我听则个[13]。”燕青却要那婆娘欢喜，只得把出本事来，接过箫便呜呜咽咽也吹一曲。李师师听了，不住声喝采，说道：“哥哥原来恁地吹的好箫！”李师师取过阮来[14]，拨个小小的曲儿，教燕青听。果然是玉珮齐鸣，黄莺对啭，余韵悠扬。燕青拜谢道：“小人也唱个曲儿伏侍娘子。”顿开喉咽便唱。端的是声清韵美，字正腔真。唱罢，又拜。李师师执盏擎杯，亲与燕青回酒，谢唱曲儿。口儿里悠悠放出些妖娆声嗽，来惹燕青。燕青紧紧的低了头，唯诺而已。数杯之后，李师师笑道：“闻知哥哥好身文绣，愿求一观如何？”燕青笑道：“小人贱体虽有些花绣，怎敢在娘子跟前揎衣裸体！”李师师说道：“锦体社家子弟[15]，那里去问揎衣裸体。”三回五次，定要讨看。燕青只的脱膊下来。李师师看了，十分大喜。把尖尖玉手，便摸他身上。燕青慌忙穿了衣裳。李师师再与燕青把盏，又把言语来调他。燕青恐怕他动手动脚，难以回避，心生一计，便动问道：“娘子今年贵庚多少？”李师师答道：“师师今年二十有七。”燕青说道：“小人今年二十有五，却小两年。娘子既然错爱[16]，愿拜为姐姐。”

燕青便起身，推金山，倒玉柱，拜了八拜。那八拜，是拜住那妇人一点邪心，中间里好干大事。若是第二个在酒色之中的，也坏了大事。因此上单显燕青心如铁石，端的是好男子！

当时燕青又请李妈妈来，也拜了，拜做干娘。燕青辞回，李师师道："小哥只在我家下，休去店中歇。"燕青道："既蒙错爱，小人回店中取了些东西便来。"李师师道："休教我这里专望。"燕青道："店中离此间不远，少顷便到。"燕青暂别了李师师，径到客店中，把上件事和戴宗说了。戴宗道："如此最好。只恐兄弟心猿意马[17]，拴缚不定。"燕青道："大丈夫处世，若为酒色而忘其本，此与禽兽何异！燕青但有此心，死于万剑之下。"戴宗笑道："你我都是好汉，何必说誓。"燕青道："如何不说誓！兄长必然生疑。"戴宗道："你当速去，善觑方便，早干了事便回，休教我久等。宿太尉的书，也等你来下。"燕青收拾一包零碎金珠细软之物，再回李师师家。将一半送与李妈，将一半散与全家大小，无一个不欢喜。便向客位侧边，收拾一间房，教燕青安歇。合家大小，都叫叔叔。

也是缘法凑巧。至夜，却好有人来报："天子今晚到来。"燕青听的，便去拜告李师师道："姐姐做个方便，今夜教小弟得见圣颜，告得纸御笔赦书，赦了小弟罪犯，出自姐姐之德。"李师师道："今晚教你见天子一面。你却把些本事动达天颜，赦书何愁没有。"看看天晚，月色朦胧，花香馥郁，兰麝芬芳。只见道君皇帝引着一个小黄门，扮作白衣秀士，从地道中径到李师师家后门来。到阁子里坐下，便教前后关闭了门户，明晃晃点起灯烛荧煌。李师师冠梳插带，整肃衣裳，前来接驾。拜舞起居寒温已了，天子命："去其整妆衣服，相待寡人。"李师师承旨，去其服色，迎驾入房。家间已准备下诸般细果，异品肴馔，摆在面前。李师师举杯上劝天子。天子大喜，叫："爱卿近前，一处坐地。"李师师见天子龙颜大喜，向前奏道："贱人有个姑舅兄弟，从小流落外方，今日才归。要见圣上，未敢擅便。乞取我王圣鉴。"天子道："既然是你兄弟，便宣将来见寡人，有何妨。"奶子遂唤燕青直到房内，面见天子。燕青纳头便拜。官家看了燕青一表人物，先自大喜。李师师叫燕青吹箫，伏侍圣上饮酒。少顷，又拨一回阮，然后叫燕青唱曲。燕青再拜奏道："所记无非是淫词艳曲，如何敢伏侍圣上！”官家道：“寡人私行妓馆，其意正要听艳曲消闷。卿当勿疑。”燕青借过象板，再拜罢圣上，对李师师道：“音韵差错，望姐姐见教。”燕青顿开喉咽，手擎象板，唱《渔家傲》一曲。道是：

“一别家乡音信杳，百种相思，肠断何时了！燕子不来花又老，一春瘦的腰儿小。　　薄幸郎君何日到？想是当初莫要相逢好！着我好梦欲成还又觉，绿窗但觉莺声晓。”

燕青唱罢，真乃是新莺乍啭，清韵悠扬。天子甚喜，命教再唱。燕青拜倒在地，奏道：“臣有一只《减字木兰花》，上达圣听。”天子道：“好，寡人愿闻。”燕青拜罢，遂唱《减字木兰花》一曲。道是：

“听哀告，听哀告，贱躯流落谁知道，谁知道！极天罔地，罪恶难分颠倒！　　有人提出火坑中，肝胆常存忠孝，常存忠孝！有朝须把大恩人报。”

燕青唱罢，天子失惊。便问：“卿何故有此曲？”燕青大哭，拜在地下。天子转疑，便道：“卿且诉胸中之事，寡人与卿理会。”燕青奏道：“臣有迷天之罪，不敢上奏。”天子曰：“赦卿无罪，但奏不妨。”燕青奏道：“臣自幼飘泊江湖，流落山东，跟随客商，路经梁山泊过，致被劫掳上山，一住三年。今日方得脱身逃命，走回京师。虽然见的姐姐，则是不敢上街行走。倘或有人认得，通与做公的，此时如何分说？”李师师便奏道：“我兄弟心中，只有此苦，望陛下做主则个！”天子笑道：“此事至容易！你是李行首兄弟，谁敢拿你！”燕青以目送情与李师师。李师师撒娇撒痴，奏天子道：“我只要陛下亲书一道赦书，赦免我兄弟，他才放心。”天子云：“又无御宝在此，如何写的？”李师师又奏道：“陛下亲书御笔，便强似玉宝天符，救济兄弟做的护身符时，也是贱人遭际圣时。”天子被逼不过，只得命取纸笔。奶子随即捧过文房四宝。燕青磨的墨浓，李师师递过紫毫象管。天子拂开花笺黄纸，横内大书一行。临写，又问燕青道：“寡人忘卿姓氏。”燕青道：“男女唤做燕青[18]。”天子便写御书道云：“神霄玉府真主宣和羽士虚静道君皇帝，特赦燕青本身一应无罪，诸司不许拿问。”下面押个御书花字。燕青再拜，叩头受命。李师师执盏擎杯谢恩。

天子便问：“汝在梁山泊，必知那里备细。”燕青奏道：“宋江这伙，旗上大书‘替天行道’，堂设‘忠义’为名，不敢侵占州府，不肯扰害良民，单杀贪官污吏、谗佞之人。只是早望招安，愿与国家出力。”天子乃曰：“寡人前者两番降诏，遣人招安，如何抗拒，不伏归降？”燕青奏道：“头一番招安诏书上，并无抚恤招谕之言，更兼抵换了御酒，尽是村醪，以此变了事情。第二番招安，故把诏书读破句读，要除宋江，暗藏弊倖，因此又变了事情。童枢密引军到来，只两阵杀的片甲不回。高太尉提督军马，又役天下民夫，修造战船征进，不曾得梁山泊一根折箭，只三阵，杀的手脚无措，军马折其二停，自己亦被活捉上山；许了招安，方才放回，又带了山上二人在此，却留下闻参谋在彼质当。”天子听罢，便叹道：“寡人怎知此事！童贯回京时奏说：军士不伏暑热，暂且收兵罢战。高俅回军奏道：病患不能征进，权且罢战回京。”李师师奏说：“陛下虽然圣明，身居九重，却被奸臣闭塞贤路，如之奈何？”天子嗟叹不已。约有更深，燕青拿了赦书，叩头安置，自去歇息。天子与李师师上床同寝，共乐绸缪。有诗为证：

清夜宫车暗出游，青楼深处乐绸缪。

当筵诱得龙章字，逆罪滔天一笔勾。

当夜五更，自有内侍黄门接将去了。燕青起来。推道清早干事，径来客店里，把说过的话，对戴宗一一说知。戴宗道：“既然如此多是幸事。我两个去下宿太尉的书。”燕青道：“饭罢便去。”两个吃了些早饭，打挟了一笼子金珠细软之物，拿了书信，径投宿太尉府中来。街坊上借问人时，说：“太尉在内里未归。”燕青道：“这早晚正是退朝时分，如何未归？”街坊人道：“宿太尉是今上心爱的近侍官员，早晚与天子寸步不离。归早归晚，难以指定。”正说之间，有人报道：“这不是太尉来也？”燕青大喜，便对戴宗道：“哥哥，你只在此衙门前伺候，我自去见太尉去。”燕青近前，看见一簇锦衣花帽从人，捧着轿子。燕青就当街跪下，便道：“小人有书札上呈太尉。”宿太尉见了，叫道：“跟将进来。”燕青随到厅前。太尉下了轿子，便投侧首书院里坐下。太尉叫燕青入来，便问道：“你是那里来的干人？”燕青道：“小人从山东来，今有闻参谋书札上呈。”太尉道：“那个闻参谋？”燕青便向怀中取出书呈递上去。宿太尉看了封皮，说道："我道是那个闻参谋，原来是我幼年间同窗的闻焕章。"遂拆开书来看时，写道：

"侍生闻焕章沐手百拜奉书太尉恩相钧座前[19]：贱子自髫年时出入门墙[20]，已三十载矣。昨蒙高殿帅唤至军前，参谋大事。奈缘劝谏不从，忠言不听，三番败绩，言之甚羞。高太尉与贱子一同被掳，陷于缧绁。义士宋公明，宽裕仁慈，不忍加害。则今高殿帅带领梁山萧让、乐和赴京，欲请招安，留贱子在此质当。万望恩相不惜齿牙，早晚于天子前题奏，早降招安之典，俾令义士宋公明等早得释罪获恩，建功立业。非特国家之幸甚，实天下之幸甚也！立功名于万古，见义勇于千年。救取贱子，实领再生之赐。拂楮拳拳[21]，幸垂昭察，不胜感激之至！宣和四年春正月一日，闻焕章再拜奉上。"

宿太尉看了书大惊，便问道："你是谁？"燕青答道："男女是梁山泊浪子燕青。"随即出来取了笼子，径到书院里。燕青禀道："太尉在华州降香时，多曾伏侍太尉来。恩相缘何忘了？宋江哥哥有些微物相送，聊表我哥哥寸心。每日占卜，课内只着求太尉提拔救济。宋江等满眼只望太尉来招安。若得恩相早晚于天子前题奏此事，则梁山泊十万人之众，皆感大恩！哥哥责着限次，男女便回。"燕青拜辞了，便出府来。宿太尉使人收了金珠宝物，已有在心。

且说燕青便和戴宗回店中商议："这两件事都有些次第。只是萧让、乐和在高太尉府中，怎生得出？"戴宗道："我和你依旧扮作公人，去高太尉府前伺候。等他府里有人出来，把些金银贿赂与他，赚得一个厮见。通了消息，便有商量。"当时两个换了结束，带将金银，径投太平桥来。在衙门前窥望了一回，只见府里一个年纪小的虞候[22]，摇摆将出来。燕青便向前与他施礼。那虞候道："你是甚人？"燕青道："请干办到茶肆中说话。"两个到阁子内，与戴宗相见了，同坐吃茶。燕青道："实不瞒干办说，前者太尉从梁山泊带来那两个人，一个跟的叫做乐和，与我这哥哥是亲眷，欲要见他一见。因此上相央干办。"虞候道："你两个且休说！节堂深处的勾当，谁理会的！"戴宗便向袖内取出一锭大银，放在桌子上，对虞候道："足下只引的乐和出来相见一面[23]，不要出衙门，便送这锭银子与足下。”那人见了财物，一时利动人心，便道：“端的有这两个人在里面。太尉钧旨，只教养在后花园里宿歇。我与你唤他出来，说了话，你休失信，把银子与我。”戴宗道：“这个自然。”那人便起身分付道：“你两个只在此茶坊里等我。”那人急急入府去了。未知如何。有诗为证：

虞候衙中走出来，便将金帛向前排。

燕青当下通消息，准拟更深有百刂划[24]。

戴宗、燕青两个在茶坊中等不到半个时辰[25]，只见那小虞候慌慌出来说道：“先把银子来。乐和已叫出在耳房里了。”戴宗与燕青附耳低言：“如此，如此。”就把银子与他。虞候得了银子，便引燕青耳房里来见乐和。那虞候道：“你两个快说了话便去。”燕青便与乐和道：“我同戴宗在这里，定计赚你两个出去。”乐和道：“直把我们两个养在后花园中，墙垣又高，无计可出。折花梯子尽都藏过了，如何能勾出来？”燕青道：“靠墙有树么？”乐和道：“傍墙一边，都是大柳树。”燕青道：“今夜晚间，只听咳嗽为号，我在外面，漾过两条索去。你就相近的柳树上，把索子绞缚了。我两个在墙外各把一条索子扯住，你两个就从索上盘将出来。四更为期[26]，不可失误。”那虞候便道：“你两个只管说甚的，快去罢。”乐和自入去了，暗暗通报了萧让。燕青急急去与戴宗说知。当日，至夜伺候。

且说燕青、戴宗两个，就街上买了两条粗索，藏在身边。先去高太尉府后看了落脚处。原来离府后是条河，河边却有两只空船缆着，离岸不远。两个便就空船里伏了。看看听的更鼓已打四更，两个便上岸来，绕着墙后咳嗽。只听的墙里应声咳嗽。两边都已会意。燕青便把索来漾将过去。约莫里面拴系牢了，两个在外面对绞定，紧紧地拽住索头。只见乐和先盘出来，随后便是萧让。两个都溜将下来，却把索子丢入墙内去了。四人再来空船内，伏到天色将晓，却去敲开客店门。房中取了行李，就店中打火，做了早饭吃，算了房宿钱。四个来到城门边，等门开时，一涌出来，望梁山泊回报消息。

不是这四个回来，有分教：宿太尉单奏此事，宋公明全受招安。正是：中贵躬亲颁见诏，英雄朝贺在丹墀。毕竟宿太尉怎生奏请圣旨前去招安，且听下回分解。

【毛泽东评点】

这天（按：指一九七五年十二月二十六日）是毛泽东的生日。环视他陈设简单，但并不空旷的卧室，床上书桌上，尚可见可知若干书名，及其插有若干书签的所在，比如：《新唐书》在“卷二百二十五下列传第一百五十下逆臣下黄巢”，《旧唐书》在“卷二百下列传第一百一十五下黄巢”，《明史》在“卷三百九十列传第一百九十七流贼李自成”，《征四寇》在第十回《燕青月夜遇道君，戴宗定计赚萧让》，《水浒后传》在第二十四回《换青衣二帝惨蒙尘，献黄柑孤臣完大义》。此外，未插书签的有《金田起义前洪秀全年谱》《忠王李秀成自传原稿》《太平天国史迹考》《太平天国史迹调查集》等等。

——舒群：《十二月二十六日》，载《毛泽东故事》，作家出版社 1986 年版，第 204—205 页。

【注释】

（1）宣和，宋徽宗年号，公元 1119—1125 年。

（2）关节，旧时暗中行贿、说人情为通关节。

（3）入肩，为谋划某事而厕身其中。

（4）勾当，办事，做公。

（5）小闲，受人使唤的人，仆人。

（6）撅撒，败露。

（7）阆苑，传说中的神仙住处。璃姬，传说芙蓉城中仙女名。此处借指李师师。

（8）桂宫，即月宫。相传月中有桂树，故称。仙姊，仙女。

（9）虔婆，指以甘言悦人的不正派的老婆子。此指鸨儿。

（10）撩拔，挑动，引逗。

（11）穿云裂石，穿入云层，震裂石块，极言声音之激越。

（12）太清，天空。

（13）则个，着，者，语气助词，表示叮嘱、希望，或加重语气。

（14）阮，乐器名，古琵琶的一种，形似月琴。

（15）社家子弟，行家子弟。

（16）错爱，谦词，表示身受对方怜惜爱护。

（17）心猿意马，形容心思不定，就像猿猴跳跃、快马奔驰一样。

（18）男女，旧时地位卑下者的自称。

（19）钧座，旧时用作对尊长或上司的敬词。

（20）髫（tiáo 条）年，童年。髫，古时小孩下垂的头发。

（21）楮（chǔ 楚），木名，皮可制桑皮纸，因以为纸的代称，此指书信。

（22）虞候，此指官僚的侍从。

（23）足下，敬词，古代下对上或平辈相称都用足下。

（24）百（bāi 掰）划，筹划，安排。

（25）时辰，旧时的计时单位。一昼夜分为十二个时辰，每一时辰合现在的两小时。

（26）四更，旧时计时，一夜分为五更，每更均为二小时，四更约深夜一点钟到三点钟。

【赏析】

1975 年 12 月 26 日，是毛泽东 82 岁生日，这也是这位伟人的最后一个生日。而在这天，在他卧室的床上、书桌上，摆放并插有书签的书籍都是有关中国古代农民起义的史书和历史小说，这些书籍牵涉到黄巢、宋江、李自成和洪秀全等著名的农民起义领袖。其中涉及宋江领导的农民起义的有《征四寇》第十回《燕青月夜遇道君　戴宗定计赚萧让》和《水浒后传》第二十四回《换青衣二帝惨蒙尘　献黄柑孤臣完大义》。这说明毛泽东这个农民的儿子，在领导中国人民夺得政权并走上社会主义道路之后，在他生命的最后岁月，仍然思考着他领导的实质上是农民革命的中国革命的前途。对这个问题的思考，直接源于当时陪他读书的芦荻向他请教对于中国几部古典长篇小说的看法。8 月 13 日，他对芦荻发表了著名的评《水浒传》的谈话，这个本来是纯学术的问题，“四人帮”加以利用，抓党内的现代投降派，想借以打倒周恩来、邓小平等老一辈的无产阶级革命家，后来受到毛泽东的批评，才草草收场。

但毛泽东在他生命的最后岁月，仍然关注农民起义的历史经验，是不容讳言的。历史上的农民起义的结局不外三种：一种是成功了，自己当皇帝，另一种是失败了，被镇压下去；再就是接受招安，向统治者投降，充当奴才，去镇压别的农民起义军。这最后一种便是《水浒传》中描写的宋江起义，对于这个结局，毛泽东是极不赞成的，在他的评《水浒》谈话中曾痛加斥责。《征四寇》中《燕青月夜遇君　戴宗定计赚萧让》一回，描写宋江在两赢童贯、三败高俅的大好形势下，决定接受招安，向宋王朝投降，而且在前两次招安未能成功的情况下，又派投降招安的马前卒燕青和戴宗再次到东京去走宋徽宗占有的一个名妓李师师和徽宗近臣宿元景的后门，打通关节，谋求招安，终于如愿以偿，葬送了梁山农民起义军。在《水浒后传》中，死里逃生的几个农民起义将领燕青、戴宗、乐和、李俊等再次揭竿而起，仍然去朝拜做了阶下囚的宋徽宗，甚至被迫到海外立国后，仍受南宋高宗的册封，说明宋江招安的这条投降路线，是多么彻底，危害是多么严重。毛泽东的这个看法，是农民起义历史经验的总结，他欲以此以警后人，不是没有意义的。

《西游记》 （明）吴承恩

长篇小说，一百回。明吴承恩作。《西游记》中的主人公唐僧，是历史上真实的人物。玄奘（602—664），俗姓陈名袆，洛州缑氏（今河南偃师缑氏镇）人，是位饱学僧人，曾去印度取经达十七年之久，后回国译佛经七十五部，并著《大唐西域记》。小说即在民间流传的唐僧取经故事和有关话本、杂剧的基础上，经过再创作而成，是一部规模宏伟、结构完整的巨著。书的前七回，叙述孙悟空出世，通过大闹天宫的故事，曲折地表现出对封建秩序的反抗精神。书的七回至十二回，写魏征梦斩泾河龙、唐太宗入冥等故事，交代了唐僧西天取经的原因。十三回以后写孙悟空等保护唐僧西天取经，沿途降妖伏怪魔，用幻想的形式反映社会矛盾，歌颂了孙悟空不畏强暴、战胜困难的顽强精神。但书中又写孙悟空"归正"，宣扬佛教的威力，称颂"贤君"统治，表现出作者的思想局限。

作品运用浪漫主义创作方法，想象丰富，情节曲折，语言生动恢谐，别具风格。正如鲁迅在《中国小说史略》中所说，吴承恩"讽刺揶揄则取当时世态，加以铺张描写"，"作者禀性，'复相谐剧'，故虽述变幻恍忽之事，亦每杂解颐之言"，所以能突出人物性格，孙悟空、猪八戒形象的塑造颇具特色，幽默、讽刺手法的运用，增添了故事情趣，有吸引人的艺术魅力。

《西游记》以明代官版大字世德堂刊本为佳，清代又有陈士斌《西游记真诠》、刘一明《西游记原旨》等；《西游记》问世后，出现了《后西游记》《续西游记》《西游补》《四游记》等，在文坛上掀起了一阵神魔小说创作的热潮，说明了它的影响之大。

吴承恩（约 1500—约 1582），字汝忠，号射阳山人，祖籍安东（今江苏淮安涟水），后徙山阳（今江苏淮安）。出生于由书香门第衰落为小商人的家庭。自幼聪颖，博涉群籍，年轻时便以文名著于乡里，为诗文下笔立成，清雅流丽，有秦少游之风。一生科举不得志，53岁肄业于南京国子监。曾任浙江长兴县丞，被诬贪赃，罢官系狱。恢复名誉后，便辞官回乡，放浪诗酒，以卖文、经商为生，终老林下。著作颇丰，除《西游记》外，尚有传奇小说集《禹鼎志》，其他著作皆收入《射阳先生存稿》。

【原文】

第二回　悟彻菩提真妙理　断魔归本合元神（节录）

却早过了三年，祖师复登宝座，与众说法。谈的是公案比语[(1)]，论的是外像包皮[(2)]。忽问："悟空何在？"悟空近前跪下："弟子有。"祖师道："你这一向修些甚么道来？"悟空道："弟子近来法性颇通，根源亦渐坚固矣。"祖师道："你既通法性，会得根源，已注神体，却只是防备着'三灾利害'。"悟空听说，沉吟良久道："师父之言谬矣。我尝闻道高德隆，与天同寿；水火既济，百病不生，却怎么有个'三灾利害'？"祖师道："此乃非常之道：夺天地之造化[(3)]，侵日月之玄机[(4)]；丹成之后，鬼神难容。虽驻颜益寿，但到了五百年后，天降雷灾打你，须要见性明心，预先躲避。躲得过，寿与天齐；躲不过，就此绝命。再五百年后，天降火灾烧你。这火不是天火，亦不是凡火，唤做'阴火'[(5)]。自本身涌泉穴下烧起[(6)]，直透泥垣宫[(7)]，五脏成灰，四肢皆朽，把千年苦行，俱为虚幻。再五百年，又降风灾吹你。这风不是东南西北风，不是和熏金朔风[(8)]，亦不是花柳松竹风，唤做'赑风'[(9)]。自囟门中吹入六腑[(10)]，过丹田[(11)]，穿九窍[(12)]，骨肉消疏，其身自解。所以都要躲过。"悟空闻说，毛骨悚然[(13)]，叩头礼拜道："万望老爷垂悯，传与躲避三灾之法，到底不敢忘恩。"祖师道："此亦无难，只是你比他人不同，故传不得。"悟空道："我也头圆顶天，足方履地，一般有九窍四肢，五脏六腑，何以比人不同？"祖师道："你虽然像人，却比人少腮。"原来那猴子孤拐面[(14)]，凹脸尖嘴。悟空伸手一摸，笑道："师父没成算！我虽少腮，却比人多这个素袋[(15)]，亦可准折过也。"祖师说："也罢，你要学那一般？有一般天罡数[(16)]，该三十六般变化；

有一般地煞数[17]，该七十二般变化。”悟空道：“弟子愿多里捞摸，学一个地煞变化罢。”祖师道：“既如此，上前来，传与你口诀[18]。”遂附耳低言，不知说了些甚么妙法。这猴王也是他一窍通时百窍通，当时习了口诀，自修自炼，将七十二般变化，都学成了。

忽一日，祖师与众门人在三星洞前戏玩晚景。祖师道：“悟空，事成了未曾？”悟空道：“多蒙师父海恩，弟子功果完备[19]，已能霞举飞升也[20]。”祖师道：“你试飞举我看。”悟空弄本事，将身一耸，打了个连扯跟头，跳离地有五六丈，踏云霞去勾有顿饭之时，返复不上三里远近，落在面前，扠手道[21]：“师父，这就是飞举腾云了[22]。”祖师笑道：“这个算不得腾云，只算得爬云而已。自古道：‘神仙朝游北海暮苍梧。’似你这半日，去不上三里，即爬云也还算不得哩！”悟空道：“怎么为‘朝游北海暮苍梧’？”祖师道：“腾云之辈，早辰起自北海，游过东海、西海、南海，复转苍梧，苍梧者，却是北海零陵之语话也。将四海之外，一日都游遍，方算得腾云。”悟空道：“这个却难！却难！”祖师道：“世上无难事，只怕有心人。”悟空闻得此言，叩头礼拜，启道：“师父，‘为人须为彻’，索性舍个大慈悲，将此腾云之法，一发传与我罢，决不敢忘恩。”祖师道：“凡诸仙腾云，皆跌足而起，你却不是这般。我才见你去，连扯方才跳上。我今只就你这个势，传你个‘筋斗云’罢。”悟空又礼拜恳求，祖师却又传个口诀道：“这朵云，捻着诀，念动真言，攒紧了拳[23]，将身一抖，跳将起来，一筋斗就有十万八千里路哩！”大众听说，一个个嘻嘻笑道：“悟空造化[24]！若会这个法儿，与人家当铺兵[25]，送文书，递报单，不管那里都寻了饭吃！”师徒们天昏各归洞府[26]。这一夜，悟空即运神炼法，会了筋斗云，逐日家无拘无束，自在逍遥，此亦长生之美。

……

【毛泽东评点】

读书是学习，使用也是学习，而且是更重要的学习。……说学习和使用不容易，是说学得彻底，用得纯熟不容易。说老百姓很快可以变成军人，是说此门并不难入。把二者总合起来，用得着中国一句老话：“世上无难事，只怕有心人。”入门既不难，深造也是可以办得到的，只要有心，只要善于学习罢了。

——《中国革命战争的战略问题》，《毛泽东选集》，第1卷，人民出版社1991年版，第181页。

水调歌头·重上井冈山

一九六五年五月

久有凌云志，重上井冈山。千里来寻故地，旧貌变新颜。到处莺歌燕舞，更有潺潺流水，高路入云端。过了黄洋界，险处不须看。

风雷动，旌旗奋，是人寰。三十八年过去，弹指一挥间。可上九天揽月，可下五洋捉鳖，谈笑凯歌还。世上无难事，只要肯登攀。

——《毛泽东诗词集》，中央文献出版社1996年版，第149—150页。

【注释】

（1）公案，佛教禅宗指前辈祖师的言行范例。

（2）外像，佛教中的术语，指善、恶、美、丑表现在身上的和行动、语言表现在外表上的。像，通“相”。包皮，指表皮以外，与外像义同。

（3）造化，创造化育。

（4）玄机，道家称奥妙之理。

（5）阴火，鬼火，神火。

（6）涌泉穴，指足心。

（7）泥垣宫，指囟（xìn信）门，就是儿童顶心跳动的地方，又称泥丸宫。

（8）和熏金朔风，和，和风，春季的微风。熏，熏风，东南风，多在夏季。金，金风，秋风。古代以阴阳五行解释季节变化，秋属金，故以秋风为金风。朔，朔风，北风。

（9）赑（bì必）风，佛、道教所谓三劫（灾）中的风劫。

（10）六腑，也作六府，道教以胆、胃、大肠、小肠、膀胱、三焦为六腑。

（11）丹田，指肚脐以下三寸的地方。

（12）九窍，道家以耳、鼻、眼、口及肛门、小便处为九窍。

（13）毛骨悚（sǒng 耸）然，毛发竖起，脊梁骨发凉，形容人碰到阴森或凄惨的情景时恐惧的感觉。

（14）孤拐面，亦作拐子脸、孤拐脸、骨挝脸，形容猴头凸出、下尖的形状。

（15）素袋，素当作“嗉”，即鸟的食道的末段盛食物的囊。

（16）天罡（gāng 冈），道教称北斗丛星中三十六星之神。

（17）地煞，星相家所称主凶杀之星。

（18）口诀，为传授某种方法或诀窍而编成的容易记诵的语句。

（19）功果，功德，指念佛、诵经、斋醮等。

（20）霞举飞升，飘行，飞升。

（21）叉手，两手交叉放在胸前，是表示恭敬的拱手姿势。

（22）腾云，驾云，乘云。

（23）攒（cuán），聚集，集中。

（24）造化，旧时迷信者谓运气、福分。

（25）铺兵，元代在军事紧急时，设置“急递铺”的驿站，每天最快要走四百里。在“急递铺”专送紧急文件的人叫作铺兵。

（26）洞府，道教称神仙居住的地方，也叫洞天。

【赏析】

这个故事是写孙悟空降生后，漂洋过海来到西牛贺洲灵台方寸山斜月三星洞，向须菩提祖师学艺。祖师先是叫他“扫地锄园，养花修树，寻柴燃火，挑水运浆”，磨他性情。经过七年，发现孙悟空是个“天地生成的”，能打破祖师盘中暗谜，便授他七十二般变化之法。孙悟空又想学霞举飞升之术，但半日去不上三里，只能算爬云。祖师说，腾云就是“将四海之外，一日都游遍”。悟空道：“这个却难！却难！”祖师道：“世上无难事，只怕有心人。”鼓励孙悟空要有信心和决心，并授他“筋斗云”之法，“一筋斗就有十万八千里路”。孙悟空运神炼法，一夜之间便学会了筋斗云，自在逍遥，所以“世上无难事，只怕有心人”，就成了一句俗语，意思是只要有决心，世界上就没有办不到的事。

毛泽东在《中国革命战争中的战略问题》一文中讲到老百姓要变成士兵，在战争中学习时，用“世上无难事，只怕有心人”作比喻，说明掌握战争规律，只要有心，只要善于学习，就不仅能很快入门，而且能很好地使用所学的东西，学得彻底，用得纯熟。

毛泽东在《水调歌头·重上井冈山》一词中，上阕生动地描绘了井冈山的明丽新姿，下阕凭高望远，触景生情，慷慨抒情。这个感慨写得很有层次：先写自井冈山斗争以来的革命胜利过程，再抒“揽月捉鳖”的豪情壮志，最后又以“世上无难事，只要肯登攀”，不论怎样高险的处所，只要肯登攀，都可以上去，坚定革命人民夺取社会主义建设新的胜利的信心，鼓舞人民努力奋斗的勇气。这是对“世上无难事，只怕有心人”的成功运用和改造。

【原文】

第三回　四海千山皆拱伏　九幽十类尽除名（节录）

却说那花果山大小儿猴，正在那洞门外顽耍，忽听得风声响处，见半空中，丫丫叉叉[1]，无边无岸的猴精，唬得都乱跑乱躲。少时，美猴王按落云头，收了云雾，将身一抖，收了毫毛，将兵器都乱堆在山前，叫道：“小的们！都来领兵器！”众猴看时，只见悟空独立在平阳之地，俱跑来叩头问故。悟空将前使狂风、搬兵器一应事说了一遍。众猴称谢毕，都去抢刀夺剑，挝斧争枪，扯弓扳弩，吆吆喝喝，耍了一日。

次日，依旧排营。悟空会聚群猴，计有四万七千余口。早惊动满山怪兽，都是些狼、虫、虎、豹、麖[2]、麂[3]、獐、犯[4]、狐、狸、獾、狢、狮、象、狻猊[5]、猩猩、熊、鹿、野豕[6]、山牛、羚羊、青兕、狡儿[7]、神獒[8]……各样妖王，共有七十二洞，都来参拜猴王为尊。每年献贡，四时点卯[9]。也有随班操演的，也有随节征粮的，齐齐整整，把一座花果山造得似铁桶金城。各路妖王，又有进金鼓，进彩旗，进盔甲的，纷纷攘攘，日逐家习舞兴师。

美猴王正喜间，忽对众说道：“汝等弓弩熟谙，兵器精通，奈我这口刀着实榔槺[10]，不遂我意，奈何？”四老猴上前启奏道：“大王乃是仙圣，凡兵是不堪用，但不知大王水里可能去得？”悟空道：“我自闻道之后，有七十二般地煞变化之功；筋斗云有莫大的神通；善能隐身遁身，起法摄法[11]；上天有路，入地有门；步日月无影，入金石无碍；水不能溺，火不能焚。那些儿去不得？”四猴道：“大王既有此神通，我们这铁板桥下，水通东海龙宫。大王若肯下去，寻着老龙王，问他要件甚么兵器，却不趁心？”悟空闻言甚喜道：“等我去来。”

好猴王，跳至桥头，使一个闭水法，捻着诀，扑的钻入波中，分开水路，径入东洋海底。正行间，忽见一个巡海的夜叉[12]，挡住问道：“那推水来的，是何神圣？说个明白，好通报迎接。”悟空道：“吾乃花果山天生圣人孙悟空，是龙王的紧邻，为何不识？”那夜叉听说，急转水晶宫传报道：“大王，外面有个花果山天生圣人孙悟空，口称是大王紧邻，将到宫也。”东海龙王敖广即忙起身，与龙子、龙孙、虾兵、蟹将出宫迎道：“上仙请进，请进。”直至宫里相见，上坐献茶毕，问道：“上仙几时得道，授何仙术？”悟空道：“我自生身之后，出家修行，得一个无生无灭之体。近因教演儿孙，守护山洞，奈何没件兵器。久闻贤邻享乐瑶宫贝阙，必有多余神器，特来告求一件。”龙王见说，不好推辞，即着鳜都司取出一把大捍刀奉上[13]。悟空道：“老孙不会使刀，乞另赐一件。”龙王又着鲌大尉[14]，领鳝力士[15]，抬出一捍九股叉来。悟空跳下来，接在手中，使了一路，放下道：“轻！轻！轻！又不趁手！再乞另赐一件。”龙王笑道：“上仙，你不曾看这叉，有三千六百斤重哩！”悟空道：“不趁手！不趁手！”龙王心中恐惧，又着鳊提督[16]、鲤总兵抬出一柄画杆方天戟[17]。那戟有七千二百斤重。悟空见了，跑近前接在手中，丢几个架子，撒两个解数[18]，插在中间道：“也还轻！轻！轻！”老龙王一发害怕道：“上仙，我宫中只有这根戟重，再没甚么兵器了。”悟空笑道：“古人云：‘愁海龙王没宝哩！’你再去寻寻看。若有可意的，一一奉价。”龙王道：“委的再无[19]。”

正说处，后面闪过龙婆、龙女道：“大王，观看此圣，决非小可[20]。我们这海藏中[21]，那一块天河定底的神珍铁，这几日霞光艳艳，瑞气腾腾，敢莫是该出现[22]，遇此圣也？”龙王道：“那是大禹治水之时[23]，定江海浅深的一个定子，是一块神铁，能中何用？”龙婆道：“莫管他用不用，且送与他，凭他怎么改造，送出宫门便了。”老龙王依言，尽向悟空说了。悟空道：“拿出来我看。”龙王摇手道：“扛不动！抬不动！须上仙亲去看看。”悟空道：“在何处？你引我去。”龙王果引导至海藏中间，忽见金光万道。龙王指定道：“那放光的便是。”悟空撩衣上前，摸了一把，乃是一根铁柱子，约有斗来粗，二丈有余长。他尽力两手挝过道：“忒粗忒长些[24]！再短细些方可用。”说毕，那宝贝就短了几尺，细了一围。悟空又颠一颠道：“再细些更好！”那宝贝真个又细了几分。悟空十分欢喜，拿出海藏看时，原来两头是两个金箍，中间乃一段乌铁；紧挨箍有镌成的一行字，唤做“如意金箍棒”，重一万三千五百斤。心中暗喜道：“想必这宝贝如人意！”一边走，一边心思口念，手颠着道：“再短细些更妙！”拿出外面，只有二丈长短，碗口粗细。

你看他弄神通，丢开解数，打转水晶宫里，唬得老龙王胆战心惊，小龙子魂飞魄散；龟鳖鼋鼍皆缩颈[25]，鱼虾鳌蟹尽藏头[26]。悟空将宝贝执在手中，坐在水晶宫殿上。对龙王笑道：“多谢贤邻厚意。”龙王道：“不敢，不敢。”悟空道：“这块铁虽然好用，还有一说。”龙王道：“上仙还有甚说？”悟空道：“当时若无此铁，倒也罢了；如今手中既拿着他，身上更无衣服相趁，奈何？你这里若有披挂[27]，索性送我一副，一总奉谢。”龙王道：“这个却是没有。”悟空道：“‘一客不犯二主[28]’。若没有，我也定不出此门。”龙王道：“烦上仙再转一海，或者有之。”悟空又道：“‘走三家不如坐一家’。千万告求一副。”龙王道：“委的没有，如有即当奉承。”悟空道：“真个没有，就和你试试此铁！”龙王慌了道：“上仙，切莫动手！切莫动手！待我看舍弟处可有，当送一副。”悟空道：“令弟何在[29]？”龙王道：“舍弟乃南海龙王敖钦、北海龙王敖顺、西海龙王敖闰是也。”悟空道：“我老孙不去！不去！俗语谓‘赊三不敌见二[30]’，只望你随高就低的送一副便了。”老龙道：“不须上仙去。我这里有一面铁鼓，一口金钟，凡有紧急事，擂得鼓响，撞得钟鸣，舍弟们就顷刻而至。”悟空道：“既是如此，快些去擂鼓撞钟！”真个那鼍将便去撞钟，鳖帅即来擂鼓。

少时，钟鼓响处，果然惊动那三海龙王，须臾来到，一齐在外面会着。敖钦道：“大哥，有甚紧事，擂鼓撞钟？”老龙道：“贤弟！不好说！有一个花果山甚么天生圣人，早间来认我做邻居，后要求一件兵器，献钢叉嫌小，奉画戟嫌轻。将一块天河定底神珍铁，自己拿出手，丢了些解数。如今坐在宫中，又要索甚么披挂。我处无有，故响钟鸣鼓，请贤弟来。你们可有甚么披挂，送他一副，打发出门去罢了。”敖钦闻言，大怒道：“我兄弟们，点起兵，拿他不是！”老龙道：“莫说拿！莫说拿！那块铁，挽着些儿就死，磕着些儿就亡；挨挨儿皮破，擦擦儿筋伤！”西海龙王敖闰说：“二哥不可与他动手；且只凑副披挂与他，打发他出了门，启表奏上上天，天自诛也。”北海龙王敖顺道：“说的是。我这里有一双藕丝步云履哩。”西海龙王敖闰道：“我带了一副锁子黄金甲哩。”南海龙王敖钦道：“我有一顶凤翅紫金冠哩。”老龙大喜，引入水晶宫相见了，以此奉上。悟空将金冠、金甲、云履都穿戴停当，使动如意棒，一路打出去，对众龙道：“聒噪[31]！聒噪！”四海龙王甚是不平，一边商议进表上奏不题。

你看这猴王，分开水道，径回铁板桥头，撺将上来，只见四个老猴，领着众猴，都在桥边等候。忽然见悟空跳出波外，身上更无一点水，金灿灿的，走上桥来。唬得众猴一齐跪下道：“大王，好华彩耶[32]！好华彩耶！”悟空满面春风，高登宝座，将铁棒竖在当中。那些猴不知好歹，都来拿那宝贝，却便似蜻蜓撼铁树，分毫也不能禁动。一个个咬指伸舌道：“爷爷呀！这般重，亏你怎的拿来也！”悟空近前，舒开手，一把挝起，对众笑道：“物各有主。这宝贝镇于海藏中，也不知几千百年，可可的今岁放光[33]。龙王只认做是块黑铁，又唤做天河镇底神珍。那厮每都扛抬不动[34]，请我亲去拿之。那时此宝有二丈多长，斗来粗细；被我挝他一把，意思嫌大，他就小了许多；再教小些，他又小了许多；再教小些，他又小了许多；急对天光看处，上有一行字，乃‘如意金箍棒，一万三千五百斤’。你都站开，等我再叫他变一变着。”他将那宝贝颠在手中，叫：“小！小！小！”即时就小做一个绣花针儿相似，可以揌在耳朵里面藏下[35]。众猴骇然[36]，叫道："大王！还拿出来耍耍！"猴王真个去耳朵里拿出，托放掌上叫："大！大！大！"即又大做斗来粗细，二丈长短。他弄到欢喜处，跳上桥，走出洞外，将宝贝揝在手中[37]，使一个法天象地的神通[38]，把腰一躬，叫声："长！"他就长的高万丈，头如泰山，腰如峻岭，眼如闪电，口似血盆，耳如剑戟；手中那棒，上抵三十三天，下至十八层地狱，把些虎豹狼虫，满山群怪，七十二洞妖王，都唬得磕头礼拜，战兢兢魄散魂飞。霎时收了法象[39]，将宝贝还变做个绣花针儿，藏在耳内，复归洞府。慌得那各洞妖王，都来参贺。

此时遂大开旗鼓，响振铜锣。广设珍馐百味[40]，满斟椰液萄浆，与众饮宴多时。却又依前教演。猴王将那四个老猴封为健将；将两个赤尻马猴唤做马、流二元帅；两个通背猿猴唤做崩、芭二将。将那安营下寨，赏罚诸事，都付与四健将维持。他放下心，日逐腾云驾雾，遨游四海，行乐千山。施武艺，遍访英豪；弄神通，广交贤友。此时又会了个七弟兄，乃牛魔王、蛟魔王、鹏魔王、狮驼王、猕猴王、狨狨王，连自家美猴王七个。日逐讲文论武，走斝传觞[41]，弦歌吹舞，朝去暮回，无般儿不乐。把那个万里之遥，只当庭闱之路[42]，所谓点头径过三千里，扭腰八百有余程。

……

【毛泽东评点】

孙悟空到龙王处借一件武器，兵器那么多，借一件有什么不可以，到后来又不给不行，压也压不服。总之，生怕出妖怪，不要怕世界上出妖怪。

——《在杭州四省一市省市委书记思想工作座谈会上的讲话》，载《毛泽东读评五部古典小说》，华文出版社 1997 年版，第 246 页。

【注释】

（1）丫丫叉叉，枝丫杂乱交叉的样子。

（2）麖（jīng 京），兽名。《文选·左思〈蜀都赋〉》："屠麖麋。"刘逸注："麖、麋体大，故屠之。"

（3）麂（yǐ 已），动物名，小型鹿类。

（4）豝（bā 巴），雌性野猪，二岁为豝。

（5）狻猊（suān ní 酸倪），狮子类动物。

（6）野豕（shǐ 始），野猪。

（7）狡（jiǎo 绞）儿，少壮的狗。

（8）神獒（áo 敖），一种大犬，猛犬。

（9）点卯，从前官署办公，照例卯时（约现在的五时至七时）开始，主管官到时点名，称为点卯。

（10）榔槺，形容长大、笨重，使用不方便。

（11）摄（shè 设）法，飞升之法。摄，起。

（12）夜叉，梵文 Yaksa 的音译，佛经说它是一种能吃人的恶鬼。

（13）鳜（guì 贵），鱼名，亦称“花鲁”“桂鱼”。都司，即都指挥使司，官名，元明两代所设，职掌一方军政重权。

（14）鲌（bà 坝），海鱼名，栖息于水上层的中型鱼类。大尉，古代武官名，主管骑兵、步兵、车兵等事务。

（15）力士，官名，掌管金鼓旗帜，随皇帝车驾出入并守卫四门。

（16）鳊（biān 鞭），鱼名，即“鲂”。提督，官名。明代驻防京师的京营设有提督，中叶后巡抚多兼提督军务衔。

（17）总兵，官名。明总兵官本为差遣的名称，遇有战事，总兵佩将印出兵，事毕缴还，后渐成常驻武官。

（18）解（jiě 界，又读 xiè 泄）数，本指武术的套路，此指手段，本事。

（19）委的，夫的，确实。

（20）小可，小小，引申为低微、寻常。

（21）海藏（zàng 葬），海中龙宫中储存珍宝和东西的库房。藏，储存东西的地方。

（22）敢莫是，莫非是，难道是。

（23）大禹治水，大禹，即夏禹。我国上古夏氏部落的首领。传说他那个时代，洪水四处泛滥，大禹继承其父鲧治水的未竟事业，十年当中三过家门而不入，终于用疏导的方法平息了洪水。

（24）忒（tè 特），大，过甚。

（25）鼋鼍（yuán tuó 元驼），动物名。鼋，俗称“癞头鼋”，一种大鳖。鼍，鳄鱼。

（26）鳌（áo 敖），大海龟。

（27）披挂，古代武士穿戴的盔甲。

（28）一客不犯二主，亦作“一客不烦二主”“一客不烦两家”，意思是一人全部承担或始终成全其事，不必另托他人。

（29）令弟，称对方之弟的敬词。

（30）赊（shē 奢）三不敌见二，商人行话。宁肯卖现钱少些，也不赊欠卖钱多些。见，通“现”。

（31）聒（guō 锅）噪，宋元时打招呼的习惯语。打扰，对不起。

（32）华彩，光彩。

（33）可可的，恰好，刚巧。

（34）那厮每，那些家伙。厮，对人表示轻蔑的称呼。每，同“们”。

（35）揌，同“塞”，将物品放或堵入孔中。

（36）骇然，惊惧之状。

（37）揝（zuàn 钻去声），同“攥”，握住。

（38）法天象地，效法天地，指变得极高大。

（39）法象，指效法、模仿的天地形象。

（40）珍馐（xiū 羞），珍美的膳食。馐，美味食品。

（41）斝（jiǎ 甲），酒器名。圆柱形，敞口，底有三足，沿上有两柱，器身有柄。觞（shāng 商），酒杯的通称。

（42）庭闱（wéi 围），庭院。

【赏析】

孙悟空从西牛贺洲回到花果山，剿除占住花果山的混世魔王，夺了一口大砍刀。他用起来嫌笨拙，便到东海龙宫去借兵器。结果借到了一个“如意金箍棒”，重一万三千五百斤，而且运用起来长短、粗细、大小能变化，皆如人意。又借来了藕丝步云履、锁子黄金甲和凤翅紫金冠。全副武装，威力无比。整日腾云驾雾，遨游四海，遍访英豪，广交贤友。和牛魔王、蛟魔王等结为七兄弟，讲文论武，自在逍遥。

1957年4月5日，《在杭州四省一市省市委书记思想工作座谈会上的讲话》中，毛泽东在谈到党的领导要允许有不同意见，要开明，不要压制时，援引了孙悟空龙宫借宝这个故事，强调党的领导同志要重视思想工作，要注意思想工作的特点。因为凡属思想工作，只能说服，不能压服，压服的结果总是压而不服。这是毛泽东倡导的做思想工作的正确的方针和方法，是从党对思想工作的政策和策略的角度来讲的，引用孙悟空龙宫借宝的故事，便使这个道理生动具体、易于接受了。

【原文】

第四回　官封弼马心何足　名注齐天意未宁（节录）

那太白金星与美猴王，同出了洞天深处，一齐驾云而起。原来悟空筋斗云比众不同，十分快疾，把个金星撇在脑后，先至南天门外。正欲收云前进，被增长天王领着庞、刘、苟、毕、邓、辛、张、陶[(1)]，一路大力天丁[(2)]，枪刀剑戟，挡住天门，不肯放进。猴王道："这个金星老儿，乃奸诈之徒！既请老孙，如何教人动刀动枪，阻塞门路？"正嚷间，金星倏到[(3)]。悟空就觌面发狠道[(4)]："你这老儿，怎么哄我？被你说奉玉帝招安旨意来请，却怎么教这些人阻住天门，不放老孙进去？"金星笑道："大王息怒。你自来未曾到此天堂，却又无名，众天丁又与你素不相识，他怎肯放你擅入？等如今见了天尊，授了仙箓[(5)]，注了官名，向后随你出入，谁复挡也？"悟空道："这等说，也罢，我不进去了。"金星又用手扯住道："你还同我进去。"

将近天门，金星高叫道："那天门天将，大小吏兵，放开路者。此乃下界仙人[(6)]，我奉玉帝圣旨，宣他来也。"那增长天王与众天丁俱才敛兵退避。猴王始信其言，同金星缓步入里观看，真个是：

初登上界[(7)]，乍入天堂。金光万道滚红霓，瑞气千条喷紫雾。只见那南天门，碧沉沉，琉璃造就；明幌幌，宝玉妆成。两边摆数十员镇天元帅，一员员顶梁靠柱，持铣拥旄[8]；四下列十数个金甲神人，一个个执戟悬鞭，持刀仗剑。外厢犹可，入内惊人：里壁厢有几根大柱[9]，柱上缠绕着金鳞耀日赤须龙；又有几座长桥，桥上盘旋着彩羽凌空丹顶凤。

明霞幌幌映天光，碧雾蒙蒙遮斗口。这天上有三十三座天宫，乃遣云宫、毗沙宫、五明宫、太阳宫、化乐宫，……一宫宫脊吞金稳兽[10]；又有七十二重宝殿，乃朝会殿、凌虚殿、宝光殿、天王殿、灵官殿，……一殿殿柱列玉麒麟。寿星台上，有千千年不卸的名花[11]；炼药炉边，有万万载常青的瑞草。又至那朝圣楼前，绛纱衣，星辰灿烂；芙蓉冠，金壁辉煌。玉簪珠履，紫绶金章[12]。金钟撞动，三曹神表进丹墀[13]；天鼓鸣时，万圣朝王参玉帝。又至那灵霄宝殿[14]，金钉攒玉户，彩凤舞朱门。

复道回廊，处处玲珑剔透；三檐四簇，层层龙凤翱翔。上面有个紫巍巍，明幌幌，圆丢丢，亮灼灼，大金葫芦顶；下面有天妃悬掌扇，玉女捧仙巾。恶狠狠，掌朝的天将；气昂昂，护驾的仙卿。正中间，琉璃盘内，放许多重重迭迭太乙丹[15]；玛瑙瓶中[16]，插几枝弯弯曲曲珊瑚树[17]。正是天宫异物般般有，世上如他件件无。金阙银銮并紫府[18]，琪花瑶草暨琼葩[19]。朝王玉兔坛边过[20]，参圣金乌着底飞[21]，猴王有分来天境，不堕人间点污泥。

太白金星，领着美猴王，到于灵霄殿外。不等宣诏，直至御前，朝上礼拜。悟空挺身在旁，且不朝礼，但侧耳以听金星启奏。金星奏道："臣领圣旨，已宣妖仙到了。"玉帝垂帘问曰："那个是妖仙？"悟空却才躬身答应道："老孙便是。"仙卿们都大惊失色道："这个野猴！怎么不拜伏参见，辄敢这等答应道：'老孙便是！'却该死了！该死了！"玉帝传旨道："那孙悟空乃下界妖仙，初得人身，不知朝礼，且姑恕罪。"众仙卿叫声"谢恩！"猴王却才朝上唱个大喏[22]。玉帝宣文选武选仙卿，看那处少甚官职，着孙悟空去除授。旁边转过武曲星君[23]，启奏道："天宫里各宫各殿，各方各处，都不少官，只是御马监缺个正堂管事。"玉帝传旨道："就除他做个'弼马温'罢[24]。"众臣叫谢恩，他也只朝上唱个大喏。玉帝又差木德星官送他去御马监到任[25]。

当时猴王欢欢喜喜，与木德星官径去到任。事毕，木德回宫。他在监里，会聚了监丞、监副、典簿、力士、大小官员人等[26]，查明本监事务，止有天马千匹。乃是：

骅骝骐骥[27]，騄駬纤离；龙媒紫燕[28]，挟翼骕骦[29]；駃騠银騔[30]，騕褭飞黄[31]；騊駼翻羽[32]；赤兔超光[33]；逾辉弥景，腾雾胜黄；追风绝地[34]，飞翮奔霄；逸飘赤电，铜爵浮云；骢珑虎喇，绝尘紫鳞；四极大宛[35]，八骏九逸[36]，千里绝群：此等良马，一个个，嘶风逐电精神壮，踏雾登云气力长。

这猴王查看了文簿，点明了马数。本监中典簿管征备草料；力士官管刷洗马匹、扎草[37]、饮水、煮料；监丞、监副辅佐催办；弼马昼夜不睡，滋养马匹。日间舞弄犹可，夜间看管殷勤，但是马睡的，赶起来吃草；走的捉将来靠槽。那些天马见了他，泯耳攒蹄[38]，都养得肉肥膘满。不觉的半月有余，一朝闲暇，众监官都安排酒席，一则与他接风[39]，一则与他贺喜。

正在欢饮之间，猴王忽停杯问曰："我这'弼马温'是个甚么官衔?"众曰："官名就是此了。"又问："此官是个几品?"众道："没有品从[40]。"猴王道："没品，想是大之极也。"众道："不大，不大，只唤做'未入流'。"猴王道："怎么叫做'未入流'?"众道："末等。这样官儿，最低最小，只可与他看马。似堂尊到任之后，这等殷勤，喂得马肥，只落得道声'好'字；如稍有些尫羸[41]，还要见责；再十分伤损，还要罚赎问罪。"猴王闻此，不觉心头火起，咬牙大怒道："这般藐视老孙！老孙在那花果山，称王称祖，怎么哄我来替他养马？养马者，乃后生小辈，下贱之役，岂是待我的？不做他！不做他！我将去也！"忽喇的一声，把公案推倒，耳中取出宝贝，幌一幌，碗来粗细，一路解数，直打出御马监，径至南天门。众天丁知他受了仙箓，乃是个弼马温，不敢阻挡，让他打出天门去了。

须臾，按落云头，回至花果山上。只见那四健将与各洞妖王，在那里操演兵卒。这猴王厉声高叫道："小的们！老孙来了！"一群猴都来叩头，迎接进洞天深处，请猴王高登宝位，一壁厢办酒接风。都道："恭喜大王，上界去十数年，想必得意荣归也?"猴王道："我才半月有余，那里有十数年?”众猴道:“大王,你在天上,不觉时辰。天上一日,就是下界一年哩。请问大王,官居何职?”猴王摇手道:“不好说!不好说!活活的羞杀人!那玉帝不会用人,他见老孙这般模样,封我做个甚么‘弼马温’,原来是与他养马,未入流品之类(42)。我初到任时不知,只在御马监中顽耍。及今日问我同寮(43),始知是这等卑贱。老孙心中大恼,推倒席面,不受官衔,因此走下来了。”众猴道:“来得好!来得好!大王在这福地洞天之处为王(44),多少尊重快乐,怎么肯去与他做马夫?”教:“小的们!快办酒来,与大王释闷。”

正饮酒欢会间,有人来报道:“大王,门外有两个独角鬼王,要见大王。”猴王道:“教他进来。”那鬼王整衣跑入洞中,倒身下拜。美猴王问他:“你见我何干?”鬼王道:“久闻大王招贤,无由得见;今见大王授了天箓,得意荣归,特献赭黄袍一件,与大王称庆。肯不弃鄙贱,收纳小人,亦得效犬马之劳。”猴王大喜,将赭黄袍穿起,众等欣然排班朝拜,即将鬼王封为前部总督先锋。鬼王谢恩毕,复启道:“大王在天许久,所授何职?”猴王道:“玉帝轻贤,封我做个甚么‘弼马温’!”鬼王听言,又奏道:“大王有此神通,如何与他养马?就做个‘齐天大圣’,有何不可?”猴王闻说,欢喜不胜,连道几个“好!好!好!”教四健将:“就替我快置个旌旗,旗上写‘齐天大圣’四大字,立竿张挂。自此以后,只称我为齐天大圣,不许再称大王。亦可传与各洞妖王,一体知悉。”此不在话下。

却说那玉帝次日设朝,只见张天师引御马监监丞、监副在丹墀下拜奏道:“万岁,新任弼马温孙悟空,因嫌官小,昨日反下天宫去了。”正说间,又见南天门外增长天王领众天丁,亦奏道:“弼马温不知何故,走出天门去了。”玉帝闻言,即传旨:“着两路神元,各归本职,朕遣天兵,擒拿此怪。”班部中闪上托塔李天王与哪吒三太子(45),越班奏上道:“万岁,微臣不才,请旨降此妖怪。”玉帝大喜,即封托塔天王李靖为降魔大元帅,哪吒三太子为三坛海会大神(46),即刻兴师下界。

……

你看那猴王得胜归山,那七十二洞妖王与那六弟兄,俱来贺喜。在洞天福地,欢乐无比。他却对六弟兄说:“小弟既称齐天大圣,你们亦可以大圣称之。”内有牛魔王忽然高叫道：“贤弟言之有理，我即称做个平天大圣。”蛟魔王道：“我称做复海大圣。”鹏魔王道：“我称混天大圣。”狮狔王道：“我称移山大圣。”猕猴王道：“我称通风大圣。”㺄狨王道：“我称驱神大圣。”此时七大圣自作自为，自称自号，耍乐一日，各散讫。

却说那李天王与三太子领着众将，直至灵霄宝殿。启奏道：“臣等奉圣旨出师下界，收伏妖仙孙悟空，不期他神通广大，不能取胜，仍望万岁添兵剿除。”玉帝道：“谅一妖猴，有多少本事，还要添兵？”太子又近前奏道：“望万岁赦臣死罪！那妖猴使一条铁棒，先败了巨灵神，又打伤臣臂膊。洞门外立一竿旗，上书‘齐天大圣’四字，道是封他这官职，即便休兵来投；若不是此官，还要打上灵霄宝殿也。”玉帝闻言，惊讶道：“这妖猴何敢这般狂妄！着众将即刻诛之。”正说间，班部中又闪出太白金星，奏道：“那妖猴只知出言，不知大小。欲加兵与他争斗，想一时不能收伏，反又劳师。不若万岁大舍恩慈，还降招安旨意[47]，就教他做个齐天大圣。只是加他个空衔，有官无禄便了。”玉帝道：“怎么唤做‘有官无禄’？”金星道：“名是齐天大圣，只不与他事管，不与他俸禄，且养在天壤之间，收他的邪心，使不生狂妄，庶乾坤安靖，海宇得清宁也。”玉帝闻言道：“依卿所奏。”即命降了诏书，仍着金星领去。

金星复出南天门，直至花果山水帘洞外观看。这番比前不同，威风凛凛，杀气森森，各样妖精，无般不有。一个个都执剑拈枪，拿刀弄杖的，在那里咆哮跳跃。一见金星，皆上前动手。金星道：“那众头目来！累你去报你大圣知之。吾乃上帝遣来天使，有圣旨在此请他。”众妖即跑入报道：“外面有一老者，他说是上界天使，有旨意请你。”悟空道：“来得好！来得好！想是前番来的那太白金星。那次请我上界，虽是官爵不堪，却也天上走了一次，认得那天门内外之路。今番又来，定有好意。”教众头目大开旗鼓，摆队迎接。大圣即带引群猴，顶冠贯甲，甲上罩了赭黄袍，足踏云履，急出洞门，躬身施礼，高叫道：“老星请进，恕我失迎之罪。”

金星趋步向前，径入洞内，面南立着道：“今告大圣，前者因大圣嫌恶官小，躲离御马监，当有本监中大小官员奏了玉帝。玉帝传旨道：‘凡授官职，皆由卑而尊，为何嫌小？’即有李天王领哪吒下界取战。不知大圣神通，故遭败北，回天奏道：‘大圣立一竿旗，要做“齐天大圣”。’众武将还要支吾[48]，是老汉力为大圣冒罪奏闻，免兴师旅，请大王授箓[49]。玉帝准奏，因此来请。”悟空笑道：“前番动劳，今又蒙爱，多谢！多谢！但不知上天可有此‘齐天大圣’之官衔也？”金星道：“老汉以此衔奏准，方敢领旨而来；如有不遂，只坐罪老汉便是[50]。”

悟空大喜，恳留饮宴不肯，遂与金星纵着祥云，到南天门外，那些天丁天将，都拱手相迎。径入灵霄殿下。金星拜奏道：“臣奉诏宣弼马温孙悟空已到。”玉帝道：“那孙悟空过来。今宣你做个‘齐天大圣’，官品极矣，但切不可胡为。”这猴亦止朝上唱个喏，道声谢恩。玉帝即命工干官——张、鲁二班——在蟠桃园右首[51]，起一座齐天大圣府，府内设个二司：一名安静司，一名宁神司。司俱有仙吏，左右扶持。又差五斗星君送悟空去到任[52]，外赐御酒二瓶，金花十朵，着他安心定志，再勿胡为。那猴王信受奉行，即日与五斗星君到府，打开酒瓶，同众尽饮。送星官回转本宫，他才遂心满意，喜地欢天，在于天宫快乐，无挂无碍。正是：仙名永注长生箓，不堕轮回万古传[53]。毕竟不知向后如何，且听下回分解。

【毛泽东评点】

我们上山打游击，是国民党剿共逼出来的，是逼上梁山。就像孙悟空大闹天宫，玉皇大帝封他为弼马温，孙悟空不服气，自己鉴定是齐天大圣。可是你们却连弼马温也不给我们做，我们只好扛枪上山了。

——王炳南：《阳光普照雾山城——忆毛主席在重庆》，载《人民的大救星——毛主席永远活在我们心中》，第 349—350 页。

孙悟空这个人自然有满厉害的个人英雄主义，自我评价是齐天大圣，而且他的傲来国的群众——猴子们都拥护。玉皇大帝不公平，只封孙悟空作“弼马温”，所以他就闹天宫，反官僚主义。

——李锐：《毛泽东早年读书生活》，辽宁人民出版社 1992 年版，第 32 页。

从那时起，我们就像孙悟空大闹天宫一样。我们丢掉了天条！记住，永远不要把天条看得太重了，我们必须走自己的革命道路。

——安娜·露易斯·斯特朗：《必须走自己的革命道路——与毛泽东的一次谈话》，载曹力铁译，《党史文汇》1986 年第 6 期。

“打倒阎王，解放小鬼。”“要把十八层地狱统统打破。孙悟空闹天宫，你是站在孙悟空一边，还是站在天兵天将、玉皇大帝一边？”“如果中央修正主义，地方要造反。”“要支持小将，保护孙悟空。”

——徐中远：《毛泽东读评五部古典小说》，华文出版社 1997 年版，第 239 页。

【注释】

（1）增长天王，亦称增长主。佛教所说四大天王中南方天王之名。着青装持宝剑，守护南方，此作守卫南天门之神。《法苑株林》卷五：“南方天王名毗瑠璃，此云增长主。”庞、刘、苟、毕、邓、辛、张、陶，均为传说中的道教之神。庞，庞乔，汉代人，在汉江上摆渡。好义勇为，事父至孝。其父为群鬼所缠，他上天祷告，玉帝怜之。后封为混气元帅，手持金刀，把守天门。刘，刘后，东晋人，生于岷江渔船中。少时家贫，被送于罗真人为徒。精于五雷法，呼风唤雨，济民助国。民立祠祀之，祈雨无有不灵。玉帝命其掌管玉府之事。苟，本姓辛，名兴，古雍州人。其家乡一带有雷神山，山中有五雷的化身五鸡藏身。辛兴入山误捉五鸡，以饲其母，五鸡之一化为雷击死其母。辛兴怒捶打其余四鸡，雷声大作，但不能伤他。后雷神降，给他十二粒火丹。他服后，与母尸共升天界。玉帝感其孝，封之为雷门苟元帅。毕，本姓白，名华。为雷藏于地中而化生。生时霹雳震响，光焰冲天。曾助黄帝大战蚩尤，被黄帝封以龙师，辞而不受，隐居于毕胥之山，因而得名。后被玉帝封为雷门毕元帅，职掌十二雷庭辅。张，张健，山东宁海（今山东牟平）人。武则天时官至刺史，民因其明断立生祠以除痘疾（天花）。后被玉帝封为尽忠张元帅。以上均见《三教源流搜神大全》。邓，邓城。为五雷之主，住太华宫，玉帝封为邓元帅。辛，辛江，玉帝封为司雷元帅，见《北游记》。张、陶，诸书均不见载。

唯《封神演义》中纣臣闻太师（仲）部下四将死后封为四天君：即邓忠、辛环、张节、陶荣。作者袭自《封神演义》。

（2）天丁，天兵。

（3）倏（shū 书），忽然，疾速。

（4）觌（dí 敌）面，见面，相见。

（5）仙箓（lù 录），道教的秘文秘录。

（6）下界，道教、佛教用来称凡人所居之地，与“上界”相对。

（7）上界，天界。道教、佛教称仙佛所居之地。

（8）铣（xiǎn 显），以金子装饰两端的弓。旄（máo 毛），古代旗杆上用旄牛尾做的装饰，因即指有这种装饰的旗。

（9）壁厢，边，里面。

（10）稳兽，在屋脊上镇脊的兽形物。

（11）不卸，不谢。

（12）紫绶金章，紫色丝织的印带和金制的印章。古代高官的一种标志。《汉书・百官公卿表》：“相国、丞相……皆金印紫绶。”

（13）三曹，古代朝廷内的刑部、都察院、大理寺。这里是指玉帝宫庭内几个部门的首领。丹墀（chí 池），宫殿的台阶。因以红漆涂饰而得名。墀，台阶。

（14）灵霄宝殿，玉帝坐朝的宫殿。

（15）太乙丹，道教术语，又称太乙余粮。据说原是石中液体，经长时间后凝结为石，开始颜色浅，后渐变为红色或紫色，服后可长生不老。

（16）玛瑙瓶，玛瑙制成的花瓶。玛瑙，矿物名，玉髓矿物的一种，是各种二氧化硅胶溶液体。

（17）珊瑚树，一种腔肠动物珊瑚虫所分泌的石灰质骨骼，形状像树枝，故称珊瑚树，一般呈红色，可做装饰品。

（18）金阙，道家谓天上有黄金阙、白玉宫，为天帝所居。银銮，镶银的车驾。銮，古时皇帝车驾所用的车铃，用作皇帝的代称，此指玉帝。紫府，道教称仙人所居。

（19）琪花瑶草，古人想象中仙境里的花草。琪、瑶，皆美玉。琼葩

（pā 啪），似玉的美花。葩，花。

（20）玉兔，神话月中的白兔。

（21）金乌，古代神话传说中太阳中有三足乌，称为金乌。

（22）唱个大喏（rě 惹），一面作揖，一面口中称“喏”，这种敬礼方式，古代叫作唱喏。喏声很大，腰弯得很低，叫唱个大喏或唱个肥喏。

（23）武曲星君，传说中职掌用武的星神。

（24）弼马温，避马瘟的谐音。民间传说猴子可以避马瘟。书中作为官名，是作者杜撰的。

（25）木德星官，即木星。古代星象家给群星都加上官名，好像群臣辅佐君主，故称星官。

（26）监丞，御马监主管官员。典簿，掌管文书图籍官员。力士，官名，掌管金鼓旗帜、守卫等事。

（27）骅骝（huá liú 华留），传说是周穆王八骏之一，色枣红。以下骐骥、騄駬、纤离、挟翼、翻羽、超光、逾辉、腾雾、绝地、奔霄，均属八骏。由于各教对八骏名目记载不一，故此处数目多于八。（见《荀子·性恶》）以下马名均系借用。

（28）龙媒，天马。古人认为天马属神龙类，天马到来是龙将到来的征兆，因而得名。班固《汉书·礼乐志·天马歌》：“天马徕，龙之媒。”紫燕，即紫燕骝。与下文逸飘、赤电、浮云、绝尘、绝群，同属汉文帝的九逸。

（29）骕骦（sù shuāng 肃霜），春秋时唐成公的骏马。

（30）駃騠（jué tí 决提），古良驹名，以雄马与雌驴杂交而生。

（31）騕褭（yǎo niǎo 杳鸟），又作要褭、褭，古良马名。《淮南子·齐俗》：“夫待騕褭，飞兔而驾之，则世莫能乘车。”飞黄，传说中的神马，其毛色黄，形状像狐，背上有两角，产于西方，寿可达千年。

（32）騊駼（táo tú 陶涂），传说产于北海的一种像马的兽。

（33）赤兔，骏马名，毛色火红。陈寿《三国志·魏书·吕布传》：“布有良马曰赤兔。”

（34）追风，骏马名，善疾跑，与下文飞翮（hé 何）、铜爵同属秦始皇七名马。

（35）四极，四方极远之地。大宛，良马名。大宛原为古代西域的一个小国，其地产一种汗血马，被称为大宛马。

（36）九逸，《西京杂记》载，汉文帝从代（今河北蔚县一带）带回九匹骏马，即九逸。

（37）扎草，即铡草。

（38）泯耳，耳朵倒下，表示驯服。攒蹄，马奔跑时前后蹄相近。攒，聚。

（39）接风，设宴招待远来的客人或亲友。

（40）品从，中国古代官制从高到低至多分为九品，每品又分正、从（副）。品从，正品和从品，指官阶。

（41）尪羸（wāng léi 汪雷），瘦弱。

（42）流品，等级，类别。本指官阶，也泛指门第或社会地位。

（43）同寮，即同僚，一起做官的人。

（44）福地洞天，亦作洞天福地。道教传说，神仙居住的名山胜景，有所谓十大洞天、三十六小洞天、七十二福地。见唐杜光庭《洞天福地岳渎名山记》。

（45）托塔天王，佛教四大天王之一，即北方多闻天王，梵名毗沙门，为佛教的护法天神和赐福天神。管领罗刹、夜叉，掌挚舍利塔。哪吒（né zhā 拿扎），佛教中的护法神，传说他是毗沙门天王之子，《西游记》和《封神演义》中说他是托塔天王李靖三子，称为三太子。

（46）三坛，三个祭坛，即登封坛、降禅坛、朝觐坛。皆古代祭祀时所筑祭坛名字。海会，佛教术语，比喻举行法会时听众会聚之多和德行之深。

（47）招安，招抚，招降，劝使归顺。

（48）支吾，支持，抵拒。

（49）授箓，接受玉帝符命。

（50）坐罪，治罪。

（51）工干官，古代负责制做器物的官员。张、鲁二班，张班，未详。鲁班，即公输般，春秋时鲁国著名的能工巧匠，被奉为我国木工始祖。蟠桃，古代神话中的仙桃。

（52）五斗星君，俸禄只有五斗米的小星官。

（53）轮回，佛教用语。梵语 samsara 的音译，意思是流转。佛教认为众生各依善恶业因，在天道、人道、阿修罗道、地狱道、饿鬼道、畜牲道等六道中生死交替，就像车轮一样旋转不停，故称轮回。

【赏析】

大闹天宫无疑是《西游记》中最脍炙人口的故事。孙悟空闹龙宫、扰冥府，龙王和阎君对他无可奈何，只得向他们的主子——神界的最高统治者玉帝去告状。天庭统治者设计骗孙悟空上天宫去。孙悟空以胜利者的姿态去见玉帝，太白金星朝上礼拜，而他却“挺身在旁”，及玉帝问他：“那个是妖仙？”他只是躬身答应一声：“老孙便是。”

仙卿们都大惊失色。等玉帝封他为弼马温后，众臣叫他谢恩时，“他也只是朝上唱个大喏”。这种倨傲态度，概括地反映了封建社会中人民对权贵和等级制度的蔑视。孙悟空发现了封他为弼马温原来是个骗局后，便心头火起，打出南天门。玉帝调十万天兵天将来讨伐，结果被他打得落花流水，从此他干脆竖起旗号，自称为“齐天大圣”，还要他的六位盟友也都称大圣，并且提出“皇帝轮流做，明日到我家”的响亮口号，与天庭分庭抗礼。“天”是神的王国，是最高统治的象征，而孙悟空的“齐天大圣”的称号，则表明自己是与天庭地位对等的。天庭的统治者慑于他的巨大威力，不得不承认他为“齐天大圣”，再次骗他到天庭去。但他在天宫仍嫌受约束，不自在，所以待了不久，就把天宫闹得一塌糊涂了。大闹天宫是孙悟空的英雄传奇。他勇于追求理想，敢于破坏陈规，不承认神的王国的统治者的任何权威，相信自己的力量并企图完全掌握自己的命运。孙悟空大闹天宫是人民反抗封建统治压迫的斗争在幻想世界中的高度概括。

毛泽东很喜欢孙悟空大闹天宫的故事，在他漫长的革命生涯中，随着情况的不断变化，多次运用这个故事说明重要问题。根据王炳南回忆，1945 年 10 月，重庆谈判期间，毛泽东同国民党的各种人物进行接触。因为在毛泽东看来，国民党作为一个政治联合体，有左中右之分，不能把他们看成铁板一块，为了促进谈判，也要找当权的右派。于是有一天他就去见陈立夫，他先回忆大革命前第一次国共合作的情景，然后以孙悟空自况，批评了国民党的反共政策，赋予孙悟空一个革命者的品格。而到了新中国成立以后，毛泽东又数次谈到孙悟空大闹天宫。一次是，1952 年 2 月 8 日，毛泽东同文艺界的同志的谈话，题旨是宣传“百花齐放，百家争鸣”的方针，号召社会各界帮助共产党整风。毛泽东在谈到真正的马克思主义者是什么都不怕时，再次援引孙悟空大闹天宫的故事，并认为他闹天宫，是“反对官僚主义”。

到了 20 世纪 60 年代，毛泽东又把孙悟空大闹天宫和当时的国际共产主义运动联系起来。1964 年 1 月，在同美国著名记者安娜·露易斯·斯特朗的谈话中，毛泽东又借孙悟空大闹天宫的故事，对自己当时的心境和对共产主义运动的思考作了进一步的表露。他说，同修正主义者斗争的转折点是 1963 年 7 月 14 日苏共中央公开信对我们的攻击。从那时起，我们就像孙悟空大闹天宫一样，丢了天条。

到了他的晚年，他仍然利用孙悟空大闹天宫的故事来说明重大的革命问题。1966 年 3 月 30 日，在上海西部的一次谈话中，毛泽东提出“要支持小将，要保护孙悟空”。这已经是“文化大革命”的前夕了，他说的“小将”，就是稍后涌现的红卫兵、造反派。这种类比的失当，已是人们的共识。

【原文】

第六回　观音赴会问原因　小圣施威降大圣（节录）

……

真君与大圣斗经三百余合[(1)]，不知胜负。那真君抖擞神威，摇身一变，变得身高万丈，两只手，举着三尖两刃神锋，好便似华山顶上之峰[(2)]，青脸獠牙，朱红头发，恶狠狠，望大圣着头就砍。这大圣也使神通，变得与二郎身躯一样，嘴脸一般，举一条如意金箍棒，却就如昆仑顶上的擎天之柱[(3)]，抵住二郎神：唬得那马、流元帅，战兢兢，摇不得旌旗；崩、芭二将，虚怯怯，使不得刀剑。这阵上，康、张、姚、李、郭申、直健，传号令，撒放草头神[4]，向他那水帘洞外，纵着鹰犬，搭弩张弓，一齐掩杀。可怜冲散妖猴四健将，捉拿灵怪二三千！那些猴，抛戈弃甲，撇剑丢枪；跑的跑，喊的喊；上山的上山，归洞的归洞，好似夜猫惊宿鸟，飞洒满天星。众兄弟得胜不题。

却说真君与大圣变做法天象地的规模[5]，正斗时，大圣忽见本营中妖猴惊散，自觉心慌，收了法象[6]，掣棒抽身就走。真君见他败走，大步赶上道："那里走？趁早归降，饶你性命！"大圣不恋战，只情跑起[7]，将近洞口，正撞着康、张、姚、李四太尉，郭申、直健二将军，一齐帅众挡住道："泼猴！那里走！"大圣慌了手脚，就把金箍棒捏做绣花针，藏在耳内，摇身一变，变作个麻雀儿，飞在树梢头钉住。那六兄弟，慌慌张张，前后寻觅不见，一齐吆喝道："走了这猴精也！走了这猴精也！"

正嚷处，真君到了，问："兄弟们，赶到那厢不见了？"众神道："在这里围住，就不见了。"二郎圆睁凤目观看，见大圣变了麻雀儿，钉在树上，就收了法象，撇了神锋，卸下弹弓，摇身一变，变作个饿鹰儿，抖开翅，飞将去扑打。大圣见了，嗖的一翅飞起去，变作一只大鹚老[8]，冲天而去。二郎见了，急抖翎毛，摇身一变，变作一只大海鹤，钻上云霄来嗛[9]。大圣又将身按下，入涧中，变作一个鱼儿，淬入水内[10]。二郎赶至涧边，不见踪迹。心中暗想道："这猢狲必然下水去也，定变作鱼虾之类。等我再变变拿他。"果一变变作个鱼鹰儿，飘荡在下溜头波面上。等待片时，那大圣变鱼儿，顺水正游，忽见一只飞禽，似青鹞[11]，毛片不青；似鹭鸶，顶上无缨；似老鹳[12]，腿又不红："想是二郎变化了等我哩！……"急转头，打个花就走[13]。二郎看见道："打花的鱼儿，似鲤鱼，尾巴不红；似鳜鱼，花鳞不见；似黑鱼，头上无星；似鲂鱼，鳃上无针。他怎么见了我就回去了？必然是那猴变的。"赶上来，刷的啄一嘴。那大圣就撺出水中，一变，变作一条水蛇，游近岸，钻入草中。二郎因嗛他不着，他见水响中，见一条蛇撺出去，认得是大圣，急转身，又变了一只朱绣顶的灰鹤，伸着一个长嘴，与一把尖头铁钳子相似，径来吃这水蛇。水蛇跳一跳，又变做一只花鸨[14]，木木樗樗的[15]，立在蓼汀之上[16]。二郎见他变得低贱，——花鸨乃鸟中至贱至淫之物，不拘鸾、凤、鹰、鸦都与交群[17]——故此不去拢傍，即现原身，走将去，取过弹弓拽满，一弹子把他打个跳踵[18]。

那大圣趁着机会，滚下山崖，伏在那里又变，变一座土地庙儿，大张着口，似个庙门；牙齿变做门扇，舌头变做菩萨，眼睛变做窗棂。只有尾巴不好收拾，竖在后面，变做一根旗竿。真君赶到崖下，不见打倒的鸨鸟，只有一间小庙，急睁凤眼，仔细看之，见旗竿立在后面，笑道："是这猢狲了！他今又在那里哄我。我也曾见庙宇，更不曾见一个旗竿竖在后面的。断是这畜生弄喧[19]！他若哄我进去，他便一口咬住。我怎肯进去？等我掣拳先捣窗棂，后踢门扇！"大圣听得，心惊道："好狠！好狠！门扇是我牙齿，窗棂是我眼睛；若打了牙，捣了眼，却怎么是好？"扑的一个虎跳，又冒在空中不见。

真君前前后后乱赶，只见四太尉、二将军一齐拥至道："兄长，拿住大圣了么？"真君笑道："那猴儿才自变座庙宇哄我。我正要捣他窗棂，踢他门扇，他就纵一纵，又渺无踪迹。可怪！可怪！"众皆愕然，四望更无形影。真君道："兄弟们在此看守巡逻，等我上去寻他。"急纵身驾云，起在半空。见那李天王高擎照妖镜，与哪吒住立云端，真君道："天王，曾见那猴王么？"天王道："不曾上来。我这里照着他哩。"真君把那赌变化，弄神通，拿群一事说毕，却道："他变庙宇，正打处，就走了。"李天王闻言，又把照妖镜四方一照，呵呵的笑道："真君，快去！快去！那猴使个隐身法，走出营围，往你那灌江口去也[20]。"二郎听说，即取神箭，回灌江口来赶。

……

【毛泽东评点】

冒充的事，实际上是有的，现在就碰到了。那些人有狐狸尾巴，大家会看得出来的。孙猴子七十二变，有一个困难，就是尾巴不好变。他变成一座庙，把尾巴变作旗杆，结果被杨二郎看出来了。从什么地方看出来的呢？就是从那尾巴上看出来的。实际上有这样一类人，不管他怎样伪装，他的尾巴是藏不住的。

【注释】

（1）真君，即二郎神，小说戏剧人物，见小说《西游记》、《封神演义》及戏剧《宝莲灯》。小说称二郎神姓杨名戬（jiǎn 简），住灌口，是玉帝外甥，敕封昭惠灵显王二郎。

（2）华山，即西岳华山，在今陕西省华阴市境内。上有五座主峰：莲花（西峰）、落雁（南峰）、朝阳（东峰）、玉女（中峰）、五云（北峰），峭壁千仞，形状如刀削，奇险无比。华山又为道教胜地。

（3）昆仑顶上的擎天之柱，传说昆仑山上有铜柱，高入天，其围有三千里长，壁如刀削。见东方朔《神异经·中山经》。

（4）草头神，起于草莽，不登仙籍的山神。

（5）法天象地，效法天和地，即自然界。规模，样子，模样。

（6）法象，指仙妖作法时变化成的形象。

（7）只情，只管。

（8）大鹚（cí 兹）老，即大鸬鹚，水鸟名，形似鸦而大，毛黑，嘴长，腿高，食鱼。

（9）嗛（xián 嫌），衔在口中。

（10）淬（cuì 脆），原指铸造刀剑时把刀剑烧红浸入水中，使之坚刚。这里指从空中猛地钻入水中。

（11）鹞（yào 耀），鸟名，鹞属各种类的通称。

（12）鹳（guàn 贯），鸟名，鹳科各种猛禽的通称。大型涉禽，形似鹤亦似鹭，嘴长而直。翼长大而尾圆短。

（13）花，水花。

（14）鸨（bǎo 保），鸟名，比雁略大，形体似之。

（15）木木樗（chū 初）樗，痴呆之状。

（16）蓼汀（liǎo tīng 了厅），长满蓼草的水边平地。蓼，蓼科中部分植物的泛称。汀，水边或水中的平地。

（17）交群，禽、兽交配。

（18）跳踵，踉跄欲倒之状。

（19）弄喧，弄玄虚，耍花招儿。

（20）灌江口，在今四川灌县西北岷江中游。

【赏析】

《西游记》第六回中孙悟空与二郎神斗法是一个颇有魅力的故事。孙悟空到西牛贺洲跟须菩提祖师学得七十二变法术，能随意变成多种人物或草木虫鱼。二郎杨戬也会变化之术。孙悟空发现让他当“齐天大圣”是个骗局，一怒之下又大闹蟠桃会，吃了老君仙丹，反出天宫。玉帝派托塔天王率领天兵天将捉拿孙悟空，不能取胜，又派二郎杨戬助战。孙悟空与二郎神便展开了赌变化的战斗。孙悟空每变成一物，二郎神便变成能降他的一物，双方变来变去，最后孙悟空变成一座土地庙：大张着口，似个庙门，牙齿变作门扇，舌头变作菩萨，眼睛变作窗棂。只有尾巴不好收拾，变成一根旗竿竖在庙后。结果被杨二郎看出来了：“我也曾见庙宇，更不曾见一个旗竿竖在后面的。断是这畜牲弄喧！”被识破后，孙悟空只好逃走，但又去灌江口抄了杨二郎的老巢。

毛泽东对这个故事很感兴趣。1953 年 9 月 16 日至 18 日，在中央人民政府委员会第二十七次会议期间的讲话中谈到梁漱溟的问题时，援引了这个故事，是说梁漱溟以“农民代表”自居，说他比共产党更能代表农民，就像变土地庙一样，尾巴露出来了。对梁进行了尖锐的批判。但梁漱溟是学者，是知识分子，今天看来，对梁的批判不无失当之处。

【原文】

第七回　八卦炉中逃大圣　五行山下定心猿（节录）

富贵功名，前缘分定[1]，为人切莫欺心。正大光明，忠良善果弥深。些些狂妄天加谴[2]，眼前不遇待时临。问东君因甚[3]，如今祸害相侵。只为心高图罔极[4]，不分上下乱规箴[5]。

话表齐天大圣被众天兵押去斩妖台下，绑在降妖柱上，刀砍斧剁，枪刺剑刳[6]，莫想伤及其身。南斗星奋令火部众神[7]，放火煨烧，亦不能烧着。又着雷部众神，以雷屑钉打，越发不能伤损一毫。那大力鬼王与众启奏道:"万岁,这大圣不知是何处学得这护身之法,臣等用刀砍斧剁,雷打火烧,一毫不能伤损,却如之何?"玉帝闻言道:"这厮这等,这等……如何处治?"太上老君即奏道[8]:"那猴吃了蟠桃，饮了御酒，又盗了仙丹，——我那五壶丹，有生有熟，被他都吃在肚里，运用三昧火[9]，煅成一块，所以浑做金钢之躯，急不能伤。不若与老道领去，放在八卦炉中，以文武火煅炼[10]。炼出我的丹来，他身自为灰烬矣。"玉帝闻言，即教六丁[11]、六甲[12]，将他解下，付与老君。老君领旨去讫。一壁厢宣二郎显圣，赏赐金花百朵，御酒百瓶，还丹百粒，异宝明珠，锦绣等件，教与义兄弟分享。真君谢恩，回灌江口不题。

那老君到兜率宫，将大圣解去绳索，放了穿琵琶骨之器[13]，推入八卦炉中，命看炉的道人，架火的童子，将火扇起煅炼。原来炉是乾、坎、艮、震、巽、离、坤、兑八卦[14]。他即将身钻在"巽宫"位下。巽乃风也，有风则无火。只是风搅得烟来，把一双眼熻红了[15]，弄做个老害病眼，故唤作"火眼金睛"。

真个光阴迅速，不觉七七四十九日，老君的火候俱全。忽一日，开炉取丹，那大圣双手侮着眼[16]，正自揉搓流涕，只听得炉头声响。猛睁睛看见光明，他就忍不住，将身一纵，跳出丹炉，唿喇一声，蹬倒八卦炉，往外就走。慌得那架火、看炉，与丁甲一班人来扯，被他一个个都放倒，好似癞痫的白额虎[17]，风狂的独角龙[18]。老君赶上抓一把，被他一捽，捽了个倒栽葱[19]，脱身走了。即去耳中掣出如意棒，迎风幌一幌，碗来粗细,依然拿在手中,不分好歹,却又大乱天宫,打得那九曜星闭门闭户[20],四天王无影无形。……

【毛泽东评点】

孙悟空在太上老君的八卦炉里头一锻炼就更好了。孙悟空不是很厉害的人物吗？人家说是"齐天大圣"呀，还要在八卦炉里头烧一烧。

【注释】

（1）前缘分定，前定的缘分。缘，因缘，机缘，由于以往的原因致有当今的际遇。

（2）些些，少许。

（3）东君，原指神话传说中的太阳神，此指孙悟空，因其住在东胜神洲故有此称。

（4）罔极，没边际，没有止境。

（5）规箴（zhēn 针），规劝，告诫。

（6）刳（kū 枯），剖开。

（7）南斗星，星名，即斗宿，有六颗星，形似斗，位于北斗星南，故名。

（8）太上老君，即春秋时思想家老子。姓李，名耳，字伯阳，谥称聃，楚国苦县历乡曲仁里（今河南鹿邑东）人。传说初仕周，后弃官还函谷关，为令尹喜著《道德经》五千言，不知所终。道教根据其学说中的道、自然无为、长视久生等内容加以引申，作为制定教理教义的根据，他便被奉为道教的始祖，称为太上老君。

（9）三昧（mèi 妹）火，即三昧真火。道教称元神、元气、元精涵藏修炼能力的心中的火。三昧，佛教用语。梵文 samadhi 的音译，意译为“正定”。屏除杂念，心不散乱，专注一境之意。

（10）文武火，小而缓的火为文火；大而猛的火是武火。

（11）六丁，即六丁神，道教认为六丁（丁卯、丁巳、丁未、丁酉、丁亥、丁丑）为阴神，为天帝所役使；道士可用符箓召请，以供驱使。

（12）六甲，即六甲神，道教神名。供天帝驱使的阳神；道士可用符箓召请以禳灾驱鬼。六甲，旧时用天干地支相配计算时日，其中有甲子、甲戌、甲申、甲午、甲辰、甲寅，故称六甲。

（13）琵琶骨，肩胛骨。

（14）乾（qián 前）、坎、艮（gèn 亘）、震、巽（xùn 逊）、离、坤、兑（duì 对）八卦，《周易》中的八种具有象征意义的基本图形，每个图形用三个分别代表阳的“—”（阳爻）和代表阴的“--”（阴爻）组成。名称和卦象分别是：乾（☰）、坎（☵）、艮（☶）、震（☳）、巽（☴）、离（☲）、坤（☷）、兑（☱）。相传为伏羲所作。《易传》作者认为八卦主要象征天、地、雷、风、水、火、山、泽等八种自然现象，其中乾、坤是自然界和人类社会一切现象的本源。

（15）熓（chǎo 吵），熏。

（16）侮，同“捂”，遮住，按住。

（17）癫痫（diān xián 颠闲），病名，突然发作的暂时性大脑功能紊乱。

（18）风狂，即疯狂。

（19）捽（zuó 昨），揪住一摔。

（20）九曜星，指北斗七星及辅佐二星。

【赏析】

《西游记》第七回中这个精彩故事是这样的：孙悟空发现被封为“齐天大圣”原来是个骗局，一怒之下，搅了王母娘娘的蟠桃会，喝了仙酒，吃了老君的仙丹，二次反下天宫。玉帝派四大天王协同托塔天王率十万天兵天将不能取胜，又增派二郎真君与之斗法，亦不能取胜，却冷不防被太上老君的“金钢琢”击中，被天兵捉住，玉帝下令押到斩妖台斩首。不料孙悟空是刀砍斧剁、雷打火烧，一毫不能伤损。太上老君便自告奋勇，要把孙悟空放在他的八卦炉中烧炼。谁知经过七七四十九天的大火猛烧之后，孙悟空不仅没有“化为灰烬”，却炼成了一双“火眼金睛”，法力更大了。他再一次大乱天宫，不分上下，使铁棒东打西击，更无一神可挡。这是说孙悟空经过八卦炉的锻炼，反而增长了本领，得到了好处。1957 年 7 月 9 日，毛泽东在上海干部会议上的讲话中，谈到干部要定期“放火”烧身经受锻炼时，便援引了孙悟空在太上老君八卦炉锻炼的故事，意在说明神通广大的孙悟空还要锻炼，锻炼给他增长了法力，我们革命干部也应该像孙悟空那样，不断经受各种锻炼。这种锻炼不仅是必要的，而且是大有好处的。

【原文】

第七回　八卦炉中逃大圣　五行山下定心猿（节录）

……如来闻诏[1]，即对众菩萨道[2]："汝等在此稳坐法堂[3]，休得乱了禅位[4]，待我炼魔救驾去来[5]。"

如来即唤阿傩、迦叶二尊者相随[6]，离了雷音[7]，径至灵霄门外。忽听得喊声振耳，乃三十六员雷将围困着大圣哩。佛祖传法旨："教雷将停息干戈，放开营所，叫那大圣出来，等我问他有何法力。"众将果退。大圣也收了法象，现出原身近前，怒气昂昂，厉声高叫道："你是那方善士，敢来止住刀兵问我？"如来笑道："我是西方极乐世界释迦牟尼尊者，南无阿弥陀佛[8]。今闻你猖狂村野，屡反天宫，不知是何方生长，何年得道，为何这等暴横？"大圣道："我本：

天地生成灵混仙，花果山中一老猿。
水帘洞里为家业，拜友寻师悟太玄[9]。
炼就长生多少法，学来变化广无边。
因在凡间嫌地窄，立心端要住瑶天。
灵霄宝殿非他久，历代人王有分传。
强者为尊该让我，英雄只此敢争先。"

佛祖听言，呵呵冷笑道："你那厮乃是个猴子成精，焉敢欺心，要夺玉皇上帝龙位？他自幼修持，苦历过一千七百五十劫[10]。每劫该十二万九千六百年。你算，他该多少年数，方能享受此无极大道？你那个初世为人的畜生，如何出此大言！不当人子[11]！不当人子！折了你的寿算[12]！趁早皈依[13]，切莫胡说！但恐遭了毒手，性命顷刻而休，可惜了你的本来面目！"大圣道："他虽年劫修长，也不应久占在此。常言道：'皇帝轮流做，明年到我家。'只教他搬出去，将天宫让与我，便罢了。若还不让，定要搅攘，永不清平！"佛祖道："你除了长生变化之法，再有何能，敢占天宫胜境？"大圣道："我的手段多哩！我有七十二般变化，万劫不老长生。会驾筋斗云，一纵十万八千里。如何坐不得天位？"佛祖道："我与你打个赌赛：你若有本事，一筋斗打出我这右手掌中，算你赢，再不用动刀兵苦争战，就请玉帝到西方居住，把天宫让你；若不能打出手掌，你还下界为妖，再修几劫，却来争吵。”

那大圣闻言，暗笑道：“这如来十分好呆！我老孙一筋斗去万八千里。他那手掌，方圆不满一尺，如何跳不出去？”急发声道：“既如此说，你可做得主张？”佛祖道：“做得！做得！”伸开右手，却似个荷叶大小。那大圣收了如意棒，抖擞神威，将身一纵，站在佛祖手心里，却道声：“我出去也！”你看他一路云光，无影无形去了。佛祖慧眼观看[14]，见那猴王风车子一般相似不住，只管前进。大圣行时，忽见有五根肉红柱子，撑着一股青气。他道：“此间乃尽头路了。这番回去，如来作证，灵霄宫定是我坐也。”又思量说：“且住！等我留下些记号，方好与如来说话。”拔下一毫毛，吹口仙气，叫“变！”变作一管浓墨双毫笔，在那中间柱子上写一行大字云：“齐天大圣，到此一游。”写毕，收了毫毛。又不庄尊，却在第一根柱子根下撒了一泡猴尿。翻转筋斗云，径回本处，站在如来掌内道：“我已去，今来了。你教玉帝让天宫与我。”

如来骂道：“我把你这个尿精猴子！你正好不曾离了我掌哩！”大圣道：“你是不知。我去到天尽头，见五根肉红柱，撑着一股青气，我留个记在那里，你敢和我同去看么？”如来道：“不消去，你只自低头看看。”那大圣睁圆火眼金睛，低头看时，原来佛祖右手中指写着“齐天大圣，到此一游”。大指丫里，还有些猴尿臊气，大圣吃了一惊道：“有这等事！有这等事！我将此字写在撑天柱子上，如何却在他手指上？莫非有个未卜先知的法术？我决不信！不信！等我再去来！”

好大圣，急纵身又要跳出，被佛祖翻掌一扑，把这猴王推出西天门外，将五指化作金、木、水、火、土五座联山，唤名“五行山”，轻轻的把他压住。众雷神与阿傩、迦叶，一个个合掌称扬道：“善哉！善哉！

当年卵化学为人，立志修行果道真。
万劫无移居胜境，一朝有变散精神。
欺天罔上思高位，凌圣偷丹乱大伦。
恶贯满盈今有报，不知何日得翻身。”

【毛泽东评点】

如果把世界性的围棋也算在内，那就还有第三种敌我包围，这就是侵略阵线与和平阵线的关系。敌以前者来包围中、苏、法、捷等国，我以后者反包围德、日、意。但是我之包围好似如来佛的手掌，它将化成一座横亘宇宙的无形山，把这几个新式孙悟空——法西斯侵略主义者，最后压倒在山底下，永世也不得翻身。

——《论持久战》，载《毛泽东选集》，第 2 卷，人民出版社 1991 年版，第 472—473 页。

现在我们虽然在数量上和装备上不如敌人，但是我们有马列主义、有群众的支持，不怕打不败敌人，敌人并没有孙悟空的本事，即使有孙悟空的本事，我们也有办法对付他们，因为我们有如来佛的本事，他们总逃不出如来佛的手掌！

——叶永烈：《历史选择了毛泽东》，上海人民出版社 1992 年版，第 98—99 页。

【注释】

（1）如来，佛的别名。梵语 Tathagata 的音译。如，如实。如来即从实之道而来，开示真理的人。佛教供奉多佛，因此如来并非专指一佛，如释迦牟尼佛即释迦牟尼如来，阿弥陀佛即阿弥如来。《西游记》中合释迦牟尼与阿弥陀为一佛。

（2）菩萨，佛教名词。梵文菩提萨埵（Bodhisattve）之省，原为释迦牟尼修行而未成佛时的称号，后泛指对大乘思想的实行者的称呼。此指后者。

（3）法堂，佛教语，寺中演说佛法的讲堂。

（4）禅位，坐禅的位次。禅，梵语音译“禅那”之省。意译是思惟修，即静心修行之意。

（5）炼魔，像用火冶炼矿石那样，用法力制服恶魔。

（6）阿傩（nuó 挪）、迦叶，释迦牟尼如来的两大弟子。阿傩，即阿难，梵语音译，或译阿难陀，意为欢喜、喜庆。本为斛饭王之子，释迦之从弟，生于佛成道之夜，故以阿难为名。二十五岁从佛出家，侍佛二十五年，亲承意旨，称为多闻第一。佛灭后，编录佛说，继为长老。迦叶，即摩诃迦叶，意译为饮光胜尊。摩竭陀国人，本是外道，后归佛教，释迦没后，传正法眼藏，为佛教长老。禅宗奉为西土二十八祖之始祖。

（7）雷音，即雷音寺，释迦牟尼如来讲经的寺院。雷音，传说释迦牟尼如来的五种声音之一，好像狮吼雷震。

（8）释迦牟尼尊者，南无阿弥陀佛，二者在佛教中并不是一个佛，小说中合而为一。释迦牟尼，佛教创始人。释迦，种族名。牟尼，圣人之意。相传是古印度北部迦比罗卫国（在今尼泊尔南部）净饭王的太子。由于对于人生无常的悲观和对当时婆罗门教的不满出家，长期修行后悟道。一直在印度北部、中部传教，后渐被神化。尊者，佛教对德、智兼备僧人的称呼。南无（ná mō 拿摸），梵语Nāmas的音译，归命、敬礼、度我之意。阿弥陀佛，西方极乐世界的教主。阿弥陀，梵语音译，无量光明，无际光明之意。因他能接引一心念他名号的人往生西方净土，故又叫接引佛。佛教净土宗崇拜的主要对象。

（9）太玄，深奥玄妙的道理。

（10）劫，佛教用语。梵文Kalpa音译，“劫波”略语，远大时节之意。旧时把天灾人祸通称为“劫”。

（11）不当（dāng 珰）人子，不当价，罪过之意。

（12）折了你的寿算，旧时迷信说法，人生在世，享用的禄食有一定数量，如果享受过分，便要减少寿命，这就是折寿、折寿算。寿算，寿命的期数。

（13）皈（guī 归）依，信仰佛教的人的入教仪式。

（14）慧眼，佛教语，五眼之一，指二乘的智慧之目，亦泛指能照见实象的智慧。此指后者。

【赏析】

《西游记》第七回孙悟空与如来佛赌赛也是极精彩的片段：孙悟空虽然能够一个筋斗翻十万八千里，但是他站在如来的手心里，一路筋斗，风车子一般相似不住，直到看见五个肉红柱子，撑着一股青气，以为是到了天边，方才停下。怕如来赖账，还特意在中间柱子上写上“齐天大圣，到此一游”八个大字以为凭证，而且还在第一根柱子根子撒了一泡猴尿。回来对证，谁知还真地没有翻出如来的手心。但生性好胜的孙悟空并不认输，还想再翻，却被如来翻掌一扑，如来的五个手指化成五行山，把他压住。孙悟空很快又挣扎着露出头来，如来又用帖子把他镇住，方才了事。这是孙悟空英雄传奇的结束，是皈依佛祖的开始。在这个故事中，孙悟空终因法力有限成了失败者，而如来佛法无边，成了胜利的英雄。

毛泽东青年时代就喜欢读包括《西游记》在内的中国古典小说，尤其是喜欢描写起义造反的书。他特别喜爱孙悟空这个敢于冲破传统清规戒律、敢于大闹天宫、敢于同各种妖魔鬼怪作斗争的神话人物。在他的著作、讲话、书信中，常常把孙悟空当作反抗的英雄。但也不尽然，有时为了说明某个问题，也把孙悟空当作失败的人物。早在 1928 年 5 月 4 日，那时毛泽东和朱德刚刚井冈山会师不久，部队要进行整编。5 月 4 日在砻市河东的广场上开庆祝大会。会上，陈毅宣布成立中国工农革命军第四军，朱德任军长，毛泽东任党代表。在朱德讲话之后，毛泽东也发表了讲话，据何长工回忆，毛泽东讲话时讲了我们上面引的那段话。这段话把国民党反动派比作孙悟空，而且说他们并没有孙悟空的本事，而我们革命队伍就像如来佛，法力无边，足以制服“孙悟空”，鼓舞大家的革命斗志，坚定革命的信心。

到了 1938 年 5 月 26 日至 6 月 3 日在延安抗日战争研究会作的讲演，即著名的《论持久战》“犬牙交错的战争”一节中，讲到“包围与反包围”问题时，毛泽东指出，纵观世界战局，有三种包围与反包围，而第三种即世界性的包围与反包围中，敌人以侵略阵线包围中、苏、法、捷等国，我以和平阵线反包围德、日、意。而和平阵线的反包围就像法力无边的如来佛手掌，它可以化成横亘宇宙的无行山，会把几个新式孙悟空——法西斯侵略者，最后压在山底下，永世不得翻身，并认为“这丝毫也不是笑话，而是战争的必然规律”。在这里，毛泽东又一次把孙悟空当成了反面形象加以引用。

【原文】

第十八回　观音院唐僧脱难　高老庄大圣除魔（节录）

……

那太公即忙换了衣服[(1)]，与高才出来迎接[(2)]，叫声“长老[(3)]”。三藏听见[(4)]，急转身，早已到了面前。那老者戴一顶乌绫巾，穿一领葱白蜀锦衣，踏一双糙米皮的犊子靴，系一条黑绿绦子，出来笑语相迎，便叫：“二位长老，作揖了。”三藏还了礼，行者站着不动。那老者见他相貌凶丑，便就不敢与他作揖。行者道：“怎么不唱老孙喏？”那老儿有几分害怕，叫高才道：“你这小厮却不弄杀我也？家里现有一个丑头怪脑的女婿打发不开，怎么又引这个雷公来害我？”行者道：“老高，你空长了许大年纪，还不省事[(5)]！若专以相貌取人，干净错了[(6)]。我老孙丑自丑，却有些本事。替你家擒得妖精，捉得鬼魅，拿住你那女婿，还了你女儿，便是好事，何必谆谆以相貌为言！”太公见说，战兢兢的，只得强打精神，叫声“请进”。这行者见请，才牵了白马，教高才挑着行李，与三藏进去。他也不管好歹，就把马拴在敞厅柱上，扯过一张退光漆交椅，叫三藏坐下。他又扯过一张椅子，坐在旁边。那高老道：“这个小长老，倒也家怀[(7)]。”行者道：“你若肯留我住得半年，还家怀哩。”

坐定，高老问道：“适间小价说[(8)]，二位长老是东土来的？”三藏道：“便是。贫僧奉朝命往西天拜佛求经，因过宝庄，特借一宿，明日早行。”高老道：“二位原是借宿的，怎么说会拿怪？”行者道：“因是借宿，顺便拿几个妖怪儿耍耍的。动问府上有多少妖怪？”高老道：“天哪！还吃得有多少哩！只这一个怪女婿，也被他磨慌了！”行者道：“你把那妖怪的始末，有多大手段，从头儿说说我听，我好替你拿他。”高老道：“我们这庄上，自古至今，也不晓得有甚么鬼祟魍魉，邪魔作耗。只是老拙不幸，不曾有子，止生三个女儿：大的唤名香兰，第二的名玉兰，第三的名翠兰。那两个从小儿配与本庄人家，止有小的个，想要招个女婿，指望他与我同家过活，做个养老女婿，撑门抵户，做活当差。不期三年前，有一个汉子，模样儿倒也精致，他说是福陵山上人家，姓猪，上无父母，下无兄弟，愿与人家做个女婿。我老拙见是这般一个无根无绊的人，就招了他[(9)]。一进门时，倒也勤谨：耕田耙地，不用牛具；收割田禾，不用刀杖。昏去明来，其实也好；只是一件，有些会变嘴脸。”行者道：“怎么变么？”高老道：“初来时，是一条黑胖汉，后来就变做一个长嘴大耳朵的呆子，脑后又有一溜鬃毛，身体粗糙怕人，头脸就像个猪的模样。食肠却又甚大：一顿要吃三五斗米饭；早间点心，也得百十个烧饼才彀。喜得还吃斋素，若再吃荤酒，便是老拙这些家业田产之类，不上半年，就吃个罄净[(10)]！”三藏道：“只因他做得，所以吃得。”高老道：“吃还是件小事，他如今又会弄风，云来雾去，走石飞沙，唬得我一家并左邻右舍，俱不得安生。又把那翠兰小女关在后宅子里，一发半年也不曾见面，更不知死活如何。因此知他是个妖怪，要请个法师与他去退，去退。”行者道：“这个何难？老儿你管放心，今夜管情与你拿住，教他写个退亲文书，还你女儿如何？”高老大喜道：“我为招了他不打紧，坏了我多少清名，疏了我多少亲眷。但得拿住他，要甚么文书？就烦与我除了根罢。”行者道：“容易！容易！入夜之时，就见好歹。”

……

行者却弄神通，摇身一变，变得就如那女子一般，独自个坐在房里等那妖精。不多时，一阵风来，真个是走石飞沙。好风！……那阵狂风过处，只见半空里来了一个妖精，果然生得丑陋：黑脸短毛，长喙大耳，穿一领青不青、蓝不蓝的梭布直裰[(11)]，系一条花布手巾。行者暗笑道：“原来是这个买卖！”好行者，却不迎他，也不问他，且睡在床上推病，口里哼哼啧啧的不绝[(12)]。那怪不识真假，走进房，一把搂住，就要亲嘴。行者暗笑道：“真个要来弄老孙哩！”即使个拿法，托着那怪的长嘴，叫做个小跌。漫头一料，扑的掼下床来。那怪爬起来，扶着床边道：“姐姐，你怎么今日有些怪我？想是我来得迟了？”行者道：“不怪！不怪！”那妖道：“既不怪我，怎么就丢我这一跌？”行者道：“你怎么就这等样小家子，就搂我亲嘴？我因今日有些不自在，若每常好时，便开门等你了。你可脱了衣服睡是。”那怪不解其意，真个就去脱衣。行者跳起来，坐在净桶上。那怪依旧复来床上摸一把，摸不着人，叫道：“姐姐，你往那里去了？请脱衣服睡罢。”行者道：“你先睡，等我出个恭来[(13)]。”那怪果先解衣上床。

行者忽然叹口气，道声“造化低了?”那怪道：“你恼怎的？造化怎么得低的？我得到了你家，虽是吃了些茶饭，却也不曾白吃你的：我也曾替你家扫地通沟，搬砖运瓦，筑土打墙，耕田耙地，种麦插秧，创家立业。如今你身上穿的锦，戴的金，四时有花果享用，八节有蔬菜烹煎，你还有那些儿不趁心处，这般短叹长吁，说甚么造化低了！”行者道：“不是这等说。今日我的父母，隔着墙，丢砖料瓦的，甚是打我骂我哩。”那怪道：“他打骂你怎的?”行者道：“他说我和你做了夫妻，你是他门下一个女婿，全没些儿礼体。这样个丑嘴脸的人，又会不得姨夫，又见不得亲戚，又不知你云来雾去，端的是那里人家，姓甚名谁，败坏他清德，玷辱他门风，故此这般打骂，所以烦恼。”那怪道：“我虽是有些儿丑陋，若要俊，却也不难。我一来时，曾与他讲过，他愿意方才招我。今日怎么又说起这话！我家住在福陵山云栈洞。我以相貌为姓，故姓猪，官名叫做猪刚鬣[14]。他若再来问你，你就以此话与他说便了。”行者暗喜道：“那怪却也老实，不用动刑，就供得这等明白。既有了地方、姓名，不管怎的也拿住他。”行者道：“他要请法师来拿你哩。”那怪笑道：“睡着！睡着！莫睬他！我有天罡数的变化[15]，九齿的钉钯，怕甚么法师、和尚、道士？就是你老子有虔心，请下九天荡魔祖师下界，我也曾与他做过相识，他也不敢怎的我。”行者道：“他说请一个五百年前大闹天宫姓孙的齐天大圣，要来拿你哩。”那怪闻得这个名头，就有三分害怕道：“既是这等说，我去了罢。两口子做不成了。”行者道：“你怎的就去?”那怪道：“你不知道。那闹天宫的弼马温，有些本事，只恐我弄他不过，低了名头，不象模样。”他套上衣服，开了门，往外就走；被行者一把扯住，将自己脸上抹了一抹，现出原身。喝道：“好妖怪，那里走！你抬头看看我是那个?”那怪转过眼来，看见行者咨牙俫嘴[16]，火眼金睛，磕头毛脸，就是个活雷公相似，慌得他手麻脚软，划剌的一声，挣破了衣服，化狂风脱身而去。行者急上前，掣铁棒，望风打了一下。那怪化万道火光，径转本山而去。行者驾云，随后赶来，叫声：“那里走！你若上天，我就赶到斗牛宫[17]！你若入地，我就追至枉死狱！”咦！毕竟不知这一去赶至何方，有何胜败，且听下回分解。

【毛泽东评点】

只因做得多，所以分配应当多，多劳应当多得。反过来，只因吃得多，所以才有可能做得多。生产转化为消费，消费转化为生产。

——《读〈绘画增像西游记〉批语》，载《毛泽东读文史古籍批语集》，中央文献出版社 1993 年版，第 73 页。

【注释】

（1）那太公，即乌斯藏国高老庄高太公。太公，对老年人的尊称。

（2）高才，高老庄青年，为高太公请捉妖法师的人。

（3）长（zhǎng 掌）老，佛教对释迦牟尼上首弟子的尊称。

（4）三藏，即唐僧。

（5）省（xǐng 醒）事，明白事理。省，知觉，明白。

（6）干净，完全，绝对之意。

（7）家怀，不认生，不客套，像在自己的家里一样。

（8）小价，对别人称自己仆役的谦词。

（9）老拙，老人自谦之称。

（10）罄（qìng 庆）净，干净，完了。罄，器中空，引申为尽，完。

（11）梭布，家庭旧式木机用梭子织成的布。直裰（duō 多），亦作直掇，僧袍。

（12）哼哼啧啧（zé 则），大呼声。

（13）出个恭来，解个大小便。从元代起，科举考场中设有“出恭”“入敬”牌，以防士子擅离座位。士子入厕须先领此牌。因俗称入厕为出恭，大便为大恭，小便为小恭。

（14）刚鬣（liè 列），我国古代对猪的一种称呼。

（15）天罡（gāng 纲），道教称北斗丛星中三十六星为天罡星，故天罡数即三十六。

（16）咨牙俫嘴，即呲牙咧嘴。

（17）斗牛宫，指南斗星宫和牵牛星宫。

【赏析】

《西游记》第十八回写猪八戒高老庄招亲也是一个饶有兴味的故事。高老招猪八戒做女婿有二件不满意，一是嫌他吃得多，二是嫌他把女儿锁在后院不能见死活。所以唐僧一行来到高老庄借宿时，一见便说起这个女婿："初来时，是一条黑胖汉，后来就变做一个长嘴、大耳朵的呆子，脑后又有一溜鬃毛，就像个猪的模样。食肠又甚大，喜得还吃素斋，若再吃荤酒，老拙这些家产几时早已罄净。"唐僧听后便说道："只因他做得，所以吃得。"毛泽东的批语就是读到这里时写下的。毛泽东的这段批语中，明确主张"多劳应当多得"。按劳分配，多劳多得，不劳动不得食，这一社会主义的分配原则，曾经是我国从20世纪50—70年代农业合作社到人民公社普遍实行的分配原则。但这个原则在50年代后期受"左"的思潮的干扰，在人民公社内部刮起了"一平二调"的共产风，搞平均分配，混淆了社会主义与共产主义的界限，大大挫伤了广大农民的生产积极性。为纠正这种错误，中央召开了几次大的会议，三令五申，必须坚持社会主义按劳分配的原则。不难看出，毛泽东这段批语与现实问题之间的密切联系。

原著中，与这批注相关的还有三段话，也引起了毛泽东的关注。一段是，猪八戒对妻子（孙悟空所化）说："我得到了你家，虽是吃了些茶饭，却也不曾白吃你的：我也曾替你家扫地通沟，搬砖运瓦，筑土打墙，耕田耙地，种麦插秧，创家立业。……"（见第18回）另一段是，孙悟空虽然摸清了猪八戒的底，但未擒住他，先回来向师父和高老报信，高老一定要教"斩草除根，莫教坏了我高门清德"。孙悟空笑道："你这老儿不知分限。那怪也曾对我说，他虽是食肠大，吃了你家些茶饭，他也与你干了许多好事。这几年挣了许多家赀，皆是他之力量。他不曾白吃了你东西，问你祛他怎的。据他说，他是一个天神下界，替你把家做活，又未曾害你家女儿。想这等一个女婿，也门当户对，不怎么坏了家声，辱了行业。当真的留他也罢。"（见第十九回）这两段话，前一段话是猪八戒的自我辩解，后一段是孙悟空在高老面前替猪八戒辩解，中心意思都是猪八戒活干得多，为高家挣了家业，所以食量大，多吃点，是应该的，也是多劳多得之意，与毛泽东那段批语的意思是符合的。所以，这两段话，毛泽东在阅读的时候，还都用铅笔一画上了道道。

此外，毛泽东在 20 世纪 50 年代读《西游记研究论文集》（作家出版社 1957 年版）中童思高的《试论〈西游记〉的主题思想》一文时，也作了一些批注和圈画。在文章第二部分末段，作者引了孙悟空一句话："若专以相貌取人，干净错了。"毛泽东读后，分别画了两条横道。孙悟空这句话，也见于第十八回。唐僧等人刚到高老庄见高老，高老有几分害怕，孙悟空才说了这句富有哲理的话。类似的话，以后孙悟空还说过多次。孙悟空的话，是有道理的，也是符合实际的，所以，毛泽东加以圈画表示对这些话有同感。

【原文】

第二十七回　尸魔三戏唐三藏　圣僧恨逐美猴王（节录）

却说常言有云："山高必有怪，岭峻却生精。"果然这山上有一个妖精，孙大圣去时，惊动那怪。他在云端里，踏着阴风，看见长老坐在地下，就不胜欢喜道："造化！造化！几年家人都讲东土的唐和尚取'大乘'，[1]他本是金蝉子化身[2]，十世修行的原体[3]。有人吃他一块肉，长寿长生。真个今日到了。"那妖精上前就要拿他，只见长老左右手下有两员大将护持，不敢拢身。他说两员大将是谁？说是八戒、沙僧。八戒、沙僧，虽没甚么大本事，然八戒是天蓬元帅，沙僧是卷帘大将。他的威气尚不曾泄，故不敢拢身。妖精说："等我且戏他戏，看怎么说。"

好妖精，停下阴风，在那山凹里，摇身一变，变作个月貌花容的女儿，说不尽那眉清目秀，齿白唇红，左手提着一个青砂礶儿，右手提着一个绿磁瓶儿，从西向东，径奔唐僧：

圣僧歇马在山岩，忽见裙钗女近前。
翠袖轻摇笼玉笋[4]，湘裙斜拽显金莲[5]。
汗流粉面花含露，尘拂蛾眉柳带烟。
仔细定睛观看处，看看行至到身边。

三藏见了，叫："八戒，沙僧，悟空才说这里旷野无人，你看那里不走出一个人来了？”八戒道：“师父，你与沙僧坐着，等老猪去看一看来。”那呆子放了钉钯，整整直裰，摆摆摇摇，充作个斯文气象，一直的觌面相迎[6]。真个是远看未实，近看分明。那女子生得：冰肌藏玉骨，衫领露酥胸。柳眉积翠黛，杏眼闪银星。月样容仪俏，天然性格清。体似燕藏柳，声如莺啭林。半放海棠笼晓日，才开芍药弄春晴。

那八戒见他生得俊俏，呆子就动了凡心，忍不住胡言乱语，叫道：“女菩萨，往哪里去？手里提着是甚么东西？”分明是个妖怪，他却不能认得。那女子连声答应道：“长老，我这青礶里是香米饭，绿瓶里是炒面筋。特来此处无他故，因还誓愿要斋僧。”八戒闻言，满心欢喜。急抽身，就跑了个猪颠风，报与三藏道：“师父！‘吉人自有天报！’师父饿了，叫师兄去化斋，那猴子不知哪里摘桃儿耍子去了。桃子吃多了，也有些嘈人[7]，又有些下坠。你看那不是个斋僧的来了？”唐僧不信道，“你这个夯货胡缠[8]！我们走了这向，好人也不曾遇着一个，斋僧的从何而来！”八戒道：“师父，这不到了？”

三藏一见，连忙跳起身来，合掌当胸道：“女菩萨，你府上在何处住？是甚人家？有甚愿心，来此斋僧？”分明是个妖精，那长老也不认得。那妖精见唐僧问他来历，他立地就起个虚情，花言巧语，来赚哄道：“师父，此山叫作蛇回兽怕的白虎岭，正西下面是我家。我父母在堂，看经好善，广斋方上远近僧人；只因无子，求神作福；生了奴奴，欲扳门第，配嫁他人，又恐老来无依，只得将奴招了一个女婿，养老送终。”三藏闻言道：“女菩萨，你语言差了。圣经云[9]：‘父母在，不远游；游必有方。’你既有父母在堂，又与你招了女婿，有愿心，教你男子还，便也罢，怎么自家在山行走？又没个侍儿随从。这个是不遵妇道了。”

那女子笑吟吟，忙赔俏语道：“师父，我丈夫在山北凹里，带几个客子锄田[10]。这是奴奴煮的午饭，送与那些人吃的。只为五黄六月[11]，无人使唤，父母又年老，所以亲身来送。忽遇三位远来，却思父母好善，故将此饭斋僧。如不弃嫌，愿表芹献[12]。”三藏道：“善哉！善哉！我有徒弟摘果子去了，就来，我不敢吃；假如我和尚吃了你饭，你丈夫晓得，骂你，却不罪坐贫僧也[13]？”那女子见唐僧不肯吃，却又满面春生道：“师父啊，我父母斋僧，还是小可；我丈夫更是个善人，一生好的是修桥补路，爱老怜贫。但听见说这饭送与师父吃了，他与我夫妻情上，比寻常更是不同。”三藏也只是不吃，旁边可恼坏了八戒。那呆子努着嘴，口里埋怨道：“天下和尚也无数，不曾像我这个老和尚罢软[14]！现成的饭，三分儿，倒不吃，只等那猴子来，做四分才吃！”他不容分说，一嘴把个罐子拱倒，就要动口。

只见行者自南山顶上，摘了几个桃子，托着钵盂，一筋斗，点将回来[15]；睁火眼金睛观看，认得那女子是个妖精，放下钵盂，掣铁捧，当头就打。唬得个长老用手扯住道：“悟空！你走将来打谁？”行者道：“师父，你面前这个女子，莫当作个好人，他是个妖精，要来骗你哩。”三藏道：“你这猴头，当时倒也有些眼力，今日如何乱道！这女菩萨有此善心，将这饭要斋我等，你怎么说他是个妖精？”行者笑道：“师父，你哪里认得。老孙在水帘洞里做妖魔时，若想人肉吃，便是这等：或变金银，或变庄台，或变醉人，或变女色。有那等痴心的，爱上我，我就迷他到洞里，尽意随心，或蒸或煮受用；吃不了，还要晒干了防天阴哩！师父，我若来迟，你定入他套子，遭他毒手了！”那唐僧哪里肯信，只说是个好人。行者道：“师父，我知道你了。你见他那等容貌，必然动了凡心。若果有此意，叫八戒伐几棵树来，沙僧寻些草来，我做木匠，就在这里搭个窝铺，你与他圆房成事[16]，我们大家散了，却不是件事业？何必又跋涉，取甚经去！”那长老原是个软善的人，那里吃得他这句言语，羞得个光头彻耳通红。

三藏正在此羞惭，行者又发起性来，掣铁棒，往妖精劈脸一下。那怪物有些手段，使个“解尸法[17]”，见行者棍子来时，他却抖擞精神，预先走了，把一个假尸首打死在地下。唬得个长老战战兢兢，口中作念道：“这猴着然无礼[18]！屡劝不从，无故伤人性命！”行者道：“师父莫怪，你且来看看这罐子里是甚东西。”沙僧搀着长老，近前看时，那里是甚香米饭，却是一罐子拖尾巴的长蛆；也不是面筋，却是几个青蛙、癞虾蟆，满地乱跳。长老才有三分儿信了，怎禁猪八戒气不忿，在旁漏八分儿唆嘴道[19]：“师父，说起这个女子，他是此间农妇，因为送饭下田，路遇我等，却怎么栽他是个妖怪？哥哥的棍重，走将来试手打他一下，不期就打杀了；怕你念甚么紧箍儿咒，故意的使个障眼法儿[20]，变作这等样东西，演幌你眼，使不念咒哩。”

三藏自此一言，就是晦气到了：果然信那呆子撺唆[21]，手中捻诀，口里念咒。行者就叫：“头疼！头疼！莫念！莫念！有话便说。”唐僧道：“有甚话说！出家人时时常要方便，念念不离善心，扫地恐伤蝼蚁命，爱惜飞蛾纱罩灯。你怎么步步行凶！打死这个无故平人，取将经来何用？你回去罢！”行者道：“师父，你教我回那里去？”唐僧道：“我不要你做徒弟。”行者道：“你不要我做徒弟，只怕你西天路去不成。”唐僧道：“我命在天，该那个妖精蒸了吃，就是煮了，也算不过。终不然，你救得我的大限[22]？你快回去！”行者道：“师父，我回去便也罢了，只是不曾报得你的恩哩。”唐僧道：“我与你有甚恩？”那大圣闻言，连忙跪下叩头道：“老孙因大闹天宫，致下了伤身多难，被我佛压在两界山；幸观音菩萨与我受了戒行，幸师父救脱吾身；若不与你同上西天，显得我‘知恩不报非君子，万古千秋作骂名’。”原来这唐僧是个慈悯的圣僧。他见行者哀告，却也回心转意道：“既如此说，且饶你这一次，休再无礼。如若仍前作恶，这咒语颠倒就念二十遍！”行者道：“三十遍也由你，只是我不打人了。”却才服侍唐僧上马，又将摘来桃子奉上。唐僧在马上也吃了几个，权且充饥。

却说那妖精，脱命升空。原来行者那一棒不曾打杀妖精，妖精出神去了。他在那云端里，咬牙切齿，暗恨行者道：“几年只闻得讲他手段，今日果然话不虚传。那唐僧已此不认得我，将要吃饭。若低头闻一闻儿，我就一把捞住，却不是我的人了，不期被他走来，弄破我这勾当[23]，又几乎被他打了一棒。若饶了这个和尚，诚然是劳而无功也。我还下去戏他一戏。”

好妖精，按落阴云，在那前山坡下，摇身一变，变作个老妇人，年满八旬，手拄着一根弯头竹杖，一步一声地哭着走来。八戒见了，大惊道：“师父！不好了！那妈妈儿来寻人了！”唐僧道：“寻甚人？”八戒道：“师兄打杀的，定是他女儿。这个定是他娘寻将来了。”行者道：“兄弟莫要胡说！那女子十八岁，这老妇有八十岁，怎么六十多岁还生产？断乎是个假的，等老孙去看来。”好行者，拽开步，走近前观看，那怪物——

假变一婆婆，两鬓如冰雪。走路慢腾腾，行步虚怯怯。弱体瘦伶仃，脸如枯菜叶。颧骨往上翘，嘴唇往下别。老年不比少年时，满脸都是荷叶褶。

行者认得他是妖精，更不理论，举棒照头便打。那怪见棍子起时，依然抖擞，又出化了元神，脱真儿去了，把个假尸首又打死在山路之下。唐僧一见，惊下马来，睡在路旁，更无二话，只是把紧箍儿咒颠倒足足念了二十遍。可怜把个行者头，勒得似个亚腰儿葫芦[24]，十分疼痛难忍，滚将来哀告道："师父莫念了！有甚话说了罢！"唐僧道："有甚话说！出家人耳听善言，不堕地狱。我这般劝化你，你怎么只是行凶？把平人打死一个，又打死一个，此是何说？"行者道："他是妖精。"唐僧道："这个猴子胡说！就有这许多妖怪！你是个无心向善之辈，有意作恶之人，你去罢！"行者道："师父又教我去？回去便也回去了，只是一件不相应。"唐僧道："你有甚么不相应处？"八戒道："师父，他要和你分行李哩。跟着你做了这几年和尚，不成空着手回去？你把那包袱里的甚么旧褊衫，破帽子，分两件与他罢。"

行者闻言，气得暴跳道："我把你这个尖嘴的夯货！老孙一向秉教沙门，更无一毫嫉妒之意，贪恋之心，怎么要分甚么行李？"唐僧道："你既不嫉妒贪恋，如何不去？"行者道："实不瞒师父说。老孙五百年前，居花果山水帘洞大展英雄之际，收降七十二洞邪魔，手下有四万七千群怪，头戴的是紫金冠，身穿的是赭黄袍，腰系的是蓝田带，足踏的是步云履，手执的是如意金箍棒：着实也曾为人。自从涅槃罪度[25]，削发秉正沙门[26]，跟你做了徒弟，把这个'金箍儿'勒在我头上，若回去，却也难见故乡人。师父果若不要我，把那个松箍儿咒念一念，退下这个箍子，交付与你，套在别人头上，我就快活相应了，也是跟你一场。莫不成这些人意儿也没有了？"唐僧大惊道："悟空，我当时只是菩萨暗受一卷紧箍儿咒，却没有甚么松箍儿咒。"行者道："若无松箍儿咒，你还带我去走走罢。"长老又没奈何道："你且起来，我再饶你这一次，却不可再行凶了。"行者道："再不敢了。再不敢了。"又服侍师父上马，剖路前进。

却说那妖精，原来行者第二棍也不曾打杀他。那怪物在半空中，夸奖不尽道："好个猴王，着然有眼！我那般变了去，他也还认得我。这些和尚，他去得快，若过此山，西下四十里，就不归我所管了。若是被别处妖魔捞了去，好道就笑破他人口，使碎自家心，我还下去戏他一戏。”好妖怪，按耸阴风，在山坡下摇身一变，变作一个老公公，真个是：

白发如彭祖[27]，苍髯赛寿星。耳中鸣玉磬，眼里幌金星。手拄龙头拐，身穿鹤氅轻。数珠掐在手，口诵南无经。

唐僧在马上见了，心中欢喜道：“阿弥陀佛！西方真是福地！那公公路也走不上来，逼法的还念经哩[28]。”八戒道：“师父，你且莫要夸奖，那个是祸的根哩。”唐僧道：“怎么是祸根？”八戒道：“行者打杀他的女儿，又打杀他的婆子，这个正是他的老儿寻将来了。我们若撞在他的怀里呵，师父，你便偿命，该个死罪；把老猪为从，问个充军[29]；沙僧喝令，问个摆站[30]；那行者使个遁法走了，却不苦了我们三个顶缸[31]？”

行者听见道：“这个呆根，这等胡说，可不唬了师父？等老孙再去看看。”他把棍藏在身边，走上前，迎着怪物，叫声：“老官儿，往哪里去？怎么又走路，又念经？”那妖精错认了定盘星[32]，把孙大圣也当作个等闲的，遂答道：“长老啊，我老汉祖居此地，一生好善斋僧，看经念佛。命里无儿，只生得一个小女，招了个女婿。今早送饭下田，想是遭逢虎口。老妻先来找寻，也不见回去。全然不知下落，老汉特来寻看。果然是伤残他命，也没奈何，将他骸骨收拾回去，安葬茔中[33]。”行者笑道：“我是个做𧣈虎的祖宗[34]，你怎么袖子里笼了个鬼儿来哄我？你瞒了诸人，瞒不过我！我认得你是个妖精！”那妖精唬得顿口无言。行者掣出棒来，自忖思道：“若要不打他，显得他倒弄个风儿；若要打他，又怕师父念那话儿咒语。”又思量道：“不打杀他，他一时间抄空儿把师父捞了去，却不又费心劳力去救他？……还打的是！就一棍子打杀他，师父念起那咒，常言道：‘虎毒不吃儿。’凭着我巧言花语，嘴伶舌便，哄他一哄，好道也罢了。”好大圣，念动咒语，叫当坊土地、本处山神道：“这妖精三番来戏弄我师父，这一番却要打杀他。你与我在半空中作证，不许走了。”众神听令，谁敢不从，都在云端里照应。那大圣棍起处，打倒妖魔，才断绝了灵光。

那唐僧在马上，又唬得战战兢兢，口不能言。八戒在旁又笑道；“好行者！风发了[35]！只行了半日路，倒打死三个人！”唐僧正要念咒，行者急到马前，叫道："师父，莫念！莫念！你且来看看他的模样。"却是一堆粉骷髅在那里。唐僧大惊道："悟空，这个人才死了，怎么就化作一堆骷髅？"行者道："他是个潜灵作怪的僵尸，在此迷人败本，被我打杀，他就现了本相。他那脊梁上有一行字，叫作'白骨夫人'。"唐僧闻说，倒也信了；怎禁那八戒旁边唆嘴道："师父，他的手重棍凶，把人打死，只怕你念那话儿，故意变化这个模样，掩你的眼目哩！"唐僧果然耳软，又信了他，随复念起。行者禁不得疼痛，跪于路旁，只叫："莫念！莫念！有话快说了罢！"唐僧道："猴头！还有甚说话！出家人行善，如春园之草，不见其长，日有所增；行恶之人，如磨刀之石，不见其损，日有所亏。你在这荒郊野外，一连打死三人，还是无人检举，没有对头；倘到城市之中，人烟凑集之所，你拿了那哭丧棒，一时不知好歹，乱打起人来，撞出大祸，教我怎的脱身？你回去罢！"行者道："师父错怪了我也。这厮分明是个妖魔，他实有心害你。我倒打死他，替你除了害，你却不认得，反信了那呆子谗言冷语，屡次逐我。常言道：'事不过三。'我若不去，真是个下流无耻之徒。我去！我去！去便去了，只是你手下无人。"唐僧发怒道："这泼猴越发无礼！看起来，只你是人，那悟能、悟净，就不是人？"

那大圣一闻得说，他两个是人，止不住伤情凄惨，对唐僧道声："苦啊！你那时节，出了长安，有刘伯钦送你上路；到两界山，救我出来，投拜你为师，我曾穿古洞，入深林，擒魔捉怪，收八戒，得沙僧，吃尽千辛万苦；今日昧着惺惺使糊涂[36]，只教我回去；这才是'鸟尽弓藏，兔死狗烹[37]'！罢！罢！罢！但只是多了那紧箍儿咒。"唐僧道："我再不念了。"行者道："这个难说。若到那毒魔苦难处不得脱身，八戒、沙僧救不得你，那时节，想起我来，忍不住又念诵起来，就是十万里路，我的头也是疼的；假如再来见你，不如不作此意。"

唐僧见他言言语语，越添恼怒，滚鞍下马来，叫沙僧包袱内取出纸笔，即于涧下取水，石上磨墨，写了一纸贬书，递于行者道："猴头！执此为照！再不要你做徒弟了！如再与你相见，我就堕了阿鼻地狱[38]！"行者连忙接了贬书道："师父，不消发誓，老孙去罢。"他将书折了，留在袖中，却又软款唐僧道[39]："师父，我也是跟你一场，又蒙菩萨指教；

今日半途而废，不曾成得功果，你请坐，受我一拜，我也去得放心。”唐僧转回身不睬，口里唧唧哝哝道：“我是个好和尚，不受你歹人的礼！”大圣见他不睬，又使个身外法，把脑后毫毛拔了三根，吹口仙气，叫：“变！”即变了三个行者，连本身四个，四面围住师父下拜。那长老左右躲不脱，好道也受了一拜。

大圣跳起来，把身一抖，收上毫毛，却又吩咐沙僧道：“贤弟，你是个好人，却只要留心防着八戒訁占言訁占语[40]，途中更要仔细。倘一时有妖精拿住师父，你就说老孙是他大徒弟：西方毛怪，闻我的手段，不敢伤我师父。”唐僧道：“我是个好和尚，不提你这歹人的名字。你回去罢。”那大圣见长老三番两复，不肯转意回心，没奈何才去。你看他：

嗡泪叩头辞长老，含悲留意嘱沙僧。
一头拭迸坡前草，两脚蹬翻地上藤。
上天下地如轮转，跨海飞山第一能。
顷刻之间不见影，霎时疾返旧途程。

你看他忍气别了师父，纵筋斗云，径回花果山水帘洞去了。独自个凄凄惨惨，忽闻得水声聒耳。大圣在那半空里看时，原来是东洋大海潮发的声响。一见了，又想起唐僧，止不住腮边泪坠，停云住步，良久方去。毕竟不知此去反复何如，且听下回分解。

【毛泽东评点】

七律·和郭沫若同志

一九六一年十一月十七日

一从大地起风雷，便有精生白骨堆。
僧是愚氓犹可训，妖为鬼蜮必成灾。
金猴奋起千钧棒，玉宇澄清万里埃。
今日欢呼孙大圣，只缘妖雾又重来。

——《毛泽东诗词集》，中央文献出版社 1996 年版，第 124 页。

从那时起，我们就像孙悟空大闹天宫一样。我们丢掉了天条！记住不要把天条看得太重了，我们必须走自己的革命道路。

——安娜·露易斯·斯特朗：《必须走自己的革命道路——与毛泽东的一次谈话》，曾力铁译，《党史文汇》1986 年第 6 期。

【注释】

（1）大乘，梵文 Mahāyāna（摩诃衍那）的意译。公元 1 世纪左右逐步形成的佛教派别。强调利他，普度一切众生，提倡以“六度”为主的“菩萨行”，如发大心者所乘的大车，故称“大乘”。

（2）金蝉，蝉的美称。

（3）原体，指缘蝉未脱壳一样。

（4）玉笋，指女子的纤手。

（5）金莲，指女子的纤足。

（6）觌（dí 敌）面，见面。觌，相见。

（7）嘈，肠胃不适应，口冒酸水。

（8）夯（bèn 笨）货，笨东西，笨家伙。夯，通“笨”，粗笨。

（9）圣经，此指《论语》。下面所引“父母在”等三句，见《论语·里仁》：“子曰：‘父母在，不远游；游必有方。”

（10）客子，佣工，客作。

（11）五黄六月，亦作“五荒六月”，指农历六月，五谷成熟，农事正忙的时节。

（12）芹献，馈赠，自谦送人礼物微薄。

（13）罪坐，归罪，连坐。

（14）罢（pí 皮）软，没有主见，做事颠倒。

（15）点将（jiāng 江），跳着。将，语助词，无义。

（16）圆房，旧指新婚夫妇开始同房。

（17）解尸法，也叫尸解法，本指道徒遗其形骸而仙去，此指白骨精留下化成的女子尸体而逃去。

（18）着然，着实，实在。

（19）漏八分儿唆嘴，话里有话挑唆。

（20）障眼法，遮蔽或转移视线使别人看不清事实真相的手法。

（21）撺唆，挑拨，挑唆。

（22）大限，寿数，死期。

（23）勾（gòu 够）当，事情。

（24）亚腰葫芦，一种当中细两头粗的葫芦。

（25）涅槃，佛教语。梵语 Nirrāna 的音译，意为“灭”“寂灭”“圆寂”之意，是佛教全部修习所要达到的最高境界，一般指息灭生死轮回的境界。

（26）沙门，梵读 Sramana 的音译，原为古印度及婆罗门教思潮多个派别出家者的通称，佛教盛行后专指佛教僧侣。

（27）彭祖，传说故事人物。姓钱名铿，颛顼玄孙，生于夏代，至殷末已经七百六十七岁（一说八百岁）。殷王以为大夫，托病不问政事。因其被尧封于彭城（今江苏徐州）及道德可被祖范，故后人称为彭祖。事见《神仙传》《列仙传》。旧时因以彭祖为长寿的象征。

（28）逼法的，正在。

（29）充军，古代刑法之一，把死刑减等的罪犯或其他重犯押解到边远地方去服役。

（30）摆站，古代刑法之一，把犯人发配到驿站充当苦差。

（31）顶缸，代人受过。

（32）定盘星，秤杆上的第一个星，秤锤悬在此点时，适与秤盘成平衡，因称“定盘星”。比喻做事的准绳。

（33）茔（yíng 营），墓地。

（34）㚇（yā 鸦）虎，假装老虎，女子故作姿态。

（35）风发，即发疯。

（36）昧着惺惺使糊涂，遮蔽聪明的人，使用糊涂的人。昧，遮蔽，隐藏。惺惺，聪明，伶俐。

（37）鸟尽弓藏，兔死狗烹，鸟打光后，弹弓就被搁置不顾；兔捕杀后，猎狗就被烹吃。语出《史记·越王勾践世家》：“范蠡遂去，自齐遗大夫（文）种书曰：“蜚（同“飞”）鸟尽，良弓藏，狡兔死，走狗烹。”

（38）阿鼻地狱，佛教术语。梵语 Ārici 的音译，意即“无间”，痛苦无有间断之意，为佛教传说中八大地狱中最下、最苦之处。

（39）软款，温存、宛转。

（40）诂（zhān 沾）言诂语，花言巧语。

【赏析】

“孙悟空三打白骨精”是《西游记》中写得极其精彩的故事，曾被多种剧种改编为剧本。浙江省绍剧团改编的绍剧《孙悟空三打白骨精》就是其中较好的一个。这出戏是根据《西游记》第二十七回改编的。在小说中，写唐僧等人到西天取经路上，碰到白骨精。白骨精先后三次变成美女、老妇、老翁，想引诱唐僧上当，都被孙悟空识破，用金箍棒来打，头两次妖精都用尸解法逃跑了，第三次才被打死。唐僧错认为孙悟空三次打死了三个人，把他赶走。剧本将后半部改为，白骨精从第三棒下逃脱，待孙悟空被逐后，乘机降住唐僧和沙僧。猪八戒侥幸逃走，请回孙悟空，设计除掉白骨精。全剧最精彩之处，是孙悟空化成白骨精之母，要白骨精在唐僧面前三现原形，使唐僧悔悟。1961 年国庆节前夕，浙江省绍剧团晋京汇报演出，10 月 18 日在北京民族文化宫演出时，现代著名文学家和历史学家郭沫若观看了此剧。演出结束后，绍剧团的同志要郭沫若提意见。此后，郭沫若又看了两次演出。10 月 25 日，郭沫若写了《七律・看〈孙悟空三打白骨精〉》一诗，结合当时国际斗争，表达诗人的观感。

10 月 10 日，毛泽东在中南海怀仁堂也观看了浙江省绍剧团演出的《三打白骨精》。演出的两个多小时之中，毛泽东始终兴致很高。他时而点头，时而微笑。当演到“天王庙”一场时，看到孙悟空被贬，唐僧被白骨精捉住，猪八戒狼狈逃窜时的蹉步、蹁步、跑跳等夸张动作，毛泽东则捧腹大笑。

不久，毛泽东在广州读到了郭沫若的诗：

人妖颠倒是非清，对敌慈悲对友刁。

咒念金箍闻万遍，精逃白骨累三遭。

千刀当剐唐僧肉，一拔何亏大圣毛。

教育及时堪赞赏，猪犹智慧胜愚曹。

毛泽东读到郭沫若的诗后，不同意郭诗对被白骨精欺骗的唐僧的看法，认为郭老对唐僧的看法未免有点偏激。于是，他在1961年11月17日，便写了《七律·和郭沫若同志》，表达他对唐僧的不同看法。第二年1月6日，郭沫若在广州读了和诗，接受毛泽东的意见，当日步原韵再回一首，诗中有“僧受折唐知悔恨”一句。毛泽东看了郭老的这首和诗后，于1月12日，非常高兴地挥毫在郭老这首诗旁边写道：“和诗好，不要千刀当剐唐僧肉了，对中间派采取了统一战线政策，这就好了。”

后来，在“文化大革命”中，浙江绍剧团的主要演员也挨了整，毛泽东对此很关心。1971年9月3日，毛泽东南巡到杭州，第二天，他便向有关方面问起扮演《三打白骨精》中的那个美猴王的情况。他十分风趣地问道：“美猴王现在是不是还压在五行山下？”后来，绍剧团的著名演员都很快“解放”了。

上面，毛泽东把“对中间派采取统一战线政策”、对著名演员的“解放”政策，是“三打白骨精”故事联系实际的具体运用，体现了一个革命家时时讲究政策和策略的思想，给人以教育。但毛泽东写作此律的初衷，或者说出发点，都不在这里，而是出于当时国际形势，特别是国际共产主义运动的态度。

从20世纪50年代后半期起，中国共产党与苏联共产党在对待战争与和平、和平过渡、和平竞赛及社会主义道路等重大问题上，逐步产生了许多严重分歧。1960年4月22日，在列宁诞辰90周年之际，中国共产党接连发表《列宁主义万岁》等三篇文章，系统表达了原则立场。同年6月24日到26日，在罗马尼亚首都布加勒斯特的共产党和工人党会议上，11月，在莫斯科八十一个共产党、工人党会议上，苏共代表团同中共代表团都发生了激烈的争论。在这种场合下，中国共产党人同苏共代表团进行针锋相对，有理、有力、有节的斗争，对兄弟党采取了忍让和说服的态度，因而赢得了主动。毛泽东在《七律·和郭沫若同志》这首诗里，用艺术的语言，表达了中国共产党人的上述立场。在这首诗中，毛泽东把中国共产党比作孙悟空，把苏共推行的国际共产主义运动的错误路线比作“妖雾”——即修正主义。所以在后来与斯特朗的谈话中便有“从那时起，我们丢掉了天条”，把批判苏共修正主义称作大闹天宫。这是他当时的心境的真实写照。此后，中共与苏共的争论愈演愈烈，中共又发表了著名的“九评”。这场争论确像后来邓小平同志所说，双方都讲了些空话、套话。这是比较公正的看法。

【原文】

第二十八回　花果山群妖聚义　黑松林三藏逢魔（节录）

却说那大圣虽被唐僧逐赶，然犹思念，感叹不已，早望见东洋大海，道：“我不走此路者，已五百年矣！”只见那海水：

烟波荡荡，巨浪悠悠。烟波荡荡接天河，巨浪悠悠通地脉。潮来汹涌，水浸湾环[(1)]。潮来汹涌，犹如霹雳吼三春[(2)]；水浸湾环，却似狂风吹九夏[(3)]。乘龙福老，往来必定皱眉行；跨鹤仙童，反复果然忧虑过。近岸无村社[(4)]，傍水少渔舟。浪卷千年雪，风生六月秋。野禽凭出没，沙鸟任沉浮。眼前无钓客，耳畔只闻鸥。海底游鱼乐，天边过雁愁。

那行者将身一纵，跳过了东洋大海，早至花果山。按落云头，睁睛观看，那山上花草俱无，烟霞尽绝；峰岩倒塌，林树焦枯。你道：怎么这等？只因他闹了天宫，拿上界去。此山被显圣二郎神，率领那梅山七弟兄，放火烧坏了。这大圣倍加凄惨。有一篇败山颓景的古风为证[(5)]。古风云：

回顾仙山两泪垂，对山凄惨更伤悲。

当时只道山无损，今日方知地有亏。

可恨二郎将我灭，堪嗔小圣把人欺。

行凶掘你先灵墓，无干破尔祖坟基。

满天霞雾皆消荡，遍地风云尽散稀。

东岭不闻斑虎啸，西山那见白猿啼？

北溪狐兔无踪迹，南谷獐犯没影遗。

青石烧成千块土，碧沙化作一堆泥。

洞外乔松皆倚倒，崖前翠柏尽稀少。
椿杉槐桧栗檀焦，桃杏李梅梨枣了。
柘绝桑无怎养蚕？柳稀竹少难栖鸟。
峰头巧石化为尘，涧底泉干都是草。
崖前土黑没芝兰，路畔泥红藤薜攀。
往日飞禽飞那处？当时走兽走何山？
豹嫌蟒恶倾颓所，鹤避蛇回败坏间。
想是日前行恶念，致令目下受艰难。

那大圣正当悲切，只听得那芳草坡前，曼荆凹里，响一声，跳出七八个小猴，一拥上前，围住叩头，高叫道："大圣爷爷！今日来家了？"美猴王道："你们因何不耍不顽，一个个都潜踪隐迹？我来多时了，不见你们形影，何也？"群猴听说，一个个垂泪告道："自大圣擒拿上界，我们被猎人之苦，着实难捱！怎禁他硬弩强弓，黄鹰劣犬，网扣枪钩，故此各惜性命，不敢出头顽耍；只是深潜洞府，远避窝巢。饥去坡前偷草食，渴来涧下吸清泉。却才听得大圣爷爷声音，特来接见，伏望扶持。"那大圣闻得此言，愈加凄惨，便问："你们还有多少在此山上？"群猴道："老者，小者，只有千把。"大圣道："我当时共有四万七千群妖，如今都往哪里去了？"群猴道："自从爷爷去后，这山被二郎菩萨点上火，烧杀了大半。我们蹲在井里，钻在涧内，藏于铁板桥下，得了性命。及至火灭烟消，出来时，又没花果养赡，难以存活，别处又去了一半。我们这一半，捱苦的住在山中。这两年，又被些打猎的抢了一半去也。"行者道："他抢你去何干？"群猴道："说起这猎户，可恨！他把我们中箭着枪的，中毒打死的，拿了去剥皮剔骨，酱煮醋蒸，油煎盐炒，当作下饭食用。或有那遭网的，遇扣的，夹活儿拿去了，教他跳圈做戏，翻筋斗，竖蜻蜓，当街上筛锣擂鼓(6)，无所不为地顽耍。"

大圣闻此言，更十分恼怒道："洞中有甚么人执事？"群妖道："还有马、流二元帅，奔、芭二将军管着哩。"大圣道："你们去报他知道，说我来了。"那些小妖，撞入门里报道："大圣爷爷来家了。"那马、流、奔、芭闻报，忙出门叩头，迎接进洞。大圣坐在中间，群怪罗拜于前，启道：

“大圣爷爷，近闻得你得了性命，保唐僧往西天取经，如何不走西方，却回本山？”大圣道：“小的们，你不知道，那唐三藏不识贤愚。我为他一路上捉怪擒魔，使尽了平生的手段，几番家打杀妖精；他说我行凶作恶，不要我做徒弟，把我逐赶回来，写立贬书为照，永不听用了[7]。”

众猴鼓掌大笑道：“造化！造化！做甚么和尚，且家来，带携我们耍子几年罢！”叫：“快安排椰子酒来，与爷爷接风。”大圣道：“且莫饮酒。我问你，那打猎的人，几时来我山上一度？”马、流道：“大圣，不论甚么时度，他逐日家在这里缠扰。”大圣道：“他怎么今日不来？”马、流道：“看待来耶。”大圣吩咐：“小的们，都出去把那山上烧酥了的碎石头与我搬将起来堆着。——或二三十个一堆，或五六十个一堆，堆着，我有用处。”那些小猴，都是一窝峰，一个个跳天搠地[8]，乱搬了许多堆集。大圣看了，教：“小的们，都往洞内藏躲，让老孙作法。”

那大圣上了山巅看处，只见那南半边，冬冬鼓响，噹噹锣鸣，闪上有千余人马，都架着鹰犬，持着刀枪。猴王仔细看那些人，来得凶险。好男子，真个骁勇[9]！但见：

狐皮苫肩顶[10]，锦绮裹腰胸。袋插狼牙箭[11]，胯挂宝雕弓[12]。人似搜山虎，马如跳涧龙。成群引着犬，满膀架其鹰。荆筐抬火炮，带定海东青[13]。粘竿百十磻[14]，兔叉有千根。牛头拦路网，阎王扣子绳。一齐乱吆喝，散撒满天星。

大圣见那些人布上他的山来，心中大怒。手里捻诀，口内念念有词，往那巽地上吸了一口气[15]，嘑的吹将去，便是一阵狂风。好风！但见：

扬尘播土，倒树摧林。海浪如山耸，浑波万迭侵。乾坤昏荡荡，日月暗沉沉。一阵摇松如虎啸，忽然入竹似龙吟。万窍怒号天噫气，飞砂走石乱伤人。

大圣作起这大风，将那碎石，乘风乱飞乱舞，可怜把那些千余人马，一个个：

石打乌头粉碎，沙飞海马俱伤。人参官桂岭前忙，血染朱砂地上。附子难归故里，槟榔怎得还乡？尸骸轻粉卧山场，红娘子家中盼望[16]。

诗曰：

人亡马死怎归家？野鬼孤魂乱似麻。

可怜抖擞英雄将，不辨贤愚血染沙。

大圣按落云头，鼓掌大笑道："造化！造化！自从归顺唐僧，做了和尚，他每每劝我话道：'千日行善，善犹不足；一日行恶，恶自有余。'真有此话！我跟着他，打杀几个妖精，他就怪我行凶，今日来家，却结果了这许多猎户。"叫："小的们，出来！"那群猴，狂风过去，听得大圣呼唤，一个个跳将出来。大圣道："你们去南山下，把那打死的猎户衣服，剥得来家，洗净血迹，穿了遮寒；把死人的尸首，都推在那万丈深潭里；把死倒的马，拖将来，剥了皮，做靴穿，将肉腌着，慢慢地食用；把那些弓箭枪刀，与你们操演武艺；将那杂色旗号，收来我用。"群猴一个个领诺(17)。

那大圣把旗拆洗，总斗做一面杂彩花旗，上写着"重修花果山，复整水帘洞，齐天大圣"十四字。竖起杆子，将旗挂于洞外，逐日招魔聚兽，积草屯粮，不提"和尚"二字。他的人情又大、手段又高，便去四海龙王，借些甘霖仙水，把山洗青了。前栽榆柳，后种松楠，桃李枣梅，无所不备，逍遥自在，乐业安居不题。

【毛泽东评点】

"千日行善，善犹不足；一日行恶，恶常有余。"乡愿思想也。孙悟空的思想与此相反，他是不信这些的，即使说作者吴承恩不信这些。他的行善，即是除恶。他的除恶，即是行善，"所谓此言果然不差"，便是这样认识的。

——《读〈绘图增像西游记〉批语》，载《毛泽东读文史古籍批语集》，中央文献出版社 1993 年版，第 74—75 页。

【注释】

（1）湾环，曲水环绕。

（2）霹雳（pī lì 劈历），疾雷声。三春，农历春季的三个月。正月称孟春，二月称仲春，三月称季春，合称三春。

（3）九夏，农历夏季的九十天。

（4）村社，村落。

（5）古风，诗体名，即古诗、古体诗。

（6）筛锣擂鼓，敲锣打鼓。

（7）听用，听候使用。

（8）跳天搠（shuò 硕）地，跳上跳下。

（9）骁勇，勇猛。

（10）苫（shān 山，又 shàn 扇），用草编成的覆盖物，此是遮盖之意。

（11）狼牙箭，古兵器名，因其形状似狼牙般锐利而得名。

（12）宝雕弓，用珍宝装饰的雕弓。

（13）海东青，一种凶猛而珍贵的鸟，属雕类，产于黑龙江下游及附近海岛。

（14）舚（tiàn 天去声），吐舌。

（15）巽（xùn 驯）地，东南方位。巽，东南方。《易·说卦》："巽，东南也。"

（16）红娘子家中盼望，这是集合各种中药名称写的词。其中的乌头、海马、人参、官桂、朱砂、附子、槟榔、轻粉、红娘子等，都是中药名。

（17）领诺，答应，应承。

【赏析】

《西游记》第二十八回《花果山群妖聚义 黑松林三藏逢魔》写孙悟空三打白骨精，被唐僧贬回花果山，见到福地洞天的神仙境界，变成一片焦土枯岭，四万七千多个猴类，仅存一千余只，而且还天天有猎人驾鹰使犬来捕杀。孙悟空大怒，便让猴子们垒起山石，作起法来，把来犯的千余人马一个个打得血肉横飞，并鼓掌大笑道："造化！造化！自从归顺唐僧，做了和尚他每每劝我话道：'千里行善，善犹不足；一日行恶，恶常有余。'真有此话！我跟着他，打杀几个妖精，他就怪我行凶；今日来家，却结果了这许多猎户。"孙悟空的这段话，毛泽东在阅读时不仅用黑铅笔都画上了道道，而且挥笔写下了上述那段批语。

这段批语提出了两种截然相反的善恶观。一种是唐僧的善恶观："千日行善，善犹不足；一日行恶，恶常有余。”毛泽东认为这是一种乡愿思想。什么是乡愿思想呢？“乡愿”一词见于《论语·阳货》：“子曰：‘乡愿，德之贼也。’”乡愿，《孟子》作“乡原”。《孟子·尽心下》有一段具体的解释：“何以是嘐嘐（jiāo 交，言语浮夸）也？言不顾行，行不顾言，则曰：‘古之人，古之人，行何为踽踽（孤独之态）凉凉？生斯世也，为斯世也，善斯可矣。’阉然（曲意逢迎之态）媚于世也者，是乡原也。”又说：“非之无举也，刺之无刺也。同乎流俗，合乎污世。居之似忠信，行之似廉洁。众皆悦之，自以为是，而不可与入尧舜之道。故曰：‘德之贼也。’”朱熹《四书集注·论语》：“乡者，鄙俗之意。……盖其同流合污，以媚于世，故在乡人之中独以愿称。”从孟子、朱熹这两位儒学大师的解释，我们可以知道，所谓乡愿思想乃是一种貌似谨厚，而实与流俗合污的伪善，是一种不分是非曲直的好好先生的人生哲学，在《西游记》就表现为唐僧的待人处世哲学。唐僧的善恶观、唐僧的思想言行就是“乡愿”思想的典型表现。这种“乡愿”思想，常常弄到“人妖颠倒是非淆，对敌慈悲对友刁”（郭沫若语）的地步，往往大长妖魔鬼怪的志气，大灭孙悟空的威风，结果弄得唐僧自己也三番五次要遭受磨难，几乎丢掉性命。因此，毛泽东对唐僧虔诚信奉的这种处世哲学是完全反对的。

另一种则是孙悟空的善恶观：“他的行善，即是除恶。他的除恶，即是行善。”孙悟空不仅笃信这种善恶观，而且身体力行。他保护唐僧到西天取经，一路上逢山开路、降妖捉怪，尽管因被唐僧误会而一次次遭受“紧箍儿咒”的折磨，但他始终不改初衷，勇敢战斗，除恶求善，一往无前，为取经的胜利立下了汗马功劳。如果没有孙悟空的一路斩妖除恶、斩魔行善，师徒四人到达西天是不可能的。因此，毛泽东认为，孙悟空的善恶观与唐僧的“乡愿”思想是完全相反的。

从哲学上来讲，善和恶是相比较而存在的，有善就有恶，善恶并存是永恒的。1957 年 1 月 27 日，毛泽东在《在省市自治区党委书记会议上的讲话》中指出：“真理是跟谬误相比较，并且同它作斗争发展起来的。……善恶也是这样，善事、善人是同恶事、恶人相比较，并且同它作斗争发展起来的。”

1956年9月27日，在接见外宾的谈话中，毛泽东还谈过：现在我们把未来理想想得很美，可是未来到来时，人们会感到不满意，一万年以后社会上还有善恶，无恶即无善。这就是一种上升到哲学高度对善恶问题的总结，也就是作为伟大思想家的毛泽东的善恶观。

【原文】

第三十五回　外道施威欺正性　心猿获宝伏邪魔（节录）

……正行处，猛见路旁闪出一个瞽者[1]，走上前扯住三藏马，道："和尚，哪里去？还我宝贝来！"八戒大惊道："罢了！这是老妖来讨宝贝了！"行者仔细观看，原来是太上老君[2]，慌得近前施礼道："老官儿[3]，那里去？"那老祖急升玉局宝座[4]，九霄空里伫立，叫："孙行者，还我宝贝。"大圣起到空中道："甚么宝贝？"老君道："葫芦是我盛丹的，净瓶是我盛水的，宝剑是我炼魔的，扇子是我搧火的，绳子是我一根勒袍的带。那两个怪：一个是我看金炉的童子，一个是我看银炉的童子。只因他偷了我的宝贝，走下界来，正无觅处，却是你今拿住，得了功绩。"大圣道："你这老官儿，着实无礼。纵放家属为邪，该问个钤束不严的罪名[5]。"老君道："不干我事，不可错怪了人。此乃海上菩萨问我借了三次[6]，送他在此托化妖魔，看你师徒可有真心往西去也。"大圣闻言，心中作念道："这菩萨也老大惫懒[7]！当时解脱老孙，教保唐僧西去取经，我说路途艰涩难行，他也曾许我急难处亲来相救；如今反使精邪掯害[8]，语言不的[9]，该他一世无夫！若不是老官儿亲来，我决不与他；既是你这等说，拿去罢。"那老君收得五件宝贝，揭开葫芦与净瓶盖口，倒出两股仙气，用手一指，仍化为金银二童子，相随左右。只见那霞光万道，咦！缥缈同归兜率宫[10]，逍遥直上大罗天[11]。……

【毛泽东评点】

毛泽东在读《西游记研究论文集》中童思高的论文《试论〈西游记〉

的主题思想》一文第二部分中，作者所引原著第三十五回中孙悟空与李老君的一段对话（从“大圣道：‘你这老官儿”到“拿去吧”）时，每一句下面都画上了横道，其中“该他一世无夫”一句，除了画横道外，句末还连画了三个圈。

——徐中远：《毛泽东读评五部古典小说》，华文出版社 1997 年版，第 230 页。

【注释】

（1）瞽（gǔ 古）者，盲人。

（2）太上老君，道教奉老子为始祖，尊之为太上老君。《老子内传》：“太上老君，姓李名耳，字伯阳，一名重耳；生而白首，故号老子；耳有三漏，又号老聃。”

（3）老官儿，对男性老者的称呼。

（4）玉局宝座，即局脚（曲折的高脚）玉床。道教传说，东汉永寿元年（155）太上老君与张道陵到成都，有一局脚玉床从地下生出，太上老君坐在上面为张道陵说《南北斗经》。经说完后人去床隐，故人称此地为玉局化。

（5）钤（qián 钳）束，管教，约束。钤，锁闭。

（6）海上菩萨，指南海观世音菩萨。

（7）惫（bèi 备）懒，调皮，不顺从。

（8）掯（kèn 肯，去声）害，留难为害。掯，留难，压住不放。

（9）语言不的，说不得，不要提了。

（10）兜率宫，太上老君所居的宫殿。

（11）大罗天，道教所称三十六重天中最高一重天。

【赏析】

《西游记》从第三十二回到第三十五回《外道施威欺正性　心猿护宝伏邪魔》，写唐僧师徒到西天取经途中，遇到了平顶山莲花洞的两个妖精金角大王和银角大王，金角大王有个宝葫芦，银角大王有个净瓶，这两件宝贝都十分厉害，当它对着人呼名字时，人只要一答应，便被吸入瓶中，另外，两个魔怪还有扇子、宝剑和仙绳等三件宝贝。孙悟空骗得了金角大王的葫芦后才在混乱之中将金角大王装入葫芦，后来又把银角大王装入净瓶。以其人之道还治其人之身，才战胜了二怪，得了他们的宝贝。不料太上李老君却来讨还宝贝。老君说，葫芦是他盛丹的，净瓶是他盛水的，宝剑是他炼魔的，扇子是他搧火的，绳子是他一根勒袍的带。那两个怪：一个是他看金炉的童子，一个是他看银炉的童子。伶牙俐齿的孙悟空便说老君“纵放家属为邪”，“该问个钤束不严的罪名”。老君辩解说，这与他无关，是观世音菩萨向他借了，送他在此托化妖魔，来试他们师徒取经的真心的。于是孙悟空又对观世音菩萨作了一番评论，认为菩萨此举有点开玩笑；回想起当初解救他保唐僧取经时，曾许他急难时要亲来相救，如今反使妖邪为害，实在不好理解，于是调侃地说：“该他一世无夫！”毛泽东在阅读童思高《试论〈西游记〉的主题思想》（载《西游记研究论文集》，作家出版社1957年版）所引孙悟空与太上老君的上述对话和孙悟空的心理活动的描写时，每一句下面都画上了横道，其中“该他一世无夫”一句，除了画横道外，句末还连画了三个圈。这些道道和圈圈，是这段对话牵动了毛泽东思想活动的轨迹，但它到底是什么内容，我们无法索解，但也许是对孙悟空这种充满睿智又不乏幽默的谈吐表示心理认同吧！

【原文】

第四十七回　圣僧夜阻通天水　金木垂慈救小童（节录）

又行不多时，只听得滔滔浪响。八戒道：“罢了！来到尽头路了！”沙僧道：“是一股水挡住也。”唐僧道：“却怎生得渡？”八戒道：“等我试之，看深浅何如。”三藏道：“悟能，你休乱谈。水之浅深，如何试得？”八戒道：“寻一个鹅卵石，抛在当中。若是溅起水泡来，是浅；若是骨都都沉下有声，是深。”行者道：“你去试试看。”那呆子在路旁摸了一块顽石，往水中抛去，只听得骨都都泛起鱼津[1]，沉下水底。他道：“深！深！深！去不得！”唐僧道:“你虽试得深浅,却不知有多少宽阔。”八戒道:“这个却不知,不知。”行者道:“等我看看。”好大圣,纵筋斗云,跳在空中,定睛观看,但见那:

洋洋光浸月,浩浩影浮天。

灵派吞华岳[2],长流贯百川。

千层汹浪滚,万叠峻波颠。

岸口无渔火,沙头有鹭眠。

茫然浑似海,一望更无边。

急收云头,按落河边道:“师父,宽哩!宽哩!去不得!老孙火眼金睛,白日里常看千里,凶吉晓得是。夜里也还看三五百里。如今通看不见边岸,怎定得宽阔之数?”

三藏大惊,口不能言,声音哽咽道:“徒弟啊,似这等怎了?”沙僧道:“师父莫哭。你看那水边立的,可不是个人么?”行者道:“想是扳罾的渔人[3],等我问他去来。”拿了铁棒,两三步,跑到面前看处,呀!不是人,是一面石碑。碑上有三个篆文大字,下边两行,有十个小字。三个大字,乃“通天河”。十个小字,乃“径过八百里,亘古少人行[4]”。行者叫:“师父,你来看看。”三藏看见,滴泪道:“徒弟呀,我当年别了长安,只说西天易走;那知道妖魔阻隔,山水迢遥!”……

【毛泽东评点】

通天河,就是猪八戒去过的那个地方吧!

——王化云:《毛主席视察黄河》,载1977年9月26日《人民日报》。

【注释】

(1)鱼津,鱼在水中窜跃所溅起的水泡。

(2)灵派,很深的水流。华岳,西岳华山。

(3)扳罾(zēng增),亦作“扳缯”,拉罾网捕鱼。罾,用竿支架的鱼网。

(4)亘(gèng更,又gèn艮)古,终古,从古代到现在。

【赏析】

《西游记》中写的通天河，位于车迟国元会县境内陈家庄一带。这条河水深流急，河面宽阔，所谓“径过八百里，亘古少人行”。它是唐僧师徒西天取经路上遇到的一条最大的河流，况且又有鱼精作怪，吃童男童女。唐僧等要救童男陈关保和童女一称金，就和鱼精展开了搏斗。鱼精作法，大雪纷飞，河水冰封，致使唐僧落水沉底，最后观音菩萨到来方收服了鱼精——原来是菩萨莲花池里养大的金鱼。这个故事用了三回来写，曲折跌宕，给读者留下了深刻印象。正因为如此，所以，1952 年 10 月 30 日，毛泽东视察位于兰考境内的东坝头后，返回专列继续听有关同志汇报。当汇报说，查勘队为了了解从长江上游引水入黄是否有可能性，也查勘了金沙江上游通天河的情况，毛泽东笑着说：“通天河，就是猪八戒去过的那个地方吧！”可见他对通天河的故事十分熟悉。

【原文】

第五十九回　唐三藏路阻火焰山　孙行者一调芭蕉扇（节录）

……

且不说这家子供奉唐僧加倍。却说那行者霎时径到翠云山，按住祥光，正自找寻洞口，忽然闻得丁丁之声，乃是山林内一个樵夫伐木。行者即趋步至前，又闻得他道：“云际依依认旧林，断崖荒草路难寻。西山望见朝来雨，南涧归时渡处深。”

行者近前作礼道：“樵哥，问讯了。”那樵子撇了柯斧，答礼道：“长老何往？”行者道：“敢问樵哥，这可是翠云山？”樵子道：“正是。”行者道：“有个铁扇仙的芭蕉洞，在何处？”樵子笑道：“这芭蕉洞虽有，却无个铁扇仙，只有个铁扇公主，又名罗刹女[1]。”行者道：“人言他有一柄芭蕉扇，能熄得火焰山，敢是他么？”樵子道：“正是，正是。这圣贤有这件宝贝，扇能熄火，保护那方人家，故此称为铁扇仙。我这里人家用不着他，只知他叫作罗刹女，乃大力牛魔王妻也。”

行者闻言，大惊失色。心中暗想道："又是冤家了！当年伏了红孩儿，说是这厮养的。前在那解阳山破儿洞遇他叔子，尚且不肯与水，要作报仇之意；今又遇他父母，怎生借得这扇子耶？"樵子见行者沉思默虑，嗟叹不已，便笑道："长老，你出家人，有何忧疑？这条小路儿向东去，不上五六里，就是芭蕉洞。休得心焦。"行者道："不瞒樵哥说，我是东土唐朝差往西天求经的唐僧大徒弟。前年在火云洞，曾与罗刹之子红孩儿有些言语，但恐罗刹怀仇不与，故生忧疑。"樵子道："大丈夫鉴貌辨色，只以求扇为名，莫认往时之溲话[2]，管情借得。"行者闻言，深深唱个大喏道："谢樵哥教诲。我去也。"

遂别了樵夫，径至芭蕉洞口。但见那两扇门紧闭牢关，洞外风光秀丽。好去处！正是那：

山以石为骨，石作土之精。烟霞含宿润，苔藓助新青。嵯峨势耸欺蓬岛，幽静花香若海瀛。几树乔松栖野鹤，数株衰柳语山莺。诚然是千年古迹，万载仙踪。碧梧鸣彩凤，活水隐苍龙。曲径荜萝垂挂，石梯藤葛攀笼。猿啸翠岩忻月上，鸟啼高树喜晴空。两林竹荫凉如雨，一径花浓没绣绒。时见白云来远岫，略无定体漫随风。

行者上前叫："牛大哥，开门！开门！"呀的一声，洞门开了，里边走出一个毛儿女，手中提着花篮，肩上担着锄子，真个是一身蓝缕无妆饰，满面精神有道心。行者上前迎着，合掌道："女童，累你转报公主一声。我本是取经的和尚，在西方路上，难过火焰山，特来拜借芭蕉扇一用。"那毛女道："你是那寺里和尚？叫甚名字？我好与你通报。"行者道："我是东土来的，叫作孙悟空和尚。"

那毛女即便回身，转于洞内，对罗刹跪下道："奶奶，洞门外有个东土来的孙悟空和尚，要见奶奶，拜求芭蕉扇，过火焰山一用。"那罗刹听见"孙悟空"三字，便似撮盐入火，火上浇油；骨都都红生脸上；恶狠狠怒发心头。口中骂道："这泼猴！今日来了！"叫："丫鬟，取披挂，拿兵器来"！随即取了披挂，拿两口青锋宝剑，整束出来。行者在洞外闪过，偷看怎生打扮。只见他：

头裹团花手帕，身穿纳锦云袍。腰间双束虎筋绦，微露绣裙偏绡。

凤嘴弓鞋三寸，龙须膝裤金销。手提宝剑怒声高，凶比月婆容貌。

那罗刹出门，高叫道："孙悟空何在？"行者上前，躬身施礼道："嫂嫂，老孙在此奉揖。"罗刹咄的一声道："谁是你的嫂嫂！那个要你奉揖！"行者道："尊府牛魔王，当初曾与老孙结义，乃七兄弟之亲。今闻公主是牛大哥令正[3]，安得不以嫂嫂称之！"罗刹道："你这泼猴！既有兄弟之亲，如何坑陷我子？"行者佯问道："令郎是谁？"罗刹道："我儿是号山枯松涧火云洞圣婴大王红孩儿，被你倾了[5]。我们正没处寻你报仇，你今上门纳命，我肯饶你！"行者满脸赔笑道："嫂嫂原来不察理，错怪了老孙。令郎因是捉了师父，要蒸要煮，幸亏了观音菩萨收他去，救出我师。他如今现在菩萨处做善财童子，实受了菩萨正果，不生不灭，不垢不净，与天地同寿，日月同庚。你倒不谢老孙保命之恩，反怪老孙，是何道理！"罗刹道："你这个巧嘴的泼猴！我那儿虽不伤命，再怎生得到我的跟前，几时能见一面？"行者笑道："嫂嫂要见令郎，有何难处？你且把扇子借我，扇息了火，送我师父过去，我就到南海菩萨处请他来见你，就送扇子还你，有何不可！那时节，你看他可曾损伤一毫。如有些须之伤，你也怪得有理！如比旧时标致，还当谢我。"罗刹道："泼猴！少要饶舌！伸过头来，等我砍上几剑！若受得疼痛，就借扇子与你；若忍耐不得，教你早见阎君！"行者叉手向前，笑道："嫂嫂切莫多言。老孙伸着光头，任尊意砍上多少，但没气力便罢，是必借扇子用用。"那罗刹不容分说，双手轮剑，照行者头上乒乒乓乓，砍有十数下，这行者全不认真。罗刹害怕，回头要走。行者道："嫂嫂，那里去？快借我使使！"那罗刹道："我的宝贝原不轻借。"行者道："既不肯借，吃你老叔一棒！"

好猴王，一只手扯住，一只手去耳内掣出棒来，幌一幌，有碗来粗细。那罗刹挣脱手，举剑来迎。行者随又抡棒便打。两个在翠云山前，不论亲情，却只讲仇隙[6]。这一场好杀：

裙钗本是修成怪，为子怀仇恨泼猴。行者虽然生狠怒，因师路阻让娥流[7]。先言拜借芭蕉扇，不展骁雄耐性柔。罗刹无知轮剑砍，猴王有意说亲由。女流怎与男儿斗，到底男刚压女流。这个金箍铁棒多凶猛，那个霜刃青锋甚紧稠。劈面打，照头丢，恨苦相持不罢休。左挡右遮施武艺，前迎后架骋奇谋。却才斗到沉酣处，不觉西方坠日头。罗刹忙将真扇子，一扇挥动鬼神愁！

那罗刹女与行者相持到晚，见行者棒重，却又解数周密[8]，料斗他不过，即便取出芭蕉扇，幌一幌，一扇阴风，把行者扇得无影无形，莫想收留得住。这罗刹得胜回归。

那大圣飘飘荡荡，左沉不能落地，右坠不得存身，就如旋风翻败叶，流水淌残花。滚了一夜，直至天明，方才落在一座山上，双手抱住一块峰石。定性良久，仔细观看，却才认得是小须弥山。大圣长叹一声道："好利害妇人！怎么就把老孙送到这里来了？我当年曾记得在此处告求灵吉菩萨降黄风怪救我师父。那黄风岭至此直南上有三千余里，今在西路转来，乃东南方隅，不知有几万里。等我下去问灵吉菩萨一个消息，好回旧路。"

正踌躇间[9]，又听得钟声响亮，急下山坡，径至禅院[10]。那门前道人认得行者的形容，即入里面报道："前年来请菩萨去降黄风怪的那个毛脸大圣又来了。"菩萨知是悟空，连忙下宝座相迎，入内施礼道："恭喜！取经来耶？"悟空答道："正好未到！早哩，早哩！"灵吉道："既未曾得到雷音，何以回顾荒山？"行者道："自上年蒙盛情降了黄风怪，一路上，不知历过多少苦楚。今到火焰山，不能前进，询问土人，说有个铁扇仙芭蕉扇，扇得火灭，老孙特去寻访。原来那仙是牛魔王的妻，红孩儿的母。他说我把他儿子做了观音菩萨的童子，不得常见，跟我为仇，不肯借扇，与我争斗。他见我的棒重难撑，遂将扇子把我一扇，扇得我悠悠荡荡，直至于此，方才落住。故此轻造禅院，问个归路。此处到火焰山，不知有多少里数？"灵吉笑道："那妇人唤名罗刹女，又叫作铁扇公主。他的那芭蕉扇本是昆仑山后，自混沌开辟以来，天地产成的一个灵宝，乃太阴之精叶，故能灭火气。假若扇着人，要飘八万四千里，方息阴风。我这山到火焰山，只有五万余里。此还是大圣有留云之能，故止住了。若是凡人，正好不得住也。"行者道："利害！利害！我师父却怎生得度那方？"灵吉道："大圣放心。此一来，也是唐僧的缘法，合教大圣成功。"行者道："怎见成功？"灵吉道："我当年受如来教旨，赐我一粒'定风丹'，一柄'飞龙杖'。飞龙杖已降了风魔。这定风丹尚未曾见用，如今送了大圣，管教那厮扇你不动，你却要了扇子，扇息火，却不就立此功也！”行者低头作礼，感谢不尽。那菩萨即于衣袖中取出一个锦袋儿，将那一粒定风丹与行者安在衣领里边，将针线紧紧缝了。送行者出门道：“不及留款。往西北上去，就是罗刹的山场也。”

行者辞了灵吉，驾筋斗云，径返翠云山，顷刻而至。使铁棒打着洞门叫道：“开门！开门！老孙来借扇子使使哩！”慌得那门里女童即忙来报：“奶奶，借扇子的又来了！”罗刹闻言，心中悚惧道：“这泼猴真有本事！我的宝贝，扇着人，要去八万四千里，方能停止，他怎么才吹去就回来也？这番等我一连扇他两三扇，教他找不着归路！”急纵身，结束整齐，双手提剑，走出门来道：“孙行者！你不怕我，又来寻死！”行者笑道：“嫂嫂勿得悭吝(11)，势必借我使使。保得唐僧过山，就送还你。我是个志诚有余的君子，不是那借物不还的小人。”

罗刹又骂道：“泼猢狲！好没道理，没分晓！夺子之仇，尚未报得；借扇之意，岂得如心！你不要走！吃我老娘一剑！”大圣公然不惧，使铁棒劈手相迎。他两个往往来来，战经五七回合，罗刹女手软难抡，孙行者身强善敌。他见事势不谐，即取扇子，往行者扇了一扇，行者巍然不动。行者收了铁棒，笑吟吟地道：“这番不比那番！任你怎么扇来，老孙若动一动，就不算汉子！”那罗刹又扇两扇，果然不动。罗刹慌了，急收宝贝，转回走入洞里，将门紧紧关上。

行者见他闭了门，却就弄个手段，拆开衣领，把定风丹噙在口中，摇身一变，变作一个蟭蟟虫儿(12)，从他门隙处钻进。只见罗刹叫道：“渴了！渴了！快拿茶来！”近侍女童，即将香茶一壶，沙沙地满斟一碗，冲起茶沫漕漕。行者见了欢喜，嘤的一翅，飞在茶沫之下。那罗刹渴极，接过茶，两三气都喝了。行者已到他肚腹之内，现原身厉声高叫道：“嫂嫂，借扇子我使使！”罗刹大惊失色，叫：“小的们，关了前门否？”俱说：“关了。”他又说：“既关了门，孙行者如何在家里叫唤？”女童道：“在你身上叫哩。”罗刹道：“孙行者，你在那里弄术哩？”行者道：“老孙一生不会弄术，都是些真手段，实本事，已在尊嫂尊腹之内耍子，已见其肺肝矣。我知你也饥渴了，我先送你个坐碗儿解渴！”却就把脚往下一蹬。

那罗刹小腹之中，疼痛难禁，坐于地下叫苦。行者道："嫂嫂休得推辞，我再送你个点心充饥！"又把头往上一顶。那罗刹心痛难禁，只在地上打滚，疼得他面黄唇白，只叫："孙叔叔饶命！"

行者却才收了手脚道："你才认得叔叔么？我看牛大哥情上，且饶你性命。快将扇子拿来我使使。"罗刹道："叔叔，有扇！有扇！你出来拿了去！"行者道："拿扇子我看了出来。"罗刹即叫女童拿一柄芭蕉扇，执在旁边。行者探到喉咙之上见了道："嫂嫂，我既饶你性命，不在腰肋之下搠个窟窿出来，还自口出。你把口张三张儿。"那罗刹果张开口。行者还作个蟭蟟虫，先飞出来，丁在芭蕉扇上。那罗刹不知，连张三次，叫："叔叔出来罢"。行者化原身，拿了扇子，叫道："我在此间不是？谢借了！谢借了！"拽开步，往前便走。小的们连忙开了门，放他出洞。

这大圣拨转云头，径回东路。霎时按落云头，立在红砖壁下。八戒见了欢喜道："师父，师兄来了！来了！"三藏即与本庄老者同沙僧出门接着，同至舍内。把芭蕉扇靠在旁边道："老官儿，可是这个扇子？"老者道："正是！正是！"唐僧喜道："贤徒有莫大之功。求此宝贝，甚劳苦了。"行者道："劳苦倒也不说。那铁扇仙，你道是谁？那厮原来是牛魔王的妻，红孩儿的母，名唤罗刹女，又唤铁扇公主。我寻到洞外借扇，他就与我讲起仇隙，把我砍了几剑。是我使棒吓他，他就把扇子扇了我一下，飘飘荡荡，直刮到小须弥山。幸见灵吉菩萨，送了我一粒定风丹，指与归路，复至翠云山。又见罗刹女，罗刹女又使扇子，扇我不动，他就回洞。是老孙变作一个蟭蟟虫，飞入洞去。那厮正讨茶吃，是我又钻在茶沫之下，到他肚里，做起手脚。他疼痛难禁，不住口的叫我做叔叔饶命，情愿将扇借与我，我却饶了他，拿将扇来。待过了火焰山，仍送还他。"三藏闻言，感谢不尽。师徒们俱拜辞老者。

【毛泽东评点】

若说：何以对付敌人的庞大机构呢？那就有孙行者对付铁扇公主为例。铁扇公主虽然是一个厉害的妖精，孙行者却化为一个小虫钻进铁扇公主的心脏里去把她战败了。

——《一个极其重要的政策》，载《毛泽东选集》，第 3 卷，人民出版社 1991 年版，第 882—883 页。

我们希望四月或五月占领南京，然后在北平召集政治协商会议，成立联合政府，并定都北平。我们既然允许谈判，就要准备在谈判成功以后许多麻烦事情的到来，就要准备一副清醒的头脑去对付对方采用孙行者钻进铁扇公主肚子里兴妖作怪的政策。只要我们精神上有了充分的准备，我们就可以战胜任何兴妖作怪的孙行者。

——《在中国共产党第七届中央委员会第二次会议上的报告》，载《毛泽东选集》，第 4 卷，人民出版社 1991 年版，第 1136 页。

【注释】

（1）罗刹女，即铁扇公主。罗刹，梵语 Raksasd 的略译。最早见于古印度颂诗《梨俱吠陀》，相传原为南亚次大陆土著名称。自雅利安人征服印度后，凡遇恶人恶事，皆称罗刹，遂成恶鬼名。传说罗刹男黑肤红发绿眼，罗刹女能变美貌妇人迷人，然后将人吃掉。铁扇公主是女妖，所以称为罗刹女。

（2）溲（sōu 搜）话，老话，旧话。溲，借为馊，食物因陈久变味。

（3）令正，旧时以嫡妻为正室，故用为称对方嫡妻的敬词。

（4）令郎，称对方儿子的敬词。

（5）倾，陷害。

（6）仇隙，仇人，冤家。

（7）娥流，女流，妇女之辈。

（8）解（jiě 姐，又 xiè 懈），武术的套路。

（9）踌躇（chóuchú 仇厨），犹豫不决。

（10）禅院，寺院，佛教的庙宇。

（11）悭（qiān 牵）吝，小气，吝啬。

（12）蟭蟟（jiāo liáo 焦辽），蝉的一种。此处应是“蟭螟”之误。蟭螟，传说中一种极小的虫。晋葛洪《抱朴子·刺骄》：“蟭螟屯蚊眉之中，而笑弥天之大鹏。”

【赏析】

《西游记》中“三调芭蕉扇”的故事曲折跌宕，引人入胜，几乎是妇孺皆知。这个故事从第五十九回起到第六十一回结束，占了整整三回篇幅。其中写得最精彩的要数第五十九回了。唐僧师徒西行路阻八百里火焰山。要想通过，只有一个办法：找翠云山芭蕉洞的铁扇公主去借芭蕉扇把火焰山扇灭。可是这个铁扇公主却是牛魔王之妻、红孩儿之母，和孙悟空有宿仇。但没有别的办法，孙悟空还是硬着头皮去借扇，铁扇公主自然不肯借，二人大打出手，铁扇公主一扇把孙悟空扇得飘荡了四万八千多里。因祸得福，孙悟空因此在小须弥山得到灵吉菩萨的定风丹。铁扇公主再也扇不动他了，却败进洞中闭门不出。孙悟空施展变化法术，变成一个极小的蟭蟟虫飞进洞去，钻到茶沫之下，待铁扇公主喝茶时，便把孙悟空喝到了肚子里。在铁扇公主肚子里，孙悟空又是脚蹬，又是头撞，弄得铁扇公主疼痛难忍，只好答应借给扇子。以后又经反复周折，孙悟空才用芭蕉扇把火焰山扇灭，师徒四人才又继续西行。

铁扇公主是一个很厉害的妖精，孙悟空之所以能制服她，就在于采取了钻到她肚子里兴妖作怪的斗争策略，所以这个故事本身就极具启示作用。毛泽东熟知这个故事，并不止一次加以灵活运用。1942 年 9 月 7 日，毛泽东在为延安《解放日报》写的《一个极其重要的政策》的社论中，谈到精兵简政的重要性和必要性时，毛泽东指出：“一身臃肿，头重脚轻，很不适于作战。若说：怎么对付敌人的庞大机构呢？那就以孙行者对付铁扇公主为例。铁扇公主虽然是一个厉害的妖精，孙行者却化为一个小虫钻进铁扇公主的心脏里去把她战败了。”而当时的斗争形势是敌强我弱，毛泽东把暂时强大的国民党反动派和日本侵略者比作铁扇公主，而孙悟空当然就是我们的八路军和新四军。但到了 1949 年情况恰恰相反，全国解放胜利在即，斗争形势变成我强敌弱，国民党反动派还要玩弄假谈真打的把戏，以图苟延残喘。所以，在当年 3 月 5 日，在中国共产党第七届中央委员会第二次全体会议上的报告中，毛泽东告诫全党和全国人民“要准备一副清醒的头脑去对付对方采用的孙行者钻进铁扇公主肚子里兴妖作怪的政策”。毛泽东又一次运用孙行者钻进铁扇公主肚子里兴妖作怪的故事，不过情况和上次恰恰相反，是把国民党反动派比作孙行者，把我们自己比作铁扇公主了。毛泽东就是这样根据革命斗争和工作的实际情况的需要，讲究斗争的具体政策和策略时，灵活地运用孙悟空钻进铁扇公主肚子里兴妖作怪的故事，生动形象，浅显易懂，收到了很好的教育效果。

【原文】

第六十七回　拯救驼罗禅性稳　脱离秽污道心清（节录）

……老者道："和尚，你要西行，却是去不得啊。此处乃小西天，若到大西天，路途甚远。且休道前去艰难，只是这个地方，已此难过。"三藏问："怎么难过？"老头用手指道："我这庄村西头去三十余里，有一条稀柿衕，山名七绝。"三藏道："何为'七绝'？"老者道："这山径过有八百里，满山尽是柿果。古云：'柿树有七绝：一、益寿；二、多阴[1]；三、无鸟巢；四、无虫；五、霜叶可玩；六、嘉实[2]；七、枝叶肥大，故名七绝山。'我这敝处地阔人稀[3]，那深山亘古无人走到[4]。每年家熟烂柿子落在路上，将一条夹石衚衕[5]，尽皆填满；又被雨露雪霜，经霉过夏，作成一路污秽。这方人家，俗呼为稀屎衕。但刮西风，有一股秽气，就是掏东圊也不是这般恶臭[6]。如今正值春深，东南风大作，所以还不闻见也。"三藏心中烦闷不言。

……

一路上喜喜欢欢，不时到了七绝山稀柿衕口。三藏闻得那般恶秽，又见路途填塞，道："悟空，似此怎生度得？"行者侮着鼻子道[7]："这个却难也。"三藏见行者说难，便就眼中垂泪。李老儿与众上前道："老爷勿得心焦。我等送到此处，都已约成意思了。令高徒与我们降了妖精，除了一桩祸害，我们各办虔心[8]，另开一条好路，送老爷过去。"行者笑道："你这老儿，俱言之欠当。你初然说这山径过有八百里，你等又不是大禹的神兵[9]，那里会开山凿路！若要我师父过去，还得我们着力，你们都成不得。"三藏下马，道："悟空，怎生着力么？"行者笑道："眼下就要过山，却也是难；若说再开条路，却又难也。须是还从旧衚衕过去，只恐无人管饭。”李老儿道：“长老说那里话？凭你四位耽搁多少时，我等俱养得起，怎么说无人管饭！”行者道：“既如此，你们去办得两石米的干饭[10]，再做些蒸饼馍馍来。等我那长嘴和尚吃饱了，变成大猪，拱开旧路，我师父骑在马上，我等扶持着，管情过去了。”

八戒闻言，道：“哥哥，你们都要图个干净，怎么独叫老猪出臭？”三藏道：“悟能，你果有本事拱开衕，领我过山，注你这场头功。”八戒笑道：“师父在上，列位施主们都在此，休笑话。我老猪本来有三十六般变化。若要变轻巧华丽飞腾之物，委实不能；若要变山，变树，变石头，变土墩，变懒象、科猪、水牛、骆驼，真个全会。只是身体变得大，肚肠越发大，须是吃得饱了，才好干事。”众人道：“有东西！有东西！我们都带得有干粮、果品、烧饼、馉饳在此[11]。原要开山相送的，且都拿出来，凭你受用。待变化了，行动之时，我们再着人回去做饭送来。”八戒满心欢喜，脱了皂直裰，丢了九齿钯，对众道：“休笑话，看老猪干这场臭功。”

好呆子，捻着诀，摇身一变，果然变成一个大猪。真个是：

嘴长毛短半脂膘，自幼山中食药苗。黑面环睛如日月，圆头大耳似芭蕉。修成坚骨同王寿，炼就粗皮比铁牢。齆齆鼻音呱诂叫[12]，喳喳喉响喷喁哮[13]。白蹄四只高千丈，剑鬣长身百丈饶[14]。从此人间肥豕彘[15]，未观今日老猪魈[16]。唐僧等众齐称赞，羡美天蓬法力高。

孙行者见八戒变得如此，即命那些相送人等，快将干粮等物推攒一处，叫八戒受用。那呆子不分生熟，一涝食之[17]，却上前拱路。行者叫沙僧脱了鞋，好生挑担，请师父稳坐雕鞍。他也脱了鞝鞋[18]，吩咐众人回去：“若有情，快早送些饭来与我师弟接力。”那些人有七八百相送随行，多一半有骡马的，飞星回庄做饭；还有三百人步行的，立于山下遥望他行。原来此庄至山，约有百里之遥，他师徒们已此去得远了。众人不舍，催趱骡马[19]，进衚衕，连夜赶至，次日方才赶上。叫道：“取经的爷爷，慢行慢行！我等送饭来也！”长老闻言，谢之不尽，道：“真是善信之人！”叫八戒住了，再吃些饭食壮神。那呆子拱了两日，正在饥饿之际，那许多人何止有七八石饭食。他也不论米饭、面饭，收积来一涝用之。饱餐一顿，却又上前拱路，三藏与行者、沙僧谢了众人，分手而别。正是：

骆罗庄客回家去，八戒开山过衕来。

三藏心诚神力拥，悟空法显怪魔衰。

千年稀柿今朝净，七绝衚衕此日开。

六欲尘情皆剪绝，平安无阻拜莲台。

这一去不知还有多少路程，还遇什么妖怪，且听下回分解。

【毛泽东评点】

猪八戒有许多缺点，但有一个优点，就是艰苦。臭柿胡同就是他拱开的。

——牛克伦：《熔炉》，载《回忆毛主席》，人民文学出版社 1977 年版，第 246 页。

【注释】

（1）多阴，树荫大。阴，通“荫”，树荫。

（2）嘉实，美好的果实。

（3）敝处，谦词，称自己的家乡。

（4）亘古，自古以来。

（5）衚衕，现作“胡同”，源于蒙古语 gudum，元人呼街巷为胡同，后即为北方街巷的通称。一般指房屋夹持的小街道，此处指峡谷相夹的小路。

（6）东圊（qīng 青），圊，厕所。旧时厕所多建在房子东北角，故称东圊。

（7）俉，通“捂”。

（8）虔（qián 前）心，诚敬的心情。

（9）大禹，传说中古代部落联盟领袖。他曾领导人民疏通江河，兴修沟渠，发展农业。

（10）石（shí 时，今读 dán 旦），市制中的容量单位，市石的简称，十斗为一石；或作古代重量单位，三十斤为钧，四钧为石。皆可通。

（11）馉饳（gǔ duò 古舵），亦作“骨饳”。古代的一种面食。

（12）齆（wēng 翁）齆，通“嗡嗡”，猪哼的声音。齆，鼻病，鼻道阻塞，发音不清。

（13）喁哮（yúxiào 余孝），兽类喘息之声。

（14）鬣（liè 猎），猪颈的刚硬长毛。

（15）豕彘（shī zhì 尸至），猪。

（16）猪魈（xiāo 消），猪精，猪怪。

（17）一涝，一并，全部。

（18）翰（wēng 翁）鞋，翰筒靴，靴筒子。

（19）催趱（zǎn 攒），催赶。趱，赶，加快。

【赏析】

《西游记》第六十七回“拯救驼罗禅性稳　脱离秽污道心清”，写唐僧四众西天取经到了小西天附近的驼罗庄，不仅打死了一条巨蟒，拯救了驼罗庄村民，而且西去遇到一条稀柿衕，熟烂的柿子，落满了夹石胡同，又经霉烂，作成一路污秽，恶臭之气比茅厕还难闻。但是这座七绝山，径直八百里，开条新路不可能，绕道也行不通，只能走这条烂脏的路，这个艰巨的任务便落到了猪八戒身上。猪八戒不怕脏，不怕累，摇身一变，变成一个大猪，拱了两日，居然拱开了那条道路，立下了“这场臭功”。这样唐僧师徒才顺利地过了稀柿衕。猪八戒身上体现了一种艰苦奋斗的精神，这种精神受到毛泽东同志的赞扬。1938年4月初，他在对抗大两千多名师生讲话时，号召抗大师生努力学习和掌握“坚定正确的政治方向、艰苦朴素的工作作风、灵活机动的战略战术”。在对这三条指示作具体阐述时，他援引了《西游记》中的几个主要人物来加以说明，其中特别赞扬了“猪八戒有一个优点，就是艰苦”，并举例说“臭柿胡同就是他拱开的”，高度评价了猪八戒的艰苦奋斗的精神，这种精神在建设社会主义的今天仍有重要教育意义。

【原文】

第七十七回　群魔欺本性　一体拜真如（节录）

……众魔把唐僧擒至殿上，却不蒸了。二怪吩咐把八戒绑在殿前檐柱上，三怪吩咐把沙僧绑在殿后檐柱上，唯老魔把唐僧抱住不放。三怪道："大哥，你抱住他怎的？终不然就活吃？却也没些趣味。此物比不得那愚夫俗子，拿了可以当饭；此是上邦稀奇之物，必须待天阴闲暇之时，拿他出来，整制精洁，猜枚行令[1]，细吹细打地吃方可。"老魔笑道："贤弟之言虽当，但孙行者又要来偷哩。"三魔道："我这皇宫里面有一座锦香亭子，亭子内有一个铁柜。依着我，把唐僧藏在柜里，关了亭子，却传出谣言，说唐僧已被我们夹生吃了[2]。令小妖满城讲说；那行者必然来探听消息，若听见这话，他必死心塌地而去。待三五日不来搅扰，却拿出来，慢慢受用，如何？"老怪、二怪俱大喜道："是，是，是！兄弟说得有理！"可怜把个唐僧连夜拿将进去，藏在柜中，闭了亭子。传出谣言，满城里都乱讲不提。

却说行者自夜半顾不得唐僧，驾云走脱，径至狮驼洞里，一路棍，把那万数小妖，尽情剿绝。急回来，东方日出。到城边，不敢叫战，正是"单丝不线，孤掌难鸣"。他落下云头，摇身一变，变作个小妖儿，演入门里，大街小巷，缉访消息。满城里俱道："唐僧被大王夹生儿连夜吃了。"前前后后，都是这等说。行者着实心焦，行至金銮殿前观看，那里边有许多精灵，都戴着皮金帽子，穿着黄布直身，手拿着红漆棍，腰挂着象牙牌，一往一来，不住地乱走。行者暗想道："此必是穿宫的妖怪。就变作这个模样，进去打听打听。"

好大圣，果然变得一般无二，混入金门。正走处，只见八戒绑在殿前柱上哼哩。行者近前，叫声："悟能。"那呆子认得声音，道："师兄，你来了？救我一救！"行者道："我救你。你可知师父在那里？"八戒道："师父没了，昨夜被妖精夹生儿吃了。"行者闻言，忽失声泪似泉涌。八戒道："哥哥莫哭；我也是听得小妖乱讲，未曾眼见。你休误了，再去寻问寻问。"这行者却才收泪，又往里面找寻。忽见沙僧绑在后檐柱上，即近前摸着他胸脯子叫道："悟净。"沙僧也识得声音，道："师兄，你变化进来了？救我，救我！"行者道："救你容易。你可知师父在那里？"沙僧滴泪道："哥啊！师父被妖精等不得蒸，就夹生儿吃了！"

大圣听得两个言语相同，心如刀搅，泪似水流，急纵身望空跳起，且不救八戒、沙僧，回至城东山上，按落云头，放声大哭。叫道："师父啊！恨我欺天困网罗，师来救我脱沉疴[3]。潜心笃志同参佛，努力修身共炼魔。岂料今朝遭蜇害[4]，不能保你上婆娑[5]。西方胜境无缘到，气散魂消怎奈何！"

行者凄凄惨惨的，自思自忖，以心问心道："这都是我佛如来坐在那极乐之境，没得事干，弄了那三藏之经[6]！若果有心劝善，理当送上东土，却不是个万古流传？只是舍不得送去，却教我等来取。怎知道苦历千山，今朝到此丧命！罢！罢！罢！老孙且驾个筋斗云，去见如来，备言前事。若肯把经与我送上东土，一则传扬善果，二则了我等心愿；若不肯与我，教他把松箍儿咒念念，退下这个箍子，交还与他，老孙还归本洞，称王道寡[7]，耍子儿去罢。"

好大圣，急翻身驾起筋斗云，径投天竺[8]。那里消一个时辰，早望见灵山不远[9]，须臾间，按落云头，直至鹫峰之下。忽抬头，见四大金刚挡住道："那里走？"行者施礼道："有事要见如来。"当头又有昆仑山金霞岭不坏尊王永住金刚喝道："这泼猴甚是粗狂！前者大困牛魔，我等为汝努力，今日面见，全不为礼！有事且待先奏，奉召方行。这里比南天门不同，教你进去出来，两边乱走！咄！还不靠开！"那大圣正是烦恼处，又遭此抢白，气得哮吼如雷，忍不住大呼小叫，早惊动如来。

如来佛祖正端坐在九品宝莲台上，与十八尊轮世的阿罗汉讲经[10]，即开口道："孙悟空来了，汝等出去接待接待。"大众阿罗，遵佛旨，两路幢幡宝盖，即出山门应声道："孙大圣，如来有旨相唤哩。"那山门口四大金刚却才闪开路，让行者前进。

众阿罗引至宝莲台下，见如来倒身下拜，两泪悲啼。如来道："悟空，有何事这等悲啼？"行者道："弟子屡蒙教训之恩，托庇在佛爷爷之门下，自归正果，保护唐僧，拜为师范[11]，一路上苦不可言！今至狮驼山狮驼洞狮驼城，有三个毒魔，乃狮王、㺄象王、大鹏，把我师父捉将去，连弟子一概遭迍[12]，都捆在蒸笼里，受汤火之灾。幸弟子脱逃，唤龙王救免。是夜偷出师等，不料灾星难脱，复又擒回。及至天明，入城打听，叵耐那魔十分狠毒[13]，万样骁勇：把师父连夜夹生吃了，如今骨肉无存。又况师弟悟能、悟净，见绑在那厢，不久性命亦皆倾矣。弟子没及奈何，特地到此参拜如来。望大慈悲，将松箍咒儿念念，退下我这头上箍儿，交还如来，放我弟子回花果山宽闲耍子去罢！”说未了，泪如泉涌，悲声不绝。如来笑道：“悟空少得烦恼。那妖精神通广大，你胜不得他，所以这等心痛。”行者跪在下面，捶着胸膛道：“不瞒如来说。弟子当年闹天宫，称大圣，自为人以来，不曾吃亏，今番却遭这毒魔之手！”……

【毛泽东评点】

毛泽东在读《西游记研究论文集》中载童士高的《试论〈西游记〉的主题思想》一文所引《西游记》第七十七回孙悟空说的一段话时，作了如下圈画：行者凄凄惨惨的，自思自忖，以心问心道：“这都是我佛如来坐在那极乐之境，没得事干，弄了那三藏之经！若果有心劝善，理当送上东土，却不是个万古流传？只是舍不得送去，却教我等来取。怎知道苦历千山，今朝到此丧命！”毛泽东阅读时差不多每一句下面都画上了两条横道，第一句、第二句后面画了一个大圈，最后一句末尾画了三个大圈。

——徐中远：《毛泽东读评五部古典小说》，华文出版社 1997 年版，第 232 页。

【注释】

（1）猜枚，一种游戏，多用为酒令。原指手中握住瓜子、莲子或黑白棋子，让别人猜单数、双数或颜色，猜中者为胜，不中者罚饮；今也指划拳。行令，行酒令。

（2）夹生，指食物没熟透。

（3）沉疴（kē 科），久治不愈的病。

（4）蜇（zhē 遮）害，毒害。蜇，毒虫叮刺。

（5）婆娑，即娑婆，佛教语，意为忍土、忍界，指西方极乐世界。

（6）三藏（zàng 葬）之经，佛教的全部经典。三藏，佛教经典的总称，分经、律、论三部分。经，总论根本数义；律，记述戒规威仪；论，阐明经义。

（7）称王道寡，即称王称帝。寡，封建时代君主自称。

（8）天竺，古印度。

（9）灵山，灵鹫山之省称，如来讲经的佛教胜地，即下面说的鹫峰。

（10）十八尊轮世的阿罗汉，即十八罗汉。原为十六罗汉，后增二罗汉，为十八罗汉。佛寺中多供奉十八罗汉像。阿罗汉，梵语 arhat 的音译。小乘的最高果位，称为“无学果”。意为已断烦恼，超出三界轮回，应受人天供养的尊者。

（11）师范，师父，老师。

（12）遭迍（zhūn 谆），遇到困难。迍，迍邅，处境困难。

（13）叵耐，亦作“叵奈”，可恨，不可耐。

【赏析】

《西游记》第七十七回“群魔欺本性　一体拜真如”，写唐僧师徒到西天取经途中，碰到作怪的青狮、白犭象和大鹏金翅雕，不仅唐僧、八戒、沙僧被捉，孙悟空也斗它们不过被捉，先是三个妖魔要把唐僧师徒放在笼里蒸着吃，被孙悟空变化救出，不幸二次又都被捉，孙悟空虽然逃脱了，八戒、沙僧都被绑缚在殿前殿后的檐柱上，师父唐僧却不知下落。孙悟空变化后进去问猪八戒、沙僧，二人都说“昨夜被妖精夹生儿吃了”。孙悟空信以为真，心如刀绞，放声大哭，凄凄惨惨，自思自叹，便说了上面我们所引的那段话。这段话是埋怨如来佛祖造出佛经，如果有心劝善，就应该自己到东土传布。如今他自己不愿送去，却叫唐僧师徒来取，虽然历尽千辛万苦，经也没取到，命也搭上了。于是便生了退悔之心，去告如来，哭诉前情，要如来退下头上的紧箍咒，自己回花果山去闲耍子。后来如来率文殊、普贤二菩萨收服了青狮、白犭象和大鹏金翅雕。唐僧师徒才又继续西行。

孙悟空生性好斗，武艺高强，取经路上，降妖捉怪，虽化险为夷，但也有力不从心之时。这次碰到了青狮、白犭象和大鹏金翅雕，前二者分别是文殊、普贤二菩萨的坐骑，后者是灵山上的佛母孔雀大明王菩萨。三者偷偷下界为魔，法力无边。正像如来所说："那妖精神通广大，你（指孙悟空）胜他不得。"孙悟空是很少遇上这样的对手的，师徒们也很少碰到这样的窘境，所以，孙悟空在这种情况下，产生退悔之心是很自然的，也是完全可以理解的。这种情况表现了孙悟空性格中的一个弱点：不坚定。毛泽东在1938年春对抗大师生的讲话中曾评及《西游记》中的几个主要人物，其中对孙悟空作了这样的评价："孙猴子很灵活，很机动，但他最大的缺点是方向不坚定，三心二意……"（牛克伦：《熔炉》，《回忆毛主席》，人民文学出版社1977年版，第246页）这件事不仅暴露了孙悟空不坚定，三心二意的致命弱点，但此事的解决，仍是孙悟空去搬如来下山才得以实现的，所以，同时也体现出孙猴子灵活、机动的优点。遇到克服不了的困难说几句丧气的话、发一通牢骚，这是孙悟空在特定条件下的一种逆向思维的反映，是合乎逻辑的，也是完全可以理解的。因此，毛泽东对孙悟空说的这段话很感兴趣，阅读时差不多每一句下面都画上了两条横道，第一句、第二句后面都画了一个大圈，最后一句末尾画了三个大圈，大概是赞同或者是称道孙悟空的这种思维方法吧！

【原文】

第九十八回　猿熟马驯方脱壳　功成行满见真如（节录）

……阿傩、迦叶引唐僧看遍经名[(1)]，对唐僧道："圣僧东土到此，有些甚么人事送我们[(2)]？快拿出来，好传经与你去。"三藏闻言道："弟子玄奘，来路迢遥，不曾备得。"二尊者笑道："好，好，好！白手传经继世，后人当饿死矣！"行者见他讲口扭捏，不肯传经，他忍不住叫噪道："师父，我们去告如来，教他自家来把经与老孙也。"阿傩道："莫嚷！此是甚么去处，你还撒野放刁！到这边来接着经。"八戒、沙僧耐住了性子，劝住了行者，转身来接。一卷卷收在包里，驮在马上，又捆了两担，八戒与沙僧挑着，却来宝座前叩头，谢了如来，一直出门。逢一位佛祖，拜两拜；见一尊菩萨，拜两拜。又到大门，拜了比丘僧、尼，优婆夷、塞，一一相辞，下山奔路不题。

……

八戒去追赶，见经本落下，遂与行者收拾背着，来见唐僧。唐僧满眼垂泪道："徒弟呀！这个极乐世界，也还有凶魔欺害哩！"沙僧接了抱着的散经，打开看时，原来雪白，并无半点字迹，慌忙递与三藏道："师父，这一卷没字。"行者又打开一卷，看时，也无字。八戒打开一卷，也无字。三藏叫："通打开来看看。"卷卷俱是白纸。长老短叹长吁的道："我东土人果是没福！似这般无字的空本，取去何用？怎么敢见唐王！诳君之罪[(3)]，诚不容诛也[(4)]！"行者早已知之，对唐僧道："师父，不消说了。这就是阿傩、迦叶那厮[(5)]，问我要人事，没有，故将此白纸本子与我们来了。快回去告在如来之前，问他掯财作弊之罪[(6)]。"八戒嚷道："正是！正是！告他去来！"四众急急回山，无好步，忙忙又转上雷音。

不多时，到于山门之外。众皆拱手相迎，笑道："圣僧是换经来的？"三藏点头称谢。众金刚也不阻挡，让他进去，直至大雄殿前。行者嚷道："如来！我师徒们受了万蜇千魔，千辛万苦，自东土拜到此处，蒙如来吩咐传经，被阿傩、迦叶掯财不遂，通同作弊，故意将无字的白纸本儿教我们拿去，我们拿它去何用？望如来敕治！"佛祖笑道："你且休嚷。他两个问你要人事之情，我已知矣。但只是经不可轻传，亦不可以空取。向时众比丘圣僧下山[(7)]，曾将此经在舍卫国赵长者家与他诵了一遍，保他家生者安全，亡者超脱，只讨得他三斗三升米粒黄金回来。我还说他们忒卖贱了[(8)]，教后代儿孙没钱使用。你如今空手来取，是以传了白本。白本者，乃无字真经，倒也是好的。因你那东土众生，愚迷不悟，只可以此传之耳。"即叫："阿傩、迦叶，快将有字的真经，每部中各检几卷与他，来此报数。"

二尊者复领四众，到珍楼宝阁之下，仍问唐僧要些人事。三藏无物奉承，即命沙僧取出紫金钵盂，双手奉上道："弟子委是穷寒路遥，不曾备得人事。这钵盂乃唐王亲手所赐[(9)]，教弟子持此，沿路化斋[(10)]。今特奉上，聊表寸心，万望尊者不鄙轻亵将此收下，待回朝奏上唐王，定有厚谢。只是以有字真经赐下，庶不孤钦差之意[11]，远涉之劳也。”那阿傩接了，但微微而笑。被那些管珍楼的力士、管香积的庖丁、看阁的尊者，你抹他脸，我扑他背，弹指的、扭唇的，一个个笑道：“不羞！不羞！需索取经的人事！”须臾，把脸皮都羞皱了，只是拿着钵盂不放。迦叶却才进阁检经，一一查与三藏。三藏却叫：“徒弟们，你们都好生看看，莫似前番。”他三人接一卷，看一卷，却都是有字的。传了五千零四十八卷，乃一藏之数。收拾齐整，驮在马上；剩下的，还装了一担，八戒挑着。自己行囊，沙僧挑着。行者牵了马，唐僧拿了锡杖，按一按毗卢帽，抖一抖锦袈裟，才喜喜欢欢，到我佛如来之前。正是那：

大藏真经滋味甜，如来造就甚精严。
须知玄奘登山苦，可笑阿傩却爱钱。
先次未详亏古佛，后来真实始安然。
至今得意传东土，大众均将雨露沾。

阿傩、迦叶引唐僧来见如来。如来高升莲座，指令降龙、伏虎二大罗汉敲响云磬，遍请三千诸佛、三千揭谛、八金刚、四菩萨、五百尊罗汉、八百比丘僧、大众优婆塞、比丘尼、优婆夷，各天各洞，福地灵山，大小尊者圣僧，该坐的请登宝座，该立的侍立两旁。一时间，天乐遥闻，仙音嘹喨，满空中祥光迭迭，瑞气重重，诸佛毕集，参见了如来。如来问：“阿傩、迦叶，传了多少经卷与他？可一一报数。”二尊者即开报：“现付去唐朝……

【毛泽东评点】

在毛泽东批阅过的上海广百宋斋光绪辛卯（1891年）校印的《绘图增像西游记》中，对于阿傩、迦叶索取唐僧人事（贿赂）的描写一段，毛泽东读得很细。对阿傩丑态描写，都画上了道道和浪线，在“只是拿着钵盂不放”这句话后连画了三个圈圈。对唐僧说的“这个极乐世界，也还有凶魔欺害哩！”这两句话下面分别画上两条粗粗的横道，末尾还画上了两个大圈。

——徐中远：《毛泽东读评五部古典小说》，华文出版社1997年版，第219页。

【注释】

（1）阿傩（nán 难）、迦叶，释迦牟尼如来两大弟子。阿傩、梵语Ānánda 的音译，意为欢喜，喜庆。佛经说他是释迦牟尼十大弟子之一，斛饭王之子，释迦之从弟。二十五岁出家，随侍释迦二十五年，长于记忆，称多闻第一。迦叶，释迦弟子中以迦叶为名者五人，经论中单称迦叶是指摩诃迦叶波，他年高德劭，称为大迦叶。释迦殁后佛教结集三藏时，他是召集人兼首座。中国禅宗又说他是传承佛法的第一代祖师，西土二十八祖之始祖。

（2）人事，指赠送的礼品。

（3）诳（kuáng 狂，旧读 kuàng 矿），欺骗，迷惑。

（4）诚不容诛，实在是判死刑也抵不了罪恶。诛，判处死刑。

（5）那厮，那家伙。厮，对人表示轻蔑的称呼。

（6）掯（kěn 肯）财，勒索财物。掯，强迫。

（7）比丘，亦作“比邱”，佛教语，梵语 Bhiksu 的音译，意译为“乞士”，以上从诸佛乞法，下从俗人乞食得名，为佛教出家五众之一，指已受具足戒的男性，俗称和尚。

（8）忒（tei），太，过甚。

（9）唐王，指唐太宗李世民（599—649）。

（10）化斋，和尚道士向人募化斋饭。

（11）庶，幸，希冀之词。孤，负。钦差，即钦差大臣，官名。凡由皇帝亲自派遣，出外办理重大事件的官员称为钦差。唐僧取经系由唐太宗派遣，故自称钦差。

【赏析】

《西游记》第九十八回“猿熟马驯方脱壳　功成行满见真如”，写唐僧师徒经过千辛万苦，终于到达了目的地——西天雷音寺，向释迦牟尼如来求取真经。他的两个大弟子阿傩、迦叶都向唐僧索要“人事”。人事者，赠送人之礼品也。犹如今之回扣、小费之类，实则贿赂之别名也。这很出乎一心向善的唐僧的意料，二位尊者含糊其词地说：“白手传经继世，后人当饿死矣！”经过孙悟空的争辩，勉强传了，谁知竟是无字白本。后被燃灯古佛派白雄尊法，散了经包，方才发现被骗。当唐僧师徒二次转回求取真经时，走到雷音寺山门之外，众皆拱手相迎，笑道：“圣僧是换经来的?”说明这些人也知道传的是无字经。大家心照不宣，真有点贿赂公行的味道。当孙悟空告到如来手里，如来笑道：“你且休嚷，他两个问你要人事之情，我已知矣。但只是经不可轻传，亦不可空取。”这就是说索要人事是理所当然，以免“教后代儿孙没钱使用”。如来还举例说，有一次众和尚下山为人诵了一遍经，就讨得“三斗三升米粒黄金回来”，还说他卖得太贱了。这就是说如来也认为索要人事是应该的。所以，阿傩、迦叶“仍问唐僧要些人事”，唐僧无法，只得把一路化斋用的紫金钵盂奉上。“那阿傩接了，但微微而笑。被那些管珍楼的力士、管香积的庖丁、看阁的尊者，你抹他脸，我扑他背，弹指的、扭唇的，一个个笑道：‘不羞，不羞！需索取经人的人事！’须臾，把脸皮都羞皱了，只是拿着钵盂不放。迦叶却才进阁检经，一一查于三藏。”这段对阿傩索要人事的丑态描写，真是活灵活现，呼之欲出，毛泽东在阅读时，都画上了道道或浪线，在“只是拿着钵盂不放”这句话后面连画了三个圈圈。当唐僧取的无字经被白雄尊者抢去后，他满眼垂泪地说：“徒弟呀！这个极乐世界，也还有凶魔欺害哩！”在这后两句话下面，毛泽东分别画上两条粗粗的横道，末尾还画上了两个大圈。这些道道、浪线和圈圈的具体含义，我们当然无法索解，但毫无疑问书中这些描写引起了毛泽东的关注是可以肯定的。是因为在这个极乐的世界里，成了佛的和尚也爱钱，和现实社会中诸如此类的事物发生了联想呢?还是极乐世界中也有坏事，恰恰印证了毛泽东的有善就有恶，善恶相互依存的哲学思想呢?总之，这些内容拨动了毛泽东的思想的琴弦是显而易见的。

【原文】

第一百回　径回东土　五圣成真（节录）

……长老捧几卷登台，方欲讽诵，忽闻得香风缭绕，半空中有八大金刚现身高叫道："诵经的，放下经卷，跟我回西去也。"这底下行者三人，连白马，平地而起，长老亦将经卷丢下，也从台上起于九霄，相随腾空而去。慌得那太宗与多官望空下拜。这正是：

圣僧努力取经编，西宇周流十四年。

苦历程途遭患难，多经山水受迍邅[(1)]。

功完八九还加九，行满三千及大千[(2)]。

大觉妙文回上国[(3)]，至今东土永留传。

太宗与多官拜毕，即选高僧，就于雁塔寺里，修建水陆大会，看诵《大藏真经》[(4)]，超脱幽冥孽鬼，普施善庆。将誊录过经文，传布天下不题。

却说八大金刚，驾香风，引着长老四众，连马五口，复转灵山。连去连来，适在八日之内。此时灵山诸神，都在佛前听讲。八金刚引他师徒进去，对如来道："弟子前奉金旨，驾送圣僧等，已到唐国，将经交纳，今特缴旨。"遂叫唐僧等近前受职。

如来道："圣僧，汝前世原是我之二徒，名唤金蝉子。因为汝不听我说法，轻慢我之大教，故贬汝之真灵，转生东土。今喜皈依[(5)]，秉我迦持[(6)]，又乘吾教，取去真经，甚有功果，加升大职正果，汝为旃檀功德佛[(7)]。孙悟空，汝因大闹天宫，吾以甚深法力，压在五行山下，幸天灾满足，归于释教，且喜汝隐恶扬善，在途中炼魔降怪有功，全终全始，加升大职正果，汝为斗战胜佛。猪悟能，汝本天河水神，天蓬元帅。为汝蟠桃会上酗酒戏了仙娥，贬汝下界投胎，身如畜类。幸汝记爱人身，在福陵山云栈洞造孽[(8)]，喜归大教，入吾沙门，保圣僧在路，却又有顽心，色情未泯。因汝挑担有功，加升汝职正果，做净坛使者。"八戒口中嚷道："他们都成佛，如何把我做个净坛使者？"如来道："因汝口壮身慵，食肠宽大。盖天下四大部洲，瞻仰吾教者甚多，凡诸佛事，教汝净坛，乃是个有受用的品级，如何不好！沙悟净，汝本是卷帘大将，先因蟠桃会上打碎玻璃盏，贬汝下界，汝落于流沙河，伤生吃人造孽，幸皈吾教，诚敬迦持，保护圣僧，登山牵马有功，加升大职正果，为金身罗汉。”又叫那白马：“汝本是西洋大海广晋龙王之子，因汝违逆父命，犯了不孝之罪，幸得皈身皈法，皈我沙门，每日家亏你驮负圣僧来西，又亏你驮负圣经去东，亦有功者，加升汝职正果，为八部天龙(9)。”

长老四众，俱各叩头谢恩。马亦谢恩讫，仍命揭谛引了马下灵山后崖(10)，化龙池边，将马推入池中。须臾间，那马打个展身，即蜕了毛皮，换了头角，浑身上长起金鳞，腮颔下生出银须，一身瑞气，四爪祥云，飞出化龙池，盘绕在山门里擎天华表柱上(11)。诸佛赞扬如来的大法。孙行者却又对唐僧道：“师父，此时我已成佛，与你一般，莫成还戴金箍儿，你还念甚么紧箍儿咒掯勒我？趁早儿念个松箍儿咒，脱下来，打得粉碎，切莫叫那甚么菩萨再去捉弄他人。”

唐僧道：“当时只为你难管，故以此法制之。今已成佛，自然去矣。岂有还在你头上之理！你试摸摸看。”行者举手去摸一摸，果然无之。此时旃檀佛、斗战佛、净坛使者、金身罗汉，俱正果了本位。天龙马亦自归真。有诗为证，诗曰：

一体真如转落尘(12)，合和四相复修身(13)。

五行论色空还寂，百怪虚名总莫论。

正果旃檀皈大觉，完成品职脱沉沦。

经传天下恩光阔，五圣高居不二门。

五圣果位之时，诸众佛祖、菩萨、圣僧、罗汉、揭谛、比丘、优婆夷塞，各山各洞的神仙、大神、丁甲、功曹、伽蓝、土地，一切得道的师仙，始初俱来听讲，至此各归方位。……《西游记》至此终。

【毛泽东评点】

唐僧这个人，一心一意去西天取经，遭受了九九八十一难，百折不回，他的方向是坚定不移的。但他也有缺点，麻痹，警惕性不高，敌人换个花样就不认识了。猪八戒有许多缺点，但有一个优点，就是艰苦。臭柿胡同就是他拱开的。孙猴子很灵活，很机动，但他最大的缺点是方向不坚定，三心二意……。你们别小看了那匹小白龙马，它不图名，不为利，埋头苦干，把唐僧一直驮到西天，把经取了回来，这是一种朴素、踏实的作风，是值得我们取法的。

——牛克伦：《熔炉》，载《回忆毛主席》，人民文学出版社1977年版，第245—246页。

唐僧、孙悟空、猪八戒、沙和尚，他们一起向西天取经，虽然中途闹了点不团结，但是经过互相帮助，团结起来，终于克服了艰难险阻，战胜了妖魔鬼怪，到达了西天，取来了经，成了佛。

——薄一波：《回忆片段》，载1981年12月26日人民日报。

1939年3月15日上午，毛泽东在延安城西北的凤凰山脚下的院子里接见了印度援华医疗队成员。据巴苏回忆：毛泽东在交谈时说，在古代，佛陀传扬恢宏的教义，保佑普天下之太平无恙。现在印度医疗队来到中国，是来传播人民反对帝国主义的团结友谊的。在谈到这些话题时，毛泽东还讲了一本著名的书中所描写的唐僧在传奇式的猴王的帮助下克服重重困难，跋山涉水历尽艰辛到印度朝圣取经的有趣故事。

——巴苏：《革命兄弟间的友谊》，载《毛泽东交往录》，人民出版社1991年版，第382—383页。

凯丰同志：

……整风完后，中央须设一个大的编译部，把军委编译局并入，有二三十人工作，大批翻译马、恩、列、斯及苏联书籍，如再有力，则翻译英、法、德古典书籍。我想亮平在翻译方面曾有功绩，最好还是他主持编译部，不知你意如何？不知他自已愿干否？为全党着想，与其做地方工作，不如做翻译工作，学个唐三藏及鲁迅，实是功德无量的。

……

——《关于报纸和翻译工作问题给何凯丰的信》（1942.9.15），载《毛泽东文集》，第2卷，人民出版社1992年版，第441页。

【注释】

（1）迍邅（zhūn　zhān 谆沾），处境困难。

（2）三千，指三千大千世界，简称大千世界。以须弥山为中心，七山八海交绕之，更以铁围山为外郭，是谓一小世界，合一千个小世界为小千世界，合一个小千世界为大千世界，总称三千大千世界。大千，即大千世界的简称，指称广阔无边的世界。

（3）大觉妙文，指佛经。大觉，大梦觉醒，佛教谓正觉。

（4）大藏真经，即大藏经，佛教经典的总称。

（5）皈（guī 归）依，一作“归依”，信仰佛教者的入教仪式。

（6）迦持，佛教戒律。

（7）旃（zhàn 占）檀功德佛，指念佛、诵经、布施的和尚。旃檀，即檀香。功德，佛教语。

《大乘义章·十功德义三门分别》：“功谓功能，能破生死，能得涅槃，能度众生，名之为功。此功是其善行家德，是谓功德。”多泛指念佛、诵经、布施等事。按：旃檀功德佛原是一尊用檀香木雕刻的佛像，并不是指玄奘。

（8）造孽（niè 聂），佛教语，做坏事。

（9）八部天龙，佛教分诸天鬼神及龙为八部。《翻译名义集·八部》：“一天，二龙，三夜叉，四干闼婆、五阿修罗、六迦楼罗、七紧那罗、八摩睺罗伽。”因八部中以天、龙二部居首，故又称天龙八部。

（10）揭谛，一作“揭帝”。佛教护法神之一。灵山，印度佛教圣地灵鹫山的简称。

（11）华表柱，又称恒表、望柱，古代立于宫门之外或墓前的石柱。

（12）真如，佛教语，梵文 Tathata 的音译或 Bhūtatathata 的意译。意思是永恒存在实体、实性，亦即宇宙万有的本体。

（13）四相，佛教以离、合、违、顺为四相。《楞严经》卷三：“若从根出，必无离、合、违、顺四相。”

【赏析】

《西游记》第一百回“径回东土，五圣成真”，写唐僧、孙悟空、猪八戒、沙和尚以及白龙马，在取经途中经过千辛万苦，历尽九九八十一难，终于到达西天，见到了佛祖如来，求得了真经，并由八大金刚护送大唐王朝交旨，然后又回转灵山听封，如来封唐僧为旃檀功德佛，孙悟空为斗战胜佛，猪八戒为净坛使者，沙和尚为金身罗汉，白龙马为八部天龙，俱修成了“正果”。

1938年四月初的一天，一个晴朗的上午，毛泽东在延安城外一个傍山的旷场里接见了抗大全校的两千多人。毛泽东的讲话从第三期毕业谈起，从在斗争中学习、向实践学习的重要，讲到敌后各战场的斗争形势。最后，又指示大家努力学习和掌握“坚定正确的政治方向，艰苦朴素的工作作风，灵活机动的战略战术”。在对这三条指示时，毛泽东援引了《西游记》中的四个主要人物和白龙马，并对他们各自的优点和缺点作了恰如其分的评价，形象生动地说明了“三大作风”的意义。

根据薄一波同志回忆，毛泽东生前曾与一些领导干部和在他身边的工作人员谈到《西游记》中的几个主要人物，虽然中途有点不团结，但是经过互相帮助，团结起来，克服了艰难险阻，战胜了妖魔鬼怪，终于到达西天，取来了经，成了佛。一位领导同志听后认为，毛泽东在这里主要讲的是不要怕不同意见，不要怕有争论，只要朝着一个目标，团结一致，坚持奋斗，最后总是会成功的。

此外，在1939年3月15日，毛泽东在延安城西北的凤凰山脚下的院子里接见印度援华医疗队时，还讲了一本著名的书中所描写的唐僧在传奇式的猴王的帮助下克服重重困难，跋山涉水历尽艰辛到印度取经的有趣故事。在1942年9月15日致何凯丰的信中，鼓励吴亮平“不如做翻译工作，学个唐三藏和鲁迅，实是功德无量的”，也都对唐僧取经及他对翻译事业的贡献给予很高的评价。

《封神演义》（明）许仲琳

长篇小说，二十卷一百回。别题《武王伐纣外史》《封神传》《商周列国全传》。作者有许仲琳、陆西星两说：鲁迅、傅惜华根据明舒载阳刻本卷二题署“钟山逸叟许仲琳编辑”判定为许，但许的生平不明；孙楷第则据《传奇汇考》卷十《顺天时》传奇解题“元时道士陆长庚撰”判定为陆。

《封神演义》，作者大体根据《武王伐纣平话》，再参考古籍和传说故事敷衍而成。内容演述商末政治纷乱和武王伐商的历史故事，颇多仙佛斗法的描写，末以姜子牙封诸神和周武王分封诸侯作结。盖“封国以报功臣，封神以妥功鬼，而人神之死，则委以劫数”，“其根柢，则方士之见而已”（鲁迅《中国小说史略》）。

《封神演义》在艺术上充分发挥了神话善于夸张、富于想象的特长，赋予人物以奇形怪状和奇才异能，对于战争武器进行奇特联想，对各种各样的演兵布阵之法加以神话化，都体现了这一特色。此外，人物描写也颇具成就特色，有些人物性格鲜明，但多数人物存在概念化倾向，故事铺叙上也多有雷同之处，文笔粗疏，影响了它的艺术感染力。

【原文】

第十四回　哪吒现莲花化身（节录）

且不言李靖[(1)]；再表哪吒那一日出神[(2)]，不在行宫[(3)]；及至回来，只见庙宇无存，山红土赤，烟焰未灭，两个鬼判，含泪来接。哪吒问曰：“怎的来？”鬼判答曰：“是陈塘关李总兵突然上山，打碎金身[(4)]，烧毁行宫，不知何故。”哪吒曰：“我与你无干了，骨肉还于父母，你如何打我金身，烧我行宫，令我无处栖身？”心上甚是不快。沉思良久：“不若还往乾元山走一遭”。哪吒受了半年香烟，已觉有些形声，一时到了高山，至于洞府。金霞童儿引哪吒见太乙真人[(5)]。真人曰：“你不在行宫接受香火，你又来这里做甚么？”哪吒跪诉前情：“被父亲将泥身打碎，烧毁行宫。弟子无所依倚，只得来见师父，望祈怜救。”真人曰：“这就是李靖的不是。他既还了父母骨肉，他在翠屏山上，与你无干；今使他不受香火，如何成得身体。况姜子牙下山已快。也罢，既为你，就与你做件好事。”叫金霞童儿：“把五莲池中莲花摘二枝，荷叶摘三个来。”童子忙取了荷叶、莲花，放于地下。真人将花勒下瓣儿，铺成三才，又将荷叶梗儿折成三百骨节，三个荷叶，按上、中、下，按天、地、人。真人将一粒金丹放于居中，法用先天，气运九转，分离龙[(6)]、坎虎[(7)]，捉住哪吒魂魄，望荷、莲里一推，喝声：“哪吒不成人形，更待何时！”只听得響一声，跳起一个人来，面如傅粉，唇似涂朱，眼运精光，身长一丈六尺，此乃哪吒莲花化身，见师父拜倒在地。真人曰：“李靖毁打泥身之事，其实伤心。”哪吒曰：“师父在上，此仇决难干休！”真人曰：“你随我桃园里来。”

真人传哪吒火尖枪，不一时已自精熟。哪吒就要下山报仇。真人曰：“枪法好了，赐你脚踏风火二轮，另授灵符秘诀。”真人又付豹皮囊，囊中放乾坤圈、混天绫、金砖一块：“你往陈塘关去走一遭。”哪吒叩首，拜谢师父，上了风火轮，两脚踏定，手提火尖枪，径往关上来。诗曰：

两朵莲花现化身，灵珠二世出凡尘。手提紫焰蛇矛宝；脚踏金霞风火轮。

豹皮囊内安天下；红锦绫中福世民。历代圣人为第一，史官遗笔万年新。

话说哪吒来到陈塘关，径进关来至帅府，大呼曰：“李靖早来见我！”有军政官报入府内：“外面有三公子，脚踏风火二轮，手提火尖枪，口称老爷姓讳[(8)]，不知何故，请老爷定夺[(9)]。”李靖喝曰：“胡说！人死岂有再生之理！”言未了，只见又一起人来报：“老爷如出去迟了，便杀进府来！”李靖大怒，“有这样事！”忙提画戟，上了青骢，出得府来。见哪吒脚踏风火二轮，手提火尖枪，比前大不相同。李靖大惊，问曰：“你这畜生[(10)]！你生前作怪，死后还魂，又来这里缠扰！”哪吒曰：“李靖！我骨肉已交还与你，我与你无相干碍，你为何往翠屏山鞭打我的金身，火烧我的行宫？今日拿你，报一鞭之恨！”把枪幌一幌，劈脑刺来。李靖将画戟相迎。

轮马盘旋，戟枪并举。哪吒力大无穷，三五回合把李靖杀得马仰人翻，力尽筋输，汗流浃背。李靖只得往东南避走。哪吒大叫曰："李靖休想今番饶你！不杀你决不空回！"往前赶来。不多时，看看赶上。——哪吒的风火轮快，李靖马慢。李靖心下着慌，只得下马，借土遁去了。哪吒笑曰："五行之术[11]，道家平常，难道你土遁去了，我就饶你！"把脚一蹬，驾起风火二轮，只见风火之声，如飞云掣电[12]，往前追赶。李靖自思："今番赶上，被他一枪刺死，如之奈何？"李靖见哪吒看看至近，正在两难之际，忽然听得有人作歌而来，歌曰：

"清水池边明月，绿阳堤畔桃花。别是一般情味，凌空几片飞霞。"

李靖看时，见一道童，顶着髮巾[13]，道袍大袖，麻履丝绦[14]，来者乃九公山白鹤洞普贤真人徒弟木吒是也[15]。木吒曰："父亲，孩儿在此。"李靖看时，乃是次子木吒，心下方安。哪吒驾轮正赶，见李靖同一道童讲话。哪吒落下轮来。木吒上前，大喝一声："慢来！你这孽障好大胆[16]！子杀父，忤逆乱伦[17]。早早回去，饶你不死！"哪吒曰："你是何人，口出大言？"木吒曰："你连我也认不得！吾乃木吒是也。"哪吒方知是二哥，忙叫曰："二哥，你不知其详。"哪吒把翠屏山的事细细说了一遍，"……这个是李靖的不是，是我的不是？"木吒大喝曰："胡说！天下无有不是的父母！"哪吒又把"剖腹、刳肠，已将骨肉还他了，我与他无干，还有甚么父母之情！"木吒大怒曰："这等逆子！"将手中剑往哪吒一剑砍来。哪吒枪架住曰："木吒，我与你无仇，你站开了，待吾拿李靖报仇。"木吒大喝："好孽障！焉敢大逆！"提剑来取。哪吒道："这是大数造定，将生替死。"手中枪劈面交还。轮步交加，弟兄大战。哪吒见李靖站立一旁，又恐走了他，哪吒性急，将枪挑开剑，用手取金砖往空打来。木吒不提防，一砖正中后心，打了一跤，跌在地下。哪吒蹬轮来取李靖。李靖抽身就跑。哪吒叫曰："就赶到海岛，也取你首级来[18]，方泄吾恨！"李靖往前飞走，真似失林飞鸟，漏网游鱼，莫知东南西北。往前又赶多时，李靖见事不好，自叹曰："罢！罢！罢！想我李靖前生不知作甚孽障[19]，致使仙道未成，又生出这等冤愆[20]。也是合该如此[21]，不若自己将刀戟刺死，免受此子之辱。"正待动手……

【毛泽东评点】

《封神榜》上有个土行孙，还有哪吒，他们都会上天入地，腾云驾雾，能打善走，我们革命战士也应该个个练得像他们那样才好啊！

——《毛委员在井冈山》，江西人民出版社1977年版，第57页。

【注释】

（1）李靖，神魔小说人物，玉帝部下托塔天王，哪吒之父。

（2）哪吒（nézhā），神魔小说人物，李靖第三子，形如少年，神通广大，助姜子牙兴周灭纣，屡立战功。

（3）行宫，本指古代宫都以外供帝王出行时暂住的宫室，此指为哪吒修的庙宇。

（4）金身，本指装金的佛像，此指哪吒涂有金粉的泥塑像。

（5）太乙真人，哪吒的师父，阐教门徒。

（6）离龙，南方的龙。离，指南方。

（7）坎虎，北方的虎。坎，指北方。

（8）姓讳（huì卉），姓名。讳，旧时对帝王将相或尊长不直称其名，叫作避讳，因用以指所避讳的名字。

（9）定夺，决定事情的可否与去取。

（10）畜（chù怵）生，亦作“畜牲”，泛指禽兽，也用作骂人之词。

（11）五行之术，我国古代把金、木、水、火、土称为五行。土遁是利用土气飞走的方法，故称五行之术。

（12）掣（chè彻）电，闪电。

（13）鬏（dí狄），发髻。

（14）麻履（lǚ旅）丝绦（tāo滔），麻鞋丝带。履，鞋。绦，用丝编织的带子或绳子。

（15）木吒，阐教普贤真人弟子，李靖次子。

（16）孽障，坏东西，骂人的语。

（17）忤逆，不孝顺。乱伦，违反伦常的关系。

（18）首级，斩下的人头。

（19）孽障，罪恶。

（20）冤愆，冤仇罪过。

（21）合该，应该。合，应当。

【赏析】

《封神演义》里的哪吒是个著名的神魔人物。他原是陈塘关总兵李靖的三儿子，七岁时在河边一次偶然的嬉戏玩耍，引发了一场生死格斗，一怒之下，他打死了凶恶的龙王三太子，为了不连累家族，毅然“剔骨还父，析肉还母”，自杀身死。而其父李靖胆小怕事，竟然拆其庙宇，碎其金身，使其魂魄无所依托。哪吒忍无可忍，在师父的帮助下以荷叶莲花化身成形，下山追杀李靖，直呼其名，使李靖上天无路、入地无门，几乎自杀，最后才为燃灯道人所救。哪吒与其父李靖、兄木吒的战斗，充分表现了他“能打善走”的特点。

1927 年 11 月初，毛泽东到茅坪。一面进行社会调查，一面亲自对袁文才的军队进行改造工作。毛泽东有时还到练兵场上检查和纠正士兵们的军事动作。有一次，毛泽东对战士们说，革命战士应该像土行孙、哪吒那样“能打善走”。这和他提倡的“打得赢就打，打不赢就走”的战略战术是完全一致的。

【原文】

第三十七回　姜子牙一上昆仑（节录）

且说子牙在府内自思：“哪吒虽则取胜，恐后面朝歌调动大队人马[(1)]，有累西土。”子牙沐浴更衣，来见武王。朝见毕，曰：“相父见孤[(2)]，有何紧事？”子牙曰：“臣辞主公，往昆仑山去一遭。”武王曰：“兵临城下，将至濠边，国内无人，相父不可逗留商山，使孤盼望。”子牙曰：“臣此去，多则三朝，少则两日，即时就回。”武王许之。子牙出朝，回相府，对哪吒曰：“你与武吉好生守城，不必与张桂芳厮杀；待我回来，再作区画。”哪吒领命。子牙分付已毕，遂借土遁往昆仑山来。怎见得，有诗为证：

玄里玄空玄内空，妙中妙法妙无穷。

五行道术非凡术，一阵清风至玉宫。

话说子牙从土遁到得麒麟崖，落下土遁，见昆仑光景，嗟叹不已。自想："一离此山，不觉十年。如今又至，风景又觉一新。"子牙不胜眷恋。怎见得好山：

烟霞散彩，日月摇光。千株老栢，万节修篁。千株老栢，带雨满山青染染；万节修篁，含烟一径色苍苍。门外奇花布锦，桥边瑶草生香。岭上蟠桃红锦烂，洞门茸草翠丝长。时闻仙鹤唳，每见瑞鸾翔。仙鹤唳时，声振九皋霄汉远；瑞鸾翔处，毛辉五色彩云光。白鹿玄猿时隐现，青狮白象任行藏。细观灵福地，果乃胜天堂。

子牙上昆仑，过了麒麟崖，行至玉虚宫，不敢擅入；在宫前等候多时，只见白鹤童子出来。子牙曰："白鹤童儿，与吾通报。"白鹤童子见是子牙，忙入宫至八卦台下，跪而启曰："姜尚在外厅候玉旨(3)。"元始点首(4)："正要他来。"童儿出宫，口称："师叔，老爷有请。"子牙台下倒身拜伏："弟子姜尚愿老师父圣寿无疆！"元始曰："你今上山正好。命南极仙翁取'封神榜'与你(5)，可往岐山造一封神台(6)，台上张挂'封神榜'，把你的一生事俱完毕了。"子牙跪而告曰："今有张桂芳(7)，以左道旁门之术(8)，征伐西岐。弟子道理微末，不能治服。望老爷大发慈悲，提拔弟子。"元始曰："你为人间宰相，受享国禄，称为'相父'。凡间之事，我贫道怎管得你的尽。西岐乃有德之人坐守，何怕左道旁门。事到危急之处，自有高人相辅。此事不必问我，你去罢。"子牙不敢再问，只得出宫。才出宫门首，有白鹤童儿曰："师叔，老爷请你。"子牙听得，急忙回至八卦台下跪了。元始曰："此一去，但凡有叫你的，不可应他。若是应他，有三十六路征伐你。东海还有一人等你，务要小心。你去罢。"子牙出宫，有南极仙翁送子牙。子牙曰："师兄，我上山参谒老师，恳求指点，以退张桂芳，老师不肯慈悲，奈何，奈何！"南极仙翁曰："上天数定，终不能移。只是有人叫你，切不可应他，着实要紧！我不得远送你了。"子牙捧定"封神榜"，往前行至麒麟崖，才驾土遁，脑后有人叫："姜子牙！”子牙曰：“当真有人叫。不可应他。”后边又叫：“子牙公！”也不应。又叫：“姜丞相！”也不应。连声叫三五次，见子牙不应，那人大叫曰：“姜尚！你忒薄情而忘旧也[9]！你今就做丞相，位极人臣，独不思在玉虚宫与你学道四十年，今日连呼你数次，应也不应！”子牙听得如此言语，只得回头看时，见一道人。怎见得，有诗为证：

头上青巾一字飘，迎风大袖衬轻绡。麻鞋足下生云雾，宝剑光华透九霄。

葫芦里面长生术，胸内玄机隐六韬[10]。跨虎登山随地是，三山五岳任逍遥。

话说子牙一看，原来是师弟申公豹[11]。子牙曰：“兄弟，吾不知是你叫我。我只因师父吩咐，但有人叫我，切不可应他。我故此不曾答应。得罪了！”申公豹问曰：“师兄手里拿着是甚么东西？”子牙曰：“是‘封神榜’。”公豹曰：“那里去？”子牙道：“往西岐造封神台，上面张挂。”申公豹曰：“师兄，你如今保那个？”子牙笑曰：“贤弟，你说混活[12]！我在西岐，身居相位，文王托孤[13]，我立武王，三分天下，周土已得二分，八百诸侯[14]，悦而归周，吾今保武王，灭纣王，正应上天垂象[15]。岂不知凤鸣岐山[16]，兆应真命之主。今武王德配尧、舜[17]，仁合天心；况成汤旺气黯然[18]，此一传而尽。贤弟反问，却是为何？”申公豹曰：“你说成汤旺气已尽，我如今下山，保成汤，扶纣王。子牙，你要扶周，我和你掣肘[19]。”子曰：“贤弟，你说那里话！师尊严命，怎敢有违？”申公豹曰：“子牙，我有一言奉禀，你听我说，有一全美之法——到不如同我保纣灭周。一来你我弟兄同心合意；二来你我弟兄又不至参商[20]，此不是两全之道。你意下如何？”子牙正色言曰：“兄弟言之差矣！今听贤弟之言，反违师尊之命。况天命人岂敢逆，决无此理。兄弟请了！”申公豹怒色曰：“姜子牙！料你保周，你有多大本领，道行不过四十年而已。你且听我道来。有诗为证：

炼就五行真妙诀，移山倒海更通玄。降龙伏虎随吾意，跨鹤乘入九天。

紫气飞升千万丈，喜时火内种金莲。足踏霞光闲戏耍，逍遥也过几千年。

话说子牙曰“你的功夫是你得，我的功夫是我得，岂在年数之多寡。”申公豹曰：“姜子牙，你不过五行之术，倒海移山而已，你怎比得我。似我，将首级取将下来，往空中一掷，遍游千万里，红云托接，复入颈项上，依旧还元返本，又复能言。似此等道术，不枉学道一场。你有何能，敢保周灭纣！你依我烧了'封神榜'，同吾往朝歌，亦不失丞相之位。"子牙被申公豹所惑，暗想："人的头乃六阳之首[21]，刎将下来[22]，游千万里，复入颈项上，还能复旧，有这样的法术，自是稀罕。"乃曰："兄弟，你把头取下来。果能如此起在空中，复能依旧，我便把'封神榜'烧了，同你往朝歌去。"申公豹曰："不可失信！"子牙曰："大丈夫一言既出，重若泰山，岂有失信之理。"申公豹去了道巾，执剑在手，左手提住青丝[23]，右手将剑一刎，把头割将下来，其身不倒；复将头往空中一掷，那颗头盘盘旋旋，只管上去了。子牙乃忠厚君子，仰面呆看，其头旋得只见一些黑影。

不说子牙受惑，且说南极仙翁送子牙不曾进宫去，在宫门前少憩片时[24]。只见申公豹乘虎赶子牙，赶至麒麟崖前，指手画脚讲论。又见申公豹的头游在空中。仙翁曰："子牙乃忠厚君子，险些儿被这孽障惑了！"忙唤："白鹤童儿那里？"童子答曰："弟子在。""你快化一只白鹤，把申公豹的头衔了，往南海走走来。"童子得法旨，便化鹤飞起，把申公豹的头衔着往南海去了[25]。有诗为证：

左道旁门惑子牙，仙翁妙算更无差，邀仙全在申公豹，四九兵来乱似麻[26]。

话说子牙仰面观头，忽见白鹤衔去。子牙跌足大呼曰："孽障[27]！怎的把头衔去了？"不知南极仙翁从后来，把子牙后心一巴掌。子牙回头看时，乃是南极仙翁。子牙忙问曰："道兄，你为何又来？"仙翁指子牙曰："你原来是一个呆子！申公豹乃左道之人，此乃些小幻术，你也当真！只用一时三刻，其头不到颈上，自然冒血而死。师尊吩咐你，不要应人，你为何又应他！你应他不打紧，有三十六路兵马来伐你。方才我在玉虚宫门前，看着你和他讲话；他将此术惑你，你就要烧'封神榜'；倘或烧了此榜，怎么了？我故叫白鹤童儿化一只仙鹤，衔了他的头往南海去，过了一时三刻，死了这孽障，你才无患。"子牙曰："道兄，你既知道，可以饶了他罢。道心无处不慈悲，怜恤他多年道行，数载功夫，丹成九转[28]，龙交虎成，真为可惜！"南极仙翁曰："你饶了他；他不饶你。那时三十六路兵来伐你，莫要懊悔！”子牙就说：“后面有兵来伐我，我怎肯忘了慈悲，先行不仁不义。”不言子牙哀求南极仙翁。且说申公豹被仙鹤衔去了头，不得还体，心内焦躁，过一时三刻，血出即死，左难右难。且说子牙恳求仙翁，仙翁把手一招，只见白鹤童子把嘴一张，放下申公豹的头落将下来。不意落忙了，把脸朝着脊北。申公豹忙把手端着耳朵一磨，才磨正了。把眼睁开看，见南极仙翁站立。仙翁大喝一声：“把你这该死孽障！你把左道惑弄姜子牙，使他烧毁‘封神榜’，令子牙保纣灭周，这是何说？该拿到玉虚宫，见掌教老师去才好！”叱了一声：“还不退去！姜子牙，你好生去罢。”申公豹惭愧，不敢回言，上了白额虎，指子牙道：“你去！我叫你西岐顷刻成血海，白骨积如山！”申公豹恨恨而去。不表。

【毛泽东评点】

《封神演义》里有一个申公豹，是姜子牙的不肖师弟，他脸向后长，眼朝后看。现在在抗战阵营中，就隐藏有这么一群“申公豹”，一批专门倒退的人，他们拖住中国要倒退。这是现在中国的黑暗势力压迫光明势力，这叫作压迫的自由。然而全中国的青年和工农大众也有另外一种自由，这叫作反抗黑暗势力的自由。我们不准黑暗势力把中国拖向后退。我们有没有把握不准他们那样做呢？是有的，重要的根据就是现在的人不容易被欺骗了，全国老百姓是不好再欺骗了。现在大多数人就不准他们这样压迫，要反抗他们的压迫；不准他们投降，要坚持抗战；不准他们分裂，要坚持团结；不准他们倒退，要坚持进步。这一群“申公豹”，看他们怎样收场。

……自然，我们要反对那少数破坏革命的坏知识分子，汉奸知识分子，“申公豹”式的知识分子。不反对这种知识分子，是罪恶；反对这种知识分子，是对民族对人民都有利的。

……我们一定要抗战到最后胜利，打倒日本帝国主义，创造出一个民主共和国。现在虽然还有帝国主义者和“申公豹”，不断地阻碍我们这样做，但是不要紧的，我们现在是聪明了，是有力量了，我们已不是昨天的我们，而是今天的我们了。帝国主义者、“申公豹”们，是你们滚蛋的时候了！

——《一二·九运动的伟大意义》，载《毛泽东文集》，第2卷，人民出版社1993年版，第255—257页。

【注释】

（1）朝（zhāo 昭）歌，殷商都城，故址在今河南淇县县城。

（2）相父，皇帝对继续任职的先朝宰相的敬称。表示事之如父。姜子尚为文王的宰相，故武王尊之为相父。孤，古代诸侯君王的自称。

（3）玉旨，帝旨，敬词。

（4）元始，即元始天尊。阐教最高首领，姜子牙的老师。

（5）南极仙翁，神话人物。

（6）岐山，在今陕西岐山县东北。

（7）张桂芳，殷大臣，原为青龙关总兵，后率军伐姜子牙，战败自杀。

（8）左道旁门之术，邪法，妖术。左道旁门，非正统的宗教、会道的派别。

（9）忒（tēi），太，过甚。

（10）六韬，亦作“六弢”，兵书名，分文韬、武韬、龙韬、虎韬、豹韬、犬韬六卷，后用来指称兵法韬略。

（11）申公豹，小说人物。他器量狭窄，狡诈阴险。原是姜子牙师弟，但处处与姜子牙作对。姜子牙辅周伐纣，他却请来许多道术之士助纣攻周。后被其师父擒住，将他身子塞了北海眼。

（12）混话，瞎话，混账话。

（13）托孤，以遗孤相托。

（14）八百诸侯，指殷末八百诸侯国。《史记·齐太公世家》：“遂至盟津。诸侯不期而会者八百诸侯。”

（15）上天，古人观念中的万物主宰者，能降祸福于人。垂象，显示征兆。古人迷信，把某些自然现象归附人事，认为是预示人间祸福吉凶的迹象。

（16）凤鸣，凤凰鸣叫，比喻贤人出现。岐山为周祖先的封地，凤鸣岐山，预兆周朝将兴。

（17）尧、舜，我国上古两位贤明的部落联盟首领。

（18）旺气，好运，兴旺的气运。

（19）掣（chè 彻）肘，在别人做事情的时候，从旁牵制。

（20）参（shēn 申）商，参、商二星此出则彼没，两不相见，因以比喻人分离不得相见。

（21）六阳，中医十二经脉中，有手三阳、足三阳（阳明、太阳、少阳）六经脉，谓之六阳。六阳经脉皆聚于头部，故说头为六阳之首。

（22）刎（wěn 稳），割颈，割断。

（23）青丝，头发。青，黑色。

（24）憩（qì 气），休息。

（25）南海，先秦史籍指南方一定海域。

（26）四九兵来，即后来的三十六路兵马伐西岐。

（27）孽（niè 聂）障，坏东西，骂人的话。

（28）丹成九转，即九转还丹，道教称经九次提炼、服之能成仙的丹药。

【赏析】

《封神演义》中的申公豹是一个极富典型意义的形象。他阴险毒辣，忘恩负义，挑拨离间，倒行逆施。原是姜子牙的师弟，但处处同姜子牙作对。当然这不仅是个人品质所限，而是基于不同的立场：姜子牙赞成武王领导的革命事业，率军兴周伐纣；申公豹却助纣为虐，保纣灭周。于是他请来许多道术之士助纣攻周，所谓“三十六路兵伐西岐”大都与他挑离怂恿有关，这样给姜子牙制造了许多困难。由于他倒行逆施，多行不义必自毙。后来被他师父擒住，将他的身子填塞北海眼。申公豹就是这么一个开历史倒车的角色，作者不无寓意地赋予他一副“脸向后长，眼朝后看”的形象。

一二·九运动是1935年在北平爆发的大规模的学生爱国运动。时隔四年之后，在延安各界举行的纪念一二·九运动四周年的大会上，毛泽东又发表了《一二·九运动的伟大意义》的讲话。讲话中，毛泽东肯定了青年学生的思想进步、全国人民觉悟的提高，突出的表现是他们分清了压迫与反抗、投降与抗战、分裂与团结、倒退与进步。同时他告诫人们，要警惕抗日阵营中隐藏的“申公豹”，因为他们是“一批专门倒退的人，他们拖住中国要倒退”。但是“我们现在已经是聪明了，是有力量了”，帝国主义者、“申公豹”们，将无所逞其伎。历史的发展证明了毛泽东的这个科学论断，而且至今不失其启发教育作用。

【原文】

第三十八回　四圣西岐会子牙（节录）

话说子牙同将进城[1]，入相府，升殿坐下。只见武成王跪下曰[2]：“请丞相将我父子解送桂芳行营[3]，免累武王[4]。”子牙忙忙扶起，曰：“黄将军，方才三件事，乃权宜暂允他，非有他意。彼骑的俱是怪兽，众将未战，先自落马，挫动锐气，故此将计就计，且进城再作他处。”黄将军谢了子牙，众将散去。子牙乃香汤沐浴[5]，吩咐武吉、哪吒防守[6]。子牙驾土遁[7]，二上昆仑，往玉虚宫而来。有诗为证：

道术传来按五行[8]，不登雾彩最轻盈。须臾直过扶桑径[9]，咫尺行来至玉京[10]。

且说子牙到了玉虚宫，不敢擅入。候白鹤童子出来，子牙曰：“白鹤童儿，通报一声。”白鹤童子至碧游床，跪而言曰：“启老爷：师叔姜尚在宫外候法旨[11]。”元始吩咐[12]：“命来。”子牙进宫，倒身下拜。元始曰：“九龙岛王魔等四人在西岐伐你。他骑的四兽，你未曾知道。此物乃万兽朝苍之时，种种各别，龙生九种，色相不同。白鹤童子，你往桃园里把我的坐骑牵来。”白鹤童儿往桃园内，牵了四不相来[13]。怎见得，有诗为证：

麟头豸尾体如龙[14]，足踏祥光至九重[15]。四海九洲随意遍[16]，三山五岳霎时逢[17]。

童儿把四不相牵至。元始曰：“姜尚，也是你四十年修行之功，与贫道代理封神，今把此兽与你骑往西岐[18]，好会三山、五岳、四渎之中奇异之物[19]。”又命南极仙翁取一木鞭[20]，——长三尺六寸五分，有二十一节；每一节有四道符印[21]，共八十四道符印，名曰“打神鞭”。子牙跪而接受；又拜恳曰：“望老师大发慈[22]！”元始曰：“你此一去，往北海过[23]，还有一人等你。贫道将此中央戊己之旗付你[24]。旗内有简，临迫之际，当看此简，便知端的。”子牙叩首辞别，出玉虚宫。南极仙翁送子牙至麒麟崖。子牙上了四不相，把顶上角一拍，那兽一道红光起去，铃声响亮，往西岐来。……

【毛泽东评点】

当年姜子牙下昆仑山，元始天尊赠了他杏黄旗、四不相和打神鞭三样法宝。现在你们出发上前线，我也赠给你们三样法宝，这就是：统一战线，武装斗争，党的建设。

——海鲁德等：《生活中的毛泽东》，华文出版社 1989 年版，第 66 页。

【注释】

（1）子牙，即姜子牙。

（2）武成王，即黄飞虎。原为商大臣，官封武成王。后归周，随姜子牙伐纣为先锋官。

（3）桂芳，即张桂芳。原为商朝青龙门总兵，后奉命率军伐西岐，失败自杀。

（4）武王，即周武王姬发。

（5）香汤沐浴，用调有香料的热水洗澡，以表示洁身敬神。

（6）武吉，原为樵夫，后归周随姜子牙征战，为行营总管。哪吒（né zhā），原为陈塘关总兵李靖之子，刚出生不久就打死龙王之子，四海龙王奏告玉帝，捉拿其父母。他自割腹剔骨而死，太乙真人使其魂魄借莲花为躯体，得以复活。后助姜子牙兴周灭纣，屡立战功。

（7）土遁，方士所谓借土遁形的法术。遁，不守本性，沉溺于某种物质享受。

（8）五行，金、木、水、火、土，古代称构成各种物质的五种元素。

（9）须臾，顷刻。扶桑径，意近现在所说赤道。扶桑，神木名，传说日出其下。《淮南子·天文》："日出于旸谷，浴于咸池，拂于扶桑，是谓晨明。"

（10）咫（zhǐ 只）尺，比喻距离很近。咫，古代长度名，周制八寸，合今制市尺六寸二分二厘。玉京，天阙。《魏书·释老志》："道家之原，出于老子，其自言也，先天地生，以资万类。上处玉京，为神王之宗；下在紫微，为飞仙之主。"

（11）法旨，神仙、佛、道首领的命令。

（12）元始，即元始天尊，道教供奉的最高天神。谓生于太元之始，故叫"元始"。南朝陶弘景《真灵位业图》将道教天神分为七阶，元始天尊列为第一阶。在《封神演义》中，元始天尊是阐教教主、姜子牙的老师，支持姜子牙兴周伐纣。

（13）四不相，即四不像。鹿类动物，旧时或以为指麈（zhǔ 主），今多以为麋鹿的俗称。因其头似鹿，蹄似牛，尾似驴，颈似骆驼，而总观全体无一似之，故名四不像。在某些神话小说中被写成有仙术的怪兽。

（14）麟，即麒麟，古代传说中的一种动物。其状如鹿，独角，全身生麟甲，尾像牛。多作吉祥的征兆，简称"麟"。豸（zhì 至），一种长脊兽，如猫、虎之类。龙，古代传说中一种有鳞有须能兴云作雨的神异动物。

（15）九重（chóng 虫），指天。《汉书·礼乐志二》："九重开，灵之斿。"颜师古注："天有九重。"

（16）四海九洲，指天下。九洲，亦作"九州"。

（17）三山，古代神话中的三座神山，指蓬莱、方丈、瀛洲。五岳，中国五大名山的总称，即东岳泰山、南岳衡山、西岳华山、北岳恒山、中岳嵩山，旧时传说为神仙所居。

（18）西岐，周都城，旧址在今陕西岐山县境。

（19）四渎，长江、黄河、淮河、济水的合称。

（20）南极仙翁，神话故事中的仙人。

（21）符印，符节印信拿凭证物的统称，此指印信。

（22）大发慈悲，又叫大慈大悲，佛家宣扬爱人、怜悯人的说教。与乐为慈，拔苦为悲。《法华经·譬喻品》："大慈大悲，常无懈倦，恒求善事，利益一切。"

（23）北海，所指因时而异，春秋战国时指今渤海。

（24）中央戊己之旗，即杏黄旗。佛道神怪作战时的帅旗。古代以五方配五行，中央表土、土色黄，故以中央代表黄色。《幼学故事琼林·岁时》："中央戊己属土，其色黄，故中央帝曰黄帝。"

【赏析】

姜子牙助周灭纣，碰到青龙关总兵张桂芳征讨，九龙岛炼气士五魔、杨森、高友轮、李兴霸都骑怪兽来助，四兽一冲，"子牙两边战将都跌翻下马，连子牙撞下鞭鞒"。子牙便与之休战三日，二上昆仑山，向老师元始天尊求助。元始天尊便赠给子牙三件宝：杏花旗可以护身，四不像不怕任何怪兽，打神鞭可任意抽打神魔仙怪。在以后的战斗中发挥了巨大威力，成了姜子牙克敌制胜的法宝。

1939 年 7 月 7 日，华北联合大学举行开学典礼，校长成仿吾请毛泽东给师生作报告，当时，中央决定，华北联大即将迁到抗日根据地去办校。因此，毛泽东讲话的主要内容就是号召大家"深入敌后，动员群众，坚持抗战到底"。毛泽东在讲话中便引用了《封神演义》里元始天尊赠给姜子牙"三件法宝"的故事，并联系革命斗争实践，把我们党的"统一战线、武装斗争、党的建设"也称为"三样法宝"。毛泽东在 1939 年 10 月 4 日撰写的《〈共产党人〉发刊词》中，把"三样法宝"改述为"三个法宝"。以后的革命斗争实践证明，它确实成了共产党人克敌制胜、夺取全国胜利的有力武器，也成了我们党的光荣传统。

【原文】

第五十四回　土行孙立功显耀（节录）

……土行孙当时挂印施威[1]，领本部人马，杀奔西岐城下，厉声大呼曰："只叫哪吒出来答话！"子牙正与诸将商议，忽报："汤营有将搦战[2]，坐名要哪吒答话[3]。"子牙命哪吒出城。哪吒蹬风火轮来至阵前，只管瞧，不见将官，只管往营里看。——土行孙其身止高四尺有余，哪吒不曾往下看。土行孙叫曰："来者何人？"哪吒方往下一看，原来是个矮子，身不过四尺，拖一根宾铁棍。哪吒问曰："你是甚么人，敢来大张声势？"土行孙曰："吾邓元帅麾下先行官土行孙是也[4]。"哪吒曰："你来作何事？"土行孙曰："奉令特来擒你。"哪吒大笑不止，把枪往下一戳，土行孙把棍往上迎来。哪吒蹬风火轮，使开枪，展不开手。土行孙矮，只是前后跳，把哪吒杀出一身汗来。土行孙战了一回，跳出圈子，大叫曰："哪吒！你长我矮，你不好发手，我不好用功。你下轮来，见个输赢。"哪吒想一想："这矮匹夫自来取死[5]。"哪吒从其言，忙下轮来，把枪来挑。土行孙身子矮小，钻将过去，把哪吒腿上打了一棍。哪吒急待转身，土行孙又往后面，又把哪吒胯子上又打两棍。哪吒急了，才要用乾坤圈打他，不防土行孙祭起捆仙绳，一声响，把哪吒平空拿了去，往辕门下一掷，把哪吒缚定，怎能得脱此厄，正是：

飞龙洞里仙绳妙，不怕莲花变化身。

话说土行孙得胜回营，见邓九公回报："生擒哪吒。"邓九公令："来。"只见军卒把哪吒抬来，放在丹墀下[6]。邓九公问曰："如何这等拿法？"土行孙曰："各有秘传。"邓九公想一想，意欲斩首，但思："奉诏征西，今获大将，解往朝歌[7]，使天子裁决，更尊天子之威，亦显边戍元戎之勇[8]。"传令："将哪吒拘于后营。"令军政司上土行孙首功[9]。营中治酒庆功。

且说报马进相府，报说哪吒被擒一事。子牙惊问探马："如何擒去？"掠阵官启曰："只见一道金光，就平空地拿去了。"子牙沉吟："又是甚么异人来了？"心下郁郁不乐。次日，报："土行孙请战。"子牙曰："何人会土行孙？”阶下黄天化应声而出[10]：“愿往。”子牙许之。天化上了玉麒麟，出城看土行孙，大喝曰：“你这缩头畜生，焉敢伤吾道兄！”手中锤分顶门打来。土行孙宾铁棍左右来迎。锤打棍，寒风凛凛；棍迸锤，杀气腾腾。战未及数合，土行孙盗了惧留孙师父捆仙绳，在这里乱拿人，不知好歹，又祭起捆仙绳，将黄天化拿了；如哪吒一样，也拘在后营。哪吒一见黄天化也如此拿将进来，就把黄天化激得三尸神暴跳[11]，大呼曰：“吾等不幸，又遭如此陷身！”哪吒曰：“师兄不必着急。命该绝地，急也无用；命若该生，且自宁耐[12]。”话说子牙又闻得拿了黄天化，子牙大惊，心下不乐。相府两边乱腾腾地议论。不表。

且言土行孙得了两功，邓元帅治酒庆贺，夜饮至二更，土行孙酒后狂谈，自恃道术，夸张曰：“元帅若早用末将[13]，子牙已擒，武王早缚，成功多时矣。”邓九公见土行孙连胜两阵，擒拿二将，故此深信其言。酒至三更[14]，众将各回寝帐。独土行孙还吃酒。九公失言曰：“土将军，你若早破西岐，吾将弱女赘公为婿[15]。”土行孙听得此言，满心欢喜，一夜踌躕不睡[16]。且言次日邓九公令土行孙：“早早立功，旋师奏凯，朝贺天子，共享千钟[17]。”土行孙领命，排开阵势，坐名要姜子牙答话。报马报进相府来。子牙随即出城，众将在两边，见土行孙跳跃而来，大呼曰：“姜子牙，你乃昆仑山之高士，吾特来擒你，可早早下马受缚，无得使我费手。”众将官哪里把他放在眼里，齐声大笑。子牙曰：“观你形貌，不入衣冠之内[18]，你有何能，敢来擒吾？”土行孙不由分说，将铁棍劈面打来。子牙用剑架隔，只是捞不着他。如此往来，未及三五回合，土行孙祭起捆仙绳，子牙怎逃此厄，捆下骑来。土行孙士卒来拿，这边将官甚多，齐奋勇冲出，一声喊，把子牙抢进城去了。唯有杨戬在后面[19]，看见金光一道，其光正而不邪，叹曰：“又有些古怪！”且说众将抢了子牙进相府，来解此绳解不开，用刀割此绳，且陷在肉里，愈弄愈紧。子牙曰：“不可用刀割。”早已惊动武王[20]，亲自进相府来看，问相父安；看见子牙这等光景，武庄垂泪言曰：“孤不知得有何罪[21]，天子屡年征伐[22]，竟无宁宇，民受倒悬[23]，军遭杀戮，将逢陷穽，如之奈何！相父今又如此受苦，使孤日夜惶悚不安[24]！”杨戬在旁，仔细看这绳子，却似捆仙绳，自己沉吟："必是此宝。"正虑之间，忽报："有一道童要见丞相。"子牙道："请进来。"原来是白鹤童子，至殿前见子牙，口称："师叔，老爷法牒，送符印将此绳解去。"童儿把符印在绳头上，用手一指，那绳实时落将下来。子牙忙顿首昆仑[25]，拜谢老师慈悯。白鹤童子回宫。不表。且说杨戬对子牙曰："此绳是捆仙绳。"子牙曰："岂有此理！难道惧留孙反来害我，决无此说！"正疑惑之间。次日，土行孙又来请战。杨戬应声而出："弟子愿往。"子牙分付："小心！"杨戬领令上马，提枪出得城来。土行孙曰："你是何人？"杨戬道："你将何术捆吾师叔？不要走！"摇枪来取。土行孙发棍来迎。枪棍交加。杨戬先自留心看他端的[26]。未及五七合，土行孙祭捆仙绳来拿杨戬，只见光华灿烂，杨戬已被拿了。土行孙令士卒抬着杨戬，才到辕门，一声响，抬塌了，掉在地下，及至看时，乃是一块石头。众人大惊。土行孙亲目观见，心甚惊疑。正沉吟不语，只见杨戬大呼曰："好匹夫！焉敢以此术惑吾！"摇枪来取。土行孙只得复身迎战。两家杀得长短不一。杨戬急把哮天犬祭在空中。土行孙看见，将身子一扭，即时不见。……

【毛泽东评点】

《封神榜》上有个土行孙，还有哪吒，他们都会上天入地，腾云驾雾，能打善走，我们革命战士也应该个个练得像他们那样才好啊！

——《毛委员在井冈山》，江西人民出版社 1977 年版，第 57 页。

【注释】

（1）土行孙，原为夹龙山飞龙洞惧留孙弟子，被申公豹说反下山投邓九公助纣，后被收服，助姜子牙兴周伐纣，屡立战功。

（2）搦（nuò 诺）战，挑战。

（3）坐名，指名。

（4）邓元帅，即邓九公。原九三山关总兵，闻仲死后奉命率军伐周，后投姜子牙，多有战功。麾（huī 挥）下，在主帅的旌麾之下，部下。麾，古代用以指挥军队的旌旗。先行官，旧时指挥先头部队的武官。

（5）匹夫，家伙，东西，骂人的话。

（6）丹墀，古时宫殿前的台阶以红色涂饰，故称丹墀。

（7）解（jiè 介）往朝（zhāo 招）歌，押送到朝歌。朝歌，殷都城，故址在今河南淇县城。

（8）元戎，主将。

（9）军政司，管理军中事务的官员。

（10）黄天化，黄飞虎三子，青峰山紫阳洞清虚道德真君弟子，后下山投姜子牙助周灭纣。

（11）三尸神，道教称在人体内有作祟的神，称为“三尸神”。

（12）宁耐，忍耐。

（13）末将，小将，将官的谦称。

（14）三更，指夜间十二时左右，约当半夜。

（15）赘（zhuì 缀），入赘，招女婿。

（16）踌躇（chóu chú 筹厨），自得之态。

（17）千钟，优厚的奉禄。钟，古以六斛四斗，或谓八斛、十斛为一钟，说法不一。

（18）衣冠，古代士以上的服装。

（19）杨戬（jiǎn 剪），即二郎神，善变化之术。

（20）武王，即周武王姬发。

（21）孤，古代诸侯王的自称。

（22）天子，古代对帝王的称谓，此指殷纣王。

（23）倒悬，比喻处境的痛苦和危急，像人被倒挂着一样。

（24）惶悚（huáng sǒng 皇耸），恐惧，惊慌。

（25）顿首，叩头，头叩地而拜。

（26）端的，究竟，底细。

【赏析】

《封神演义》中的土行孙是一个写得很有个性特点的人物。他看上去像个儿童，“身不过四尺，面如土色”，善能地行之术，原是阐教惧留孙门徒，被申公豹说反下山，接连拿了姜子牙部下两员勇将：哪吒和黄天化，连姜子牙本人也差点被捉。表面看是仗了他盗的师父的捆仙绳，实则他的制胜之术正像毛泽东所总结的是“能打善走”。你看他和骁勇善战的哪吒作战时，哪吒蹬风火轮，使火尖枪，展不开手，而土行孙矮，只是前后跳，便把哪吒杀得一身汗来。后来他诳哪吒下轮徒步厮杀，更发挥了他的优势，只在哪吒腿上打了一棍，哪吒还未转过身来，又把哪吒胯子上打了两棍。哪吒被打急了，正想去拿乾坤圈打他，他却祭起捆仙绳把哪吒拿了。充分体现了土行孙作战灵活、善于变化的特点。后来和杨戬的作战中，杨戬要祭哮天犬咬他时，他“将身子一扭，即时不见”。后来杨戬利用他好色的弱点捉住他，要杀他时，“杨戬方转换手来用刀，土行孙往下一挣，杨戬急抢时，土行孙沿土去了”。这又发挥了他地行之术善走的特点。所以土行孙是很有战斗力的，屡立战功。

1927 年 11 月初，毛泽东来到井冈山的茅坪，住在步云山附近的洋桥湖。一面进行社会调查，一面亲自对袁文才的军队进行改造工作。毛泽东有时还到练兵场上检查和纠正士兵们的军事动作。有一次便和士兵讲了上面那段话，强调了革命战士必须“能打善走”才能取胜。

【原文】

第七十四回　哼哈二将显神通（节录）

且说土行孙回见黄总兵[(1)]，共议取关。忽哨探马报入中军：“有三运督粮官郑伦来辕门等令[(2)]。”黄总兵传令：“令来。”郑伦至帐前行礼毕，言曰：“奉姜元帅将令，催粮应付，军前听用。”黄飞虎曰：“多蒙将军催粮有功，俟上功劳簿[(3)]。”郑伦曰：“俱是为国效用。”郑伦偶见土行孙也在此，忙问土行孙曰：“足下系二运官[(4)]，今到此何干？”土行孙曰：“青龙关中有一人名唤陈奇[(5)]，也与你一样拿人，吾岳丈被他拿去，坏了性命，特奉元帅将令，来此救援。只他比你不同，他把嘴一张，口内喷出一道黄气来，其人自倒，比你那鼻中哼出白气来大不相同，觉他的便宜[(6)]。

昨日我被他拿去，走了一遭来。”郑伦曰：“岂有此理！当时吾师传我，曾言吾之法盖世无双[7]，难道此关又有此异人[8]？我必定会他一会，看其真实。”

且说陈奇恨邓婵玉打伤他头面，自服了丹药，一夜全愈。次日出关，坐名只要邓婵玉出来定个雌雄[9]。哨马报入中军：“启老爷：陈奇搦战[10]。”郑伦出而言曰：“末将愿往[11]。”黄飞虎曰：“你督粮亦是要紧的事，原非先行破敌之役，恐姜丞相见罪[12]。”郑伦曰：“俱是朝廷功绩，何害于理？”黄飞虎只得应允。郑伦上了金睛兽，提降魔杵，领本部三千乌鸦兵出营来。见陈奇也是金睛兽，提荡魔杵，也有一队人马，俱穿黄号色，也拿着挠钩套索。郑伦心下疑惑，乃至军前大呼曰：“来者何人？”陈奇曰：“吾乃督粮上将军陈奇是也。你乃何人？”郑伦曰：“吾乃三运总督官郑伦是也。”郑伦问曰：“闻你有异术，今日特来会你。”郑伦催开金睛兽，摇手中降魔杵，劈头就打。陈奇手中荡魔杵赴面交还。二兽交加，一场大战。怎见得：

二将阵前寻鬪赌，两下交锋谁敢阻。这一个似摇头狮子下山岗；那一个不亚摆尾狻猊寻猛虎[13]。这一个兴心定要正乾坤[14]；那一个赤胆要把江山辅。天生一对恶生辰，今朝相遇争旗鼓。

话说二将大战虎穴龙潭：这一个恶狠狠圆睁二目；那一个咯吱吱咬碎银牙。只见土行孙同哪吒出辕门来看二将交兵，连黄飞虎同众将也在旗门下[15]，都来看厮杀。郑伦正战之间，自忖：“此人当真有此术法，打人不过先下手为妙。”把杵在空一摆，郑伦部下乌鸦兵行如长蛇阵一般而来。陈奇看郑伦摆杵，士卒把挠钩套索似有拿人之状，陈奇摇杵，他那里飞虎兵也有套索钩挠，飞奔前来。正是：

能人自有能人伏，今日哼哈相会时。

郑伦鼻子里两道白光，出来有声；陈奇口中黄光也自迸出。陈奇跌了个金冠倒躅；郑伦跌了个铠甲离鞍。两边兵卒不敢拿人，只顾各人抢各人主将回营。郑伦被乌鸦兵抢回；陈奇被飞虎兵抢回；各自上了金睛兽回营。土行孙同众将笑得腰软骨折。郑伦自叹曰：“世间又有此异人，明日定要与他定个雌雄，方肯罢休。”不表。只说陈奇进关来见丘引，尽言前事。丘引又闻佳梦关失了，心下不安。次日，郑伦关下搦战。陈奇上骑出关，言曰："郑伦，大丈夫一言已定，从今不必用术，各赌手上功夫，你我也难得会。"催开坐下骑，又杀一日，未见输赢。来见黄飞虎，众将俱在帐上，共议取关之策。哪吒曰："如今土行孙也在此，不若今夜我先进关，斩关落锁，夜里乘共无备，取了关为上策。"黄飞虎曰："全仗先行。"正是：

哪吒定计施威武，今夜青龙属武王。

【毛泽东评点】

一个春天的早晨，护士孟锦云劝毛泽东去花园走走，毛泽东同意了，小孟和张玉凤一人一边搀扶着他。

他们一边走，毛泽东一边风趣地说："玉凤，孟夫子，你们二位是我的左膀右臂噢。"

"那可不是！没有我们，您可是寸步难行啊。"张玉凤回答了毛泽东的话。

毛泽东听了哈哈笑起来："说得对么，你们俩不仅是我的左膀右臂，还是我的左腿右腿呢。"

小孟也逗趣地说："您不是还说我们俩是您的哼哈二将吗？"

"左膀右臂，哼哈二将，对，对么，是这样。"毛泽东像是自言自语地说着。

——郭金荣：《毛泽东的最后一名护士》，载《妇女生活》1991 年第 12 期。

【注释】

（1）黄总兵，即黄飞虎。姜子牙东征伐纣至汜水关兵分三路，黄飞虎任青龙关总兵。

（2）郑伦，黄飞虎部下三通督粮官，即所谓"哼"将。

（3）俟（sì 似），等待。

（4）足下，敬词，称对方。原来古代下称上或同辈相称都用"足下"，后专用作对同辈的敬词。

（5）陈奇，殷镇守青龙关大将丘引部下的运粮官，即所谓“哈”将。

（6）便宜，方便，适宜。

（7）盖世无双，压倒一世，没有人比得过。

（8）异人，不同寻常的人。

（9）雌雄，雌性和雄性，比喻胜负、高下。

（10）搦战，挑战。

（11）末将，小将，将官的谦称。

（12）见罪，被指责，怪罪。

（13）狻猊（suān ní 酸倪），即狮子。

（14）乾坤，国家，天下。

（15）旗门，古代军队临时驻地竖立旗帜标识的营门。

【赏析】

《封神演义》中的哼哈二将是颇为有名的人物。哼将，即黄飞虎部下运粮官郑伦；哈将，即殷朝青龙关总兵丘引部下的督粮官陈奇。二人皆是左道旁门之术拿人。陈奇“有异人秘传，养成腹内一道黄气，喷出口来，凡是精血成胎者，必定有三魂七魄，见此黄气，则魂魄自散”。用此法一连拿了黄飞虎部下的邓九公、黄天禄等。哼将郑伦只要“鼻中哼出白气”，便要拿人。二人对阵，一哼一哈，双双落马，分别被自己的乌鸦兵和飞虎兵抢走，不分输赢胜败。所以哼哈二将都有很强的战斗力，是主将部下的得力干将。

1976年春，毛泽东老病缠身，已不能自己行走，需要靠秘书张玉凤和护士孟锦云两人搀扶，才能行走，所以他幽默地称秘书和护士是他的“左膀右臂”“哼哈二将”，表达他对二位同志的感谢和信赖，洋溢着一种革命乐观主义精神。

《金瓶梅》 （明）兰陵笑笑生

长篇小说，一百回，明兰陵笑笑生撰。兰陵为山东峄县（今山东枣庄境内）旧称。明万历年间刊行。沈德符《野获编》谓出自嘉靖间大名士之手，前人因疑为王世贞作，不可信。至1991年年底，已提出写定者或作者不下四十种，没有一种说法得到学术界的公认。

《金瓶梅》以《水浒传》中西门庆、潘金莲勾搭成奸的故事为线索，生发开去，描写西门庆勾结官府、剥削穷人、蹂躏妇女，由发迹到灭亡的历史，揭示了处于封建主义制度末世的明代社会的真实内幕，上自权臣、酷吏，下至地痞、篾片，形形色色，无恶不作，暴露了明代社会的黑暗面貌和官商恶霸的残暴荒淫，寄寓了作者的愤世嫉俗之情；但作者缺乏进步的社会理想，不能对此作出深刻的批判，而且宣扬了因果报应之说。

从文学反映生活方面来看，《金瓶梅》在形象塑造、性格刻画、结构安排、情节勾连、语言运用方面都有特色。人物不再是单一性格，而趋于复杂；结构不再是连环串珠，而是一个完整的网络、有机的整体；情节主次分明，曲折有致；描绘人情世态，细致多样；语言是以北方方言为基础的纯熟口语。但是，淫秽描写过多，散布了不良影响，影响其流传。

现存《金瓶梅》版本有词话本和说教本两个系统。今人民文学出版社、齐鲁书社都出版有《金瓶梅词话》，都是删节本。

【原文】

第七十六回　孟玉楼解愠吴月娘　西门庆斥逐温葵轩（节录）

动静谋为要三思，莫将烦恼自招之。
人生世上风波险，一日风波十二时。

话说西门庆见月娘半日不出去，又亲自进来催促了一遍。见月娘穿衣裳，方才请进任医官，到上房明间内坐下。见正面洒金软壁，两边安放春凳，地平上铺着毡毯，安放火盆。少顷，月娘从房内出来，五短身材，团面皮儿，黄白净儿，模样儿不肥不瘦，身体儿不短不长，两两春山月钩，一双凤眼纤长，春笋露甄妃之玉[(1)]，朱唇点汉署之香[(2)]。望上道了万福。慌的任医官躲在旁边，屈身还礼。月娘就在对面一椅坐下。琴童安放桌儿绵裀，月娘向袖口边伸玉腕，露青葱，教任医官诊脉。良久诊完，月娘又道个万福，抽身回房去了。房中小厮拿出茶来。吃毕茶，任医官说道："老夫人原来禀的气血弱，尺脉来的又浮涩。虽有胎气，有些荣卫失调，易生嗔怒，又动了肝火。如今头目不清，中脘有些阴滞[(3)]，作其烦闷；四肢之内，血少而气多。"月娘使出琴童来说："娘如今只是有些头疼心胀，胳膊发麻，肚腹往下坠着疼，腰酸，吃饮食无味。"任医官道："我已知道，说得明白了。"西门庆道："不瞒后溪说，房下如今见怀临月身孕，因着气恼，不能运转，滞在胸膈间。望乞老先生留神，加减一二，足见厚情。"任医官道："岂劳分付，学生无不用心。此去就奉过药来，清胎理气，和中养荣蠲痛之剂。老夫人服过，要戒气恼，就厚味也少吃。"西门庆道："望乞老先生把他这胎气好生安一安。"任医官道："已定安胎理气，养其荣卫，不劳多嘱，学生自有斟酌。"西门庆复说："学生第三房下有些肚冷，望乞有暖宫丸药见赐来。"任医官道："学生谨领，就封过来。"说毕起身，走到前厅，院内见许多教坊乐工伺候，因问："老翁，今日府上有甚事？"西门庆悉言："巡按宋公，连两司官，请巡抚侯石泉老先生，在舍摆酒。"这任医官听了，越发心中骇然尊敬西门庆，在门前揖让上马，礼去比寻日不同，倍加敬重。西门庆送他回来，随即封了一两银子、两方手帕，即使琴童拿盒儿骑马讨药去。

李娇儿、孟玉楼众人，都在月娘屋里装定果盒，搽抹银器，便说："大娘，你头里还要不出去，怎么知道你心中如此这般病。"月娘道："甚么好成样的老婆，由他死便死了罢。可是他说的：行动管着俺们，你是我婆婆？无故只是大小之分罢了。我还大他八个月哩！汉子疼我，你只好看我一眼儿罢了。——他不讨了他口里话，他怎么和我大嚷大闹。若不是你们撺掇我出去[4]，我后十年也不出去。随他死，教他死去！常言道：一鸡死，一鸡鸣。新来鸡儿打鸣不好听[5]？我死了，把他立起来，也不乱，也不嚷，才拔了萝卜地皮宽！”玉楼道：“大娘，耶哧耶哧，那里有此话，俺每就代他赌个大誓。这六姐，不是我说他，要的不知好歹，行事儿有些勉强，恰似咬群出尖儿的一般，一个大有口没心的行货子。大娘，你若恼他，可是错恼了。”月娘道：“他是比你没心？他一团儿心哩！他怎的会悄悄听人儿，行动拿话儿讥讽着人说话。”玉楼道：“娘，你是个当家人，恶水缸儿，不恁大量些罢了[6]，却怎样儿的。常言一个君子待了十个小人。你手放高些，他敢过去了；你若与他一般见识起来，他敢过不去。”月娘道：“只有了汉子与他做主儿着，把那大老婆且打靠后。”玉楼道：“哄那个哩。如今像大娘心里恁不好，他爹敢往那屋里去么！”月娘道：“他怎的不去？可是他说的，他屋里拿猪毛绳子套他。不去？一个汉子的心，如同没笼头的马一般，他要喜欢那一个，只喜欢那个[7]。谁敢拦他拦，他又说是浪了。”玉楼道：“罢么，大娘，你已是说过，通把气儿纳纳儿。等我教他来与娘磕头，赔个不是。趁着他大妗子在这里，你每两个笑开了罢。你不然，教他爹两下里不作难，就行走也不方便。但要往他屋里去，又不怕你恼？若不去，他又不敢出来。今日前边恁摆酒，俺每都在这定果盒，忙的了不得，落得他在屋里是全躲猾儿，悄静儿。俺每也饶不过他。大妗子，我说的是不是？”大妗子道：“姑娘，也罢，他三娘也说的是。不争你两个话差，只顾不见面，教他姑夫也难，两下里都不好行走的。”那月娘通一声也不言语。

这孟玉楼抽身就往前走。月娘道：“孟三姐，不要叫他去，随他来不来罢。”玉楼道：“他不敢不来。若不来，我可拿猪毛绳子套了他来。”一直走到金莲房中，见他头也不梳，把脸黄着，坐在炕上。玉楼说：“六姐，你怎的装憨儿？把头梳起来，今日前边摆酒，后边恁忙乱，你也进去走走儿，怎的只顾使性儿起来？刚才如此这般，俺每对大娘说了，劝了他这一回。你去到后边，把恶气儿揣在怀里，将出好气儿来，看怎的与他下个礼，赔了不是儿罢。你我既在檐底下，怎敢不低头[8]。常言：甜言美语三冬暖，恶语伤人六月寒[9]。你两个已是见过话，只顾使性儿到几时。

人受一口气，佛受一炉香[10]。你去与他陪过不是儿，天大事都了了。不然，你不教他爹两下里也难，待要往你这边来，他又恼。”金莲道：“耶呀耶呀，我拿甚么比他？可是他说的，他是真材实料，正经夫妻。你我都是趁来的露水儿，能有多大汤水儿，比他的脚指头儿也比不的。”玉楼道：“你由他说不是。我昨日不说的，一棒打三四个人。就是后婚老婆，也不是趁将来的，当初也有个三媒六证[11]，白恁就跟了往你家来来！砍一枝，损百株。兔死狐悲，物伤其类[12]。就是六姐恼了你，还有没恼你的。有势休要使尽，有话休要说尽。凡事看上顾下，留些儿防后才好。不管蝗虫蚂蚱，一例都说着。对着他三位师父、郁大姐，人人有面，树树有皮，俺每脸上就没些血儿？——一切来往都罢了，你不去却怎样儿的？少不的逐日唇不离腮，还在一处儿。你快些把头梳了，咱两个一答儿后边去。”

那潘金莲见他这般说，寻思了半日，忍气吞声，镜台前拿过抿镜，只抿了头，戴上髻，穿上衣裳，同玉楼径到后边上房内。玉楼掀开帘儿，先进去说道：“大娘，我怎的走了去就牵了他来，他不敢不来。”便道：“我儿，还不过来与你娘磕头！”在傍边便道：“亲家，孩儿年幼，不识好歹，冲撞亲家。高抬贵手，将就他罢，饶过这一遭儿。到明日再无礼，犯到亲家手里，随亲家打，我老身却不敢说了。”那潘金莲插烛也似与月娘磕了四个头，跳起来赶着玉楼打道：“汗邪了你这麻淫妇，你又做我娘来了。”连众人都笑了，那月娘忍不住也笑了。玉楼道：“贼奴才，你见你主子与了你好脸儿，就抖毛儿打起老娘来了[13]。”大妗子道：“这个你姊妹们笑开，恁欢喜欢喜却不好？就是俺这姑娘，一时间一言半语聒聒的你每，大家厮抬厮敬，尽让一句儿就罢了。常言：牡丹花儿虽好，还要绿叶儿扶持[14]。”月娘道：“他不言语，那个好说他。”金莲道：“娘是个天，俺每是个地。娘容了俺每，俺每骨秃扠着心里[15]。”玉楼也打了他肩背一下，说道：“我的儿，你这回儿打你一面口袋了。”便道：“休要说嘴，俺每做了这一日活，也该你来助助忙儿。”这金莲便洗手剔甲，在炕上与玉楼定果盒。不在话下。

那孙雪娥单管率领家人媳妇，灶上整理菜蔬。厨役又在前边大厨房内，烹炮蒸煮，烧锦缠羊，割献花猪。琴童讨将药来，西门庆看了药帖，把丸药送到玉楼房中，煎药与月娘。月娘便问玉楼：“你也讨药来？”玉楼道："还是前日那根儿，下首里只是有些怪疼，我教他爹对任医官说，稍带两服丸子药来我吃。"月娘道："你还是前日空心掉了冷气了，那里管下寒的是。"按下后边。

却说前厅宋御史先到了，看了桌席。西门庆陪他在卷棚内坐，宋御史又深谢其炉鼎之事，"学生还当奉价。"西门庆道："早知我正要奉送公祖，犹恐见却，岂敢云价。"宋御史道："这等何以克当。"一面又作揖致谢。茶罢，因说起地方民情风俗一节，西门庆大略可否而答之。次问其有司官员，西门庆道："卑职自知其本府胡正尹，民望素著；李知县吏事克勤。其余不知其详，不敢妄说。"宋御史问道："守御周秀曾与执事相交，为人却也好不好？"西门庆道："周总兵虽历练老成，还不如济州荆都监，青年武举出身，才勇兼备，公祖倒看他看。"宋御史道："莫不是都监荆忠，执事何以相熟？"西门庆道："他与我有一面之交，昨日递了个手本与我，也要乞望公祖情盼一二。"宋御史道："我也久闻他是个好将官。"又问其次者，西门庆道："卑职还有妻兄吴铠，见任本衙右所正千户之职[16]。昨日委管修义仓，例该升擢指挥[17]，亦望公祖提援，实卑职之沾恩惠也。"宋御史道："既是令亲，到明日类本之时[18]，不但加升本等职级，我还保举他见任管事。"这西门庆连忙作揖谢了，因把荆都监并吴大舅履历手本递上。宋御史看了，即令书办吏典收执，分付："到明日类本之时，呈行我看。"那吏典收下去了。西门庆又令左右悄悄递了三两银子与他，那书吏如同印板刻在心上。不在话下。

正说话间，前厅鼓乐响，左右来报："两个老爹都到了。"慌的西门庆即出迎接，到厅上叙礼。这宋御史慢慢才走出花园角门。众官见毕礼数，观其正中摆设大插桌一张，五老定胜方糖，高顶一簇盘，大饮五牲果品，甚是齐整；周围桌席甚丰胜，心中大悦，都望西门庆谢道："生受，容当奉补。"宋御史道："分资诚为不足，四泉看我的分上罢了，诸公也不消补奉。"西门庆道："岂有此礼。"一面各分次序坐下，左右拿上茶来。众官都说："侯老先生那里已各人差官邀去了，还在都府衙未起身哩。"两边俳长乐工鼓乐笙笛箫管方响，在二门里伺候的铁桶相似。

看看等到午后时分，只见一匹报马来到，说侯爷来了。这里两边鼓乐一齐响起，众官都出大门前边接，宋御史在二门里相候。不一时，蓝旗马道过尽，侯巡抚穿大红孔雀[19]，戴貂鼠暖耳，浑金带，坐四人大轿，直至门首下轿。众官迎接进来。宋御史亦换了大红金云白豸员领，犀角带，相让而入。到于大厅上，叙毕礼数，各官廷参毕，然后与西门庆拜见。宋御史道："此是主人西门千兵，见在此间理刑，亦是蔡老先生门下。"这侯巡抚即令左右官吏，拿双红"友生侯蒙"单拜帖，递与西门庆。西门庆双手接了，分付家人捧上去。一面参拜毕，宽衣上坐。众官两傍佥坐，宋御史居主位。捧毕茶，阶下动起乐来。宋御史把盏递酒，簪花，捧上尺头，随即抬下桌席来，装在盒内，差官吏送到公厅去了。然后上坐，献汤饭。厨役上来割献花猪。俱不必细说。先是教坊间吊上队舞回数，都是官司新锦绣衣装，撮弄百戏，十分齐整。然后才是海盐子弟上来磕头，呈上关目揭帖。侯公分付搬演《裴晋公还带记》[20]。唱了一折下来，又割锦缠羊。端的花簇锦攒，吹弹歌舞，箫韶盈耳，金貂满座。有诗为证：

华堂非雾亦非烟，歌遏行云酒满筵。

不但红娥垂玉佩，果然绿鬓插金蝉。

侯巡抚只坐到日西时分，酒过数巡，歌唱两折下来，令左右拿下来五两银子，分赏厨役茶酒乐工脚下人等，就穿衣起身。众官俱送出大门，看着上轿而去。回来，宋御史与众官辞西门庆，亦告辞而归。

西门庆送了回来，打发乐工散了，因见天色尚早，分付把桌席休动，教厨役上来攒整菜蔬肴馔；一面使小厮请吴大舅来，并温秀才、应伯爵、傅伙计、甘伙计、贲地传、陈经济来坐，听唱。拿下两桌酒馔肴品，打发海盐子弟吃了。等的人来，教他唱《四节记》[21]——冬景韩熙载夜宴陶学士，抬出梅花来，放在两边桌上，赏梅饮酒。原来那日贲四、来兴儿管厨，陈经济管酒，傅伙计、甘伙计看管家火，听见西门庆请，都来傍边坐的。不一时，温秀才过来作揖坐下，吴大舅、吴二舅、应伯爵都来了。应伯爵与西门庆声喏："前日空过众位嫂子，又多谢重礼。"西门庆笑骂道："贼天杀的狗材，你打窗户眼儿内偷瞧的你娘们好！"伯爵道："你休听人胡说，岂有此理。我想来也没人，……"指王经道："就是你这贼狗骨秃儿，干净来家就学舌。我到明日把你这小狗骨秃儿肉也咬了。"

说毕，吃了茶。

吴大舅要到后边，西门庆陪下来，向吴大舅如此这般说："我今对宋大巡替大舅说了说那个，他看了揭帖，交付书办收了。我又与了书办三两银子，连荆大人的都放在一处。他亲口说下，到明日类本之时，自有意思。"吴大舅听见，满心欢喜，连忙与西门庆唱喏："多累姐夫费心。"西门庆道："我就说是我妻兄，他说既是令亲，我已定见过分上。"于是同到房中见了月娘。月娘与他哥道万福。大舅向大妗子说道："你往家去罢了。家没人，如何只顾不出去了？"大妗子道："三姑娘留下，教我过了初三日，初四日家去罢哩。"吴大舅道："既是姑娘留下，到初四日去便了。"说毕，月娘留他坐，不坐，来到前边，安排上酒来饮酒。当下吴大舅、二舅、应伯爵、温秀才上坐，西门庆主位，傅伙计、甘伙计、贲地传、陈经济两边打横，共五张桌儿。下边戏子锣鼓响动，扮演韩熙载夜宴，邮亭佳遇。正在热处，忽见玳安来说："乔亲家爹那里，使了乔通，在下边请爹说话。"这西门庆随即下席，到东角门首见乔通。乔通道："爹说昨日空过亲家。爹使我送那援例银子来，一封三十两。另外又拿着五两，与吏房使用。"西门庆道："我明日早封过与胡大尹，他就与了札付来。又与吏房银子做甚么，你还拿回去。"一面分付玳安，教厨下拿了酒饭点心，在书房内管待乔通，打发去了。

语休饶舌，当日唱了邮亭两折，约有一更时分。西门庆前边人散了，收了家伙，进入月娘房来。月娘正与大妗子在炕上坐的。大妗子见西门庆进来，连忙往那边屋里去了。西门庆因向月娘说："我今日替你哥如此这般对宋巡按说，他许下除加升一级，还教他见任管事，就是指挥佥事。我刚才已对你哥说了，他好不喜欢。只在年终就题本，候旨意下来。"月娘便道："没的说，他一个穷卫家官儿，那里有二三百两银子使。"西门庆道："谁问他要一百文钱儿！我就对宋御史说，是我妻兄，他亲口既许下，无有个不做分上的。"月娘道："随你与他干，我不管你。"西门庆便问玉箫："替你娘煎了药，拿来我瞧，打发你娘吃了罢。"月娘道："你去，休管他，等我临睡自家吃。"那西门庆才待往外走，被月娘又叫回来，问道："你往那去？是往前头去？趁早儿不要去。他头里与我陪了不是了，只少你与他陪不是去哩。”西门庆道：“我不往他屋里去。”月娘道：“你不往那屋里去，往谁屋里去？那前头媳妇子跟前也省可去。惹的他昨日对着大妗子，好不拿话儿咂我，说我纵容着你要他，图你喜欢哩。你又恁没廉耻的！”西门庆道：“你理那小淫妇儿怎的！”月娘道：“你只依我，今日偏不要往前边去，也不要你在我这屋里，你往下边李娇姐房里睡去。随你明日去不去，我就不管你了。”这西门庆见恁说，无法可处，只得往李娇儿房里歇了一夜。

到次日，腊月初一日，早往衙门中去，同何千户发牌升厅画卯，发放公文。一早辰才来家，又打点礼物猪酒，并三十银子，差玳安往东平府送胡府尹去。胡府尹收下礼物，即时讨过札付来。西门庆在家，请了阴阳徐先生，厅上摆设猪羊酒果，烧纸还愿心毕，打发徐先生去了。因见玳安到了，看了回帖，已封过札付来，上面用着许多印信，填写乔洪本府义官名目。一面使玳安送两盒胙肉与乔大户家，就请乔大户来吃酒，与他札付瞧。又分送与吴大舅、温秀才、应伯爵、谢希大、傅伙计、甘伙计、韩道国、贲地传、崔本，每人都是一盒。俱不在话下。一面又发帖儿，初三日请周守御、荆都监、张团练、刘薛二内相、何千户、范千户、吴大舅、乔大户、王三官儿，共十位客，叫一起杂耍乐工，四个唱的。

那日孟玉楼在月娘房内攒了账，递与西门庆，就交代与金莲管理使用银钱，他不管了。因问月娘道：“大娘，你昨日吃了药儿可好些？”月娘道：“怪不的人说怪浪肉，平白教人家汉子捏了捏手，今日好了，头也不疼，心口也不发胀了。”玉楼笑道：“大娘，你原来只少他一捏儿。”连大妗子也笑了。西门庆拿了攒的账来，又问月娘。月娘道：“该那个管，你交与那个就是了，来问我怎的，谁肯让的谁。”这西门庆方才兑了三十两银子、三十吊钱，交与金莲管理。不在话下。

良久，乔大户到了。西门庆陪他厅上坐的，如此这般拿胡府尹札付与他看。看见上写义官乔洪名字，“援例上纳白米三十石(22)，以济边储”，满心欢喜，连忙向西门庆打恭致谢：“多累亲家费心，容当叩谢。”因叫乔通好生送到家去。又说：“明日若亲家见招，在下有此冠带，就敢来陪他不妨。”西门庆道：“初三日亲家好歹早些下降。”一面吃毕茶，分付琴童西厢房书房里放桌儿，“亲家请那里坐，还暖些”。到书房，地炉内笼着火,西门庆与乔大户对面坐下,因告诉说:“昨日巡按两司请侯老之事,侯老甚喜。明日起身，少不的俺同僚每都送郊外方回。”才抹桌儿收拾放菜儿，只见应伯爵到了。敛了几分人情，叫应宝用盒儿拿来，交与西门庆说：“此列位奉贺哥的分资。”西门庆打开观看，里面头一位就是吴道官，其次应伯爵、谢希大、祝日念、孙寡嘴、常时节、白来创、李智、黄四、杜三哥，共十分人情。西门庆道：“我的这边，还有舍亲吴二舅、沈姨夫，门外任医官、花大哥，并三个伙计，温葵轩，也有二十多人，就在初四日请罢。”一面令左右收进人情后边去；使琴童儿：“拿马请你吴大舅来，陪你乔亲家爹坐。”因问：“温师父在家不在?”来安儿道：“温师父不在家，从早辰望朋友去了。”不一时，吴大舅来到，连陈经济五人共坐，把酒来斟。桌上摆列许多热下饭汤碗，无非是猪蹄羊头，烧烂煎煿，鸡鱼鹅鸭，添案之类。饮酒中间，西门庆因向吴大舅说：“乔亲家恭喜的事，今日已领下义官札付来了。容日我这里备礼写文轴，咱每从府中迎贺迎贺。”乔大户道：“惶恐，甚大职役，敢起动列位亲家费心。”忽有本县衙差人送历日来了，共二百五十本。西门庆拿回帖赏赐，打发来人去了。应伯爵道：“新历日俺每不曾见哩。”西门庆把五十本拆开，与乔大户、吴大舅、伯爵三人分了。伯爵看了，开年改了重和元年，该闰正月[(23)]。

不说当日席间猜枚行令。饮酒至晚，乔大户先告家去。西门庆陪吴大舅坐到起更时分方散，分付伴当：“早伺候备马，邀你何老爹到我这里，起身同往郊外送侯爷。留下四名排军，与来安、春鸿两个，跟大娘轿往夏家去。”说毕，就归金莲房中来。那妇人未及他进房，就先摘了冠儿，乱挽乌云，花容不整，朱粉懒施，浑衣儿揾在床上。房内灯儿也不点，静悄悄的。西门庆便坐在床上问道：“怪油嘴，你怎的恁个腔儿?”也不答应。被西门庆用手拉起他来，说道：“你如何悻悻的?”那妇人便做出许多乔张致来，把脸扭着，止不住纷纷的香腮上滚下泪来。那西门庆就是铁石人也把心来软了,问他一声儿,连忙一只手搂着他脖子说:“怪油嘴,好好儿的，平白你两个合甚么气?”那妇人半日方回言，说道：“谁和他合气来？他平白寻起个不是，对着人骂我是拦汉精，趁汉精，趁了你来了。他是真材实料，正经夫妻。谁教你又来我这屋里做甚么，你守着他去就是了，省的我把拦着你。说你来家，只在我这屋里缠。早是肉身听着，你这儿夜只在我这屋里睡来？——白眉赤眼儿，你嚼舌根！一件皮袄，也说我不问他，擅自就问汉子讨了。我是使的奴才丫头，莫不往你屋里与你磕头去？为这小肉儿骂了那贼瞎淫妇，也说不管，偏有那些声气的。你是个男子汉，若是有张主的，一拳柱定，那里有这些闲言怅语。怪不的俺每自轻自贱，常言道：贱里买来贱里卖，容易得来容易舍。趁将你家来，与你家做小婆，不气长。自古人善得人欺，马善得人骑。便是如此。你看昨日，生怕气了他，在屋里守着的是谁？请太医的是谁？在跟前撺拨侍奉的是谁？苦恼俺每这阴山背后，就死在这屋里，也没个人儿来偢问。这个就见出那人的心来了！还教含着那眼泪儿，走到后边与他赔个不是。”说着，那桃花脸上止不住又滚下珍珠儿，倒在西门庆怀里，呜呜咽咽，哭的捽鼻涕、弹眼泪。西门庆一面搂抱着，劝道：“罢么，我的儿，我连日心中有事，你两家各省这一句儿就罢了。你教我说谁的是？昨日要来看你，他说我来与你赔不是，不放我来。我往李娇儿睡了一夜。虽然我和人睡，一片心只想着你。”妇人道：“罢么，我也见出你那心来了。一味在我面上虚情假意，倒老还疼你那正经夫妻。他如今见替你怀着孩子，俺每一根草儿，拿甚么比他？”被西门庆搂过脖子来亲了个嘴，道：“怪油嘴，休要胡说。”只见秋菊拿进茶来。西门庆便道：“贼奴才，好干净儿，如何教他拿茶？”因问：“春梅怎的不见？”妇人道：“你还问春梅哩，他饿的只有一口游气儿，那屋里倘着不是。带今日三四日没吃点汤水儿了，一心只要寻死在那里。说他大娘对着人骂了他奴才，气生气死，整哭了三四日了。”这西门庆听了，说道：“真个？”妇人道：“莫不我哄你不成，你瞧去不是！”

这西门庆慌过这边屋里，只见春梅容妆不整，云髻斜歪，睡在炕上。西门庆叫道：“怪小油嘴，你怎的不起？”叫着他，只不做声，推睡。被西门庆双关抱将起来。那春梅从酩子里伸腰，一个鲤鱼打挺，险些儿没把西门庆扫了一交，早是抱的牢，有护炕倚住不倒。春梅道：“达达放开了手。你又来理论俺每这奴才做甚么，也玷辱了你这两只手。”西门庆道：“小油嘴儿，你大娘说了你两句儿罢了，只顾使起性儿来了。说你这两日没吃饭?”春梅道：“吃饭不吃饭，你管他怎的！左右是奴才货儿，死便随他死了罢。我做奴才，一来也没干坏了甚么事，并没教主子骂我一句儿，挡我一下儿，做甚么为这合遍街捣遍巷的贼瞎妇，教大娘这等骂我，嗔俺娘不管我，莫不为瞎妇扯倒打我五板儿？等到明日，韩道国老婆不来便罢；若来，你看我指与他一顿好的不骂！原来送了这瞎淫妇来，就是个祸根。”西门庆道：“就是送了他来，也是好意，谁晓的为他合起气来了。”春梅道：“他若肯放和气些，我好意骂他？他小量人家！”西门庆道：“我来这里，你还不倒钟茶儿我吃？那奴才手不干净，我不吃他倒的茶。”春梅道：“死了王屠，连毛吃猪。我如今走也走不动在这里，还教我倒甚么茶！”西门庆道：“怪小油嘴儿，谁教你不吃些甚么儿?”因说道：“咱每往那边屋里去。我也还没吃饭哩，教秋菊后边取菜儿，筛酒，烤果馅饼儿，炊鲊汤，咱每吃。”于是不由分诉，拉着春梅手到妇人房内，分付秋菊拿盒子后边取吃饭的菜儿去。不一时，拿了一方盒菜蔬：一碗烧猪头，一碗顿烂羊肉，一碗熬鸡，一碗煎焯鲜鱼，和白米饭；四碗吃酒的菜蔬，海蜇、豆芽菜、肉鲊、虾米之类。西门庆分付春梅，把肉鲊打上几个鸡弹，加上酸笋韭菜，和上一大碗香喷喷馄饨汤来。放下桌儿，摆下，一面盛饭来。又烤了一盒果馅饼儿。西门庆和金莲并肩而坐，春梅在傍边随着同吃。三个你一杯，我一杯，吃了一更方睡。

到次日，西门庆早起，约会何千户来到，吃了头脑酒，起身同往郊外送侯巡抚去了。吴月娘这里先送了礼去，然后打扮，坐大轿，排军喝道，来安、春鸿跟随，往夏指挥家来吃酒，看他娘子儿。不在话下。

玳安、王经在家，只见午后时分，有县前卖茶的王妈妈，领着何九，来大门首寻问玳安：“老爹在家不在家?”玳安道：“王奶奶，何老人家，稀罕，今日那阵风儿，吹你老人家来这里走走?”王婆子道：“没勾当怎好来踅门踅户，今日不因老九，因为他兄弟的事，敢来央烦老爹，老身还不来哩。”玳安道：“老爹今日与侯爷送行去了，俺大娘也不在家。你老人家站站，等我进去对五娘说声。”进入不多时，出来说道：“俺五娘请你老人家进去哩。”王婆道：“我敢进去？你引我引儿，只怕有狗。”那玳安引他进入花园金莲房门首，掀开帘子。王婆进去，见妇人家常戴着卧兔儿，穿着一身锦段衣裳，搽抹的如粉妆玉琢，正在房中炕上，脚登着炉台儿，坐的磕瓜子儿。房中帐悬锦绣，床设缕金，玩器争辉，箱奁耀日。进去不免下礼，慌的妇人答礼，说道：“老王免了罢。”那婆子见毕礼，坐在炕边头。妇人便问：“怎的一向不见你？”王婆子道：“老身有心中想着娘子，只是不敢来亲近。”问：“添了哥哥不曾？”妇人道：“有倒好了。小产过两遍，白不存。”又问：“你儿子有了亲事？”王婆道：“还不曾与他寻。他跟客人淮上来家，这一年多，家中胡乱积赚了些，小本经纪，买个驴儿，胡乱磨些面儿，卖来度日。慢慢替他寻一个儿与他。”因问：“老爹不在家了？”妇人道：“他爹今日往门外与抚按官送行去了，他大娘也不在家，有甚话说？”王婆道：“老九有桩事，央及老身来对老爹说：他兄弟何十，乞贼攀着，见拿在提刑院老爹手里问。攀他是窝主[24]，本等与他无干。望乞老爹案下与他分豁分豁[25]，等贼若指攀，只不准他就是了。何十出来，到明日买礼来重谢老爹。有个说帖儿在此。”一面递与妇人。妇人看了，说道：“你留下，等你老爹来家，我与他瞧。”婆子道：“老九在前边伺候着哩，明日教他来讨话罢。”妇人一面叫秋菊看茶来。须臾，秋菊拿了一盏茶来，与王婆吃了。那婆子坐着说道：“娘子，你这般受福勾了。”妇人道：“甚么勾了，不惹气便好，成日殴气不了在这里。”那婆子道：“我的奶奶，你饭来张口，水来湿手，这等插金带银，呼奴使婢，又惹甚么气？”妇人道：“常言道说得好：三窝两块，大妇小妻，一个碗内两张匙，不是汤着就抹着[26]。如何没些气儿？”婆子道：“好奶奶，你比那个不聪明。趁着老爹这等好时月，你受用到那里是那里。”说道：“我明日使他来讨话罢。”于是拜辞起身。妇人道：“老王，你多坐回去不是？”那婆子道：“难为老九只顾等我，不坐罢。改日再来看你。”那妇人也不留他留儿，就放出他来了。到了门首，又叮咛玳安。玳安道：“你老人家去，我知道，等俺爹来家我就禀。”何九道：“安哥，我明日早来讨话罢。”于是和王婆一路去了。

至晚，西门庆来家。玳安便把此事禀知西门庆。西门庆到金莲房看了帖子，交付与答应的收着，“明日到衙门中禀我”。一面又令陈经济发初三日请人帖儿。瞒着春梅，又使琴童儿送了一两银子并一盒点心到韩道国家，对着他说：“是与申二姐的，教他休恼。”那王六儿笑嘻嘻接了，说：“他不敢恼。多上覆爹娘，冲撞他春梅姑娘。”俱不在言表。

至晚，月娘来家。穿着银鼠皮袄，遍地金袄儿，锦蓝裙，坐大轿，打着两个灯笼。到家，先拜见大妗子众人，然后相见西门庆，——正在上房吃酒。——道了万福，当下告诉：“夏大人娘子见了我去，好不喜欢，多谢重礼。今日也有许多亲邻堂客。原来夏大人有书来了，也有与你的书，明日送来与你。也只在这初六七起身，雇车搬取家小上京去也。说了又说，好歹教贲四送他家，到京就回来。贲四的那孩子长儿，今日与我磕头，好不出跳了，好个身段儿。嗔道他旁边捧着茶，把眼只顾偷瞧我。我也忘了他，倒是夏大人娘子叫他：——改换了名字，叫做瑞云。——过来与你西门奶奶磕头。他才放下茶托儿，与我磕了四个头。我与了他两枝金花儿。如今夏大人娘子好不喜欢抬举他，也不把他当房里人，只做亲儿女一般看他。”西门庆道：“还是这孩子有福，若是别人家手里怎么容得，不骂奴才少椒末儿[27]，又肯抬举他。”被月娘瞅了一眼，说道：“硶说嘴的货，是我骂了你心爱的小姐儿！”那西门庆笑了，说道：“他借了贲四押家小去，我线铺子教谁看？”月娘道：“关两日也罢了。”西门庆道：“关两日阻了买卖。近年节，绸绢绒线正快，如何关闭了铺子？到明日等再处。”说毕，月娘进里间脱衣裳摘头，走到那边房内，和大妗子坐的。家中大小都来参见磕头。

是日，西门庆在后边雪娥房中歇了一夜，早往衙门中去了。只见何九走来问玳安讨信，与了玳安一两银子。玳安如此这般：“昨日爹来家，就替你说了。今日到衙门中，就开出你兄弟来放了。你往衙门首伺候。”这何九听言，满心欢喜，一直走衙门前去了。西门庆到衙门里坐厅，提出强盗来，每人又是一夹，二十大板，把何十开出来放了。另拿了弘化寺一名和尚顶缺，说强盗曾在他寺内宿了一夜。世上有如此不公事！正是：张公吃酒李公醉，桑树上脱枝柳树上报[28]。有诗为证：

宋朝气运已将终，执掌提刑忒不公。

毕竟难逃天地眼，那堪激浊与扬清。

那日西门庆家中叫了四个唱的：吴银儿、郑爱月儿、洪四儿、齐香儿，日头向午就来了，都拿着衣裳包儿，齐到月娘房内，与月娘、大妗子众人磕了头。月娘在上房摆茶与他们吃了。正弹着乐器，唱曲与大妗子、月娘众人听，忽见西门庆从衙门中来家，进房来。四个唱的都放了乐器，笑嘻嘻向前，一齐与西门庆插烛也似磕了头。坐下，月娘便问："你怎的衙门中这咱才来？"西门庆告诉："今日问理好几桩事情。"因望着金莲说："昨日王妈妈来说何九那兄弟，今日我已开除来放了。那两名强盗还攀扯他，教我每人打了二十，夹了一夹，拿了门外寺里一个和尚顶缺，明日做文书送过东平府去。又是一起奸情事，丈母养女婿的。那女婿年小，不上三十多岁，名唤宋得。原与这家是养老不归宗女婿。落后亲丈母死了，娶了个后丈母周氏，不上一年，把丈人死了。这周氏年小，守不得，就与他这女婿常时言笑自若，渐渐在家嚷的人知道，住不牢。一日送他这丈母往乡里娘家去，周氏便向宋得说：你我本没事，枉耽其名，今日在此山野空地，咱两个成其夫妻罢。这宋得就把周氏奸脱一度。以后娘家回还，通奸不绝。后因为责使女，被使女传于两邻，才首告官。今日取了供招，都一日送过去了。这一到东平府，奸妻之母，系缌麻之亲[29]，两个都是绞罪。"潘金莲道："要着我，把学舌的奴才打的烂糟糟的，问他个死罪也不多。你穿着青衣抱黑柱，一句话就把主子弄了。"西门庆道："也吃我把奴才拶了几拶子好的。为你这奴才，一时小节不完，丧了两个人性命。"月娘道："大不正则小不敬。母狗不掉尾，公狗不上身[30]。大凡还是女妇人心邪，若是那正气的，谁敢犯边！"连四个唱的都笑道："娘说的是。就是俺里边唱的，接了孤老的朋友还使不的，休说外头人家。"说毕，摆饭与西门庆吃了。

忽听前厅鼓乐响，荆都监老爹来了。西门庆连忙冠带出迎，接至厅上叙礼，谢其厚赐，分宾主坐下。茶罢，如此这般告说："宋巡按收了说帖，慨然许下，执事恭喜，必然在迩。"荆都监听了，又转身下坐作揖致谢："老翁费心，提携之力，铭刻难忘。"西门庆又说起："周老总兵，生亦荐言一二，宋公必有主意。"谈话间，忽报："刘薛二内相公公到。"鼓乐迎接进来，西门庆降阶，相让入厅，两个叙礼。二位内相皆穿青缧绒蟒衣，宝石绦环，正中间坐下。次后周守御到了，一处叙话。荆都监又向周守御说："四泉厚情，昨日宋公在尊府摆酒，与侯公送行，曾称颂公之才猷。宋公已留神于中，高转在即。"周守御亦欠身致谢不尽。落后张团练、何千户、王三官、范千户、吴大舅、乔大户，陆续都到了。乔大户冠带青衣，四个伴当跟随，进门见毕诸公，与西门庆大椅上四拜。众人问其恭喜之事，西门庆道："舍亲家在本府援例，新受恩荣义官之职。"周守御道："四泉令亲，吾辈亦当奉贺。"乔大户道："蒙列位老爹盛情，岂敢动劳。"说毕，各分次序坐下。遍递上一道茶来，然后收拾上座。锦屏前玳筵罗列，画堂内宝玩争辉；阶前动一派笙歌，席上堆满盘异果。良久，递酒安席毕，各家僮仆上来接去衣服，归席坐下。王三官再三不肯上来坐，西门庆道："寻常罢了。今日在舍，权借一日，陪诸公上座。"王三官必不得已，左边垂首坐了。须臾上罢汤饭，厨役上来割道烧鹅，献小割。下边教坊回数队舞吊毕，撮弄杂耍百戏院本之后，四个唱的慢慢才上来，拜见过了。个个妆扮花貌，人人珠翠仙裳，银筝玉阮放娇声，倚翠偎红频笑语。正是：

舞裙歌板逐时新，散尽黄金只此身。

寄语富儿休暴殄，俭如良药可医贫。

不说当日刘内相坐首席，也赏了许多银子。饮酒作欢，至一更时分方散。西门庆打发乐工赏钱出门。四个唱的都在月娘房内弹唱，月娘留下吴银儿过夜，打发三个唱的去。临去，见西门庆在厅上，拜见拜见。西门庆分付郑爱月儿："你明日就拉了李桂姐，两个还来唱一日。"那郑爱月儿就知今日有王三官儿，不叫李桂姐来唱，笑道："爹，你兵马司倒了墙，贼走了。"又问："明日请谁吃酒？"西门庆道："都是亲朋。"郑月儿道："有应二那花子，我不来，我不要见那丑冤家怪物。"西门庆道："明日没有他。"爱月儿道："没有他才好。若有那怪攮刀子的，俺每不来。"说毕磕了头，扬长去了。西门庆看着收了家火，回到李瓶儿那边，和如意儿睡了。一宿晚景题过。

次日早往衙门，送问那两起人犯过东平府去。回来家中摆酒，请吴道官、吴二舅、花大舅、沈姨夫、韩姨夫、任医官、温秀才、应伯爵，并会中人李智、黄四、杜三哥，并家中二个伙计，十二张桌儿。席间正是李桂姐、吴银儿、郑爱月儿三个粉头递酒，李铭、吴惠、郑奉三个小优儿弹唱。正递酒中间，忽平安来报："云二叔新袭了职，来拜爹，送礼来。"西门庆听言，连忙道："有请。"只见云离守穿着青丝纻补服员领，冠冕着，腰系金带，后边伴当抬着礼物。先递上揭帖与西门庆观看，上写："新袭职山东清河右卫指挥同知门下生云离守顿首百拜。谨具土仪：貂鼠十个，海鱼一尾，虾米一包，腊鹅四只，腊鸭十只，油纸帘二架，少申芹敬。"西门庆即令左右收了，连忙致谢。云离守道："在下昨日才来家，今日特来拜老爹。"于是磕头，四双八拜，说道："蒙老爹莫大之恩，些少土仪，表意而已。"然后又与众人叙礼拜见。西门庆见他居官，就待他不同，安他与吴二舅一桌坐了，连忙安下钟筯，下了汤饭。脚下人俱打发攒盘酒肉。因问起发丧替职之事，这云离守一一数言：蒙兵部余爷怜其家兄在镇病亡，祖职不动，还与了个本卫见任佥书。西门庆欢喜道："恭喜恭喜，容日已定来贺。"当日众人席上每位奉陪一杯，又令三个唱的奉酒，须臾把云离守灌醉了。那应伯爵在席上，如线儿提的一般，起来坐下，又斗李桂姐和郑月儿，彼此互相戏骂不绝。这个骂他怪门神，白脸子，撒根基的货；那个骂他是丑冤家，怪物劳，猪八戒，坐在冷铺里贼(31)。伯爵回骂道："我把你这两个女又十撇(32)，鸦胡石影子布儿朵朵云儿了口恶心。"不说当日酒筵笑声，花攒锦簇，觥筹交错，耍玩至二更时分方才席散。打发三个唱的去了，西门庆归上房宿歇。

到次日起来迟，正在上房摆粥吃了，穿衣要拜云离守。只见玳安来说："贲四在前边请爹说话。"西门庆就知因为夏龙溪送家小之事，一面出来厅上。只见贲四向袖中取出夏指挥书来呈上，说道："夏老爹要教小人送家小往京里去，不久就回。小人禀问过老爹，去不去。"西门庆看了书中言语，无非是叙其阔别，谢其早晚看顾家下，又借贲四携送家小之事，因说道："他既央你，你怎的不去。"因问几时起身，贲四道："今早他大官府叫了小人去，分付初六日家小准上车起身。小人也得月半才回来。"说毕，把狮子街铺内钥匙交递与西门庆。西门庆道："你去，我教你吴二舅来，替你开两日铺子罢。”那贲四方才拜辞出门，往家中收拾行装去了。这西门庆就冠冕着出门，仆从跟随马，拜云指挥去了。

……

【毛泽东评点】

1956年2月20日在听取工作汇报的谈话中，毛泽东说，《水浒传》是反映当时政治情况的，《金瓶梅》是反映当时经济情况的。这两本书不可不看。

——陈晋：《毛泽东与文艺传统》，中央文献出版社1992年版，第123页。

1961年12月，毛泽东在中央政治局常委和各大区第一书记会议上谈到：对《红楼梦》，不仅要当作小说看，而且要当作历史看。还说：你们看过《金瓶梅》没有，我推荐你们看一看。这本书写了明朝的真正的历史。暴露了封建统治，暴露了统治和被统治的矛盾，也有一部分写得很仔细。《金瓶梅》是《红楼梦》的祖宗，没有《金瓶梅》就写不出《红楼梦》。但是，《金瓶梅》的作者，不尊重女性，《红楼梦》《聊斋志异》是尊重女性的。又说，《红楼梦》写的是很精细的社会历史。

——董学文等：《毛泽东的文艺美学活动》，高等教育出版社1995年版，第212页。

1962年8月，毛泽东在中央工作会议核心小组会上说：有些小说如《官场现形记》，光写黑暗，鲁迅称之为谴责小说。只揭露黑暗，人们不喜欢看。《金瓶梅》没有传开，不只是因为它的淫秽，主要是它暴露黑暗，虽然写得不错，但人们不爱看。《红楼梦》就不同，写得有点希望么。

——龚育之、宋贵仑：《“红学”一家言》，载《毛泽东的读书生活》，生活·读书·新知三联书店1986年版，第224页。

【注释】

（1）春笋露甄妃之玉，借古美人甄妃夸吴月娘之手如玉。春笋，指手指。甄妃，原为袁绍次子袁熙之妻，操破绍，丕立为妃，生明帝及东乡公主，后郭氏得宠，被赐死，谥文昭皇后。

（2）汉署之香，指鸡舌香。汉三省故事，郎官日含鸡舌香，欲其奏事对答，气味芬芳，故名。

（3）中脘，指胃的下部。《难经·荣卫三焦》："中焦者，在胃中脘，不上不下。"

（4）撺掇（cuān duó 蹿夺），怂恿。

（5）一鸡死，一鸡鸣。新来的鸡儿打鸣不好听，死了一个（李瓶儿），还有一个（吴月娘自指），再来一个新的（潘金莲），打起鸣来更好听。此鸣是吴月娘感叹李瓶儿被潘金莲整死了，还想整死她。打鸣，公鸡在早晨鸣叫。

（6）娘，你是个当家人，恶水缸儿，不恁大量些罢，孟玉楼劝吴月娘应宽宏大量，像脏水缸一样，任何肮脏东西，都能容纳。

（7）一个汉子的心等四句，男子汉的心像野马一样，谁能管得了，他喜欢谁就喜欢谁，拦得住吗?

（8）你我既在檐底下，怎敢不低头，这是孟玉楼规劝潘金莲的话，意为她们都是小老婆，就应该在大老婆（吴月娘）面前低头。

（9）甜言美语三冬暖，恶语伤人六月寒，这是孟玉楼劝潘金莲不要恶语伤人。

（10）人受一口气，佛受一炉香，古谚，意思是人爱接受的是一句舒气的美言，佛爱接受的是香火。

（11）三媒六证，旧时婚姻既有媒妁之言，又有各种凭证，表示极其郑重。媒，婚姻的介绍人。证，凭证。

（12）兔死狐悲，物伤其类，比喻为同类的死亡或不幸而悲伤。

（13）抖毛，指禽兽之类，一但起意要抗拒时，都会抖搂起毛羽来。

（14）牡丹花儿虽好，还要绿叶儿扶持，比喻人尽管才能超凡，也必须靠众人支持。

（15）俺每骨秃杈着心里，意为吴月娘要不容俺，杈在俺心上的这根骨头（秃）就永远梗在心里了。

（16）千户，官名。金初设置，为世袭军职，元代相沿，驻于各县，统兵三百至七百人。

（17）指挥，《明史》载，指挥使司设有都指挥使司一人正二品，都指挥同知二人从二品，都指挥佥事四人，正三品。

（18）类本，指各类考察结果，奏本皇上，以作开调之据。

（19）巡抚，官名。明是巡抚，与总督同为地方最高长官。

（20）《裴晋公还带记》写唐裴度故事。《艺田录》："斐晋侯质状渺小，相者曰：'当饿死。'一日游香山寺，有妇人以父被罪，假得玉三，犀带二，以贿津要。置于栏楯，忘收而去，度得而还之。后相者曰：'必有阴德及物，前途万里，非某所知也。'"

（21）《四节记》，戏曲名，明沈彩作，写四季之景的故事。春景《杜子美曲江记》，夏景《谢安石东山记》，秋景《苏子瞻赤壁记》，冬景《陶秀实邮亭记》。

（22）纳白米三十石，即按规定的纳白米三十石折合白银三十两，作为济助边塞应变的储粮，是乔大户捐得义官的代价之一。

（23）开年改了重和元年，该闰正月，即公元1119年。宣和，北宋徽宗赵佶年号（1119—1125）。重和元年闰五月，不闰正月。上查政和六年闰正月。

（24）窝主，藏匿歹人或赃物之家。

（25）分豁，意为把事情化解了。

（26）三窝两块等五句，意思是大妇小妾住在一个窝，等于一个碗里放了两个羹匙，不是被烫着，就是被抹着，总难免要碰磨着的。

（27）少椒末儿，似指胡椒面儿，在菜蔬间可有可无，不值得看重之意。

（28）张公吃酒李公醉二句，指西门庆问何十宋拿和尚顶缺，张冠李戴，嫁祸于人之意。

（29）缌麻之亲，三个月的孝服，叫作缌麻。本宗的高祖父母、中表兄弟、妻父母、婿、外孙，以及五服以内的亲人，服缌麻之孝。

（30）母狗不掉尾，公狗不上身，比喻男女间奸情，女方应负主要责任。

（31）这个骂他怪门神等七句，写两个妓女骂应伯爵的话。怪门神，即怪物门神，指应伯爵只是西门庆的门神。白脸子，意为整天卖弄笑脸。

撅根基的货，意为什么下流货。丑冤家，丑陋不堪又避不开的家伙。怪物劳，指丑得不像人。

（32）女又十撇，即合成“奴才”。鸦胡石，“鸦污屎”的谐音。影子布，指玩影子戏的幕布，布上的影子是别人的，不是唱者的。朵朵云儿，有多久的好光景，转眼就没。指妓女的营生。了口，住嘴。恶口，别让人恶心啦！

【赏析】

《金瓶梅》是我国古代长篇章回小说中的一部奇书，精华与糟粕杂糅，成功与失误并存，历来毁誉不一。毛泽东也注意这部奇书，据我们所知，在不同时期，至少有三次谈及它，而且用的是比较文学的方法，拿它和《水浒传》比，《水浒传》写的是宋江领导的农民起义、农民战争，而战争是政治斗争的最高形式，所以它是“反映当时政治情况的”，而《金瓶梅》写的是市民的日常生活，主角西门庆是一个官僚兼商人，所以反映的是“当时的经济情况”。再拿《金瓶梅》与《红楼梦》相比，《金瓶梅》“写了明朝的真正的历史”，而《红楼梦》“写的是精细的社会历史”。这是二者的共同之处。二者的差异主要有两点：一是《金瓶梅》的作者，“不尊重女性”，《红楼梦》是“尊重女性的”；二是《金瓶梅》主要是“暴露黑暗”，而《红楼梦》“写得有点希望”。二者的渊源关系是：“《金瓶梅》是《红楼梦》的祖宗，没有《金瓶梅》就写不出《红楼梦》”。

毛泽东如此看重《红楼梦》与《金瓶梅》在艺术上的继承关系，是很有道理的。《金瓶梅》以前的中国长篇小说，或再现帝王将相的风云业绩，或叙写草莽英雄的可歌可泣，或描写仙佛神魔的奇异行径，这些不同寻常的故事与普通人的日常生活相距甚远。而《金瓶梅》则是我国第一部以家庭为单位描写普通人日常生活的小说，完全是细致的写实。在小说的内容（普通人的日常生活）、结构（以家庭这个社会的最小细胞反映社会）和写法（重细节写善白描）上进行开拓和创造，从而创造出一种长篇小说的新体制，《红楼梦》又加以发展和完善，正是从这个意义上来讲，毛泽东认为，“没有《金瓶梅》就写不出《红楼梦》”，《金瓶梅》是《红楼梦》

的祖宗。毛泽东在评论《金瓶梅》时，没有评及具体章回，我们节选第七十六回“孟玉楼解愠吴月娘　西门庆斥逐温葵轩”，以飨读者。

《金瓶梅》的主角西门庆，是一个官僚兼商人，小说一方面安排和描写了他那个以金钱财富为轴心，以主从贵贱为秩序的家庭结构，使其成为整个社会的缩影。西门庆有一妻（吴月娘）和五妾，又有琴童、书童、仆夫、使女，家资万贯，当朝宰相蔡京是他义父，宋御史、侯巡抚、胡府尹、何千户、荆都监，与他互相勾结，构成一个关系网，卖官鬻爵，行贿受贿，巧取豪夺，杀良冒功，无恶不作。西门庆的亲戚乔大户花了三十银子，便谋了个义官的名义，吴大舅凭西门庆的一句话，便开任指挥，又捞了个肥缺。西门庆滥杀无辜，草菅人命，无恶不作。何九的弟弟何十当强盗被捉，何九求当初曾给西门庆与潘金莲扯皮条的王婆向潘金莲求情，西门庆便把何十放掉了，同案的“那两名强盗还攀扯他”，又被西门庆“每人打了二十，夹了一夹”，“拿了门外寺里的一个和尚顶缺”，便了事。宋得与其岳母通奸，被邻居首告，判了绞刑。而西门庆却把告发人“拶了几拶子”，理由是“为你这奴才，一时小节不完，丧了两个人性命。”这些描写，说明了整个封建结构，上上下下，沆瀣一气，腐败不堪，暗无天日，形象地揭示了晚明历史的真实风貌，正是在这个意义上，毛泽东称其为“明朝真正的历史”。

西门庆本来是个开生药铺的市井无赖，目不识丁，菽麦不辨，谋得一官半职之后，钱财通谋官升迁之道，为官是攫取钱财之路。西门庆是坐贾兼行商，开放当铺，又放高利贷，更不放过以权谋私、贪赃枉法、收受赂贿的机会。经济活动描写很多。如吴月娘看病，西门庆封了一两银子。乔大户买义官，用了三十两银子，又拿五两，“给吏房使用”。西门庆要为其妻舅谋取升迁，“又悄悄递了三两银子”给吏典。西门庆请人唱戏，“歌唱两折下来，令左右拿下来五两银子，分赏厨役茶酒乐工脚下人等”。庆贺新年，应伯爵等“分资”敛了几分人情。何九向西门庆讨信还给了“玳安一两银子”。西门庆的家里也由几个妾轮流管账，孟玉楼把账交给潘金莲管后，西门庆“方才兑了三十两银子，三十吊钱，交与金莲管理”。夏大人要西门庆的伙计护送上京，西门庆不便拒绝，又不肯立即答应，他说：

“关两日阻了买卖。近年节，绸缎绒线正缺，如何关闭了铺子？”到后来到底让吴二舅来替“开两日铺子”，而不肯错过发财机会。这些描写，说明了晚明商品经济的急遽发展，改变了人们的生活方式和人际关系以及伦理观念，所以，毛泽东说：“《金瓶梅》是反映当时经济情况的。”

《聊斋志异》 （清）蒲松龄

文言短篇小说集。清人蒲松龄作。内容多取材民间故事，经过作者的丰富想象，以谈鬼说孤的方式，揭露封建社会的黑暗和官场的罪恶，讽刺科举制度的虚伪和种种弊端，歌颂男女青年的纯真爱情，批判不合理的婚姻制度。作品继承并发展了魏晋志怪小说和唐人传奇小说的优良传统。一方面把花妖狐魅和幽冥世界等非现实的事物人格化、社会化，曲折地反映现实矛盾和斗争；一方面又利用这美丽形象的超现实力量，表现作者的爱憎和理想。既具有浓厚的浪漫主义的色彩，又给人以现实主义的真实感。小说构思奇巧，既幻异曲折、跌宕多姿，又脉络分明、叙次井然。且以文笔洗练、描写细腻见长。其思想和艺术成就，标志着我国文言短篇小说创作的新高峰。此书通行本共十六卷，四百三十篇，现存最早刻本为乾隆三十一年青柯亭本。中华书局 1982 年所出今人张友鹤会校会注全评本，收目四百九十一篇，较为完备。

蒲松龄（1640—1715），字留仙，一字剑臣，号柳泉居士，山东淄川（今山东淄博淄川区）人，清代小说家。天资聪明，学问深厚，早岁即有文名。十九岁时连用县、府、道三个第一，但此后屡应省试不第，年七十一，始补上岁贡生。除中年一度在宝应县作了一年幕僚外，都在家乡为塾师。家境贫穷，对人民生活有一定接触。能诗文，善作俚曲，积数十年之功，写成《聊斋志异》，并不断修改增补。又有《聊斋诗集》《聊斋文集》《聊斋俚曲》和关于农业、医药通俗读物多种。

【原文】

妖术

于公者，少任侠[1]，喜拳勇[2]，力能持高壶，作旋风舞。崇祯间[3]，殿试在都[4]，仆疫不起，患之。会市上有善卜者[5]，能决人生死，将代问之。既至，未言。卜者曰："君莫欲问仆病乎？"公骇应之。曰："病者无害，君可危。"公乃自卜。卜者起卦，愕然曰："君三日当死！"公惊诧良久。卜者从容曰："鄙人有小术，报我十金，当代禳之[6]。"公自念，生死已定，术岂能解。不应而起，欲出。卜者曰："惜此小费，勿悔勿悔！"爱公者皆为公惧，劝罄囊以哀之[7]。公不听。倏忽至三日，公端坐旅舍，静以觇之[8]，终日无恙。

至夜，阖户挑灯，倚剑危坐[9]。一漏向尽[10]，更无死法。意欲就枕，忽闻窗隙窣窣有声[11]。急视之，一小人荷戈入[12]；及地，则高如人。公捉剑起，急击之，飘空未中。遂遽小[13]，复寻窗隙，意欲遁去。公疾斫之[14]，应手而倒。烛之，则纸人，已腰断矣。公不敢卧，又坐待之。逾时，一物穿窗入，怪狞如鬼。才及地，急击之，断而为两，皆蠕动。恐其复起，又连击之，剑剑皆中，其声不软。审视，则土偶，片片已碎。于是移坐窗下，目注隙中。久之，闻窗外如牛喘，有物推窗棂[15]，房壁振摇，其势欲倾。公惧覆压，计不如出而斗之，遂剨然脱扃[16]，奔而出。见一巨鬼，高与檐齐；昏月中，见其面黑如煤，眼闪烁有黄光；上无衣，下无履，手弓而腰矢。公方骇，鬼则弯矣[17]。公以剑拨矢，矢堕；欲击之，则又弯矣。公急跃避，矢贯于壁，战战有声[18]。鬼怒甚，拔佩刀，挥如风，望公力劈。公猱进[19]。刀中庭石，石立断。公出其股间，削鬼中踝[20]，铿然有声。鬼益怒，吼如雷，转身复剁。公又伏身入。刀落，断公裙。公已及胁下，猛斫之，亦铿然有声。鬼仆而僵。公乱击之，声硬如柝[21]。烛之，则一木偶，高大如人，弓矢尚缠腰际，刻画狰狞；剑击处，皆有血。公因秉烛待旦，方悟鬼物皆卜人遣之，欲置人于死，以神其术也。

次日，遍告交知，与共诣卜所。卜人遥见公，瞥不可见。或曰："此翳形术也[22]，犬血可破。"公如言，戒备而往。卜人又匿如前。急以犬血沃立处，但见卜人头面，皆为犬血模糊，目灼灼如鬼立。乃执付有司而杀之[23]。

异史氏曰："尝谓买卜为一痴。世之讲此道而不爽于生死者几人[24]？卜之而爽，犹不卜也。且即明明告我以死期之至，将复如何？况有借人命以神其术者，其可畏不尤甚耶！"

【毛泽东评点】

1961年1月4日，上午10点40分，毛泽东办公室打电话到文学研究所，通知何其芳立即到中南海去，毛泽东有指示。事情得从一九五九年春季说起，那时一位中央书记处的书记来到文学研究所，交给他们一个任务：从中国过去的笔记中，选编一本《不怕鬼的故事》。这年夏天，这本书基本编成。在一次中央工作会议上，毛泽东选了这本书的一部分故事，印发到会同志。何其芳请毛泽东为这本书写序。毛泽东指示，要何其芳写。何起草了序文，经过几次修改，呈送毛泽东审阅。今天就是谈这个序言的意见。

11时许，何其芳到颐年堂毛泽东住处。说到《不怕鬼的故事》的序文，毛泽东说："你的问题我现在才回答你。除了战略上藐视，还要讲战术上重视。对具体的鬼，对一个一个的鬼，要具体分析，要研究战术，要重视。不然，就打不败它。你们编的书上就有这样的例子。《聊斋志异》的那篇《妖术》，如果那个于公战术上不重视，就可能被妖术谋害死了。……你可以再写几百字，写战术上重视。"

——何其芳：《毛泽东之歌》，载《人民文学》1977年第9期。

【注释】

（1）任侠，凭借权威、勇力或财力等手段扶助弱小，帮助他人。此处指好打抱不平。

（2）拳勇，拳术。

（3）崇祯，明朝最后一个皇帝朱由检的年号（1628—1644）。

（4）殿试，科举制度中最高一级的考试，在皇宫中举行，由皇帝亲自主持。此处是指武官的殿试。

（5）会，正好，适逢。卜（bǔ 补），指卜卦，古时用贝壳、蓍草之类占卜吉凶的一种迷信活动。

（6）禳（ráng 瓤），迷信的人祈祷消除灾祸。

（7）罄（qìng 庆），尽，用尽。橐（tuó 驼），一种口袋。

（8）觇（chān 掺），看，窥视。

（9）危坐，古人以两膝着地，耸起上身为“危坐”，即正身而跪，后泛指端正地坐着。

（10）漏，古时计时的器具。

（11）窣窣（sū 苏），细小的声音。

（12）荷，扛，独力负担。戈，古代的一种兵器，横刃长柄。

（13）遽（jù 踞），急，仓促。

（14）斫（zhuó 卓），砍削。

（15）棂（líng 灵），窗棂，窗子上构成窗子的木条或铁条。

（16）剨（huā 花），同“砉”，象声词。剨然，哗啦的声音，形容开门的动作很快。扃（jiōng 垌），门闩。

（17）弯，指弯弓准备射箭。

（18）战战，抖动的样子。

（19）猱（náo 挠），古书上说的一种猴子。

（20）踝（huái 槐），踝子骨，脚腕两旁凸起的部分。

（21）柝（tuò 唾），打更巡夜用的梆子。

（22）翳（yì 益），遮盖。翳形术，即隐身术，古时的一种妖术。

（23）有司，官府。司，主管。

（24）爽（shuǎng），违背。不爽，没有差错。

【赏析】

《妖术》中的卜者，是一个以卖占为名的骗子，心地歹毒，手段毒辣，气焰嚣张。于公欲为其仆卜卦，他竟说“病者无害”，“君三日当死”。到夜晚，便利用妖术，操纵纸人、土偶、巨型木偶去杀害于公。这些妖怪一个比一个凶恶，最后出现的巨鬼，意“高与檐齐”，砍之，“铿然有声”。但是，由于于公有充分的思想准备，敢于斗争，善于斗争，妖魔鬼怪就一个个露出真纸人、土偶、木偶的原形。那个惯于讹诈、恫吓别人的图财害命的卜者，也就无所施其技、无所遁其形了。

毛泽东一贯的伟大战略思想是，在战略上藐视敌人，在战术上重视敌人。1961 年，在与何其芳谈《不怕鬼的故事》的序时，重申了他的这个主张，并指出“《聊斋志异》的那篇《妖术》，如果那个于公战术上不重视，就可能被妖术谋害死了”。认为这是一个在战术上重视敌人的范例。

小说描绘于公和巨鬼战斗的场面，紧张激烈，有声有色。特别写于公敏捷地躲过巨鬼射出的一箭。那一箭，“矢贯于壁战战有声”，寥寥数字，就把战斗激烈的状况写了出来。

【原文】

青　风

太原耿氏，故大家[(1)]，第宅弘阔。后凌夷[(2)]，楼舍连亘[(3)]，半旷废之。因生怪异。堂门辄自开掩，家人恒中夜骇哗[(4)]。耿患之，移居别墅[(5)]，留老翁门焉[(6)]。由此荒落益甚。或闻笑语歌吹声。耿有从子去病[(7)]，狂放不羁[(8)]，嘱翁有所闻见，奔告之。至夜，见楼上灯光明灭，走报生。生欲入觇其异[(9)]。止之，不听。门户素所习识[(10)]，竟拨蒿蓬，曲折而入。登楼，殊无少异[(11)]。穿楼而过，闻人语切切[(12)]，潜窥之[(13)]。见巨烛双烧，其明如昼。一叟儒冠南面坐[(14)]，一媪相对，俱年四十余。东向一少年，可二十许[(15)]；右一女郎，才及笄耳[(16)]。酒胾满案[(17)]，团坐笑语。生突入，笑呼曰：“有不速之客一人来！”群惊奔匿，独叟出叱问：“谁何入人闺闼[(18)]？”生曰：“此我家闺闼，君占之。旨酒自饮[(19)]，不一邀主人，毋乃太吝[(20)]？”叟审睇之[(21)]，曰：“非主人也。”生曰：“我狂生耿去病，主人之从子耳。”叟致敬曰：“久仰山斗[(22)]！”乃揖生入[(23)]，便呼家人易馔[(24)]。生止之。叟乃酌客[(25)]。生曰：“吾辈通家[(26)]，座客无庸见避，还祈招饮。”叟呼：“孝儿！”俄少年自外入。叟曰：“此豚儿也[27]。”揖而坐，略审门阀。叟自言：“义君姓胡[28]。”生素豪，谈议风生，孝儿亦倜傥[29]；倾吐间，雅相爱悦[30]。生二十一，长孝儿二岁，因弟之。叟曰：“闻君祖纂《涂山外传》[31]，知之乎？”答：“知之。”叟曰：“我涂山氏之苗裔也[32]。唐以后[33]，谱系犹能忆之[34]；五代而上无传焉[35]。幸公子一垂教也。”生略述涂山女佐禹之功，粉饰多词[36]，妙绪泉涌[37]。叟大喜，谓子曰：“今幸得闻所未闻。公子亦非他人，可请阿母及青凤来共听之，亦令知我祖德也[38]。”孝儿入帏中[39]。少时，媪偕女郎出。审顾之，弱态生娇，秋波流慧，人间无其丽也。叟指妇云：“此为老荆[40]。”又指女郎：“此名青凤，鄙人之犹女也[41]。颇惠，所闻见，辄记不忘，故唤令听之。”生谈竟而饮，瞻顾女郎，停睇不转。女觉之，辄俯其首。生隐蹑莲钩[42]，女急敛足，亦无愠怒。生神志飞扬，不能自主，拍案曰：“得妇如此，南面王不易也[43]！”媪见生渐醉益狂，与女俱起，遽搴帏去[44]。生失望，乃辞叟出。而心萦萦[45]，不能忘情于青凤也。

至夜，复往，则兰麝犹芳[46]，而凝待终宵，寂无声欬[47]。归与妻谋，欲携家而居之，冀得一遇。妻不从，生乃自往，读与楼下。夜方凭几，一鬼披发入，面黑如漆，张目视生。生笑，染指研墨自涂[48]，灼灼然相与对视[49]，鬼惭而去。次夜，更既深，灭烛欲寝，闻楼后发扃[50]，辟之闸然[51]。急起窥觇，则扉半启[52]。俄闻履声细碎，有烛光自房中出。视之，则青凤也。骤见生，骇而却退，遽阖双扉[53]。生长跽而致词曰[54]：“小生不避险恶，实以卿故。幸无他人，得一握手为笑，死不憾耳。”女遥语曰：“惓惓深情[55]，妾岂不知？但叔闺训严[56]，不敢奉命。”生固哀之，云：“亦不敢望肌肤之亲，但一见颜色足矣。”女似肯可，启关出，捉之臂而曳之。生狂喜，相将入楼下，拥而加诸膝。女曰：“幸有夙分[57]；过此一夕，即相思无用矣。”问：“何故？”曰：“阿叔畏君狂，故化厉鬼以相吓，而君不动也。今已卜居他所[58]，一家皆移什物赴新居[59]，而妾留守，明日即发。”言已，欲去，云：“恐叔归。”生强止之，欲与为欢。方持论间[60]，叟掩入[61]。女羞惧无以自容，俯首倚床，拈带不语。叟怒曰：“贱婢辱我门户！不速去，鞭挞且从其后！”女低头急去，叟亦出。

尾而听之，诃诟万端[62]，闻青凤嘤嘤啜泣[63]。生心意如割，大声曰："罪在小生，于青凤何与？倘宥青凤[64]，刀锯铁钺[65]，小生愿身受之！"良久寂然，生乃归寝。自此，第内绝不复声息矣。生叔闻而奇之，愿售以居，不较直。生喜，携家口而迁焉。居逾年，甚适，而未尝须臾忘青凤也。

会清明上墓归，见小狐二，为犬逼逐。其一投荒窜去，一则皇急道上。望见生，依依哀啼[66]，葛耳辑首[67]，似乞其援。生怜之，启裳衿[68]，提抱以归。闭门，置床上，则青凤也。大喜，慰问。女曰："适与婢子戏，遘此大厄[69]。脱非郎君，必葬犬腹。望无以非类见憎。"生曰："日切怀思，系于魂梦。见卿如获异宝，何憎之云！"女曰："此天数也，不因颠覆，何得相从？然幸矣，婢子必以妾已死，可与君坚永约耳[70]。"生喜，另舍舍之。积二年余，生方夜读，孝儿忽入。生辍读[71]，讶诘所来[72]。孝儿伏地，怆然曰[73]："家君有横难[74]，非君莫拯[75]。将自诣恳[76]，恐不见纳，故以某来。"问："何事？"曰："公子识莫三郎否？"曰："此吾年家子也[77]。"孝儿曰："明日将过，倘携有猎狐，望君之留之也。"生曰："楼下之羞，耿耿在念[78]，他事不敢预闻[79]。必欲仆效绵薄[80]，非青凤来不可。"孝儿零涕曰："凤妹已野死三年矣。"生拂衣曰[81]："既尔，则恨滋深耳[82]！"执卷高吟，殊不顾瞻。孝儿起，哭失声，掩面而去。生如青凤所，告以故。女失色曰："果救之否？"曰："救则救之；适不之诺者[83]，亦聊以报前横耳。"女乃喜曰："妾少孤，依叔成立。昔虽获罪，乃家范应尔[84]。"生曰："诚然，但使人不能无介介耳。卿果死，定不相援。"女笑曰："忍哉！"次日，莫三郎果至，镂膺虎韔[85]，仆从甚赫[86]。生门逆之[87]。见获禽甚多，中一黑狐，血殷毛革[88]；抚之，皮肉犹温。便托裘敝[89]，乞得缀补。莫慨然解赠。生即付青凤，乃与客饮。客既去，女抱狐于怀，三日而甦。展转复化为叟。举目见凤，疑非人间。女历言其情。叟乃下拜，惭谢前愆[90]。喜顾女曰："我固谓汝不死，今果然矣。"女谓生曰："君如念妾，还祈以楼宅相假，使妾得以申返哺之私[91]。"生诺之。叟赧然谢别而去[92]。入夜，果举家来。由此如家人父子，无复猜忌矣。生斋居[93]，孝儿时共谈讌[94]。生嫡出子渐长[95]，遂使傅之[95]；盖循循善教，有师范焉[97]。

【毛泽东评点】

1959年4月15日，在第十六次最高国务会议上讲话中（毛泽东）读到：旧小说里头有一个“狂生夜坐”的故事，说有个狂生，晚上坐着读书，有个鬼吓他，在窗口那个地方伸进一个舌头来，这么长，它以为这个书生就会吓倒了。这个书生不慌不忙，拿起笔把自己的脸画成一个张飞样子，画得像我们现在袁世海那个样子，然后也把个舌头伸出来，没有那么长就是了。两个人就这么顶着，你望着我，我望着你，那个鬼走了。《聊斋志异》的作者告诉我们，不要怕鬼，你越怕鬼，你就不能活，他就要跑来把你吃掉。

——董学文等：《毛泽东的文艺美学活动》，高等教育出版社1995年版，第193页。

【注释】

（1）故，原本是。大家，指达官贵人家庭。

（2）凌夷，同“陵夷”，指家境衰败。

（3）连亘（gèn 根去声），连绵不断。

（4）恒，经常。骇哗，惊骇，喧哗。

（5）别墅（shù 术），旧时达官贵人、财主等于正宅之外另置的供游玩休养用的园林房舍。

（6）门焉，在此看守门户。门，作动词用，意即看门。焉，语气助词。

（7）从子，侄儿。

（8）狂放不羁（jī 积），行为豪放，无所拘束。羁，马笼头。不羁，不可以控制。

（9）觇（chān 掺），窥视，偷偷地看。

（10）习识，熟悉。

（11）殊无少异，绝没有一点异常。

（12）切切，形容说话的声音很小。

（13）潜窥，偷偷地察看。

（14）儒冠，儒生戴的帽子。一叟儒冠，意即一个戴着儒生头巾的老者。

（15）可，大约。

（16）及笄（jī 基），指女子成年。笄，女人盘头发用的簪子。古代女孩子到了十五岁左右就用簪子将头发盘起来，表示已经成年，叫作及笄。

（17）胾（zì 自），切成大块的肉。

（18）闺闼（dá 达），内室，妇女居室。

（19）旨酒，美酒。

（20）毋乃，岂不是，未免。吝，吝啬。

（21）审睇（dì 弟），仔细地看。

（22）久仰山斗，久仰大名，旧时初次会面的客气话。山斗，指泰山和北斗星，是表示敬仰的客套话。

（23）揖（yī 医），揖让。古人见客时拱手自上而下，表示致礼，叫作揖。此处作动词用，意即请。

（24）馔（zhuàn 撰），饮食菜肴。易，更换。

（25）酌客，斟酒敬客人。

（26）通家，世交，即世代有交情的人家。此处是写胡叟住在自己家中，意为情如一家。

（27）豚（tún 臀）儿，对自己儿子的谦称，犹言“犬子”。豚，小猪。

（28）义君，唐宋以后统治者为提倡封建伦理道德，把一些三四代以上兄弟同堂的大财主家庭封为义门。义君，可能是这些家庭中家长的称呼。

（29）倜傥（tì tǎng 惕躺），性格豪爽洒脱。

（30）雅，甚。悦，喜爱。

（31）《涂山外传》，古代传说，夏禹在涂山娶九尾白狐为妻，人称涂山氏，见《吴越春秋·越王无余外传》。外传，正史以外的别传。

（32）苗裔（yì 益），后代子孙。裔，后代。

（33）唐以后，指古帝王唐尧以后。

（34）谱系，封建社会家族的世系。

（35）五代，五个朝代。此处指唐、虞、夏、商、周。

（36）粉饰多词，极力美化。粉饰，润色修饰。

（37）妙绪，奇妙的思绪。

（38）祖德，祖宗的功德，此指涂山氏佐禹治水之功。

（39）帏中，古时设帷幕以分内外，故帏中指内室。帏，同“帷”，布幔。

（40）老荆，对自己妻子的谦称。古时贫家妇女以荆条作钗，因此对别人称自己的妻子为“荆妻”。

（41）犹女，侄女。

（42）隐蹑（niè 聂），暗中用脚轻踩。蹑，轻踩。莲钩，指女人的小脚。

（43）南面王不易也，给个帝王也不换。南面，古时帝王的座位均面南，以面向南为尊，故称居帝位为“南面”。易，交换。

（44）搴（qiān 牵）帏，掀开帏幕。

（45）萦萦（yíng 营），牵挂、缠绕。

（46）兰麝（shè 射），兰草与麝香，此指妇女的脂粉气味。兰，兰花。麝，麝香。

（47）欬（ké 壳），同“咳”。

（48）研墨，砚中之墨。研，同“砚”。

（49）灼灼（zhuó 茁）然，形容目光逼人的样子。

（50）发扃（jiōng 垌），开门，打开门锁。

（51）闬（péng），同“砰”。然，形容关门的声音。

（52）扉（fēi 非），门扇。

（53）阖，关闭。

（54）长跽（jì 妓），挺身跪地。致词，陈词。

（55）惓惓（quán 拳），诚恳亲切，形容感情真挚。

（56）闺训，封建时代闺中妇女的约束训条。

（57）夙（sù 诉）分，指宿命论者所讲的前世注定的缘分。

（58）卜（bǔ 补）居，选择居住之处。

（59）什物，日常生活用品。

（60）持论，争论相持不下。

（61）掩入，乘其不备而入。

（62）诟诟（gòu 够），呵斥责骂。

（63）啜（chuò 龊）注，哭泣时抽咽的样子。

（64）宥（yòu 佑），原谅。

（65）刀锯铁钺（yuè 岳），都是古代的刑具，此处指最严厉的惩罚。铁，同“斧”。钺，大斧。

（66）依依，依恋不舍的样子。

（67）蓢（tā 塌）耳辑首，垂耳缩头、害怕可怜的样子。蓢，下垂。辑，收敛。

（68）裳衿，衣襟。

（69）遘（gòu 够）此大厄（è 愕），遭到这样的大灾难。遘，遭遇。厄，灾难。

（70）坚永约，坚守终身之约。

（71）辍（chuò 龊），停止。

（72）讶诘，惊讶地盘问。讶，惊讶。诘，盘问。

（73）怆然，悲伤的样子。

（74）家君，对别人称呼自己父亲的谦称。横，意外的、无辜的。

（75）拯（zhěng 整），救援。

（76）诣恳，恳求、拜求。诣，拜见。

（77）年家子，科举时代，凡同年登科的人互称“年家”，同辈称年兄，长辈称年伯，晚辈称“年家子”。

（78）耿耿在念，时刻放在心上。

（79）预闻，过问。预，干预。

（80）绵薄，微弱的力量。

（81）拂衣，即拂袖、提衣，此表示激愤。

（82）滋深，更深。滋，更、格外。

（83）不之诺，即“不诺之”，不答应他。

（84）家范，家规。封建士大夫一般用孔孟之道做家规。应尔，应该如此。

（85）镂（lòu 漏）膺，马胸肚前的镂金饰带。膺，马胸带。虎（chàng 畅），画有老虎图案的弓箭袋。韔，弓箭袋。

（86）赫，显耀。

（87）逆，迎接。

（88）血殷毛革，黑红色的血渗透了皮毛。殷，赤黑色，此处作动词用。

（89）托，借口，假托。裘，毛皮制的衣服。敝，破烂。

（90）谢，谢罪。愆（qiān 千），过失。

（91）返哺，表示孝养父母的愿望。传说乌雏长大后能衔食物来喂养老乌雏，叫作“慈乌返哺”。

（92）赧（nǎn 蝻）然，因惭愧而脸红的样子。

（93）斋居，居住在书斋。

（94）讌（yàn 晏），“宴”字的繁体。

（95）嫡（dí 敌）出子，正妻生的儿子。嫡，宗法社会中正妻叫“嫡”。

（95）使傅之，让孝儿做他的师傅。

（97）有师范焉，可以作为学习的榜样。师范，师法的模范。

【赏析】

《青凤》是《聊斋志异》中的名篇。它是一个不怕鬼的故事。楼舍有妖，主人避迁，耿去病却昂然而入，毫不畏惧。妖怪化成厉鬼恫吓，披发而入，“面黑如漆”，瞪着眼睛看他。他竟谈笑自若，“染指研墨自涂，灼灼然相与对视，鬼惭而去”。原来是人避妖，现在是妖避人，形势发生了变化。两相对照，给我们的启示是：人们对待任何妖魔鬼怪、天灾人祸、帝国主义和一切反动派，只有毫不畏惧，敢于斗争，善于斗争，才能战而胜之。人不怕鬼，鬼反而怕人。树立我们战胜一切艰难困苦的勇气，坚定必胜的信任，是至关重要的。

本篇又是一个人鬼相恋的爱情故事。封建礼教，严禁青年男女的自由婚姻。耿生与青凤的相恋，冲破了这种不合理的封建禁锢。耿生狂放不羁，重“情”非“礼”，不拘礼俗，不避险恶，不憎非类，终于赢得了妖仙青凤的爱情。耿生的拳拳深情，激励着青凤。青凤初与耿生接触，因慑于“闺训”，对周围的环境深感忧虑和疑惧。后来她在厄难中得耿生搭救，便摆脱了家庭的束缚，大胆地与耿生结合。正像毛泽东指出的那样，《聊斋志异》的“作者描写女人找男子是很大胆的”。耿生与青凤的相恋，打破了人妖的界限，冲决了封建礼教的束缚，他们对自由婚姻的热烈追求，反映了封建时代青年男女的共同愿望。

1959年4月15日，毛泽东在第16次最高国务会议上向与会的同志通报当时的形势和党的大致方针。他在讲了1958年炮击金门的事之后说，这是“我们祖国的土地”，我们有理由捍卫，别人（美国）管不着。所以，“我看要奋斗下去，什么威胁我们都不怕”。说到这里，他饶有兴趣地给大家讲了《聊斋志异》中这篇“狂生夜坐”（按：即《青凤》的节录）的故事）。

毛泽东把这个故事与当时的炮击金门、马祖的实际联系起来。他说：“我们不怕鬼，所以炮击金门、马祖。这一仗打下去之后，现在台湾海峡风平浪静，通行无阻，所有的船只不干涉了。”

毛泽东这番风趣的话，说得在场的人们哄堂大笑。当时的会议记录上，注明“笑声”二字的就有六处之多。在毛泽东看来，一切敌人、对手和困难，都属于“鬼”，只有不怕它，才能战胜它，克服它。

在这次讲话之后的第二十一天，即5月6日，在与周恩来、陈毅一起在中南海紫光阁会见11个国家的访华代表团和这些国家的驻华使节的谈话中，毛泽东又一次讲了上述“狂生夜坐”这个故事。在毛泽东看来，对鬼也要讲究斗争的战略和战术。他相信，任何鬼都是可以战胜的。这是一个伟大的无产阶级革命家终生不渝的坚强信念。

【原文】

公孙九娘

于七一案(1)，连坐被诛者(2)，栖霞、莱阳两县最多(3)。一日，俘数百人尽戮于演武场中(4)。碧血满地(5)，白骨撑天。上官慈悲，捐给棺木。济城工肆(6)，材木一空。以故伏刑东鬼(7)，多葬南郊。

甲寅间(8)，有莱阳生至稷下(9)。有亲友二三人亦在诛数，因市楮帛(10)，酹奠榛墟(11)，就税舍于下院之僧(12)。明日，入城营干(13)，日暮未归。忽一少年，造室来访；见生不在，脱帽登床，着屐仰卧。仆人问其谁何，合眸不对[14]。既而生归，见暮色朦胧，不甚可辨；自诣床下问之。瞠目曰[15]：“我候汝主人。絮絮逼问，我岂暴客耶[16]！”生笑曰：“主人在此。”少年急起着冠，揖而坐，极道寒暄。听其音，似曾相识。急呼灯至，则同邑朱生，亦死于于七之难者。大骇，却走。朱曳之云：“仆与君文字交[17]，何寡于情？我虽鬼，故人之念，耿耿有去心。今有所渎[18]，愿无以异物遂猜薄之[19]。”生乃坐，请所命。曰：“令甥女寡居无偶，仆欲得主中馈[20]；屡通媒妁，辄以无尊长之命为辞。幸无惜齿牙余惠[21]。”先是，生有甥女，早失恃[22]，遗生鞠养[23]。十五始归其家。俘至济南，闻父被刑，惊恸而绝。生曰：“渠自有父[24]，何我之求？”朱曰：“其父为犹子启榇去[25]，今不在此。”问：“女甥向依阿谁？”曰：“与邻媪同居。”生虑生人不能作鬼媒。朱曰：“如蒙金诺[26]，还屈玉趾。”遂起握生手。生固辞，问：“何之？”曰：“第行[27]。”勉从与去。北行里许，有大村落，约数十百家。至一宅第，朱叩扉，即有媪出。豁开二扉，问朱：“何为？”曰：“烦达娘子，阿舅至。”媪旋返，须臾，复出，邀生入；顾朱曰：“两椽茅舍子，大隘[28]。劳公子门外少坐候。”生从之入，见半亩荒庭，列小室二。甥女迎门啜泣，生亦泣。室中灯火荧然。女貌秀洁如生时，凝眸含涕，遍问妗姑[29]。生曰：“俱各无恙，但荆人物故矣[30]。”女复呜咽曰：“儿少受舅妗抚育，尚无寸报，不图先葬沟渎，殊为恨恨。旧年伯伯家大哥迁父去，置儿不一念，数百里外，伶仃如秋燕。舅不以沉魂可弃，又蒙赐金帛[31]，儿已得之矣。”生乃以朱言告女。女俯首无语。媪曰：“朱公子曩托杨姥三五返[32]。老身谓是大好。小娘子不肯自草草。得舅为政[33]，方此意慊得[34]。”言次，一十七八女郎，从一青衣，遽掩入。瞥见生，转身欲遁。女牵其裾曰：“勿须尔[35]，是阿舅，非他人。”生揖之。女郎亦敛衽[36]。甥曰：“九娘，栖霞公孙氏。阿爹故家子[37]，今亦‘穷波斯’[38]，落落不称意。旦晚与儿还往。”生睨之，笑弯秋月，羞晕朝霞，实天人也[39]。曰：“可知是大家。蜗庐人那如此娟好[40]！”甥笑曰：“且是女学士[41]，诗词俱大高。昨儿稍得指教。”九娘微哂曰：“小婢无端败坏人，教阿舅齿冷也。”甥又笑曰：“舅断弦未续[42]，若个小娘子[43]，颇能快意否？”九娘笑奔出，曰：“婢子颠疯作矣[44]。”遂去。言虽近戏，而生殊爱好之。甥似微察，乃曰："九娘才貌无双，舅倘不以粪壤致猜[45]，儿当请诸其母。"生大悦，然虑人鬼难匹。女曰："无伤，彼与舅有夙分[46]。"生乃出。女送之曰："五日后，月明人静，当遣人往相迓[47]。"生至户外，不见朱。翘首西望，月衔半规[48]，昏黄中犹认旧径。见南面一第，朱坐门石上，起逆曰："相待已久，寒舍即劳垂顾。"遂携手入。殷殷展谢，出金爵一、晋珠百枚，曰："他无长物[49]，聊代禽仪[50]。"既而曰："家有浊醪[51]，但幽室之物，不足款佳宾，奈何？"生㧑谢而退[52]，朱送至中途，始别。生归，僧仆集问。生隐之曰："言鬼者妄也。适赴友人饮耳。"

后五日，果见朱来。整履摇箑[53]，意甚忻适；才至户庭，望尘即拜[54]。

少间，笑曰："君嘉礼既成，庆在今夕，便烦枉步。"生曰："以无回音，尚未致聘，何遽成礼？"朱曰："仆已代致之矣。"生深感荷，从与俱去。直达卧所，则甥女华妆迎笑。生问："何时于归[55]？"朱云："三日矣。"生乃出所赠珠，为甥助妆。女三辞乃受。谓生曰："儿以舅意白公孙老夫人，夫人作大欢喜。但言老耄[56]，无他骨肉，不欲九娘远嫁，期今夜舅往赘诸其家[57]。伊家无男子，便可同郎往也。"朱乃导去。村将尽，一第门开，二人登其堂。俄曰："老夫人至。"有二青衣扶妪升阶。生欲展拜。夫人云："老朽龙钟[58]，不能为礼，当即脱边幅[59]。"乃指画青衣，置酒高会。朱乃唤家人，另出肴俎[60]，列置生前；亦别设一壶，为客行觞。筵中进馔，无异人世。然主人自举，殊不劝进。既而席罢，朱归。青衣导生去。入室，则九娘华妆凝待。邂逅含情[61]，极尽欢昵[62]。初，九娘母子原解赴都[63]。至郡[64]，母不堪困苦死，九娘亦自刭。枕上追述往事，哽咽不能成眠，乃口占两绝云[65]："昔日罗裳化作尘，空将业果恨前身[66]。十年露冷枫林月，此夜初逢画阁春[67]。""白杨风雨绕孤坟，谁想阳台更作云[68]。忽启镂金箱里看，血腥犹染旧罗裙。"天将明，即促曰："君宜且去，勿惊厮仆。"自此昼来宵往，嬖惑殊甚[69]。一夕，问九娘："此村何名？"曰："莱霞里[70]。里中多两处新鬼，因以为名。"生闻之欷歔[71]。女悲曰："千里柔魂，蓬游无底[72]；母子零孤，言之怆恻[73]。幸念一夕恩义，收妾骨归葬墓侧，使百世得所依栖，死且不朽。"生诺之。女曰："人鬼路殊，君亦不宜久滞。"乃以罗袜赠生，挥涕促别。生凄然出，忉怛若丧[74]。心怅怅不忍归，因过叩朱氏之门。朱白足出逆[75]。甥亦起，云鬓鬅松，惊来省问。生怊怅移时[76]，始述九娘语。女曰："妗氏不言，儿亦夙夜图之。此非人世，久居诚非所宜。"于是相对汍澜[77]。生亦含涕而别。叩寓归寝，辗转申旦[78]。欲觅九娘之墓，而忘问志表[79]。及夜复往，则千坟累累，竟迷村路，叹恨而返。展视罗袜，着风寸断，腐如灰烬。遂治装东旋。

半载不能自释。复如稷门，冀有所遇。及抵南郊，日势已晚，息驾庭树，趋诣丛葬所。但见坟兆万接[80]，迷目榛荒，鬼火狐鸣，骇人心目。惊悼归舍，失意遨游，返辔遂东。行里许，遥见女郎独步丘墓间，神情意致怪似九娘[81]。挥鞭就视，果九娘。下骑与语，九娘竟走，若不相识。再逼近之，色作努[82]，举袖自障。顿呼"九娘"，则湮然灭矣[83]。

异史氏曰："香草沉罗[84]，血满胸肊；东山佩玦[85]，泪渍泥沙。古有孝子忠臣，至死不谅于君父者。公孙九娘岂以负骸骨之托[86]，而怨怼不释于中耶[87]？脾鬲间物[88]，不能掬以相示，冤乎哉！"

【毛泽东评点】

1954年6月22日，毛泽东专邀陈毅到玉泉山别墅，共进晚餐，谈论工作，气氛十分融洽。毛泽东谈到山东、福建问题、反党阴谋案件问题，同意陈毅在山东检查工作时的方针。这一次谈话，话题很是广泛，《聊斋志异》中《席方平》、《公孙九娘》的妙处也谈到了。行前毛泽东说了两句具有总结意义的谚语："路遥知马力，日久见人心。"在高饶联盟彻底查清后向陈毅说这两句话，含义当然是深刻的。陈毅当然明白其中所蕴含的褒奖及其十分信任的情感。……

——李智舜《：毛泽东与十大元帅》，中共中央党校出版社1994年版，第179页。

【注释】

（1）于七，山东栖霞人，他于1648年（清顺治五年）在锯齿山发动农民起义，1650年攻克宁海（今山东牟平），1661年攻克福山（今山东福山）。1662年，清军围攻锯齿山，激战二个月，于七突围而走，不知所终。清政府还对这一地区的人民进行了血腥屠杀。

（2）连坐，被株连获罪。坐，获罪。

（3）栖霞、莱阳，即今山东省栖霞市、莱阳市。

（4）演武场，练兵场，故址在济南市南门外。

（5）碧血，无辜者的血。传说周大夫苌弘无辜被杀，其血三年变成碧玉。见《庄子·外物》。碧，青绿色的玉石。

（6）济城，今山东济南市。工肆，店铺、作坊。这里指棺材铺。

（7）伏刑，因犯法而被处死。东鬼，指栖霞、莱阳等山东东部死难的人。

（8）甲寅，康熙十三年（1674）。

（9）稷下，古齐国都城临淄稷门（西边南首门）附近的地区，在今山东省淄博市。战国时各学派荟萃的中心。

（10）楮（chǔ 楚）帛，旧俗祭祀时焚化的纸钱。

（11）酹（lèi 类）奠榛墟，祭奠荒草丛的坟墓。酹，以酒浇地祭奠鬼神。

（12）税舍，租赁房屋。

（13）营干，办事。

（14）合眸，闭上眼睛。眸，眼中的瞳仁，代指眼睛。

（15）瞠（chēng 撑）目，瞪着眼睛。

（16）暴客，指强盗。

（17）文字交，以诗文结交的朋友。

（18）渎（dú 读），冒犯。

（19）异物，指鬼魂。猜薄，猜疑，鄙薄。

（20）中馈，又作“中”，指妻室。《易·家人卦》六二爻辞曰：“‘无攸遂，在中馈’，言妇人之道，取象于阴，无所必遂，但居中主馈食而已，故云然。”

（21）齿牙余惠，说好话。

（22）失恃，失去母亲。《诗经·小雅·蓼莪》：“无父何怙，无母何恃。”

（23）鞠养，抚养，养育。

（24）渠，她。

（25）犹子，侄子。启榇，迁葬。榇，棺材。

（26）金诺，对人许诺的敬词，意思是诺值千金。

（27）第，但，只管。

（28）大隘，太狭窄。

（29）妗姑，舅妈、姑姑。

（30）荆人，荆钗布裙的人，旧时对人谦称自己的妻子。物故，亡故。

（31）赐金帛，指烧化纸钱。

（32）曩（nǎng 囊上），从前，以往。

（33）为政，主持，做主。

（34）慊（qiè 妾），满足。

（35）勿须尔，不必这样。

（36）敛衽，提起衣襟，表示敬意，指妇女行礼。

（37）故家子，世家子弟。

（38）穷波斯，清代何垠注："《俗呼小录》：'跑谓之波，穷波斯，盖谓穷而奔忙也。'"

（39）天人，仙人。

（40）蜗庐人，狭小像蜗牛壳一样的房子，指小户人家。

（41）女学士，原为宫中女官名，后泛指有才学的女子。

（42）断弦未续，指妻死后尚未续妻。古时以琴瑟象征夫妇，丧妻叫"断弦"，再妻叫"续弦"。

（43）若个，这个。

（44）颠疯作，疯癫发作。

（45）粪壤，粪土和泉壤，此指死去的人。

（46）夙（sù 速）分，注定的缘分。夙，旧，往常。

（47）迓（yà 亚），迎接。

（48）月衔半规，月亮半圆。规，校正圆形的工具。

（49）他无长（zhàng 障）物，此外没有多余的东西。刘义庆《世说新语·德行》："王恭对曰：'丈人不悉恭，恭作人无长物。'"

（50）禽仪，订婚的聘礼。古时订婚，以雁为聘礼，称为"委禽"。

仪，礼物。

（51）浊醪（láo 劳），浊酒。

（52）扮（通“挥”，指挥）谢，谦谢，扮，谦逊。

（53）箑（shà 啥，又读 jié 捷），扇子。

（54）望尘即拜，老远望见就下拜。尘，车辆扬起的尘土。晋代石崇与潘岳都谄事贾谧，贾出，石崇就在路旁望尘下拜。见《晋书·潘岳传》。

（55）于归，指女子出嫁。于，往，归，妇女以夫家为家，故出嫁叫“归”。《诗经·周南·桃夭》：“之子于归，宜其家人。”

（56）老耄（mào 茂），年纪衰老。耄，年纪八十、九十岁叫“耄”。

（57）赘（zhuì 缀），招女婿，即结婚后男住女家。

（58）龙钟，行动不灵活。

（59）脱边幅，不拘礼节之意。边幅，本指布帛的边缘，借以比喻人的仪表、衣着。

（60）肴俎，指菜肴。肴，荤菜，俎，盛菜的食器。

（61）邂逅（xiè gòu 械够），不期而遇。

（62）欢昵（nì 泥），欢爱亲近。

（63）都，京城，指北京。

（64）郡，指济南府。

（65）口占，作诗不起草稿，随口吟诵而成。绝，绝句，旧体诗的一种，每首四句。有五绝、七绝两种。

（66）业果，佛教语，指人的行为招致的果报和报应。所谓善有善报，恶有恶报，这是宿命论的说法。

（67）画阁，彩饰的闺阁，指洞房。

（68）阳台更作云，指男女欢会。阳台，指男女欢会的地方。宋玉《高唐赋序》说，楚王游于高唐，梦中与一神女欢会，神女临别时说，她住在巫山之阳，高丘之下，旦为行云，暮为行雨，朝朝暮暮，阳台之下。

（69）嬖（bì 闭）惑，宠爱迷惑。

（70）莱霞里，据《莱阳县志》载，清兵在济南屠杀从栖霞，莱阳拘捕来无辜百姓，葬在南郊，因而有荒冢叫“栖莱里”。

（71）欷歔（xī xū 希虚），叹气，抽咽声。

（72）蓬游无底，像蓬草一样随风飘游没有归宿。底，休止。

（73）怆（chuàng 窗去）恻，悲痛。

（74）忉怛（dāo dá 刀达），哀伤之态。

（75）白足，光脚。逆，迎接。

（76）怊（chāo 超，又读 tiáo 条）怅，同“惆怅”。失意之状。

（77）汍（wán 丸）澜，流泪之态。

（78）申旦，从夜里到天明。

（79）志表，碑志，墓表。

（80）坟兆，坟墓之间的界域。

（81）怪似，非常像，很像。

（82）努，努目，瞪眼睛，别本作“怒”。

（83）湮（yān 烟）然，消失之状。

（84）香草沉罗，指屈原被楚怀王放逐后自沉汨罗江。香草，屈原赋中常用香草来比喻忠贞之士。

（85）东山佩玦（jué 决），据《左传·闵公二年》记载：春秋时，晋献公宠幸骊姬，要害死太子申生，令他讨伐东山的皋落氏，临行时赠给他一块镶金的玉玦，表示不让申生回国。玦，环形而有缺口的佩玉，古时象征决绝。

（86）负骸骨之托，指莱阳生辜负公孙九娘归葬尸骨的嘱托。

（87）怨怼（duì 队），怨恨。

（88）脾鬲间物，指心。鬲，同“膈”，指隔膜，分隔胸腔与腹腔的肌肉结构。

【赏析】

《公孙九娘》写清代初年，山东于七领导的一次农民起义被镇压后，受株连所造成的严重后果。于七于顺治五年（1648）起义，以锯齿山为根据地。七年进攻宁海（今山东牟平），杀知州刘文淇。于七曾降清，任栖霞把总。顺治十八年（1661）又率旧部据锯齿山重新起义，攻打福山（今山东福山）。清军三路围攻锯齿山，激战至次年春，他突围入海，不知所终。当地人民遭到清政府的血腥镇压，受株连被杀害的以栖霞、莱阳两县最多。仅俘到济南被杀的就有数百人之众。济南城南部，荒坟累累，埋葬的大多是这两县无辜被杀的人。当时称这个葬区为“栖莱里”，也就是本文所说的“莱霞里”。这篇小说以这个惨酷的现实为背景，描写了一个人鬼相恋的奇幻故事，曲折地反映了于七领导的农民起义。

小说的四个主要人物莱阳生及其甥女、公孙九娘和朱生，后三人都是于七事件受株连而死的，特别是公孙九娘，因其父参加于七起义被镇压，母女二人均被押解京城，走到济南，公孙老妇人便被折磨死了，公孙九娘也自刭而死。从而表现了这次株连是极其广泛的，揭露了这次屠杀给人民带来的深重灾难。

小说描写的公孙九娘和莱阳生甥女，都是美丽端庄、聪明善良、温顺知礼的。她们追求正常人的爱情生活至死不泯。然而她们无辜受害，弃骨异乡，千里孤魂，无限凄凉。不难看出，作者在对这两个女性形象的塑造中，寄寓着作者对死难者的深切同情和哀伤，表达了作者对屠杀者的愤怒和诅咒。

1954 年 6 月 22 日，毛泽东专邀陈毅到玉泉山别墅，共进晚餐，谈论工作。在这次话题广泛的谈话中，他们谈到了《聊斋志异》中的两篇作品：《席方平》和《公孙九娘》。当时中央刚刚粉碎了高岗、饶漱石反党联盟。而饶漱石是和陈毅长期共事的，陈毅站在党和人民立场上，揭露了他所了解的饶漱石的反党活动，为粉碎高饶联盟作出了贡献，因此受到毛泽东的赞扬。《公孙九娘》是写清初于七农民起义失败的情况的，此时毛泽东和陈毅谈到这篇小说的“妙处”，是否是启示我们？我们用鲜血换来的来之不易的胜利，不能让高饶之流的野心家、阴谋家篡夺了去呢？值得警惕！

【原文】

画　皮

太原王生，早行，遇一女郎，抱襆独奔[(1)]，甚艰于步[(2)]。急走趁之[(3)]，乃二八姝丽[(4)]。心相爱乐，问："何夙夜踽踽而独行[(5)]？"女曰："行道之人，不能解愁忧，何劳相问？"生曰："卿何愁忧[(6)]？或可效力，不辞也。"女黯然曰："父母贪赂，鬻妾朱门[(7)]。嫡妒甚，朝詈而夕楚辱之[(8)]，所弗堪也，将远遁耳。"问："何之？"曰："在亡之人，乌有定所。"生言："敝庐不远[(9)]，即烦枉顾[(10)]。"女喜，从之。生代携襆物，导与同归。女顾室无人，问："君何无家口？"答云："斋耳[(11)]。"女曰："此所良佳。如怜妾而活之，须秘密勿泄。"生诺之。乃与寝合。使匿密室，过数日而人不知也。生微告妻[(12)]。妻陈，疑为大家媵妾[(13)]，劝遣之。生不听。

偶适市[(14)]，遇一道士，顾生而愕。问："何所遇？"答言："无之。"道士曰："君身邪气萦绕，何言无？"生又力白[(15)]。道士乃去，曰："惑哉！世固有死将临而不悟者。"生以其言异，颇疑女；转思明明丽人，何至为妖，意道士借魇禳以猎食者[(16)]。无何，至斋门，门内杜[(17)]，不得入。必疑所作，乃逾垝垣[(18)]。则室门亦闭。蹑迹而窗窥之[(19)]，见一狞鬼，面翠色，齿巉巉如锯[(20)]。铺人皮于榻上，执彩笔而绘之；已而掷笔，举皮如振衣状[(21)]，披于身，遂化为女子。睹此状，大惧，兽伏而出[(22)]。急追道士，不知所往。遍迹之，遇于野，长跪乞救。

道士曰："请遣除之[(23)]，此物亦良苦[(24)]，甫能觅代者[(25)]，予亦不忍伤其生。"乃以蝇拂授生[(26)]，令挂寝门。临别，约会于青帝庙[(27)]。生归，不敢入斋，乃寝内室，悬拂焉。一更许，闻门外戢戢有声[(28)]，自不敢窥也，使妻窥之。但见女子来，望拂子不敢进；立而切齿，良久乃去。少时，复来，骂曰："道士吓我。终不然[(29)]，宁入口而吐之耶！"取拂碎之，坏寝门而入。径登生床，裂生腹，掬生心而去[(30)]。妻号，婢入烛之。生已死，腔血狼藉[(31)]。陈骇涕不敢声。明日，使弟二郎奔告道士。道士怒曰："我固怜之，鬼子乃敢尔！"即从生弟来。女子已失所在。既而仰首四望，曰："幸遁未远。"问："南院谁家？"二郎曰："小生所舍也。"道士曰：

"现在君家。"二郎愕然，以为未有。道士问曰："曾否有不识者一人来？"答曰："仆早赴青帝庙，良不知[32]。当归问之。"去，少顷而返，曰："果有之。晨间一妪来[33]，欲佣为仆家操作，室人止之[34]，尚在也。"道士曰："即是物矣。"遂与俱往。仗木剑，立庭心，呼曰："孽魅[35]！偿我拂子来！"妪在室，惶遽无色[36]，出门欲遁。道士逐击之。妪仆[37]，人皮划然而脱[38]，化为厉鬼，卧嗥如猪[39]。道士以木剑枭其首[40]；身变作浓烟，匝地作堆[41]。道士出一葫芦，拔其塞，置烟中，飗飗然如口吸气[42]，瞬息烟尽。道士塞口入囊[43]。共视人皮，眉目手足，无不备具。道士卷之，如卷画轴声，亦囊之，乃别欲去。

陈氏拜迎于门，哭求回生之法。道士谢不能。陈益悲，伏地不起。道士沉思曰："我术浅，诚不能起死[44]。我指一人，或能之，往求必合有效[45]。"问："何人？"曰："市上有疯者，时卧粪土中。试叩而哀之。倘狂辱夫人，夫人勿怒也。"二郎亦习知之[46]。乃别道士，与嫂俱往。

见乞人颠歌道上，鼻涕三尺，秽不可近。陈膝行而前[47]。乞人笑曰："佳人爱我乎？"陈告之故。又大笑曰："人尽夫也[48]，活之何为？"陈固哀之。乃曰"异哉！人死而乞活于我。我阎摩耶[49]？"怒以杖击陈。陈忍痛受之。市人渐集如堵。乞人咯痰唾盈把[50]，举向陈吻曰："食之！"陈红涨于面，有难色；既思道士之嘱，遂强啖焉[51]。觉入喉中，硬如团絮，格格而下[52]，停结胸间。乞人大笑曰："佳人爱我哉！"遂起，行已不顾。尾之，入于庙中。迫而求之，不知所在；前后冥搜[53]，殊无端兆[54]，惭恨而归。既悼夫亡之惨，又悔食唾之羞，俯仰哀啼，但愿即死。方欲展血敛尸[55]，家人伫望[56]，无敢近者。陈抱尸收肠，且理且哭。哭极声嘶，顿欲呕。觉鬲中结物[57]，突奔而出，不及回首，已落腔中。惊而视之，乃人心也，在腔中突突犹跃[58]，热气腾蒸如烟然。大异之。急以两手合腔，极力抱挤。少懈[59]，则气氤氲自缝中出[60]。乃裂缯帛急束之[61]。以手抚尸。渐温。覆以衾裯[62]。中夜启视，有鼻息矣。天明，竟活。为言："恍惚若梦，但觉腹隐痛耳。"视破处，痂结如钱，寻愈。

异史氏曰："愚哉世人！明明妖也，而以为美。迷哉愚人！明明忠也，而以为妄。然爱人之色而渔之[63]，妻亦将食人之唾而甘之矣[64]。天道好还[65]，但愚而迷者不寤耳。可哀也夫！”

【毛泽东评点】

所谓矛盾在一定条件下的同一性，就是说，我们所说的矛盾乃是现实的矛盾、具体的矛盾，而矛盾的互相转化也是现实的、具体的。神话中的许多变化，例如《山海经》中所说的“夸父追日”、《淮南子》中所说的“羿射九日”、《西游记》中所说的孙悟空七十二变和《聊斋志异》中许多鬼狐变人的故事等等，这种神话中所说的矛盾的互相变化，乃是无数复杂的现实矛盾的互相变化对于人们所引起的一种幼稚的、想象的、主观幻想的变化，并不是具体的矛盾所表现出来的具体的变化。

——《矛盾论》，载《毛泽东选集》，第1卷，人民出版社1991年版，第330—331页。

【注释】

（1）袱（fú服），包袱。

（2）甚艰于步，行走得很吃力。

（3）趁，赶上去。

（4）姝（shū书）丽，美丽，此指美女。

（5）夙（sù诉）夜，清晨太阳未出时。踽踽（jǔ举），孤零零的样子。

（6）卿，古时君王对大臣或者男对女表示亲近的称呼。

（7）鬻（yù玉）妾朱门，将我卖到富贵人家。鬻，卖。妾，古代妇女对自己的谦称。朱门，古代贵族之家多以朱漆涂门，以示尊贵，故称朱门。

（8）詈（lì厉），骂。楚，荆条，此处作动词用，意为鞭打。

（9）敝庐，对自己屋舍的谦称。

（10）枉顾，屈尊看望，对人来访的谦辞。枉，委屈。

（11）斋，书房。

（12）微告，暗中告知。

（13）大家媵（yìng硬）妾，富贵人家的婢女或侍妾。媵妾，姬妾，婢女。

（14）适市，到集市上去。

（15）力白，极力辩白。

（16）魇（yǎn 掩）禳（ráng 穰），古代一种驱鬼消灾的迷信活动。猎食，谋生。

（17）内杜，从里面关闭。杜，闭塞。

（18）逾，越过，爬过。垝（guǐ 诡）垣（yuán 原），破坏的墙。

（19）蹑迹，轻手轻脚。

（20）巉巉（chán 蝉），原指山势险峻，此处形容牙齿又长又锋利。

（21）振衣，抖动衣服。

（22）兽伏，像野兽一样爬出来，指四肢伏地的样子。

（23）请遣除之，可以驱逐它。请，愿。

（24）良苦，指"修行"甚苦。

（25）甫能觅代者，刚刚找到能代替的人。一种封建迷信说法，说鬼如果能找到顶替的人，就可以重新投胎为人。甫，刚刚。代者，代死者，即"替身"。

（26）蝇拂，驱赶蚊蝇的用具，一般用马尾做成，道士常用。

（27）青帝庙，即东岳庙，是祭祀东岳泰山神的庙宇。

（28）戢戢（jí 吉），鱼碰水的声音，此处形容鬼走路时发出的细微声音。

（29）终不然，难道是，到底不行，表示不甘罢休的意思。

（30）掬（jū 居），抓。

（31）狼藉，旧时传说狼睡在草上，总是把草搞得乱七八糟。因此用"狼藉"形容东西散乱，此处形容血肉模糊。

（32）良不知，确实不知道。

（33）妪（yù 郁），老妇人。

（34）室人，指妻子。止，留下。

（35）孽（niè 镊）魅（mèi 妹），作孽的鬼。孽，罪恶。魅，鬼怪。

（36）惶遽，惊惶急遽。无色，失色，指因恐惧而面容变色。

（37）仆，跌倒。

（38）划然，忽然，此处指皮肉脱离的声音。

（39）嗥（háo 毫），野兽的号叫。

（40）枭（xiāo 宵）其首，砍下它的头。斩首级悬挂于木竿上，叫枭首。

（41）匝（zā 扎），环绕。

（42）飗飗（liú 刘）然，微风吹动的声音。

（43）囊，袋子。

（44）起死，使死去的人复活。

（45）必合，必然可以。合，应当。

（46）习知，熟悉。

（47）膝行，用膝盖跪着走路，表示请求的诚意。

（48）人尽夫也，人人都可以做丈夫嘛。

（49）阎摩，阎王，宗教传说中说其掌管人间生死。

（50）咯，吐。唾，口水。盈把，满满的一把。

（51）啖（dàn 但），吞吃。

（52）格格，不顺当，形容难咽的样子。

（53）冥搜，到处乱找。

（54）端兆，征兆，迹象，此处指踪影。

（55）展血，擦干净血污。展，同“振”，轻轻地拭擦。

（56）伫（zhù 注）望，站在一边观望。

（57）鬲（gé 隔），同“膈”，胸膈。结物，指上文所说的“停结胸间”的痰。

（58）突突，跳动的样子。

（59）少懈，稍为松懈。

（60）氤（yīn 因）氲（yūn 晕），热气蒸腾的样子。

（61）缯（zēng 憎）帛，丝绸。

（62）衾裯（chóu 愁），泛指被子。衾，大被。裯，单被。

（63）渔，猎取，侵夺。原指渔人打鱼，此处指见女子貌美就去追求，引申为对女色的贪求。

（64）甘之，以它为美味，甘心为此。

（65）天道好还，恶有恶报的意思。语出《老子》：“以道佐人主者，不以兵强天下，其事好还。”后以天道循环，报应不爽为“天道好还”。天道，天理、天意。还，还报。

【赏析】

毛泽东在他的名著《矛盾论》中讲到“矛盾的同一性”时，援引《聊斋志异》中许多鬼狐变人的故事来说明作品中矛盾的变化，乃是无数复杂的现实矛盾变化对于人们所引起来一种幼稚的、想象的、主观幻想的变化，并不是具体的矛盾所表现出来的具体变化。《聊斋志异》中狐狸变成美女的篇子很多，如毛泽东评及的《小谢》《青凤》等都就是，而《画皮》则是恶鬼变人的一种典型，选录于此，以飨读者。

我国民间向来有狼外婆、美女蛇之类的寓言故事，说明一切妖魔鬼怪，往往要乔装打扮，掩盖其凶恶的本质。他们当面是人，背后是鬼，阳一套，阴一套，要弄两面派手法。《画皮》中的翠面狞鬼便是这种害人的妖魔。它刚出场时，是一个“二八姝丽”，被卖之后，又遭受打骂，后与王生“寝合”，“使匿密室”。直到王生听了道士的话，“蹑迹而窗窥之”，这才露出“面翠色，齿巉巉如锯”的狞鬼的本相和彩笔画人皮的伎俩。当它知道王生识破它的真相，便大骂，“坏寝门而入”，“径登生床，裂生腹，掬生心而去”，露出其凶残的本性。最后它“化为厉鬼，卧嗥如猪”，被道士用木剑枭首后，化作浓烟，被道士吸入葫芦。狞鬼画皮，伪装美女，不仅概括了鬼类的阴险本质，而且揭露了现实生活中两面派的丑恶嘴脸。恶鬼的“画皮术”，正是作者对两面派的鬼蜮伎俩的形象化的概括。但是，道高一尺，魔高一丈。不管恶鬼手段如何毒辣，伪装如何巧妙，终究要被人识破。这是因为，以伪装出现的恶魔，它们既要吃人，既要捣乱，就不可能将其真相荫蔽得十分彻底，总要露出原形，逃不脱覆灭的下场。

《画皮》的深刻之处，还在于它不仅描写了王生的受骗，而且进一步揭示了他受骗的原因：贪欲蒙住了眼睛，使他是非不分，人妖莫辨。由于贪欲，他一见“二八姝丽”，便丧失了道德观念和理智，忘却了对后果的考虑，不辨其言之真伪，不疑其人的身世，萌发邪念，“心相爱乐”，“导与同归”而藏匿密室，占为己有而与之“寝合”。妻子劝导，他“不听”；

道士警告，他以为妄。等到见此“二八姝丽”乃翠面锯齿的狞鬼，后悔已晚，终被裂腹掏心。这一血腥事实，正是对现实生活中贤愚不辨、善恶不分的辛辣讽刺。

作品情节曲折，描写生动。特别是对那个翠面锯齿的狞鬼所披的那张画皮，作品曾三次着力描画。第一次是：“铺人皮于榻上，执彩笔而绘之；已而掷笔，举皮如振衣状，披于身，遂化为女子。”第二次是：“道士逐击之”，仆倒，“人皮划然而脱”。第三次是：“共视人皮，眉目手足，无不备具。道士卷之，如卷画轴声，亦囊之。”这样反复细致描写，不单起了结构上前后呼应的作用，而且使读者对画皮的质地，绘制、披、脱情况以及收藏都能具体了解，如见其形，如闻其声，历历如绘，生动再现。

至于作者认为，“天道好还”，流露出的因果报应的思想、食唾的丑恶描写，也是艺术上的败笔，则是显而易见的。

【原文】

马介甫

杨万石，大名诸生也[1]。生平有“季常之惧[2]”。妻尹氏，奇悍。少迕之[3]，辄以鞭挞从事[4]。杨父年六十余而鳏[5]，尹以齿奴隶数。杨与弟万锺常窃饵翁，不敢令妇知。然衣败絮，恐贻讪笑，不令见客。万石四十无子，纳妾王，旦夕不敢通一语。兄弟候试郡中，见一少年，容服都雅。与语，悦之。询其姓字，自云：“介甫，姓马。”由此交日密，焚香为昆季之盟[6]。既别，约半载，马忽携僮仆过杨。值杨翁在门外，曝阳扪虱[7]。疑为佣仆，通姓氏使达主人。翁披絮去。或告马[8]：“此即其翁也。”马方惊讶，杨兄弟岸帻出迎。登堂一揖，便请朝父。万石辞以偶恙。促坐笑语，不觉向夕。万石屡言具食，而终不见至。兄弟迭互出入，始有瘦奴持壶酒来。俄顷引尽。坐伺良久，万石频起催呼，额颊间热汗蒸腾。俄瘦奴以馔具出，脱粟失饪，殊不甘旨。食已，万石草草便去。万锺襆被来伴客寝。马责之曰：“曩以伯仲高义[9]，遂同盟好。今老父实不温饱，行道者羞之！”万锺泫然曰：“在心之情，卒难申致。家门不吉，蹇遭悍嫂[10]，尊长细弱，横被摧残。非沥血之好[11]，此丑不敢扬也。”马骇叹移时，曰：“我初欲早日而行，今得此异闻，不可不一目见之。请假闲舍[12]，就便自炊。”万锺从其教，即除室为马安顿。夜深窃馈蔬稻，唯恐妇知。马会其意，力却之。且请杨翁与同食寝。自诣城肆，市布帛，为易袍袴。父子兄弟皆感泣。万锺有子喜儿，方七岁，夜从翁眠。马抚之曰：“此儿福寿，过于其父，但少年孤苦耳。”妇闻老翁安饱，大怒，辄骂，谓马强预人家事。初恶声尚在闺闼[13]，渐近马居，以示瑟歌之意[14]。杨兄弟汗体徘徊，不能制止；而马若弗闻也者。妾王，体妊五月[15]，妇始知之，褫衣惨掠[16]。已，乃唤万石跪受巾帼[17]，操鞭逐出。值马在外，惭懅不前。又追逼之，始出。妇亦随出，叉手顿足，观者填溢。马指妇叱曰：“去，去！”妇即反奔，若被鬼逐。袴履俱脱，足缠萦绕于道上，徒跣而归[18]，面色灰死。少定，婢进袜履。着已，噭咷大哭。家人无敢问者。马曳万石为解巾帼。万石耸身定息，如恐脱落；马强脱之。而坐立不宁，犹惧以私脱加罪。探妇哭已，乃敢入，趑趄而前[19]。妇殊不发一语，遽起，入房自寝。万石意始舒，与弟窃奇焉。家人皆以为异，相聚偶语。妇微有闻，益羞怒，遍挞奴婢。呼妾，妾创剧不能起。妇以为伪，就榻搒之，崩注堕胎。万石于无人处，对马哀啼。马慰解之。呼僮具牢馔[20]，更筹再唱，不放万石归。

妇在闺房，恨夫不归，方大恚忿。闻撬扉声，急呼婢，则室门已辟。有巨人入，影蔽一室，狰狞如鬼。俄又有数人入，各执利刃。妇骇绝欲号。巨人以刀刺颈，曰：“号便杀却！”妇急以金帛赎命。巨人曰：“我冥曹使者，不要钱，但取悍妇心耳！”妇益惧，自投败颡[21]。巨人乃以利刃画妇心而数之曰：“如某事，谓可杀否？”即一画。凡一切凶悍之事，责数殆尽，刀画肤革，不啻数十[22]。末乃曰：“妾生子，亦尔宗绪，何忍打堕？此事必不可宥！”乃令数人反接其手，剖视悍妇心肠。妇叩头乞命，但言知悔。俄闻中门启闭，曰：“杨万石来矣。既已悔过，姑留余生。”纷然尽散。

无何，万石入，见妇赤身绷系，心头刀痕，纵横不可数。解而问之，得其故，大骇，窃疑马。明日，向马述之。马亦骇。由是妇威渐敛，经数月不敢出一恶语。马大喜，告万石曰："实告君，幸勿宣泄：前以小术惧之。既得好合，请暂别也。"遂去。

妇每日暮，挽留万石作侣，欢笑而承迎之。万石生平不解此乐，遽遭之，觉坐立皆无所可。妇一夜忆巨人状，瑟缩摇战。万石思媚妇意，微露其假。妇遽起，苦致穷诘。万石自觉失言，而不可悔，遂实告之。妇勃然大骂。万石惧，长跽床下[23]。妇不顾。哀至漏三下。妇曰："欲得我恕，须以刀画汝心头如千数[24]，此恨始消。"乃起捉厨刀。万石大惧而奔，妇逐之。犬吠鸡腾，家人尽起。万锺不知何故，但以身左右翼兄。妇方诟詈[25]，忽见翁来，睹袍服，倍益烈怒；即就翁身条条割裂，批颊而摘翁髭。万锺见之怒，以石击妇，中颅，颠蹶而毙。万锺曰："我死而父兄得生，何憾！"遂投井中，救之已死。移时妇苏，闻万锺死，怒亦遂解。

既殡，弟妇恋儿，矢不嫁。妇唾骂不与食，醮去之[26]。遗孤儿，朝夕受鞭楚。俟家人食讫，始啖以冷块。积半岁，儿尪羸[27]，仅存气息。一日，马忽至。万石嘱家人勿以告妇。马见翁褴褛如故，大骇；又闻万钟殒谢，顿足悲哀。儿闻马至，便来依恋，前呼马叔。马不能识，审顾始辨。惊曰："儿何憔悴至此！"翁乃嗫嚅具道情事[28]。马忿然谓万石曰："我曩道兄非人，果不谬。两人止此一线，杀之，将奈何？"万石不言，惟俯首帖耳而泣[29]。坐语数刻，妇已知之。不敢自出逐客，但呼万石入，批使绝马。含涕而出，批痕俨然。马怒之曰："兄不能威，独不能断'出'耶[30]？殴父杀弟，安然忍受，何以为人？"万石欠伸[31]，似有动容。马又激之曰："如渠不去，理须威劫；便杀却勿惧。仆有二三知交，都居要地，必合极力，保无亏也。"万石诺，负气疾行，奔而入。适与妇遇，叱问："何为？"万石遑遽失色，以手据地，曰："马生教余出妇。"妇益恚[32]，顾寻刀杖，万石惧而却走。马唾之曰："兄真不可教也已！"遂开箧[33]，出刀圭药[34]，合水授万石饮。曰："此丈夫再造散。所以不轻用者，以能病人故耳。今不得已，暂试之。"饮下，少顷，万石觉忿气填胸，如烈焰中烧，刻不容忍。直抵闺闼，叫喊雷动。妇未及诘，万石以足腾起，妇颠去数尺有咫[35]。即复握石成拳，擂击无算。妇体几无完肤，嘲哳犹骂[36]。万石于腰中出佩刀。妇骂曰："出刀子，敢杀我耶！"万石不语，割股上肉，大如掌，掷地上。方欲再割，妇哀鸣乞恕。万石不听，又割之。家人见万石凶狂，相集，死力掖出。马迎去，捉臂相用慰劳。万石余怒未息，屡欲奔寻。马止之。少间，药力渐消，嗒焉若丧[37]。马嘱曰："兄勿馁。干纲之振，在此一举。夫人之所以惧者，非朝夕之故，其所由来者渐矣。譬昨死而今生，须从此涤故更新；再一馁，则不可为矣。"遣万石入探之。妇股栗心慴[38]，倩婢扶起，将以膝行。止之，乃已。出语马生，父子交贺。马欲去，父子共挽之。马曰："我适有东海之行，故便道相过，还时可复会耳。"

月余，妇起，宾事良人[39]。久觉黔驴无技[40]，渐狎，渐嘲，渐骂；居无何，旧态全作矣。翁不能堪，宵遁，至河南，隶道士籍。万石亦不敢寻。年余，马至，知其状，怫然责数已，立呼儿至，置驴子上，驱策径去。由此乡人皆不齿万石。学使案临[41]，以劣行黜名。又四五年，遭回禄[42]，居室财物，悉为煨烬；延烧邻舍。村人执以告郡，罚锾烦苛[43]。于是家产渐尽，至无居庐。近村相戒，无以舍舍万石。尹氏兄弟怒妇所为，亦绝拒之。万石既穷，质妾于贵家，偕妻南渡。至河南界，资斧已绝[44]。妇不肯从，聒夫再嫁[45]。适有屠而鳏者，以钱三百货去。

万石一身丐食于远村近郭间。至一朱门，阍人诃拒不听前[46]。少间，一官人出，万石伏地啜泣。官人熟视久之，略诘姓名，惊曰："是伯父也！何一贫至此？"万石细审，知为喜儿，不觉大哭。从之入，见堂中金碧焕映。俄顷，父扶童子出，相对悲哽。万石始述所遭。初，马携喜儿至此，数日，即出寻杨翁来，使祖孙同居。又延师教读。十五岁入邑庠[47]，次年领乡荐[48]，始为完婚。乃别欲去。祖孙泣留之。马曰："我非人，实狐仙耳。道侣相候已久。"遂去。孝廉言之[49]，不觉恻楚。因念昔与庶伯母同受酷虐，倍益感伤。遂以舆马赍金赎王氏归[50]。年余，生一子，因以为嫡。

尹从屠半载，狂悖，犹昔[51]。夫怒，以屠刀孔其股，穿以毛绠[52]，悬梁上，荷肉竟出。号极声嘶，邻人始知。解缚抽绠；一抽则呼痛之声，震动四邻。以是见屠来，则骨毛皆竖。后胫创虽愈，而断芒遗肉内，终不良于行；犹夙夜服役，无敢少懈。屠既横暴，每醉归，则挞詈不情。至此，始悟昔之施于人者，亦犹是也。一日，杨夫人及伯母烧香普陀寺[53]，近村农妇，并来参谒。尹在中帐立不前。王氏故问：“此伊谁？”家人进白：“张屠之妻。”便诃使前，与太夫人稽首。王笑曰：“此妇从屠，当不乏肉食，何羸瘠乃尔？”尹愧恨，归欲自经，绠弱不得死。屠益恶之。岁余，屠死。途遇万石，遥望之，以膝行，泪下如縻[54]。万石碍仆，未通一言。归告侄，欲谋珠还[55]。侄固不肯。妇为里人所唾弃，久无所归，依群乞以食。万石犹时就尹废寺中。侄以为玷，阴教群乞窘辱之，乃绝。

此事余不知其究竟，后数行，乃毕公权撰成之[56]。

【毛泽东评点】

个性斗争，此妇虽坏，然是突出典型。

——《读〈聊斋志异〉批语》，载《毛泽东读文史古籍批语集》，中央文献出版社 1993 年版，第 80 页。

【注释】

（1）大名，旧地名，今河北大名东。诸生，明、清两代称已入学的生员。

（2）季常之惧，怕老婆的毛病。季常，宋代陈慥，字季常，其妻柳氏凶悍而好嫉妒，陈慥颇为惧怕。事见宋洪迈《容斋三笔·陈季常》。

（3）迕（wǔ 五），违逆，抵触。

（4）鞭挞（dà 大），用鞭子或棍子打。

（5）鳏（guān 官），老而无妻的人。

（6）昆季之盟，结拜为异姓兄弟。昆季，兄弟。长为昆，幼为季。

（7）曝阳扪虱，晒太阳捉虱子。虱子，人体上的一种寄生虫。

（8）或告，有人告诉。

（9）曩（nǎng 囊上），以往，从前。伯仲，兄仲，指兄弟的次第。伯是老大，仲是第二。

（10）蹇（jiǎn 简），艰难。

（11）沥血，刺破皮肤使滴血以发誓，指结拜为兄弟。

（12）请假闲舍，请给他找间闲房子。假，借。

（13）闺闼（tà 榻），女子的内室。闼，小门。

（14）瑟歌，语出《论语·阳货》：“孺悲欲见孔子，孔子辞以疾，将命者出户，取瑟而歌，使之闻之。”后来把自己的不满暗示给对方叫瑟歌。

（15）妊（rèn 任），怀孕。

（16）褫（chǐ 尺）衣，剥去衣服。

（17）巾帼，古代妇女的头巾和发饰。

（18）徒跣（xiǎn 鲜），赤足。

（19）趦趄（zījū 资苴），亦作“越趄”“次且”。且进且退，犹豫不决。

（20）牢馔，酒食。

（21）自投败颡（sǎng 嗓），以头碰地，前额碰破。颡，额。

（22）不啻（chì 斥），不止。啻，但，仅，止。

（23）长跽（jì 忌），长跪，即双膝着地，上身挺直。

（24）如干，若干。

（25）诟詈（gòu lì 利），责骂。

（26）醮（jiào 叫），旧时指妇女再嫁。

（27）尪羸（wāng léi 汪雷），瘦弱。

（28）嗫嚅（niè rú 聂如），欲言又止之状。

（29）俯首帖耳，低着头，耷拉着耳朵，形容恭顺驯服之态。

（30）出，出妻，古时指离弃妻子。

（31）欠伸，身手屈伸，行将起而行动之状。

（32）恚（huì 会），愤怒，怨恨。

（33）箧（qiè 怯），小箱子。

（34）刀圭药，以刀圭称的中药，粉剂。刀圭，中药的量器名。

（35）数尺有咫（zhǐ 止），数尺多高。咫，八寸。

（36）嘲（zhāozhì 昭制）哳，亦作“嘲哳”，形容繁细的声音。

（37）嗒（tà 榻）焉若丧，心境空虚，物我皆忘之状。

（38）股栗心慴（xí 习），两腿打颤，内心诚服。

（39）宾事良人，待丈夫像对待宾客。良人，丈夫。

（40）黔驴无技，又作“黔驴技穷”，黔地的驴子没有本领了。比喻很有限的一点本领已经用光，含贬义。典出柳宗元《黔之驴》。黔，今贵州一带。

（41）案临，莅临查考。

（42）回禄，传说中的火神。《左传·昭公十八年》：“郊人助祝史除于国北，禳火于玄冥、回禄。”杜预注：“回禄，火神。”

（43）罚锾（huán 还），罚金。古代赎罪，用锾计算，故名。锾，市制六两。

（44）资斧，本义为利斧，程颐解作资财、器用，后因称旅费、盘缠。

（45）聒（guō 郭），多言，吵闹。

（46）阍人，看门人。

（47）邑庠，明清时称县学。

（48）乡荐，从乡里考察推荐。

（49）孝廉，被推选的士人。孝，孝悌的人。廉，清廉之士。

（50）舆马，车马。赍金，赎金。赍，以物送人。

（51）狂悖（bèi 倍），狂惑。

（52）绠（gěng 梗），绳子。

（53）普陀寺，佛寺。普陀，梵语补陀落迦（potalaka）的省音译。

（54）縻（méi 眉），牛辔。抄本作“麻”。

（55）珠还（huán 环），“珠还合浦”的省略。《后汉书·循吏传·孟尝》载：“合浦郡海出珠宝。原宰守并多贪秽，采求无度，珠遂徙于邻境交阯郡界。及孟尝赴任，革除前弊，未逾岁，去珠复还。”后遂用“珠还合浦”比喻失而复得或去而复还。

（56）毕公权，名世持，公权是他的字，淄川（今山东淄博）人，康熙戊午（1678）科解元。

【赏析】

《马介甫》写的是，河北大名府秀子杨万石，非常怕老婆。他的老婆尹氏特别凶悍，稍不如意，就要挨鞭打。粗食破衣，其父状若奴仆，万石及其弟万锺都不敢管，万石妾王氏更是备受欺凌。一天，杨在府城等候乡试时遇见狐仙所化的书生马介甫，结为异姓兄弟。马寄居杨家，目睹尹氏虐待杨氏一家老少，十分愤慨，三番五次设法帮助杨万石制服尹氏。一次，尹氏把怀孕五个月的王氏扒下衣服毒打，又让杨万石戴钗环首饰加以污辱。马介甫实在看不过，施展幻术，指着尹氏说："去，去！""妇即反奔，若被鬼逐"，"袴履俱脱"，"面色灰死"。家人都感到奇怪。尹氏看到这种情况，变本加厉，"遍挞奴婢"，王氏被打得流产。马介甫再施幻术，一巨人，狰狞如鬼，闯入尹室，"以利刃画妇心而数之"，"凡一切凶悍之事，责数殆尽"。尹叩头乞命，愿意改悔。万石可怜她，便把实情告诉尹氏。尹氏恼羞成怒，操厨刀也要在万石心上划那么多刻痕，万锺以身护万石，杨父被尹氏打耳光摘髭须。万锺以石击尹氏头，死而复生。万锺投井而死却没有救活。尹氏迫其弟媳改嫁，百般虐待侄子喜儿。后马介甫又来杨家，劝杨万石休弃尹氏，万石不敢。马便给万石丈夫再造散，服后勇力百倍，力大无穷，持刀割尹氏腿上肉，被人救止，自此尹氏畏惧万石，相敬如宾。时间长了，尹氏觉得万石也没有什么大的能力，便"旧态全作矣"。杨父逃亡河南，喜儿也被马介甫携往河南，并让其祖孙同居，马氏教养喜儿读书，为其完婚。又将王氏赎回同居。万石家遭火灾后，万石携尹氏逃往河南。尹氏另嫁一屠夫。屠夫用刀扎尹氏股，穿绳悬梁上。尹氏自己受虐待，"始悟昔之施于人者，亦犹是也"。一天，杨夫人及伯母（王氏）到普陀寺烧香，王氏认出尹氏，将她羞辱一番。屠夫死后，尹氏途遇万石，想复婚，喜儿不同意，尹氏遂依群乞为食。

读罢这篇小说，大概是因为作者对杨万石怕老婆和对尹氏这个悍妇的横蛮、凶残描写得太淋漓尽致了，留下的印象太深了，因此，毛泽东批注道：

> 个性斗争，此妇虽坏，然是突出典型。

在毛泽东看来，这篇小说中写的杨万石的软弱无能和尹氏的凶悍残忍，是两种不同的个性，小说实际是写了这两种个性的斗争。通过这种斗争，成功地塑造了尹氏这个悍妇的坏典型。从批语中，我们看到毛泽东对作者典型创造上取得的成就的高度赞扬。

【原文】

白莲教

白莲盗首徐鸿儒，得左道之书[(1)]，能役鬼神[(2)]。小试之，观者尽骇[(3)]。走门下者如鹜[(4)]。于是阴怀不轨。因出一镜，言能鉴人终身[(5)]。悬于庭[(6)]，令人自照，或幞头[(7)]，或纱帽，绣衣貂蝉[(8)]，现形不一。人益怪愕。由是道路摇播[(9)]，踵门求鉴者[(10)]，挥汗相属。徐乃宣言："凡镜中文武贵官，皆如来佛注定龙华会中人[(11)]。各宜努力，勿得退缩。"因亦对众自照，则冕旒龙衮[(12)]，俨然王者[(13)]。众相视而惊[(14)]，大众齐伏。徐乃建旂秉钺[(15)]，罔不欢跃相从[(16)]，冀符所照[(17)]。不数月，聚党以万计，滕、峄一带[(18)]，望风而靡[(19)]。后大兵进剿，有彭都司者[(20)]，长山人，艺勇绝伦。寇出二垂髫女与战[(21)]。女俱双刃，利如霜；骑大马，喷嘶甚怒。飘忽盘旋，自晨达暮，彼不能伤彭，彭亦不能捷也[(22)]。如此三日，彭觉筋力俱竭，哮喘而卒。迨鸿儒既诛[(23)]，捉贼党械问之[(24)]，始知刃乃木刀[(25)]，骑乃木凳也。假兵马死真将军，亦奇矣！

【毛泽东评点】

表现作者的封建主义，然亦对农民有些同情。

——《读〈聊斋志异〉批语》，载《毛泽东读文史古籍批语集》，中央文史出版社 1993 年版，第 81 页。

【注释】

（1）左道，旁门歪道。古时传说中的一种法术，多指非正统的巫蛊、方术等。

（2）役，使唤，驱使。

（3）骇，惊惧，惧怕。

（4）鹜（wù 悟），野鸭子。此处是指到他门下的人像鸭子一样地跑过去，比喻很多人追逐他。

（5）鉴，看到，察觉。

（6）悬，悬挂。

（7）幞（fú 福）头，古代男子用的一种头巾。幞，同“袱”。

（8）绣衣，绣有花纹的丝绸衣服。貂蝉，即貂蝉冠，以貂尾和附蝉为饰的冠冕。

（9）摇播，远远地传播开。摇，一本作“遥”。

（10）鉴，一作“见”。踵，走到，追随。

（11）如来佛，佛祖释迦牟尼的十种法号之一。龙华会，度人出世的法会。龙华，树名，其花如龙，故名。

（12）冕（miǎn 娩），古代地位在大夫以上的官戴的礼帽，后专指帝王的礼帽。旒（liú 硫），古代皇帝礼帽前后的玉串。衮（gǔn 滚），古代君王的礼服。

（13）俨然，很像真的。

（14）惊，出人意料的感觉。

（15）旂（qí 骑），同“旗”，旗子。秉（gǐn 饼）钺，持斧，借指掌握兵权。钺（yuè 悦），古代兵器名，像斧比斧大。

（16）罔（wǎng 枉），无，没有。

（17）冀，希望。

（18）滕，周代诸侯国名，在今山东省滕县。峄（yì 译），峄县，旧县名，在今山东省枣庄市。

（19）靡，倒下，归顺。

（20）都司，犹都头，小军官。唐、五代、宋初军队编制单位，以百人或千人为都。

（21）髫（tiáo 迢），古时小孩子头上扎起来的下垂的短发。此处指年幼的女孩。

（22）捷，战胜。

（23）迨（dài 带），等到，达到。

（24）械（xiè 屑），刑具。

（25）刃，一作“刀”。

【赏析】

《聊斋志异》中有两篇《白莲教》，都是曲折地描写明代徐鸿儒领导的农民起义的，本篇写徐鸿儒本人，另一篇则写徐之党徒，本篇写得较明显，另一篇则写徐之党徒纯以左道惑人。

白莲教，发源于佛教的白莲社。元称白莲会、白莲宗。元末红巾军刘福通、韩山童，皆以白莲教义聚结群众。至明始称为白莲教，又叫闻香教。明永乐时唐赛儿、天启时徐鸿儒等，皆以教主身份为起义领袖。

徐鸿儒（？—1622），巨野（今山东巨野）人，明代山东农民起义领袖。明代后期，土地兼并剧烈，赋税、地租更加苛重，山东连年灾荒，阶级矛盾日趋激化。徐鸿儒与王森、王好贤父子利用闻香教（白莲教支派）组织农民，秘密活动二十余年。天君二年（1622），联合景州于弘志、蒙州张世佩、艾山刘永明等起义，用红巾为识，称中兴福烈帝，年号大成（乘）兴胜，设丞相、总管、总兵等官职。分十余部，每部万余人，攻破郓城、邹、滕等县，切断了从江南到北京的漕河粮道。同时得到四川白莲教徒的响应。起义军曾进攻曲阜，直捣孔庙，孔家佃户也参加斗争。后因分散作战，分别被明军镇压，于弘志等失败后不久，徐鸿儒也战败牺牲。

本篇中写徐鸿儒以白莲教相号召，以左道邪术惑众。这种利用宗教号召农民起义的方法，在中国农民起义历史上屡见不鲜。这种方法在农民没有找到先进的思想理论武器之前，在号召农民、组织农民方面，仍起一定的作用。徐鸿儒宣言："凡镜中文武贵官，皆如来佛注定龙华会中人。"他"对众自照，则冕旒龙衮，俨然王者"，"徐乃建旂秉钺，罔不欢跃相从"，"不数月，聚党以可万计"，以至滕县、峄县一带，"望风而靡"。这些描写都从侧面反映了徐鸿儒领导的农民起义的发展之速、声势之大、从者之众，字里行间，流露出对农民的同情。然而把一场轰轰烈烈的农民起义运动，完全描写为用左道惑人的骗局，甚至把农民起义军与明王朝军队的殊死搏斗，写成二妖女骑木凳用木刀，简直成了一种儿戏，这正是封建统治者对农民起义军的诬蔑，作者的这些描写，正如毛泽东所说："表现作者的封建主义。"

【原文】

细　侯

昌化满生[1]，设帐于余杭[2]。偶涉廛市[3]，经临街阁下，忽有荔壳坠肩头。仰视，一雏姬凭阁上[4]，妖姿要妙，不觉目注发狂。姬俯哂而入。询之，知为娼楼贾氏女细侯也[5]。其身价颇高，自顾不能适愿。归斋冥想，终宵不枕。明日，往投以刺，相见言笑甚欢，心志益迷。托故假贷同人，敛金如干，携以赴女，款洽臻至[6]。即枕上口占一绝赠之云："膏腻铜盘夜未央[7]，床头小语麝兰香。新鬟明日重妆凤[8]，无复行云梦楚王[9]。"细侯蹙然曰[10]："妾虽污贱，每愿得同心而事之[11]。君既无妇，视妾可当家否？"生大悦，即叮咛，坚相约[12]。细侯亦喜曰："吟咏之事[13]，妾自谓无难，每于无人处，欲效作一首[14]，恐未能便佳，为听观所讥。倘得相从，幸教妾也。"因问生家田产几何。答曰："薄田半顷，破屋数椽而已[15]。"细侯曰："妾归君后，当长相守，勿复设帐为也。四十亩聊足自给，十亩可以种桑，织五匹绢，纳太平之税有余矣。闭户相对，君读妾织，暇则诗酒可遣，千户侯何足贵[16]！"生曰："卿身价略可几多？"曰："依媪贪志，何能盈也？多不过二百金足矣。可恨妾齿稚[17]，不知重赀财[18]，得辄归母，所私蓄者，区区无多。君能办百金，过此即非所虑[19]。"生曰："小生之落寞[20]，卿所知也，百金何能自置。有同盟友[21]，令于湖南[22]，屡相见招，仆以道远，故惮于行[23]。今为卿故，当往谋之。计三四月，可以归复，幸耐相候。"细侯诺之。

生既弃馆南游，至则令已免官，以罣误居民舍[24]，宦囊空虚[25]，不能为礼[26]。生落魄难返，就邑中授徒焉。三年，莫能归。偶笞弟子，弟子自溺死。东翁痛子而讼其师[27]，因被逮囹圄[28]。幸有他门人[29]，怜师无过，时致馈遗，以是得无苦。

细侯自别生，杜门不交一客。母诘知故，而志不可夺，亦姑听之。有富贾某，慕细侯名，托媒于媪，务在必得，不靳直[30]。细侯不可。贾以负贩诣湖南，敬侦生耗。时狱已将解，贾以金赂当事吏，使久锢之。归告媪云："生已瘐死[31]。"细侯疑其信不确。媪曰："无论满生已死，纵或不死，与其从穷措大，以椎布终也[32]，何如衣锦而餍粱肉乎[33]？”细侯曰，“满生虽贫，其骨清也[34]；守龌龊商，诚非所愿。且道路之言，何足凭信！”贾又转嘱他商，假作满生绝命书，寄细侯以绝其望。细侯得书，唯朝夕哀哭。媪曰：“我自幼于汝，抚育良劬[35]。汝成人二三年，所得报者，日亦无多。既不愿隶籍[36]，即又不嫁，何以谋生活？”细侯不得已，遂嫁贾。贾衣服簪珥[37]，供给丰侈。年余，生一子。

无何，生得门生力，昭雪而出，始知贾之锢己也；然念素无郤[38]，反复不得其由。门人义助资斧以归。既闻细侯已嫁，心甚激楚，因以所苦，托市媪卖浆者达细侯。细侯大悲。方悟前此多端，悉贾之诡谋。乘贾他出，杀抱中儿，携所有亡归满；凡贾家服饰，一无所取。贾归，怒，质于官。官原其情，置不问。呜呼！寿亭侯之归汉[39]，亦复何殊[40]？顾杀子而行，亦天下之忍人也[41]！

【毛泽东评点】

资本主义萌芽。

——《读〈聊斋志异〉批语》，载《毛泽东读文史古籍批语集》，中央文献出版社 1993 年版，第 85 页。

【注释】

（1）昌化，旧时县名，明、清时属浙江省杭州府。

（2）余杭，县名，清时属杭州府。

（3）廛（chán 缠），古代指一户人家所住的房屋。廛市，集市。

（4）雏姬，少女。姬，古时对妇女的美称。

（5）娼楼，妓院。

（6）款洽，亲切融洽。臻（zhēn 真），达到。

（7）膏腻，指蜡烛流下的蜡油。铜盘，指蜡烛托盘。央，尽。

（8）鬟（huán 环），古代妇女梳的环形的发结。凤，凤形头钗。

（9）无复行云梦楚王，意即你就不要再思念我了。楚王，楚襄王。传说他梦见巫山神女，神女临别时说：“妾在巫山之阳，高丘之阻。旦为朝云，暮为行雨。朝朝暮暮，阳台之下。”事见宋玉《高唐赋》。后人以此比喻男女欢爱。

（10）蹙（cù 醋），收敛、缩小。蹙然，心神不定的样子。

（11）事，侍奉，此处指嫁作。

（12）约，约定，此处指嫁娶之约。

（13）吟咏之事，指作诗。

（14）效，摹仿。

（15）椽（chuán 船），放在檩上架着房顶的木棍。

（16）千户侯，被封为食邑千户的侯爵，此处指高官厚禄。

（17）穉（zhì 雉），同“稚”，幼小。

（18）赀（zī 姿），同“资”，财物，钱财。

（19）过此即非所虑，意即超出这个数目，你就不用操心了。

（20）落寞，指寂寞冷落，此处指家境贫穷。

（21）同盟友，指结拜兄弟。

（22）令，此处作动词，任县令。

（23）惮（dàn 蛋），害怕，畏惧。

（24）罣（guà 卦），同“挂”，牵连。

（25）宦囊，为官者的积蓄。

（26）为礼，赠送礼物。

（27）东翁，旧时被雇佣的仆役、塾师等称主人为“东翁”。讼，控告。

（28）囹圄，监狱。

（29）他门人，其他弟子。

（30）靳（jìn 晋），吝惜，不肯给与。直，同“值”，指赎出身子钱。

（31）瘐（yǔ 羽）死，旧时囚犯因受刑、冻饿、生病而死在监狱中，叫“瘐死”。

（32）椎（zhuī 追），大锤。此处指头发梳在头顶上直立如棒槌。

（33）餍（yàn 砚），吃饱。粱，粟的优良品种统称，此处指精米。

（34）骨，风骨，品格。

（35）劬（qú 渠），劳累。良，很。

（36）隶籍，隶属于东籍，即充当妓女。

（37）簪（zān 糌），用来挽住头发的首饰。珥（ěr 耳），用珠子或玉石做成的耳环。

（38）郤（xì 细），同“隙”，裂缝。

（39）寿亭侯之归汉，汉末关羽与刘备失散，曾降曹操，后得刘备下落，遂弃曹归汉。寿亭侯，关羽被封的爵位。

（40）殊，特殊、区别。

（41）忍人，忍心的人。

【赏析】

《细侯》是一篇没有幻想情节，取材于现实生活的小说。通篇描写这样一个故事：昌化满生在余杭设馆授徒时，偶涉娼楼，得识妓女细侯，二人一见钟情，诚挚相爱。后因满生赴湖南友人处借赎细侯的银两，而被诬下狱，其间又有欲娶细侯的富商落井下石，诈传满生死在狱中，致使细侯在绝望之际，误嫁富商生子。后细侯得知满生未死，杀子奔归。细侯在与满生定情时说：“妾归君后，当长相守，勿复设帐为也。四十亩聊足自给，十亩可以种桑，织五匹绢，纳太平之税有余矣。闭户相对，君读妾织，暇则诗酒自可遣，千户侯何足贵！”针对细侯这席话，毛泽东批曰：“资本主义萌芽。”

细侯的这席话，为什么体现了资本主义萌芽呢？我们看，细侯这席话可以视作她与满生的生活、爱情的理想与愿望的自白。它主要有两个内容：一是，他们婚姻爱情生活的基础，是建立在封建社会自给自足的小农经济之上的。四十亩田种谷物，是可自给，十亩种桑养蚕，织绢，既可供穿衣，又可纳赋税，似乎没有什么商品经济因素，没有资本主义萌芽。二是体现在爱情婚姻关系上。细侯向往“闭户相对，君读妾织”，同心相爱的爱情生活。她毅然跳出把她作为玩物的娼妓生活的火坑，更勇敢地摆脱富贾财势的羁绊，甚至忍心杀死与富商所生之子，而奔归满生，终于实现了自己的理想。细侯所追求的这种建立在自由平等、真心相爱之上的爱情生活，体现了资本主义的价值观、人生观，所以是一种在意识形态领域里的资本主义萌芽。这就是细侯这个勇于主宰自己命运，处于社会底层的妇女形象，所具有的现实意义。

【原文】

狼

一屠暮行[(1)]，为狼所逼。道旁有夜耕者所遗行室[(2)]，奔入伏焉。狼自苫中探爪入[(3)]。屠急捉之，令不可去。顾无计可以死之[(4)]。唯有小刀不盈寸[(5)]，遂割破爪下皮，以吹豕之法吹之[(6)]。极力吹移时，觉狼不甚动，方缚以带[(7)]。出视，则狼胀如牛，股直不能屈[(8)]，口张不得合。遂负之以归。非屠乌能作此谋也[(9)]？三事皆出于屠；则屠人之残[(10)]，杀狼亦可用也。

【毛泽东评点】

1942年4月，延安文艺座谈前夕，4月下旬的一天，鲁艺文学系和戏剧系的几位党员教师何其芳、姚时晓、曹葆华、严文井等，从桥儿沟出发，到毛泽东那里去。毛泽东招待他们吃午饭。一张普通的漆成绛色的方桌上摆着四小碗菜，还有酒。毛泽东和大家一起喝酒、吃饭。吃完午饭，继续交谈。……毛泽东还讲了《聊斋志异》的其他优点。毛说："《聊斋志异》是反对八股文的。它描写女子找男人是很大胆的。"毛还举出一篇题目叫作《狼》的短小作品，以它为例子来说明作者蒲松龄的难能可贵之处。他对大家讲了那个故事。一个屠夫在黄昏中走路，狼追着他。道路旁边有晚上耕地的农民搭的窝棚，屠夫就到那里去躲。狼把前爪伸进窝棚。屠夫赶快捉住它，不让它逃走。但又没有办法杀死狼。屠夫只有一把不到一寸长的刀子。后来他就用小刀割开狼的前爪皮，用吹猪的方法使劲吹。吹了一阵，狼不大动了，才用带子绑住。他出窝棚去看，狼已经胀得像小牛一样，腿直伸不能弯，口张开不能合了。于是他就把狼背回家去。毛泽东讲完了这个故事，笑着说："蒲松龄有生产斗争知识。"

——何其芳：《为〈不怕鬼的故事〉改序》，载《毛泽东交往录》，人民出版社1991年版，第167、169页。

【注释】

（1）暮，黄昏，傍晚，太阳落山的时候。

（2）夜耕者，夜晚耕作的农人。行室，临时搭盖的房子。

（3）苫（shān 衫），草帘子。

（4）顾，回头看，此处作思想。

（5）盈，满。

（6）豕（shǐ 史），猪。

（7）缚，捆绑。

（8）股，大腿。

（9）乌，哪，何。

（10）残，残忍。

【赏析】

《聊斋志异》中《狼三则》是一组很有意味的故事。三则故事都是写屠夫战胜狼的事，但各有侧重。第一则写屠夫晚上卖肉回家，一只狼追着他要吃他卖剩下的肉。他把肉挂在树枝上，狼贪吃肉，结果被铁钩穿狼腭，如鱼吞饵而死。第二则讲一个屠夫晚上卖肉回来，只剩下骨头，两只狼追着不放，他无法，便靠在农民的一个草垛上，一只狼遁去，一只狼蹲在他面前假睡。他突然跳起来杀死面前的那只狼，回头一看，另一只狼已钻进草垛半个身子，意欲从后面袭击他，他也杀之。第三则，便是我们选的这篇小说。写一个屠夫晚上走路，被一只狼追得无法，躲到农民搭的窝棚里，狼用尖利的前爪穿透草苫攻击屠夫，被屠夫抓住不放，用小刀割开皮，像吹猪一样把狼吹死了。三篇故事，一写狼以贪婪而死，一写狼以狡诈而死，一写狼恃爪牙亦死，各不相同，毫不相犯，给我们以多方面的教益。

在 1942 年延安文艺座谈前夕，毛泽东在和何其芳等几位文艺家谈话时，谈到第三则故事，并评论说："蒲松龄有生产斗争知识。"这是从作家应具备的修养来说的，可谓语重心长。

【原文】

小　谢

渭南姜部郎第[(1)]，多鬼魅，常惑人。因徙去。留苍头门之而死[(2)]，数易皆死；遂废之。里有陶生望三者，夙倜傥[(3)]，好狎妓[(4)]，酒阑辄去之。友人故使妓奔就之[(5)]，亦笑纳不拒，而实终夜无所沾染。尝宿部郎家，有婢夜奔，生坚拒不乱；部郎以是契重之。家綦贫，又有"鼓盆之戚[(6)]"，茅屋数椽，溽暑不堪其热；因请部郎，假废第。部郎以其凶故，却之。生因作《续无鬼论》献部郎[(7)]，且曰："鬼何能为！"部郎以其请之坚，诺之。

生往除厅事[(8)]。薄暮，置书其中；返取他物，则书已亡。怪之，仰卧榻上，静息以伺其变。食顷，闻步履声，睨之，见二女自房中出，所亡书，送还案上。一约二十，一可十七八，并皆姝丽。逡巡立榻下，相视而笑。生寂不动。长者翘一足踹生腹，少者掩口匿笑。生觉心摇摇若不自持，即急肃然端念[(9)]，卒不顾。女近以左手捋髭[(10)]，右手轻批颐颊[(11)]，作小响。少者益笑。生骤起，叱曰："鬼物敢尔！"二女骇奔而散。生恐夜为所苦，欲移归，又耻其言不掩[(12)]；乃挑灯读。暗中鬼影憧憧，略不顾瞻。夜将半，烛而寝。始交睫，觉人以细物穿鼻，奇痒，大嚏；但闻暗处隐隐作笑声。生不语，假寐以俟之。俄见少女以纸条捻细股，鹤行鹭伏而至[(13)]；生暴起诃之，飘窜而去。既寝，又穿其耳。终夜不堪其扰。鸡既鸣，乃寂无声，生始酣眠。终日无所睹闻。

日既下，恍惚出现。生遂夜炊，将以达旦。长者渐曲肱几上[(14)]，观生读。既而掩生卷。生怒捉之，即已飘散；少间，又掩之。生以手按卷读。少者潜于脑后，交两手掩生目，瞥然去，远立以哂。生指骂曰："小鬼头！捉得便都杀却！"女子即又不惧。因戏之曰："房中纵送，我都不解，缠我无益。"二女微笑，转身向灶，析薪溲米[(15)]，为生执爨[(16)]。生顾而奖曰："两卿此为，不胜憨跳耶？"俄顷粥熟，争以匕、箸、陶碗置几上[(17)]。生曰："感卿服役，何以报德？"女笑曰："饭中溲合砒、酖矣[(18)]！"生曰："与卿夙无嫌怨，何至以此相加。"啜已，复盛，争为奔走。生乐之，习以为常。

日渐稔[(19)]，接座倾语，审其姓名。长者云："妾秋容，乔氏，彼阮家小谢也。”又研问所由来。小谢笑曰：“痴郎！尚不敢一呈身，谁要汝问门第，作嫁娶耶？”生正容曰：“相对丽质[20]，宁独无情？但阴冥之气，中人必死。不乐与居者，行可耳[21]；乐与居者，安可耳[22]。如不见爱，何必玷两佳人？如果见爱，何必死一狂生？”二女相顾动容，自此不甚虐弄之；然时而探手于怀，捋袴于地，亦置不为怪。一日，录书未卒业而出，返则小谢伏案头，操管代录[23]。见生，掷笔睨笑。近视之，虽劣不成书[24]，而行列疏整[25]。生赞曰：“卿雅人也！苟乐此，仆教卿为之。”乃拥诸怀，把腕而教之画。秋容自外入，色乍变，意似妒。小谢笑曰：“童时常从父学书，久不作，遂如梦寐。”秋容不语。生喻其意，伪为不觉者，遂抱而授以笔，曰：“我视卿能此否？”作数字而起曰：“秋娘大好笔力！”秋容乃喜。生于是折两纸为范[26]，俾共临摹；生另一灯读，窃喜有所事，不相侵扰。仿毕，祗立几前[27]，听生月旦[28]。秋容素不解读[29]，涂鸦不可辨认。花判已[30]，自顾不如小谢，有惭色。生奖慰之，颜始霁[31]。二女由此师事生，坐为抓背，卧为按股，不惟不敢侮，争媚之。逾月，小谢书居然端好，生偶赞之。秋容大惭，粉黛淫淫[32]，泪痕如线；生百端慰解之，乃已。因教之读，颖悟非常，指示一过，无再问者。与生竞读，常至终夜。小谢又引其弟三郎来，拜生门下。年十五六，姿容秀美。以金如意一钩为贽[33]。生令与秋容执一经。满堂咿唔，生于此设鬼帐焉[34]。部郎闻之喜，以时给其薪水。

积数月，秋容与三郎皆能诗，时相酬唱[35]。小谢阴嘱勿教秋容，生诺之；秋容阴嘱勿教小谢，生亦诺之。一日，生将赴试．二女涕泣别[36]。三郎曰：“此行可以托疾免；不然，恐履不吉[37]。”生以告疾为辱，遂行。先是，生好以诗词讥切时事，获罪于邑贵介[38]，日思中伤之。阴赂学使，诬以行简[39]，淹禁狱中[40]。资斧绝，乞食于囚人，自分已无生理。忽一人飘忽而入，则秋容也。以馔具餽生[41]，相向悲咽，曰：“三郎虑君不吉，今果不谬。三郎与妾同来，赴院申理矣[42]。”数语而出，人不之睹。越日，部院出[43]，三郎遮道声屈，收之。秋容入狱报生，返身往侦之，三日不返。生悲饿无聊，度一日如年岁。忽小谢至，怆惋欲绝[44]，言：“秋容归，经由城隍祠，被西廊黑判强摄去，逼充媵御[45]。秋容不屈，今亦幽囚。

妾驰百里，奔波颇殆[46]；至北郭，被老棘刺透足心，痛彻骨髓，恐不能再至矣。”因示之足，血殷凌波焉[46]。出金三两，跛踦而没[47]。部院勘三郎，素非瓜葛，无端代控，将杖之，扑地遂灭。异之，览其状，情词悲恻。提生面鞫[48]：“三郎何人？”生伪为不知。部院悟其冤，释之。既归，竟夕无一人。更阑，小谢始至。惨然曰：“三郎在部院，被廨神押赴冥司[49]；冥王以三郎义，令托生富贵家。秋容久錮[50]，妾以状投城隍，又被按阁[51]，不得入，且复奈何？”生忿曰：“黑老魅何敢如此！明日仆其像，践踏为泥，数城隍而责之[52]。案下吏暴横如此，渠在醉梦中耶！”悲愤相对，不觉四漏将残[53]。秋容飘然忽至。两人惊喜，急问。秋容泣下曰：“今为郎万苦矣！判日以刀杖相逼。今夕忽放妾归，曰：‘我无他，原以爱故；既不愿，固亦不曾污玷。烦告陶秋曹[54]，勿见谴责。”生闻少欢，欲与同寝，曰：“今日愿为卿死。”二女戚然曰：“向受开导，颇知义理，何忍以爱君者杀君乎？”执不可；然俯颈倾头，情均伉俪。二女以遭难故，妒念全消。

会一道士途遇生，顾谓“身有鬼气”。生以言异，具告之。道士曰：“此鬼大好，不宜负他。”因书二符付生，曰：“归授两鬼，任其福命：如闻门外有哭女者，吞符急出，先到者可活。”生拜受，归嘱二女。后月余，果闻有哭女者。二女争奔而去。小谢忙急，忘吞其符。见有丧轝过[55]，秋容直出，入棺而没；小谢不得入，痛哭而返。生出视，则富室郝室殡其女。共见一女子入棺而去，方共惊疑；俄闻棺中有声，息肩发验[56]，女已顿苏。因暂寄生斋外罗守之[57]。忽开目问陶生。郝氏研诘之。答曰：“我非汝女也。”遂以情告。郝未深信，欲舁归[58]；女不从，径入生斋，偃卧不起[59]。郝乃识婿而去。生就视之，面庞虽异，而光艳不减秋容，喜惬过望[60]，殷叙平生。忽闻呜呜鬼泣，则小谢哭于暗陬[61]。心甚怜之，即移灯往，宽譬哀情[62]，而衿袖淋浪[63]，痛不可解。近晓始去。天明，郝以婢媪赍送香奁[64]，居然翁婿矣。暮入帷房，则小谢又哭。如此六七夜，夫妇俱为惨动，不能成合卺之礼[65]。生忧思无策。秋容曰：“道士，仙人也。再往求，倘得怜救。”生然之。迹道士所在，叩伏自陈。道士力言无术。生哀不已。道士笑曰：“痴生好缠人！合与有缘，请竭吾术。”乃从生来，索静室，掩扉坐，戒勿相问。凡十余日，不饮不食。潜窥之，瞑若睡。一日晨兴[66]，有少女搴帘入[67]，明眸皓齿，光艳照人。微笑曰：“跋履终夜[68]，惫极矣！被汝纠缠不了，奔驰百里外，始得一好庐舍，道人载与俱来矣。待见其人，便相交付耳。”敛昏，小谢至，女遽起迎抱之[69]，翕然合为一体[70]，仆地而僵。道士自室中出，拱手径去。拜而送之。及返，则女已甦[71]。扶置床上，气体渐舒，但把足呻言趾股痠痛[72]，数日始能起。

后生应试得通籍[73]。有蔡子经者，与同谱[74]，以事过生，留数日。小谢自邻舍归，蔡望见之，疾趋相蹑；小谢侧身敛避，心窃怒其轻薄。蔡告生曰：“有一事深骇物听[75]，可相告否？”诘之，答曰：“三年前，少妹夭殒，经两夜而失其尸，至今疑念。适见夫人，何相似之深也？”生笑曰：“山荆陋劣，何足以方君妹[76]！然既系同谱，义即至切，何妨一献妻孥[77]。”乃入内，使小谢衣殉装出[78]。蔡大惊曰：“真吾妹也！”因而泣下。乃具述本末。蔡喜曰：“妹子未死，吾将速归，用慰严慈[79]。”遂去。过数日，举家皆至。后往来如郝焉。

异史氏曰：“绝世佳人，求一而难之，何遽得两哉！事千古而一见，惟不私奔女者能遘之也[80]。道士其仙耶？何术之神也！苟有其术，丑鬼可交耳。”

【毛泽东评点】

一篇好文章，反映了个性解放的强烈要求，人与人的关系应是民主的和平等的。

——《读〈聊斋志异〉批语》，载《毛泽东读古史古籍批语集》，中央文献出版社 1993 年版，第 82—83 页。

1959 年 9 月，邵华考进了北京大学中文系，从此，毛泽东与她谈文学，谈历史比较多。有一次，……当谈到《聊斋志异》时，他认为其中的《小谢》是一篇好文章，反映了个性解放的强烈要求。他说，《聊斋》中那些善良的做好事的“狐仙”要多些就好了。

——华英：《毛泽东的儿女们》，中外文化出版公司 1989 年版，第 122—123 页。

【注释】

（1）渭南，县名，在今陕西省渭南市。部郎，指旧时中央各部的郎中、员外郎之类的高级官员。第，官僚贵族的大宅子。

（2）苍头，仆人。

（3）夙（sù 诉），平素，素有。

（4）狎（xiá 侠），亲近而态度不庄重。

（5）奔，古时女子私就男子叫“奔”。

（6）鼓盆之戚，指失去妻子。庄子丧妻，惠子去吊唁，见庄子在家敲着瓦盆而歌。见《庄子·至乐》。后人以“鼓盆之戚”指丧妻之痛。

（7《续无鬼论》，晋人阮瞻曾作《无鬼论》，因此此处说陶生作《续无鬼论》。

（8）除厅事，打扫厅房。厅事，本为官府办公的地方，后来私宅的厅房也叫厅事。

（9）端念，端正意念。

（10）髭（zī 资），嘴上边的胡子。

（11）颐（yí 移），面颊。颊，脸的两侧。

（12）掩，通“检”，检点、冒失。

（13）鹤行鹭伏，弯着身子悄悄地行走。

（14）曲肱（gōng 宫），弯曲着胳臂。肱，胳膊由肘到肩的部分。

（15）析薪，劈柴火。溲，浸、泡。

（16）爨（cuàn 窜），烧火做饭。

（17）匕，饭匙。

（18）溲合，掺杂，调合。砒，砒霜。酖（zhèn 阵），用鸩的羽毛泡成的毒酒。

（19）稔（rěn 忍），熟悉。

（20）丽质，指美女。质，身体。

（21）行，走开。

（22）居，留下。

（23）操管，执笔。录，抄写。

（24）成书，成字。

（25）疏（shū 书）整，大小整齐。

（26）范，样子。

（27）祇（zhī 只），敬。

（28）月旦，品评。本指每月初一。东汉许劭与其堂兄许靖，喜欢评论乡里人物，每月更换一次品题，俗称“月旦评”。事见《后汉书·许劭传》。此处指讲字写的好坏。

（29）解读，指识字。

（30）花判，本是指旧时官吏对民事、刑事案件所作的骈体判词。此处指对所写的字的评阅意见。

（31）霁，天晴，此处指羞愧之色消失。

（32）粉黛淫淫，脸上搽的粉和眉毛上涂的黛色随泪水流了下来。黛，古代女子描眉用的青黑色颜料。淫淫，水流的样子。

（33）贽（zhì 治），古时初次拜见人时所送的礼物。

（34）设鬼帐，教鬼学习。设帐，设馆教书。东汉马融授徒数千人，常把厅堂用绛纱帐隔开，前面坐学生，后面陈列女乐，后人以教书叫“设帐”。

（35）酬唱，作诗歌相互赠答。

（36）持别，握手道别。

（37）履，践。

（38）贵介，尊贵，此处指有权势的人。

（39）行简，指行为散漫，不守礼法。

（40）淹，浸没，此处指被留于狱中。

（41）馔（zhuàn 篆）具，吃喝，饮食。馈（kuì 溃），馈赠、赠送，同“馈”。

（42）院，巡抚衙门。申理，申请重新审理。

（43）部院，巡抚。

（44）怆（chuàng 创），悲伤。惋，惊叹。

（45）媵（yìng 映），妾。

（46）殆，疲乏。

（46）凌波，指鞋和袜。

（47）跛（bò 簸）踦，走路一瘸一拐的样子。

（48）鞫（jū 菊），审问。

（49）廨（xiè 泻），古代官署的通称。廨神，保护官署的神。

（50）锢，禁锢，拘禁。

（51）按阁，压下、搁置。阁，同“搁”。

（52）数（shǔ 鼠），责备，列举过错。

（53）漏，古时的计时工具。残，尽。

（54）秋曹，刑部官员的尊称。古时以刑部为秋官，故称其部员为“秋曹”。此处称陶生为“秋曹”，是暗示陶生将来要任刑部官员。

（55）轝（yú 鱼），同“舆”，车、轿子。

（56）发验，打开棺材验看。

（57）罗守，围守。

（58）舁（yú 愚），共同抬东西。

（59）偃，放倒，仰面倒下。

（60）惬（qiè 妾），满足，畅快。

（61）陬（zōu 邹），角落。

（62）譬（pì 僻），比喻。宽譬，宽解。

（63）衿袖，衣襟衣袖。淋浪，水流的样子。

（64）赍（jī 激），把东西送给别人。奁（lián 连），女子梳妆用的镜匣。

（65）卺（jǐn 紧），瓢，古代结婚时用做酒器。合卺，旧时夫妇成婚的一种仪式。

（66）晨兴，清晨起床。

（67）搴（qiān 牵），抬起，拔取。

（68）跋履，奔走。

（69）遽（jù 踞），急忙，仓促。

（70）翕（xī 悉），合、各顺。翕然，聚合的样子。

（71）甦（sū 酥），同“苏”，假死后再活过来。

（72）趾（zhǐ 止），脚。痠（suān 酸），同“酸”，微痛无力。

（73）通籍，旧时称初得官职为“通籍”，意在朝中已挂上了名。

（74）同谱，指旧时科举考试同期被录用的人。

（75）物听，公众的听闻。

（76）方，比拟。

（77）孥（nú 奴），儿子或指妻和子。一献妻孥，让妻子出来相见，是旧时表示朋友双方友情深厚的一种行为。

（78）殉装，殉葬的衣服，此处指蔡妹的葬服。

（79）严慈，父母。尉，安慰。

（80）不私奔女者，拒绝私奔女子的人。遘（gòu 够），相遇。

【赏析】

《小谢》这篇小说赢得了毛泽东的高度赞扬："一篇好文章。"其好处有二：一是"反映了个性解放的强烈要求"，即指二女的由鬼变成人，由害人的鬼变成爱人的人，由无知愚昧变成竞读终夜，由被拘囚到得解放；二是"人与人的关系应是民主的和平等的"，即陶生与二女鬼的关系是"民主的和平等的"。这两点都是就作品的思想内容而言，其实，就艺术性而言，其人物描写、情节安排和语言运用等也堪称上乘，故是我国古典短篇小说中的一篇佳作。

《小谢》的具体内容是这样的：渭南一个穷书生陶望三借住在一座鬼魅惑人的旧府第内，被乔秋容、阮小谢两个女鬼恫吓、纠缠、挑逗，但他却不惧、不恼、不动，且能和两鬼和平相处，平等相待，二鬼被感动，便拜他为师习字读书。几个月后，小谢"书端好"，秋容"能诗酬唱"，都"颇知义理"。当陶生赴试并被诬下狱后，二鬼给他送饭，并赴院申理，遂使陶生获释归家。在照料、营救陶生的过程中，二鬼也备受艰辛，小谢脚受伤，秋容被黑判摄去幽囚。经过一番曲折，他们得以团聚，"情同伉俪"，但始终无越轨同寝。小谢、秋容的善良、勇敢、多情，和她们同陶生的互相帮助、真心相爱的行为，感动了一位法术极高的道士。道士认为"此鬼大好，不宜负他"，遂用仙术使秋容借郝氏女尸还阳，又使小谢借蔡生之妹尸复生，方才结为夫妇。作者笔下的小谢和秋容是那样的天真嬉戏，那样的争强好胜，那样的急人之难。她们共同的品性是，容貌绝世，品质纯真，聪明痴情，蔑视封建礼教，积极主动地追求幸福美满的爱情生活，写得生动逼真而又各具个性特征。两个女性形象的成功塑造，充分体现了个性解放的强烈要求。

陶生对这两位少女，既不以非类相憎，又不以异性相辱，而是以平等待之，热情助之，耐心地教导，热情地鼓励，诚挚地信任，从而培养了她们美好的品德。陶生受官绅诬陷，小谢等竭力营救，秋容遭鬼吏劫掠，陶生誓为报仇雪恨。在反对黑暗势力的共同斗争中，发展了他们之间的感情，而终成眷属。他们之间的互相救助、互相爱慕的关系，是平等的和民主的。尽管作品并没有摆脱封建社会一夫多妻制的局限，但是他们之间的爱情却是难能可贵的。

【原文】

席方平

席方平，东安人[(1)]。其父名廉，性戆拙[(2)]，因与里中富室羊姓有间[(3)]。羊先死。数年，廉病垂危，谓人曰："羊某今贿嘱冥使搒我矣[(4)]。"俄而身赤肿，号呼遂死。席惨怛不食，曰："我父朴讷[(5)]，今见陵于强鬼[(6)]，我将赴地下，代伸冤气耳。"自此不复言，时坐时立，状类痴，盖魂已离舍矣[(7)]。

席觉初出门，莫知所往，但见路有行人，便问城邑[(8)]。少旋，入城，其父已收狱中。至狱门，遥见父卧檐下，似甚狼狈。举目见子，潸然涕流，便谓："狱吏悉受赇嘱[(9)]，日夜搒掠，胫股摧残甚矣[(10)]！"席怒，大骂狱吏："父如有罪，自有王章[(11)]，岂汝等死魅所能操耶！"遂出，抽笔为词[(12)]。值城隍早衙[(13)]，喊冤以投。羊惧，内外贿通，始出质理[(14)]。城隍以所告无据，颇不直席[(15)]。席忿气无所复伸，冥行百余里，至郡；以官役私状[(16)]，告之郡司[(17)]。迟之半月，始得质理。郡司扑席[(18)]，仍批城隍复案[(19)]。席至邑，备受械梏，惨冤不能自舒[(20)]。城隍恐其再讼，遣役押送归家。役至门辞去。席不肯入，遁赴冥府，诉郡邑之酷贪。冥王立拘质对。二官密遣腹心，与席关说，许以千金。席不听。过数日，逆旅主人告曰："君负气已甚，官府求和而执不从。今闻于王前各有函进，恐事殆矣。"席以道路之口[21]，犹未深信。俄有皂衣人唤入[22]；升堂，见冥王有怒色，不容置词，命笞二十。席厉声问："小人何罪？"冥王漠若不闻。席受笞，喊曰："受笞允当[23]，谁教我无钱耶！"冥王益怒，命置火床。两鬼捽席下[24]。见东墀有铁床[25]，炽火其下，床面通赤。鬼脱席衣，掬置其上，反复揉捺之。痛极，骨肉焦黑，苦不得死。约一时许，鬼曰："可矣。"遂扶起，促使下床着衣，犹幸跛而能行。复至堂上，冥王问："敢再讼乎？"席曰："大怨未伸，寸心不死！若言不讼，是欺王也。必讼！"又问："讼何词？"席曰："身所受者，皆言之耳！"冥王又怒，命以锯解其体。二鬼拉去。见立木，高八九尺许，有木板二，仰置其下，上下凝血模胡。方将就缚，忽堂上大呼席某。二鬼即复押回。冥王又问："尚敢讼否？"答云："必讼！"冥王命："捉去速解！"既下，鬼乃以二板夹席，缚木上。锯方下，觉顶脑渐辟[26]，痛不可禁，顾亦忍而不号。闻鬼曰："壮哉此汉！"锯隆隆然，寻至胸下。又闻一鬼云："此人大孝，无辜。锯令稍偏，勿损其心。"遂觉锯锋曲折而下，其痛倍苦。俄顷，半身辟矣；板解，两身俱仆。鬼上堂大声以报。堂上传呼，令合身来见！二鬼即推令复合，曳使行。席觉锯缝一道，痛欲复裂，半步而踣[27]。一鬼于腰间出丝带一条授之，曰："赠此以报汝孝。"受而束之，一身顿健，殊无少苦，遂升堂而伏。冥王复问如前。席恐再罹酷毒[28]，便答："不讼矣。"冥主立命送还阳界。隶率出北门，指示归途，反身遂去。席念阴曹之暗昧，尤甚于阳间，奈无路可达帝听[29]。世传灌口二郎为帝勋戚[30]，其神聪明正直，诉之当有灵异。窃喜二隶已去，遂转身南向。

奔驰间，有二人追至曰："王疑汝不归，今果然矣。"捽回，复见冥王。窃疑冥王益怒，祸必更惨；而王殊无厉容，谓席曰："汝志诚孝，但汝父冤，我已为若雪之矣。今已往生富贵家，何用汝鸣呼为[31]！今送汝归，予以千金之产、期颐之寿[32]，于愿足乎？"乃注籍中[33]，嵌以巨印[34]，使亲视之。席谢而下。鬼与俱出，至途，驱而骂曰："奸猾贼！频频翻复，使人奔波欲死！再犯，当捉入大磨中，细细研之。"席张目叱曰："鬼子胡为者！

我性耐刀锯，不耐挞楚耶！请反见王，王如令我自归，亦复何劳相送！”乃返奔。二鬼惧，温语劝回。席故蹇缓[35]，行数步，辄憩路侧。鬼含怒，不敢复言。约半日，至一村，一门半闢，鬼引与共坐，席便据门阈[36]。二鬼乘其不备，推入门中。惊定自视，身已生为婴儿；愤啼不乳，三日遂殇[37]。魂摇摇不忘灌口，约奔十里，忽见羽葆来[38]，幡戟横路[39]。越道避之，因犯卤簿[40]，为前马所执，絷送车前。仰见车中一少年，丰仪瑰玮[41]，问席何人。席冤愤正无所出，且意是必巨官，或当能作威福[42]，因缅诉[43]毒痛。车中人命释其缚，使随车行。俄至一处，官府十余员，迎谒道左，车中人各有问讯。已而指席谓一官曰："此下方人，正欲往愬[44]，宜即为之剖决。”席询之从者，始知车中即上帝殿下九王[45]，所嘱即二郎也。席视二郎，修躯多髯[46]，不类世间所传。九王既去，席从二郎至一官廨，则其父与羊姓并衙隶俱在。少顷，槛车中有囚人出，则冥王及郡司、城隍也。当堂对勘[47]，席所言皆不妄。三官战栗，状若伏鼠。二郎援笔立判。顷之，传下判语，令案中人共视之。判云："勘得冥王者：职膺王爵[48]，身受帝恩。自应贞洁以率群僚，不当贪墨以速官谤[49]。而乃繁缨棨戟[50]，徒夸品秩之尊[51]；羊狠狼贪[52]，竟玷人臣之节。斧敲斲[53]，斲入木，妇子之皮骨皆空；鲸吞鱼，鱼食虾，蝼蚁之微生可悯[54]。当掬西江之水[55]，为尔湔肠[56]；即烧东壁之床，请君入瓮[57]。城隍、郡司：为小民父母之官[58]，司上帝牛羊之牧[59]。虽则职居下列[60]，而尽瘁者不辞折腰[61]；即或势逼大僚，而有志者亦应强项[62]。乃上下其鹰鸷之手[63]，既罔念夫民贫[64]；且飞扬其狙狯之奸[65]，更不嫌乎鬼瘦。惟受赃而枉法，真人面而兽心。是宜剔髓伐毛[66]，暂罚冥死；所当脱皮换革，仍令胎生。隶役者：既在鬼曹，便非人类。只宜公门修行[67]，庶还落蓐之身[68]；何得苦海生波，益造弥天之孽。飞扬跋扈[69]，狗脸生六月之霜[70]；隳突叫号[71]，虎威断九衢之路[72]。肆淫威于冥界[73]，咸知狱吏为尊；助酷虐于昏官，共以屠伯是惧[74]。当于法场之内，剁其四肢；更向汤镬之中[75]，捞其筋骨。羊某：富而不仁，狡而多诈。金光盖地，因使阎摩殿上尽是阴霾[76]；铜臭熏天，遂教枉死城中全无日[77]。余腥犹能役鬼，大力直可通神[78]。宜籍羊氏之家[79]，以赏席生之孝。即押赴东岳施行[80]。”又谓席廉："念汝子孝义，汝性良懦，可再赐阳寿三纪[81]。"因使两人送之归里。

席乃抄其判词，途中，父子共读之。既至家，席先苏。令家人启棺视父，僵尸犹冰；俟之终日，渐温而活。及索抄词[82]，则已无矣。自此家日益丰。三年间，良沃遍野；而羊氏之子孙微矣[83]，楼阁田产，尽为席有。里人或有买其田者，夜梦神人叱之曰："此席家物，汝乌得有之！"初未深信，既而种作，则终年升斗无获。于是，复鬻归席。席父九十余岁而卒。

异史氏曰："人人言净土[84]，而不知生死隔世，意念都迷，且不知其所以来，又乌知其所以去；而况死而又死，生而复生者乎！忠孝志定，万劫不移[85]，异哉席生，何其伟也！"

【毛泽东评点】

1942年延安文艺座谈会前夕，4月下旬的一天，鲁艺文学系和戏剧系的几位党员教师何其芳、姚时晓、曹葆华、严文井等，从桥儿沟出发，到毛泽东那里去。毛泽东招待他们吃午饭。一张普通的漆成绛色的方桌上摆四小碗菜，还有酒。毛泽东和大家一起喝酒、吃饭。吃完午饭，继续交谈……后来说到《聊斋志异》。毛泽东说："《聊斋志异》可以当作清朝的史料看。"他举出其中一篇题目叫《席方平》的，说那篇就可以作史料看。

——何其芳：《为〈不怕鬼的故事〉改序》，载《毛泽东交往录》，人民出版社1991年版，第167页。

《席方平》这篇作品的内容是借描写阴间的黑暗，来揭露清朝的人世间的黑暗。它描写阴间的狱吏、城隍、郡司，以至冥王都是贪污受贿，不问是非曲直。阴间的最高统治者冥王，对受地主老财的迫害，因而冤枉死的人来告状不但不受理，而且用酷刑迫害。结论是：这篇小说的主人公觉得"阴曹之暗昧尤其甚于阳间"。

——何其芳：《何其芳文集》，第3卷，人民文学出版社1983年版，第72页。

毛主席对《聊斋志异》这部作品给予很高的评价，特别是对《席方平》这篇作品的具体分析，使他感到非常意外。我只记得毛主席说的大意，认为这篇作品含义很深，实际上是对封建社会人间酷吏官官相卫，残害人民的控诉书。毛主席还对一个艺术细节的描写表示欣赏，就是写到两个鬼奉冥王命令把席方平锯成两半时，对席方平表示同情，故意锯偏，以保存席方平有一颗完整的心。毛主席称赞这个细节写得好。毛主席还说，这篇作品应该选入中学国文课本。

——荒煤：《忆何其芳》，载 1978 年 10 月 22 日《人民日报》。

【注释】

（1）东安，县名，在今湖南省南部。

（2）戆（gàng 杠）拙，鲁莽朴直。

（3）郤（xī 希），嫌隙，仇恨。

（4）搒（péng 朋），鞭打，拷打。

（5）朴纳（nà 呐），朴实而不善言辞。

（6）见陵，被欺凌。

（7）舍，屋舍，此处指人的躯体。迷信认为，肉身是灵魂的宅舍。

（8）城邑，县城。

（9）赇嘱，同“贿嘱”。赇，贿赂。

（10）胫，小腿。股，大腿。

（11）王章，王法。

（12）词，讼词，即状子。

（13）城隍，传说中守护城池的神，此处指县邑城隍。早衙，旧时官府的主官处理政务或案件，叫坐衙。早衙，指上午坐堂问事。

（14）质理，审问，办案。质，双方对质。理，审理，即办案。此处是受动词，意即羊某上公堂受审问。

（15）直席，替席家鸣冤。

（16）官役，官员和衙役。私状，私下接受贿赂的情况。

（17）郡司，府的长官，明清时地方行政区域已无郡级，但还沿用前代的名称。此处是指传说中的城隍。

（18）扑，拷打，鞭打。

（19）复案，重新审理案件。案，考察。

（20）自舒，忍受。

（21）道路之口，路人的传说。

（22）皂衣人，指衙门差役。

（23）允当，合该，恰当，此处是愤激不平的反话。

（24）捽（zuó 昨），揪。

（25）墀（chǐ 尺），台阶上面的空地，又指台阶。

（26）闢（pì 辟），同“辟”，裂开。

（27）踣（bó 薄），跌倒。

（28）罹（lí 离），遭受。酷毒，残酷的毒打。

（29）达帝听，让玉皇大帝听到。帝，指迷信传说中的玉皇大帝。

（30）灌口二郎，古代神话传说中的二郎神杨戬（jiǎn 剪），是玉皇大帝的外甥。灌口，地名，在今四川灌县。勋戚，有功于王业的亲戚。

（31）鸣呼，喊冤叫屈。

（32）期颐（jī yí 机移）之寿，百年的寿命。《礼记·曲礼》：“百年曰期颐。”

（33）注籍中，在簿籍中注明。籍，此处指阎王所掌握的“生死簿”。

（34）箝（qián 钱），同“钳”，用东西夹。

（35）蹇（jiǎn 简）缓，行路艰难迟缓。

（36）门阈（yù 域），门槛。

（37）殇（shāng 伤），未成年而死。

（38）羽葆，用五彩鸟装饰的车盖。

（39）幡，用竹竿等挑起来直着挂的长条形旗子。戟，长杆头上附有月牙状利刃的古兵器，用作仪仗。

（40）卤簿，古代帝王或高官出行时的仪仗队。

（41）瑰玮，魁伟。

（42）作威福，实施奖赏惩罚。

（43）缅，遥远。缅诉，追诉。

（44）愬（sù 肃），同“诉”，叙说。

（45）殿下，古时对王侯或皇后的尊称。

（46）髯（rán 然），两颊上的胡子。

（47）对勘，对质，审问。勘，审问。

（48）膺（yīng 英），承受、担任。

（49）贪墨，同“贪冒”，贪图财利。官谤，对官府的指责、非议。

（50）鞶（pán 盘）缨，古时马腹下的饰带。鞶，马腹带。缨，马颈饰。棨（qǐ 启）戟，木制无刃的戟，作仪仗用。

（51）品秩（zhì 制），官阶，官爵。

（52）羊狠狼贪，形容冥王的贪婪凶狠。

（53）斲（zhuó 琢），同“斫”，砍削。

（54）蝼蚁，蝼蛄与蚂蚁，此处指下层劳动人民。微生，微小的生命。

（55）西江之水，长江的水。西江，西来之江，指长江。

（56）湔（jiān 煎）肠，洗肠。湔，清洗。

（57）请君入瓮，比喻以其人之道还治其人之身。唐武则天时酷吏周兴犯罪，另一酷吏来俊臣奉命审问，问曰：“囚多不承，当为何法？”周兴说：“此甚易耳！取大瓮，以炭四周炙之，令囚入中，何事不承？”来如法炮制，然后对周说：“请兄入此瓮！”事见《资治通鉴·唐则天皇后天授二年》。

（58）父母之官，封建时代称府、县等地方官为父母官。

（59）司上帝牛羊之牧，代替上帝来管理人民。司，管理，职掌。牛羊，封建统治者用来比喻人民。牧，放牧。

（60）下列，官位低下。

（61）尽瘁，竭尽全力。折腰，鞠躬行礼，此指委屈奉公。晋·陶渊明为彭泽县令，不愿为五斗米折腰，辞官而去。事见《晋书·陶渊明传》。

（62）强项，硬着脖子，比喻刚直不阿。东汉董宣为洛阳令时杀湖阳公主恶奴，光武帝让他向公主谢罪，董不肯低头，光武帝称之为“强项令”。事见《后汉书·董宣传》。

（63）上下其鹰鸷之手，指官员互相勾结、违法作弊、颠倒是非。鹰鸷，凶猛的鸟，此处指官吏的凶恶。上下其手，春秋时，楚攻郑，穿封戌俘虏了郑国守将皇颉，王子围为争功，请伯州犁裁处。伯州犁上下其手暗示皇颉，使贱者得功被贵者所占。事见《左传·襄公二十六年》。

（64）罔（wǎng 枉）念，不顾念。罔，无，没有。

（65）狙狯（jū kuài 拘快），狡猾奸诈。狙，猕猴。狯，狡狯。

（66）剔髓伐毛，剔除骨髓，剥去皮毛，意即严刑惩办。

（67）公门修行，在衙门内洁身行善。公门，官衙。修行，做善事。

（68）庶还落蓐之身，意即或许能再生为人。庶，或许。落蓐，指人的降生。

（69）跋扈，恃强横暴的样子。

（70）狗脸生六月之霜，意即差役的脸上像下了霜一样冷酷无情。狗脸，指衙役的脸色。六月之霜，相传战国时邹衍事燕惠王，被人陷害下狱。邹在狱中仰天大哭，时正炎夏，忽然降霜。事见《初学记》二引《淮南子》。此处是指衙役狠毒，使人含冤受屈。

（71）隳（huī 灰）突叫号，横冲直撞，乱喊乱叫。隳突，横冲直撞。

（72）九衢（qú 渠）之路，四通八达的大路。

（73）淫威，无节制的权威。

（74）屠伯，指杀人的酷吏。相传汉代酷吏严延年为河南太守时，杀了大批不守法的豪强，被人称为屠伯。事见《汉书·严延年传》。

（75）汤镬（huò 货），煮着开水的大锅，古代用作烹囚的刑具。

（76）阴霾（mái 埋），空气中因悬浮着烟尘等形成的混浊现象。

（77）枉死城，传说中枉死鬼住的地方，即地狱。

（78）大力，指巨额金钱的作用。

（79）籍，查抄、没收。

（80）东岳，即泰山。传说中泰山之神东岳大帝总管天地人间的生死祸福。

（81）纪，古代以十二年为一纪。

（82）抄词，抄录的判词。

（83）微，衰败，败落。

（84）净土，佛教传说中的西方极乐世界，又叫佛国、佛界。

（85）万劫，指无穷尽的时间。佛家称物质世界由形成到毁灭的时间为一劫。

【赏析】

《席方平》是《聊斋志异》中的名篇，思想深刻，艺术完整，历来为人们所称道。它叙写席方平伸父冤到冥府和城隍、郡司、冥王作斗争的故事。

席方平为父伸冤共告状四次。第一次，告到城隍那里，内外受贿，“城隍判以所告无据，颇不直席”，没有告准。第二次，告到郡司。郡司押了半月才审问，把他打了一顿，批交城隍复审。“席至邑，备受械梏”，再度蒙冤。第三次，席方平逃到冥府，向冥王控诉。冥王命先打他二十板子，再放在火床上揉捺，骨肉焦黑。冥王问：“敢再控告吗？”方平说：“大冤未伸，寸心未死，必控诉！”冥王大怒，命二鬼把他一身锯为两半，令合身来见，再问如前。方平诡称：“不控告了。”冥王立命还阳。他又想向二郎真君控告，被二鬼捉回去见冥王。冥王给他千金产业，活一百岁，在生死簿上写明，盖上印，强送他去投胎成为婴儿。第四次，他成为婴儿后，终日啼哭，不吃奶，三日而死。魂终于找到九王，九王令二郎神快判，席方平终于伸了冤。小说托之鬼神，实指现实，揭露了封建官吏与豪绅地主狼狈为奸，贪赃枉法，封建官吏上下勾结，官官相护，残暴地压迫人民的黑暗和腐朽本质。二郎神的判词，集中地表现了作者对黑暗政治的诅咒。正如毛泽东所说，《席方平》这一篇就可以“当作清朝的史料来读”。毛泽东对席方平受锯刑时忍而不号特别赞赏。他说：“这篇小说的主人公觉得，阴曹暗昧尤甚于阳间。”（岳瑟：《岳艺漫忆》，《中国作家》1990 年第 6 期）

席方平不怕刀锯炮烙，不贪荣华富贵，百折不挠地和黑暗势力作斗争，终于取得了胜利。作者同情席方平的遭遇，赞扬他的刚强不屈的反抗精神，这些都表现了作者的民主思想。但是，封建王朝的黑暗统治，绝不是席方平的个人反抗所能改变的，何况他所采用的办法是他向统治者层层上告，幻想最高统治者为他伸张正义，这就更不可能从根本上改变被压迫的处境。这样，作者在篇末就只能以虚幻的还魂阳间、福寿双全，报答席方平的“忠孝志定”。这些地方也暴露了作者因果报应的思想和封建道德观念。

小说对席方平屡受酷刑作了细致的描写，借以渲染冥府的阴森可怕，表现反抗者的凛然正气。这些奇特的想象，多是通过精彩的细节描写表现的。如毛泽东指出的二鬼奉冥王之命把席方平锯成两半时，故意锯偏，以使席方平的心完好无损就是最好的一个，这个细节描写表现了作者对席方平的同情，有助于展示作品的思想倾向。

《红楼梦》　（清）曹雪芹　高鹗

原名《石头记》，长篇小说，一百二十回。前八十回为曹雪芹作，后四十回一般认为是高鹗所续。本书写作于18世纪中叶的乾隆时代，这时中国已经有了一些资本主义萌芽，但仍是封建社会。小说以贾、史、王、薛四大家庭为对象，以贾宝玉、林黛玉的爱情悲剧为主要线索，描述了贾家荣、宁二府父子、兄弟、妻妾、主仆之间，表现在婚姻、道德、文化、教育、财产等各方面错综复杂的矛盾冲突。其中有对立阶级的压迫与抗争，也有统治阶级内部的钳制与叛逆；有家族之间的倾轧，骨肉之间的陷害，也有豪强之间的掠夺，走卒之间的诱骗，尤以贾宝玉、林黛玉同贾政、薛宝钗等之间所展开的反封建礼教、争取爱情自由的斗争最为激烈。这场斗争和探春的反抄检，鸳鸯的反霸占，晴雯的反迫害，尤三姐的反淫乱等斗争交相辉映，深刻地揭露和批判了封建统治阶级的荒唐与腐朽，反映出当时已经萌发的初步民主主义思想，揭示了封建社会制度濒于崩溃和必然灭亡的历史命运。作品规模宏大，结构谨严，事情纷繁，错落有致。描写自然逼真而毫无夸饰之痕，语言优美生动，特别是塑造了许多富有典型性格的艺术形象，诸如贾宝玉、林黛玉、薛宝钗、王熙凤、尤三姐、晴雯，乃至作者寥寥几笔勾勒的刘老老、焦大等，均为我国文学画廊中的著名艺术典型。总之，它具有高度的思想性和卓越的艺术成就，是我国古代长篇小说中现实主义的高峰。但其中也反映了作者为封建制度“补天”的幻想和某些虚无主义思想。后四十回续作不尽符合曹雪芹原意，削弱了原书的反封建意识。此书版本很多，最早有脂砚斋评八十回本，又有程伟之一百二十回排印本，还有人民文学出版社1957年本、1982年本等。我们在文中用的是人民文学出版社出版的1957年本。

曹雪芹（？—1763，一作1764），名霑，字梦阮，号雪芹、芹圃、芹溪，满洲正白旗包衣人，清代小说家。自曾祖起，三代任江宁织造，其祖曹寅为康熙信任，雍正初年被抄家，迁居北京。晚年居北京西郊，贫病而卒。性情高傲，嗜酒健谈，著有《红楼梦》，亦能诗，善画石，但作品流传绝少。

高鹗（约1738—约1795），字兰墅，别署红楼外史，汉军镶黄旗人，清文学家。乾隆进士，官翰林院侍读。《红楼梦》后四十回为其所续。有《高兰墅集》等。

【原文】

第一回　甄士隐梦幻识通灵　贾雨村风尘怀闺秀（节录）

此开卷第一回也。作者自云曾历过一番梦幻之后[1]，故将真事隐去，而借“通灵”说此“石头记”一书也；故曰“甄士隐”云云。但书中所记何事何人？自己又云：“今风尘碌碌，一事无成，忽念及当日所有之女子，一一细考较去，觉其行止见识皆出我之上；我堂堂须眉[2]，诚不若彼裙钗[3]；我实愧则有余，悔又无益，大无可如何之日也！当此日，欲将已往所赖天恩祖德[4]，锦衣纨绔之时[5]，饫甘餍肥之日[6]，背父兄教育之恩，负师友规训之德，以致今日一技无成、半生潦倒之罪[7]，编述一集，以告天下：知我之负罪固多，然闺阁中历历有人，万不可因我之不肖，自护己短，一并使其泯灭也。所以蓬牖茅椽[8]，绳床瓦灶[9]，并不足妨我襟怀；况那晨风夕月，阶柳庭花，更觉得润人笔墨；我虽不学无文，又何妨用假语村言，敷演出来，亦可使闺阁昭传，复可破一时之闷，醒同人之目，不亦宜乎？故曰‘贾雨村’云云。更于篇中间用‘梦’‘幻’等字，却是此书本旨，兼寓提醒阅者之意。”

看官：你道此书从何而起？说来虽近荒唐，细玩颇有趣味。却说那女娲氏炼石补天之时[10]，于大荒山无稽崖炼成高十二丈[11]、见方二十四丈大的顽石三万六千五百零一块，那娲皇只用了三万六千五百块，单单剩下一块未用，弃在青埂峰下[12]，谁知此石自经锻炼之后，灵性已通，自去自来，可大可小；因见众石俱得补天，独自己无才，不得入选，遂自怨自愧，日夜悲哀。

一日，正当嗟悼之际，俄见一僧一道，远远而来，生得骨格不凡，丰神迥异，来到这青埂峰下，席地坐谈。见着这块鲜莹明洁的石头，且又缩成扇坠一般[13]，甚属可爱；那僧托于掌上，笑道："形体倒也是个灵物了！只是没有实在的好处，须得再镌上几个字，使人人见了便知你是件奇物，然后携你到那昌明隆盛之邦、诗礼簪缨之族[14]、花柳繁华地、温柔富贵乡那里去走一遭。"石头听了大喜，因问："不知可镌何字？携到何方？望乞明示。"那僧笑道："你且莫问，日后自然明白。"说毕，便袖了，同那道人飘然而去，竟不知投向何方。

又不知过了几世几劫[15]，因有个空空道人访道求仙[16]，从这大荒山无稽崖青埂峰下经过，忽见一块大石，上面字迹分明，编述历历；空空道人乃从头一看，原来是无才补天、幻形入世[17]、被那茫茫大士渺渺真人携入红尘[18]、引登彼岸的一块顽石[19]：上面叙着堕落之乡，投胎之处，以及家庭琐事，闺阁闲情，诗词谜语，倒还全备。只是朝代年纪，失落无考。后面又有一偈云[20]：

无才可去补苍天，枉入红尘若许年；此系身前身后事[21]，倩谁记去作奇传[22]？

空空道人看了一回，晓得这石头有些来历[23]，遂向石头说道："石兄，你这一段故事，据你自己说来，有些趣味，故镌写在此，意欲闻世一传奇；据我看来，第一件，无朝代年纪可考，第二件，并无大贤大忠、理朝廷、治风俗的善政，其中只不过几个异样女子，或情或痴，或小才微善，我纵然抄去，也算不得一种奇书。"石头果然答道："我师何必太痴！我想历来野史的朝代[24]，无非假借'汉''唐'的名色；莫如我这石头所记，不借此套，只按自己的事体情理，反倒新鲜别致。况且那野史中，或讪谤君相，或贬人妻女，奸淫凶恶，不可胜数；更有一种风月笔墨[25]，其淫秽污臭，最易坏人子弟。至于才子佳人等书，则又开口'文君[26]'，满篇'子建[27]'，千部一腔，千人一面，且终不能不涉淫滥。在作者不过要写出自己的两首情诗艳赋来，故假捏出男女二人名姓，又必旁添一小人拨乱其间[28]，如戏中的小丑一般。更可厌者，'之乎者也'，非理即文[29]，大不近情，自相矛盾：竟不如我这半世亲见亲闻的几个女子，虽不敢说强似前代书中所有之人，但观其事迹原委，亦可消愁破闷；至于几首歪诗，也可以喷饭供酒；其间离合悲欢，兴衰际遇[30]，俱是按迹循踪，不敢稍加穿凿[31]，至失其真。只愿世人当那醉余睡醒之时，或避事消愁之际，把此一玩，不但是洗旧翻新，却也省了些寿命筋力，不更去谋虚逐妄了[32]。我师意为如何？”

空空道人听如此说，思忖半晌，将这“石头记”再检阅一遍，因见上面大旨不过谈情，亦只是实录其事，绝无伤时诲淫之病，方从头至尾抄写回来，闻世传奇。从此空空道人因空见色[33]，由色生情，传情入色，自色悟空，遂改名情僧，改“石头记”为“情僧录”。东鲁孔梅溪题曰“风月宝鉴”。后因曹雪芹于悼红轩中，披阅十载，增删五次，纂成目录，分出章回，又题曰“金陵十二钗”；并题一绝。即此便是“石头记”的缘起。诗云：

满纸荒唐言[34]，一把辛酸泪！都云作者痴，谁解其中味？

真是闲处光阴易过，倏忽又是元宵佳节。士隐令家人霍启抱了英莲去看社火花灯[35]，半夜中，霍启因要小解，便将英莲放在一家门槛上坐着，待他小解完了来抱时，那有英莲的踪影？急的霍启直寻了半夜，至天明不见，那霍启也不敢回来见主人，便逃往他乡去了。

那士隐夫妇见女儿一夜不归，便知有些不好，再使几人去找寻，回来皆云影响全无。夫妻二人半世只生此女，一旦失去，何等烦恼，因此昼夜啼哭，几乎不顾性命。看看一月，士隐已先得病，夫人封氏也因思女构疾，日日请医问卦。

不想这日三月十五，葫芦庙中炸供[36]，那和尚不小心，油锅火逸，便烧着窗纸：此方人家俱用竹篱木壁，也是劫数应当如此[37]，于是接二连三，牵五挂四，将一条街烧得如“火焰山”一般；彼时虽有军民来救，那火已成了势了，如何救得下，直烧了一夜方息，也不知烧了多少人家。只可怜甄家在隔壁，早成了一堆瓦砾场了，只有他夫妇并几个家人的性命不曾伤了，急的士隐惟跌足长叹而已。与妻子商议且到田庄上去住，偏值近年水旱不收，贼盗蜂起，官兵剿捕，田庄上又难以安身，只得将田地都折变了，携了妻子与两个丫鬟，投他岳丈家去。

他岳丈名唤封肃，本贯大如州人氏，虽是务农，家中却还殷实，今见女婿这等狼狈而来，心中便有些不乐，幸而士隐还有折变田产的银子在身边，拿出来托他随便置买些房地，以为后日衣食之计；那封肃便半用半赚的，略与他些薄田破屋。士隐乃读书之人，不惯生理稼穑等事[38]，勉强支持了一二年,越发穷了。封肃见面时,便说些现成话儿,且人前人后,又怨他不会过、只一味好吃懒做。士隐知道了，心中未免悔恨，再兼上年惊唬，急忿怨痛，暮年之人，那禁得贫病交攻，竟渐渐的露出了那下世的光景来。可巧这日拄了拐扎挣到街前散散心时，忽见那边来了一个跛足道人，疯狂落拓[39]，麻鞋鹑衣[40]，口内念着几句言词道：

世人都晓神仙[41]好，惟有功名忘不了！

古今将相在何方：荒冢一堆草没了。

世人都晓神仙好，只有金银忘不了！

终朝只恨聚无多，及到多时眼闭了。

世人都晓神仙好，只有姣妻忘不了！

君生日日说恩情，君死又随人去了。

世人都晓神仙好，只有儿孙忘不了！

痴心父母古来多，孝顺子孙谁见了？

士隐听了,便迎上来道:“你满口说些什么？只听见些‘好了’‘好了’。”那道人笑道：“你若果听见‘好了’二字，还算你明白：可知世上万般，好便是了,了便是好；若不了,便不好；若要好,须是了。我这歌儿便叫‘好了[42]歌’。”士隐本是有夙慧[43]的，一闻此言，心中早已悟彻[44]，因笑道：“且住！待我将你这‘好了歌’注解出来何如？”道人笑道：“你就请解。”士隐乃说道：

陋室空堂，当年笏满床[45]，衰草枯杨，曾为歌舞场；蛛丝儿结满雕梁，绿纱[46]今又在蓬窗上。说甚么脂正浓、粉正香，如何两鬓又成霜？昨日黄土陇头[47]埋白骨，今宵红绡帐底卧鸳鸯[48]。金满箱，银满箱，转眼乞丐人皆谤；正叹他人命不长，那知自己归来丧？训有方，保不定日后作强梁[49]。择膏粱[50]，谁承望流落在烟花巷[51]！因嫌纱帽小，致使锁枷扛；昨怜破袄寒，今嫌紫蟒长[52]：乱烘烘你方唱罢我登场，反认他乡是故乡；

甚荒唐，到头来都是为他人作嫁衣裳[53]。

那疯跛道人听了，拍掌大笑道："解得切！解得切！"士隐便说一声"走罢"，将道人肩上的搭裢[54]抢过来背上，竟不回家，同着疯道人飘飘而去。

当下哄动街坊，众人当作一件新闻[55]传说。封氏闻知此信，哭个死去活来，只得与父亲商议，遣人各处访寻。那讨音信？无奈何，只得依靠着他父母度日；幸而身边还有两个旧日的丫鬟伏侍，主仆三人，日夜作些针线，帮着父亲用度。那封肃虽然每日抱怨，也无可奈何了。

……

【毛泽东评点】

同中央军委的同志谈话，……在谈到《红楼梦》的历史主题时说：曹雪芹把真事隐去，用假语村言写出来。真事就是政治斗争，不能讲，于是用吊膀子（爱情）掩盖它。

——董学文等：《毛泽东的文艺美学活动》，高等教育出版社1995年版，第247页。

毛泽东在中南海与周培源、于光远谈日本学者坂田的文章。毛泽东在谈话中又谈到了曹雪芹，他说：曹雪芹写《红楼梦》，还是想"补天"，想补封建社会制度的天。但是，《红楼梦》里写的却是封建社会的没落。可以说是曹雪芹的世界观和他的创作发生矛盾。

——龚育之、宋贵仑：《"红学"一家言》，载《毛泽东的读书生活》，生活·读书·新知三联书店1986年版，第226页。

在北戴河，毛泽东找几个哲学工作者谈话，其中有吴江、邵铁真、龚育之等人，康生也在座。

毛泽东在谈话中谈到了《红楼梦》，他说：《红楼梦》我至少读了五遍……我是把它当历史读，开头当故事读，后来当历史读。什么人都不注意《红楼梦》的第四回，那是个总纲。还有《冷子兴演说荣国府》，《好了歌》和注。

——龚育之、宋贵仑：《"红学"一家言》，载《毛泽东的读书生活》，生活·读书·新知三联书店1986年版，第220页。

《红楼梦》里有这样的话："陋室空堂，当年笏满床。衰草枯杨，曾为歌舞场；蛛丝儿结满雕梁，绿纱今又在蓬窗上。"这段话说明了在封建社会里，社会关系的兴衰变化，家族的瓦解和崩溃。

——《毛泽东文艺美论集》，中央文献出版社 2002 年版，第 205 页。

毛泽东曾手书《红楼梦》第一回中"无才可去补苍天"句。

——《毛泽东手书墨迹选》，载第十卷《古诗词》下，中央文献出版社、北京出版社 1996 年版，第 242 页。

毛泽东曾手书《红楼梦》第一回中"满纸荒唐言"句。

——出处同上条。

毛泽东曾手书《红楼梦》第一回中"好了歌注"一首。

——出处同上条。

【注释】

（1）梦幻，佛教名词，空空虚无之意。佛教以世上事物无常，一切皆空。将此喻为梦境、幻想、水泡和影子。《金刚般若波罗蜜经·应化非真分》："一切有为法，如梦、幻、泡、影，如露，亦如电，应作如是观。"

（2）须眉，本指胡须和眉毛，代指男子。

（3）裙钗，古代妇女着裙插钗，因作妇女的代称。

（4）天恩，古代皇帝自封为天子，天恩即指君恩。祖德，祖宗的功德，此指祖宗留给子孙的恩惠和声威。

（5）锦衣纨（wán 丸）绔，富贵子弟的穿着。锦，色彩华美的丝织物。纨，细绢。

（6）饫（yù 玉）甘餍（yàn 厌）肥，饱食香脆肥美的饫、餍，都是吃饱、吃腻之意。

（7）潦倒，失意，贫困不得志的意思。

（8）蓬牖（yǒu 友）茅椽（chuán 传），草房，茅屋，贫者所居。牖，窗户。

（9）绳床，亦称"胡床"，是由西亚或印度僧人输入的一种坐具。也叫“交椅”。原是苦修僧徒所坐，此指贫家用具。瓦灶，用土坯烧制成的简陋炉灶。

（10）女娲氏炼石补天，古代神话：上天有的地方坍塌，女娲氏炼五色石，把它修补起来。女娲氏，上古神话人物，有说她是伏羲氏的妹妹或妻子，有说她是上古洪荒时代的女皇帝，故又称“娲皇”。事见《天问》《列子》等书。

（11）大荒山，山名。《山海经·大荒西经》：“大荒之中，有山名曰大荒之山，日月所入。”脂评：“荒唐也。”故大荒山，是借大荒之名，寓荒唐之意。无稽崖，作者虚构崖名。无稽，无从查考的言论和事物。

（12）青埂峰，作者虚拟的峰名。青埂，谐音情根。脂评：“自谓堕落情根，故无补天之用。”

（13）扇坠，古代贵族之家用的扇子，扇柄往往系一块珠、玉及其他饰物，叫“扇坠”。

（14）诗礼簪缨之族，指书香门第，贵族之家。诗礼，《诗经》和《三礼》(《周礼》《仪礼》《礼记》)。簪缨，清代以前，男子也蓄满发。簪，是用以把头发和帽子别在一起的饰物。缨，帽带。

（15）几世几劫，佛教认为，宇宙有生成的时候，也有毁灭的时候，二者交替循环，没有终止。生成的时候，世界出现，叫作“世”。破坏的时候，世界毁灭，叫作“劫”。这是不科学的。

（16）空空道人，本书中一个半神仙式的人物。作者的取名也有子虚乌有的寓意。作者借空空道人和石头的对话，阐明其创作原则。空空道人又将石上故事抄录问世。后空空道人改名为情僧，易《石头记》为《情僧录》。

（17）幻形入世，变化原形，以假象代替真形，来到人世间。

（18）茫茫大士渺渺真人，书中两个半神仙式的人物，取名均有渺茫虚无之意。两人一起将顽石携入红尘。大士，佛教对佛和菩萨的称呼，意思是道行很高的人。真人，道教对修真得道者的称号。红尘，指人世间。

（19）彼岸，印度语“波罗”的意译。佛教徒称有生有死的现实世俗世界叫“此岸”；修行得道，超脱生死的极乐世界，叫“彼岸”。

（20）偈（jì 季），印度语“偈陀”音译的简化。一种颂体，三言、四言或多言不等，通常为四句。

（21）身前身后事，指小说所写顽石身前（女娲炼石补天）身后（顽石幻形入世之后的遭遇）所经历的事。

（22）倩（qiàn 欠），请。作奇传，作为奇闻趣事流传下去，或作“传奇”的例文，指传奇小说。

（23）石头，是一个拟人化的名字，能口吐人言，苦求一僧一道携入红尘，幻化成通灵宝玉夹带在贾宝玉身上，成为故事的目击者，此外还有其他象征意义。

（24）野史，一般相对官修正史的私家编撰的史类著作而言，这里指小说，亦称“稗官野史”。

（25）风月笔墨，指渲染色情的作品。

（26）文君，即卓文君，西汉蜀地富商卓王孙之女，寡居在家，后私奔著名文人司马相如。事见《史记·司马相如传》。此事后来成为才子佳人作品经常描述的题材。

（27）子建，即曹植，字子建，魏武帝曹操的儿子。据说他才思甚高，南北朝刘宋诗人谢灵运曾说：“天下才共一石，子建独得八斗。”（《西汉·谢灵运传》）后来曹子建成了所谓“才子”的代称。

（28）拨乱，挑拨，扰乱。

（29）非理即文，不是宣扬忠、孝、节、义，就是充斥之乎者也之类的陈词滥调。

（30）际遇，指处于历史变革时期的个人遭遇。

（31）不穿凿，不妄加，不歪曲，如实写出。

（32）谋虚逐妄，指追求不能长久保持、终必幻灭的功名富贵，或指阅读那些失真的小说。

（33）因空见色，由色生情，传情入色，自色悟空，色空是佛教唯心主义的哲学概念。佛教认为，现实物质世界的一切事物（色），都是虚幻不实、刹那生灭的假象，本质上是不真实的（空）。因此“色”的本质是“空”，“色即是空”，“色性自空”。（《维摩诘经·入不二法门品》）把现实世界都看作虚幻不实的假象，就是“因空见色”；“情”是对此种假象（色）所产生的种种欲念，如爱、憎等，就是“由色生情”。“传情入色，自色悟空”，则是对上述两句的还原。由“情”回到世界万物的假象（色），又由这种假象悟彻到作为万事万物的世界本体的一切皆“空”。这种教义就是引导人们看破红尘，彻底觉悟，回到皈依佛教天国的道路。这是一种否认客观世界存在的唯心主义观点。

（34）荒唐言，夸大的言辞，引申为谬误、不可信的话，实指小说中反封建的叛逆思想。

（35）社火，旧时节日表演的民间游艺活动，如舞狮子、龙灯、旱船等，也叫赛会。

（36）炸供，用油炸祭神的食品。

（37）劫数，原为“劫”，梵文 Kalpa 的音译“劫波”之略，意译为“长时”。后成为历灾难、遭厄运的意思，即所谓“劫数”。佛经谓坏劫之末有火、风、水三灾，称“劫数”。道教也持此说。

（38）稼穑，播种和收获，泛指农业劳动。

（39）落拓，狂放不羁。

（40）鹑（chún 纯）衣，满是补丁的破旧衣服。鹑，鹌鹑，尾秃，很像旧时穷人衣服短而多结，故称鹑衣。

（41）神仙，道教称所谓得道后“超脱生死”、变幻莫测的人。《汉书·艺文志》：“神仙者，所以保性命之真而游于其外者也。”这里指摆脱世俗事物的人。

（42）好了，好，指得到解脱。了，指了结俗愿。据《古今图书集成·博物篇·神异典·神仙部》引《荆州府志》，明代有位“好了道士”，善为巧法，言祸福奇中，往来宜都山中，叩其姓名，但点头曰“好了”，故以名之。

（43）夙慧，生来就有的悟性。

（44）悟彻，佛教所说的大彻大悟，透彻地领悟佛家道理，指看破红尘。

（45）笏满床，比喻家中做大官的人多。笏，古代臣子朝见皇帝时手中所执的狭长板子，用象牙或木片制成，以备奏事记录之用。据说唐崔神庆之子琳、珪、瑶等都当了大官，每岁时家宴，用一榻放笏，重叠于其上，号满床笏。（《旧唐书·崔义玄传》）

（46）绿纱，古代豪门贵族之家所用窗纱。

（47）黄土陇头，即田垄之间，指坟墓。

（48）红绡帐，红纱帐。绡，细纱。鸳鸯，这里比喻新婚夫妇。

（49）强梁，本义是横暴，这里指代强盗。

（50）膏粱，脂油和精米，泛指美味佳肴，这里是膏粱子弟的省称。

（51）烟花巷，即花街柳巷，旧时指妓女集居之所。

（52）紫蟒，紫色蟒袍。清代的皇子、亲王及一品官到七品官都着蟒袍。

（53）为他人作嫁衣裳，空为别人忙碌。唐秦韬玉《贫女》诗："苦恨年年压金线，为他人作嫁衣裳。"

（54）搭裢（lián 连），一种长方形口袋，从一面的中间开口，两头装东西。一般搭在肩上，故称搭裢。

（55）新闻，指新近发生的奇异故事。

【赏析】

《红楼梦》第一回"甄士隐梦幻识通灵　贾雨村风尘怀闺秀"，开宗明义，作者交代了他创作《红楼梦》的动机、原则和方法，反映了他的文学观。

首先，曹雪芹以虚构的形式说了石头故事的由来，但不愿人们把他的小说理解为向壁虚构的作品。他郑重申明：他写的是"我这半世亲闻亲见的几个女子"，"其间离合悲欢，兴衰际遇，俱是按迹循踪，不敢稍加穿凿，至失其真"。强调他的小说是以真实生活为基础的。当然，尊重生活的真实并不是要求小说创作成为生活的实录或作者的自传。作者是"将真事隐去"，"用假语村言，敷演出来"的方法创作的。这应视为作者表述自己创作思想和方法的特殊用语。它既包含着由生活原型到艺术典型的创造过程，也意味着作者避免文字之祸的难言之隐。甚至还应包括用假事敷演，用真事点醒，互相补充，彼此勾连，或正话反说，或以褒为贬，或借题发挥，或隐喻暗示，等等。这样才可能以"儿女私情"的形式，写出一部具有"伤时骂世"深刻内容的现实主义巨著。

1973 年 12 月 21 日，毛泽东在同中央军委的同志谈话中，肯定了"曹雪芹把真事隐去，用假语村言写出来”的方法，并加以发挥说：“真事就是政治斗争，不能讲，于是用吊膀（爱情）掩盖它。”毛泽东一再强调要把《红楼梦》当作历史读。而整个历史就是一部阶级斗争史，而政治在阶级社会里，就是阶级与阶级的斗争。这个“真事”不能讲，必须用假语村言来写。由此，他对这一回中的《好了歌》和注十分注意，在 1959 年 12 月至 1960 年 2 月，在关于苏联《政治经济学（教科书）》的笔记中，讲到《好了歌注》中“陋室空床，……绿纱今又在蓬窗上”，认为“这段话说明了在封建社会里，社会关系的兴衰变化、家族的瓦解和崩溃”。跛足道人的《好了歌》，“好”，指得到解脱；“了”，是了结俗愿。据跛足道人解释：“可知世上万般，好便是了，了便是好。若不了，便不好；若要好，便是了。”其意思是说，所谓功名、利禄、妻子儿女等统统是空的，丝毫不值得留恋，只有忘掉这一切，才能进入神仙的境界。同时歌中还嘲笑了世人的种种矛盾：向往神仙，又不能抛弃功名、利禄、姣妻、儿孙，而终身追求的这一切却又靠不住。这首歌揭示了封建社会全部人生理想的幻灭，说明封建社会所陷入的种种矛盾和危机。而甄士隐的《好了歌注》，则是在《好了歌》的基础上，对封建末世政治风云变幻、宦海沉浮、社会伦理道德崩溃、人生无常的形象化说明。作者借甄士隐之口，以对比的手法，勾画了一幅封建末世的兴衰荣枯图景，是封建社会末期种种社会矛盾的反映，因此受到毛泽东的关注。

其次，小说写作的动机和用意。曹雪芹借女娲补天的神话传说，虚构出女娲曾弃一顽石于大荒山无稽崖青埂峰下，顽石上记述“无才补天，幻形入世”，“历尽离合悲欢炎凉世态的一段故事”，后面又有一偈云：“无才可去补苍天，枉入红尘若许年。此系身前身后事，倩谁记去作奇传？”它以顽石的自怨叹，表明小说创作的缘起和用意。曹雪芹生于清乾隆时期，表面看是所谓乾嘉盛世，实则是我国封建社会的末世，他透过家族的衰败，看到封建社会的“天”已经残破，无法修补，因而借顽石之口，说自己没有济世匡时之才以挽救这个社会的颓势，枉之来到人间一场，只好将自己“身前身后”的社会历史、现实的全部感受，敷演成这部小说。“无才可去补苍天”，表面是作者的自愧语，实际却是愤激之言。1964 年 8 月

24日，毛泽东在中南海与周培源、于光远谈日本学者坂田的文章时，指出了曹雪芹是“想补封建社会的‘天’”，但是他写出来的却是封建社会的没落，乃至整个封建社会衰亡的历史，这充分说明曹雪芹的世界观和他的创作发生矛盾。正像恩格斯指出的巴尔扎克、列宁指出的托尔斯泰一样，任何伟大的古代作家，其世界观与创作都不可避免地发生矛盾。曹雪芹也不例外。

再次，作者于小说卷首，交代《红楼梦》的创作经过，是由空空道人自石上“抄录回来”，“后因曹雪芹于悼中，红轩披阅十载，增删五次，纂成目录，分出章回”。题曰《金陵十二钗》，并题了一首五言绝句：“满纸荒唐言，一把辛酸泪！都云作者痴，谁解其中味？”这是全书唯一一首以作者身份直接写下来的诗作。所谓“荒唐言”，原是庄子对自己著作的概括：“以谬悠之说，荒唐之言，无端崖之辞，时恣纵而不傥，不以觭见之也。以天下为沉浊，不可与庄语。”（《庄子·天下》）这里曹雪芹以庄子的话来概括自己的创作。所谓“荒唐言”，不仅包括“沉浊”，也不限于顽石故事的荒唐由来，还申明了小说从根本精神上与传统观念的决裂。因这“荒唐言”中浸透着作者对封建末世的全部感受，对现实社会的愤激、哀惋，对人生的悲痛和感慨，所以说是“一把辛酸泪”。但是作者的这种复杂用心，世人却难以理解，甚至误解，以为其中不过写“儿女私情”，是作者痴情的表现，故作者要特别标出“谁解其中味”，以诉说其难以明言的隐衷。“字字看来皆是血，十年辛苦不寻常。”毛泽东曾手书“满纸荒唐言”诗句，表达了对作者创作态度的肯定。

最后，作者还严厉地批评当时创作中不良倾向：“野史”的胡编乱造，“风月笔墨”的“坏人子弟”，“才子佳人”小说的“千部一腔，千人一面”的公式化、概念化倾向，“之乎者也，非理即文”的陈词滥调，等等，都不足为训。他要“不借此套”，“洗旧翻新”，“反倒新颖别致”，让人耳目一新。这实际提出了小说的创新要求，具有反流俗的意义。所以，鲁迅先生说：“自有《红楼梦》出来以后，传统的思想和写法都打破了。”（《中国小说的历史的变迁》）

【原文】

第二回　贾夫人仙逝扬州城　冷子兴演说荣国府（节录）

这林如海姓林名海，表字如海，乃是前科的探花[1]，今已升兰台寺大夫[2]，本贯姑苏人氏，今钦点为巡盐御史[3]，到任未久。原来这林如海之祖，也曾袭封列侯的，今到如海，业经五世；起初只袭三世，因当今[4]隆恩盛德，额外加恩，至如海之父，又袭了一代；到了如海，便从科第出身：虽系世禄[5]之家，却是书香之族。只可惜这林家支庶不盛，人丁有限，虽有几门，却与如海俱是堂族，没甚亲支嫡派的。今如海年已五十，只有一个三岁之子，又于去岁亡了，虽有几房姬妾，奈命中无子，亦无可如何之事。只嫡妻贾氏生得一女，乳名黛玉，年方五岁，夫妻爱之如掌上明珠；见他生得聪明俊秀，也欲使他识几个字，不过假充养子，聊解膝下荒凉之叹。

且说贾雨村在旅店偶感风寒，愈后又因盘费不继，正欲得一个居停[6]之所，以为息肩[7]之地，偶遇两个旧友，认得新盐政，知他正要请一西席[8]教训女儿，遂将雨村荐进衙门去。这女学生年纪幼小，身体又弱，工课不限多寡，其余不过两个伴读丫鬟，故雨村十分省力，正好养病。

看看又是一载有余。不料女学生之母贾氏夫人一病而亡，女学生奉侍汤药，守丧尽礼，过于哀痛，素本怯弱，因此旧病复发，有好些时不曾上学。雨村闲居无聊，每当风日晴和，饭后便出来闲步。这一日偶至郊外，意欲赏鉴那村野风光，信步至一山环水漩、茂林修竹之处，隐隐有座庙宇，门巷倾颓，墙垣剥落，有额题曰“智通寺”，门旁又有一副旧破的对联云：

身后有余[9]忘缩手，眼前无路想回头[10]。

雨村看了，因想道：“这两句文虽甚浅，其意则深，也曾游过些名山大刹[11]，倒不曾见过这话头，其中想必有个翻过筋斗来的[12]，也未可知，何不进去一访？”走入看时，只有一个龙钟[13]老僧在那里煮粥，雨村见了，却不在意，及至问他两句话，那老僧既聋且昏，又齿落舌钝，所答非所问。

雨村不耐烦，便仍退出来，意欲到那村肆中沽饮三杯，以助野趣，于是移步行来。刚入肆门，只见座上吃酒之客，有一人起身大笑，接了出来，口内说："奇遇，奇遇！"雨村忙看时，此人是都中古董行[14]中贸易姓冷号子兴的，旧日在都相识。雨村最赞这冷子兴是个有作为大本领的人，这子兴又借雨村斯文之名，故二人最相投契。雨村忙亦笑问："老兄何日到此，弟竟不知。今日偶遇，真奇缘也！"子兴道："去年岁底到家，今因还要入都，从此顺路找个敝友说一句话，承他的情，留我多住两日，我也无甚紧事，且盘桓两日，待月半时，也就起身了。今日敝友有事，我因闲走到此，不期这样巧遇！"一面说，一面让雨村同席坐了，另整上酒肴来，二人闲谈慢饮，叙些别后之事。

雨村因问："近日都中可有新闻没有？"子兴道："倒没有什么新闻，倒是老先生的贵同宗家出了一件小小的异事。"雨村笑道："弟族中无人在都，何谈及此？"子兴笑道："你们同姓岂非一族？"雨村问是谁家，子兴笑道："荣国贾府中，可也不玷辱老先生的门楣了[15]！"雨村道："原来是他家，若论起来，寒族人丁论自不少，东汉贾复[16]以来，支派繁盛，各省皆有，谁能逐细考查；若论荣国一支，却是同谱，但他那等荣耀，我们不便去认他，故越发生疏了。"子兴叹道："老先生休这样说。如今的这荣、宁两府也都萧索了，不比先时的光景。"雨村道："当日宁、荣两宅，人口也极多，如何便萧索了呢？"子兴道："正是，说来也话长。"雨村道："去岁我到金陵时，因欲游览六朝[17]遗迹，那日进了石头城[18]，从他宅门前经过，街东是宁国府，街西是荣国府，二宅相连，竟将大半条街占了。大门外虽冷落无人，隔着围墙一望，里面厅殿楼阁，也还都峥嵘轩峻；就是后边一带花园里，树木山石，也都还有葱蔚洇润之气[19]，那里像个衰败之家？"子兴笑道："亏你是进士出身，——原来不通！古人有言：'百足之虫，死而不僵'[20]，如今虽说不似先年那样兴盛，较之平常仕宦人家，到底气象不同。如今人口日多，事务日盛，主仆上下，都是安富尊荣，运筹谋画的竟无一个。那日用排场，又不能将就省俭，如今外面的架子虽没很倒，内囊却也尽上来了。这也是小事。更有一件大事：谁知这样钟鸣鼎食[21]的人家儿，如今养的儿孙，竟一代不如一代了！”雨村听说，也道：“这样诗礼之家，岂有不善教育之理？别门不知，只说这宁、荣两宅，是最教子有方的，何至如此？”

子兴叹道：“正说的是这两门呢！等我告诉你：当日宁国公是一母同胞弟兄两个。宁公居长，生了两个儿子；宁公死后，长子贾代化袭了官，也养了两个儿子：长子名贾敷，八九岁上死了，只剩了一个次子贾敬，袭了官，如今一味好道，只爱烧丹炼汞[22]，别事一概不管。幸而早年留下一个儿子，名唤贾珍，因他父亲一心想作神仙，把官倒让他袭了。他父亲又不肯住在家里，只在都中城外和那些道士们胡羼[23]。这位珍爷他生了一个儿子，今年才十六岁，名叫贾蓉。如今敬老爷不管事了，这珍爷那里干正事？只一味高乐[24]不了，把那宁国府竟翻过来了，也没有敢来管他的人。再说荣府你听——方才所说异事就出在这里：自荣公死后，长子贾代善袭了官，娶的是金陵世家史侯的小姐为妻，生了两个儿子：长名贾赦，次名贾政；如今代善早已去世，太夫人尚在，长子贾赦袭了官，为人却也中平，也不管理家事。惟有次子贾政，自幼酷喜读书，为人端方正直，祖父钟爱，原要他从科甲出身，不料代善临终遗本一上，皇上怜念先臣，即叫长子袭了官；又问还有几个儿子，立刻引见，又将这政老爷赐了个额外[25]主事职衔，叫他入部[26]习学；如今现已升了员外郎[27]。这政老爷的夫人王氏，头胎生的公子名叫贾珠，十四岁进学[28]，后来娶了妻，生了子，不到二十岁，一病就死了，第二胎生了一位小姐，生在大年初一，就奇了；不想隔了十几年，又生了一位公子，说来更奇：一落胞胎嘴里便衔下一块五彩晶莹的玉来，还有许多字迹；你道是新闻不是？”

雨村笑道：“果然奇异，只怕这人的来历不小！”子兴冷笑道：“万人都这样说，因而他祖母爱如珍宝。那年周岁时，政老爷试他将来的志向，便将世上所有的东西，摆了无数叫他抓，谁知他一概不取，伸手只把些脂粉钗环抓来玩弄；那政老爷便不喜欢，说将来不过酒色之徒，因此不甚爱惜。独那太君还是命根子一般。说来又奇：如今长了十来岁，虽然淘气异常，但聪明乖觉，百个不及他一个；说起孩子话来也奇，他说：‘女儿是水做的骨肉，男子是泥做的骨肉，我见了女儿便清爽，见了男子便觉浊臭逼人！’你道好笑不好笑？将来色鬼无疑了！”雨村罕然厉色道：“非也！

可惜你们不知道这人的来历，大约政老前辈也错以淫魔色鬼看待了！若非多读书识事，加以致知格物[29]之功、悟道参玄[30]之力者，不能知也。”

……

子兴道：“依你说，‘成则公侯败则贼’了？”雨村道：“正是这意。你还不知，我自革职以来，这两年遍游各省，也曾遇见两个异样孩子，所以方才你一说这宝玉，我就猜着了八九也是这一派人物。不用远说，只这金陵城内，钦差金陵省体仁院总裁[31]甄家，你可知道？”子兴道：“谁人不知！这甄府就是贾府老亲，他们两家来往极亲热的，——就是我也和他家往来非止一日了。”

雨村笑道：“去岁我在金陵，也曾有人荐我到甄府处馆[32]，我进去看其光景，谁知他家那等荣贵，却是个‘富而好礼’[33]之家，倒是个难得之馆。但是这个学生虽是启蒙[34]，却比一个举业的还劳神[35]。说起来更可笑：他说：‘必得两个女儿陪着我读书，我方能认得字，心上也明白；不然，我心里自己糊涂。’又常对着跟他的小厮们说：‘这“女儿”两个字极尊贵极清净的，比那瑞兽珍禽、奇花异草更觉稀罕尊贵呢！你们这种浊口臭舌，万万不可唐突了这两个字，要紧，要紧！但凡要说的时节，必用净水香茶漱了口方可；设若失错，便要凿牙穿眼的。’其暴虐顽劣，种种异常；只放了学进去，见了那些女儿们，其温厚和平，聪敏文雅，竟变了一个样子。因此他令尊也曾下死笞楚[36]过几次，竟不能改，每打的吃疼不过时，他便“姐姐”“妹妹”的乱叫起来。后来听得里面女儿们拿他取笑：‘因何打急了只管叫姐妹作什么？莫不叫姐妹们去讨情讨饶？你岂不愧些！’他回答的最妙，他说：‘急痛之时，只叫“姐姐”“妹妹”字样，或可解疼，也未可知，因叫了一声，果觉疼得好些，遂得了秘法，每疼痛之极，便连叫姐妹起来了！’你说可笑不可笑？为他祖母溺爱不明，每因孙辱师责子，我所以辞了馆出来的。这等子弟必不能守祖父基业、从师友规劝的。只可惜他家几个好姊妹都是少有的！”

子兴道：“便是贾府中现在三个也不错。政老爷的长女名元春，因贤孝才德，选入宫作女史[37]去了。二小姐乃是赦老爷姨娘所出，名迎春。三小姐政老爷庶出[38]，名探春。四小姐乃宁府珍爷的胞妹，名惜春，因史老夫人极爱孙女，都跟在祖母这边，一处读书，听得个个不错。”雨村道：“更妙在甄家风俗，女儿之名，亦皆从男子之名，不似别人家里，另外用这些‘春’‘红’‘香’‘玉’等艳字；何得贾府亦落此俗套？”子兴道：“不然。只因现今大小姐是正月初一所生，故名‘元春’，余者都从了‘春’字；上一排的却也是从弟兄而来的。现有对证：目今你贵东家林公的夫人，即荣府中赦政二公的胞妹，在家时名字唤贾敏，不信时你回去细访可知。”雨村拍手笑道：“是极！我这女学生名叫黛玉，他读书凡‘敏’字他皆念作‘密’字，写字遇着‘敏’字亦减一二笔，我心中每每疑惑，今听你说，是为此无疑矣。怪道我这女学生言语举止另是一样，不与凡女子相同，度其母不凡，故生此女；今知为荣府之外孙，又不足罕矣。可惜上月其母竟亡故了！”子兴叹道：“老姊妹三个，这是极小的，又没了！长一辈的姊妹一个也没了！只看这小一辈的将来的东床[39]何如呢。”

雨村道：“正是，方才说政公已有一个衔玉之子，又有长子所遗弱孙，这赦老竟无一个不成？”子兴道：“政公既有玉儿之后，其妾又生了一个，倒不知其好歹。只眼前现有二子一孙，却不知将来何如。若问那赦老爷，也有一子，名叫贾琏，今已二十多岁了，亲上做亲，娶的是政老爷夫人王氏内侄女，今已娶了四五年。这位琏爷身上，现捐了个同知[40]，也是不喜正务的，于世路上好机变，言谈去得，所以目今现在乃叔政老爷家住，帮着料理家务。谁知自娶了这位奶奶之后，倒上下无人不称颂他的夫人，琏爷倒退了一舍之地，模样又极标致，言谈又爽利，心机又极深细，竟是个男人万不及一的！”

雨村听了笑道：“可知我言不谬了：你我方才所说的这几个人，只怕都是那正邪两赋而来，一路之人，未可知也！”子兴道：“‘正’也罢！‘邪’也罢！只顾算别人家的账，你也吃一杯酒才好。”雨村道：“只顾说话，就多吃了几杯。”子兴笑道：“说着别人家的闲话，正好下酒，即多吃几杯何妨！”雨村向窗外看道：“天也晚了，仔细关了城，我们慢慢进城再谈，未为不可。”于是二人把身，算还酒钱。方欲走时，忽听得后面有人叫道：“雨村兄恭喜了！特来报个喜信的。”雨村忙回头看时，——要知是谁，且听下回分解。

【毛泽东评点】

在北戴河，毛泽东找几个哲学工作者谈话，其中有吴江、邵铁真、龚育之等人，康生也在座。

毛泽东在谈话中谈到了《红楼梦》，他说：《红楼梦》我至少读了五遍……我是把它当历史读，开头当故事读，后来当历史读。什么人都不注意《红楼梦》的第四回，那是个总纲。还有《冷子兴演说荣国府》，《好了歌》和注。

——龚育之、宋贵仑：《“红学”一家言》，载《毛泽东的读书生活》，生活·读书·新知三联书店 1986 年版，第 220 页。

（一九六三年）五月二日至十二日，毛泽东在杭州召集部分中央政治局委员和大区书记参加的小型会议，讨论农村社会主义教育问题。毛泽东在会上讲了话。他说：《红楼梦》第二回上，冷子兴讲贾府“安富尊荣者尽多，运筹谋画者无一”，讲得太过。

——龚育之、宋贵仑：《“红楼”一家言》，载《毛泽东的读书生活》，生活·读书·新知三联书店 1986 年版，第 225 页。

在中央工作会议上谈到国际形势时说：我（毛泽东）总相信《红楼梦》的作者借小说人物的口说的一句话，“大有大的难处”……也是《红楼梦》写的，冷子兴讲贾府衰败下来了，贾雨村不信，说我到荣国府街上看过，还不错。冷子兴便说，亏你还是进士出身，原来不通。古人有言，“百足之虫，死而不僵”，死了，但是没有倒。

——董学文等：《毛泽东的文艺美学活动》，高等教育出版社 1995 年版，第 221—222 页。

【注释】

（1）探花，封建科举制度，进士经过廷试（也叫殿试），考中第三名的叫探花。

（2）兰台寺大夫，汉朝的兰台是宫廷藏书之所，主管官员是御史中丞，它是御史大夫一类的官，居殿中兰台，兼任纠察，故称兰台寺大夫。寺，古代官衙有的称寺。

（3）钦点，皇帝亲自选派。钦，敬，封建时代称皇帝行事叫钦。巡盐御史，明代和清初的盐务官员，其主要职责是巡察与督导其辖区的盐务及所属各级盐务官吏。

（4）当今，封建社会，称当代的皇帝为“当今”，或“今上”。

（5）世禄，封建社会，官僚贵族之家世代承继前辈的俸禄。

（6）居停，东家，主人，旧时被官僚、地主雇用、聘请的文士对其主人的称呼。

（7）息肩，歇歇肩。这里指失官下野，找一个暂时“栖身”的差使做。

（8）西席，古时以东、西分宾主。席席（座位）主人居东，称东家；宾客居西，称西席。

（9）身后，即死后。陶渊明《读山海经》：“功成在身后。”有余，有余钱。

（10）回头，佛教术语，彻悟，皈依，回头是岸。

（11）刹，梵文 laksatǎ 音译的省称，佛塔顶部的装饰，即相轮，一般代指佛寺、佛塔。

（12）翻过筋斗来的，佛教禅宗对于因追求名利受过挫折的人的一种比喻。筋斗，通作“跟头”。

（13）龙钟，身体衰弱、动作迟缓之态。

（14）古董行，又作骨董行，买卖古玩珍宝的商行。

（15）玷（diàn 店）辱门楣，使门第受辱。门楣，门上横木，借指家族门第。

（16）贾复，东汉初南阳冠军（今河南邓州一带）人，曾随汉光武帝刘秀起事，后任至右将军，封胶东侯。《后汉书》卷四十七有传。

（17）六朝，吴、东晋、宋、齐、梁、陈六个封建王朝，都建都金陵（今江苏南京），后人称之为“六朝”。

（18）石头城，即南京城。

（19）葱蔚洇润之气，茂盛润泽的气象。

（20）百足之虫，死而不僵，百足的昆虫死了，还能支持身体不倒，比喻某个显赫繁盛的家族或集团，虽已败落，但在一段时间内，尚能维持表面的繁荣。百足之虫，马陆，俗称百足，多足昆虫。僵，仆倒。《文选·曹冏〈六代论〉》：“故语曰：‘百足之虫，死而不僵。’扶之者众也。”

（21）钟鸣鼎食，封建豪门贵族吃饭时，奏乐撞钟，吃的是用鼎盛着的美味佳肴。这样的大家族，叫“钟鸣鼎食之家”。鼎，三足的食器。

（22）烧丹炼汞（gǒng 巩），古代道士骗人，把朱砂和几种矿物混合在一起，用炉火烧炼成药，说吃了可以长生不老。丹，朱砂。汞，水银。

（23）胡羼（chàn 忏），胡混瞎闹之意。

（24）高乐，恣意寻欢作乐。

（25）额外，在清朝官僚机构中，除正官员外，还有一些额外人员。这些人经过学习，才有资格得到正式职务或升迁。

（26）部，此指工部。工部是封建官僚机构六部之一，主管土木兴建、水利和统治百工等项事务。

（27）员外郎，封建官僚机构，六部以下设司，司由郎中主持；郎中之下有助理，即员外郎。

（28）进学，封建科举制度，考入京都太学，或在各州、府、县学，做了生员，叫作进学。通常说“中了秀才”。

（29）致知格物，即格物致知，接触事物，推究其中的道理，就能使人内心固有的“知识”得以发挥。换句话说，就是穷究事物的原理而后获得知识。语出《礼记·大学》：“致知在格物，物格而后知至。”格，接触，推究。物，指事物的道理。致，推导，获得。知，知识。

（30）悟道参玄，领会和推究宗教中玄妙的道理。悟，领会，领悟。参，参学，推究。

（31）钦差，封建社会，皇帝为了办理某事而派遣的官员。体仁院，清代没有这个机构，只有体仁阁。总裁，官名，始于宋代，总管修史，主考进士。

（32）处馆，旧时私塾师在学馆中教课授徒。

（33）富而好礼，指富贵而能循礼行善。语出《论语·学而》：“子曰：‘可也，未若贫而乐，富而好礼者也。’”

（34）启蒙，启发蒙昧，旧时指儿童刚刚入学读书。

（35）举业，旧时儒生为了准备科举考试，学做“八股文”和“试帖诗”。

（36）笞（chī 吃）楚，指用杖或竹板打。笞，竹板。楚，荆条。

（37）女史，古代皇宫里书写记事的女官。

（38）庶出，古代一夫多妻制。大老婆生的叫“正出”“嫡出”；妾生的叫“庶出”。

（39）东床，即女婿。典出《世说新语·雅量》：晋代太尉郗鉴要在大贵族王家子弟里挑选女婿。他到王家时，王家子弟都整冠束带，着意打扮。只有王羲之袒露着肚皮，躺在东边床上。这在当时被认为有名士派头，便选中了他，因此后来自称女婿为“东床”。

（40）捐，捐官，花钱买官。同知，某地方长官的副手。如知州、知府、知县的副职都叫同知。

【赏析】

《红楼梦》第二回“贾夫人仙逝扬州城　冷子兴演说荣国府”，借冷子兴之口，鸟瞰全书，点明贾府的衰败景象。冷子兴，是都城古董行中贸易的人，他是贾府管家周瑞的女婿，因此对贾府的事情知之颇详。他在维扬与好友贾雨村（黛玉的塾师）巧遇，二人在酒店饮酒闲谈中，冷子兴将贾家荣宁二府世系人丁、后继无人的情况概要演说一番。脂批提示作者借这一人物为“引绳”，起到“冷中出热，无中生有”的作用，使“阅者心中已有一荣府隐隐在心”。在冷子兴的心目中，贾府是什么现状呢？处在封建社会末世的贾府“也都萧条了”，“如今外面的架子虽没有倒，内囊却也尽上来了”。它不仅面临着深刻的经济危机，而且“生下”一批“一代不如一代”的末世子孙；特别是在激烈的阶级斗争冲击下，促使统治阶级内部也发生了分化，以致出现了贾宝玉这样的叛逆者。曹雪芹对贾府潜伏着的这种种矛盾和危机的描述，是对封建末世时代特征的生动概括，揭示了当时整个封建社会日益没落的趋势。作者所处的乾隆时代，表面看来，“昌明隆盛”，实际它和贾府一样，外强中干，危机四伏，整个封建的生产关系、政治关系已不可避免地进入它的“末世”。“一切都烂透了，动摇了，跟着就要坍塌了，简直没有一线好转的希望”。（恩格斯：《德意志状况》)《红楼梦》所展示给我们的正是这样一幅历史画卷。

毛泽东读《红楼梦》时很注意第二回中“冷子兴演说荣国府”，并从不同角度用来说明现实问题。1964年8月18日，在北戴河与几位哲学工作者谈话中，说“我是把它(《红楼梦》)当历史读的”时，举出“冷子兴演说荣国府”。在毛泽东看，历史就是一部阶级斗争史，所以“当作历史读”，正是从《红楼梦》的政治历史主题来说的。1963年5月2日至12日，毛泽东在杭州召集部分中央政治局委员和大区书记参加的小型会议，讨论社会主义教育问题时，毛泽东援引《红楼梦》第二回中冷子兴讲贾府的话：“安富尊荣者尽多，运筹谋划者无一个”，认为他“讲得太过”。这是从培养革命事业接班人的角度来发生联想的。很能给人启示和教益。所谓“太过”，大概是说不符合辩证法，太绝对化了；而且也不符合《红楼梦》描写的实际，因为书中还写了探春的“兴利除弊”的改革，探春应该算一个运筹谋划者。至于1963年9月28日，在中央工作会议上，毛泽东谈国际形势时，用王熙凤说的“大有大的难处”，来说明苏美两个超级大国都很困难，又援引冷子兴评价贾府的话：“百足之虫，死而不僵。”并且发挥说：“死了，但是没有倒。”苏联的解体，毛泽东没有来得及看到，是不是应验了他的话呢？现在美国要独霸世界，动不动就“制裁”这个，“打击”那个，它又能横行多久呢？让我们拭目以待。

【原文】

第三回　托内兄如海荐西宾　接外孙贾母惜孤女(节录)

……

一语未了，只听外面一阵脚步响，丫鬟进来报道：“宝玉来了。”黛玉心想：“这个宝玉不知是‘怎样个惫懒[(1)]人’呢！”及至进来一看，却是位青年公子：头上戴着束发嵌宝紫金冠[(2)]，齐眉勒着二龙戏珠金抹额[(3)]，一件二色金百蝶穿花大红箭袖[(4)]，束着五彩丝攒花结长穗宫绦[(5)]，外罩石青起花八团倭缎排穗褂[(6)]，蹬着青缎粉底小朝靴[(7)]；面若中秋之月，色如春晓之花，鬓若刀裁，眉如墨画，鼻如悬胆，睛若秋波，虽怒时而似笑，即瞋视而有情[8]；项上金螭缨络[9]，又有一根五色丝绦，系着一块美玉。

黛玉一见便吃一大惊，心中想道："好生奇怪，倒像在那里见过的，何等眼熟！……"只见这宝玉向贾母请了安[10]，贾母便命："去见你娘来。"即转身去了。一回再来时，已换了冠带：头上周围一转的短发，都结成小辫，红丝结束，共攒至顶中胎发，总编一根大辫，黑亮如漆，从顶至梢，一串四颗大珠，用金八宝坠脚[11]；身上穿着银红撒花半旧大袄；仍旧带着项圈、宝玉、寄名锁、护身符等物[12]；下面半露松绿撒花绫裤，锦边弹墨袜，厚底大红鞋：越显得面如傅粉，唇若施脂；转盼多情，语言若笑；天然一段风韵，全在眉梢；平生万种情思，悉堆眼角。看其外貌，最是极好，却难知其底细，后人有"西江月"二词批的极确，词曰：

无故寻愁觅恨，有时似傻如狂；

纵然生得好皮囊[13]，腹内原来草莽。

潦倒不通庶务[14]，愚顽怕读文章[15]；

行为偏僻性乖张[16]，那管世人诽谤！

又曰：

富贵不知乐业，贫穷难耐凄凉；

可怜辜负好时光，于国于家无望。

天下无能第一，古今不肖无双[17]；

寄言纨裤与膏粱[18]：莫效此儿形状！

却说贾母见他进来，笑道："外客没见就脱了衣裳了！还不去见你妹妹呢。"宝玉早已看见了一个袅袅婷婷的女儿，便料定是林姑妈之女，忙来见礼；归了坐细看时，真是与众各别。只见：

两弯似蹙非蹙笼烟眉[19]，一双似喜非喜含情目。态生两靥之愁[20]，娇袭一身之病。泪光点点，娇喘微微。闲静似娇花照水，行动如弱柳扶风。心较比干多一窍[21]，病如西子胜三分[22]。

宝玉看罢，笑道："这个妹妹我曾见过的。"贾母笑道："又胡说了！你何曾见过？"宝玉笑道："虽没见过，却看着面善，心里倒像是远别重逢的一般。”贾母笑道：“好！好！这么更相和睦了。”

宝玉便走向黛玉身边坐下，又细细打量一番，因问：“妹妹可曾读书？”黛玉道：“不曾读书，只上了一年学，些须认得几个字。”宝玉又道：“妹妹尊名？”黛玉便说了名，宝玉又道：“表字？”黛玉道：“无字。”宝玉笑道：“我送妹妹一字，莫若‘颦颦’二字极妙。”探春便道：“何处出典？”宝玉道：“《古今人物通考》上说[23]：‘西方有石名黛，可代画眉之墨。’况这妹妹眉尖若蹙，取这个字岂不美？”探春笑道：“只怕又是杜撰[24]！”宝玉笑道：“除了《四书》[25]，杜撰的也太多呢。”因又问黛玉：“可有玉没有？”众人都不解，黛玉便忖度着：“因他有玉，所以才问我的。”便答道：“我没有玉。你那玉也是件稀罕物儿，岂能人人皆有？”

宝玉听了，登时发作起狂病来，摘下那玉，就狠命摔去，骂道：“什么罕物！人的高下不识，还说灵不灵呢！我也不要这劳什子[26]。”吓的地下众人一拥争去拾玉，贾母急的搂了宝玉道：“孽障[27]！你生气要打骂人容易，何苦摔那命根子！”宝玉满面泪痕哭道：“家里姐姐妹妹都没有，单我有，我说没趣儿；如今来了这个神仙似的妹妹也没有：可知这不是个好东西。”贾母忙哄他道：“你这妹妹原有玉来着，因你姑妈去世时，舍不得你妹妹，无法可处，遂将他的玉带了去：一则全殉葬[28]之礼，尽你妹妹的孝心；二则你姑妈的阴灵儿也可权作见了你妹妹了。因此他说没有，也是不便自己夸张的意思啊。你还不好生带上，仔细你娘知道！”说着便向丫鬟手中接来，亲与他带上。宝玉听如此说，想了一想，也就不生别论。

……

【毛泽东评点】

“军队要有确实的保障”这是买办地主阶级的命根，虽然已被可恶的人民解放军歼灭了几百万，但是现在还剩下一百几十万，务须“保障”而且“确实”。倘若“保障”而不“确实”，买办地主阶级就没了本钱，“法统”还是要“中断”，国民党匪帮还是要灭亡，一切大中小战犯还是要被捉拿治罪。大观园里贾宝玉的命根是系在颈上的一块石头。国民党的命根是它的军队，怎么好说不“保障”，或者虽有“保障”而不“确实”呢？

——《评战犯求和》，载《毛泽东选集》第4卷，人民出版社1991年版，第1382—1383页。

【注释】

（1）惫懒，顽皮，不驯服。

（2）束发嵌宝紫金冠，一种上嵌珠宝用紫金缝制的帽子。冠，束发之具。紫金，紫磨金，一种精美的金子。

（3）二龙戏珠金抹额，有金色二龙戏珠装饰图案的帽箍。抹额，一种帽箍类的饰物，与束发冠配合使用。

（4）二色金百蝶穿花大红箭袖，箭袖是一种袍服的窄袖，原是便于射箭用的，故称箭袖。百蝶穿花图案是用深浅二色金线绣成，故有此称。

（5）五彩丝攒花结长穗宫绦（tāo 滔），绦，丝带。攒花结，是绦带上做成一种装饰性的结扣。这里是说绦带上是用五彩丝线做成攒聚花朵的图案形状。

（6）褂，外衣。排穗，衣服下缘排缀之穗。倭缎，福建清州、泉州等地仿日本织法制成的缎子。

（7）青缎粉底小朝靴，黑色缎子靴面、白色靴底的方头靴。

（8）瞋（chēn）视，发怒时瞪大眼睛。

（9）金螭（chī），像龙而黄，无角，古人多仿其形雕刻以为饰物。璎珞，颈饰，缀珠玉而成，通称“项珠”。

（10）请安，问安、问好的通称。在清代是指见面时（特别是旗人）问安问好的礼节仪式。这种仪式是，在口称请某人安的同时，男子“打千”，即屈右膝半跪，较隆重时是长跪，即双膝跪下；女子则双手扶左膝，右膝微屈，往下蹲身。这里指封建社会的一种礼节。

（11）金八宝坠脚，镶嵌有各种珠宝的金坠饰。八宝，金饰物上嵌有各色珍珠宝石。坠角，成串悬缀的饰物或绦带的下端，有时缀以金珠宝石等物，称为“坠角”，俗称“坠子”。

（12）寄名锁，迷信风俗，恐怕小孩夭亡，在神或僧道前寄名为子弟，再用锁形饰物挂在颈间，表示借神的命令锁住，叫寄名锁。护身符，道士画的一种符箓，号称可以护身。

（13）皮囊，佛学术语，皮袋，喻人的身体，此指人的外貌。佛教宣称人的灵魂不死不灭，人的躯体只是灵魂暂时寄居处，故称人的身体为“皮囊”“皮袋”。

（14）庶务，各种事务、杂务。此指读书应举、交际应酬等事务。

（15）愚顽，无知而顽劣。文章，指时文八股。

（16）偏僻，不端正，邪魔歪道。乖张，偏执，不驯服。

（17）不肖，指不像父亲和祖先，不成材。

（18）纨裤与膏粱，皆指贵族子弟。

（19）笼烟眉，指眉毛像水墨画中笼罩在山间的轻烟一样，极言眉的清淡。

（20）两靥（yè 夜），面颊上的两个酒涡。

（21）比干，商朝末帝纣王的叔父，相传他的心有七窍（见《史记·殷本纪》）。心窍多，就是心眼多。这里比喻林黛玉非常聪明，有智慧。

（22）西子，即西施，春秋末年越国的美女。相传西施有病，时常皱眉，比平时更美（见《庄子·天运》）。皱眉，古语叫“颦”，下面写宝玉送黛玉表字“颦颦”，即用此意。这里说林黛玉比带病的西施还美。

（23）《古今人物通考》，无考。

（24）杜撰，没有根据的臆造。杜，假。

（25）《四书》，儒家经典《大学》《中庸》《论语》《孟子》的合称。因宋代学者朱熹《四书章句集注》而得名，是封建王朝科举应试的必读书。

（26）劳什子，东西，玩意儿，含有轻蔑讨厌的意味。

（27）孽障，即业障，佛教术语。业，造作，泛指一切身心活动。障，障碍。前世所作的种种罪恶，致为今生的障碍。后引申为罪过，也用作骂詈之词。

（28）殉葬，用器物或活人随死人一起埋入坟墓陪葬。

【赏析】

《红楼梦》第三回“托内兄如海荐西宾　接外孙贾母惜孤女”，通过林黛玉进贾府，介绍了这个家族中的主要成员，以及他们之间的关系，特别是林黛玉、贾宝玉这样的叛逆者的出现，预示着这个贵族之家必须灭亡的历史命运。作者还着力介绍了贾宝玉“不通庶务”“怕读文章”“于国于家无望”的叛逆性格。这个人物还与众不同，“一落胞胎嘴里便衔了一块五彩晶莹的玉”，上面还镌有“莫失莫忘，仙寿恒昌”八个字。他的名字，也由此而得。以后，一直把这块玉佩戴在他的颈上，贾府上下都把这块玉看作宝玉的“命根子”。贾宝玉初见林黛玉时，问知黛玉也没有玉，便死命往地上摔去，贾母急得搂了宝玉说：“孽障！你生气要打骂人容易，何若摔那命根子！”以后，对这块“通灵宝玉”又多次描写，玉的得失与贾宝玉的祸福总是连在一起。一旦丢失这块玉，贾宝玉便会“失魂丧魄”，一旦重新得到这块玉，贾宝玉便病好如初。后来果真丢了这块玉，而没有找回来，全家都预感到大祸临头，结果便是贾宝玉的遁入空门——出家当和尚去了。所以说这块通灵宝玉是贾宝玉的命根子。

毛泽东同志在1949年1月4日写的《评战犯求和》一文中，引用了这个典故，在全国解放前夕，揭露国民党利用当时正在进行的国共两党的和平谈判来保存反革命实力的阴谋，形象地说明了国民党手中的军队，“是买办地主阶级的命根”，是他们实行统治的重要工具。特别是在遭到人民解放军的沉重打击后，为了保存买办阶级的本钱，他们一面声明求和，一面又要“军队有确实的保障”，其目的是利用和平谈判保存反革命实力，“休养生息”，等待时机，对人民革命力量进行反扑。毛泽东的教导，大大提高了全党全军的觉悟，很快便夺得了全国胜利。

【原文】

第四回　薄命女偏逢薄命郎　葫芦僧判断葫芦案（节录）

……

如今且说贾雨村授了应天府[1]，一到任就有件人命官司详至案下[2]，却是两家争买一婢，各不相让，以致殴伤人命。彼时雨村即拘原告来审，那原告道："被打死的乃是小人的主人。因那日买了个丫头，不想系拐子拐来卖的：这拐子先已得了我家的银子，我家小主人原说第三日方是好日，再接入门；这拐子又悄悄的卖与了薛家，被我们知道了，去找拿卖主，夺取丫头。无奈薛家原系金陵一霸，倚财仗势，众豪奴将我小主人竟打死了。凶身主仆已皆逃走，无有踪迹，只剩了几个局外的人。小人告了一年的状，竟无人作主；求太老爷拘拿凶犯，以扶善良，存殁感激大恩不尽[3]！"

雨村听了大怒道："那有这等事！打死人竟白白的走了拿不来的！"便发签差公人立刻将凶犯家属拿来拷问[4]。只见案旁站着一个门子[5]，使眼色不叫他发签。雨村心下狐疑，只得停了手。退堂至密室，令从人退去，只留这门子一人伏侍；门子忙上前请安，笑问："老爷一向加官进禄，八九年来，就忘了我了？"雨村道："我看你十分眼熟，但一时总想不起来。"门子笑道："老爷怎么把出身之地竟忘了！老爷不记得当年葫芦庙里的事么？"

雨村大惊，方想起往事。原来这门子本是葫芦庙里一个小沙弥[6]，因被火之后，无处安身，想这件生意倒还轻省，耐不得寺院凄凉，遂趁年纪轻，蓄了发，充当门子。雨村那里想得是他？便忙携手笑道："原来还是故人。"因赏他坐了说话。这门子不敢坐，雨村笑道："你也算贫贱之交了；此系私室，但坐不妨。"门子才斜签着坐下[7]。

雨村道："方才何故不令发签？"门子道；"老爷荣任到此，难道就没抄一张本省的'护官符'[8]来不成？"雨村忙问："何为'护官符'？"门子道："如今凡作地方官的都有一个私单，上面写的是本省最有权势极富贵的大乡绅名姓，各省皆然；倘若不知，一时触犯了这样的人家，不但官爵，只怕连性命也难保呢！所以叫做‘护官符’。方才所说的这薛家，老爷如何惹得他！他这件官司并无难断之处，从前的官府，都因碍着情分脸面，所以如此。”一面说，一面从顺袋[9]中取出一张抄的“护官符”来，递与雨村，看时，上面皆是本地大族名宦之家的俗谚口碑[10]，云：

贾不假，白玉为堂金作马[11]。

阿房宫[12]，三百里，住不下金陵一个史。

东海缺少白玉床，龙王来请金陵王。

丰年好大“雪[13]”，珍珠如土金如铁。

雨村尚未看完，忽闻传点[14]，报：“王老爷来拜。”雨村忙具衣冠接迎。有顿饭工夫方回来，问这门子，门子道：“四家皆连络有亲，一损俱损，一荣俱荣，今告打死人之薛，就是‘丰年大雪’之‘薛’，不单靠这三家，他的世交亲友在都在外的本也不少，老爷如今拿谁去？”雨村听说，便笑问门子道：“这样说来，却怎么了结此案？你大约也深知这凶犯躲的方向了？”

门子笑道：“不瞒老爷说，不但这凶犯躲的方向，并这拐的人我也知道，死鬼买主也深知道，待我细说与老爷听：这个被打死的是一个小乡宦之子，名唤冯渊，父母俱亡，又无兄弟，守着些薄产度日；年纪十八九岁，酷爱男风[15]，不好女色。这也是前生冤孽[16]：可巧遇见这丫头，他便一眼看上了，立意买来作妾，设誓不近男色，也不再娶第二个了，所以郑重其事，必得三日后方进门。谁知这拐子又偷卖与薛家，他意欲卷了两家的银子逃去，谁知又走不脱，两家拿住，打了个半死，都不肯收银，各要领人。那薛公子便喝令下人动手，将冯公子打了个稀烂，抬回去三日竟死了。这薛公子原择下日子要上京的，既打了人，夺了丫头，他便没事人一般，只管带了家眷走他的路，并非为此而逃；这人命些些小事，自有他弟兄奴仆在此料理。这且别说，老爷可知这被卖的丫头是谁？”雨村道：“我如何晓得？”门子冷笑道：“这人还是老爷的大恩人呢！他就是葫芦庙旁住的甄老爷的女儿，小名英莲的。”雨村骇然道：“原来是他！听见他自五岁被人拐去，怎么如今才卖呢？”

门子道：“这种拐子单拐幼女，养至十二三岁，带至他乡转卖。当日这英莲，我们天天哄他玩耍，极相熟的，所以隔了七八年，虽模样儿出脱[17]得齐整，然大段未改，所以认得，且他眉心中原有米粒大的一点胭脂痦[18]，从胎里带来的。偏这拐子又租了我的房子居住，那日拐子不在家，我也曾问他，他说是打怕了的，万不敢说，只说拐子是他的亲爹，因无钱还债才卖的。再四哄他，他又哭了，只说：'我原不记得小时的事！'这无可疑了。那日冯公子相见了，兑了银子，因拐子醉了，英莲自叹说：'我今日罪孽可满了！'后又听见三日后才过门，他又转有忧愁之态。我又不忍，等拐子出去，又叫内人去解劝他：'这冯公子必待好日期来接，可知必不以丫鬟相看。况他是个绝风流人品，家里颇过得，素性又最厌恶堂客[19]，今竟破价买你，后事不言可知。只耐得三两日，何必忧闷？'他听如此说，方略解些；自谓从此得所。谁料天下竟有不如意事，第二日，他偏又卖与了薛家！若卖与第二家还好，这薛公子的混名，人称他'呆霸王'，最是天下第一个弄性尚气的人，而且使钱如土，只打了个落花流水，生拖死拽，把个英莲拖去，如今也不知死活。这冯公子空喜一场，一念未遂，反花了钱，送了命，岂不可叹！"

雨村听了也叹道："这也是他们的孽障[20]遭遇，亦非偶然，不然这冯渊如何偏只看上了这英莲？这英莲受了拐子这几年折磨，才得了个路头，且又是个多情的，若果聚合了，倒是件美事；偏又生出这段事来！这薛家纵比冯家富贵，想其为人，自然姬妾众多，淫佚无度，未必及冯渊定情于一人：这正是梦幻情缘，恰遇见一对薄命儿女。且不要议论他人，只目今这官司如何剖断才好？"门子笑道："老爷当年何其明决，今日何反成个没主意的人了！小的听见老爷补升此任，系贾府王府之力；此薛蟠即贾府之亲：老爷何不顺水行舟，做个人情，将此案了结，日后也好去见贾王二公。"雨村道："你说的何尝不是。但事关人命，蒙皇上降恩起复委用，正竭力图报之时，岂可因私枉法，是实不忍为的。"门子听了冷笑道："老爷说的自是正理，但如今世上是行不去的！岂不闻古人说的'大丈夫相时而动[21]，又说'趋吉避凶者为君子'，依老爷这话，不但不能报效朝廷，亦且自身不保：还要三思为妥。"

雨村低了头，半日说道："依你怎么着？"门子道："小人已想了个很好的生意在此：老爷明日坐堂，只管虚张声势，动文书，发签拿人，凶犯自然是拿不来的，原告固是不依，只用将薛家族人及奴仆人等拿几个来拷问，小的在暗中调停，令他们报个‘暴病身亡’，合族中及地方上共递一张保呈，老爷只说善能扶鸾[22]请仙，堂上设了乩坛，令军民人等只管来看，老爷便说：‘乩仙批了，死者冯渊与薛蟠原系夙孽，今狭路相遇，原因了结。今薛蟠已得了无名之病，被冯渊的魂魄追索而死。其祸皆由拐子而起，除将拐子按法处治外，余不累及……’等语。小人暗中嘱咐拐子，令其实招；众人见乩仙批语与拐子相符，自然不疑了。薛家有的是钱，老爷断一千也可，五百也可，与冯家作烧埋之费；那冯家也无甚要紧的人，不过为的是钱，有了银子，也就无话了。——老爷细想，此计如何？”雨村笑道："不妥，不妥。等我再斟酌斟酌，压服得口声才好。"二人计议已定。

至次日坐堂，勾取一干有名人犯，雨村详加审问，果见冯家人口稀少，不过赖此欲得些烧埋之银，薛家仗势倚情，偏不相让，故致颠倒未决。雨村便徇情枉法，胡乱判断了此案，冯家得了许多烧埋银子，也就无甚话说了。雨村便疾忙修书二封与贾政并京营节度使[23]王子胜，不过说"令甥之事已完，不必过虑"之言寄去。此事皆由葫芦庙内沙弥新门子所为，雨村又恐他对人说出当日贫贱时事来，因此心中大不乐意；后来到底寻了他一个不是，远远的充发了才罢[24]。

……

【毛泽东评点】

在北戴河，毛泽东找几个哲学工作者谈话，其中有吴江、邵铁真、龚育之等人，康生也在座。

毛泽东在谈话中谈到了《红楼梦》，他说：《红楼梦》我至少读了五遍……我是把它当历史读，开头当故事读，后来当历史读。什么人都不注意《红楼梦》的第四回，那是个总纲。还有《冷子兴演说荣国府》，《好了歌》和注。第四回《葫芦僧判断葫芦案》，讲护官符，提出四大家族："贾不假，白玉为堂金作马；阿房宫，三百里，住不下金陵一个史；东海缺少白玉床，龙王请来金陵王。丰年好大雪（薛），珍珠如土金如铁。”《红楼梦》写四大家族，阶级斗争激烈，几十条人命。统治者二十几个人（有人算了说是三十三人），其他都是奴隶，三百多个，鸳鸯、司棋、尤二姐、尤三姐等等。讲历史不拿阶级斗争观点讲，就讲不通。《红楼梦》写出二百多年了，研究红学的到现在还没有搞清楚，可见问题之难。

——龚育之、宋贵仑：《“红学”一家言》，载《毛泽东的读书生活》，生活·读书·新知三联书店1986年版，第220—221页。

【注释】

（1）应天府，今江苏省南京市。应天府是明朝建制，曹雪芹故意袭用前朝地名。

（2）详至案下，送到（至）审判台（案）前，听候审判（详）。详，古代官署公文的一种，下属向上司的请求报告叫详。这里用作动词，当“上报”讲。

（3）存殁，活着的人和死去的人。

（4）发签，官府把签发给差史，令其凭以办事。签，封建官府差遣吏役出外办事的凭证，一般用木竹制成，插在公案签筒内，用时抽出交给被派人员。

（5）门子，清代官署中侍茶捧衣的仆役以及官署公案两旁站立的差役、使公的外役。

（6）沙弥，梵语的音译，指刚出家受十戒的小和尚。

（7）斜签着坐下，侧身坐下，表示谦恭。

（8）护官符，旧时，道士所画，用以驱使鬼神，给人带来祸福的图形或线条称为符，亦称符箓。世俗因称可作托庇依仗的势力叫“护符”，或“护身符”，护官符或系作者由护身符衍拟而成的新词。

（9）顺袋，一种挂在腰带上的小袋，把贵重钱物放在里边，以防丢失，故名“慎袋”，因音近讹成“顺袋”。

（10）俗谚，民间流传的俗语。口碑，口头上的记功碑，比喻众人传颂如同镌刻在石碑上一样。

（11）白玉为堂金作马，即玉堂金马。玉堂，汉代宫殿名。《三辅黄图》："建章宫南有玉堂……阶陛皆玉为之。"也用以指贵族之家的宅第。《汉乐府·相逢行》："黄金为君门，白玉为君堂。"金马，汉代宫门名。《史记·东方朔传》："金马门者，宦署门也；门旁有铜马，故谓之金马门。"

（12）阿房（ē páng 婀旁）宫，秦代宫名。遗址在今陕西省西安市长安区西北。《三辅黄图》卷一《宫》："阿房宫，亦曰阿城。惠文王造，宫未成而亡。始皇广其宫，规恢三百余里。"

（13）雪，"薛"字谐音，指薛家。

（14）传点，旧时衙门或大官僚们的住宅里，二门旁常挂一个铁铸云头响器，叫"点"。向内院报事时，打"点"作为信号。这种"点"，也叫"云板"。

（15）男风，男色，男子因美貌而受宠。

（16）前生冤孽，前世的冤家对头。这是封建迷信和宿命论的说法。

（17）出脱，年龄渐长，体貌改变，也作"出落""出挑"。

（18）胭脂痦（jì 计），皮肤上生下来就有的红色色斑，亦作"记"。

（19）堂客，旧时称妇女为"堂客"，这里指妻子。

（20）孽障，又作"业障"，佛教徒指所谓妨碍修行的罪恶。

（21）相时而动，看形势行动。相，察看。时，时机。《左传·隐公十一年》："相时而动，无累后人，可谓知礼矣。"

（22）扶鸾，又称扶乩（jī 机），多用一长横板，中间架缚一木笔。两人各持木板的一端，在沙盘上写字，号称神的降临，催动两人所写，实是一种迷信骗术。

（23）节度使，官名。康初沿北周及隋旧制，于重要地区设总管，后改称都督，总揽数州军事。清无此官。作者故意用古代官名，以避嫌疑。

（24）充发，充军，古代的一种流刑，把罪犯解到边远地方去服役。

【赏析】

《红楼梦》第四回"薄命女偏逢薄命郎　葫芦僧判断葫芦案"，写甄士隐的女儿英莲被拐子先卖给小乡宦冯渊，又卖给薛蟠，二人争要英莲，薛蟠纵悍仆打死冯渊。冯渊的仆人把状告到新任应天府知府贾雨村那里，贾雨村得知凶犯是贾家亲戚，便让薛家报个“薛蟠暴病身亡”，便胡乱了结此案。

毛泽东很重视第四回，说《葫芦僧判断葫芦案》，是全书的总纲。这个纲，无疑是指阶级斗争。因为在马克思主义者看来，一些阶级胜利了，一些阶级消灭了，这就是历史，这就是几千年的文明史。毛泽东说他是把《红楼梦》当作历史读，当然就是指当作阶级斗争史读了。他还特别指出，这一回中提出“护官符”，写四大家族，有几十条人命，都是阶级斗争的表现。

我们不禁要问，第四回中只写了一条人命官司，为什么说它是全书的总纲呢?《红楼梦》主要写的是阶级压迫和阶级斗争。第四回提纲挈领，笼括全书，更加明确地点明了全书的这一政治内容和基本矛盾。它是通过葫芦僧解说护官符和贾雨村判断葫芦案表现的。贾雨村刚到应天府，一上任便遇到一件人命官司。这件人命案的凶犯薛蟠，在依财仗势殴伤人命之后，竟像没事人一样一走了之，作案一年，官府不予追问。贾雨村原想依法办理，一个门子（原葫芦庙里的小沙弥即葫芦僧）止住了他，并讲出一通“护官符”的缘由：“如今凡作地方官的都有一个私单，上面写的是本省最有权势极富贵的大乡绅名姓，各省皆然；倘若不知，一时触犯了这样的人家，不但官爵，只怕连性命也难保呢！因此叫‘护官符’。”说罢就把一个上面写着“本地大族名宦之家的俗谚口碑”给了贾雨村，原来那上面说的就是金陵贾、史、王、薛四大家族。而且四大家族，“皆连络有亲，一损俱损，一荣俱荣”，扶持遮饰，皆有照应。原来凶犯薛蟠就是四大家族之一的薛家的子弟，薛家和贾家、王家都是亲戚，而这次贾雨村复职就得力于贾家和王家的提携。所以贾雨村只得“徇情枉法，胡乱判断了此案”。这件事既显示了四大家族势焰熏天，也揭开了封建政权的层层黑幕，深刻地揭露了封建社会末期地主阶级专政的极端腐朽与反动，形象地反映了整个封建制度必然崩溃的历史命运。毛泽东曾指出“保护这种封建剥削制度的权力机关，是地主阶级的封建国家”。一张“护官符”便生动地揭示了统治阶级的内部关系，高度概括了封建国家的阶级本质。它使人看到，封建政权不过是地主阶级利益和意志的体现，是地主阶级对农民阶级的残酷专政；各级官吏，即那些“护官符”的执掌者，不过是地主阶级实行统治的爪牙和工具。《红楼梦》的全部内容，正是以此为纲而展开的。“脂戚本”本回总批说：“请君着眼护官符，把笔悲伤说世途。”可以说深得作者本意。

四大家族凭借其政治地位，可以直接操纵官吏，肆无忌惮地残害人民。贾赦喜欢石呆子家藏的二十把古扇，担任京兆尹的贾雨村就诬赖石呆子“拖欠官银”，以“变卖家产赔补”为名把扇子抄来献给贾赦。王熙凤贪三千两银子，以贾琏的名义给长安节度使云光写了一封信，活活拆散张金哥的婚姻，害死两条人命。至于对府中奴婢们的压迫和蹂躏就更令人发指了。金钏儿不过和贾宝玉说了句玩话，就被逼投井而死。晴雯只是模样儿比别人好些，便被诬为是狐狸精，病中撵了出去，病气而死。贾赦要讨鸳鸯做妾，鸳鸯抵死不从，贾母死后，鸳鸯还是自尽了，等等。有好几十条人命。这些血泪斑斑的现实，便是反映阶级斗争的历史。

【原文】

第五回　贾宝玉神游太虚境　警幻仙曲演红楼梦（节录）

……

一时宝玉倦怠，欲睡中觉，贾母命人好生哄着歇息一回再来。贾蓉媳妇秦氏便忙笑道：“我们这里有给宝二叔收拾下的屋子，老祖宗放心，只管交给我就是了。”因向宝玉的奶娘丫鬟等道：“嬷嬷、姐姐们，请宝二叔跟我这里来。”贾母素知秦氏是极妥当的人，因他生得袅娜纤巧，行事又温柔和平，乃重孙媳中第一个得意之人，见他去安置宝玉，自然是放心的了。

当下秦氏引一簇人来至上房内间，宝玉抬头看见是一幅画挂在上面，人物固好，其故事乃是“燃藜图”(1)也，心中便有些不快。又有一副对联，写的是：

世事洞明(2)皆学问，人情练达(3)即文章。

及看了这两句，纵然室宇精美，铺陈华丽，亦断断不肯在这里了，忙说："快出去！快出去！"秦氏听了笑道："这里还不好，往那里去呢？要不就往我屋里去罢。"宝玉点头微笑，一个嬷嬷说道："那里有个叔叔往侄儿媳妇房里睡觉的礼呢？"秦氏笑道："不怕他恼：他能多大了，就忌讳这些个？上月你没有看见我那个兄弟来了，虽然和宝二叔同年，两个人要站在一处，只怕那一个还高些呢。"宝玉道："我怎么没有见过他，你带他来我瞧瞧。"众人笑道："隔着二三十里，那里带去？见的日子有呢！"

说着大家来至秦氏卧房。刚至房中，便有一股细细的甜香，宝玉此时便觉眼饧[4]骨软，连说："好香！"入房向壁上看时，有唐伯虎画的"海棠春睡图"[5]，两边有宋学士秦太虚[6]写的一副对联云：

嫩寒锁梦因春冷，芳气袭人是酒香。

案上设着武则天[7]当日镜室中设的宝镜。一边摆着赵飞燕[8]立着舞的金盘，盘内盛着安禄山掷过伤了太真乳的木瓜[9]。上面设着寿昌公主于含章殿下卧的宝榻[10]，悬的是同昌公主制的连珠帐[11]。宝玉含笑道："这里好！这里好！"秦氏笑道："我这屋子大约神仙也可以住得了。"说着，亲自展开了西施[12]浣过的纱衾，移了红娘[13]抱过的鸳枕，于是众奶姆伏侍宝玉卧好了，款款散去，只留下袭人、晴雯、麝月、秋纹四个丫鬟为伴。秦氏便叫小丫鬟们好生在檐下看着猫儿打架。

那宝玉才合上眼，便恍恍惚惚的睡去，犹似秦氏在前，悠悠荡荡，跟着秦氏到了一处。但见朱栏玉砌，绿树清溪，真是人迹不逢，飞尘罕到。宝玉在梦中欢喜，想道："这个地方儿有趣，我若能在这里过一生，强如天天被父母师傅管束呢！"正在胡想乱想，听见山后有人作歌曰：……

宝玉见是一个仙姑，喜的忙来作揖笑问道："神仙姐姐，不知从那里来，如今要往那里去？我也不知这里是何处，望乞携带携带。"那仙姑道："吾居离恨天之上，灌愁海之中，乃放春山遣香洞太虚幻境警幻仙姑是也。司人间之风情月债，掌尘世之女怨男痴。因近来风流冤孽，缠绵于此，是以前来访察机会，布散相思。今日与尔相逢，亦非偶然。此离吾境不远，别无他物，仅有自采仙茗一盏，亲酿美酒几瓮，素练魔舞歌姬数人，新填'红楼梦'仙曲十二支，可试随我一游否？"

宝玉听了，喜跃非常，便忘了秦氏在何处了，竟随着这仙姑到了一个所在。忽见前面有一座石牌横建，上书“太虚幻境”四大字，两边一副对联，乃是：

假作真时真亦假，无为有处有还无。

转过牌坊，便是一座宫门，上面横书着四个大字，道是：“孽海情天”。也有一副对联大书云：

厚地高天，堪叹古今情不尽；痴男怨女，可怜风月债难酬。

宝玉看了，心下自思道：“原来如此。但不知何为‘古今之情’？又何为‘风月之债’？从今倒要领略领略。”宝玉只如此一想，不料早把些邪魔招入膏肓[14]了，当下随了仙姑进入二层门内，只见两边配殿，皆有匾额对联，一时看不尽许多，惟见几处写着的是：“痴情司”，“结怨司”，“朝啼司”，“暮哭司”，“春感司”，“秋悲司”。看了，因向仙姑道：“敢烦仙姑引我到那各司中游玩游玩，不知可使得么？”仙姑道：“此中各司存的是普天下所有的女子过去未来的簿册，尔乃凡眼尘躯，未便先知的。”宝玉听了，那里肯舍？又再四的恳求，那警幻便说：“也罢，就在此司内略随喜[15]随喜罢。”宝玉喜不自胜，抬头看这司的匾上，乃是“薄命司”三字，两边写着对联道：

春恨秋悲皆自惹，花容月貌为谁妍。

宝玉看了，便知感叹。进入门中，只见有十数个大橱，皆用封条封着。看那封条上，皆有各省字样。宝玉一心只拣自己家乡的封条看，只见那边橱上封条大书“金陵十二钗正册”，宝玉因问：“何为‘金陵十二钗正册’？”警幻道：“即尔省中十二冠首女子之册，故为正册。”宝玉道：“常听人说，金陵极大，怎么只十二个女子？如今单我们家里，上上下下就有几百个女孩儿。”警幻微笑道：“一省女子固多，不过择其紧要者录之，两边二橱则又次之。余者庸常之辈便无册可录了。”

宝玉再看下首一橱，上写着“金陵十二钗副册”；又一橱上写着“金陵十二钗又副册”。宝玉便伸手先将“又副册”橱门开了，拿出一本册来，揭开看时，只见这首页上画的，既非人物，亦非山水，不过是水墨滃染[16]，满纸乌云浊雾而已。后有几行字迹，写道是：

霁月[17]难逢，彩云[18]易散。心比天高，身为下贱。风流灵巧招人怨。寿夭[19]多因诽谤生，多情公子空牵念。

宝玉看了不甚明白。又见后面画着一簇鲜花，一床破席，也有几句言词，写道是：

枉自温柔和顺，空云似桂如兰；

堪羡优伶有福，谁知公子无缘。

宝玉看了，益发解说不出是何意思，遂将这一本册子搁起来，又去开了“副册”橱门，拿起一本册来，打开看时，只见首页也是画，却画着一枝桂花，下面有一方池沼，其中水涸泥干，莲枯藕败，后面书云：

根并荷花一茎香，平生遭际实堪伤；

自从两地生孤木[20]，致使香魂返故乡。

宝玉看了又不解。又去取那“正册”看时，只见头一页上画着是两株枯木，木上悬着一围玉带[21]；地下又有一堆雪，雪中一股金簪[22]。也有四句诗道：

可叹停机德[23]，堪怜咏絮才[24]！

玉带林中挂，金簪雪里埋。

宝玉看了仍不解，待要问时，知他必不肯泄漏天机；待要丢下，又不舍，遂往后看。只见画着一张弓，弓上挂着一个香橼[25]。也有一首歌词云：

二十年来辨是非，榴花开处照宫闱[26]；

三春[27]争及初春景，虎兔相逢大梦归[28]。

后面又画着两个人放风筝，一片大海，一只大船，船中有一女子，掩面泣涕之状。画后也有四句写着道：

才自清明志自高，生于末世运偏消；

清明涕泣江边望，千里东风一梦遥。

后面又画着几缕飞云，一湾逝水。其词曰：

富贵又何为？襁褓之间父母违；

展眼吊斜辉，湘江水逝楚云飞。

后面又画着一块美玉，落在泥污之中。其断语云：

欲洁何曾洁[29]，云空未必空[30]；
可怜金玉质，终陷淖泥中。

后而忽画一恶狼，追扑一美女欲啖之意。其下书云：

子系中山狼[31]，得志便猖狂；
金闺花柳质，一载赴黄粱[32]。

后面便是一所古庙，里面有一美人，在内看经独坐。其判云：

勘破三春景不长，缁衣顿改昔年妆；
可怜绣户侯门女，独卧青灯古佛旁。

后面便是一片冰山，上有一只雌凤。其判云：

凡鸟[33]偏从末世来，都知爱慕此生才；
一从二令三人木[34]，哭向金陵事更哀。

后面又是一座荒村野店，有一美人在那里纺绩。其判曰：

势败休云贵，家亡莫论亲；
偶因济村妇，巧得遇恩人。

诗后又画一盆茂兰，旁有一位凤冠霞帔[35]的美人。也有判云：

桃李春风结子完，到头谁似一盆兰；
如冰水好空相妒[36]，枉与他人作笑谈。

诗后又画一座高楼，上有一美人悬梁自尽。其判云：

情天情海幻情深，情既相逢必主淫；
漫言不肖皆荣出，造衅开端实在宁。

宝玉还欲看时，那仙姑知他天分高明、性情颖慧，恐泄漏天机，便掩了卷册，笑向宝玉道："且随我去游玩奇景，何必在此打这闷葫芦！"

宝玉恍恍惚惚，不觉弃了卷册，又随警幻来至后面。但见画栋雕檐，珠帘绣幕．仙花馥郁，异草芬芳，真好所在也。正是：

光摇朱户金铺地，雪照琼窗玉作宫。

又听警幻笑道："你们快出来迎接贵客！"一言未了，只见房中走出几个仙子来：荷袂蹁跹，羽衣飘舞，娇若春花，媚如秋月。见了宝玉，都怨谤警幻道："我们不知系何'贵客'，忙的接出来！姐姐曾说今日今时必有绛珠妹子的生魂前来游玩，故我等久待。何故反引这浊物来污染

清净女儿之境？”

宝玉听如此说，便吓的欲退不能，果觉自形污秽不堪。警幻忙携住宝玉的手向众仙姬笑道：“你等不知原委：今日原欲往荣府去接绛珠，适从宁府经过，偶遇宁荣二公之灵，嘱吾云：‘吾家自国朝定鼎[37]以来，功名奕世[38]，富贵流传，已历百年，奈运终数尽，不可挽回！我等之子孙虽多，竟无可以继业者。惟嫡孙宝玉一人，禀性乖张，用情怪谲，虽聪明灵慧，略可望成，无奈吾家运数合终，恐无人规引入正。幸仙姑偶来，望先以情欲声色等事警其痴顽，或能使他跳出迷人圈子，入于正路，便是吾兄弟之幸了。’如此嘱吾，故发慈心，引彼至此。先以他家上中下三等女子的终身册籍，令其熟玩，尚未觉悟；故引了再到此处，遍历那饮馔声色之幻，或冀将来一悟，未可知也。”

说毕，携了宝玉入室。但闻一缕幽香，不知所闻何物。宝玉不禁相问，警幻冷笑道：“此香乃尘世所无，尔如何能知！此系诸名山胜境初生异卉之精，合各种宝林珠树之油所制，名为‘群芳髓’。”宝玉听了，自是羡慕。于是大家入座，小鬟捧上茶来，宝玉觉得香清味美，迥非常品，因又问何名。警幻道:“此茶出在放春山遣香洞,又以仙花灵叶上所带的宿露烹了,名曰‘千红一窟’。”宝玉听了，点头称赏。因看房内瑶琴、宝鼎、古画、新诗，无所不有；更喜窗下亦有唾绒[39]，奁间时渍粉污。壁上也挂着一副对联，书云：

幽微灵秀地，无可奈何天。

宝玉看毕，因又请问众仙姑姓名：一名痴梦仙姑，一名钟情大士[40]，一名引愁金女，一名度恨菩提[41]，各各道号不一。少刻，有小鬟来调桌安椅，摆设酒馔，正是：

琼浆满泛玻璃盏，玉液浓斟琥珀杯。

宝玉因此酒香冽异常，又不禁相问。警幻道：“此酒乃以百花之蕤，万木之汁，加以麟髓凤乳酿成，因名为‘万艳同杯’。”宝玉称赏不迭。

饮酒间，又有十二个舞女上来，请问演何调曲，警幻道:“就将新制‘红楼梦’十二支演上来。”舞女们答应了，便轻敲檀板[42]，款按银筝[43]，听他歌道是：

开辟鸿蒙……

方歌了一句，警幻道："此曲不比尘世中所填传奇之曲，必有生旦净末[44]之则，又有南北九宫之调[45]。此或咏叹一人，或感怀一事，偶成一曲，即可谱入管弦。若非个中人[46]，不知其中之妙；料尔亦未必深明此调，若不先阅其稿，后听其曲，反成嚼蜡[47]矣。"说毕，回头命小鬟取了'红楼梦'原稿来，递与宝玉。宝玉接过来，一面目视其文，耳聆其歌曰：

〔红楼梦引子〕

开辟鸿蒙[48]，谁为情种？都只为风月情浓。奈何天，伤怀日，寂寥时，试遣愚衷：因此上，演出这悲金悼玉的"红楼梦"。

〔终身误〕

都道是金玉良缘[49]，俺只念木石前盟[50]。空对着，山中高士晶莹雪，终不忘，世外仙姝寂寞林。叹人间，美中不足今方信：纵然是齐眉举案[51]，到底意难平。

〔枉凝眉〕

一个是阆苑仙葩[52]，一个是美玉无瑕。若说没奇缘，今生偏又遇着他；若说有奇缘，如何心事终虚话？一个枉自嗟呀，一个空劳牵挂。一个是水中月，一个是镜中花。想眼中能有多少泪珠儿，怎禁得秋流到冬，春流到夏！

却说宝玉听了此曲，散漫无稽，未见得好处，但其声韵凄婉，竟能销魂醉魄。因此也不问其原委，也不究其来历，就暂以此释闷而已。因又看下面道：

〔恨无常[53]〕

喜荣华正好，恨无常又到。眼睁睁，把万事全抛。荡悠悠，芳魂销耗。望家乡，路远山高。故向爹娘梦里相寻告：儿命已入黄泉[54]，天伦[55]呵，须要退步抽身早！

〔分骨肉〕

一帆风雨路三千，把骨肉家园，齐来抛闪。恐哭损残年。告爹娘，休把儿悬念：自古穷通皆有定[56]，离合岂无缘？从今分两地，各自保平安。奴去也，莫牵连。

〔乐中悲〕

襁褓中，父母叹双亡。纵居那绮罗丛，谁知娇养？幸生来，英豪阔大宽宏量，从未将儿女私情，略萦心上。好一似，霁月光风[57]耀玉堂。厮配得才貌仙郎，博得个地久天长。准折得幼年时坎坷形状。终久是云散高唐[58]，水涸湘江[59]：这是尘寰中消长[60]数应当，何必枉悲伤？

〔世难容〕

气质美如兰，才华馥比仙。天生成孤癖人皆罕。你道是啖肉食腥膻，视绮罗俗厌；却不知好高人愈妒，过洁世同嫌。可叹这，青灯古殿人将老，孤负了，红粉朱楼春色阑！到头来，依旧是风尘肮脏违心愿；好一似，无瑕白玉遭泥陷；又何须，王孙公子叹无缘？

〔喜冤家〕

中山狼，无情兽。全不念当日根由。一味的，骄奢淫荡贪欢媾。觑着那，侯门艳质同蒲柳[61]；作践的，公府千金似下流。叹芳魂艳魄，一载荡悠悠。

〔虚花悟〕

将那三春看破，桃红柳绿待如何？把这韶华打灭，觅那清淡天和[62]。说什么天上夭桃[63]盛，云中杏蕊[64]多？到头来，谁见把秋捱过？则看那，白杨村里人呜咽，青枫林下鬼吟哦。更兼着，连天衰草遮坟墓，这的是，昨贫今富人劳碌，春荣秋谢花折磨。似这般，生关死劫谁能躲？闻说道，西方宝树唤婆娑[65]，上结着长生果[66]。

〔聪明累〕

机关算尽[67]太聪明，反算了卿卿[68]性命！生前心已碎，死后性空灵。家富人宁：终有个，家亡人散各奔腾。枉费了意悬悬半世心，好一似，荡悠悠三更梦。忽喇喇似大厦倾，昏惨惨似灯将尽。呀！一场欢喜忽悲辛。叹人世，终难定！

〔留余庆[69]〕

留余庆，留余庆，忽遇恩人；幸娘亲，幸娘亲，积得阴功。劝人生，济困扶穷。休似俺那爱银钱、忘骨肉的狠舅奸兄！正是乘除加减[70]，上有苍穹。

〔晚韶华〕

镜里恩情，更那堪梦里功名！那美韶华去之何迅！再休提绣帐鸳衾。

只这戴珠冠，披凤袄，也抵不了无常性命。虽说是，人生莫受老来贫，也须要阴骘积儿孙[71]。气昂昂，头戴簪缨，光灿灿，胸悬金印，威赫赫，爵禄高登，昏惨惨，黄泉路近！问古来将相可还存？也只是虚名儿后人钦敬。

〔好事终〕

画梁春尽落香尘。擅风情，秉月貌，便是败家的根本。箕裘颓堕皆从敬[72]，家事消亡首罪宁。宿孽总因情！

〔飞鸟各投林〕

为官的，家业雕零；富贵的，金银散尽；有恩的，死里逃生；无情的，分明报应；欠命的，命已还；欠泪的，泪已尽：冤冤相报自非轻，分离聚合皆前定。欲知命短问前生，老来富贵也真侥幸。看破的，遁入空门[73]；痴迷的，枉送了性命。好一似食尽鸟投林，落了片白茫茫大地真干净！

歌毕，还又歌副歌。警幻见宝玉甚无趣味，因叹："痴儿竟尚未悟！"那宝玉忙止歌姬不必再唱，自觉朦胧恍惚，告醉求卧。警幻便命撤去残席，送宝玉至一香闺绣阁中。其间铺陈之盛，乃素所未见之物。更可骇者，早有一位仙姬在内，其鲜艳妩媚，大似宝钗；袅娜风流，又如黛玉。正不知是何意，忽见警幻说道："尘世中多少富贵之家，那些绿窗风月，绣阁烟霞，皆被那些淫污纨裤与流荡女子玷辱了；更可恨者，自古来，多少轻薄浪子，皆以'好色不淫'[74]为解，又以'情而不淫'作案，此皆饰非掩丑之语耳：好色即淫，知情更淫。是以巫山之会，云雨之欢，皆由既悦其色，复恋其情所致。吾所爱汝者，乃天下古今第一淫人也。"

宝玉听了，唬的慌忙答道："仙姑差了：我因懒于读书，家父母尚每垂训饬，岂敢再冒'淫'字？况且年纪尚幼，不知'淫'为何事。"警幻道："非也。淫虽一理，意则有别。如世之好淫者，不过悦容貌，喜歌舞，调笑无厌，云雨无时，恨不能天下之美女供我片时之趣兴：此皆皮肤滥淫之蠢物耳。如尔则天分中生成一段痴情，吾辈推之为'意淫'[75]。'意淫'二字，可心会而不可口传，可神通而不能语达。汝今独得此二字，在闺阁中虽可为良友，却于世道中未免迂阔怪诡，百口嘲谤，万目睚眦[76]。既遇尔祖宁荣二公剖腹深嘱，吾不忍子独为我闺阁增光而见弃于世道，故引子前来，醉以美酒，沁以仙茗，警以妙曲，再将吾妹一人，乳名兼美表字可卿者，许配与汝。今夕良时，即可成姻：不过令汝领略此仙闺幻境之风光尚然如此，何况尘世之情景呢。从今后，万万解释，改悟前情，留意于孔孟之间，委身于经济[77]之道。”说毕，便秘授以云雨之事，推宝玉入房中，将门掩上自去。

那宝玉恍恍惚惚，依着警幻所嘱，未免作起儿女的事来，也难以尽述。至次日，便柔情缱绻，软语温存，与可卿难解难分。因二人携手出去游玩之时，忽然至一个所在，但见荆榛遍地，狼虎同行，迎面一道黑溪阻路，并无桥梁可通。正在犹豫之间，忽见警幻从后追来，说道：“快休前进，作速回头要紧！”宝玉忙止步问道：“此系何处？”警幻道：“此乃迷津[78]，深有万丈，遥亘千里，中无舟楫可通，只有一个木筏，乃木居士[79]掌柁，灰侍者[80]撑篙，不受金银之谢，但遇有缘者渡之。尔今偶游至此，设如坠落其中，便深负我从前谆谆警戒之语了。”话犹未了，只听迷津内响如雷声，有许多夜叉海鬼，将宝玉拖将下去，吓得宝玉汗下如雨，一面失声喊叫：“可卿救我！”吓得袭人辈众丫鬟忙上来搂住，叫：“宝玉不怕，我们在这里呢。”

……

【毛泽东评点】

毛泽东手书秦可卿上房《燃藜图》两边挂的一副对联：“世事洞明皆学问，人情练达即文章。”

毛泽东手书《飞鸟各投林》曲子全文。

毛泽东手书秦可卿卧房中所挂唐伯虎画的《海棠春睡图》两边宋学士秦太虚写的一副对联：“嫩寒锁梦因春冷，芳气袭人是酒香。”

毛泽东手书《金陵十二钗又副册》中“霁月难逢”一首曲子。

毛泽东手书《红楼梦》十二支曲子中的《终身误》从“都道是金玉良缘”至“终不忘，世外仙姝寂寞林”。

——以上各条分别见于《毛泽东手书墨迹选》，载第十卷《古诗词卷》下，中央文献出版社、北京出版社 1996 年版，第 251、252、253、255、256 页。

1954年，毛泽东在杭州休养。那时还没修起游泳池。毛泽东的运动主要就是爬山。

有一天爬山，毛泽东边走边同我（按：侯波）聊起来。他是喜欢聊天的。“你现在看什么书啊？”毛泽东引出话头，每次聊总是他主动。

“《红楼梦》。”我说。

“看得懂吗？”

“看故事呗。”在毛泽东身边工作久了之后，我们说话就随便多了。

“你要看五遍才有发言权哪。”

“我一遍还没看完哪。”

“那样的社会，那样的家庭，你们没看到过，只能看看故事。”上了山，回头一望，山下有个房子着火了。……

我喊：“哎呀，房子着火了！”

毛泽东在山坡的石头上坐下来，不慌不忙地说：“着火好。烧了好，烧了好。”“着火……还好？”我很惊讶毛泽东的话和说话的口气。

“不烧他就总住茅草房。”

“烧了他住在哪里去呢？他盖不起瓦房才住草房的。”

“嗯，看来是你说得有理。那怎么办呢？烧了到哪里住呢？”毛泽东沉思不语。良久，自言自语喃喃：“落了片白茫茫大地真干净……”

山下的火已经燃尽，只剩一缕袅袅的青烟。

“唉，烧了好。烧了三年盖瓦房，不烧十年住草房。我看朝鲜还是有希望的。”毛泽东思想太活跃，他怎么就想到了停战不久，还是一片废墟的朝鲜？他考虑的问题和我们想的事情实在不是一个层次。

——权延赤：《真实毛泽东》，内蒙古人民出版社1999年版，第433—434页。

【注释】

（1）《燃藜图》，《刘向别传》记载：汉代刘向在黑夜里独坐读书，来了一个神人，手持青藜杖，吹柱头出火照明，教给他许多古书。《燃藜图》就是用这个勤学故事做题材的，又见《拾遗记》。

（2）世事洞明，通晓世事。

（3）练达，熟练通达，指阅历多而能通达人情世故，能见机行事。

（4）眼饧（xíng 形），眼睛蜜糖般地黏涩，形容一种不庄重的陶醉的眼色。

（5）唐伯虎的《海棠春睡图》，唐伯虎，名寅，字子畏，号六如居士，明中叶吴门（今江苏苏州）人，著名画家。山水、花鸟、仕女、人物无不精能。他的仕女画有《秋风执扇图》《孟蜀宫妓图》《蕉叶美人图》等。《海棠春睡图》不见著录，或系作者虚构。《明皇实录》记载，明皇（唐玄宗）在沉香亭召贵妃（杨玉环）同宴，侍儿侠掖至，则妃宿酒未醒，帝笑曰："岂是妃子醉耶？海棠睡未足耳。"所以这是幅香艳的图画。

（6）秦太虚，即秦观，字少游、太虚，号淮海居士，高邮（今江苏高邮）人，北宋著名婉约派词人。

（7）武则天（624—705），名曌（zhào 照），并州文水（今山西文水东）人。初为太宗才人，后为高宗皇后，后篡唐自立，国号周，称圣神皇帝，在位十五年。

（8）飞燕，即赵飞燕，汉成帝皇后，善歌舞，以体轻，故称"飞燕"。据乐史《杨太真外传》引《汉成帝内传》："汉成帝获飞燕，身轻欲不胜及，恐其飘翥，帝为造水晶盘，令宫人掌之而歌舞。"

（9）安禄山，本姓康，字轧荦山，母嫁突厥人安延偃，因改姓安，更名禄山，唐营州柳城（今辽宁朝阳南）胡人。玄宗时任平卢、范阳、河东三镇节度使，后叛乱。太真，即杨玉环，道号太真，蒲州（今山西永济）人，初为玄宗子寿王瑁妃，后入宫受宠于唐玄宗，封贵妃，故称杨贵妃。安史之乱前，玄宗宠信安禄山，杨贵妃曾认安为养子，关系暧昧。木瓜伤乳事，据宋高承《事物纪原》"河子"条："贵妃私安禄山，指爪伤胸乳之间，遂作河子饰之。"掷瓜伤乳，掷、指音同，爪、瓜形近，或由此讹传附会而来。

（10）寿昌公主，应是寿阳公主之误。寿阳公主，南朝宋武帝刘裕之女。据《太平御览·时序部》引《杂主行书》："宋武帝女寿阳公主，人日（农历正月初七）卧于含章殿下，梅花落于公主额上，成五出花，拂之不去，皇后留之……宫女奇其异，皆效之，今梅花妆是也。”

（11）同昌公主，唐懿宗之女。据苏鹗《杜阳杂编》：“咸通九年（868）同昌公主出降，宅于广化里，……堂中设连珠之帐，却寒之帘。……连珠帐，续真珠以成也。”

（12）西施，春秋时越国美女，又称先施、西子。春秋末年越国苎罗（今浙江诸暨南）人，姓施，曾在河边浣纱。范蠡把她献给吴王夫差，越遂灭吴。后西施归范蠡，同泛五湖。

（13）红娘，王实甫《西厢记》中人物，崔莺莺的婢女。聪明勇敢，天真爽朗，蔑视封建礼教，热情地促成崔莺莺和张生的结合。后称热心促成别人姻缘的人为“红娘”。

（14）膏肓（huāng 荒），脏腑中的横膈膜。传说秦穆公病时，梦见两个病鬼藏在膏之下、肓之上，这是个药力和针灸都达不到的地方，因而致死。事见《左传·成公十年》。后世遂称不治之病为病入膏肓。

（15）随喜，佛家以为行善事可生“欢喜心”，随人做善事称为随喜，引申到寺庙参观、游览也叫随喜。

（16）滃（wěng 蓊）染，烘托渲染，原本中国画技法之一，水墨滃染，大笔横拖，浓淡滃翳，好像山谷中涌出的滃郁云气。

（17）霁月，雨止天晴，明月高照。暗切晴雯的“晴”字。霁，雨雪停止，云收雾散。

（18）彩云，云呈现彩色叫雯。暗切“雯”字。

（19）寿夭，人未成年而死叫夭。晴雯被迫害致死时十六岁。

（20）两地生孤木，两“土”字和一个“木”字合成一个“桂”字，暗示薛蟠娶夏金桂后香菱被迫害致死。

（21）两株枯木，切“林”字。玉带切“黛玉”。

（22）雪，切“薛”。金钗，义切“宝钗”。

（23）停机德，指符合封建道德规范的一种妇德。据《后汉书·烈女传》记载，乐羊子在外边混了一年，没捞到官做就回家。妻子不满，拿着刀走到织布机旁，劝他说就像织布不能中间割断才能成匹一样，追求功名也不能中途停顿。后以停机德称颂那些能劝导丈夫读书仕进，具有封建社会所谓贤淑之德的妇女。此指薛宝钗。

（24）咏絮才，指女子敏捷的吟诗才能。“咏絮”是晋代谢道韫的故事。大贵族谢安和他的子侄们一起赏雪吟诗，他的侄女谢道韫有“未若柳絮因风起”的句子，受到称赞。事见《晋书·王凝之妻谢氏传》和《世说新语·言语》。此指林黛玉。

（25）弓，与“宫”同音。香橼（yuán 猿），橘类水果，似小瓜，不甜而香，可供玩赏。此处以橼切元春的“元”字，暗示元春入宫。

（26）宫闱，后妃居住的地方。元春后加封贤德妃。

（27）三春，春季的三个月，依次称为孟、仲、季春。这里指迎春、探春、惜春。

（28）虎兔相逢大梦归，指元春死在寅年、卯年之交。据本书第九十五回说，贾元春死在甲寅年十二月十九日，十二月十八日立春，虽未过年，但节气已立春，次年是乙卯年。寅的属相是虎，卯的属相是兔，故说虎兔相逢。大梦归，魂返故乡，指死亡。

（29）洁，即佛教所谓的净。佛教认为现实世界是污秽的，唯有天堂佛国才是庄严洁净，没有五浊（劫浊、见浊、烦恼浊、众生浊、命浊）的极乐世界。

（30）空，佛教指超乎色相世界的境界。脱离现实世界，出家当和尚、尼姑，叫作遁入空门。

（31）子系中山狼，子系，合起来是“孫”字，指孙绍祖。中山狼，明代马中锡（一说宋代谢良）写的寓言故事《中山狼传》说，战国时赵简子到中山（国名）打猎，把一只狼追赶无路可走，东郭先生把狼藏在袋中救了它，事后狼反要吃掉东郭先生。后遂以中山狼比喻忘恩负义之徒。

（32）黄粱，即黄粱梦。唐沈既济《枕中记》载，卢生宿于邯郸旅舍，遇道士吕翁，自诉贫困，希图宦达。吕翁授之枕，使其入梦。在梦中，卢生中进士，做节度使，升任宰相，有子五人，皆做大官，富贵宦达已极，醒来，店主人的黄粱饭还未蒸熟。寓意繁华富贵不长之意。

（33）凡鸟，二字合起来是“鳳”（凤）字，指王熙凤。

（34）一从二合三人木，是说贾琏对王熙凤始则听从（一从），继则命令你（二令），终于遗弃（人木切“休”）。

（35）凤冠，古代妇人所戴有凤凰作冠饰的礼冠。霞帔，为朝廷册封的有品爵的贵妇人的服饰。

（36）如冰水好空相妒，唐寒山《无题》：“欲识生死譬，且将冰水比。水结即成冰，冰消返成水。”意谓李纨的荣枯变化就像冰水的关系一样，其荣华富贵不值得妒忌。

（37）国朝，封建时代，人自称其本朝。此指清朝。定鼎，指定都建国。据《左传》载，大禹铸九鼎，从商到周成为传国宝，都城在哪里，鼎就在哪里。后世遂以定鼎指定都建国。

（38）奕世，代代相传。

（39）唾绒，女子口中唾出的绒。古代女子作针黹刺绣，每当换线停针，用齿咬断绣线，常有绒线粘连口中，随口吐出，叫作唾绒。

（40）大士，佛教对佛和菩萨的称呼。

（41）菩提，佛教术语，梵文 Bodhí 的音译，意译为觉、正觉、智、道等，即明辨善恶、觉悟真理之意。佛教用以指豁然开悟，如人睡眠，如日开朗的彻悟精神。

（42）檀板，打击乐器名，即拍板，又称绰板、牙板。

（43）银筝，有银色花饰的筝，乐器名。

（44）生旦净末，旧戏曲中的角色名。生，扮演男子的角色。旦，扮演妇女的角色。净扮演性格刚烈或奸险的男性角色，俗称“花脸”。末，扮演中年男子的角色。

（45）南北九宫之调，北曲、南曲是元、明时期戏曲音律中的不同派别，北曲盛于元代，南曲盛于明代。九宫，元人杂剧中有正宫、中吕、南吕、仙吕、黄钟五宫，大石调、双调、商调、越调四调，合为九宫调。宫，宫调，中国戏曲、音乐术语。

（46）个中人，这方面的内行之义。

（47）嚼蜡，即味同嚼蜡，无味之意。

（48）开辟鸿蒙，开天辟地以来。鸿蒙，洪荒，形容宇宙开始形成时的一种蒙昧状态。

（49）金玉良缘，金玉，金锁和宝玉，代指薛宝钗和贾宝玉。良缘，美好的姻缘。

（50）木石前盟，木，指林黛玉。石，指贾宝玉原是青埂峰下的一块顽石。前盟，指宝玉的前身神瑛侍者灌溉黛玉的前身绛珠草。绛珠草为报其灌溉之恩，甘愿把“一生所有的眼泪还他”。

（51）齐眉举案，汉代梁鸿和孟光相敬如宾的故事。《后汉书·梁鸿传》：“鸿为人赁舂。每归，妻为具食，不敢于鸿前仰视，举案齐眉。”后用以形容夫妻相敬。案，古代盛食物的有脚的托盘。

（52）阆（láng 郎）苑，仙人的宫苑、园林。仙葩（pā 趴），仙花。指林黛玉。

（53）无常，佛教术语，佛家认为世间一切事物不能久住，都处于忽生忽灭、瞬息万变之中，故叫无常。《涅槃经》卷一：“是身无常，念念不住，犹如电光、暴水、幻炎。”又勾命鬼也叫无常。

（54）黄泉，地下。

（55）天伦，封建社会用作父子、兄弟的代称。

（56）穷通，穷困和显达，倒霉和走运。

（57）霁月光风，雨过天晴时，大自然所呈现的明净光亮、微风轻吹的景象。光风，《楚辞·招魂》：“光风转蕙。”王逸注：“光风，谓雨已月出而风，草木有光也。”

（58）高唐，台馆名，在楚国云梦泽中。《文选》宋玉《高唐赋序》，写楚王与巫山神女幽会于云梦高唐馆事。

（59）水涸湘江，用娥皇、女英二妃于湘江哭舜的故事。相传舜南巡死于苍梧，二妃随征，自溺于湘江，俗称湘君。

（60）消长，《周易》中的哲学用语。长，代表生；消，代表灭。消与长，循环往复，没有终止。

（61）蒲柳，水杨，落叶乔木，一种易于生长也易于凋零的植物，旧时常用来比喻本性低贱的东西。

（62）天和，指自然的和气，即所谓元气。《庄子·知北游》：“若正汝形，一汝视，天和将至。”觅天和，修道养性。

（63）天上夭桃，神话中西王母的蟠桃。《汉武帝内传》载，七月七日，西王母自设天厨宴请汉武帝，以玉盘盛仙桃七颗，桃味甘美，余味无穷，据说此桃三千年才结一次果实。

（64）云中杏蕊，神话中董奉的庐山杏林。葛洪《神仙传》载，庐山神仙董奉，有法术，为人治病不取钱，使之种杏，数年后，得十万余株，郁然成林，号董仙杏林。因庐山高耸入云，故称云中杏蕊。

（65）西方宝树唤婆娑，婆娑，当是“娑罗”之误。娑罗，植物名，产于印度。传说佛祖释迦牟尼在拘尸那城跋提河畔的娑罗树下圆寂（死）。

（66）长生果，人参果，神话传说中说吃了可以长生不老。果，又是佛教用语，佛教徒修行得道叫得正果。

（67）机关算尽，心机、权谋用尽，挖空心思。《桐江诗话》，黄庭坚作《牧童诗》：“骑牛远远过前村，短笛横吹隔陇闻。多少长安名利客，机关用尽不如君。”

（68）卿卿，你，用于对女性的亲昵称呼，寓有嘲讽之意，典出《世说新语·惑溺》。此指王熙凤。

（69）留余庆，指前辈的善行使得后代获得善报。《易·坤》：“积善之家，必有余庆。”

（70）乘除加减，消长、增损之意。人的命运好坏，皆由上天安排。

（71）阴骘（zhì 置），阴功，在默默中有德于人。《书·洪范》：“惟天阴骘下民。”骘，安定。

（72）箕裘，继承祖业之意。《礼记·学记》：“良冶之子，必学为裘；良弓之子，必学为箕。”箕裘，簸箕和皮袍。

（73）空门，指佛教，佛法宣扬“诸法皆空”，以“悟空”为进入涅槃之门。

（74）好色不淫，《史记·屈原列传》：“《国风》好色而不淫。”

（75）意淫，情意泛滥，痴情，也含有越礼、乖张之意。

（76）睚眦（yá zì 牙自），怒目而视。

（77）经济，经邦济世，办理有关国计民生的大事。

（78）迷津，佛教术语，指世间的一切“声色货利”，宣扬这些东西可以迷人的本性。

（79）木居士，指木偶、佛像。居士，不出家的佛教徒。

（80）灰侍者，指佛像两旁的侍立泥塑。

【赏析】

《红楼梦》第五回“贾宝玉神游太虚境　警幻仙曲演红楼梦”，通过贾宝玉神游太虚幻境，写的“金陵十二钗”册子中的词语和“红楼梦十二支曲”等，无论是对书中某些重要人物的命运的暗示，还是具有总括性质的“飞鸟各投林”，都显露出一派衰落败亡的景象。所谓“好一似食尽鸟投林，落了片白茫茫大地真干净”，形象地描绘出以四大家族为代表的整个封建地主阶级已经“运终数尽，不可挽回”的必然灭亡的历史命运。

毛泽东对这一回很熟悉，也很喜欢，他曾经手书过这一回的两副对联和三支曲子。

“世事洞明皆学问，人情练达即文章。”这副对联悬挂在宁国府上房内《燃藜图》旁边，意思是能够精通人情世故，也就是学问，就是文章。当然这学问和文章，就是指的“为官作宦”“应酬事务”的“仕途经济”。作者把劝人苦读勤学的《燃藜图》与劝人精通人情世故的对联安排在一起，揭示了封建地主阶级“读书做官”的本质。撇开它的目的不管，通晓世事和通达人情世故，还是值得肯定的。

“嫩寒锁梦因春冷，芳气袭人是酒香。”这是秦可卿卧房中所挂唐伯虎《海棠春睡图》两旁的对联。上联写因春天的微寒，闺中女子春睡沉沉，锁在梦乡未醒；下联写女子居处飘来的是使人心醉神迷的美酒的芳香。此联的用意似在于暗示居室主人的风流韵事，十分贴切。

“霁月难逢”一首，是《金陵十二钗又副册》中晴雯的判词，写晴雯高洁的品格与污秽社会的冲突及她的被毁灭。这个反抗最烈的女奴隶的命运令人同情。

《终身误》（都道是金玉良缘）一首，“终身误”，就是误了终身。此曲是模拟贾宝玉的口气写的。它以贾宝玉婚后仍念念不忘死去的林黛玉，描写薛宝钗婚后生活的冷落和凄苦，又表现了贾宝玉的痛苦、复杂的内心世界。故此曲视为对《红楼梦》中三个主人公爱情婚姻悲剧的艺术概括，比较贴切。

《飞鸟各投林》一首，曲名《飞鸟各投林》，比喻贾家衰败后家亡人散、各奔东西。曲子总写金陵十二钗和贾宝玉的不幸结局以及贾府最终“树倒猢狲散”的衰败景象。从小说的具体情节来看，有些句子是确有所指的。如“有恩的”，当指巧姐；“欠泪的”，当指林黛玉；“老来富贵也莫侥幸”，当指李纨；“看破的”，当指惜春。但又不能过于拘泥。这支曲子实际上旨在以悲凉的图景，展现出多种性格、多种遭遇、多种身份地位的女子的共同命运，说明贾府终将“好一似食尽鸟投林，落了片白茫茫大地真干净”的必然结局。1954 年在杭州登山时，毛泽东看到一个茅草房子着火了，便随口吟出“落了个片白茫茫大地真干净”，足见其对此曲的熟稔，又由此想到朝鲜人民恢复战争创伤，是他的国际主义精神的自然流露。

【原文】

第六回　贾宝玉初试云雨情　刘老老一进荣国府（节录）

……

“且说荣府中合算起来，从上至下，也有三百余口人，一天也有一二十件事，竟如乱麻一般，没个头绪可作纲领。正思从那一件事那一个人写起方妙？却好忽从千里之外，芥豆之微[(1)]，小小一个人家，因与荣府略有些瓜葛[(2)]，这日正往荣府中来，因此便就这一家说起，倒还是个头绪。

原来这小小之家，姓王，乃本地人氏，祖上也做过一个小小京官，昔年曾与凤姐之祖王夫人之父认识。因贪王家的势利，便连了宗[(3)]，认作侄儿。那时只有王夫人之大兄凤姐之父与王夫人随在京的知有此一门远族，余者也皆不知。目今其祖早故，只有一个儿子，名唤王成，因家业萧条，仍搬出城外乡村中住了。王成亦相继身故，有子小名狗儿，娶妻刘氏，生子小名板儿；又生一女，名唤青儿：一家四口，以务农为业。

因狗儿白日间自作些生计，刘氏又操井臼[(4)]等事，青板姊弟两个，无人照管，狗儿遂将岳母刘老老[(5)]接来，一处过活。

这刘老老乃是个久经世代的老寡妇，膝下又无子息，只靠两亩薄田度日。如今女婿接了养活，岂不愿意呢，遂一心一计，帮着女儿女婿过活。因这年秋尽冬初，天气冷将上来，家中冬事未办，狗儿未免心中烦躁，吃了几杯闷酒，在家里闲寻气恼，刘氏不敢顶撞。因此刘老老看不过，便劝道："姑爷，你别嗔着我多嘴：咱们村庄人家儿，那一个不是老老实实守着多大碗儿吃多大的饭呢！你皆因小时候，托着老子娘的福，吃喝惯了，如今所以有了钱就顾头不顾尾，没了钱就瞎生气，成了什么男子汉大丈夫了！如今咱们虽离城住着，终是天子脚下。这'长安'城中，遍地皆是钱，只可惜没人会去拿罢了。在家跳蹋[(6)]也没用！"狗儿听了道："你老只会在炕头上坐着混说，难道叫我打劫去不成？"刘老老说道："谁叫你去打劫呢？也到底大家想个方法儿才好。不然，那银子钱会自己跑到咱们家里来不成？"狗儿冷笑道："有法儿还等到这会子呢！我又没有收税的亲戚、做官的朋友，有什么法子可想的？就有，也只怕他们未必来理我们呢！"

刘老老道："这倒也不然。'谋事在人，成事在天'[(7)]，咱们谋到了，靠菩萨的保佑，有些机会，也未可知。我倒替你们想出一个机会来。当日你们原是和金陵王家连过宗的。二十年前，他们看承你们还好，如今是你们拉硬屎[(8)]，不肯去就和他，才疏远起来。想当初我和女儿还去过一遭，他家的二小姐，着实爽快会待人的，倒不拿大[(9)]。如今现是荣国府贾二老爷的夫人，听见他们说，如今上了年纪，越发怜贫恤老的了，又爱斋僧布施。如今王府虽升了官儿，只怕二姑太太还认的咱们，你为什么不走动走动？或者他还念旧，有些好处也未可知。只要他发点好心，拔根寒毛比咱们的腰还壮呢！"刘氏接口道："你老说的好。你我这样嘴脸，怎么好到他门上去？只怕他那门上人也不肯进去告诉，没的白打嘴现世[(10)]的！"

谁知狗儿利名心重，听如此说，心下便有些活动；又听他妻子这番话，便笑道："老老既这么说，况且当日你又见过这姑太太一次，为什么不你老人家明日就去走一遭，先试试风头儿去？"刘老老道："哎哟！可是说的了：'侯门似海'[(11)]，我是个什么东西儿！他家人又不认得我，去了也是白跑。”狗儿道：“不妨，我教给你个法儿。你竟带了小板儿先去找陪房[12]周大爷，要见了他，就有些意思了。这周大爷先时和我父亲交过一桩事，我们本极好的。”刘老老道：“我也知道。只是许多时不走动，知道他如今是怎样？这也说不得了！你又是个男人，这么个嘴脸，自然去不得。我们姑娘年轻的媳妇儿，也难卖头卖脚[13]的，倒还是舍着我这副老脸去碰碰。果然有好处，大家也有益。”当晚计议已定。

次日天未明时，刘老老便起来梳洗了，又将板儿教了几句话；五六岁的孩子，听见带了他进城逛去，喜欢的无不应承。于是刘老老带了板儿，进城至宁荣街来。到了荣府大门前石狮子旁边，只见满门口的轿马。刘老老不敢过去，掸掸衣服，又教了板儿几句话，然后溜到角门前，只见几个挺胸叠肚、指手画脚的人坐在大门上，说东谈西的。刘老老只得蹭上来问：“太爷们纳福[14]。”众人打量了一会，便问：“是那里来的？”刘老老陪笑道：“我找太太的陪房周大爷的。烦那位太爷替我请他出来。”那些人听了，都不理他，半日，方说道：“你远远的那墙畸角儿等着，一会子他们家里就有人出来。”内中有个年老的说道：“何苦误他的事呢？”因向刘老老道：“周大爷往南边去了。他在后一带住着，他们奶奶儿倒在家呢。你打这边绕到后街门上找就是了。”

……

刘老老只听见咯当咯当的响声，很似打罗饰面的一般，不免东瞧西望的，忽见堂屋中柱子上挂着一个匣子，底下又坠着一个秤铊似的[15]，却不住的乱晃，刘老老心中想着：“这是什么东西？有煞[16]用处呢？”正发呆时，陡听得“当”的一声，又若金钟铜磬一般，倒吓得不住的展眼儿。接着一连又是八九下，欲待问时，只见小丫头们一齐乱跑，说：“奶奶下来了。”平儿和周瑞家的忙起身说：“老老只管坐着，等是时候儿，我们来请你。”说着迎出去了。

刘老老只屏声侧耳默候，只听远远有人笑声，约有一二十个妇人，衣裙窸窣[17]，渐入堂屋，往那边屋内去了。又见三两个妇人，都捧着大红油漆盒，进这边来等候。听得那边说道“摆饭”，渐渐的人才散出去，只有伺候端菜的几个人。半日鸦雀不闻。忽见两个人抬了一张炕桌来，放在这边炕上，桌上碗盘摆列，仍是满满的鱼肉，不过略动了几样。板儿一见就吵着要肉吃，刘老老打了他一巴掌。忽见周瑞家的笑嘻嘻走过来，点手儿叫他，刘老老会意，于是带着板儿下炕，至堂屋中间，周瑞家的又和他咕唧了一会子，方蹭到这边屋内。

只见门外铜钩上悬着大红洒花软帘，南窗下是炕，炕上大红条毡，靠东边板壁立着一个锁子锦[18]的靠背和一个引枕，铺着金线闪的大坐褥，傍边有银唾盒。那凤姐家常带着紫貂昭君套[19]，围着那攒珠勒子[20]，穿着桃红洒花袄，石青刻丝灰鼠披风[21]，火红洋绉银鼠皮裙；粉光脂艳，端端正正坐在那里，手内拿着小铜火筯儿拨手炉内的灰。平儿站在炕沿边，捧着小小的一个填漆茶盘[22]，盘内一个小盖钟儿。凤姐也不接茶，也不抬头，只管拨那灰，慢慢的道："怎么还不请进来？"一面说，一面抬身要茶时，只见周瑞家的已带了两个人立在面前了，这才忙欲起身，犹未起身，满面春风的问好，又嗔着周瑞家的："怎么不早说！"刘老老已在地下拜了几拜，问姑奶奶安。凤姐忙说："周姐姐，搀着不拜罢。我年轻，不大认得，可也不知是什么辈数儿，不敢称呼。"周瑞家的忙回道："这就是我才回的那个老老了。"凤姐点头，刘老老已在炕沿上坐下了。板儿便躲在他背后，百般的哄他出来作揖，他死也不肯。

凤姐笑道："亲戚们不大走动，都疏远了。知道的呢，说你们弃嫌我们，不肯常来；不知道的那起小人，还只当我们眼里没人似的。"刘老老忙念佛道："我们家道艰难，走不起。来到这里，没的给姑奶奶打嘴，就是管家爷们瞧着也不像。"凤姐笑道："这话没的叫人恶心，不过托赖着祖父的虚名，作个穷官儿罢咧，谁家有什么？不过也是个空架子。俗语儿说的好'朝廷还有三门子穷亲'呢，何况你我？"说着，又问周瑞家的："回了太太了没有？"周瑞家的道；"等奶奶的示下。"凤姐儿道："你去瞧瞧，要是有人就罢；要得闲呢，就回了，看怎么说。"周瑞家的答应去了。

这里凤姐叫人抓了些果子给板儿吃，刚问了几句闲话时，就有家下许多媳妇儿管事的来回话。平儿回了，凤姐道："我这里陪客呢，晚上再来回。要有紧事，你就带进来现办。"平儿出去，一会进来说："我问了，没什么要紧的。我叫他们散了。"凤姐点头。只见周瑞家的回来，向凤姐道：

"太太说：'今日不得闲儿，二奶奶陪着也是一样，多谢费心想着。要是白来逛逛呢便罢；有什么说的，只管告诉二奶奶。"刘老老道："也没甚的说，不过来瞅瞅姑太太姑奶奶，也是亲戚们的情分。"周瑞家的道："没有什么说的便罢；要有话，只管回二奶奶，和太太是一样儿的。"一面说，一面递了个眼色儿。

刘老老会意，未语先红了脸，待要不说，今日所为何来？只得勉强说道："论今日初次见，原不该说的；只是太远的奔了你老这里来，少不得说了……"刚说到这里，只听二门上小厮们回说："东府里小大爷进来了。"凤姐忙和刘老老摆手道："不必说了。"

……

这刘老老方安顿了，便说道："我今日带了你侄儿，不为别的，因他爹娘连吃的没有，天气又冷，只得带了你侄儿奔了你老来。"说着，又推板儿道："你爹在家里怎么教你的？打发咱们来作煞事的？只顾吃果子！"凤姐早已明白了，听他不会说话，因笑进："不必说了，我知道了。"因问周瑞家的道："这老老不知用了早饭没有呢？"刘老老忙道；"一早就往这里赶咧，哪里还有吃饭的工夫咧？"凤姐便命："快传饭来。"

一时周瑞家的传了一桌客馔，摆在东屋里，过来带了刘老老和板儿过去吃饭，凤姐这里道："周姐姐好生让着些儿，我不能陪了。"一面又叫过周瑞家的来问道："方才回了太太，太太怎么说了？"周瑞家的道："太太说：'他们原不是一家子；当年他们的祖和太老爷在一处做官，因连了宗的。这几年不大走动。当时他们来了，却也从没空过的；如今来瞧我们，也是他的好意，别简慢了他(23)。要有什么话，叫二奶奶裁夺着就是了。'"凤姐听了说道："怪道既是一家子，我怎么连影儿也不知道！"

说话间，刘老老已吃完了饭，拉了板儿过来，舔唇咂嘴的道谢。凤姐笑道："且请坐下，听我告诉你：方才你的意思，我已经知道了。论起亲戚来，原该不等上门就有照应才是；但只如今家里事情太多，太太上了年纪，一时想不到是有的。我如今接着管事，这些亲戚们又都不大知道，况且外面看着，虽是烈烈轰轰，不知大有大的难处，说给人也未必信。你既大远的来了，又是头一遭儿和我张个口，怎么叫你空回去呢？可巧昨儿太太给我的丫头们作衣裳的二十两银子还没动呢，你不嫌少，先拿了去用罢。”

那刘老老先听见告艰苦，只当是没想头了，又听见给他二十两银子，喜的眉开眼笑道：“我们也知道艰难的，但只俗语说的：‘瘦死的骆驼比马还大’呢。凭他怎样，你老拔一根寒毛比我们的腰还壮哩！”周瑞家的在旁听见他说的粗鄙，只管使眼色止他。凤姐笑而不睬，叫平儿把昨儿那包银子拿来，再拿一串钱，都送至刘老老跟前。凤姐道：“这是二十两银子，暂且给这孩子们作件冬衣罢。改日没事，只管来逛逛，才是亲戚们的意思。天也晚了，不虚留你们了。到家该问好的都问个好儿罢。”一面说，一面就站起来了。

刘老老只是千恩万谢的，拿了银钱，跟着周瑞家的走到外边……

【毛泽东评点】

毛泽东在最高国务会议的结束语中，用王熙凤对刘姥姥说的“大有大的难处”来说明大国的事情并不那么好办。

——龚育之、宋贵仑：《“红学”一家言》，载《毛泽东的读书生活》，生活·读书·新知三联书店1986年版，第230页。

1963年9月28日，毛泽东在中央工作会议上谈到国际形势时说：我总相信，《红楼梦》的作者借小说人物的口说的一句话，“大有大的难处”。这句话把刘姥姥吓得冷了半截。现在苏美两国确实很困难，他们到处碰钉子。不要忘记这一点。

——董学文等：《毛泽东的文艺美学活动》，高等教育出版社1995年版，第221页。

【注释】

（1）芥豆之微，芥子和豆粒，都是体积很小又常见的东西，常用以比喻人的家境贫寒，地位低贱。

（2）瓜葛，瓜和葛都是蔓生植物，比喻疏远的亲戚关系。

（3）连宗，亦作“联宗”。封建社会时，同姓没有宗族关系的认作本家。

（4）井臼，汲水和舂米。

（5）老老，北方一般习惯。外孙对外祖母称“姥姥”，对外祖父称“姥爷”，又常以子女对某人的呼作为对这人的“公称”，所以板儿对她的称呼便成为王家以至贾家对她的共同称呼了。

（6）跳蹋，又作“跳跶”，急得跳脚。

（7）谋事在人，成事在天，谋划事情要尽人的努力，而事情的成败则还受到自然环境和其他条件的限制。罗贯中《三国演义》第一〇三回：“孔明叹曰：‘谋事在人，成事在天。’不可强也。”

（8）拉硬屎，逞强、装硬之意。

（9）拿大，自大，摆架子。

（10）没的，没有原因，无缘无故的。打嘴现世，丢脸现眼，出丑之意。

（11）侯门似海，语出本唐崔郊《赠去婢》：“公子王孙逐后尘，绿珠垂泪滴罗巾。侯门一入深如海，从此萧郎是路人。”侯门，显贵之家。萧郎，泛指女子的恋人。后常以“侯门似海”比喻故友旧识，因地位悬殊而被隔绝。

（12）陪房，古代官僚贵族的女儿出嫁时，从娘家带去的仆人。

（13）卖头卖脚，抛头露面。

（14）纳福，迎祥得福。多用作问候祝颂之辞。

（15）秤铊似的，此指大座钟的钟摆，刘老老不认识，故以秤铊为喻。

（16）煞，通“啥”，什么。

（17）衣裙窸窣（xī sū 西苏），衣裙摩擦发出的轻微声音。

（18）锁子锦，用金线织成锁链形图案的锦缎。

（19）昭君套，如同旧戏曲或图画上王昭君出塞时所戴的式样的帽罩。

（20）攒珠勒子，珠石穿成的帽绊和锦缎做的帽箍。

（21）石青刻丝灰鼠披风，石青色刻丝衣面，灰鼠皮里的女用礼服外套，即斗篷。

（22）填漆，雕花填彩的漆器。

（23）简慢，又作“简嫚”。轻忽怠慢。

【赏析】

《红楼梦》第六回“贾宝玉初试云雨情　刘老老一进荣国府”，通过与贾府略有些瓜葛的乡村老妪刘老老，到荣国府里去打抽丰时的观察和感受，极写荣府的富贵豪奢派头和气象。刘老老的女婿王姓祖上，因贪金陵王家的势利，认作侄儿，和王家连了宗，也算王家在京中的一门宗亲。但知者甚少，早已疏远。刘老老女婿家生活困难，过不去冬，无计可施，刘老老想出去贾府告借的法子，决定去碰碰运气。刘老老带了外孙子板儿，来到宁荣街上荣府门前石狮子旁边，“只见满门口的轿马”。刘老老不敢过去，只得溜到角门前，“只见几个挺胸叠肚、指手画脚的人坐在大门上，说东谈西的”。经一个年老的看门人的指点，到后门街上找到了王夫人的陪房周瑞家的，周瑞家的引荐给贾琏的通房丫头平儿，平儿待王熙凤吃过午饭后的空隙加以通报，几经周折，好不容易才见到了管家奶奶凤姐，刘老老忍耻张口，告难求帮。王熙凤拿腔作势，一见刘老老，便说：“不过托赖着祖父的虚名，作个穷官儿罢咧，谁家有什么？不过也是个空架子。”当她弄清与刘老老的关系，讨得王夫人的口气后，又对刘老老冠冕堂皇地讲了一篇大道理：论起亲戚，原该不等上门就有照应才是；但如今家里事情多，太太上了年纪，一时想不到是有的；她自己又是新管事。这些亲戚又不大知道，“况且外面看着，虽是烈烈轰轰，不知大有大的难处，说给人也未必相信”。刘老老听到王熙凤“告艰苦”，“只当是没想头了”。所以，当她终于得二十两银子和一吊钱时，千恩万谢，欢喜而归。大家排场，贵族势派，从刘老老的视角写了出来。

“大有大的难处”，这是王熙凤面对刘老老告借讲的推辞话，但却有丰富的哲学意蕴。因为从哲学来讲，大与小是相对的，多有自己的长处和短处。比如贾府是声势显赫的大家族，势焰熏天，炙手可热，但人多事冗，入不敷出，官场倾轧，太监勒索，便时时捉襟见肘，后终被抄家，一败涂地，这是王熙凤所始料未及的，但也是她说这句话的应有之义。小有小的方便处，如刘老老女婿家这个芥豆之微的王家，当贾家被抄时，王熙凤的女儿巧姐到乡间躲藏并得到妥善安排多亏刘老老之力。毛泽东很欣赏王熙凤说的这句话，曾两次用它来说明重大的国际问题。一次是1957年3

月 4 日，毛泽东在最高国务会议的结束语中，用王熙凤对刘老老说的“大有大的难处”这句话来说明“大国的事情也并不那么好办”。时隔 7 年之后，到了 1963 年 9 月 28 日，毛泽东在中央工作会议上谈到国防形势时，再次引用“大有大的难处”这句话说明：“现在美苏两国确实很困难，他们到处碰钉子。”毛泽东是针对当时世界局势讲的，美国和苏联两个超级大国，既互相争夺，又互相勾结的时代早已一去不复返了。作为超级大国之一的苏联早已成为历史，剩下的另一个超级大国美国，妄想独霸世界，这更不可能。尽管它以世界宪兵自居，到处伸手，今天“制裁”这个，明天“打击”那个，也是力不从心。随着世界人民的觉醒、世界多极化的出现，美国这个超级大国的“难处”也会越来越大，这是不容置疑的。毛泽东指出的这个观察国际问题的观点和方法，使我们受益匪浅。

【原文】

第十九回　情切切良宵花解语　意绵绵静日玉生香（节录）

……

宝玉听了，信以为真，方把酥酪丢开，取了栗子来，自向灯下检剥。一面见众人不在房中，乃笑问袭人道：“今儿那个穿红的是你什么人？”袭人道：“那是我两姨姐姐。”宝玉听了，赞叹了两声。袭人道：“叹什么？我知道你心里的缘故，想是说：他那里配穿红的？”宝玉笑道：“不是，不是。那样的人不配穿红的，谁还敢穿？我因为见他实在好的很，怎么也得他在咱们家就好了。”袭人冷笑道：“我一个人是奴才命罢了，难道连我的亲戚都是奴才命不成？定还要拣实在好的丫头才往你们家来？”宝玉听了，忙笑道：“你又多心了！我说往咱们家来，必定是奴才不成，说亲戚就使不得？”袭人道：“那也般配不上。”

宝玉便不肯再说，只是剥栗子。袭人笑道：“怎么不言语了？想是我才冒撞冲犯了你？明儿赌气花几两银子买进他们来就是了。”宝玉笑道：“你说的话怎么叫人答言呢？我不过是赞他好，正配生在这深宅大院里，没的我们这宗浊物倒生在这里！”袭人道：“他虽没这样造化，倒也是娇生惯养的，我姨父姨娘的宝贝儿似的，如今十七岁，各样的嫁妆都齐备了，明年就出嫁。”

宝玉听了“出嫁”二字，不禁又“嗐”了两声。正不自在，又听袭人叹道：“我这几年，姊妹们都不大见，如今我要回去了，他们又都去了！”宝玉听这话里有文章，不觉吃了一惊，忙扔下栗子，问道：“怎么着，你如今要回去？”袭人道：“我今儿听见我妈和哥哥商量，教我再耐一年，明年他们上来就赎出我去呢。”宝玉听了这话，越发忙了，因问：“为什么赎你呢？”袭人道：“这话奇了！我又比不得是这里的家生子儿[1]，我们一家子都在别处，独我一个人在这里，怎么是个了手呢？”宝玉道：“我不叫你去也难哪！”袭人道：“从来没这个理。就是朝廷宫里，也有定例，几年一挑，几年一放，没有长远留下人的理，别说你们家！”

宝玉想一想，果然有理，又道：“老太太要不放你呢？”袭人道：“为什么不放呢？我果然是个难得的，或者感动了老太太、太太不肯放我出去，再多给我们家几两银子留下，也还有的；其实我又不过是个最平常的人，比我强的多而且多。我从小儿跟着老太太，先伏侍了史大姑娘几年，这会子又伏侍了你几年，我们家要来赎我，正是该叫去的，只怕连身价不要，就开恩放我去呢。要说为伏侍的你好不叫我去，断然没有的事。那伏侍的好，是分内应当的，不是什么奇功；我去了仍旧又有好的了，不是没了我就使不得的。”宝玉听了这些话，竟是有去的理，无留的理，心里越发急了，因又道：“虽然如此说，我的一心要留下你，不怕老太太不和你母亲说，多多给你母亲些银子，他也不好意思接你了。”袭人道：“我妈自然不敢强。且慢说和他好说，又多给银子；就便不好和他说，一个钱也不给，安心要强留下我，他也不敢不依。但只是咱们家从没干过这倚势仗贵霸道的事。这比不得别的东西，因为喜欢，加十倍利弄了来给你，那卖的人不吃亏，就可以行得的；如今无故平空留下我，于你又无益，反教我们骨肉分离，这件事，老太太、太太肯行吗？”

宝玉听了，思忖半晌，乃说道：“依你说来说去，是去定了？”袭人道：“去定了。”宝玉听了自思道：“谁知这样一个人，这样薄情无义呢！”

乃叹道："早知道都是要去的，我就不该弄了来。临了剩我一个孤鬼儿！"说着便赌气上床睡了。

原来袭人在家，听见他母兄要赎他回去，他就说："至死也不回去。"又说："当日原是你们没饭吃，就剩了我还值几两银子，要不叫你们卖，没有个看着老子娘饿死的理；如今幸而卖到这个地方儿，吃穿和主子一样，又不朝打暮骂。况如今爹虽没了，你们却又整理的家成业就，复了元气。若果然还艰难，把我赎出来，再多掏摸几个钱，也还罢了，其实又不难了。这会子又赎我做什么？权当我死了，再不必起赎我的念头了！"因此哭了一阵。

他母兄见他这般坚执，自然必不出来的了。况且原是卖倒的死契[2]，明仗着贾宅是慈善宽厚人家儿，不过求求，只怕连身价银一并赏了还是有的事呢；二则贾府中从不会作践下人，只有恩多威少的，且凡老少房中所有亲侍的女孩子们，更比待家下众人不同，平常寒薄人家的女孩儿也不能那么尊重；因此他母子两个就死心不赎了。次后忽然宝玉去了，他两个又是那个光景儿，母子二人心中更明白了，越发一块石头落了地，而且是意外之想，彼此放心，再无别意了。

且说袭人自幼儿见宝玉性格异常，其淘气憨顽出于众小儿之外，更有几件千奇百怪口不能言的毛病儿。近来仗着祖母溺爱，父母亦不能十分严紧拘管，更觉放纵弛荡，任情恣性，最不喜务正。每欲劝时，谅不能听。今日可巧有赎身之论，故先用骗词以探其情，以压其气，然后好下箴规[3]。今见宝玉默默睡去，知其情有不忍，气已馁堕。自己原不想栗子吃，只因怕为酥酪生事，又像那茜雪之茶，是以假要栗子为由，混过宝玉不提就完了。于是命小丫头子们将栗子拿去吃了，自己来推宝玉。只见宝玉泪痕满面，袭人便笑道："这有什么伤心的？你果然留我，我自然不肯出去。"宝玉见这话头儿活动了，便道："你说说，我还要怎么留你？我自己也难说了！"袭人笑道："咱俩两个的好，是不用说了。但你要安心留我，不在这上头。我另说出三件事来，你果然依了，那就是真心留我了，刀搁在脖子上，我也不出去了。"

宝玉忙笑道："你说，那几件？我都依你。好姐姐，好亲姐姐！别说两三件，就是两三百件我也依的。只求你们看守着我，等我有一日化成了飞灰，飞灰还不好，灰还有形有迹，还有知识的。等我化成一股轻烟，风一吹就散了的时候儿，你们也管不得我，我也顾不得你们了，凭你们爱那里去那里去就完了。”急的袭人忙握他的嘴，道：“好爷！我正为劝你这些个。更说的狠了！”宝玉忙说道：“再不说这话了。”袭人道：“这是头一件要改的。”宝玉道：“改了，再说你就拧嘴！还有什么？”

袭人道：“第二件，你真爱念书也罢，假爱也罢，只在老爷跟前，或在别人跟前，你别只管嘴里混批，只作出个爱念书的样儿来，也叫老爷少生点儿气，在人跟前也好说嘴。老爷心里想着：我家代代念书，只从有了你，不承望不但不爱念书，已经他心里又气又恼了而且背前面后混批评七。凡读书上进的人，你就起个外号儿，叫人家‘禄蠹[(4)]’；又说只除了什么‘明明德[(5)]’外就没书了，都是前人自己混编纂出来的。这些话，你怎么怨得老爷不气，不时时刻刻的要打你呢？”

宝玉笑道：“再不说了。那是我小时候儿不知天多高地多厚信口胡说的，如今再不敢说了。还有什么呢？”袭人道：“再不许谤僧毁道的了。还有更要紧的一件事，再不许弄花儿，弄粉儿，偷着吃人嘴上擦的胭脂，和那个爱红的毛病儿了。”宝玉道：“都改！都改！再有什么快说罢。”袭人道：“也没有了，只是百事检点些，不任意任性的就是了。你要果然都依了，就拿八人轿[(6)]也抬不出我去了。”宝玉笑道：“你这里长远了，不怕没八人轿你坐。”袭人冷笑道：“这我可不希罕的。有那个福气，没有那个道理，纵坐了也没趣儿。”

二人正说着，只见秋纹走进来，说：“三更天了，该睡了。方才老太太打发嬷嬷来问，我答应睡了。”宝玉命取表来看时，果然针已指到子初二刻了，方从新盥漱，宽衣安歇，不在话下。

至次日清晨，袭人起来，便觉身体发重，头疼目胀，四肢火热。先时还扎挣的住，次后捱不住，只要睡，因而和衣躺在炕上。宝玉忙回了贾母，传医诊视，说道：“不过偶感风寒，吃一两剂药疏散疏散就好了。”开方去后，令人取药来煎好，刚服下去，命他盖上被窝渥汗，宝玉自去黛玉房中来看视。

彼时黛玉自在床上歇午，丫鬟们皆出去自便，满屋内静悄悄的。宝玉揭起绣线软帘，进入里间，只见黛玉睡在那里，忙上来推他道："好妹妹，才吃了饭，又睡觉！"将黛玉唤醒。黛玉见是宝玉，因说道："你且出去逛逛，我前儿闹了一夜，今儿还没歇过来，浑身酸疼。"宝玉道："酸疼事小，睡出来的病大，我替你解闷儿，混过困去就好了。"黛玉只合着眼，说道："我不困，只略歇歇儿，你且别处去闹会子再来。"宝玉推他道："我往那里去呢，见了别人就怪腻的。"

黛玉听了，"嗤"的一笑道："你既要在这里，那边去老老实实的坐着，咱们说话儿。"宝玉道："我也歪着。"黛玉道："你就歪着。"宝玉道："没有枕头，咱俩在一个枕头上罢。"黛玉道："放屁！外头不是枕头？拿一个来枕着。"宝玉出至外间，看了一看，回来笑道："那个我不要，也不知是那个腌臜老婆子的。"黛玉听了，睁开眼，起身笑道："真真你就是我命中的'魔星[7]'请枕这一个！"说着，将自己枕的推给宝玉，又起身将自己的再拿了一个来枕上，二人对着脸儿躺下。

黛玉一回眼，看见宝玉左边腮上有钮扣大小的一块血迹，便欠身凑近前来，以手抚之细看道："这又是谁的指甲划破了？"宝玉倒身，一面躲，一面笑道："不是划的，只怕是才刚替他们淘澄[8]胭脂膏子溅上了一点儿。"说着，便找绢子要擦。黛玉便用自己的绢子替他擦了，咂着嘴儿说道："你又干这些事了。干也罢了，必定还要带出幌子来。就是舅舅看不见，别人看见了，又当作奇怪事新鲜话儿去学舌讨好儿，吹到舅舅耳朵里，大家又该不得心净了。"

宝玉总没听见这些话，只闻见一股幽香，却是从黛玉袖中发出，闻之令人醉魂酥骨。宝玉一把便将黛玉的衣袖拉住，要瞧瞧笼着何物。黛玉笑道："这时候谁带什么香呢？"宝玉笑道："那么着，这香是那里来的？"黛玉道："连我也不知道，想必是柜子里头的香气熏染的，也未可知。"宝玉摇头道："未必。这香的气味奇怪，不是那些香饼子、香球子、香袋儿的香。"黛玉冷笑道："难道我也有什么'罗汉''真人'[9]给我些奇香不成？就是得了奇香，也没有亲哥哥亲兄弟弄了花儿、朵儿、霜儿、雪儿替我炮制。我有的是那些俗香罢了！"

宝玉笑道："凡我说一句，你就拉上这些。不给你个利害也不知道，从今儿可不饶你了！"说着翻身起来，将两只手呵了两口，便伸向黛玉胳肢窝内两胁下乱挠。黛玉素性触痒不禁，见宝玉两手伸来乱挠，便笑的喘不过气来，口里说："宝玉！你再闹，我就恼了。"宝玉方住了手，笑问道："你还说这些不说了？"黛玉笑道："再不敢了。"一面理鬓笑道："我有奇香，你有'暖香'没有？"

宝玉见问，一时解不来，因问："什么'暖香'？"黛玉点头笑叹道："蠢才，蠢才，你有玉，人家就有金来配你；人家有'冷香'，你就没有'暖香'去配他？"宝玉方听出来，因笑道："方才告饶，如今更说狠了！"说着又要伸手。黛玉忙笑道："好哥哥，我可不敢了。"宝玉笑道："饶你不难，只把袖子我闻一闻。"说着便拉了袖子笼在面上，闻个不住。黛玉夺了手道："这可该去了。"宝玉笑道："要去不能。咱们斯斯文文的躺着说话儿。"说着复又躺下，黛玉也躺下，用绢子盖上脸。

宝玉有一搭没一搭的说些鬼话，黛玉总不理。宝玉问他几岁上京，路上见何景致，扬州有何古迹，士俗民风如何，黛玉不答。宝玉只怕他睡出病来，便哄他道："嗳哟！你们扬州衙门里有一件大故事，你可知道么？"黛玉见他说的郑重，又且正言厉色，只当是真事，因问："什么事？"宝玉见问,便忍着笑,顺口诌道:"扬州有一座黛山,山上有个林子洞,……"黛玉笑道："这就扯谎，自来也没听见这山。"宝玉道："天下山水多着呢，你那里都知道？等我说完了你再批评。"黛玉道："你说。"宝玉又诌道："林子洞里原来有一群耗子精。那一年腊月初七老耗子升座议事，说：'明儿是腊八儿了，世上的人都熬腊八粥(10)，如今我们洞里果品短少，须得趁此打劫些个来才好。'乃拔令箭一枝，遣了个能干小耗子去打听。小耗子回报:'各处都打听了,惟有山下庙里果米最多。'老耗子便问:'米有几样？果有几品？'小耗子道:'米豆成仓。果品却只有五样：一是红枣，二是栗子，三是落花生，四是菱角，五是香芋(11)。'

老耗子听了大喜，即时拔了一枝令箭，问：'谁去偷米？'一个耗子便接令去偷米。又拔令箭问：'谁去偷豆？'又一个耗子接令去偷豆。然后一一的都各领令去了。只剩下香芋因又拔令箭问：'谁去偷香芋？'又

一个极小极弱的小耗子应道：‘我愿去偷香芋。’

老耗子和众耗见他这样，恐他不谙练[12]，又怯懦无力，不准他去。小耗子道：‘我虽年小身弱，却是法术无边，口齿伶俐，机谋深远。这一去，管比他们偷的还巧呢！’众耗子忙问：‘怎么比他们巧呢？’小耗子道：‘我不学他俩直偷，我只摇身一变，也变成个香芋，滚在香芋堆里，叫人瞧不出来，却暗暗儿的搬运，渐渐的就搬运尽了，这不比直偷硬取的巧吗？’

众耗子听了，都说：‘妙却妙，只是不知怎么变？你先变个我们瞧瞧。’小耗子听了，笑道：‘这个不难，等我变来。’说毕，摇身说：‘变。’竟变了一个最标致美貌的一位小姐。众耗子忙笑道：‘错了，错了！原说变果子，怎么变出个小姐来了呢？’小耗子现了形笑道：‘我说你们没见世面，只认得这果子是香芋，却不知盐课林老爷的小姐才是真正的“香芋”呢。’

……

【毛泽东评点】

《新民晚报》1994年10月曾发表署名马汉的文章，披露说，毛泽东在人民文学出版社1954年本的《红楼梦》第19回“情切切良宵花解语　意绵绵静日玉生香”尾部，曾写有这样几处批语：

“此回是一篇伟大的现实主义作品。”

“情切切段，是将两种人生观相互冲突的爱情，用花样的语言，切切道出。宝玉和袭人相爱，两者都是诚恳的，但他们性格不同，思想有矛盾，无法统一。在袭人看宝玉，是：性格异常，放荡驰纵，任性恣性。而宝玉对袭人，也只能‘坐八人轿’慰之。”

“意绵绵段与前段相反，这里是将同一人生观相互结合的爱情，像玉一样的光辉，香一样的气氛，绵绵地喷发出来。宝玉与黛玉的相爱，不仅是真挚的，而且建筑在思想一致的基础上，是任何人不能相比的，故宝玉说：‘见了别人，就怪腻的’，他把黛玉比作‘真的香玉’。而黛玉说：‘真正你是我命中的魔星。’“在袭人的口中，听到切切的箴□（缺字），故待之以八人大轿。从黛玉的身上，闻到绵绵的幽香，故比之以优美的童话。”

如果这些批语确为毛泽东所写，看来一进入具体人物和情节，他的艺术感觉是相当敏锐的，艺术评判也有独到之处。

有意思的是，批语后面所署的时间，是“一九五四年九月十一日，中秋节记”。这正是李希凡和蓝翎批评俞平伯的文章在《文史哲》上发表的时间。

——陈晋：《文人毛泽东》，上海人民出版社 1997 年版，第 321—322 页。

以后自由资产阶级还会拿它的软弱性经常影响我们，因为它有那样一种性质，好像《红楼梦》上林黛玉洗澡后身上发出的那一种“香”，自然资产阶级身上也出了那样一种“香”，这种香就是“软弱香”。它出了那种“香”就要找市场出卖，有目的地向我们延安送，给我们党以坏的影响。

——《在中国共产党第七次全国代表大会上的口头政治报告》，载《毛泽东文集》，第 3 卷，人民出版社 1996 年版，第 317 页。

【注释】

（1）家生子儿，旧社会里，家奴所生子孙，仍需世代在主人家做奴隶，当时称为家生子儿。

（2）死契，旧时官僚地主买穷苦人家的子女，其契约有死契、活契两种。死契是娘家永断一切关系，活契是可以有往来或可以赎回的。

（3）箴规，劝告，规劝。

（4）禄蠹（dù 杜），指热衷于功名利禄的人。禄，古代官吏的俸禄。蠹，蛀虫。《韩非子·五蠹》把他认为对国家有害的五种人称为“五蠹之民”。这里是指儒家。

（5）明明德，发扬光大美好的道德。语出《大学》：“大学之道，在明明德，在亲民，在止于至善。”明，阐明，发挥。明德，儒家所谓人固有完美德行。

（6）八人轿，当时八人抬的轿子本是高官坐的，有的贵族豪绅家嫁娶妇也用八人轿。这里指要作正妻。

（7）魔星，一作“天魔星”，佛教术语，为印度古代传说中的四魔

（烦恼魔、阴魔、死魔、天魔）之一。天魔是欲界第六天（他化身在天）的魔王，常率众魔扰人身心，障碍佛法。破坏善事。见《智度论》卷五。这里黛玉说宝玉是她“命中的魔星”，意为缠人的冤家。

（8）淘澄，指调和胭脂。

（9）罗汉，又称阿罗汉，梵文 arhat 的音译，罗汉在小乘佛教中为最高品位，在大乘佛教中，其品位次于菩萨。真人，道教修真得道或成仙之人。

（10）腊八粥，本为佛教节日供品，相传农历腊月初八为释迦牟尼成道日，寺院取香谷及果实，造粥供佛，后逐渐传至民间，久习成俗。

（11）香芋，即黄独，草本植物名，茎多肉，为圆块形，埋在地下，有一种特殊的香味，可制茶，也可食用。

（12）谙（ān 安），懂事。练，熟练，经验多。

【赏析】

《红楼梦》第十九回“情切切良宵花解语　意绵绵静日玉生香”，从这富于诗意的回目，就可推知是一篇极其精彩的文字。“花解语”，花指花袭人也；“解”者，能也。“花解语”，即“解语花”也。所以“花解语”是写在良宵之夜，花袭人殷切地规劝贾宝玉。“玉生香”，玉，指林黛玉。意绵绵，谓情意绵延不尽也。“玉生香”是写林黛玉在寂静的中午和宝玉诉说绵绵不尽的情话。所以，这一回据马汉称是毛泽东的批语认为，写出了封建社会的两种世界观、爱情观。“情切切良宵花解语”是写贾宝玉与花袭人的爱情，他（她）们的爱情诚然是真挚的，但由于两个人的人生观、爱情观不同，思想有矛盾，无法统一。所以，在花袭人眼中，宝玉不过是性格异常，放荡驰纵，任性恣性。而宝玉对袭人，也只能用‘坐八人轿’，即明媒正娶作安慰，但袭人充其量不过是像平儿那样的通房大丫头，所以说“那也般配不上”。所以这种爱情，正像薛宝钗所希望的那样，是建立在宝玉懂得“仕途经济”，立身扬名的基础之上的，这从袭人针对宝玉的“约束三章”就可以看得很清楚。所以到后来宝玉中举后从家出走，遁入空门，当了和尚，花袭人便很快地嫁给了蒋玉涵。

“意绵绵静日玉生香”，写宝玉与黛玉的爱情是建立在同一人生观、爱情观基础上的爱情。宝玉不愿走读书做官的道路，说讲“仕途经济”是“混账话”，骂贪图读书做官的人是“禄蠹”。而林黛玉从不劝宝玉为官作宦，不讲“仕途经济”一类的“混账话”，而且与宝玉一样，最爱看那些“移人心性”的“杂书”。他们在对封建主义叛逆的共同思想基础上，结成忠实的伴侣，产生了真挚的爱情。两人之间这种爱情是任何人不能相比的。这种爱情，一旦像玉一样的辉、香一样的气氛，绵绵地喷发出来，是最动人的。“心有灵犀一点通”，故宝玉见了别人就“怪腻的”，他把黛玉比作“真的香玉”，“闻之令人醉魂酥骨”。而黛玉说宝玉“真真你就是我命中的魔星”。同心相应，同气相求。这种建立在自由平等思想基础上的爱情，体现了作者的理想和追求，简直是最美妙的童话。在《红楼梦》的评论中，素有一种袭人是宝钗的影子，晴雯是黛玉的影子一说，所以这一回写宝玉与袭人、与黛玉的不同爱情，以小见大，可视为宝玉与宝钗、与黛玉爱情的预兆和缩影。

本回在艺术上也颇有特色，平实的日常生活、生动的情节和细节，余味不尽的语言、构成了突出的现实主义特点。脂砚斋在批语指出本回作者在刻画人物上运用了“囫囵不解”法。主要批语有两段：在“可见他白认得你了。可怜，可怜！”句旁批道：

“按此书中写一宝玉，其宝玉之为人，是我辈于此书中见而知有此人，实未目曾亲睹者。又写宝玉之发言，每每令人不解；宝玉之生性，件件令人可笑。不独于世上亲见这样的人。即阅尽今古所有之小说传奇中，亦未见这样的文字。于颦儿处更为甚。其囫囵不解之中实可解，可解之中又说不出理路。合目思之，却如真见一宝玉，真闻此言者，移之第二人万不可，亦不成文字矣。余阅《石头记》中至奇至妙之文，全在宝玉、颦儿至痴至呆囫囵不解之语中，其诗词雅谜酒食奇衣奇食奇文等类，固他书中未能，然在此书中评之，犹为二着（己卯夹批）。”

在“倒生在这里”句下批道：

“这皆是宝玉意中心中确实之念，非前勉强之词，所以谓今古未（有）之一人耳。听其囫囵不解之言，察其幽微感触之心，审其痴妄委婉之意，皆今古未见之人，亦是未见之文字；说不得贤，说不得愚，说不得不肖，说不得善，说不得恶，说不得正大光明，说不得混账恶赖，说不得聪明才俊，说不得庸俗平（凡），说不得好色好淫，说不得情痴情种，恰恰只有一颦儿可对，令他人徒加评论，总未摸着他二人是何等脱胎、何等心臆，何等骨肉。余阅此书亦爱其文字耳，实亦终不能评出此二人终是何等人物。后观《情榜》评曰："宝玉情不情，黛玉情情。"此二语自在评痴之上，亦属囫囵不解，妙甚（己卯夹批）！"

脂砚斋的这两段评语，肯定贾宝玉是"今古未有之人"，即具有独创意义的艺术典型。它实现了充分的个性化，其实现个性化的重要途径是运用囫囵不解的语言。所谓囫囵不解的语言，主要指没有形成明确的理念的状态下人物说出的含混不清、语义不明的话。脂评言及"囫囵不解的有十多处，大致有三种情况，一种是在特定场合下情急之语。如本回宝玉撞见书童茗烟与小丫头万儿偷情，"还不快跑！""别怕，我不告诉人"之类。二是感情微妙的对话。如在下回中写宝玉和黛玉发生口角，黛玉说："我为的是我的心！"宝玉说："我也为的是我的心。你难道就知道你的心，不知道我的心不成？"他们之间诸如"你的心""我的心"之类的言语，这种"不清理路"的话语，只有当事人可以意会。三是宝玉黛玉的不合流俗之言。如本回中宝玉称读书求仕进的人为"禄蠹"，以及化灰、化烟的奇谈怪论。

作者为什么不用准确、鲜明的语言来写，而偏要用囫囵不解的语言来写呢？因为在现实生活中，人们的心理活动及其语言关系相当复杂。在一般情况下，思想和情感可以用语言准确地表达出来。但生活中，有些感觉及心理活动的细微之处，往往难以用语言直接表达、竭力表达，语言便成为囫囵不解。文学巨匠独具慧眼，用生花妙笔写出，便成为刻画人物性格的有力手段。所以，上面引述的那两段话，不管是不是毛泽东的评语，就这回所写的思想内容和艺术特色来看，说它是"一篇伟大的现实主义作品"，当为不谬。

这样一篇杰作，"至少读过五遍"《红楼梦》的毛泽东，不会不注意。这里有一个证据是，1945 年 4 月 24 日，毛泽东于《在中国共产党第七次全国代表大会上口头政治报告》中，讲到对国民党要又团结又斗争时，批评了小资产阶级"放弃斗争，只讲团结，或者不注重斗争，马马虎虎斗一下”的错误，指出“斗得不恰当，不起劲”，是小资产阶级软弱性的表现。小资产阶级这种软弱性会影响我们党。这种软弱性就像《红楼梦》上的林黛玉洗澡后（按：书中写是午饭后）身上发出的那一种“香”，这种“香”“闻之令人醉魂酥骨”，当然是一种“软弱香”。这个典故的运用，便生动形象地表明了反对资产阶级软弱性的必要性和重要性。

【原文】

第二十六回　蜂腰桥设言传心事　潇湘馆春困发幽情（节录）

……

且说近日宝玉病的时节，贾芸带着家下小厮坐更看守，昼夜在这里；那小红同众丫鬟也在这里守着宝玉：彼此相见日多，渐渐的混熟了。小红见贾芸手里拿着块绢子，倒像是自己从前掉的，待要问他，又不好问。不料那和尚道士来过，用不着一切男人，贾芸仍种树去了。这件事待放下又放不下，待要问却又怕人猜疑，正是犹豫不决，神魂不定之际，忽听窗外问道：“姐姐在屋里没有？”小红闻听，在窗眼内望外一看，原来是本院的个小丫头佳蕙，因答说：“在家里呢，你进来罢。”

佳蕙听了跑进来，就坐在床上，笑道：“我好造化[(1)]！才在院子里洗东西，宝玉叫往林姑娘那里送茶叶，花大姐姐交给我送去，可巧老太太给林姑娘送钱来，正分给他们的丫头们呢，见我去了，林姑娘就抓了两把给我，也不知是多少，你替我收着。”便把手绢子打开，把钱倒出来，交给小红。小红就替他一五一十的数了收起。

佳蕙道：“你这两日心里到底觉着怎么样？依我说，你竟家去住两日，请一个大夫来瞧瞧，吃两剂药，就好了。”小红道：“那里的话？好好儿的，家去做什么？”佳蕙道：“我想起来了。林姑娘生的弱，时常她吃药，你就和他要些来吃，也是一样。”小红道：“胡说！药也是混吃的？”佳蕙道：“你这也不是个长法儿，又懒吃懒喝的，终久怎么样？”小红道：“怕什么？还不如早些死了倒干净！”佳蕙道：“好好儿的，怎么说这些话？”小红道：

“你那里知道我心里的事！”

佳蕙点头，想了一会道：“可也怨不得你。这个地方，本也难站。就像昨儿老太太因宝玉病了这些日子，说伏侍的人都辛苦了，如今身上好了，各处还香了愿(2)，叫把跟着的人都按着等儿赏他们。我们算年纪小，上不去，我也不抱怨，像你怎么也不算在里头？我心里就不服。袭人那怕他得十分儿，也不恼他，原该的。说句良心话，谁还能比他呢？别说他素日殷勤小心，就是不殷勤小心，也拼不得。只可气晴雯绮霞他们这几个都算在上等里去，仗着宝玉疼他们，众人就都捧着他们。你说可气不可气？”

小红道：“也犯不着气他们。俗语说的‘千里搭长棚，没有个不散的筵席’。谁守一辈子呢？不过三年五载，各人干各人的去了；那时谁还管谁呢？”这两句话不觉感动了佳蕙心肠，由不得眼圈儿红了，又不好意思无端的哭，只得勉强笑道：“你这话说的是。昨儿宝玉还说：明儿怎么收拾房子，怎么做衣裳。倒像有几百年熬煎似的。”

……

【毛泽东评点】

毛泽东在成都会议上，用小红说的“千里搭长棚，没有个不散的筵席”来说明聚散的辩证法和“没有一件事情不是互相转化的”。

——龚育之、宋贵仑：《“红学”一家言》，载《毛泽东的读书生活》，生活·读书·新知三联书店 1986 年版，第 230—231 页。

【注释】

（1）造化，幸运，福分。

（2）还香了愿，即烧香还愿。求神保佑的人实践对神许下的诺言，烧香、摆供，了结心愿。

【赏析】

林之孝的女儿小红，是贾宝玉房中的二等丫头，她丢失了一块手帕，被贾宝玉的堂侄贾芸拾得。贾芸送礼走凤姐后门到贾府谋差事时，遇见了小红，二人彼此有意。后来二人在蜂腰桥相遇，从小丫头坠儿话中得知小红遗落的手帕是贾芸拾得，因此郁郁不欢，成了心病。另一个小丫头佳蕙不明真相，以为小红是在宝玉病中伏侍得赏钱少而生气，就规劝她。小红便说犯不着生气，俗语说的："千里搭长棚，没有个不散的筵席。"

这句俗语始见于《金瓶梅》第八十回，写西门庆死后，西门庆的妻妾们便如鸟兽散。西门庆的小妾李桂卿对李娇儿说："俺妈说，人已是死了，你我院中人，守不得这样贞节，自古千里长棚，没个不散的筵席。"长棚，封建贵族之家遇有婚丧嫁娶大事，便搭盛大的棚来摆设筵席。千里，言复长棚之广大，亦即筵席之丰盛。筵席纵有千里之远，也没有不拆散的时候，意谓筵席再丰盛豪奢，也没有不散的时候，这就是盛宴必散之意，比喻封建豪门贵族，不管他如何煊赫一时，但最终谁也逃脱不了覆天的下场。作者借这一形象的俗语，揭示了封建地主阶级必然灭亡的历史命运。这是真理。毛泽东很欣赏小红说的这句话，在 1958 年 3 月 9 日至 26 日中央政治局召开的成都会议上的讲话中，用小红说的"千里搭长棚，没有个不散的筵席"来说明聚散的辩证法和"没有一件事情不是相互转化的"。挖掘出这句俗语的哲学意蕴，并用来解决现实问题。

【原文】

第三十八回　林潇湘魁夺菊花诗　薛蘅芜讽和螃蟹咏（节录）

……

湘云便取了诗题，用针绾在墙上，众人看了，都说："新奇！只怕做不出来。"湘云又把不限韵的缘故说了一番，宝玉道："这才是正理。我也最不喜限韵。"黛玉因不大吃酒，又不吃螃蟹，自命人掇了一个绣墩，倚栏坐着，拿着钓竿钓鱼。宝钗手里拿着一枝桂花，玩了一回，俯在窗槛上，掐了桂蕊，扔在水面，引的那游鱼浮上来唼喋[1]。湘云出一回神，又让一回袭人等，又招呼山坡下的众人只管放量吃。探春和李纨惜春正立在垂柳阴中看鸥鹭。迎春却独在花阴下，拿着个针儿穿茉莉花。宝玉又看了一回黛玉钓鱼；一回又俯在宝钗傍边说笑两句；一回又看袭人等吃螃蟹，自己也陪他喝两口酒，袭人又剥一壳肉给他吃。

黛玉放下钓竿，走至座间；拿起那乌银梅花自斟壶[(2)]来，拣了一个小小的海棠冻石蕉叶杯[(3)]，丫头看见，知他要饮酒，忙着走上来斟，黛玉道："你们只管吃去，让我自己斟才有趣儿。"说着，便斟了半盏，看时，却是黄酒，因说道："我吃了一点子螃蟹，觉得心口微微的疼，须得热热的吃口烧酒。"宝玉忙接道："有烧酒。"便命将那合欢花[(4)]浸的酒烫一壶来。

黛玉也只吃了一口，便放下了。宝钗也走过来，另拿一只杯来，也饮了一口放下，便蘸笔至墙上把头一个"忆菊"勾了，底下又赘[(5)]一个"蘅"字。宝玉忙道："好姐姐，第二个我已有了四句了，你让我作罢。"宝钗笑道："我好容易有了一首，你就忙的这样。"黛玉也不说话，接过笔把第八个"问菊"勾了，接着把第十一个"菊梦"也勾了；也赘上了一个"潇"字。宝玉也拿起笔来将第二个"访菊"也勾了，也赘上一个"怡"字。探春起来看着道："竟没人作'簪菊'？让我作。"又指着宝玉笑道："才宣过：总不许带出闺阁字样来，你可要留神。"说着，只见湘云走来，将第四第五"对菊""供菊"连两个都勾了，也赘上一个"湘"字。

探春道："你也该起个号。"湘云笑道："我们家里如今虽有几处轩馆，我又不住着，借了来也没趣。"宝钗笑道："方才老太太说，你们家里也有一个水亭，叫做枕霞阁，难道不是你的？如今虽没了，你到底是旧主人。"众人都道："有理。"宝玉不待湘云动手，便代将"湘"字抹了，改了一个"霞"字。

没有顿饭工夫，十二题已全，各自誊出来，都交与迎春，另拿了一张雪浪笺[(6)]过来，一并誊录出来，某人作的，底下赘明某人的号。李纨等从头看到：

忆菊·蘅芜君

怅望西风[(7)]抱闷思，蓼[(8)]红苇白断肠时。空篱旧圃秋无迹，冷月清霜梦有知[(9)]。念念心随归雁远[(10)]，寥寥坐听晚砧[(11)]迟。谁怜我为黄花瘦[(12)]，慰语重阳[(13)]会有期。

访菊·怡红公子

闲趁霜晴试一游，酒杯药盏莫淹留[14]。霜前月下谁家种？槛外篱边何处秋？蜡屐远来情得得[15]，冷吟不尽兴悠悠。黄花若解怜诗客，休负今朝挂杖头[16]。

种菊·怡红公子

携锄秋圃自移来，篱畔庭前故故栽[17]。昨夜不期经雨活，今朝犹喜带霜开。冷吟秋色诗千首[18]，醉酹寒香酒一杯。泉溉泥封勤护惜，好知井径绝尘埃[19]。

对菊·枕霞旧友

别圃移来贵比金，一丛浅淡一丛深。萧疏篱畔科头[20]坐。清冷香[21]中抱膝吟。数去更无君傲世，看来惟有我知音！秋光荏苒[22]休孤负，相对原宜惜寸阴[23]。

供菊·枕霞旧友

弹琴酌酒喜堪俦，几案婷婷点缀幽。隔坐香分三径露[24]，抛书人对一枝秋。霜清纸帐来新梦[25]，圃冷斜阳忆旧游。傲世也因同气味，春风桃李未淹留。

咏菊·潇湘妃子

无赖诗魔[26]昏晓侵，绕篱欹石自沉音[27]。毫端蕴秀临霜写，口角噙香对月吟。满纸自怜题素怨，片言谁解诉秋心[28]？一从陶令评章[29]后，千古高风说到今。

画菊·蘅芜君

诗余戏笔不知狂，岂是丹青费较量[30]？聚叶泼成[31]千点墨，攒花染出几痕霜[32]。淡浓神会风前影，跳脱[33]秋风腕底香。莫认东篱闲采掇[34]，粘屏聊以慰重阳。

问菊·潇湘妃子

欲讯秋情众莫知，喃喃负手扣东篱[35]，孤标[36]傲世偕谁隐？一样开花为底迟？圃露庭霜何寂寞？雁归蛩[37]病可相思？莫言举世无谈者，解语[38]何妨话片时。

簪菊·蕉下客

瓶供篱栽日日忙，折来休认镜中妆。长安公子因花癖[39]，彭泽先生是酒狂[40]。短鬓冷沾三径露，葛巾香染九秋霜[41]。高情不入时人眼，拍手凭他笑路旁[42]。

菊影·枕霞旧友

秋光叠叠复重重，潜度偷移三径中。窗隔疏灯描远近，篱筛破月锁玲珑。寒芳留照魂应驻，霜印传神梦也空。珍重暗香[43]踏碎处，凭谁醉眼认朦胧。

菊梦·潇湘妃子

篱畔秋酣一觉清，和云伴月不分明。登仙非慕庄生蝶[44]，忆旧还寻陶令盟[45]。睡去依依随雁断，惊回故故恼蛩鸣[46]。醒时幽怨同谁诉：衰草寒烟无限情！

残菊·蕉下客

露凝霜重渐倾欹，宴赏才过小雪[47]时。蒂有余香金淡泊[48]，枝无全叶翠离披。半床落月蛩声切[49]，万里寒云雁阵迟。明岁秋分[50]知再会，暂时分手莫相思！

众人看一首，赞一首，彼此称扬不绝。李纨笑道：“等我从公评来。通篇看来，各人有各人的警句，今日公评：‘咏菊’第一，‘问菊’第二，‘菊梦’第三，——题目新，诗也新，立意更新了，只得要推潇湘妃子为魁了。然后‘簪菊’、‘对菊’、‘供菊’、‘画菊’、‘忆菊’次之。”宝玉听说，喜的拍手叫道：“极是！极公！”黛玉道：“我那个也不好，到底伤于纤巧些。”李纨道：“巧的却好，不露堆砌生硬。”黛玉道：“据我看来，头一句好的是‘圃冷斜阳忆旧游’，这句背面傅粉[51]；‘抛书人对一枝秋’，已经妙绝，将供菊说完，没处再说，故翻回来想到未折未供之先，意思深远！”李纨笑道：“固如此说，你的‘口角噙香’一句也敌得过了。”探春又道：“到底要算蘅芜君沉着：‘秋无迹’，‘梦有知’，把个‘忆’字竟烘染[52]出来了。”宝钗笑道：“你的‘短鬓冷沾’，‘葛巾香染’，也就是把簪菊形容的一个缝儿也没有。”湘云笑道：“‘偕谁隐’，‘为底迟’，真真把个菊花问的无言可对！”李纨笑道：“那么着，像‘科头坐’，‘抱膝吟’，竟一时也舍不得离了菊花，菊花有知，倒还怕腻烦了呢！”说的大家都笑了。

宝玉笑道：“这场我又落第了！难道‘谁家种’，‘何处秋’，‘蜡屐远来’，‘冷吟不尽’，那都不是访不成？‘昨夜雨’，‘今朝霜’，都不是种不成？但恨敌不上‘口角噙香对月吟’、‘清冷香中抱膝吟’、‘短鬓’、‘葛巾’、‘金淡泊’、‘翠离披’、‘秋无迹’、‘梦有知’这几句罢了。”又道：“明日闲了，我一个人做出这十二首来。”李纨道：“你的也好，只是不及这几句新雅就是了。”大家又评了一回，复又要了热螃蟹来，就在大圆桌上吃了一回。

……

【毛泽东评点】

1955年正是柳叶含翠、桃花吐蕊的季节。毛泽东乘车去绍兴东湖。……毛泽东一边走，一边用手比画着，突然，他停住了步子，说：“《红楼梦》可与世界名著媲美，不简单哪。”

一路风尘，毛泽东与田家英、胡乔木、陈伯达侃“红楼”，从荣国府谈到宁国府，从晴雯、袭人、香菱讲到王熙凤、林黛玉，从“好了歌”诵到“菊花诗”。

——毛岸青、邵华主编《中国出了个毛泽东》丛书，载李林达著《情满西湖》，中央文献出版社1993年版，第216—218页。

【注释】

（1）唼喋（shà dié 霎喋），这里指鱼嘴开合，砸水吞食。

（2）乌银梅花自斟壶，一种供随手自己斟酒用的小酒壶。乌银，一种夹用硫磺，以特殊方法熔铸的黑色银质。梅花，指壶上的图案。

（3）海棠冻石蕉叶杯，淡红色透明冻石做的蕉叶形浅酒杯。一说，海棠指秋海棠花形。蕉叶杯泛指浅酒杯。冻石，一种矿物，又叫蜡石，有白、灰、绿、褐、淡红等颜色。

（4）合欢花，即马樱花，豆科，落叶乔木，羽状复叶，夜间相合，花淡红色。

（5）赘，具，署。《广雅·释估》："赘，具也。"

（6）雪浪笺，一种很名贵的纸笺，在宋代已经流传，见徐康《前尘梦影录》下。

（7）怅望，怅然相望。西风，指秋风。

（8）蓼，水蓼，生长在水边的一种小草，花小色红，呈穗状，夏秋之际开花。

（9）梦有知，在梦中才能见到（菊）。

（10）心随归雁远，传说雁足能传递书信，事见《汉书·苏武传》。

（11）砧，捣衣石。

（12）黄花瘦，典出李清照《醉花荫》："帘卷西风，人比黄花瘦。"

（13）重阳，即农历九月初九。《易经》以阳爻为九，故以九为阳数，重九又称重阳。古时重阳节有登高饮酒赏菊习俗。

（14）药盏，旧俗以为，重阳节采摘菊花和松香做药服了，可以不长，见《初学记》卷四引《太清诸草木方》。淹留，滞留住。

（15）蜡屐（jī 基），下面有两齿的木底鞋，打了蜡能经受水浸湿。语出《世说新语·雅量》阮孚"自吹火蜡屐"事，表示旷怡闲适。得得，特地，唐人方言。宋尤袤《全唐诗话》：（僧贯休）入蜀，以诗投王建曰："一瓶一钵垂垂老，千水千山得得来。"

（16）挂杖头，指用杖挂钱去沽酒。《晋书·阮修传》载，阮修出行，常把一百钱挂在手杖头上，逢见酒店，便买酒痛饮一番。

（17）故故栽，特意栽种。宋杨万里《癸巳省宿咏南宫小桃》："孤坐南宫悄，桃花故故红。"

（18）秋色，指菊花，典出晋陶渊明《饮酒》："秋菊有佳色，裛露掇其英。""诗千首"与下一句"酒一杯"，语用杜甫《不见》："敏捷诗千首，飘零酒一杯。"杜甫写的是李白。

（19）好知，须知。井径，田间小径，指种菊的地方。

（20）科头，光着头，一种疏狂状态。王维《与卢员外过崔处士兴宗林亭》："科头箕踞长松下，白眼看他世上人。"

（21）清冷香，指菊花。清爱菊主人《花史》："王龟龄十朋取庄园卉目为十八香，以菊为冷香。"

（22）荏苒（rěnrǎn 忍染），时光渐渐流逝。

（23）惜寸阴，爱惜时间。阴，光阴。《晋书·陶侃传》："大禹圣者，乃惜寸阴；至于众人，当惜分阴。"

（24）三径露，带露的菊花。三径，三条小路，本来是接待隐士的地方。典出李善《文选》注引《三辅决录》，三国时蒋诩庭园中有三条小路，只招待隐士求仲、羊仲二人。陶渊明《归去来辞》有"三径就荒，松菊犹存"的句子，因此"三径"就成为菊花的所在之处。

（25）纸帐来新梦，房内新供菊花，使睡梦也香甜。纸帐，古人设在房外午睡乘凉的帐子，用成皱的纸缝成，不用浆糊，顶上用稀布，以利于透气，饰以梅花、蝴蝶一类图案。典出明高濂《遵生八笺》。

（26）无赖，无奈，无可奈何。诗魔，指诗人不可抑制的创作冲动。佛家以扰乱身心、妨碍行善的心理活动为魔。白居易《闲吟》："自从苦学空门法，销尽平生种种心。惟有诗魔降未得，每逢风月一闲吟。"

（27）攲（qí 七）石，倚石。攲，倾斜。沉音，即沉吟，沉思低诵。

（28）秋心，合成"愁"字，用作"愁"的代字。宋吴元英《唐多令》："何处合成愁，离人心上秋。"

（29）评章，也作"平章"，评说，品评。

（30）丹青，绘画中常用的红色、青色两种颜料，亦泛指绘画艺术。较量，指斟酌构思。

（31）聚叶，密集的叶子。泼成，指泼墨法，即用笔蘸足浓淡不同的墨汁点染成画，不见笔径，如泼上去的一样。

（32）攒花，一簇簇的花。染成，指滃染法，即用铅粉和浅黄染成。霜，指白色粉末（铅粉）。

（33）跳脱，本是一种手镯，用珍物连缀而成，表明画者为女性，又绘画生动也叫跳脱。

（34）东篱句，语出陶渊明《饮酒》："采菊东篱下，悠然见南山。"掇（duó 夺），拿取。

（35）负手，倒背着手。叩，寻问。东篱，指代菊。

（36）孤标，孤高的品格。标，树梢的最上端，引申为出众。《旧唐书·杜审权传》："尘外孤标，云间独步。"

（37）蛩（qióng 穷），蟋蟀。

（38）解语，会说话，解人意。五代王仁裕《开元天宝遗事》中唐高宗把杨贵妃比作"解语花"。

（39）长安公子，疑指唐代诗人杜牧。他是京兆（长安）人，祖父杜佑做过德宗、宪宗的宰相，且杜氏是东晋以来的高门世族。故称长安公子。其《九月齐山登高》诗有"尘世难逢开口笑，菊花须插满头归"句，故称"花癖"。

（40）彭泽先生，指陶渊明。陶曾任彭泽令，酷酒好菊。

（41）葛巾，东晋文人戴的一种用葛布做的便帽。南朝梁萧统《陶渊明传》："郡将尝候之，值其酿熟，取头上葛巾漉酒，漉毕，还复着之。"九秋霜，代指菊花。

（42）拍手凭他笑路旁，化用前人诗意。李白《襄阳歌》："襄阳小儿齐拍手，拦街争唱白铜鞮。傍人借问笑何事？笑杀山公醉如泥。"又宋陆游《小舟游近村舍舟步归》："儿童共道先生醉，折得黄花插满头。"

（43）暗香，指月夜下的菊影。宋林逋《梅花》："疏影横斜水清浅，暗香浮动月黄昏。"

（44）登仙，指入梦后飘飘然如登仙境。庄生蝶，指庄周有一次做梦，化为蝴蝶，翩翩飞舞。见《庄子·齐物论》。

（45）寻陶令盟，怀念旧交找陶渊明重申旧盟，即菊梦。

（46）故故，屡屡，特意。

（47）小雪，节气名，在农历十月中旬。

（48）金淡泊，指菊花的颜色稍褪。金，指黄菊的花瓣。淡泊，即淡薄。

（49）蛩声切，蟋蟀叫的声音悲切。《诗经·豳风·七月》："十月蟋蟀入我床下。"

（50）秋分，节气名，在农历八月中旬，菊花将开的季节。

（51）背面傅粉，又作"背面敷粉""背面铺粉"。本是我国古代绘画中一种特殊的技术处理方法，就是在作画的绢面上，涂上一层铅粉，然后再作画，可以衬托得画面更加清晰、鲜艳，因此又叫陪垫法。这种方法借用到文学创作上，就有反衬、铺垫和对照的作用。

（52）烘染，指中国技法的烘托渲染，所谓"烘月托月"法，即在物象四周，用淡墨和淡彩衬染，以资明显得突出主体，尤以衬用在白色或淡色的花卉及人物四周为多。在诗文作法上，凡从侧面衬托描写，不直陈其事，都叫"烘染"或"烘托"。

【赏析】

《红楼梦》以散文为主，同时综合地运用了诗词典赋以至骈文、骚体等多种韵文形式。许多诗词韵语是作者为书中人物拟作的。一般都切合其身份和教养，预示着人物将来的遭际和命运，成为塑造人物形象的一种辅助手段。因此，作者赋予大观园中儿女们以较高的文化素养和诗人气质。林黛玉、薛宝钗、史湘云、贾宝玉、探春等人诗才都颇高，李纨不会作诗，却是评诗的行家。他们还组织诗社，互相唱和。首先由探春发起组成海棠诗社，连续搞了咏白海棠、咏菊花两次大型活动。隔了一段，诗社冷落了，林黛玉又重建桃花社，史湘云填柳絮词，芦雪庭争联即量诗，至于个人写诗就更多了，举其佳者如林黛玉的风雨词、贾宝玉芙蓉女儿诔、薛宝琴的怀古诗，乃至林黛玉、史湘云的凹晶馆联句，诗与这些少男少女们结下了不解之缘，他们生活在诗情画意的氛围之中。就连不会作诗的香菱也学着作起诗来。这种描写使小说具有浓厚的文化积淀和文化意蕴。

毛泽东作为一位伟大的诗人，熟谙旧体诗，他的有些杰作就是和别人唱和的。对于《红楼梦》中这种吟诗作社活动当然不会不注意，所以在和田家英等人侃“红楼”时，从“护官符”讲到要把《红楼梦》当历史读，从“好了歌”诵到“菊花诗”就很自然了。至于毛泽东吟诵了哪些菊花诗，以及他对这些诗作出怎样的评价，限于资料不足，我们无从得知。但他对这些诗抱有浓厚的兴趣则是可以肯定的。三十八回的“菊花诗”，实是分题唱和诗，这是旧诗写作的方式之一。若干人相聚，分找题目以赋诗，称分题，也叫探题。大抵以各物为题，共赋一事。宋严羽《沧浪诗话·诗题》：“古人分题，或各赋一物，如云送某人得某物也。”分题有些分韵，但不限制。这次做菊花诗，吟咏的对象就是菊花，具体题目则有《忆菊》《访菊》等十二个，黛玉、湘云各三首，宝玉、宝钗、探春各两首，数量多少不一，做时不限韵。诗人们一边喝酒，一边构思，诗很快就作出来了。作好之后，就是评诗。“众人看一首，赞一首，彼此称扬不绝。”说明诗作得不错，当然不会不分高下。最后有权威评论家李纨评道：“通篇看来，各人有各人的警句，今日公评《咏菊》第一，《问菊》第二，《菊梦》第三，——题目新，诗也新，立意更新了，只得推潇湘妃子为魁了。”李纨不仅把黛玉的三首排在了前三名，其他几首好的次之，而且提出“三新”的理论。黛玉谦虚地说自己的那首“伤于纤巧些”，李纨驳回说：“巧的却好，不露堆砌生硬。”黛玉又推荐说湘云的“圃冷斜阳忆旧游”，背面傅粉，意思深远，李纨坚持黛玉的“口角噙香对月吟”这一句“也敌得过了”。坚持自己的看法。接着对其他的较好的诗也都发表了看法，“说的大家都笑了”。李纨评诗，不照顾情面，能坚持标准，确有评论家的勇气和素养。这种又创作又批评的诗歌活动，蕴含着浓厚的中华民族的文化积淀和丰富的文化意蕴，应当继承而发扬光大。

【原文】

第四十六回　尴尬人难免尴尬事　鸳鸯女誓绝鸳鸯偶（节录）

……鸳鸯便往园子里来各处游玩。不想正遇见平儿。平儿见无人，便笑道："新姨娘来了！"鸳鸯听了，便红脸，说道："怪道，你们串通一气来算计我！等着我和你主子闹去就是了！"

平儿见鸳鸯满脸恼意，自悔失言，便拉到枫树底下，坐在一块石上，把方才凤姐过去回来所有的形景言词，始末原由，都告诉了他。鸳鸯红了脸，向平儿冷笑道："我只想咱们好：比如袭人、琥珀、素云、紫鹃、彩霞、玉钏、麝月、翠墨，跟了史姑娘去的翠缕，死了的可人和金钏，去了的茜雪，连上你我，这十来个人，从小儿什么话儿不说，什么事儿不做？这如今因都大了，各自干各自的去了，我心里却仍是照旧，有话有事，并不瞒你们。这话我先放在你心里，且别和二奶奶说：别说大老爷要我做小老婆，就是太太这会子死了，他三媒六证的娶我去做大老婆[1]，我也不能去！"

平儿方欲说话，只听山石背后哈哈的笑道："好个没脸的丫头，亏你不怕牙碜[2]！"二人听了，不觉吃了一惊，忙起身向山后找寻，不是别人，却是袭人，笑着走出来，问："什么事情？也告诉告诉我。"说着，三人坐在石上。平儿又把方才的话说了，袭人听了，说道："这话，论理不该我们说：这个大老爷，真真太下作[3]了！略平头正脸的，他就不能放手了。"平儿道："你既不愿意，我教你个法儿。"鸳鸯道："什么法儿？"平儿笑道："你只和老太太说，就说已经给了琏二爷了，大老爷就不好要了。"鸳鸯啐道："什么东西！你还说呢！前儿你主子不是这么混说？谁知应到今儿了。"袭人笑道："他两个都不愿意，依我说，就和老太太说，叫老太大就说把你已经许了宝二爷了；大老爷也就死了心了。"鸳鸯又是气，又是臊，又是急，骂道："两个坏蹄子，再不得好死的！人家有为难的事，拿着你们当做正经人，告诉你们，与我排解排解，饶不管，你们倒替换着取笑儿。你们自以为都有了结果了，将来都是做姨娘的！据我看来，天底下的事，未必都那么遂心如意的。你们且收着些儿罢，别忒乐过了头儿！"

二人见他急了，忙陪笑道：“好姐姐，别多心！咱们从小儿都是亲姊妹一般，不过无人处偶然取个笑儿。你的主意告诉我们知道，也好放心。”鸳鸯道：“什么主意！我只不去就完了。”平儿摇头道：“你不去，未必得干休。大老爷的性子，你是知道的。虽然你是老太太房里的人，此刻不敢把你怎么样，难道你跟老太太一辈子不成？也要出去的。那时落了他的手，倒不好了。”鸳鸯冷笑道：“老太太在一日，我一日不离这里；若是老太大归西[4]去了，他横竖还有三年的孝呢，没个娘才死了，他先弄小老婆的！等过了三年，知道又是怎么个光景儿呢？那时再说。纵到了至急为难，我剪了头发做姑子去；不然，还有一死。一辈子不嫁男人，又怎么样？乐得干净呢！”

平儿、袭人笑道：“真个这蹄子没了脸，越发信口儿都说出来了！”鸳鸯道：“已经这么着，臊会子怎么样？你们不信，只管看着就是了！太太才说了，找我老子娘去。我看他南京找去！”平儿道：“你的父母都在南京看房子，没上来，终久也寻的着；现在还有你哥哥嫂子在这里。——可惜你是这里的家生女儿，不如我们两个只单在这里。”鸳鸯道：“家生女儿怎么样？‘牛不喝水强按头’吗？我不愿意，难道杀我的老子娘不成！”

正说着，只见他嫂子从那边走来。袭人道：“他们当时找不着你的爹娘，一定和你嫂子说了。”鸳鸯道：“这个娼妇，专管是个‘六国贩骆驼’的[5]，听了这话，他有个不奉承去的！”说话之间，已来到跟前。他嫂子笑道：“那里没有找到？姑娘跑了这里来！你跟了我来，我和你说话。”平儿袭人都忙让坐。他嫂子只说：“姑娘们请坐，找我们姑娘说句话。”袭人平儿都装不知道，笑说：“什么话，这么忙？我们这里猜谜儿呢，等猜了再去罢。”鸳鸯道：“什么话？你说罢。”他嫂子笑道：“你跟我来，到那里告诉你，横竖有好话儿。”鸳鸯道：“可是太太和你说的那话？”他嫂子笑道：“姑娘既知道，还奈何我！快来！我细细的告诉你。——可是天大的喜事！”

鸳鸯听说，立起身来，照他嫂子脸上下死劲啐了一口，指着骂道：“你快夹着你那屄嘴，离了这里，好多着呢！什么‘好话’？又是什么‘喜事’？怪道成日家羡慕人家的丫头做了小老婆，一家子都仗着他横行霸道的，一家子都成了小老婆了！看的眼热了，也把我送在火坑里去。我若得脸呢，你们外头横行霸道，自己封就了自己是舅爷；我要不得脸，败了时，你们把忘八脖子一缩，生死由我去！”一面骂，一面哭。平儿、袭人拦着劝他。

他嫂子脸上下不来，因说道：“愿意不愿意，你也好说，犯不着拉三扯四的。俗语说的好：‘当着矮人，别说矮话。’姑娘骂我，我不敢还言；这二位姑娘并没惹着你，‘小老婆’长，‘小老婆’短，人家脸上怎么过的去？”袭人平儿忙道：“你倒别说这话，他也并不是说我们，你倒别拉三扯四的。你听见那位太太、太爷们封了我们做小老婆？况且我们两个也没有爹、娘、哥哥、兄弟在这门子里仗着我们横行霸道的。他骂的人自由他骂去，我们犯不着多心！”鸳鸯道：“他见我骂了他，他臊了，没的盖脸，又拿话调唆你们两个。幸亏你们两个明白，原是我急了，也没分别出来，他就挑出这个空儿来！”他嫂子自觉没趣，赌气去了。

鸳鸯气的还骂，平儿、袭人劝他一回，方罢了。平儿因问袭人道：“你在那里藏着做什么？我们竟没有看见你。”袭人道：“我因为往四姑娘房里看我们宝二爷去了，谁知迟了一步，说是家去了。我疑惑怎么没遇见呢，想要往林姑娘家找去，又遇见他的人，说也没去。我这里正疑惑是出园子去了，可巧你从那里来了。我一闪，你也没看见。后来他又来了，我从这树后头走到山子石后，我却见你两个说话来了，谁知你们四个眼睛没见我。”一语未了，又听身后笑道：“四个眼睛没见你？你们六个眼睛还没见我呢！”

三人吓了一跳，回身一看，你道是谁？却是宝玉。袭人先笑道：“叫我好找！你在那里来着？”宝玉笑道：“我打四妹妹那里出来，迎头看见你走了来，想来必是找我去的，我就藏起来了哄你。看你扬着头过去了，进了院子，又出来了，逢人就问，我在那里好笑。等着你到了跟前，吓你一跳。后来见你也藏藏躲躲的，我就知道也是要哄人了。我探头儿往前看了一看，却是他们两个，我就绕到你身后头。你出去，我也躲在你躲的那里了。”平儿笑道：“咱们再往后找找去罢，只怕还找出两个人来，也未可知。”宝玉笑道：“这可再没有了。”

鸳鸯已知这话俱被宝玉听了，只伏在石头上装睡。宝玉推他笑道：“这石头上冷，咱们回屋里去睡，岂不好？”说着，拉起鸳鸯来。又忙让平儿来家吃茶，和袭人都劝鸳鸯走，鸳鸯方立起身来。四人竟往怡红院来。宝玉将方才的话俱已听见，心中着实替鸳鸯不快，只默默的歪在床上，任他三人在外间说笑。

那边邢夫人因问凤姐儿鸳鸯的父亲，凤姐因说："他爹的名字叫金彩，两口子都在南京看房子，不大上来。他哥哥文翔现在是老太太的买办。他嫂子也是老太太那边浆洗上的头儿。"邢夫人便命人叫了他嫂子金文翔的媳妇来，细细说给他。那媳妇自是喜欢，兴兴头头去找鸳鸯，指望一说必妥；不想被鸳鸯抢白了一顿，又被袭人平儿说了几句，羞恼回来，便对邢夫人说："不中用，他骂了我一场。"因凤姐儿在旁，不敢提平儿，说："袭人也帮着抢白我，说了我许多不知好歹的话，回不得主子的。太太和老爷商议再买罢。谅那小蹄子也没有这么大福，我们也没有这么大造化。"邢夫人听了，说道："又与袭人什么相干？他们如何知道呢？"又问："还有谁在跟前？"金家的道："还有平姑娘。"凤姐儿忙道："你不该拿嘴巴子把他打回来？我一出了门，他就逛去了；回家来，连个影儿也摸不着他！他必定也帮着说什么来着？"金家的道："平姑娘倒没在跟前，远远的看着倒象是他，可也不真切。不过是我白忖度着。"

凤姐便命人去："快找了他来，告诉我家来了，太太也在这里，叫他快着来！"丰儿忙上来回道："林姑娘打发了人下请字儿，请了三四次，他才去了；奶奶一进门，我就叫他去的。林姑娘说：'告诉奶奶，我烦他有事呢。'"凤姐儿听了方罢，故意的还说："天天烦他！有什么事情？"

邢夫人无计，吃了饭回家，晚上告诉了贾赦。贾赦想了一想，即刻叫贾琏来，说："南京的房子还有人看着，不止一家，即刻叫上金彩来。"贾琏回道："上次南京信来，金彩已经得了痰迷心窍，那边连棺材银子都赏了，不知如今是死是活，即便活着，人事不知，叫来无用。他老婆子又是个聋子。"贾赦听了，喝了一声，又骂："混账！没天理的囚攮的[(6)]！偏你这么知道！还不离了我这里！"唬的贾琏退出。一时又叫传金文翔。贾琏在外书房伺候着，又不敢家去，又不敢见他父亲，只得听着。一时金文翔来了，小么儿们直带入二门里去，隔了四五顿饭的工夫，才出来去了。贾琏暂且不敢打听，隔了一会，又打听贾赦睡了，方才过来。至晚间，凤姐儿告诉他，方才明白。

且说鸳鸯一夜没睡，至次日，他哥哥回贾母，接他家去逛逛，贾母允了，叫他家去。鸳鸯意欲不去，只怕贾母疑心，只得勉强出来。他哥哥只得将贾赦的话说给他，又许他怎么体面，又怎么当家做姨娘，鸳鸯只咬定牙不愿意。他哥哥无法，少不得回去回复贾赦。贾赦恼起来，因说道："我说给你，叫你女人和他说去，就说我的话：'自古嫦娥爱少年[7]，他必定嫌我老了，大约他恋着少爷们，多半是看上了宝玉。只怕也有贾琏。若有此心，叫他早早歇了，我要他不来，以后谁敢收他？这是一件。第二件，想着老太太疼他，将来外边聘个正头夫妻去。叫他细想：凭他嫁到了谁家，也难出我的手心；除非他死了，或是终身不嫁男人，我就服了他！要不然时叫他趁早回心转意，有多少好处。"贾赦说一句，金文翔应一声"是"。贾赦道："你别哄我，明儿我还打发你太太过去问鸳鸯。你们说了，他不依，便没你们的不是；若问他，他再依了，仔细你们的脑袋！"

金文翔忙应了又应，退出回家，也等不得告诉他女人转说，竟自己对面说了这话，把个鸳鸯气的无话可回，想了一想，便说道："我便愿意去，也须得你们带了我回声老太太去。"他哥嫂只当回想过来，都喜之不尽，他嫂子即刻带了他上来见贾母。

可巧王夫人、薛姨妈、李纨、凤姐儿、宝钗等姊妹并外头的几个执事有头脸的媳妇，都在贾母跟前凑趣儿呢。鸳鸯看见，忙拉了他嫂子，到贾母跟前跪下，一面哭，一面说，把邢夫人怎么来说，园子里他嫂子怎么说，今儿他哥哥又怎么说，"因为不依，方才大老爷越发说我'恋着宝玉'，不然，要等着往外聘，凭我到天上，这一辈子也跳不出他的手心去，终久要报仇。我是横了心的，当着众人在这里，我这一辈子，别说是宝玉，就是'宝金'、'宝银'、'宝天王'、'宝皇帝'，横竖不嫁人就完了！就是老太太逼着我，一刀子抹死了，也不能从命！伏侍老太太归了西，我也不跟着我老子娘哥哥去，或是寻死，或是剪了头发当姑子去！要说我不是真心，暂且拿话支吾，这不是天地鬼神、日头月亮照看！嗓子里头长疔！"原来这鸳鸯一进来时，便袖内带了一把剪子，一面说着，一面回手打开头发就铰。众婆子丫鬟看见，忙来拉住，已剪下半绺来了。众人看时，幸而他的头发极多，铰的不透，连忙替他挽上。

贾母听了，气的浑身打战，口内只说："我通共剩了这么一个可靠的人，他们还要来算计！"因见王夫人在旁，便向王夫人道："你们原来都是哄我的！外头孝顺，暗地里盘算我！有好东西也来要，有好人也来要。剩了这个毛丫头，见我待他好了，你们自然气不过，弄开了他，好摆弄我！"

……

【毛泽东评点】

1963年5月2日和12日，毛泽东在杭州工作会议的讲话中，……又讲到：《红楼梦》主要写四大家族统治的历史，写封建剥削只有一两处。小说"写奴隶鸳鸯、晴雯、小红等，都写得好，受害的就是这些人"。

——董学文等：《毛泽东的文艺美学活动》，高等教育出版社1995年版，第220页。

【注释】

（1）三媒六证，又作"三媒六聘"。旧时男女结婚需经媒人、证婚人，才合礼制。男女结合，媒证不可缺少。古人常以三、六表示多数，三媒六证，表示郑重。

（2）牙碜（chěn 磣），细砂子吃到嘴里使牙齿感觉难受。一种噪声使人听起来皮肤起疙瘩，也叫"牙碜"。这里是说话令人肉麻之意。

（3）下作，下流，卑鄙无耻。

（4）归西，回到西方极乐世界，指死亡。

（5）专管，准管，一定是。六国，本指战国时代函谷关以东的楚、齐、燕、韩、赵、魏六个大国。六国贩骆驼的，比喻到处招揽生意，唯利是图，油头滑脑的人。

（6）囚攮的，囚起来准备杀掉的（畜牲）之意，骂人的话。攮，刺，扎。

（7）嫦娥，亦作恒娥、姮娥或作常仪。神话中后羿之妻，后偷吃后羿从西王母处求得的不死之药，而飞奔月宫，成为月宫仙子，历代文学艺术作品中常以为美女的典型。

【赏析】

据王行娟著《贺子珍的路》记述，在井冈山时期，有一次，贺子珍谈起读《三国演义》《水浒》，不喜欢《红楼梦》。她说："《红楼梦》里尽是谈情说爱，软绵绵的，没有意思。"毛泽东一听，就反驳她说："你这个评价不公正，这是一本难得的好书哩！《红楼梦》里写了两派，一派好，一派不好。贾母、王熙凤、贾政，这是一派，是不好的；贾宝玉、林黛玉、丫鬟，这是一派，是好的。《红楼梦》里写了两派的斗争。我看你一定没有仔细读这本书，你要重读一遍。"

《红楼梦》写的两派斗争，是封建卫道者与叛逆者的斗争。至于叛逆者之中，实际是包括两部分的反封建的统一战线，贾宝玉、林黛玉与贾母等人的斗争，是统治阶级内部两派的斗争，而丫鬟们与贾母等人之间的斗争，则是对立阶级之间的压迫和抗争。像贾家的主子不过二十几个人，却统治着几百名奴隶，一个少爷或小姐就要由十来个奴婢服侍。这些奴婢完全丧失了人身自由，成了"替富人做家务和供他过奢侈生活的奴隶"（恩格斯：《家庭、私有制和国家的起源》），和舆服狗马处于同等地位。统治者对奴婢实行严密控诉和长期毒害，妄图把他们变成花袭人那种"津津乐道地赞赏美妙的奴隶生活并对和善的好心的主人感激不尽"（列宁：《纪念葛伊甸伯爵》）的驯服奴才。但大多数奴婢并不甘心忍受统治者的蹂躏，而是用各种方式进行了英勇的反抗。正像毛泽东指出的鸳鸯、晴雯、小红都写得好，反抗都是最有力的。

本回中着力写的鸳鸯就是写得极好的一个。鸳鸯是贾母的丫头，是世代为奴的"家生子儿"，其父母在南京看房子，其兄金文翔是贾母处的买办，其嫂是贾母处浆洗上的头儿。就是说全家都是依赖贾府的奴隶。但鸳鸯却是一个有心胸、有骨气的婢女。她刚强自重，备受信任，心地公道，又不仗势欺人。她侍候贾母多年，早已洞悉这个贵族家庭无比龌龊的内幕。贾赦要逼她做妾，她断然拒绝，不但不当小老婆，即使"三媒六证地娶我去做大老婆，我也不能去"，"就是老太太逼着我，一刀子抹死了，也不能从命"。这种对等级制度和封建权威的大胆挑战，完全出乎贾赦之流的意料之外。他们继续施展种种威胁利诱的手段，可是始终没有能迫使这个地位卑微的女奴屈服。贾母死后，鸳鸯最后被迫悬梁自尽，彻底粉碎了统治者的卑劣企图，表明了她宁为玉碎不为瓦全的反抗性格。

晴雯是一个直爽倔强、嫉恶如仇的婢女。她心地纯洁，口齿尖利，从来不屑于向主子献媚，而且公开表示，宁可冲撞了王夫人，也不能无辜地受气。抄检大观园时，只见她“挽着头发闯进来，豁的一声，将箱子掀开，两手提着，往地上一倒，将所有之物尽皆倒了出来”，还把为虎作伥的王善保家痛斥一番。后来她得了重病，被撵出后又无人照看，怀着满腹冤屈离开了人间，没有丝毫的奴颜和媚骨。其他如金钏、小红、司棋、尤三姐等，都以死来对封建统治压迫作了抗争。奴隶们的反封建斗争，是清代阶级斗争的一个重要组成部分，对促使贵族地主阶级走向灭亡，发挥了重大作用。

【原文】

第四十七回　呆霸王调情遭苦打　冷郎君惧祸走他乡（节录）

……

那柳湘莲原系世家子弟，读书不成，父母早丧，素性爽侠，不拘细事，酷好耍枪舞剑，赌博吃酒，以至眠花卧柳[1]，吹笛弹筝，无所不为。因他年纪又轻，生得又美，不知他身分的人，却误认作优伶一类。那赖大之子赖尚荣，与他素昔交好，故今儿请来坐陪。不想酒后别人犹可，独薛蟠又犯了旧病。心中早已不快，得便意欲走开完事……

说着，就站起来要走；又道：“你就进去罢，不必送我。”一面说，一面出了书房。刚至大门前，早遇见薛蟠在那里乱叫：“谁放了小柳儿走了？”柳湘莲听了，火星乱迸，恨不得一拳打死；复思酒后挥拳，又碍着赖尚荣的脸面，只得忍了又忍。薛蟠忽见他走出来，如得了珍宝，忙趔趄[2]着走上去，一把拉住，笑道：“我的兄弟，你往那里去了？”湘莲道：“走走就来。”薛蟠笑道：“你一去都没了兴头了，好歹坐一坐，就算疼我了！凭你什么要紧的事，交给哥哥，只别忙。你有这个哥哥，你要做官发财都容易。”湘莲见他如此不堪，心中又恨又恼，早生一计，拉他到避净处，笑道：

“你真心要和我好，还是假心和我好呢？”薛蟠听这话，喜得心痒难挠，乜斜[3]着眼笑道：“好兄弟！你怎么问起我这话来？我要是假心，立刻死在眼前！”湘莲道：“既如此，这里不便；等坐一坐，我先走，你随后出来，跟到我下处，咱们索性喝一夜酒。我那里还有两个绝好的孩子[4]，从没出门[5]的。你可连一个跟的人也不用带，到了那里，伏侍人都是现成的。”

薛蟠听如此说，喜的酒醒了一半，说：“果然如此？”湘莲笑道：“如何！人拿真心待你，你倒不信了！”薛蟠忙笑道：“我又不是呆子，怎么有个不信的呢！既如此，我又不认得，你先去了，我在那里找你？”湘莲道：“我这下处在北门外头，你可舍得家，城外住一夜去？”薛蟠笑道：“有了你，我还要家做什么？”湘莲道：“既如此，我在北门外头桥上等你。咱们席上且吃酒去。你看我走了之后，你再走，他们就不留神了。”薛蟠听了，连忙答应道：“是。”二人复又入席，饮了一回。那薛蟠难熬，只拿眼看湘莲，心内越想越乐，左一壶，右一壶，并不用人让，自己就吃了又吃，不觉酒已八九分了。

湘莲就起身出来，瞅人不防，出至门外，命小厮杏奴：“先家去罢，我到城外就来。”说毕，已跨马直出北门，桥上等候薛蟠。一顿饭的工夫，只见薛蟠骑着一匹马，远远的赶了来，张着嘴，瞪着眼，头似拨浪鼓[6]一般，不住左右乱瞧。及至从湘莲马前过去，只顾望远处瞧，不曾留心近处。湘莲又笑又恨；他便也撒马随后跟来。薛蟠往前看时，渐渐人烟稀少，便又圈马回来；再不想一回头见了湘莲，如获奇珍，忙笑道：“我说你是个再不失信的。”湘莲笑道：“快往前走，仔细人看见跟了来，就不好了！”说着，先就撒马前去，薛蟠也紧紧跟来。

湘莲见前面人烟已稀，且有一带苇塘，便下马，将马拴在树上，向薛蟠笑道：“你下来，咱们先设个誓，日后要变了心，告诉别人的，就应誓。”薛蟠笑道：“这话有理。”连忙下马，也拴在树上，便跪下说道：“我要日久变心，告诉人去的，天诛地灭[7]。”一言未了，只听“镗”的一声，背后好似铁锤砸下来，只觉得一阵黑，满眼金星乱迸，身不由己，就倒在了地下了。湘莲走上来瞧瞧，知道他是个不惯捱打的，只使了三分气力，向他脸上拍了几下，登时便“开了果子铺”[(8)]。薛蟠先还要挣挣起身，又被湘莲用脚尖点了一点，仍旧跌倒。口内说道：“原是两家情愿！你不依，只管好说，为什么哄出我来打我？”一面说，一面乱骂。湘莲道：“我把你瞎了眼的！你认认柳大爷是谁！你不说哀求，你还伤我！我打死你也无益，只给你个利害罢！”说着，便取了马鞭过来，从背后至胫，打了三四十下。

薛蟠的酒早已醒了大半，不觉得疼痛难禁，由不的“嗳哟”一声。湘莲冷笑道：“也只如此！我只当你是不怕打的。”一面说，一面又把薛蟠的左腿拉起来，向苇中泞泥处拉了几步，滚的满身泥水，又问道：“你可认得我了？”薛蟠不应，只伏着哼哼。湘莲又掷下鞭子，用拳头向他身上擂了几下，薛蟠便乱滚乱叫，说：“肋条折了！我知道你是正经人，因为我错听了旁人的话了！”湘莲道：“不用拉旁人，你只说现在的。”薛蟠道：“现在也没什么说的！不过你是个正经人，我错了！”湘莲道：“还要说软些，才饶你。”薛蟠哼哼的道：“好兄弟——”湘莲便又一拳；薛蟠“嗳”了一声，道：“好哥哥——”湘莲又连两拳；薛蟠忙“嗳哟”叫道：“好老爷！饶了我这没眼睛的瞎子罢！从今以后，我敬你怕你了！”湘莲道：“你把那水喝两口！”

薛蟠一面听了，一面皱眉道：“这水实在腌脏，怎么喝的下去！”湘莲举拳就打；薛蟠忙道：“我喝……我喝”说着，只得俯头向苇根下喝了一口，犹未咽下去，只听“哇”的一声，把方才吃的东西都吐了出来。湘莲道：“好腌脏东西，你快吃完了，饶你。”薛蟠听了，叩头不迭，说：“好歹积阴功[(9)]饶我罢！这至死不能吃的。”湘莲道：“这么气息，倒熏坏了我！”说着，丢下了薛蟠，便牵马认镫[(10)]去了。

这里薛蟠见他已去，方放下心来，后悔自己不该误认了人。待要扎挣起来，无奈遍体疼痛难禁。

……

【毛泽东评点】

《红楼梦》这部书，现在许多人鄙视它，不愿意提到它，其实《红楼梦》是一部很好的小说，特别是它有极丰富的社会史料。比如它描写柳湘莲痛打薛蟠以后，便“牵马认镫去了”。没有实际经验是写不出“认镫”二字的。事非经过不知难，每每一件小事却有丰富的内容，要从实际生活经验中才会知道。

——《在鲁迅艺术学院的讲话》，载《毛泽东文集》，第2卷，人民出版社1993年版，第123—124页。

【注释】

（1）眠花卧柳，又作“眠花宿柳”，旧指宿娼嫖妓。花、柳，原指观赏的花木，特指娼妓的住处。

（2）趔趄（liè qiè 列窃），立脚不稳，脚步踉跄。

（3）乜（miē 咩）斜，略眯着眼斜视。

（4）绝好的孩子，指当时称为“相公”，或写作“相姑”的一种男妓。

（5）出门，指出外应酬客人。

（6）拨浪鼓，旧时货郎用来招揽顾客的手摇小鼓，有柄，两边系坠，握柄摇鼓，坠击鼓发声，亦用作小儿玩具。

（7）天诛地灭，为天地所不容而被消灭。诛，杀有罪的人。

（8）开了果子铺，形容被打得青一块，紫一块，皮破血流，好像水果店的果品一样五颜六色。

（9）积阴功，旧时所谓暗中做有德于人的善事。

（10）认镫，脚尖踏进马镫，即上马。

【赏析】

1938年4月28日，毛泽东在对延安鲁迅艺术学院师生的讲话中，盛赞本回柳湘莲痛打薛蟠之后“便牵马认镫去了”写得好，并说没有实际经验是写不出“认镫”二字的。旨在说明作家、艺术家必须有丰富的生活经验，号召大家到实际生活中去汲取营养，写出好的作品。这是毛泽东的甘苦之言，没有长期的鞍马生涯的人，是不会注意像上马鞍子之类的小事的。

其实“认镫”不过是一个小小的细枝末节、一个上马的小动作。旧小说中经常说“扳鞍认镫上马而去”，这是不错的。上马时脚要踏住镫子，手要扳住鞍子，才能翻身上马。上马之后，人坐在马鞍上，手控马缰，脚蹬马镫，就是打马如飞，人也不会摔下来。至于古代战将，往来厮杀，双手执兵器，马缰也不控了，只靠两脚踏定马蹬保持平衡，马镫的作用是很大的。如果没有实际生活经验的读者，“认镫”二字便很容易滑过去，引不起注意。因此，有的作家感叹说，情节好编，细节难寻，不是没有道理的。因为情节按照人情事理，设身处地悬想，故可以编，而细节，诸如一颦一笑、一招一式、一句隽语、一个动作，都来自生活，生编臆造不得，否则就会闹出大笑话。

【原文】

第五十三回　宁国府除夕祭宗祠　荣国府元宵开夜宴（节录）

……

贾蓉忙答应去了。一时，拿了请人吃年酒的日期单子来了。贾珍看了，命：“交与赖升去看了，请人别请重了这上头的日子。”因在厅上看着小厮们抬围屏，擦抹几案金银供器。只见小厮手里拿着一个禀帖[(1)]，并一篇账目，回说：“黑山村乌庄头[(2)]来了。”贾珍道：“这个老砍头的！今儿才来！”贾蓉接过禀帖和账目，忙展开捧着，贾珍倒背着两手，向贾蓉手内看去。那红禀上写着：“门下庄头乌进孝叩请爷奶奶万福金安，并公子小姐金安。新春大喜大福，荣贵平安，加官进禄，万事如意。”贾珍笑道：“庄家人有些意思。”贾蓉也忙笑道：“别看文法，只取个吉利儿罢。”一面忙展开单子看时，只见上面写着：

大鹿三十只，獐子[(3)]五十只，狍子[(4)]五十只，暹猪[(5)]二十个，汤猪[(6)]二十个，龙猪[(7)]二十个，野猪二十个，家腊猪[(8)]二十个，野羊二十个，青羊二十个，家汤羊[9]二十个，家风羊[10]二十个，鲟鳇鱼[11]二百个，各色杂鱼二百斤，活鸡、鸭、鹅各二百只，风鸡、鸭、鹅[12]二百只，野鸡、野猫各二百对，熊掌[13]二十对，鹿筋[14]二十斤，海参[15]五十斤，鹿舌五十条，牛舌五十条，蛏干[16]二十斤，榛、松、桃、杏瓤各二口袋，大对虾五十对，干虾二百斤，银霜炭[17]上等选用一千斤、中等二千斤，柴炭[18]三万斤，御田胭脂米[19]二担，碧糯五十斛，白糯五十斛，粉秫五十斛[20]，杂色粱谷各五十斛，下用常米一千担，各色干菜一车，外卖粱谷牲口各项折银[21]二千五百两。外门下孝敬哥儿玩意儿：活鹿两对，白兔四对，黑兔四对，活锦鸡两对，西洋鸭两对。

贾珍看完，说："带进他来。"一时只见乌进孝进来，只在院内磕头请安。贾珍命人拉起他来，笑说："你还硬朗？"乌进孝笑道："不瞒爷说，小的们走惯了，不来也闷的慌。他们可不是都愿意来见见天子脚下世面？他们到底年轻，怕路上有闪失，再过几年就可以放心了。"贾珍道："你走了几日？"乌进孝道："回爷的话：今年雪大，外头都是四五尺深的雪，前日忽然一暖一化，路上竟难走的很，耽搁了几日。虽走了一个月零两日，日子有限，怕爷心焦，可不赶着来了！"

贾珍道："我说呢，怎么今儿才来！我才看那单子上，今年你这老货又来打擂台[22]来了。"乌进孝忙进前两步回道："回爷说：今年年成实在不好。从三月下雨，接连着直到八月，竟没有一连晴过五六日；九月一场碗大的雹子，方近二三百里地方，连人带房，并牲口粮食，打伤了上千上万的，所以才这样。小的并不敢说谎。"贾珍绉眉道："我算定你至少也有五千银子来，这够做什么的？如今你们一共只剩了八九个庄子，今年倒有两处报了旱涝，你们又打擂台，真真是叫别过年了！"乌进孝道："爷的这地方还算好呢！我兄弟离我那里只一百多地，竟又大差了。他现管着那府八处庄地，比爷这边多着几倍，今年也是这些东西，不过二三千两银子，也是有饥荒打呢！"贾珍道："正是呢。我这边倒可已，没什么外项大事，不过是一年的费用。我受用些就费些，我受些委曲就省些。再者年例送人请人，我把脸皮厚些，也就完了。比不得那府里，这几年添了许多花钱的事，一定不可免是要花的，却又不添些银子产业。

这一二年里赔了许多，不和你们要，找谁去？”

乌进孝笑道：“那府里如今虽添了事，有去有来。娘娘和万岁岂不赏呢？”贾珍听了，笑向贾蓉等道：“你们听听，他说的可笑不可笑？”贾蓉等忙笑道：“你们山坳海沿子上的人，那里知道这道理？娘娘难道把皇上的库给我们不成？他心里纵有这心，他不能作主。岂有不赏之理，按时按节，不过是些彩缎、古董、玩意儿。就是赏，也不过一百两金子，才值一千多两银子，够什么？这二年，那一年不赔出几千两银子来？头一年，省亲连盖花园子，你算算那一注花了多少就知道了。再二年，再省一回亲，只怕就精穷了！”贾珍笑道：“所以他们庄客老实人：‘外明不知里暗的事’，‘黄柏木作了磬槌子，——外头体面里头苦！’”

贾蓉又说又笑向贾珍道：“果真那府里穷了，前儿我听见二婶娘和鸳鸯悄悄商议，要偷老太太的东西去当银子呢。”贾珍笑道：“那又是凤姑娘的鬼，那里就穷到如此？他必定是见去路大了，实在赔得很了，不知又要省那一项的钱，先设出这法子来，使人知道，说穷到如此了。我心里却有个算盘，还不至此田地”说着，便命人带了乌进孝出去，好生待他，不在话下。

……

【毛泽东评点】

1963年5月2日和12日，毛泽东在杭州工作会议的讲话中……又讲道：《红楼梦》主要是写四大家族统治的历史，写封建剥削只有一两处。

——董学文等：《毛泽东的文艺美学活动》，高等教育出版社1995年版，第220页。

【注释】

（1）禀帖，旧时民众或下级呈官府的文书。

（2）庄头，清代为皇室及满汉旗籍贵族豪门地主经营旗地田庄的代理人，掌管监督佃户与壮丁的生产及催收地租、摊派劳役等。有的庄头本身就是地主。

（3）獐子，似鹿而小，无角，黄黑色。雄的有牙露出口外，俗称牙獐，其肉可食。

（4）狍（páo袍）子，又作“麅子”，哺乳纲，鹿科，肉可食。

（5）暹猪，大概就猪种而言。第二十六回有“暹罗国进贡的灵柏香熏的暹罗猪、鱼”。

（6）汤猪，指一般家小猪，可供烧煮食用的。

（7）龙猪，有二说：一、龙通尨（máng芒）。尨猪，黑白杂色的猪。《周礼·考工记·玉人》：“天子用全，上公用尨。”注：“郑司农（众）曰：‘全，纯色也；龙，当为尨，尨谓杂色。二、清代相西漫士《听雨闲谈》云：“龙猪出南雄龙王岩，在城东百里，重一二十斤，小耳，庳脚，细爪，土人腌熏，以竹片绷之，皮薄肉嫩，与常猪不类，广城亦重之。又出江西赣州龙南县。”

（8）家腊猪，家庭腌腊的猪。

（9）家汤羊，指一般家养生羊，可供烧煮食用。一说汤即烫，烫羊，即可烫去羊毛连皮食用的羊。

（10）家风羊，把羊宰杀，连毛腌起，悬通风处晾干。

（11）鲟鳇鱼，鲟（xún寻），古称鱏。鱼纲，鲟科。体延长，亚圆筒形，长达三米余，青黄色，腹白色，卵黑色，其肉鲜美，为珍贵食品。鳇（huáng皇），古称鳣，形体与鲟相似，唯左右腮膜相连，长可达五米。背灰绿色，腹黄白色。肉卵均为珍贵食品。

（12）风鸡、鸭、鹅，此处指去脏后腹中擦椒盐，连毛扎紧风干食用之鸡、鸭、鹅。

（13）熊掌，即熊的脚掌，也称熊蹯，是一种珍贵的食品，尤以前掌为贵。

（14）鹿筋，即鹿的蹄筋，珍贵食物。

（15）海参，棘皮动物门海参纲动物的通称，我国沿海有六十余种，可供食用的有二十种以上，是一种名贵的海味。

（16）蛏（chēng称）干，干的蛏子肉。蛏，一种贝类动物，生海泥中，长二三寸，大如指，两头开，生活在近岸的海水里，肉味美。

（17）银霜炭，用质地坚硬的好木材如青杠等烧成的木炭。炭的表面像披霜，而烧，无烟，烧后灰呈银白色。

（18）柴炭，用杂木烧成的木炭。

（19）御田胭脂米，一种优质稻米，煮熟后色红如胭脂，有香气，味腴粒长。据清代刘廷玑《在园杂志》及《顺天府志》记载，胭脂米是康熙皇帝在丰泽园御田布种的玉田稻中的良种，因而也叫玉田米，为内膳所用。此良种后分布种于京郊御田，故称御田胭脂米也叫红莲稻。

（20）粉秔（jīng 晶），一种白色稻米，其白如粉，故名。斛（hú 胡），旧时的一种量器，方形，口小底大，一斛为十斗，后改为五斗。

（21）折银，指货币地租，地主除征收实物地租外，还要农民交纳银钱。

（22）打擂台，原意是在擂台上比武，这里是贾珍认为乌庄头故意少缴钱粮，存心作对。

【赏析】

《红楼梦》中以贾家为首的四大家族，在经济上残酷地剥削广大农民。他们领取朝廷的俸禄，按时按节得到皇帝的赏赐，数量是很有限的，主要靠对农民的地租剥削。毛泽东在《中国革命和中国共产党》中指出：“封建的统治阶级——地主、贵族和皇帝，拥有最大部分的土地，而农民则很少土地，或者完全没有土地。农民用自己的工具去耕种地主、贵族和皇室的土地，并将收获的四成、五成、六成、七成甚至八成以上，奉献给地主、贵族和皇室使用。”正如毛泽东所说《红楼梦》中写这种封建经济剥削的只有一两处。第五十三回“乌进孝缴租”是小说中比较集中反映封建地主阶级与农民阶级这一封建社会基本矛盾的文字之一。以贾府为代表的封建地主阶级已经成为寄生腐朽的食利者阶级，广大农民遭受着残酷的压迫和剥削，封建的生产关系完全成为反动的东西。本回中写到黑山村农民在接连遭受洪水和冰雹灾害之后，仍向宁府交纳了二千五百两银子和多种多样的实物地租。挥霍成性的贾珍大为恼火地说“这够做什么的”，“真真叫别过年了”，“这一二年里赔了许多，不和你们要，找谁去？”像这样的田庄荣府有八处之多，每年的地租银子竟达“三五十万来往”。然而乌进孝账单上的惊人数字并没有达到预定的剥削量，因为本来已经很贫困的农民再遇上灾年，即使把他们搜刮得精光，也得不到更多的东西了。据史书记载，小说反映的乾隆时代农民“日给之外，已无余粒”，“一遭旱涝，尽所有以供富民之租，犹不能足。既无立锥以自存，又鬻妻子为乞丐以偿丁负”。（《皇朝经世文编·户政》）天灾人祸的双重煎迫，点燃了农民反抗的怒火。第一回中写到乡官甄士隐因农民“抢田夺地”而在田庄上“难以安身”，第一百一十四回也写到东南海疆“越寇猖獗”，皇帝派了安国公前去“征剿”。这些简略交代，说明小说所写的时代农民反抗已经此起彼伏、连绵不断，并且由自发和分散的经济斗争，逐渐转变为有组织地武装起来。认真研读乌进孝交租这节文字，有助于我们具体认识什么是封建社会，以及它必然走向灭亡的历史命运。

【原文】

第五十六回　敏探春兴利除宿弊时　贤宝钗小惠全大体

（节录）

话说平儿陪着凤姐儿吃了饭，伏侍盥漱毕，方往探春处来。只见院中寂静，只有丫鬟婆子，一个个都站在窗外听候。平儿进入厅中，他姐妹姑嫂三人正商议些家务，说的便是年内赖大家请吃酒，见他来了，探春便命他脚踏上坐了，因说道：“我想的事，不为别的，只想着我们，一月已有二两月银，丫头们又另有月钱。可不是又同才刚学里的八两一样重重叠叠，这事虽小，钱有限，看起来也不妥当，你奶奶怎么就没想到这个呢？”

平儿笑道：“这有个原故：姑娘们所用的这些东西，自然该有分例，每月买办买了，令女人们交送我们收管，不过预备姑娘们使用就罢了；没有个我们天天各人拿着钱，找人买这些去的。所以外头买办总领了去，按月使女人按房交给我们。至于姑娘们每月的这二两，原不是为买这些的，为的是一时当家的奶奶太太，或不在家，或不得闲，姑娘们偶然要个钱使，省得找人去：这不过是恐怕姑娘们受委屈意思。如今我冷眼看着，各屋里的我们的姐妹都是现拿钱买这些东西的竟有了一半子。我就疑惑，不是买办脱了空，就是买的不是正经货。”探春、李纨都笑道：“你也留心看出来了！脱空[1]是没有的，只是迟些日子；催急了，不知那里弄些来，不过是个名儿，其实使不得，依然得现买。就用二两银子，另叫别人的奶妈子的弟兄儿子买了，方才使得。要使了官中的人去，依然是那一样的，不知他们是什么法子？”平儿便笑道：“买办买的是那东西，别人买了好的来，买办的也不依他，又说他使坏心，要夺他的买办。所以他们宁可得罪了里头，不肯得罪了外头办事的。要是姑娘们使了奶妈妈们，他们也就不敢说闲话了。”

探春道：“因此我心里不自在。饶费了两起钱，东西又白丢一半！不知竟把买办的这一项每月蠲[2]了为是。此是第一件事。第二件，年里往赖大家去，你也去的你看他那小园子，比咱们这个如何？”平儿笑道：“还没有咱们这一半大，树木花草也少多着呢。”探春道：“我因和他们家女孩儿说闲话儿，她说这园子除他们带的花，吃的笋菜鱼虾，一年还有人包了去，年终足有二百两银子剩。从那日，我才知道一个破荷叶，一根枯草根子，都是值钱的。”

宝钗笑道：“真真膏粱纨袴之谈！你们虽是千金，原不知道这些事，但只你们也都念过书，识过字的，竟没看见朱夫子有一篇《不自弃》[3]的文么？”探春笑道：“虽也看过，不过是勉人自励，虚比浮词[4]，那里真是有的？”宝钗道：“朱子都行了虚比浮词了？那句句都是有的。你才办了两天事，就利欲熏心，把朱子都看虚浮了。你再出去，见了那些利弊大事，越发连孔子也都看虚了呢！”探春笑道：“你这样一个通人[5]，竟没看见姬子书[6]？当日姬子有云：‘登利禄之场，处远筹之界者，窃尧舜之词，背孔孟之道……”宝钗笑道：“底下一句呢？”探春笑道：“如今只断章取意；念出底下一句，我自己骂我自己不成？”宝钗道：“天下没有不可用的东西，既可用，便值钱。难为你是个聪明人，这大节日正事竟没经历。”李纨笑道：“叫人家来了，又不说正事，你们且对讲学问！”宝钗道：“学问中便是正事。若不拿学问提着，便都流入市俗去了。”

三人取笑了一回，便仍谈正事。探春又接说道："咱们这个园子，只算比他们的多一半，加一倍算起来，一年就有四百银子的利息。若此时也出脱生发[7]银子，自然小器，不是咱们这样人家的事；若派出两个一定的人来，既有许多值钱的东西，任人作践了，也似乎暴殄天物[8]：不如在园子里所有的老妈妈中，拣出几个老成本分，能知园圃的，派他们收拾料理。也不必要他们交租纳税，只向他们一年可以孝敬些什么。一则园小有专定之人来管理花木，自然一年如似一年了，也不用临时忙乱；二则也不至作践，白辜负了东西；三则老妈妈们也可借此小补，不枉成年家在园中辛苦；四则也可省了这些花儿匠、山子匠并打扫人等的工费：将此有余，以补不足，未为不可。"

宝钗正在地下看壁上的字画，听如此说，便点头笑道："善哉！三年之内，无饥馑矣[9]。"李纨道："好主意！果然这么行，太太必喜欢。省钱事小，园子有人打扫，专司其职，又许他去卖钱，使之以权，动之以利，再无不尽职的了。"平儿道："这件事须得姑娘说出来。我们奶奶虽有此心，未必好出口。此刻姑娘们在园里住着，不能多弄些玩意儿陪衬，反叫人去监管修理，图省钱，这话断不好出口。"

宝钗忙走过来，摸着他的脸笑道："你张开嘴，我瞧瞧你的牙齿舌头是什么做的？从早起来，到这会子，你说了这些话，一套一个样子：也不奉承三姑娘，也不说你们奶奶才短想不到；三姑娘说一套话出来，你就有一套话回奉，总是三姑娘想得到的，你们奶奶也想到了，只是必有个不可办的原故，这会子又是因姑娘们住的园子，不好因省钱令人去监管。你们想想这话，要果真交给人弄钱去的，那人自然是一枝花也不许掐，一个果子也不许动了，姑娘们分中，自然是不敢讲究，天天和小姑娘们就吵不清。他这远愁近虑，不抗不卑，他们奶奶就不是和咱们好，听他这一番话，也必要自愧的变好了。"探春笑道："我早起一肚子气，听他来了，忽然想起他主子来：素日当家，使出来的好撒野的人！我见了他更生了气。谁知他来了，避猫鼠儿似的，站了半日，怪可怜的。接着又说了那些话，不说他主子待我好，倒说'不枉姑娘待我们奶奶素日的情意了'，这一句话，不但没了气，我倒愧了，又伤起心来。我细想：

我一个女孩儿家，自己还闹得没人疼没人顾的，我那里还有好处去待人？”口内说到这里，不免又流下泪来。

李纨等见他说得恳切，又想他素日因赵姨娘每生诽谤，在王夫人跟前，亦为赵姨娘所累，也都不免流下泪来，都忙劝他：“趁今日清净，大家商议两件兴利剔弊[10]的事情，也不枉太太委托一场。又提这没要紧的事做什么！”平儿忙道：“我已明白了。姑娘说，谁好，竟一派人，就完了。”探春道：“虽如此说，也须得回你奶奶一声儿。我们这里搜剔小利，已经不当，——皆因你奶奶是个明白人，我才这样行；若是糊涂多歪多妒的，我也不肯，倒像抓他的乖似的[11]。岂可不商议了行呢？”平儿笑道：“这么着，我去告诉一声。”说着去了；半日方回来，笑道：“我说是白走一趟。这样好事，奶奶岂有不依的！”

探春听了，便和李纨命人将园中所有婆子的名单要来，大家参度，大概定了几个人。又将他们一齐传来，李纨大概告诉给他们。众人听了，无不愿意。也有说：“那片竹子单交给我，一年工夫，明年又是一片。除了家里吃的笋，一年还可交些钱粮。”这一个说：“那一片稻地交给我，一年这些玩的大小雀鸟的粮食，不必动官中钱粮，我还可以交钱粮。”

探春才要说话，人回：“大夫来了，进园瞧史姑娘去。”众婆子只得去领大夫。平儿忙说：“单你们，有一百个也不成个体统。难道没有两个管事的头脑儿带进大夫来？”回事的那人说：“有吴大娘和单大娘，他两个在西南角上聚锦门等着呢。”平儿听说，方罢了。

众婆子去后，探春问宝钗：“如何？”宝钗笑答道：“幸于始者怠于终，善其辞者嗜其利[12]。”探春听了，点头称赞，便向册上指出几人来与他三人看。平儿忙去取笔砚来。他三人说道：“这一个老祝妈，是个妥当的，况他老头子和他儿子，代代都是管打扫竹子，如今竟把这所有的竹子交与他。这一个老田妈，本是种庄稼的，稻香村一带，凡有菜蔬稻稗之类，虽是玩意儿，不必认真大治大耕，也须得他去再细细按时加些植养，岂不更好？”探春又笑道：“可惜蘅芜院和怡红院这两处大地方，竟没有出息之物！”李纨忙笑道：“蘅芜院里更利害！如今香料铺并大市大庙卖的各处香料香草儿，都不是这些东西？算起来，比别的利息更大！怡红院别说别的，单只说春夏两季的玫瑰花，共下多少花朵儿？还有一带篱笆上蔷薇、月季、宝相[13]金银花、藤花，这几色草花，干了卖到茶叶铺药铺去，也值好些钱。”探春笑着点头儿，又道：“只是弄香草没有在行的人。”平儿忙笑道：“跟宝姑娘的莺儿他妈，就是会弄这个的。上回他还采了些晒干了，编成花篮葫芦给我玩的。姑娘倒忘了么？”宝钗笑道：“我才赞你，你倒来捉弄我了。”三人都咤异问道：“这是为何？”宝钗道：“断断使不得。你们这里多少得用的人，一个个闲着没事办，这会子我又弄个人来，叫那起人连我也看小了。我倒替你们想出一个人来：怡红院有个老叶妈，他就是焙茗的娘，那是个诚实老人家；他又合我们莺儿妈极好。不如把这事交与叶妈，他有不知的，不必咱们说给他，就找莺儿的娘去商量了。那怕叶妈全不管，竟交与那一个，这是他们私情儿，有人说闲话，也就怨不到咱们身上。如此一行，你们办的又公道，于事又妥当。”李纨平儿都道：“很是。”探春笑道：“虽如此，只怕他们见利忘义[14]呢。”平儿笑道：“不相干。前日莺儿还认了叶妈做干娘，请吃饭吃酒，两家和厚的很呢。”探春听了，方罢了。又共同斟酌出几个人来，俱是他四人素昔冷眼取中的，用笔圈出。

一时婆子们来回：“大夫已去。”将药方送上去，三人看了，一面遣人送出外边去取药，监派调服；一面探春与李纨明示诸人：某人管某处，“按四季，除家中定例用多少外，余者任凭你们采取去取利，年终算帐。”探春笑道：“我又想起一件事：若年终算账，归钱时，自然归到账房，仍是上头又添一层管主，还在他们手心里，又剥一层皮。这如今我们兴出这件事，派了你们，已是跨过他们的头去了，心里有气，只说不出来；你们年终去归账，他还不捉弄你们等什么？再者，这一年间，管什么的，主子有一全分，他们就得半分，这是每常的旧规，人所共知的。如今这园子里是我的新创，竟别入他们的手，每年归账，竟归到里头来才好。”宝钗笑道：“依我说，里头也不用归账，这个多了，那个少了，倒多了事。不如问他们谁领这一分的，他就揽一宗事去。不过是园里的人动用。我替你们算出来了，有限的几宗事，不过是头油、胭粉、香、纸，每一位姑娘，几个丫头，都是有定例的；再者各处笤帚、簸箕、掸子，并大小禽鸟、鹿、兔吃的粮食。不过这几样。都是他们包了去，不用账房去领钱。你算算，就省下多少来？”平儿笑道：“这几宗虽小，一年通共算了，也省的下四百多银子。”

宝钗笑道：“却又来！一年四百，二年八百两，取租的房子也能多买几间，薄沙地也可添几亩了。虽然还有敷余的，但他们既辛苦了一年，也要叫他们剩些，粘补自家。虽是兴利节用为纲，然也不可太过，要再省上二三百银子，失了大体统，也不像。所以这么一行，外头账房里一年少出四五百银子，也不觉得很艰啬了；他们里头却也得些小补；这些没营生的妈妈们，也宽裕了；园子里花木，也可以每年滋长繁盛；就是你们也得了可使之物：这庶几不失大体。若一味要省时，那里搜寻不出几个钱来？凡有些余利的，一概入了官中，那时里外怨声载道，岂不失了你们这样人家的大体？如今这园里几十个老妈妈们，若只给了这个，那剩的也必抱怨不公；我才说的他们只供给这个几样，也未免太宽裕了。一年竟除了这个之外，他每人不论有余无余，只叫他拿出若干吊钱来，大家凑齐，单散与这些园中的妈妈们。他们虽不料理这些，却日夜也都在园中照料；当差之人，关门闭户，起早睡晚，大雨大雪，姑娘们出入，抬轿子，撑船，拉冰床，一应粗重活计，都是他们的差使：一年在园里辛苦到头，这园内既有出息，也是分内该沾带些的。——还有一句至小的话，越发说破了：你们只顾了自己宽裕，不分与他们些，他们虽不敢明怨，心里却都不服，只用假公济私[15]的，多摘你们几个果子，多掐几枝花儿，你们有冤还没处诉呢。他们也沾带了些利息，你们有照顾不到的，他们就替你们照顾了。”

众婆子听了这个议论，又去了账房受辖制，又不与凤姐儿去算账，一年不过多拿出若干吊钱来，各各欢喜异常，都齐声说：“愿意！强如出去被他们揉搓着，还得拿出钱来呢！”那不得管地的，听了每年终无故得钱，更都喜欢起来，口内说：“他们辛苦收拾，是该剩些钱粘补的；我们怎么好‘稳吃三注’[16]呢？”宝钗笑道：“妈妈们也别推辞了，这原是分内应当的。你们只要日夜辛苦些，别躲懒纵放人吃酒赌钱就是了；不然，我也不该管这事，你们也知道，我姨娘亲口嘱托我三五回，说：大奶奶如今又不得闲，别的姑娘又小，托我照看照看。我若不依，分明是叫姨娘操心。我们太太又多病，家务也忙，我原是个闲人，就是街坊邻舍，也要帮个忙儿，何况是姨娘托我？讲不起众人嫌我。倘或我只顾沽名钓誉的，那时酒醉赌输，再生出事来，我怎么见姨娘？你们那时后悔也迟了，就连你们素昔的老脸也都丢了。这些姑娘们，这么一所大花园子，都是你们照管着，皆因看的你们是三四代的老妈妈，最是循规遵矩[17]，原该大家齐心顾些体统。你们反纵放别人，任意吃酒赌博。姨娘听见了，教训一场犹可，倘若被那几个管家娘子听见了，他们也不用回姨娘，竟教导你们一场，你们这年老的反受了年小的教训，虽是他们是管家，管的着你们，何如自己存些体面，他们如何得来作践呢！所以我如今替你们想出这个额外的进益来，也为的是大家齐心，把这园里周全得谨谨慎慎的，使那些有权执事的看见这般严肃谨慎，且不用他们操心，他们心里岂不敬服？也不枉替你们筹画进益了。你们去细想想这话。”众人都欢喜说：“姑娘说的很是。从此姑娘奶奶只管放心。姑娘奶奶这么疼顾我们，我们再要不体上情，天地也不容了！”

……

【毛泽东评点】

1963年5月2日至12日，毛泽东在杭州召集有部分中央政治局委员和大区书记参加的小型会议，讨论农村社会主义教育问题。毛泽东在会上讲了话，他说，《红楼梦》第二回上，冷子兴讲贾府“安富尊荣者尽多，运筹谋划者无一”，讲得太过。探春也当过家，不过她是代理。但是贾家也就是那么垮下来的。

——龚育之、宋贵仑：《“红学”一家言》，载《毛泽东的读书生活》，生活·读书·新知三联书店1986年版，第225页。

【注释】

（1）脱空，说谎，这里是没有办之意。

（2）蠲（juān捐），除去，减免。

（3）朱夫子，南宋儒学大师朱熹。《不自弃文》，见《朱子文集大全类编》卷二十一《庭训》：“夫天下之物皆物也，而物有一节之可取且不为世之所弃，可谓人而不如物乎。盖顽如石而有攻玉之用，毒如蝮而有和药之需。……推而举之，类而推之，则天下无弃物类。今人而见弃焉，特其自弃耳。……”中心意思是说，天下没有无用的东西，是没有发现它的用途，自己把它抛弃了。

（4）虚比浮词，空洞而不切实际的废话。

（5）通人，博古通今、无所不晓的人，汉代王充《论衡·超奇》：“博览古今者为通人。”

（6）姬子书，未译。或为探春为了压过宝钗说的朱子、孔子，而故意杜撰出姬子。因为周公姓姬，作为取笑之谈。

（7）出脱，这里是卖出之意。生发，生利。

（8）暴殄（tiǎn 舔）天物，任意糟蹋物质财富。殄，灭绝。天物，自然生物。

（9）三年之内，无饥馑矣，此是宝钗对探春那一番兴利除弊的治家言论而发，似套用《孟子·梁惠王上》文义：“是故明君制民之产，必使仰足以事父母，俯足以畜妻子……百亩之田，勿夺其时，八口之家，可以无饥矣。”

（10）兴利剔弊，又作“兴利除弊”，兴办福利，革除弊端。

（11）抓乖，抢先行动，自己做好人，使别人出丑。

（12）幸于始者怠于终，善其辞者嗜其利，那种做事情虎头蛇尾，或者嘴上说得好听而一味追逐私利的人，是靠不住的。幸，一作“勤”。

（13）宝相，花名，蔷薇的一种。

（14）见利忘义，见到私利就忘掉了正义。

（15）假公济私，借公家的名义或力量，谋取私人的利益。假，借。济，助成。

（16）稳吃三注，赌博时每次所下的本钱叫“注”，最多的可赢三倍，这里用来比喻凭空的大量收入。

（17）循规蹈矩，指遵守规矩。循，遵照。规，圆规。矩，角尺。规矩分别是定圆和定方的标准工具，借用为一切行为标准。

【赏析】

本回及上回作者集中写了探春的“改革”。贾探春，贾政次女，庶出，生母为赵姨娘。探春在贾氏姐妹中才志不凡，精明干练，出类拔萃，但庶出的地位和末世的家运使她的才识抱负难以施展，形成了她性格的深刻矛盾。处于封建末世的贾府，各种危机接踵而至，各种矛盾一齐暴发，经济上“出的多，进的少”，每年都要赔上几千两银子，入不敷出，日子越来越不好过。当王熙凤操劳过度不能理事时，王夫人便让探春、李纨、宝钗三人共同理事，代理凤姐的职务。于是探春这个贾府中唯一的“运筹谋划”者便大刀阔斧地开始了自己的改革。探春当家理事，苦心孤诣，开源节流。一方面蠲去了哥儿们学里费用和姑娘的头油脂粉的重复开支，另一方面仿效赖大家园子的榜样，也欲从大观园补给生息，分给众婆子管理收拾。经过惨淡经营出来的改革方案，据说一年可以“节省出来四百多两银子，这对贾府一年的庞大开支来说，无疑是杯水车薪，解决不了贾府的经济危机。然而就是这点鸡毛蒜皮的改革，一开张，便到处碰壁，说明这个家族乃至整个贵族阶级，已经彻底腐朽和僵化，证明它早已走完了自己的黄金时代，到了“末世”。无论贾探春有多大的“才志”，也无法挽救这个封建家族、封建阶级必然灭亡的历史命运。毛泽东的评语中，肯定了探春“兴利除弊”的改革，并指出贾府就是从探春所要改革的积弊方面垮下来的。这个评论是切当的。

【原文】

第六十二回　憨湘云醉眠芍药裀　呆香菱情解石榴裙（节录）

……

话说平儿出来吩咐林之孝家的道：“‘大事化为小事，小事化为没事’，方是兴旺之家。要是一点子小事便扬铃打鼓，乱折腾起来，不成道理。如今将他母女带回，照旧去当差，将秦显家的仍旧退回。再不必提此事，只是每日小心巡察要紧。”说毕，起身走了。柳家的母女忙向上磕头。

林家的带回园中，回了李纨、探春，二人都说："知道了，宁可无事，很好。"

司棋等人空兴头了一阵。那秦显家的好容易等了这个空子钻了来，只兴头了半天。在厨房内正乱着接收家伙、米粮、煤炭等物，又查出许多亏空来，说："粳米短了两担，长用米又多支了一个月的，炭也欠着额数。"一面又打点送林之孝家的礼，悄悄的备了一篓炭、一担粳米在外边，就遣人送入林家去了；又打点送帐房儿的礼；又备几样菜蔬请几位同事的人，说："我来了，全仗你们列位扶持。自今以后，都是一家人了，我有照顾不到的，好歹大家照顾些。"

正乱着，忽有人来说："你看完了这一顿早饭，就出去罢。柳嫂儿原无事，如今还交给他管了。"秦显家的听了，轰去了魂魄，垂头丧气，登时偃旗息鼓，卷包而去。送人之物，白白去了许多，自己倒要折变了赔补亏空。连司棋都气了个直眉瞪眼，无计挽回，只得罢了。

……

【毛泽东评点】

1974年7月4日，毛泽东同王洪文、张春桥谈话时……还谈到《红楼梦》的一些细节描写，……我劝人们去看看柳嫂子同秦显家的争夺厨房的那几段描写。

——董学文等：《毛泽东的文艺美学活动》，高等教育出版社1995年版，第246页。

【赏析】

毛泽东在读《红楼梦》注意到细节描写得精彩。他特别让大家看看秦显家的与柳嫂子争夺厨房的几段描写，所谓细节是文学作品中描绘人物、事件和环境的最小组成单位。细节的线索贯穿，便构成生动的情节。细节不是琐屑的、毫无意义的细枝末节，而应该是独特而奇妙、新颖而深刻的，常可以小见大，耐人寻味，增强作品的艺术魅力。第六十回、六十一回中描写秦显家的和柳嫂子争管厨房的事确实很精彩。事情是这样的：柳嫂子是大观中的厨娘，是专门侍候园中姑娘姐妹饭菜的。她的女儿五儿生得人物与平、袭、紫、鸳相类，素有弱疾，故未得差，欲托芳官谋一个在宝玉房中应名的差事。因此对芳官等人格外殷勤，由此又得罪了司棋等人。又将芳官所赠的玫瑰露转赠给其兄让治侄儿的热病，其父又回赠赏得的茯苓霜。这时恰好王夫人房中的玫瑰露丢失，丫头们个个推诿，谁也不承认。当五儿到怡红院去给芳官送茯苓霜回来时，被荣府管家婆子林之孝家的盘查，并在厨房中搜出了露瓶、霜包，疑为贼赃。五儿被软禁一夜，柳嫂子也被撤职，由秦显家的代替。后来平儿查清王夫人房中的玫瑰露乃是贾环的丫头彩云所偷，为了不丢探春的面子，只好由宝玉承认是自己所拿哄丫头们玩的。平儿行权，五儿母女得脱冤枉，柳嫂子乃去管厨房。其时秦显家的正忙于接受封查看亏空，打点送礼，约请同事。忽闻柳家无事，仍司原职。

秦显家的登时偃旗息鼓，垂头丧气，卷包而出。用了两回多的篇幅，围绕几瓶玫瑰露和几包茯苓霜这些细节描写，展开了争夺厨房管理权的故事，曲折生动，意味盎然，是细节描写成功的范例。

【原文】

第六十五回　贾二舍偷娶尤二姨　尤三姐思嫁柳二郎（节录）

……

看官听说：这尤三姐天生脾气，和人异样诡僻。只因他的模样儿风流标致，他又偏爱打扮的出色，另式另样，做出许多万人不及的风情体态来。那些男子们，别说贾珍、贾琏这样风流公子，便是一班老到人，铁石心肠，看见了这般光景，也要动心的。及至到他跟前，他那一种轻狂豪爽、目中无人的光景，早又把人的一团高兴逼住，不敢动手动脚。所以贾珍向来和二姐儿无所不至，渐渐的俗了，却一心注定在三姐儿身上，便把二姐儿乐得让给贾琏，自己却和三姐儿捏合。偏那三姐一般合他玩笑，别有一种令人不敢招惹的光景。他母亲和二姐儿也曾十分相劝，他反说："姐姐胡涂！咱俩金玉一般的人，白叫这两个现世宝[1]沾污了去，也算无能！而且他家现放着个极利害的女人，如今瞒着，自然是好的，倘或一日他知道了，岂肯干休？势必有一场大闹。你二人不知谁生谁死，这如何便当作安身乐业的去处？”他母女听他这话，料着难劝，也只得罢了。

那三姐儿天天挑拣穿吃，打了银的，又要金的；有了珠子，又要宝石；吃着肥鹅，又宰肥鸭；或不趁心，连桌一推；衣裳不如意，不论绫缎新整，便用剪子铰碎，撕一条，骂一句。究竟贾珍等何曾随意了一日，反花了许多昧心钱[(2)]。

贾琏来了，只在二姐屋里，心中也渐渐的悔上来了。无奈二姐儿倒是个多情的人，以为贾琏是终身之主了，凡事倒还知疼着痒。要论温柔和顺，却较着凤姐还有些体度；就论起那标致来，及言谈行事，也不减于凤姐。但已经失了脚，有了一个“淫”字，凭他什么好处也不算了。偏这贾琏又说：“谁人无错？知过必改就好。”故不提已往之淫，只取现今之善。便如胶似漆[(3)]，一心一计，誓同生死，那里还有凤平二人在意了？

二姐在枕边衾内，也常劝贾琏说：“你和珍大爷商议商议，拣个相熟的，把三丫头聘了罢；留着他不是常法儿，终久要生事的。”贾琏道：“前日我也曾回大哥的，他只是舍不的。我还说，‘就是块肥羊肉，无奈烫的慌；玫瑰花儿可爱，刺多扎手。咱们未必降的住，正经拣个人聘了罢。’他只意意思思[(4)]的就撂过手了。你叫我有什么法儿？”二姐儿道：“你放心。咱们明儿先劝三丫头，问准了，让他自己闹去；闹的无法，少不得聘他。”贾琏听了，说：“这话极是。”

至次日，二姐儿另备了酒，贾琏也不出门，至午间，特请他妹妹过来和他母亲上坐。三姐儿便知其意，刚斟上酒，也不用他姐姐开口，便先滴泪说道：“姐姐今儿请我，自然有一番大道理要说；但只我也不是糊涂人，也不用絮絮叨叨的。从前的事，我已尽知了，说也无益！既如今姐姐也得了好处安身，妈妈也有了安身之处，我也要自寻归结去，才是正礼。但终身大事，一生至一死，非同儿戏。向来人家看着咱们娘儿们微息[(5)]，不知都安着什么心！我所以破着没脸，人家才不敢欺负。这如今要办正事，不是我女孩儿家没羞耻，必得我拣个素日可心如意的人，才跟他。要凭你们拣择，虽是有钱有势的，我心里进不去，白过了这一世了！”贾琏笑道：“这也容易。凭你说是谁，就是谁。一应彩礼，都有我们置办，母亲也不用操心。”三姐儿道：“姐姐横竖知道，不用我说。”

贾琏笑问二姐儿：“是谁？”二姐儿一时想不起来。贾琏料定必是此人无移了，便拍手笑道：“我知道这人了。果然好眼力！”二姐儿笑道：“是谁？”贾琏笑道：“别人他如何进得去？一定是宝玉！”二姐儿与尤老娘听了，也以为必然是宝玉了。三姐儿便啐了一口，说：“我们有姐妹十个，也嫁你弟兄十个不成？难道除了你家，天下就没有好男人了不成？”众人听了都咤异：“除了他，还有那一个？”三姐儿道：“别只在眼前想，姐姐只在五年前想，就是了。”

正说着，忽见贾琏的心腹小厮兴儿走来请贾琏，说：“老爷那边紧等着叫爷呢。小的答应往舅老爷那边去了，小的连忙来请。”贾琏又忙问：“昨日家里问我来着么？”兴儿说：“小的问奶奶：爷在家庙里和珍大爷商议做百日的事，只怕不能来。”贾琏忙命拉马，隆儿跟随去了，留下兴儿答应人。

尤二姐便要了两碟菜来，命拿大杯斟了酒，就命兴儿在炕沿下站着喝，一长一短，向他说话儿，问道：“家里奶奶多大年纪？怎么个利害的样子？老太太多大年纪？姑娘几个？”各样家常等话。

兴儿笑嘻嘻的，在炕沿下，一头喝，一头将荣府之事备细告诉他母女。又说：“我是二门上该班的人。我们共是两班，一班四个，共是八个人。有几个知奶奶的心腹，有几个知爷的心腹。奶奶的心腹，我们不敢惹；爷的心腹，奶奶敢惹。提起来，我们奶奶的事，告诉不得！他心里歹毒，口里尖快。我们二爷也算是个好的，那里见的他？倒是跟前有个平姑娘，为人很好，虽然和奶奶一气，他倒背着奶奶常作些好事。我们有了不是，奶奶是容不过的，只求求他去就完了。如今合家大小，除了老太太、太太两个，没有不恨他的，只不过面子情儿怕他。皆因他一时看得人都不及他，只一味哄着老太太、太太两个人喜欢。他说一是一，说二是二，没人敢拦他。又恨不的把银子钱省下来了，堆成山，好叫老太太、太太说他会过日子。殊不知苦了下人，他讨好儿。或有好事，他就不等别人去说，他先抓尖儿(6)。或有不好的事，或他自己错了，他就一缩头，推到别人身上去；他还在傍边拨火儿。如今连他正经婆婆都嫌他，说他：‘雀儿拣着旺处飞’，‘黑母鸡——一窝儿’，自家的事不管，倒替人家去瞎张罗！要不是老太太在头里，早叫过他去了。”

尤二姐笑道：“你背着他这么说他，将来背着我还不知怎么说我呢！我又差他一层儿了，越发有的说了。”兴儿忙跪下说道：“奶奶要这么说，小的不怕雷劈吗？但凡小的要有造化，起先娶奶奶时，要得了这样的人，小的们也少挨些打骂，也少提心吊胆的。如今跟爷的几个人，谁不是背前背后称扬奶奶盛德怜下？我们商量着叫二爷要出来，情愿来伺候奶奶呢。”

尤二姐笑道：“你这小猾贼儿，还不起来！说句玩话儿，就吓的这个样儿。你们做什么往这里来？我还要找了你奶奶去呢。”兴儿连忙摇手，说：“奶奶千万别去！我告诉奶奶：一辈子不见他才好呢！‘嘴甜心苦，两面三刀’，‘上头笑着，脚底下就使绊子’，‘明是一盆火，暗是一把刀’：他都占全了。只怕三姨儿这张嘴还说不过他呢！奶奶这么斯文良善人，那里是他的对手？”

二姐笑道：“我只以理待他，他敢怎么着我？”兴儿道：“不是小的喝了酒，放肆胡说：奶奶就是让着他，他看见奶奶比他标致，又比他得人心儿，他就肯善罢干休[7]了？人家是醋罐子，他是醋缸，醋瓮！凡丫头们跟前，二爷多看一眼，他有本事当着爷打个烂羊头似的！虽然平姑娘在屋里，大约一年里头，两个有一次在一处，他还要嘴里掂十来个过儿呢。气的平姑娘性子上来，哭闹一阵，说：‘又不是我自己寻来的！你逼着我，我不愿意，又说我反了。这会子又这么着！’他一般也罢了，倒央及平姑娘。”

二姐笑道：“可是撒谎？这么一个夜叉[8]，怎么反怕屋里的人呢？”兴儿道：“就是俗语说的：‘三人抬不过个“理”字去’了[9]。这平姑娘原是他自幼儿的丫头。陪过来一共四个，死的死，嫁的嫁，只剩下这个心爱的，收在房里。一则显他贤良，二则又拴爷的心，那平姑娘又是个正经人，从不会挑三窝四的，倒一味忠心赤胆伏侍他：所以才容下了。”

二姐笑道：“原来如此。但只我听见你们还有一位寡妇奶奶和几位姑娘，他这么利害，这些人肯依他吗？”兴儿拍手笑道：“原来奶奶不知道！我们家这位寡妇奶奶，第一个善德人，从不管事，只教姑娘们看书写字，针线道理，这是他的事情。前儿因为他病了，这大奶奶暂管了几天事，总是按着老例儿行，不像他那么多事逞才的。我们大姑娘，不用说，是好的了。二姑娘混名儿叫‘二木头’。三姑娘的混名儿叫‘玫瑰花儿’：又红又香，无人不爱，只是有刺扎手，可惜不是太太养的，‘老鸹窝里出凤凰’！四姑娘小，正经是珍大爷的亲妹子，太太抱过来的，养了这么大，也是一位不管事的。奶奶不知道：我们家的姑娘们不算，外还有两位姑娘，真是天下少有！一位是我们姑太太的女儿，姓林，一位是姨太太的女儿，姓薛。这两位姑娘都是美人一般的呢，又都知书识字的。或出门上车，或在园子里遇见，我们连气儿也不敢出。”尤二姐笑道：“你们家规矩大，小孩子进的去，遇见姑娘们，原该远远的藏躲着，敢出什么气儿呢！”兴儿摇手，道：“不是那么不敢出气儿，是怕这气儿大了，吹倒了林姑娘；气儿暖了，又吹化了薛姑娘！”说得满屋里都笑了。……

【毛泽东评点】

我们对国民党的方针，是又团结又斗争，讲到斗争，我们是有理、有利、有节的。……放弃斗争，只讲团结，或者不注重斗争；马马虎虎地斗一下，但是斗得不恰当，不起劲，这是小资产阶级的表现。小资产阶级还有另外一种性质，叫革命性。……以后自由资产阶级还会拿它的软弱性经常影响我们，因为它有那样一种性质，好像《红楼梦》上的林黛玉洗澡后身上发出的那样一种“香”，自由资产身上也出了那样一种“香”，这种香就是“软弱香”。它出了那种“香”就要找市场去卖，有目的地向我们延安送，给我们党以坏的影响。我们的宣传有时也太刺耳，玫瑰花虽然可爱但是刺多扎手，“羊肉好吃烫得慌”。对于那些绅士，玫瑰花虽可爱，但因为刺多他们不大喜欢。他们喜欢薛宝钗，不喜欢探春。

——《在中国共产党第七次全国代表大会上的口头政治报告》，载《毛泽东文集》，第3卷，人民出版社1996年版，第316—317页。

【注释】

（1）现世宝，丢脸出丑的宝贝，对人鄙弃的骂话。

（2）昧心钱，“冤枉钱”之意。

（3）如胶似漆，像胶和漆一样黏固，形容极其亲密（多指夫妻关系深厚）。

（4）意意思思，犹豫不决。

（5）微息，家里没有男子。微，少，无。息，儿子。

（6）抓尖儿，抢先讨好，占便宜。

（7）善罢干休，心甘情愿地罢休。善，好好地，引申为轻易地。干，一作“甘”。

（8）夜叉，佛经中一种形象丑恶的鬼，勇健暴恶，食人，后成为佛祖护法之神，比喻丑恶凶狠的人。

（9）三人抬不过个“理”字去了，意思是王熙凤再厉害，也不能违犯“一夫多妻”的封建制度。抬，抬杠，争辩，辩驳。理，此指封建伦理道德。

【赏析】

《红楼梦》第六十五回“贾二舍偷娶尤二姨，尤三姐思嫁柳二郎”，主要是写红楼二尤。尤二姐、尤三姐，是贾珍之妻尤氏异父异母姐妹，寄居宁府。贾珍玩弄之后将二姐让给贾琏，又打尤三姐的主意。谁知尤三姐性情刚烈，轻狂豪爽，目中无人，把贾琏、贾珍玩于指掌之上。用贾琏的话说：“就是块肥羊肉，无奈烫得慌，玫瑰花儿可爱，刺多扎手。”尤三姐心目中择定了可心如意的人——串演小生的柳湘莲。谁知柳湘莲得知尤三姐出自宁府，便武断地判定三姐虽是绝色，必无品行，断然拒绝前去索取定礼鸳鸯宝剑。尤三姐见他反悔，料是嫌其淫奔无耻，愤而用剑自刎，以明心迹。

本回还通过兴儿的口向尤二姐介绍了王熙凤为人行事，以及贾家四姐妹与黛玉、宝钗的性格特点。其中介绍探春是：“三姑娘的混名儿是‘玫瑰花儿’，又红又香，无人不爱，只是有刺扎手。”这个介绍和贾琏对尤三姐的评价几乎相同：都以玫瑰花为喻，特点是人见人爱，但刺多扎手。说明探春、尤三姐在性格上都属于刚烈型，做事自己有主张，不任人摆布。

探春是贾政次女，庶出，生母是赵姨娘。她才志不凡，情趣高雅，精明干练，敢作敢为，当抄检大观园时，个个吓得不得动了，她却开门秉烛而待，不准检查她丫头的东西，说她是窝主，她丫头的东西她都知道，可以告诉太太、老太太去，有病她自己去领。凤姐等也就只好作罢，王善保家的不知好歹，掀着她的衣襟说我们连姑娘身上也搜了，话没落地，探春一个巴掌打了下去。探春就是这么一个敢作敢为、颇有丈夫气概的女性。

1945年4月24日，毛泽东在中国共产党“七大”的口头政治报告中指出，有人不喜欢探春、尤三姐，而喜欢薛宝钗。那么，薛宝钗又是怎么一个人呢？薛宝钗是著名的“冷美人”，罕言寡语，城府很深，藏愚守拙，避嫌远祸，会做人，善应酬，全府上下，无不称羡，实则是恪守中庸之道，坚持明哲保身处世哲学的典型。这种人就是圆滑世故，缺乏斗争性。她的性格与探春、尤三姐是大相径庭的。毛泽东用这两种性格对立的人物，说明我们党主张斗争哲学，避免受自由资产阶级软弱的浸染，是革命斗争的需要。

【原文】

第六十八回　苦尤娘赚入大观园　酸凤姐大闹宁国府（节录）

……

凤姐一面使旺儿在外边打听这二姐的底细，皆已深知，果然已有了婆家的；女婿现在才十九岁，成日在外赌博，不理世务，家私花尽了，父母撵他出来，现在赌钱场存身。父亲得了尤婆子二十两银子，退了亲的，这女婿尚不知道，——原来这小伙子名叫张华。凤姐都一一尽知原委，便封了二十两银子给旺儿，悄悄命他将张华勾来养活，“着他写一张状子，只要往有司衙门里告去，就告琏二爷国孝家孝的里头，背旨瞒亲，仗财依势，强逼退亲，停妻再娶”。

这张华也深知利害，先不敢造次[(1)]。旺儿回了凤姐。凤姐气的骂道：“真是他娘的话！怨不得俗语说，‘癞狗扶不上墙’的！你细细说给他：

‘就告我们家谋反也没要紧！’不过是借他一闹，大家没脸；要闹大了，我这里自然能够平服的。”旺儿领命，只得细说与张华。凤姐又吩咐旺儿：“他若告了你，你就和他对词去，”如此，如此，“我自有道理。”旺儿听了有他做主，便又命张华状子上添上自己，说：“你只告我来旺的过付[2]，一应调唆二爷做的[3]。”

张华便得了主意，和旺儿商议定了，写一张状子，次日便往都察院[4]处喊了冤。察院[5]坐堂，看状子是告贾琏的事，上面有“家人来旺一人”，只得遣人去贾府传来旺儿来对词。青衣[6]不敢擅入，只命人带信。那旺儿正等着此事，不用人带信，早在这条街上等候，见了青衣，反迎上去，笑道：“起动众位弟兄：必是兄弟的事犯了。说不得，快来套上。”众青衣不敢，只说：“好哥哥，你去罢，别闹了。”

于是来至堂前跪了。察院命将状子给他看。旺儿故意看了一遍，碰头说道：“这事小的尽知的，主人实有此事。但这张华素与小的有仇，故意拉小的在内，其中还有人，求老爷再问。”张华碰头道：“虽还有人，小的不敢告他，所以只告他下人。”旺儿故意的说：“糊涂东西！还不快说出来！这是朝廷公堂上，凭是主子，也要说出来！”张华便说出贾蓉来。察院听了无法，只得去传贾蓉。

凤姐又差了庆儿暗中打听告下来了，便忙将王信唤来，告诉他此事，命他托察院，只要虚张声势，惊唬而已。又拿了三百银子给他去打点[7]。是夜，王信到了察院私宅，安了根子。那察院深知原委，收了赃银，次日回堂，只说张华无赖，因拖欠了贾府银两，妄捏虚词，诬赖良人。都察院素与王子腾相好，王信也只到家说了一声，况是贾府之人，巴不得了事，便也不提此事，且都收下，只传贾蓉对词。

且说贾蓉等正忙着贾琏之事，忽有人来报信，说：“有人告你们，”如此如此，这般这般，“快作道理！”贾蓉慌忙来回贾珍。贾珍说：“我却早防着这一着。倒难为他这么大胆子。”即刻封了二百银子，着人去打点察院；又命家人去对词。正商议间，又报：“西府二奶奶来了。”贾珍听了这话，倒吃了一惊，忙要和贾蓉藏躲，不想凤姐已经进来了，说：“好大哥哥，带着兄弟们干的好事！”贾蓉忙请安。凤姐拉了他就进来。

贾珍还笑说："好生伺侯你婶娘，吩咐他们杀胜口[8]备饭。"说着，便命备马，躲往别处去了。

……

凤姐儿见了贾蓉这般，心里早软了，只是碍着众人面，又难改过口来，因叹了一口气，一面拉起来，一面拭泪向尤氏道："嫂子也别恼我，我是年轻不知事的人，一听见有人告诉了，把我吓昏了，才这么着急的顾前不顾后了。可是蓉儿说的，'胳膊折了，在袖子里'，刚才的话，嫂子可别恼，还得嫂子在哥哥跟前替说，先把这官司按下去才好。"尤氏贾蓉一齐都说："婶娘放心。横竖一点儿连累不着叔叔。婶娘方才说用过了五百两银子，少不得我们娘儿们打点五百两银子，给婶娘送过去，好补上，那有叫婶娘又添上亏空的理？那越发我们该死了！但还有一件：老太太、太太们跟前，婶娘还要周全方便，别提这些话才好！"

凤姐又冷笑道："你们饶压着我的头干了事，这会子反哄着我替你们周全！我就是个傻子，也傻不到我的妹子一样，我一听见这话，连夜喜欢的连觉也睡不成，赶着传人收拾了屋子，就要接进来同住；倒是奴才小人的见识，他们倒说：'奶奶太性急，若是我们的主意，先回了老太太、太太，看是怎么样，再收拾房子去接也不迟。'我听了这话，叫我要打要骂的，才不言语了。谁知偏不称我的意，偏偏儿的打嘴，半空里跑出一个张华来告了一状。我听见了，吓的两夜没合眼儿，又不敢声张，只得求人去打听这张华是什么人，这样大胆。打听了两日，谁知是个无赖的花子。小子们说：'原是二奶奶许了他的。他如今急了，冻死饿死，也是个死；现在有这个理他抓住，纵然死了，死的倒比冻死饿死还值些，怎么怨的他告呢？这事原是爷做的太急了：国孝[9]一层罪，家孝一层罪[10]，背着父母私娶一层罪[11]，停妻再娶一层罪[12]。俗语说，"拼着一身剐，敢把皇帝拉下马[13]，他穷疯了的人，什么事做不出来？况且他又拿着这满理，不告等请不成？'嫂子说，我就是个韩信、张良[14]，听了这话，也把智谋吓回去了！你兄弟又不在家，又没个人商量，少不得拿钱去垫补。谁知越使钱越叫人拿住刀靶儿，越发来讹。我是'耗子尾巴上长疮，——多少脓血儿'！所以又急又气，少不得来找嫂子——"尤氏贾蓉不等说完，都说：

“不必操心，自然要料理的。”贾蓉又道：“那张华不过是穷急，故舍了命才告咱们；如今想起了一个法儿：竟[15]许他些银子，只叫他应个妄告不实之罪，咱们替他打点完了官司，他出来时，再给他些银子就完了。”凤姐儿咂着嘴儿，笑道：“难为你想！怨不得你顾一不顾二的，做出这些事来：原来你竟是这么个有心胸的，我往日错看了你了！若你说的这话，他暂且依了，且找事讹诈，再要叨蹬起来，咱们虽不怕，终久担心。搁不住他说：既没毛病，为什么反给他银子？”

贾蓉原是个明白人，听如此一说，便笑道：“我还有个主意：‘来是是非人，去是是非者[16]，这事还得我了才好。如今我竟问张华个主意，或是他定要人？或是他愿意了事，得钱再娶？他若说一定要人，少不得我去劝我二姨娘，叫他出来，还嫁他去；若说要钱，我们少不得给他些个。”凤姐儿忙道：“虽如此说，我断舍不得你姨娘出去，我也断不肯使他出去。他要出去了，咱们家的脸在那里呢？依我说，只宁可多给钱为是。”贾蓉深知凤姐儿口虽如此，心却是巴不得只要本人出来，他却做贤良人。如今怎么说，且只好怎么依着。

……

【毛泽东评点】

毛泽东在中国共产党第八届中央委员会第二次全体会议的最后一天讲了话，主要谈了四个问题：经济问题、国际形势问题、中苏关系问题、大民主小民主问题……在谈到大民主时，他说：“现在再搞大民主，我也赞成。你们怕群众上街，我不怕，来他几十万也不怕。‘舍得一身剐，敢把皇帝拉下马’。这是古人有言，其人叫王熙凤，又名凤姐儿，就是她说的。无产阶级发动的大民主是对付阶级敌人的。民族敌人（无非是帝国主义，外国垄断资产阶级）也是阶级敌人。大民主也可以对付官僚主义者。我刚才讲，一万年以后还有革命，那时搞大民主还是可以的。”

——毛泽东：《在中国共产党第八届中央委员会第二次全体会议的讲话》

彻底的唯物主义者是无所畏惧的，我们希望一切同我们共同奋斗的人能够勇敢地负起责任，克服困难，不要怕挫折，不要怕有人议论讥笑，也不要怕向我们共产党人提出批评建议。“舍得一身剐，敢把皇帝拉下马”，我们在为社会主义共产主义而斗争的时候，必须有这种大无畏的精神。

——《在中国共产党全国宣传工作会议上的讲话》

【注释】

（1）造次，轻举妄动之意。

（2）过付，买卖交易，通过中间人交付财款。

（3）调（tiáo 条）唆，怂恿，教唆。

（4）都察院，官署名。汉以后历代都有御史台，明初改为都察院。清代因之，主管监督官吏贪赃枉法事宜和审查案件的最高权力机关。

（5）察院，此指都察院法官。

（6）青衣，这里指差役。

（7）打点，办理，这里指行贿。

（8）胜口，这里指鸡、鸭之类动物。

（9）国孝，即国丧，封建时代，指帝王和后妃的丧礼。《大清通礼》卷四十八：“列后丧礼……京师及直省军民，男去冠饰，女去首饰，素服二十七日。不薙（tì 替，通“剃”）发，遏音乐百日，止婚嫁一月。”

（10）家孝一层罪，据《大清律例·户律》卷十规定：“若居祖父母、伯叔父母、姑兄妹丧而嫁娶者，杖八十。”

（11）背着父母私娶一层罪，《大清律·男妇婚姻律》规定：“嫁娶皆由祖父母、父母主婚，祖父母、父母俱无者，从余亲主婚。”

（12）停妻再娶一层罪，《大清律·妻妾失序律》规定：“若有妻更娶妻者，杖九十；后娶之妻，离异归宗。”

（13）拼着一身剐，敢把皇帝拉下马，形容再难、风险再大的事，只要豁出命，也敢干下去。

（14）韩信（？—前 196），淮阴（今江苏淮阴）人，汉诸治侯王。初属项羽，后归刘邦。在楚汉战争中，刘邦采其策，攻战关中，在以后楚汉成皋之战、垓下之战中，都立大功。后以谋反罪，被吕后诛杀。张良（？—前185），字子房，传为城父（今安徽亳州东南）人，汉初大臣。原为韩国贵族，曾让刺客在博浪沙阻击秦始皇。亡命下邳，遇黄石公，得《太公兵法》。后归刘邦，提出不立六国之后，联合英布、彭越、韩信等策略，又主张追击项羽，为刘邦所采纳。刘邦赞为“运筹帷幄之中，决胜千里之外”。

（15）竟，索性。

（16）来是是非人，去是是非者，是非由谁惹起，就由谁了结。来，招致。去，解除。

【赏析】

《红楼梦》第六十八回“苦尤娘赚入大观园　酸凤姐大闹宁国府”，王熙凤得知贾琏在外边偷娶尤二姐，趁贾琏出差，便花言巧语把尤二姐骗入大观园居住，然后又指使来旺让尤二姐未婚夫状告贾琏，凤姐再去宁国府大闹。说尤二姐未婚夫张华是无赖赌徒，穷疯了人，什么也敢，这就是俗话所说的“舍得一身剐，敢把皇帝拉下马”，以此要挟尤氏、贾蓉母子。实际上察院受理张华状告贾琏一案，是由王熙凤导演的一场“闹剧”，它暴露了作为地主阶级专政工具的司法制度和司法机关的黑暗、丑恶。实际这是王熙凤谋害尤二姐的重要步骤，后来尤二姐果被逼吞金自尽，张华也险些丧命，表现了凤姐狠毒和蛇蝎心肠。

毛泽东对王熙凤说的“舍得一身剐，敢把皇帝拉下马”很感兴趣，曾多次引用这句话，来说明现实问题。1956年11月15日，《在中国共产党第八届中央委员会第二次全体会议上的讲话》中，讲到了大民主时，毛泽东首先否定“大民主”就是采用西方资产阶级的国会制度，学西方的“议会民主”“新闻自由”“言论自由”那一套错误的做法，明确指出：“民主是一个方法，看用在谁人身上，看干什么事情。”接着举例说，我们领导全国人民打倒蒋介石，新中国成立后的“三反”“五反”，农业合作社，资本工商业的社会主义改造以及声援埃及反对英法侵略，等等，都是大民主。因为其矛头是对阶级敌人。对于国内外一切阶级敌人，乃至我们内部的官僚主义者，都可以发动群众搞大民主来对付他们。正像王熙凤说的“舍得一身剐，敢把皇帝拉下马”，我们有了这种精神，就不怕什么大民主。

1957年3月12日，在《在中国共产党全国宣传工作会议上的讲话》中，讲到整风问题的时候，从中国共产党要领导全国人民进行改革和建设出发，要不断整风，要不断地把我们身上的错误东西整掉，才能担负伟大的历史使命。毛泽东再次援引王熙凤的那句名言：“舍得一身剐，敢把皇帝拉下马。”旨在说明，彻底的唯物主义者是无所畏惧的。在我们为社会主义共产主义事业而奋斗的时候，必须有这种大无畏的精神。毛泽东的这个教导，在振兴中华改革开放的今天，在一些人为金钱权势所迷惑的情况下，仍不失其现实教育意义。

【原文】

第八十二回　老学究讲义警顽心　病潇湘痴魂惊恶梦（节录）

……

且说宝玉上学之后，怡红院中甚觉清净闲暇，袭人倒可做些活计，拿着针线要绣个槟榔包儿[1]。想这如今宝玉有了功课，丫头们可也没有饥荒了，早要如此，晴雯何至弄到没有结果？兔死狐悲[2]，不觉叹起气来。忽又想到自己终身[3]，本不是宝玉的正配[4]，原是偏房。宝玉的为人，却还拿得住；只怕娶了一个利害的，自己便是尤二姐身临香菱的后身。素来看着贾母王夫人光景，及凤姐儿往往露出话来，自然是黛玉无疑了。那黛玉就是个多心人。想到此际，脸红心热，拿着针不知戳到那里去了。便把活计放下，走到黛玉处去探探他的口气。

黛玉正在那里看书，见是袭人，欠身让坐。袭人也连忙迎上来问：“姑娘这几天身子可大好了？”黛玉道：“那里能够？不过略硬朗些。你在家里做什么呢？”袭人道：“如今宝二爷上了学，屋里一点事儿没有，因此来瞧瞧姑娘，说说话儿。”

说着，紫鹃拿茶来。袭人忙站起来道：“妹妹坐着罢。”因又笑道：

“我前儿听见秋纹说，妹妹背地里说我们什么来着？”紫鹃也笑道：“姐姐信他的话！我说宝二爷上了学，宝姑娘又隔断了，连香菱也不过来，自然是闷的。”袭人道：“你还提香菱呢！这才苦呢！撞着这位‘太岁奶奶[5]’，难为他怎么过！把手伸着两个指头[6]，道：“说起来，比他还利害，连外头的脸面都不顾了。”黛玉接着道：“他也够受了！尤二姑娘怎么死了！”袭人道：“可不是！想来都是一个人，不过名分里头差些，何苦这样毒？外面名声也不好听。”黛玉从不闻袭人背地里说人，今听此话有因，心里一动，便说道：“这也难说。但凡家庭之事，不是东风压了西风，就是西风压了东风。”袭人道：“做了旁边人，心里先怯，那里倒敢欺负人呢？”

……

黛玉此时已醒得双眸炯炯，一会儿咳嗽起来，连紫鹃都咳嗽醒了。紫鹃道：“姑娘，你还没睡着么？又咳嗽起来了。想是着了风了，这会儿窗户纸发清了，也待好亮起来了。歇歇儿罢，养养神，别尽着想长短的了。”黛玉道：“我何尝不要睡？只是睡不着。你睡你的罢。”说了，又咳嗽起来。

紫鹃见黛玉这般光景，心中也自伤感，睡不着了。听见黛玉又咳，连忙起来，捧着痰盒。这时天已亮了。黛玉道：“你不睡了么？”紫鹃笑道：“天都亮了，还睡什么呢？”黛玉道：“既这样，你就把痰盒儿换了罢。”

紫鹃答应着，忙出来换了一个痰盒儿，将手里的这个盒儿放在桌上，开了套间门出来，仍旧带上门，放下撒花软帘，出来叫醒雪雁。开了屋门去倒那盒子时，只见满盒子痰，痰中有些血星，唬了紫鹃一跳，不觉失声道：“哎哟！这还了得！”黛玉里面接着问：“是什么？”紫鹃自知失言，连忙改说道：“手里一滑，几乎撂了痰盒子。”黛玉道：“不是盒子里的痰有了什么？”紫鹃道：“没有什么。”说着这句话时，心中一酸，那眼泪直流下来，声儿早已岔了。

黛玉因为喉间有些甜腥，早自疑惑；方才听见紫鹃在外边咤异，这会子又听见紫鹃说话声音带着悲惨的光景，心中觉了八九分，便叫紫鹃：“进来罢，外头看冷着。”紫鹃答应了一声，这一声更比头里凄惨，竟是鼻中酸楚之音。黛玉听了，冷了半截。看紫鹃推门进来时，尚拿绢子拭眼。黛玉道："大清早起，好好的为什么哭？"紫鹃勉强笑道："谁哭来？这早起起来，眼睛里有些不舒服。姑娘今夜大概比往常醒的时候更大罢？我听见咳嗽了半夜。"黛玉道："可不是？越要睡，越睡不着。"紫鹃道："姑娘身上不太好，依我说，还得自己开解着些。身子是根本，俗话说的：'留得青山在，依旧有柴烧(7)。'况这里自老太太、太太起，那个不疼姑娘？"只这一句话，又勾起黛玉的梦来，觉得心里一撞，眼中一黑，神色俱变。紫鹃连忙端着痰盒，雪雁捶着脊梁，半日才吐出一口痰来，痰中一缕紫血，簌簌乱跳。紫鹃雪雁脸都吓黄了。两个旁边守着，黛玉便昏昏躺下。紫鹃看着不好，连忙努嘴叫雪雁叫人去。

雪雁才出屋门，只见翠缕翠墨两个人笑嘻嘻的走来。翠缕便道："林姑娘怎么这早晚还不出门？我们姑娘和三姑娘都在四姑娘屋里，讲究四姑娘画的那张园子景儿呢。"雪雁连忙摆手儿。翠缕翠墨二人倒都吓了一跳，说："这是什么原故？"雪雁将方才的事一一告诉他二人。二人都吐了吐舌头儿，说："这可不是玩的！你们怎么不告诉老太太去？这还了得！你们怎么这么糊涂？"雪雁道："我这里才要去，你们就来了。"

正说着，只听紫鹃叫道："谁在外头说话？姑娘问呢。"三个人连忙一齐进来。翠缕翠墨见黛玉盖着被，躺在床上，见了他二人，便说道："谁告诉你们了，你们这样大惊小怪的？"翠墨道："我们姑娘和云姑娘才都在四姑娘屋里，讲究四姑娘画的那张园子图儿，叫我们来请姑娘。不知道姑娘身上又欠安了。"黛玉道："也不是什么大病，不过觉得身子略软些，躺躺儿就起来了。你们回去告诉三姑娘和云姑娘. 饭后若无事. 倒是请他们到这里坐坐罢。宝二爷没到你们那边去？"二人答道："没有。"翠墨又道："宝二爷这两天上了学了，老爷天天要查功课，那里还能象从前那么乱跑呢？"黛玉听了，默然不言。二人又略站了一回，都悄悄的退出来了。

且说探春湘云正在惜春那边评论惜春所画《大观园图》，说：这个多一点，那个少一点；这个太疏，那个太密。大家又议着题诗，着人去请黛玉商议。正说着，忽见翠缕翠墨二人回来，神色匆忙。湘云便先问道："林姑娘怎么不来？"翠缕道："林姑娘昨日夜里又犯了病了，咳嗽了一夜。我们听见雪雁说，吐了一盒子痰血。”探春听了，咤异道：“这话真么？”翠缕道：“怎么不真？”翠墨道：“我们刚才进去去瞧了瞧，颜色不成颜色，就话儿的气力儿都微了。”湘云道：“不好的这么着，怎么还能说话呢？”探春道：“怎么你这么糊涂！不能说话，不是已经——”说到这里，却咽住了。惜春道：“林姐姐那样一个聪明人，我看他总有些瞧不破，一点半点儿都要认起真来，天下事那里有多少真的呢？”探春道：“既这么着，咱们都过去看看。倘若病的利害，咱们也过去告诉大嫂子，回老太太，传大夫进来瞧瞧，也得个主意。”湘云道：“正是这样。”惜春道：“姐姐们先去，我回来再过去。”

于是探春、湘云扶了小丫头，都到潇湘馆来。进入房中，黛玉见他二人，不免又伤起心来。因又转念，想起梦中，“连老太太尚且如此，何况他们？况且我不请他们，他们还不来呢！”心里虽是如此，脸上却碍不过去，只得勉强令紫鹃扶起，口中让坐。

探春湘云都坐在床沿上，一头一个；看了黛玉这般光景，也自伤感。探春便道：“姐姐怎么身上又不舒服了？”黛玉道：“也没什么要紧，只是身子软得很。”紫鹃在黛玉身后，偷偷的用手指那痰盒儿。湘云到底年轻，性子又兼直爽，伸手便把痰盒拿起来看。不看则已，看了吓的惊疑不止，说：“这是姐姐吐的？这还了得！”

初时黛玉昏昏沉沉，吐了也没细看；此时见湘云这么说，回头看时，自己早已灰了一半。探春见湘云冒失，连忙解说道：“这不过是肺火上炎，带出一半点来，也是常事。偏是云丫头，不拘什么，就这样蝎蝎螫螫的[8]！”湘云红了脸，自悔失言。

探春见黛玉精神短少，似有烦倦之意，连忙起身说道：“姐姐静静的养养神罢。我们回来再瞧你。”黛玉道：“累你二位惦着。”探春又嘱咐紫鹃：“好生留神伏侍姑娘。”紫鹃答应着。探春才要走，只听外面一个人嚷起来。未知是谁，下回分解。

【毛泽东评点】

毛泽东在分析了力量对比之后，说："我认为现在的国际形势到了一个新的转折点。世界上现在有两股风：东风、西风。中国有句成语，'不是东风压倒西风，就是西风压倒东风'。我认为目前形势的特点是东风压倒西风，也就是说，社会主义的力量对帝国主义的力量占了压倒的优势。"

——李越然：《外交台上的新中国领袖》，解放军出版社 1989 年版，第 164 页。

1953 年 12 月 24 日，在揭露高岗的中央会议上，我曾经宣布说，北京城里头有两个司令部：一个司令部就是我们这些人的，这个司令部刮阳风，烧阳火；第二个司令部呢，就叫地下司令部，也刮一种风，烧一种火，叫刮阴风，烧阴火。我们的古人林黛玉讲，不是东风压倒西风，就是西风压倒东风。现在呢，不是阳风阳火压倒阴风阴火，就是阴风阴火压倒阳风阳火。他刮阴风，烧阴火，其目的就是要刮倒阳风，灭掉阳火，打倒一大批人。

——《在中国共产党第八届中央委员会第二次全体会议上的讲话》

不是东风压倒西风，就是西风压倒东风，在路线问题上没有调和的余地。

——《文汇报的资产阶级方向应当批判》

（1965 年 7 月 3 日）毛泽东为减轻学生负担作出批示，其中指出，不要像《红楼梦》中林黛玉、贾宝玉那样多愁善感，脆弱多病，不能料理自己的生活。

——《毛主席无限关怀青年的成长》，载《高举毛主席的伟大旗帜》，人民日报出版社 1977 年版，第 196 页。

过去一个研究《红楼梦》的人说，他曾切实地把大观园考察过一番。现在你们的"大观园"是全中国，你们这些青年艺术工作者个个都是大观园中的贾宝玉或林黛玉，要切实地在这个大观园中生活一番，考察一番。

——《在鲁迅艺术学院的讲话》，载《毛泽东选集》，第 2 卷，人民出版社 1991 年版，第 124 页。

在讲到鲁艺与社会的关系时说："《红楼梦》里有个大观园。大观园里有林黛玉、贾宝玉。你们鲁艺是个小观园。你们也就是林黛玉、贾宝玉（说到这里，毛泽东两只手臂抱在胸前，笑了起来）。但是，我们的女同志不同于林黛玉只会哭。我们的女同志比林黛玉好多了，会唱歌，会演戏，将来还要到前方打仗。抗日民主根据地就是大观园。你们的大观园在太行山、吕梁山。

——董学文：《毛泽东的文艺美学活动》，高等教育出版社 1995 年版，第 63 页。

1951 年秋天的一个夜晚，毛泽东接见几位湖南在北京的教育界人士时说："你们办学校应该注意一个问题，就是要重视学生的体育锻炼。我认为有志参加革命的青年，必须锻炼身体；不能锻炼身体的人，就不配谈革命。大家不是读过《红楼梦》吗？《红楼梦》中有两个主角，我看都不太高明。贾宝玉是阔家公子，饮食起居都要丫头照料，自己不肯动手；林黛玉多愁善感，最爱哭泣，只能住在大观园中的潇湘馆中，吐血、闹肚病。这样的人，怎么能革命呢？你们办学校，不要把我们的青年培养成贾宝玉、林黛玉式的人。我们不需要这样的青年。我们需要坚强的青年，身体和意志都坚强的青年。

——《新湘评论》编辑部：《毛泽东同志的青年时代》，中国青年出版社 1999 年版，第 57 页。

【注释】

（1）槟榔包儿，盛槟榔的小荷包。槟榔，南方棕榈科常绿乔木的一种，其果实椭圆形，橙红色，花萼并存，花果俱芳香，果供食用。

（2）兔死狐悲，兔子死了，狐狸感到悲伤，比喻因同类的死亡或失败而感到悲伤。

（3）终身，即终身大事，指婚姻。

（4）正配，正妻。旧时一夫多妻制，大老婆叫正配，其他妾叫偏房，俗称小老婆。

（5）太岁奶奶，指薛蟠的妻子夏金桂。太岁，木星，旧时迷信认为在太岁出现的方向动土兴建、远行、嫁娶会招来灾祸。此喻凶恶强暴的人。

（6）把手伸着两个指头，意思是“二”，指琏二奶奶王熙凤。

（7）留得青山在，依旧有柴烧，比喻保养好身体，其他问题都可以得到解决。

（8）蝎蝎（xiē 歇）螫螫（shì 士），在小事情上过分地表示关心、怜惜，有大惊小怪之意。

【赏析】

《红楼梦》第八十二回“老学究讲义警顽心　病潇湘痴魂惊恶梦”，写宝玉重新上学，老学究贾代儒为其讲《四书》和黛玉惊恶梦咯血之事。宝玉上学后，袭人等无事，便找黛玉说话，想摸摸这位未来的宝二奶奶对她这个偏房的态度如何，谈及夏金桂虐待香菱之事，联系到王熙凤害死尤二姐，袭人便说正妻偏房“不过名分里差些，何苦这样毒？”黛玉便说：“但凡家庭之事，不是东风压了西风，就是西风压了东风。”黛玉所谓东风、西风之喻，不过是说在封建社会中，一夫多妻的家庭中，妻妾之间争风吃醋、争权夺利，常常是一个压倒一个，一个得宠，一个失宠。这是常见的现象。其中也包含着事物总是矛盾的、不平衡的因素。1957 年 11 月 16 日至 19 日，毛泽东参加在莫斯科举行的六十四国共产党和工人党代表会议期间接见在莫斯科的中国留学生时，毛泽东由小及大，用东风、西风之说概括说明当时的国际形势特点，以东风代表社会主义力量，以西风代表帝国主义力量，指出当时“形势的特点是东风压倒西风”，大大鼓舞了社会主义和世界革命人民的斗争信心。

本回的另一内容是小说的主人公林黛玉做了恶梦：父亲为她娶的继母，要把她配给一个亲戚作填房，她向贾母等求救，贾母等人都冷若冰霜，置若罔闻，梦醒后老病又犯，大量咯血，心灰意冷。林黛玉父母双亡，寄居贾府，孤高自许，敏感多病。她和贾宝玉之间的知心默契和共同人生理想为基础的爱情，世俗不容，前景黯淡，忧伤日甚，病势转笃，并最终夺去了这个富有诗人气质的少女的生命，令人同情和叹惜。但问题的另一方面，是林黛玉同贾府其他主子一样，也过着不劳而食的寄生生活，衣食住行都要丫头、仆人侍候，生活不能自理。据第三回写她初进贾府时交代，她原带来了奶娘王嬷嬷和小丫头雪雁，贾母又把自己身边的二等丫头鹦哥（后改名紫鹃）给了她，还如迎春姐妹一样：四个教引嬷嬷，两个贴身丫头，四五个干杂役的小丫头，合计有十四五个仆人为她服务。生活不能自理，又体弱多病，怎么能经受那“一年三百六十日，冰刀霜剑严相逼”的恶劣环境的打击呢？这样的人物当然不足为法。至于号称“富贵闲人”的贾宝玉，自然是特级护理，仆侍的人更多。所以毛泽东多次指出，革命青年和学生要以林黛玉、贾宝玉为鉴戒。早在 1938 年 4 月 28 日于《在鲁迅艺术学院的讲话》中，毛泽东就提出青年艺术工作者的“大观园”是“全中国”。在 5 月 12 日，他到鲁艺演讲时再次指出“鲁艺是个小观园”，“抗日民主根据地就是大观园”。并说“我们的女同志不同于林黛玉只会哭”，还会唱歌，会演戏，会打仗。号召现代青年要在革命斗争中锻炼成长。到了新中国成立以后，毛泽东更重申了这个意见。20 世纪 60 年代，一个时期青年学生课业负担过重，1964 年春节，毛泽东召开教育工作座谈会，指示：要减轻学生负担，课程要精简，有的先删繁就简，所有的课程要减掉三分之一。因为课程太重，不利于青年学生的健康成长。1965 年 7 月 3 日，毛泽东又在一个报告上，为减轻学生负担，再次批示：不要像林黛玉、贾宝玉那样多愁善感，脆弱多病，不能料理自己的生活。再次拿林黛玉、贾宝玉引为鉴戒，勉励青年茁壮成长。

【原文】

第九十九回　守官箴恶奴同破例　阅邸报老舅自担惊（节录）

……

且说贾政带了几个在京请的幕友，晓行夜宿，一日，到了本省，见过上司，即到任拜印受事，便查盘各属州县米粮仓库。贾政向来作京官，只晓得郎中事务都是一景儿(1)的事情；就是外任，原是学差，也无关于吏治上，所以外省州县，折收粮米，勒索乡愚，这些弊端，虽也听见别人讲究，却未尝身亲其事，只有一心做好官。便与幕宾商议，出示严禁，并论以一经查出，必定详参揭报[2]。初到之时，果然胥吏畏惧，便百计钻营；偏遇贾政这般古执。那些家人，跟了这位老爷，在都中一无出息，好容易盼到主人放了外任，便在京指着在外发财的名儿向人借贷做衣裳，装体面，心里想着到了任，银钱是容易的了。不想这位老爷呆性发作，认真要查办起来，州县馈送，一概不受。门房签押[3]等人，心里盘算道："我们再挨半个月，衣裳也要当完了，账又逼起来，那可怎么样好呢？眼见得白花花的银子，只是不能到手。"那些长随[4]也道："你们爷们到底还没花什么本钱来的。我们才冤：花了若干的银子，打了个门子[5]，来了一个多月，连半个钱也没见过！想来跟这个主儿是不能捞本儿的了。明儿我们齐打伙儿告假去。"次日，果然聚齐，都来告假。贾政不知就里，便说："要来也是你们，要去也是你们。既嫌这里不好，就都请便。"

那些长随怨声载道而去，只剩下些家人，又商议道："他们可去的去了，我们去不了的，到底想个法儿才好。"内中有一个管门的叫李十儿，便说："你们这些没能耐的东西，着什么急呢！我见这'长'字号儿的在这里，不犯给他出头。如今都饿跑了，瞧瞧十太爷的本领，少不得本主儿依我！只是要你们齐心。打伙儿弄几个钱，回家受用；若不随我，我也不管了，横竖拼得过你们。"众人都说："好十爷！你还主儿信得过。若你不管，我们实在是死症了。"李十儿道："别等我出了头，得了银钱，又说我得了大分儿了，窝儿里反起来，大家没意思。"众人道："你万安，没有的事。就没有多少，也强似我们腰里掏钱。"

正说着，只是粮房书办[6]走来找周二爷。李十儿坐在椅子上，跷着一只腿，挺着腰，说道："找他做什么？"书办便垂手陪着笑，说道："本官到了一个多月的任，这些州县太爷见得本官的告示利害，知道不好说话，到了这时候，都没有开仓。若是过了漕[7]，你们太爷们来做什么的？"李十儿说："你别混说，老爷是有根蒂的，说到那里是要办到那里。这两天原要行文催兑，因我说了缓几天，才歇的。你到底找我们周二爷做什么？"书办道："原为打听催文的事，没有别的"李十儿道："越发胡说！方才我说催文，你就信嘴胡诌。可别鬼鬼祟祟来讲什么账，我叫本官打了你，退你！”书办道：“我在这衙门内已经三代了，外头也有些体面，家里还过得，就规规矩矩伺候本官升了还能够，不像那些等米下锅的。”说着，回了一声：“二太爷，我走了。”李十儿便站起，堆着笑说：“这么不禁玩！几句话就脸急了？”书办道：“不是我脸急，若再说什么，岂不带累了二大爷的清名呢？”李十儿过来拉着书办的手，说：“你贵姓啊？”书办道：“不敢，我姓詹，单名是个会字。从小儿也出京里混了几年。”李十儿道：“詹先生！我是久闻你的名的。我们弟兄们是一样的。有什么话，晚上到这里，咱们说一说。”书办也说：“谁不知道李十太爷是能事[8]的！把我一诈，就吓毛了。”大家笑着走开。那晚便与书办咕唧了半夜。

第二天，拿话去探贾政，被贾政痛骂了一顿。隔一天拜客，里头吩咐伺候，外头答应了。停了一会子，打点已经三下了，大堂上没有人接鼓，好容易叫个人来打了鼓。贾政踱出暖阁，站班喝道的衙役只有一个。贾政也不查问，在墀下上了轿，等轿夫，又等了好一回，来齐了，抬出衙门，那个炮只响得一声。吹鼓亭的鼓手，只有一个打鼓，一个吹号筒。贾政便也生气，说：“往常还好，怎么今儿不齐集至此？”抬头看那执事，却是搀前落后。勉强拜客回来，便传误班的要打。有的说因没有帽子误的；有的说是号衣[9]当了误的；又有说是三天没吃饭抬不动的。贾政生气，打了一两个，也就罢了。

隔一天，管厨房的上来要钱，贾政将带来银两付了。以后便觉样样不如意，比在京的时候倒不便了好些，无奈，便唤李十儿问道：“跟我来这些人，怎么都变了？你也管管。现在带来银两，早使没有了。藩库[10]俸银尚早，该打发京里取去。”李十儿禀道：“奴才那一天不说他们？不知道怎么样，这些人都是没精打彩的，叫奴才也没法儿。老爷说家里取银子，取多少？现在打听节度[11]衙门这几天有生日，别的府道老爷都上千上万的送了，我们到底送多少呢？”贾政道：“为什么不早说？”李十儿说：“老爷最圣明的。我们新来乍到，又不与别位老爷很来往，谁肯送信？巴不得老爷不去，好想老爷的美缺呢。”贾政道：“胡说！我这官是皇上放的，不给节度做生日，便叫我不做不成！”李十儿笑着回道：“老爷说的也不错。京里离这里很远，凡百的事，都是节度奏闻。他说好便好，说不好便吃不住。到得明白，已经迟了。就是老太太、太太们，那个不愿意老爷在外头烈烈轰轰的做官呢？”

贾政听了这话，也自然心里明白，道：“我正要问你，为什么不说起来？”李十儿回说：“奴才本不敢说，老爷既问到这里，若不说，是奴才没良心；若说了，少不得老爷又生气。”贾政道：“只要说得在理。”李十儿说道：“那些书吏衙役，都是花了钱买着粮道的衙门，那个不想发财？俱要养家活口。自从老爷到任，并没见为国家出力，倒先有了口碑载道。”贾政道：“民间有什么话？”李十儿道：“百姓说：‘凡有新到任的老爷，告示出的越利害，越是想钱的法儿。州县害怕了，好多多的送银子。’收粮的时候，衙门里便说，新道爷的法令；明是不敢要钱，这一留难叨蹬，那些乡民心里愿意花几个钱，早早了事。所以那些人不说老爷好，反说不谙民情。便是本家大人[12]，是老爷最相好的，他不多几年，已巴到极顶的分儿，也只为识时达务，能够上和下睦罢了。”贾政听到这话，道：“胡说！我就不识时务吗？若是上和下睦，叫我与他们‘猫鼠同眠’[13]吗？”李十儿回说道：“奴才为着这点心儿不敢掩住，才这么说。若是老爷就是这样做去，到了功不成、名不就的时候，老爷说奴才没良心，有什么话，不告诉老爷。”

贾政道：“依你怎么做才好？”李十儿道：“也没有别的，趁着老爷的精神年纪，里头[14]的照应，老太太的硬朗，为顾着自己就是了。不然，到不了一年，老爷家里的钱也都贴补完了，还落了自上至下的人抱怨，都说老爷是做外任的，自然弄了钱藏着受用。倘遇着一两件为难的事，谁肯帮着老爷？那时办也办不清，悔也悔不及！”贾政道：“据你一说，是叫我做贪官吗？送了命还不要紧，必定将祖父的功勋抹了才是？”李十儿回禀道：“老爷极圣明的人，没看见旧年犯事的几位老爷吗？这几位都与老爷相好，老爷常说是个做清官的，如今名在那里？现有几位亲戚，老爷向来说他们不好的，如今升的升，迁的迁。只在要做的好就是了。老爷要知道：民也要顾，官也要顾。若是依着老爷，不准州县得一个大钱，外头这些差使谁办？只要老爷外面还是这样清名声原好；里头的委屈[15]，只要奴才办去，关碍不着老爷的。奴才跟主儿一场，到底也要掏出良心来。”贾政被李十儿一番言语，说得心无主见，道：“我是要保性命的！你们闹出来不与我相干！”说着，便踱了进去。

李十儿便自己做起威福，钩连内外一气的哄着贾政办事，反觉得事事周到，件件随心，所以贾政不但不疑，反都相信。便有几处揭报，上司见贾政古朴忠厚，也不查察。惟是幕友们耳目最长，见得如此，得便用言规谏，无奈贾政不信，也有辞去的，也有与贾政相好在内维持的。于是，漕务(16)事毕，尚无陨越(17)。

……

【毛泽东评点】

从50年代开始一直在毛泽东身边工作的陈秉忱生前曾多次向我们谈及他（毛泽东）的这一特点。陈说，在“三反”的时候，毛泽东常用“贾政做官”的故事，来教育共产党员干部要警惕受人包围。

——徐中远：《毛泽东读评五部古典小说》，华文出版社1997年版，第24页。

【注释】

（1）一景儿，一样的。

（2）详参揭报，揭露弊端，呈报上级，进行弹劾。

（3）门房，设在大门两侧的小房，即现在的传达室。签押，清代衙门办理公务的地方，称为签押房。这里指在签押房办事的人员。

（4）长随，旧时官吏身边的仆役，也叫跟班。

（5）打了个门子，托人说情走后门，找了个搜刮钱财的门路。

（6）书办，旧时官府中管文书和簿记的小吏。

（7）过了漕，经水路运输叫作“漕”。沿江海各省将所征得粮食漕运入京，称为“漕运”。漕运有一定期限，超过规定期限，叫作过了漕，有关官员要受处罚。

（8）能事，精明干练，会办事，意思是深通世故，擅长钻营。

（9）号衣，旧时兵士、差役穿的带记号的衣服。

（10）藩库，即省库。清代主管一省财赋和人事的官吏称藩司，所以省库叫藩库。

（11）节度，即节度使，官名。唐初沿北周及隋旧制，于重要地方设总管，后改称都督，总揽内外诸军事。元废，清无此职。此指江西军事长官。

（12）本家大人，这里指李节度使，因为李十儿也姓李，攀作一家。

（13）猫鼠同眠，比喻上下狼狈为奸，通同作弊。

（14）里头，指宫里贾政女儿元春。

（15）里头的委屈，里面的曲折细节。委屈，同“委曲”。

（16）漕务，水道运粮的事务。

（17）陨越，颠坠，引申为失职、失败。

【赏析】

本回写贾政去做江西粮道，因他不谙吏治。开始要出示严禁，“必定详参揭报”，“州县馈送，一概不受”。但是跟随他的那些家人，都是为发财而来，眼见得白花花的银子不能到手，部分走了，留下的便怠工，弄得贾政事事掣肘，办不成公。便听任家人李十儿作起威福，勾结内外，哄着贾政办事。贾政放弃责任，“由着他们闹去”。他们便招摇撞骗，“重征粮米，苛虐百姓”。贾政虽然“并没有一个钱拿回来，把家里的倒掏摸了好些去了”，可是跟随他的那些家人，“在外头不多几时，那些小老婆子们都金头银面的装扮起来了”。后来闹得太不像话了，贾政的儿女亲家李节度借了一件失察的事情，避重就轻地参了一本，结果贾政以“失察属员”罪，“着降三级，加恩仍以工部员外郎行走，并令即日回京”。

就贾政而言，他自己想把事情办好，但又没有能力，以后便放弃领导责任，虽然自己没有贪污受贿，“独善其身”，但作为官员，他有失职之罪。由于他的失职，致使他的仆役擅作威福，横征暴敛，加重了人民负担。究其原因，皆因他用人不着。毛泽东说他是受坏人包围，一点不错。实际就是李十儿、书办等人串通起来，通同作弊，把事情弄坏的。以古鉴今，毛泽东教训共产党干部要从中吸取教训，不仅自己以身作则，而且还要管好属下人员，才能把事情办好。

【原文】

第一百十回　史太君寿终归地府　王熙凤力诎失人心（节录）

……

贾母又瞧了一瞧宝钗，叹了口气，只见脸上发红。贾政知是回光返照[1]，即忙上参汤。贾母的牙关已经紧了，合了一回眼，又睁着满屋里瞧了一瞧。王夫人宝钗上去，轻轻扶着，邢夫人凤姐等便忙穿衣。地下婆子们已将床安设停当，铺了被褥。听见贾母喉间略一响动，脸变笑容，竟是去了。享年八十三岁。众婆子疾忙停床。

于是贾政等在外一边跪着，邢夫人等在内一边跪着，一齐举起哀来。外面家人各样预备齐全，只听里头信儿一传出来，从荣府大门起至内宅门，扇扇大开，一色净白纸糊了；孝棚高起，大门前的牌楼立时竖起。上下人等登时成服[2]。

贾政报了丁忧[3]，礼部奏闻。主上深仁厚泽，念及世代功勋，又系元妃祖母，赏银一千两，谕礼部主祭。家人们各处报丧。众亲友虽知贾家势败，今见圣恩隆重，都来探丧。择了吉时成殓，停灵正寝[4]。

贾赦不在家，贾政为长；宝玉、贾环、贾兰是亲孙，年纪又小，都应守灵。贾琏虽也是亲孙，带着贾蓉，尚可分派家人办事。虽请了些男女外亲来照应，内里邢王二夫人、李纨、凤姐、宝钗等是应灵旁哭泣的；尤氏虽可照应，他自贾珍外出，依住荣府，一向总不上前，且又荣府的事不甚谙练；贾蓉的媳妇更不必说；惜春年小，虽在这里长的，他于家事全不知道：所以内里竟无一人支持。

只有凤姐可以照管里头的事，况又贾琏在外作主，里外他二人，倒也相宜。凤姐先前仗着自己的才干，原打量老太太死了，他大有一番作用。邢王二夫人等本知他曾办过秦氏的事，必是妥当，于是仍叫凤姐总理里头的事。凤姐本不应辞，自然应了，心想："这里的事本是我管的。那些家人更是我手下的人。太太和珍大嫂子的人本来难使唤，如今他们都去了。银项虽没有对牌，这种银子却是现成的。外头的事又是我们那个办。虽说我现今身子不好，想来也不致落褒贬，必比宁府里还得办些。”心下已定，且待明日接了三[5]，后日一早分派。便叫周瑞家的传出话去，将花名册取上来。凤姐一一的瞧了，统共男仆只有二十一人，女仆只有十九人，余者俱是些丫头，连各房算上，也不过三十多人，难以派差。心里想道：“这回老太太的事倒没有东府里的人多。”又将庄上的弄出几个，也不敷差遣。……

正说着，见来了一个丫头，说：“大太的话，问二奶奶：今儿第三天了，里头还很乱，供了饭，还叫亲戚们等着吗？叫了半天，上了菜，短了饭，这是什么办事的道理？”凤姐急忙进去吆喝人来伺候，将就着把早饭打发了。偏偏那日人来的多，里头的人都死眉瞪眼的。凤姐只得在那里照料了一会子，又惦记着派人，赶着出来，叫了旺儿家的传齐了家下女人们，一一分派了。众人都答应看不动。凤姐道：“什么时候，还不供饭？”众人道：“传饭是容易的，只要将里头的东西发出来，我们才好照管去。”凤姐道：“糊涂东西！派定了你们，少不得有的！”众人只得勉强应着。

凤姐即往上房取发应用之物，要去请示邢王二夫人，见人多难说，看那时候已经日渐平西了，只得找了鸳鸯，说要老太太存的那一分家伙。鸳鸯道：“你还问我呢！那一年二爷当了，赎了来了么？”凤姐道：“不用银的金的，只要那一分平常使的。”鸳鸯道：“大太太珍大奶奶屋里使的是那里来的？”凤姐一想不差，转身就走，只得到王夫人那边找了玉钏彩云，才拿了一分出来，急忙叫彩明登帐，发与众人收管。

鸳鸯见凤姐这样慌张，又不好叫他回来，心想：“他头里作事，何等爽利周到，如今怎么掣肘[6]的这个样儿！我看这两三天连一点头脑[7]都没有，不是老太太白疼了他了吗！”那里知刑夫人一听贾政的话，正合着将来家计艰难的心，巴不得留一点子作个收局。况且老太太的事原是长房作主。贾赦虽不在家，贾政又是拘泥的人，有件事便说：“请大太太的主意。”邢夫人素知凤姐手脚大，贾琏的闹鬼，所以死拿住不放松。鸳鸯只道已将这项银两交了出去了，故见凤姐掣肘如此，却疑为不肯用心，便在贾母灵前唠唠叨叨哭个不了。

邢夫人等听了话中有话，不想到自己不令凤姐便宜行事，反说：“凤丫头果然有些不用心！”王夫人到了晚上，叫了凤姐过来，说：“咱们家虽说不济，外头的体面是要的。这两三天人来人往，我瞧着那些人都照应不到，想必你没有吩咐，还得你替我们操点心儿才好！”凤姐听了，呆了一会，要将银两不凑手的话说出来，但只银钱是外头管的，王夫人说的是照应不到。凤姐也不敢辩，只好不言语。邢夫人在旁说道：“论理，该是我们做媳妇的操心，本不是孙子媳妇的事，但是我们动不得身，所以托你。你是打不得撒手的！”凤姐紫涨了脸，正要回说，只听外头鼓乐一奏，是烧黄昏纸的时候了，大家举起哀来，又不得说。凤姐原想回来再说，王夫人催他出去料理，说道：“这里有我们呢，你快快儿的去料理明儿的事罢。”

凤姐不敢再言，只得含悲忍泣的出来，又叫人传齐了众人，又吩咐了一会，说：“大娘婶子们可怜我罢！我上头捱了好些说，为的是你们不齐截，叫人笑话，明儿你们豁出些辛苦来罢！”那些人回道：“奶奶办事，不是今儿个一遭儿了，我们敢违拗[(8)]吗？只是这回的事，上头过于累赘！只说打发这顿饭罢：有在这里吃的，有要在家里吃的；请了这位太太，又是那位奶奶不来。诸如此类，那里能齐全？还求奶奶劝劝那些姑娘们少挑饬就好了。”凤姐道：“头一层是老太太的丫头们是难缠的，太太们的也难说话，叫我说谁去呢？”众人道：“从前奶奶在东府里还是署事[(9)]，要打要骂，怎么那样锋利？谁敢不依？如今这些姑娘们都压不住了？”凤姐叹道：“东府里的事，虽说托办的，太太虽在那里，不好意思说什么。如今是自己的事情，又是公中的，人人说得话。再者，外头的银钱也叫不灵，即如棚里要一件东西，传出去了，总不见拿进来，这叫我什么法儿呢？”众人道：“二爷在外头，倒怕不应付么？”凤姐道：“还提这个！他也是那里为难。第一件，银钱不在他手里，要一件得回一件，那里凑手？”众人道：“老太太这项银子不在二爷手里吗？”凤姐道：“你们回来问管事的，就知道了。”众人道：“怨不得！我们听见外头男人抱怨说：‘这么件大事，咱们一点摸不着，净当苦差！’叫人怎么能齐心呢？”凤姐道：“如今不用说了。眼面前的事，大家留些神罢。倘或闹的上头有了什么说的，我可和你们不依。”众人道：“奶奶要怎么样，我们敢抱怨吗？只是上头一人一个主意，我们实在难周到。”凤姐听了也没法，只得央及道：“好大娘们！明儿且帮我一天。等我把姑娘们闹明白了，再说罢了。”众人听命而去。

凤姐一肚子的委屈，愈想愈气，直到天亮，又得上去。要把各处的人整理整理。又恐刑夫人生气；要和王夫人说，怎奈邢夫人挑唆。这些丫头们见邢夫人等不助着凤姐的威风，更加作践起他来。幸得平儿替凤姐排解，说是：“二奶奶巴不得要好，只是老爷太太们吩咐了外头，不许糜费，所以我们二奶奶不能应付到了。”说过几次，才得安静些。

虽说僧经道忏，吊祭供饭，络绎不绝，终是银钱吝啬，谁肯踊跃，不过草草了事。连日王妃诰命也来的不少，凤姐也不能上去照应，只好在底下张罗。叫了那个，走了这个；发一回急，央及一回；支吾过了一起，又打发一起。别说鸳鸯等看去不像样，连凤姐自己心里也过不去了。

邢夫人虽说是冢妇[10]，仗着“悲戚为孝”四个字，倒也都不理会。王夫人只得跟着邢夫人行事，余者更不必说了。独有李纨瞧出凤姐的苦处，却不敢替他说话，只自叹道：“俗语说的，‘牡丹虽好，全仗绿叶扶持[11]’，太太们不亏了凤丫头，那些人还帮着吗？若是三姑娘在家还好，如今只有他几个自己的人瞎张罗，背前面后的也抱怨，说是一个钱摸不着，脸面也不能剩一点儿！老爷是一味的尽孝，庶务上头不大明白。这样的一件大事，不撒散几个钱就办的开了吗？可怜凤丫头闹了几年，不想在老太太的事上，只怕保不住脸了！”于是抽空儿叫了他的人来，吩咐道：“你们别看着人家的样儿，也遭塌起琏二奶奶来。别打量什么穿孝守灵就算了大事了，不过混过几天就是了。看见那些人张罗不开，就插个手儿，也未为不可。这也是公事，大家都该出力的。”那些素服李纨的人都答应着说：“大奶奶说的很是，我们也不敢那么着。只听见鸳鸯姐姐们的口话儿，好像怪琏二奶奶的似的。”李纨道：“就是鸳鸯，我也告诉过他。我说琏二奶奶并不是在老太太的事上不用心，只是银子钱都不在他手里，叫他巧媳妇还作的上没米的粥来吗？如今鸳鸯也知道了，所以也不怪他了。只是鸳鸯的样子竟是不像从前了，这也奇怪。那时候有老太太疼他，倒没有作过什么威福；如今老太太死了，没有了仗腰子的了，我看他倒有些气质不大好了。我先前替他愁，这会子幸喜大老爷不在家，才躲过去了；不然，他有什么法儿?”

……

次日乃坐夜之期，更加热闹。凤姐这日竟支撑不住，也无方法，只得用尽心力，甚至咽喉嚷哑，敷衍过了半日。到了下半天，亲友更多了，事情也更繁了，瞻前不能顾后。正在着急，只见一个小丫头跑来说：“二奶奶在这里呢！怪不得大太太说：‘里头人多，照应不过来，二奶奶是躲着受用去了！’”凤姐听了这话，一口气撞上来，往下一咽，眼泪直流，只觉得眼前一黑，嗓子里一甜，便喷出鲜红的血来，身子站不住，就蹲倒在地。幸亏平儿急忙过来扶住。只见凤姐的血一口一口的吐个不住。未知性命如何，下回分解。

【毛泽东评点】

1961 年 12 月，毛泽东在中央政治局常委和各大区第一书记会议上的谈话中，把《红楼梦》和《金瓶梅》作了比较，他说：《金瓶梅》是《红楼梦》的老祖宗，没有《金瓶梅》就写不出《红楼梦》。但是，《金瓶梅》的作者，不尊重女性，《红楼梦》《聊斋志异》是尊重女性的。

——龚育之、宋贵仑：《“红学”一家言》，载《毛泽东的读书生活》，生活·读书·新知三联书店 1986 年版，第 224 页。

1973 年 7 月 4 日，同王洪文、张春桥谈话时，毛泽东还谈到《红楼梦》的一些细节描写，如：贾母一死，大家都哭，其实各有各的心思，各有各的目的。如果一样，就没有个性了。哭是共性，但伤心之处不同。

——董学文：《毛泽东的文艺美学活动》，高等教育出版社 1995 年版，第 246 页。

【注释】

（1）回光返照，亦作回光反照。太阳刚落时由于反射作用而发生的天空中短时发亮的现象，比喻人临死之前精神忽然兴奋的现象。

（2）成服，旧时丧礼，三日大殓之后，死者亲属各依服制规定，穿其应服的丧服。

（3）丁忧，旧称遭父母丧，又叫丁艰、守制。丁，当，遭遇。丁忧三年，子女须闭门谢客，不婚嫁，不赴宴，不应考，不做官。

（4）正寝，住宅的正室。古代因居室者之身份不同而名称各异。天子、诸侯，叫路寝，卿、大夫、士，叫适寝。后世则泛指住宅的正室。

（5）接三，死者死后三天，届时亲友吊祭，焚烧刍灵车马，为旧时丧礼大典之一。

（6）掣（chè 彻）肘，从旁牵制。

（7）头脑，指事情的头绪。

（8）违拗，不依从，违背。

（9）署事，代为管理事务。

（10）冢妇，嫡长子之妻。

（11）牡丹虽好，全仗绿叶扶持，比喻即使个人能干，也需要众人支持。

【赏析】

《红楼梦》的作者曹雪芹善于通过日常生活反复细致地描写来刻画人物性格。从任何细节描写中，我们都可以看到人物不同的性格特点。毛泽东认为贾母死后，各人都哭，但各有心思，每人哭法不同，是成功运用细节描写刻画人物的范例。贾母这个贾府的老祖宗死了，贾府子孙当然都要哭。“于是贾政等在外一边跪着，邢夫人等在内一边跪着，一齐举起哀来”。大家都哭，这是共性。贾赦不在家，贾政为长，他报了丁忧，认为抄了家的人家，不可太张扬；邢夫人是长房媳妇，自然正合她要省钱留后手的意，于是老爷太太吩咐了外头，“不许糜费”。邢夫人便死死扣住办丧事的银子不放，贾琏、凤姐分管内外事务，“要一件报一件”，事事得请示邢王二夫人，以至于到了第三天，“里头还很乱”，供饭时，“上了菜，短了饭”，不成体系。以至于贾母的丫头鸳鸯也看不过去，认为是凤姐故意偷懒，“便在贾母灵前唠唠叨叨哭个不了”。邢夫人又从中挑唆，弄得王熙凤到处掣肘。她派差时，“众人都答应着不动”。“叫了那个，走了这个，发一回急，央及一回；支吾过了一起，又打发一起”。凤姐无法，只得求仆人说:“大娘婶子们可怜我罢！我上头捱了好些说，为的是你们不齐截，叫人笑话，明儿你们豁出些辛苦来罢！”这些仆人公开抱怨，饭“有在这里吃的，有在家里吃的”，“这么件大事，咱们一点也摸不着，净当苦差！”凤姐听了也没法，只得央告道：“好大娘们！明儿且帮我一天。”这些丫头更加“作践起他来”。只有平儿加以排解，李纨实在看不过，带着自己的人来帮凤姐。凤姐无法禁治，只得舍命支撑，结果累得“血一口一口的吐个不住”。邢夫人的挟仇报复，王熙凤的失去人心，丫头、仆女的反抗，都是通过只言片语、细枝末节，表现出来的。这些细节描写不仅刻画了人物性格，而且写出了细致入微的社会矛盾。这是《红楼梦》的重要艺术特色之一。

毛泽东还讲过，《金瓶梅》是《红楼梦》的老祖宗，没有《金瓶梅》就写不出《红楼梦》。这是讲两部小说的渊源关系，也就是《金瓶梅》对《红楼梦》的启发和影响。首先，表现在注意描写现实社会和日常生活上，普通人的日常生活成为描写的主要对象，而不是英雄传奇。其次，《金瓶梅》通过描写社会的最小细胞——家庭来反映社会生活长篇小说创作的新体制，启发了《红楼梦》写四大家族。再次，在语言艺术的运用上，《金瓶梅》以北方口语为基础，善于运用生动的成语、俗语、歇后语和方言，在《红楼梦》中得到了继承和发展。本回中李纨说的“牡丹虽好，全仗绿叶扶持”，就见于《金瓶梅》第七十六回“常言牡丹花儿虽好，还要绿叶儿扶持”，意思完全相同，只是改得更精练了。又如《红楼梦》中一些为大家所熟悉的语言，如“拼着一身剐，敢把皇帝拉下马”“千里搭长棚——没有不散的筵席”“咱们白刀子进去，红刀子出来”“一个个像乌眼鸡似的”，“坐山观虎斗”等等，都已见于《金瓶梅》，只是个别字句略有改动，曹雪芹的高明之处，是把这些语言完全融化在自己的艺术描写之中，自然妥帖，恰到好处。

《阅微草堂笔记》（清）纪昀

清代文言笔记小说集，二十四卷。纪昀撰。全书包括《滦阳消夏录》六卷，乾隆五十四年（1789）作于热河，《如是我闻》四卷，作于乾隆五十六年（1791），次年作《槐西杂志》，次年双作《姑妄听之》，均为四卷；《滦阳续录》则作于嘉庆三年（1798）。五种书成后曾分别刊行。嘉庆五年由其门人盛时彦合为一书刊行，名《阅微草堂笔记五种》，风行一时，影响很大。常见的版本有《清代笔记丛刊》本、《笔记小说大观》本和上海古籍出版社校点本等。

全书主要记述鬼怪故事，立意大旨“不乖于风教”。有的作品反映了作者对民生疾苦的关注和同情。不少作品用辛辣的语言对社会黑暗、吏治腐败，以及官员的贪赃枉法的丑闻进行抨击，对社会的种种弊病，以及世态炎凉作了有力的嘲讽，有的作品则对道学家拘迂、虚伪进行揭露，还有几篇不怕鬼的故事，写来饶有风趣，脍炙人口。文字的风格，尚简黜华，简雅隽永。鲁迅在《中国小说史略》中曾给予很高的评价：“惟纪昀本长文笔，多见秘书，又襟胸夷旷，故凡测鬼神之情状，发人间之幽微，托狐鬼以抒己见，隽思妙语，时足解颐；间杂考辨，亦有灼见。叙述复雍容淡雅，天趣盎然，故后来无人能夺其席，固非仅借位高望重以传者矣。”

纪昀（1724—1805），字晓岚，一字春帆，直隶献县（今河北献县）人，清史学者、文学家。乾隆进士，官至礼部尚书、协办大学士。谥“文达”。曾任四库全书馆总纂官，纂定《四库全书总目提要》。能诗、骈文、小说。著有《纪文达公遗集》《阅微草堂笔记》等。《清史列传》《清史稿》都有传，《国朝先正事略》《国朝诗人小传》也载有他的生平事迹。

【原文】

扪心清夜

李孝廉[1]存其言：蠡县[2]有凶宅，一耆儒[3]与数客宿其中。夜闻窗外拨剌声，耆儒叱曰："邪不干正，妖不胜德。余讲道学[4]三十年，何畏于汝！"窗外似有女子语曰："君讲道学，闻之久矣。余虽异类[5]，亦颇涉儒书。《大学》[6]扼要在诚意，诚意扼要在慎独[7]。君一言一动，必循古礼，果为修己[8]计乎？抑犹有几微[9]近名者在乎？君作语录，龂龂与诸儒辩[10]，果为明道计乎？抑犹有几微好胜者在乎？夫修己明道，天理也。近名好胜，则人欲之私也。私欲之不能克，所讲何学乎？此事不以口舌争，君扪心清夜[11]，先自问其何如，则邪之敢干与否，妖之能正与否，已了然自知矣。何必以声色相加乎？"耆儒汗下如雨，瑟缩不能对。徐闻窗外微哂曰："君不敢答，犹能不欺其本心。姑让君寝。"又拨剌一声，掠屋檐而去。(《阅微草堂笔记（卷四）· 滦阳消夏录（四）》)

【毛泽东评点】

"夫全国人民对日寇进攻何等愤恨，对绥远抗战将士之援助何等热烈，而先生则集中全力于自相残杀之内战。然而西北各军官士兵之心理如何，吾人身在战阵知之甚悉，彼等之心与吾人之心并无二致，亟欲停止自杀之内战，早上抗日之战场。即如先生之嫡系号称劲旅者，亦难逃山城堡之惨败。所以者何，非该军果不能战，特不愿中国人打中国人，宁愿缴枪于红军耳。人心与军心之向背于此，先生何不清夜扪心一思其故耶？"

——《致蒋介石（1936.12.1）》，载《毛泽东文集》，第1卷，人民出版社1993年版，第464页。

"（八）全中国人民、政府和军队团结起来，筑成民族统一战线的坚固的长城，执行抗战的方针和上述各项政策，依靠这个联合阵线。中心关键在国共两党的亲密合作。政府、军队、全国各党派、全国人民，在这个两党合作的基础之上团结起来。'精诚团结，共赴国难'这个口号，不应该只是讲得好听，还应该做得好看。团结要是真正的团结，尔虞我诈是不行的。办事要大方一点，手笔要伸畅一点。打小算盘，弄小智术，官僚主义、阿Q主义，实际上毫无用处。这些东西用以对付敌人都不行，用以对付同胞，简直未免可笑。事情有大道理，有小道理。一切小道理都归大道理管着。国人应从大道理上好生想一想，才好把自己的想法和做法安顿在恰当的位置。在今天，谁要是在团结两个字上不生长些诚意，他即使不被人唾骂，也当清夜扪心，有点儿羞愧。”

——《反对日本进攻的方针、办法和前途》，载《毛泽东选集》，第2卷，人民出版社1991年版，第348页。

【注释】

（1）孝廉，明清两代对举人的称呼。

（2）蠡县，今河北省蠡县。

（3）耆儒，老知识分子。耆，老。

（4）道学，又叫“理学”。宋明儒家的唯心主义哲学，它以继承孔孟的“道统”相标榜，以周敦颐、程颐、程颢、朱熹为代表，宣扬“理气在先”，建立客观唯心主义体系；以陆九渊、王守仁为代表，宣扬“心即理也”，建立主观唯心主义体系。两派都把“理”当作宇宙万物的本源，用哲学形式把封建的纲常名教绝对化、神圣化，以服务于封建统治。

（5）异类，与人不同类，即鬼之意。

（6）《大学》，《礼记》篇名。从汉代以来有以《春秋》诸经为大经，《孟子》《论语》《大学》《中庸》为小经的，是《大学》已单独刊行。宋程颐、程颢改窜旧文，至朱熹始为作章句，改动章节，说经一章是曾参所述孔子语，以下传十章，是曾参门人传述曾参语。又说传文有缺，因补致知格物一章。与《论语》《孟子》《中庸》合称四子书。自宋末以来，封建王朝为了统治思想，规定以四子书取士，成为旧时士人猎取功名的必读书。诚意，使心志真诚。语出《礼记·大学》：“欲正其心者，先诚其意。”唐韩愈《原道》：“然则所谓正心而诚意者，将以有为也。”

（7）慎独，在独处中谨慎不苟。语出《礼记·大学》：“此谓诚于中，形于外，故君子必慎其独也。”

（8）修己，修身。

（9）抑犹，然而还是。几微，几户，接近。

（10）龂龂（yīn 银），争辩之状。

（11）扪（mén 门）心清夜，又作“清夜扪心”，清静的夜晚，抚摸胸口，进行反省。

【赏析】

扪心清夜，清静的夜晚，抚胸自问，表示反省之意。见于清代纪昀《阅微草堂笔记·滦阳消夏录（四）》。又作“清夜扪心”，见于魏秀仁的长篇小说《花月痕》第四十六回“求直言梅翰林应诏，复浔郡欧节度策勋”。两书毛泽东都可能读过，我们选择语源最早、毛泽东素来喜读的《阅微草堂笔记》中相关篇目，以飨读者。

《扪心清夜》叙述了一个前清举人讲的故事。在今河北蠡县有个常常闹鬼的宅院。一天，一个老儒和几位客人住在里边。不久，就听到拨刺一声响，一个女鬼来了。老儒以“邪不干正，妖不胜德”的话斥责，而女鬼则据理反驳：“你讲道学，《大学》扼要在诚意，诚意扼要在慎独。”换句说道学的精髓是在心要真诚，真诚表现在独处中也谨慎不苟。那么，老实说，你天天讲道学，个个争得面红耳赤，到底是为阐明事理呢，还是争强好胜、猎取名利呢？你何不抚着胸口问问自己呢？这个老儒不敢正面回答。女鬼哂笑而去。这个女鬼屈服讲道学的老儒生的故事，揭穿了明清一些道学先生的虚伪与自私的面目。

毛泽东在 1936 年 12 月 1 日写给蒋介石的信中就用了“清夜扪心”这个成语。写这封信的时候，正值日本帝国主义侵略日益严重，对国民党的利益也构成了威胁，因而开始恢复与共产党的秘密接触，有了一点合作的可能。但是蒋介石未在根本上改变对日妥协、对内反共的政策，仍然对革命根据地进行“围剿”。中共中央分析了当时形势，改变原来“抗日反蒋”的政策为“逼蒋抗日”的政策，在当年 9 月 1 日在内部发出了《关于逼蒋抗日问题的指示》。

这封信的主要内容就是根据上述政策，义正词严地劝说蒋介石停止内战、共同抗日。首先从人心、军心的向背来论述，“夫全国人民对日寇进攻何等愤恨，对绥远抗日将士之援助何等热烈”，说明了民心所向。西北军的亟盼抗日，蒋介石嫡系部队——胡宗南部山城堡向红军缴枪，说明了军心所归。所以，毛泽东反问道：“人心与军心之向背如此，先生何不清夜扪心一思其故耶？”语词恳切，希望蒋介石对自己实行的对日妥协、积极反共的政策进行反省，改弦更张，共同抗日。当然这在十一天之后发生的张学良、杨虎城发动的西安事变推动下，才得以实现。

早在抗日战争刚刚爆发，毛泽东在1937年7月23日写的《反对日本进攻的方针、办法和前途》一文中，就响亮地提出面对日本的侵略，全国人民、政府和军队都应该团结起来，结成广泛的民族统一战线。在团结问题上都应该拿出诚意，否则被世人唾骂，同时，也应该在清静的夜里抚摸胸口自己问自己、反省自己、因自己对团结抗日没有诚意，而感到惭愧。

《水浒后传》 （清）陈忱

《水浒后传》，长篇小说，八卷四十回。明末清初陈忱著。

《水浒后传》为《水浒传》的续书，成书于清康熙初年。小说以南宋时代奸臣当道的黑暗现实为背景，描写梁山泊未死的英雄阮小七、李俊、燕青、李应、乐和等在受招安之后，无法忍受贪官污吏、土豪劣绅的欺凌压迫，再次重新起义，陆续又会聚了一些新头领，反对贪官恶霸，抗击金兵，被迫流亡海外创立基业，以孝俊为暹罗王，受到南宋册封。书中写他们心系宋朝安危，将朝野内外的忠奸斗争和抗金斗争交织在一起描写，表现了强烈的民族主义精神。书中对梁山英雄重新聚义的描写，从根本上否定了农民起义军接受招安的政治道路，他们到海外立国的描写，是作者在新的历史条件下设想的农民起义军的最后归宿和乌托邦理想。小说在艺术描写方面，总体上较《水浒传》逊色，但其中亦不乏精彩篇章，有些人物史写得自由丰满，各有个性。

作者陈忱（1615—约1670），字遐心，一字敬夫，号雁宕山樵，浙江乌程（今浙江湖州）人。明末清初小说家。陈忱博闻强记，好作诗文。明亡不仕，与顾炎武、归庄等人组织惊隐诗社。为人孤高自傲，有民族气节。晚年生活贫困，以卖卜、拆字为生，穷饿以终。除《水浒后传》外，还著有《续廿一史弹词》、戏曲《痴世界》、《雁宕诗集》、《雁宕杂著》等均已散佚不传。

【原文】

第二十四回　换青衣二帝惨蒙尘　献黄柑孤臣完大义

却说金人羁留二帝[1]，并后妃宗室，尽驱归北，因追索金银缎匹未完，屯札在驼牟冈。其时四野萧条，万民涂炭。戴宗、杨林要回饮马川去覆李应。

燕青道："我有件心事未完，再消停[(2)]两日。"问他又不肯说。次日早对杨林道："今日我同兄长到一处去完心事，戴院长且住在这里。"燕青扮做通事[(3)]模样，拿出一个藤丝织就紫漆小盒儿，口上封固了，不知什么东西在里面，要杨林捧着，从北而去。约有十五里多路，只见一座山冈下，平坡之上，札着一个大营，排着千余顶皮帐，数万金兵屯驻。杨林道："怎么走到这个所在来？"燕青道："你只不要开口，只顾随我走。"到得营边，杨林举目一看，但见：

刀枪密密，戈戟重重。皂雕旗，闪万片乌云；黄皮帐，映千山紫雾。如山马粪，大堤上消尽无数莺花；遍地人头，汴渠中流出有声膏血。悲笳吹起，惨动鬼神，呐喊声齐，振摇山岳。石人见了也生愁，铁汉到来多丧胆。

杨林是个杀人不眨眼的魔头[(4)]，见了不觉毛发直竖，身子寒抖不定。燕青神色自若，向着守营门的兵丁打了一回话。那番官叫小校执枝令箭，引他两个进去。转过几个大营盘，中央一座帐房，内有二三百雄兵把守，排列明晃晃刀枪。只见太上教主道君皇帝[(5)]，头戴一顶黑纱软翅唐巾，身穿暗绿圆花九龙环绕的袍子，系一条伽南香嵌就碧玉带，着一双挽云镶锦早朝鞋，一片红毡铺着，坐在上面，眉头不展，面带忧容。燕青走进帐房，端端正正朝上拜了三拜，叩三个头，跪着奏道："草野微臣燕青，向蒙万岁赦免罪犯，天高地厚之德，粉身难报！一向流落江湖，今闻北狩[(6)]，冒死一觐龙颜[(7)]。"道君皇帝一时想不起，问："卿现居何职？"燕青道："臣是草野布衣。当年在梁山泊宋江部下，元宵佳节，万岁幸李师师家[(8)]，臣得供奉，昧死陈情，蒙赐御笔，赦本身之罪，龙札现存。"遂向身边锦袋中取出一副恩诏，墨迹犹香，双手呈上。道君皇帝看了，猛然想着道："原来卿是宋江部下。可惜宋江忠义之士，多建功劳，朕[(9)]一时不明，为奸臣蒙蔽，致令沉郁而亡。朕甚悼惜！若得还宫，说于当今皇帝知道，重加褒封立庙，子孙世袭显爵。"燕青谢恩，唤杨林捧过盒盘，又奏道："微臣仰观圣颜，无可表敬。谨献上青子百枚、黄柑十颗[(10)]，取苦尽甘来的佳谶，少展一点芹曝之意[(11)]。"齐眉举上。上皇身边止有一个老内监，接来启了封盖。道君皇帝便取一枚青子纳在口中，说道："连日朕心绪不宁，口内甚苦，得此佳品，可以解烦。”叹口气道：“朝内文武官僚，世受国恩，拖金曳紫，一朝变起，尽皆保惜性命，眷恋妻子，谁肯来这里省视[12]！不料卿这般忠义！可见天下贤才杰士，原不在近臣勋戚中。朕失于简用，以致如此。还来安慰，实感朕心。”命内监取过笔砚，将手内一柄金镶玉弝[13]白纨扇儿，吊着一枚海南香[14]雕螭龙小坠，放在红毡之上，写一首诗道：

笳鼓声中籍毳茵[15]，普天仅见一忠臣。若然青子能回味，大赉[16]黄柑庆万春。

写罢，落个款道：“教主道君皇帝御书。”就赐与燕青道：“与卿便面[17]。”燕青伏地谢恩。上皇又唤内监：“分一半青子黄柑，你拿去赐与当今皇帝，说是一个草野忠臣燕青所献的。”内监领旨而去。燕青还要俄延[18]，当不得执令旗的小校连次催促，止不住泪落满腮。上皇亦掩面而泣，又降玉音[19]道：“和议已成，蒙金朝大元帅许放我父子回朝，那时宣卿特授清职。”燕青复拜了四拜，随小校而出。守营官见燕青手内纨扇上有字迹，恐传递机密事情，细细盘问。燕青解与他听，方才放出。

两个取路回来。离金营已远，杨林伸着舌头道：“吓死人！早知这个所在，也不同你来了。亏你有这胆量！”燕青道：“遇着要紧所在，再变不得脸色，越要安舒，方免疑惑。我已完了这件心事了。当初宋公明望着招安，我到李师师家，却好御驾到来，我乘机唱曲，乞了这道恩诏，实是感激圣德。可怜被奸臣所误，国破身羁，我中心不忍，故冒险来朝见一面，以尽一点微衷。他还想着回朝，这是金人哄他的说话，恐永世不能再见了！”杨林道：“天下多说是个昏君，今日看他聪明得紧，怎么把锦绣江山弄坏了！”燕青道：“从来亡国之君，多是极伶俐的，只为高居九重，朝欢暮乐，那知民间疾苦！又被奸臣弄权，说道四海升平，万方宁静，一概水旱灾荒、盗贼生发皆不上闻，或有忠臣诤，反说他谤毁朝廷，诛流贬责。一朝变起，再无忠直之臣与他分忧出力，所以土崩瓦解，不可挽回。”杨林道：“我们平日在山寨里常骂他无道，今日见这般景象，连我也要落下眼泪来！”

【毛泽东评点】

这天（按指：1975年12月26日），是毛泽东的生日。环视他陈设简单，但不空旷的卧室，床上书桌上，尚可见可知若干书名，及其插有若干书签的所在，比如《新唐书》在“卷二百二十五下列传第一百五十下逆臣下黄巢”，《旧唐书》在“卷二百下列传第一百一十五下黄巢”，《明史》在“卷三百九列传第一百九十七流贼李自成”，《征四寇》在第十回“燕青月夜遇道君　戴宗定计赚萧让”，《水浒后传》在第二十四回“换青衣二帝惨蒙尘　献黄柑孤臣完大义”。此外，未插书签的有《金田起义前洪秀全年谱》《忠王李秀成自传原稿》《太平天国史事考》《太平天国史迹调查集》等。

——舒群：《十二月二十六日》，载《毛泽东故事》，作家出版社1986年版，第204—205页。

【注释】

（1）羁留，扣留，拘禁。二帝，指北宋徽钦二帝。宋徽宗（1082—1135），即赵佶，1100—1125年在位。钦宗（1100—1161），即赵桓。靖康二年（1127），金人攻破东京，徽、钦二帝被俘，北宋灭亡。后二人死于五国城（今黑龙江依兰）。

（2）消停，停顿，耽搁。

（3）通事，此指翻译。

（4）魔头，本指破坏修行的凶神恶鬼，引申指邪恶的人，魔王。

（5）教主道君皇帝，宋徽宗赵佶尊信道教，自称教主道君皇帝。

（6）北狩，皇帝被掳到北方去的婉词。

（7）觐（jìn 近），晋见皇帝的通称。龙颜，对皇帝容貌的谀称。

（8）万岁幸李师师家，见《水浒全传》第七十二回《柴进簪花入禁宛，李逵元夜闹东京》。万岁，古代君王的代称，此指宋徽宗。幸，旧指得帝王的宠爱。李师师，北宋末年汴京名妓。

（9）朕（zhèn 振），古人自称之词，从秦始皇起，专用作皇帝的自称。

（10）青子，橄榄的别称。黄柑，柑的一种。

（11）芹曝之意，所献微不足道。是“芹献”、“献曝”两个典故的合用。《列子·杨朱》：“昔人有美戎菽、甘枲茎芹萍子者，对乡豪称之。乡豪取而尝之，蜇于口，惨于腹。众哂而怨之，其人大惭。”后因以“芹献”为礼品菲薄的谦词。“献曝”也见于《列子·杨朱》：“宋国有田夫，常衣缊黂，仅以过冬。暨春东作，自曝于日，不知天下有广厦隩室，绵纩狐狢。顾谓其妻曰：‘负日之暄，人莫知者，以献吾君，将有重赏。’”旧时因以“献曝”为向人提建议的谦词。

（12）省（xǐng 醒）视，探望，问候。

（13）玉弝（bà 霸），王柄。弝，通“把”。

（14）海南香，即海南沉，植物名，沉香的一种。因出自海南及交、广、崖州，故名。

（15）毳（cuì 脆）茵，又作毳烟，毛毯。毳，鸟兽的细毛。

（16）赍（jī 讥），以物送人。

（17）便面，扇子的一种，用以遮面，故称。

（18）俄延，拖延，耽搁。

（19）玉音，指帝王的话。

【赏析】

1975年12月26日，毛泽东八十二岁生日这天，在他书房书桌上摆放着陈忱《水浒后传》，并在其第二十四回“换青衣二帝惨蒙尘，献黄柑孤臣完大义”插有书签，虽然没留下什么批语，但说明毛泽东阅读过，并引起了他的关注。同时引起他注意的还有《征四寇》中第十回“燕青月夜遇道君，戴宗定计赚萧让”，《旧唐书》《新唐书》中的黄巢传，《明史》中的《李自成传》以及《洪秀全及太平天国》的有关史料。黄巢、宋江、李自成、洪秀全，这几位都是中国历史上著名的农民起义领袖，说明这个时期毛泽东所研究的是农民起义问题。《水浒后传》所写梁山好汉重新起义，并无史实可考，毛泽东可能是读《水浒传》时连类而及。

综观中国历史上数百次农民起义，其出路不外乎三种：一是像刘邦、朱元璋，胜利了自己做了皇帝；二是像黄巢、李自成、洪秀全等，最终被统治阶级镇压下去了；三是像宋江那样接受皇帝招安，被统治者利用打别的农民起义军，最后也遇害了。毛泽东至少从这年8月开始考虑这个问题，并作出了自己的判断：反对宋江式的向统治者投降。这年8月10日，当陪他读书的芦荻向他请教对中国几部古典长篇小说的评价时，他谈了自己对《水浒传》的看法："《水浒传》这部书，好就好在投降。做反面教材，使人民都知道投降派。""《水浒传》只反贪官，不反皇帝。屏晁盖于一百零八人之外。宋江投降，搞修正主义，把晁盖的聚义厅改为忠义堂，让人招安了。宋江同高俅的斗争，是地主阶级内部这一派反对那一派的斗争。宋江投降了，就去打方腊。""这支农民起义队伍的领袖不好，投降。李逵、吴用、阮小二、阮小五、阮小七是好的，不愿意投降。"他还赞扬鲁迅评《水浒传》评得好。

毛泽东对《水浒传》的评论全文，是芦荻奉命整理的，所据完全是毛泽东当时手书的原文和谈话的记录。

姚文元8月14日得到毛泽东谈话的记录，于当天给毛泽东写了一封信。姚文元提出把毛泽东的这篇谈话和他给毛泽东的信印发政治局在京同志，增发有关部门。毛泽东也批示"同意"。8月31日，《人民日报》一版头条和二版整版上刊登了《红旗》杂志短评《重视对〈水浒〉的评论》和署名"竺方明"的长篇文章《评〈水浒〉》。9月4日，《人民日报》公布了毛泽东关于评论《水浒传》的意见，在社论中提出评论《水浒传》"是我国政治战线上的又一次重大斗争"。9月15日，中共中央、国务院在大寨召开农业学大寨会议，江青大讲《水浒传》，影射攻击周恩来、邓小平，受到了毛泽东的严厉批评。一场轰轰烈烈的评《水浒传》运动，才偃旗息鼓。

据芦荻事后讲，1975年9月底，在离开中南海以前，曾经向毛泽东医疗组的同志讲了怎样理解毛泽东评《水浒传》的课，讲课中特意说明："现在有人说党内有投降派，要抓现代的投降派，毛泽东完全没有那个意思。"她一直强调：毛泽东评《水浒传》，完全是对《水浒传》这部小说内容讲的，并没有别的意思。

如果抛开四人帮利用评《水浒传》，企图打倒周恩来、邓小平等一大批老一辈无产阶级革命家不说，那么，这个时期或许是由于芦荻同志的发问，而引发了毛泽东连累而及，由宋江的招安投降而想到不投降的黄巢、李自城、洪秀全等农民起义领袖，进一步思考农民起义的最后出路问题。他的意见很明白：反对宋江的接受招安，向统治者投降，打方腊，成为统治者的鹰犬。燕青是宋江实施投降招安策略的马前卒，他和宋江一起到东京去走名妓李师师的后门，谋求招安；又是这个燕青在招安遇害死里逃生之后，在昏君徽、钦二帝被金人押往北国途中，又冒死去晋见徽宗，并致橄榄和黄柑，表白对宋王朝的忠心，这是宋江在《水浒传》投降路线的继续，循着毛泽东的思想的逻辑，理应受到否定和批判。但我们也可以从另一角度考虑，在金人南侵，北宋灭亡之际，燕青对北宋皇帝表示忠心，这种忠君思想在新的条件下，又往往与爱国主义结合在一起，《水浒后传》中的英雄们（包括燕青）对金兵的暴行十分愤慨，奋起抗战，表现了高昂的爱国主义精神，也许引起了毛泽东注意，也未可知。

《镜花缘》 （清）李汝珍

《镜花缘》，长篇小说。清李汝珍撰。一百回。内容由两个部分组成。第一部分包括从第一回至第五十回，叙述武则天时落榜举子唐敖随其到海外经商的妻弟林之洋等游历许多国家，见识了许多奇风异俗，奇人异事和神怪的草木鱼虫鸟兽；第二部分包括第五十一回至第一百回，叙述唐敖之女唐闺臣等一百个才女的故事。前半部充满了海外传奇的浪漫色彩；后半部炫弄才艺，流于呆板枯燥。书中主张男女平等，赞扬女子才学，对封建社会的某些丑恶现象作了暴露，但也存在着不少宣扬封建道德和因果报应的内容。鲁迅评论说："基于社会制度，亦有不平，每设事端，以寓理想；惜为时势所限，仍多迂拘。"（《中国小说史略》）

李汝珍（约 1763—约 1830），字松石，直隶大兴（今北京大兴）人，清代小说家。1872 年，在海州拜凌延堪为师，后长期随兄李汝璜住在淮南、淮北一带。1801 年到河南做过县丞。涉猎经史百家，精攻音韵之学。晚年生活潦倒，以多年精力作成《镜花缘》，又撰有《李氏音鉴》《受子谱》两书。

【原文】

第十一回　观雅化闲游君子邦　慕仁风误入良臣府（节录）

话说唐、多二人把匾看了，随即进城。只见人烟辏集[(1)]，作买作卖，接连不断。衣冠言谈，都与天朝一样[(2)]。唐敖见言语可通，因向一位老翁问其何以"好让不争"之故。谁知老翁听了，一毫不懂。又问国以"君子"为名是何缘故，老翁也回不知。一连问了几个，都是如此。

多九公道："据老夫看来[(3)]：他这国名以及'好让不争'四字，大约都是邻邦替他取的，所以他们都回不知。刚才我们一路看来，那些‘耕者让畔[4]，行者让路’光景，已是不争之意。而且士庶人等[5]，无论富贵贫贱，举止言谈，莫不恭而有礼，也不愧‘君子’二字。”唐敖道：“话虽如此，仍须慢慢观玩，方能得其详细。”

说话间，来到闹市。只见有一隶卒在那里买物[6]，手中拿着货物道：“老兄如此高货，却讨恁般贱价[7]，教小弟买去，如何能安！务求将价加增，方好遵教。若再过谦，那是有意不肯赏光交易了[8]。”唐敖听了，因暗暗说道：“九公：凡买物，只有卖者讨价，买者还价。今卖者虽讨过价，那买者并不还价，却要添价。此等言谈，倒也罕闻。据此看来，那‘好让不争’四字，竟有几分意思了。”只听卖货人答道：“既承照顾，敢不仰体[9]！但适才妄讨大价，已觉厚颜；不意老兄反说货高价贱；岂不更教小弟惭愧？况敝货并非‘言无二价[10]’，其中颇有虚头。俗云：‘漫天要价，就地还钱[11]。’今老兄不但不减，反要加增，如此克己，只好请到别家交易，小弟实难遵命。”唐敖道：“‘漫天要价，就地还钱’，原是买物之人向来俗谈；至‘并非言无二价，其中颇有虚头’，亦是买者之话。不意今皆出于卖者之口，倒也有趣。”只听隶卒又说道：“老兄以高货讨贱价，反说小弟克己，岂不失了‘忠恕之道[12]’？凡事总要彼此无欺，方为公允。试问那个腹中无算盘，小弟又安能受人之愚哩。”谈之许久，卖货人执意不增。隶卒赌气，照数付价，拿了一半货物。刚要举步，卖货人那里肯依，只说“价多货少”，拦住不放。路旁走过两个老翁，作好作歹，从公评定，令隶卒照价拿了八折货物，这才交易而去。唐、多二人不觉暗暗点头。

走未数步，市中有个小军[13]，也在那里买物。小军道：“刚才请教贵价若干，老兄执意吝教[14]，命我酌量付给。及至遵命付价，老兄又怪过多。其实小弟所付业已刻减。若说过多，不独太偏，竟是‘达心之论’了。”卖货人道：“小弟不敢言价，听兄自付者，因敝货既欠新鲜，而且平常，不如别家之美。若论价值，只照老兄所付减半，已属过分，何敢谬领大价。”唐敖道：“‘货色平常’，原是买者之话；‘付价刻减’，本系卖者之话：那知此处却句句相反，另是一种风气。”只听小军又道：“老兄说那里话来！

小弟于买卖虽系外行，至货之好丑，安有不知。以丑为好，亦愚不至此。第以高货只取半价，不但欺人过甚，亦失公平交易之道了。”卖货人道：“老兄如真心照顾，只照前价减半，最为公平。若说价少，小弟也不敢辩，惟有请向别处再把价钱谈谈，才知我家并非相欺哩。”小军说之至再，见他执意不卖，只得照前减半付价，将货略略选择，拿了就走。卖货人忙拦住道：“老兄为何只将下等货物选去？难道留下好的给小弟自用么？我看老兄如此讨巧，就是走遍天下，也难交易成功的。”小军发急道：“小弟因老兄定要减价，只得委曲从命，略将次等货物拿去，于心庶可稍安。不意老兄又要责备。且小弟所买之物，必须次等，方能合用；至于上等，虽承美意，其实倒不适用了。”卖货人道：“老兄既要低货方能合用。这也不妨。但低货自有低价，何能付大值而买丑货呢？”小军听了，也不答言，拿了货物，只管要走。那过路人看见，都说小军欺人不公。小军难违众论，只得将上等货物、下等货物，各携一半而去。

二人看罢，又朝前进，只见那边又有一个农人买物。原来物已买妥，将银付过，携了货物要去。那卖货的接过银子仔细一看，用戥秤了一秤[15]，连忙上前道：“老兄慢走。银子平水都错了[16]。此地向来买卖都是大市中等银色，今老兄既将上等银子付我，自应将色扣去。刚才小弟秤了一秤，不但银水未扣，而且戥头过高。此等平色小事，老兄有余之家，原不在此；但小弟受之无因。请照例扣去。”农人道：“些须银色小事，何必锱铢较量[17]。既有多余，容小弟他日奉买宝货，再来扣除，也是一样。”说罢，又要走。卖货人拦住道：“这如何使得！去岁有位老兄照顾小弟，也将多余银子存在我处，曾言后来买货再算。谁知至今不见。各处寻他，无从归还。岂非欠了来生债么[18]？今老兄又要如此。倘一去不来，到了来生，小弟变驴变马归还先前那位老兄，业已尽够一忙，那里还有工夫再还老兄。岂非下一世又要变驴变马归结老兄？据小弟愚见：与其日后买物再算，何不就在今日？况多余若干，日子久了，倒恐难记。”彼此推让许久，农人只得将货拿了两样。作抵此银而去。卖货人仍口口声声只说“银多货少，过于偏枯”。奈农人业已去远，无可如何。忽见有个乞丐走过，卖货人自言自语道：“这个花子只怕就是讨人便宜的后身，所以今生有这报应。”一面说着，即将多余平色，用戥秤出，尽付乞丐而去。

唐敖道：“如此看来，这几个交易光景，岂非‘好让不争’一幅行乐图么[19]？我们还打听甚么！且到前面再去畅游。如此美地，领略领略风景，广广识见，也是好的。”

……

【毛泽东评点】

美国官方人士现在不但热心于中国的“和平”，而且一再表示，从一九四五年十二月莫斯科苏美英三国外长会议以来，美国就遵循着“不干涉中国内政的政策”。应该怎样来对付这些君子国的先生们呢？

——《将革命进行到底》，载《毛泽东选集》，第 4 卷，人民出版社 1991 年版，第 1377 页。

【注释】

（1）人烟辏（còu 凑）集，居民稠密。人烟，住户的炊烟。泛指人家。辏集，聚集。辏，车轮的辐集中于毂上。

（2）天朝，朝廷的尊称，后封建王朝对外自称天朝。此是中国人民在外国时，对自己祖国的称谓。

（3）老夫，古代老年人的自称。

（4）耕者让畔，农民让田界。畔，田界，地边。

（5）士庶，古指士大夫阶层和老百姓。

（6）隶卒，差役。

（7）恁（rèn 任）般，如此，这样。

（8）赏光，旧时会语。用于请对方接受自己的邀请或意见。

（9）仰体，体察上情。

（10）言无二价，货价说一不二。语本《后汉书 · 逸民 · 韩康》：“常采药名山，卖于长安市，口不二价，三十余年。”

（11）漫天要价，就地还钱，指旧时商业活动的讨价还价，卖方把售价要得很高，买方把价钱还得很低。漫天，无限度，无边际。比喻非常高。就地，比喻非常低。

（12）忠恕之道，儒家的一种道德规范。忠，尽心为人。恕，推己及人。《论语·里仁》："夫子之道，忠恕而已矣。"

（13）小军，士兵。

（14）吝教，舍不得指教。

（15）戥（děng 等）称，戥子，亦作"等子"。一种称量金银、药品等所用的小称。两头装盘或一头装盘。此指用戥子称银子。

（16）平水，用银子做货币，在兑换和买卖货物时，主要检查银子的重量和质量，然后据以计算价值。用天平、戥子去称，决定重量，叫作"平"；质量成分，叫作"水"，也叫作"色"。"平水"或"平色"指经过重量和质量的检查。

（17）锱铢（zī zhū 兹朱），古代重量名。铢，等于一两的二十四分之一，六铢为一锱。比喻极微小的数量。

（18）来生债，下一辈子的债务。这是古人的一种迷信说法。

（19）行乐（lè 勒）图，作游玩消遣状的人物图画，或经指肖像画。行乐，消遣娱乐，游戏取乐。

【赏析】

《镜花缘》中的唐敖、林之洋等人到海外经过的第一个国家是"君子国"。"君子国"在我国古代典籍中最早见于神话书《山海经》。在《海外东经》中写道：

"君子国在其北，衣冠带剑，食兽，使二大虎在旁，其人好让不争。有薰华草，朝生夕死。一曰在肝榆之尸北。"

《大荒东经》又写道：

"有东口之山，有君子之国，其人衣冠带剑。"

《镜花缘》就采取其中"其人好让不争"这一句话，写成了那样一个"礼乐之邦"的君子国。在君子国里，"耕者让畔，行者让路"，"士庶人等，无论富贵贫贱，举止言谈，莫不恭而有礼，也不愧'君子'二字"。君子国的市场交易中，卖主力争的是要付上等货，受低价；买主力争的却是要拿次等货，付高价。君子国的“国主向有严谕，臣民如将珠宝献进，除将本物烧毁，并问典刑。”《镜花缘》这样写君子国，反映了作者所生活的当时的中国社会，必然是市场盛行欺诈，贿赂公行。所以作者就借用君子国来做它的“乌托邦”。正如鲁迅在《中国小说史略》中所说：“例如君子国民情，甚受作者叹羡，然因让而争，矫伪已甚”，“不如作诙谐观，反有启颜之效也”。就是说，把它当作滑稽有趣的笑料来看，倒还有引人发笑的作用；如果硬要把它说成是什么最高理想，不仅有穿凿附会之嫌，而且会受其负面影响。

毛泽东同志正是把“君子国”里那些先生们的行为，当作口是心非，虚伪透顶的可笑典型来看待的，并用它比喻及讽刺玩弄“和平”阴谋的国民党反动派和积极帮助蒋介石发动反革命内战却自称“不干涉中国内政”的美国官方人士。1948 年 12 月 30 日，新华社发表毛泽东撰写的 1949 年新年献词《将革命进行到底》。当时，形势的发展，在中国人民面前提出了一个尖锐的问题：是将中国革命进行到底呢，还是使革命半途而废？毛泽东同志号召全国人民、各民主党派、各人民团体真诚合作，将革命进行到底。全党、全军和全国人民，在中国共产党和毛泽东同志的领导下，又用不到一年的时间，便夺取了全国胜利，建立了中华人民共和国，从此，中国历史翻开了新的一页。

《官场现形记》（清）李宝嘉

《官场现形记》，长篇小说。六十回。清末李宝嘉撰。写于1901年至1905年之间。它是一部专门暴露官场黑暗的小说，对中国封建社会趋于崩溃时期的官僚政治进行了总体解剖和透视，上自朝廷大臣，下至佐杂胥吏，全方位地摄入笔底，绘形绘影，穷形尽相，魑魅魍魉，无所遁形。这样一幅八表同昏的官场百丑图，写出了清末腐朽败坏的政治体制，卖官鬻爵的官场运行机制，无官不贪的做官信条，道德的沦丧，人心之叵测，乃至卖国求荣，等等，充分暴露了封建统治集团的腐败糜烂，愤怒控诉各级官吏祸国殃民的罪行，客观上反映了一些当时的社会矛盾，在思想上表现出改良主义倾向。

全书共写了三十几个官场故事。故事发生在十一个省，涉及大小官员上万人之多。全书由许多独立性的短篇故事连缀而成，缺乏中心人物和中心情节，不免有松散蔓衍之嫌，但不失为讽刺小说的佳构。写生妙肖、渲染细节是其所长，夸张、漫画式的讽刺手法的成功运用，使作品带上一种喜剧或闹剧色彩。

李宝嘉（1867—1906），又名宝凯，字伯元，别号南亭亭长、游戏主人、二春居士、讴歌变俗人等。清末小说家。祖籍江苏武进（今属常州市），出生于山东。三岁丧父，由伯父抚养。考举人不第。三十岁偕眷移居上海，先后办《指南报》《游戏报》《世界繁华报》等报纸杂志，所作小说，对清廷官吏的昏庸腐败和贪污受贿有所揭露，是谴责小说的代表作家。作有《官场现形记》《文明小史》《庚子国变弹词》等，亦擅长诗赋制艺。

【原文】

第五十三回　洋务能员但求形式　外交老手别具肺肠

话说老和尚把徐大军机送出大门登车之后[1]，他便踱到西书房来。原来洋人已走，只剩得尹子崇郎舅两个。他小舅爷正在那里高谈阔论，夸说自己的好主意，神不知，鬼不觉，就把安徽全省矿产轻轻卖掉。外国人签字不过是写个名字，如今这卖矿的合同，连老头子亦都签了名字在上头，还怕他本省巡抚说什么话吗[2]。就是洋人一面，当面瞧见老头子签字，自然更无话说了。

原来这事当初是尹子崇弄得一无法想，求教到他小舅爷。小舅爷勾通了洋人的翻译，方有这篇文章。所有朝中大老的小照[3]，那翻译都预先弄了出来给洋人看熟，所以刚才一见面，他就认得是徐大军机，并无丝毫疑意。合同例须两分，都是预先写好的。明欺徐大军机不认得洋字，所以当面请他自己写名字；因系两分，所以叫他写了又写。至于和尚一面，前回书内早已交代，无庸多叙。当时他们几个人同到了西书房，翻译便叫洋人把那两分合同取了出来，叫他自己亦签了字，交代给尹子崇一分，约明付银子日期，方才握手告别。尹于崇见大事告成，少不得把弄来的昧心钱除酬谢和尚、通事二人外[4]，一定又须分赠各位舅爷若干，好堵住他们的嘴。

闲文少叙。且说尹子崇自从做了这一番偷天换日的大事业[5]，等到银子到手，便把原有的股东一齐写信去招呼，说是“公司生意不好，吃本太重，再弄下去，实实有点撑不住了。不得已，方才由敝岳作主，将此矿产卖给洋人，共得价银若干。”除垫还他经手若干外，所剩无几，一齐打三折归还人家的本钱，以作了事。股东当中有几个素来仰仗徐大军机的，自然听了无甚说得，就是明晓得吃亏，亦所甘愿；有两个稍些强硬点的，听了外头的说话，自然也不肯干休。

常言说得好：“若要人不知，除非己莫为。”尹子崇既做了这种事情，所有同乡京官里面，有些正派的，因为事关大局，自然都派尹子崇的不是；有些小意见的，还说他一个人得了如许钱财，别人一点光没有沾着，他要一个人安稳享用，有点气他不过，便亦撺掇了大众出来同他说话[6]。专为此事，同乡当中特地开了一回会馆[7]，尹子崇却吓得没敢到场。后来又听听外头风声不好，不是同乡要递公呈到都察院里去告他[8]，就是都老爷要参他。他一想不妙，京城里有点站不住脚，便去催逼洋人，等把银子收清，立刻卷卷行李，叩别丈人，一溜烟逃到上海。恰巧他到上海，京城的事也发作了，竟有四位御史一连四个折子参他，奉旨交安徽巡抚查办。信息传到上海，有两家报馆里统通把他的事情写在报上，拿他骂了个狗血喷头。他一想，上海也存不得身，而且出门已久，亦很动归家之念，不得已，掩旗息鼓，径回本籍。他自己一人忖道："这番赚来的钱也尽够我下半世过活的。既然人家同我不对，我亦乐得与世无争，回家享用。"

于是在家一过过了两个多月，居然无人找他。他自己又自宽自慰，说道："我到底有'泰山'之靠[9]，他们就是要拿我怎样，总不能不顾老丈的面子，况且合同上还有老丈的名字，就是有起事情来，自然先找到老丈，我还退后一层，真正可以无须虑得。"一个人正在那里盘算，忽然管家传进一张名片，说是县里来拜。他听了这话，不禁心上一怔，说道："我自从回家，一直还没有拜过客，他是怎么晓得的？"既然来了，只得请见。这里执帖的管家还没出去，门上又有人来说："县里大老爷已经下轿，坐在厅上，专候老爷出去说话。"尹子崇听了，分外生疑。想要不出去见他，他已经坐在那里等候，不见是不成功的，转念一想道："横竖我有好靠山，他敢拿我怎样！"于是硬硬头皮，出来相见。谁料走到大厅，尚未同知县相见，只见门外廊下以及天井里站了无数若干的差人。尹子崇这一吓非同小可！

此时知县大老爷早已望见了他了，提着嗓子，叫了一声"尹子翁，兄弟在这儿。"尹子崇只得过来同他见面。知县是个老猾吏，笑嘻嘻的，一面作揖，一面竭力寒暄道[10]："兄弟直到今日才晓得子翁回府，一直没有过来请安，抱歉之至！"尹子崇虽然也同他周旋，毕竟是贼人胆虚，终不免失魂落魄，张皇无措。作揖之后，理应让客人炕上上首坐的，不料一个不留心，竟自己坐了上面。后来管家上来递茶给他，叫他送茶，方才觉得。脸上急得红了一阵，只得换座过来，越发不得主意了。

知县见此样子，心上好笑；便亦不肯多耽时刻，说道："兄弟现在奉到上头一件公事，所以不得不亲自过来一趟。"说罢，便在靴筒子当中抽出一角公文来。尹子崇接在手中一看，乃是南洋通商大臣的札子，心上又是一呆。及至抽出细瞧，不为别件，正为他卖矿一事，果然被四位都老爷联名参了四本，奉旨交本省巡抚查办。本省巡抚本不以他为然的，自然是不肯帮他说话。不料事为两江总督所知，以案关交涉，正是通商大臣的责任，顿时又电奏一本，说他擅卖矿产，胆大妄为，请旨拿交刑部治罪。上头准奏。电谕一到，两江总督便饬藩司遴选委员前往提人[11]。谁知这藩司正受过徐大军机栽培的，便把他私人、候补知县毛维新保举了上去。这毛维新同尹府上也有点渊源，为的派了他去，一路可以照料尹子崇的意思。等到到了那里，知县接着。毛维新因为自己同尹子崇是熟人，所以让知县一个人去的。及至尹子崇拿制台的公事看得一大半，已有将他拿办的说话，早已吓呆在那里，两只手拿着札子放不下来。

后来知县等得长久了，便说道："派来的毛委员现在兄弟衙门里。好在子翁同他是熟人，一路上倒有照应。轿子兄弟已经替子翁预备好了，就请同过去罢。"几句话说完，直把个尹子崇急得满身大汗，两只眼睛睁得如铜铃一般，吱吱了半天，才挣得一句道："这件事乃是家岳签的字，与兄弟并不相干。有什么事，只要问家岳就是了。"知县道："这里头的委曲，兄弟并不知道。兄弟不过是奉了上头的公事，叫兄弟如此做，所以兄弟不能不来。如果子翁有什么冤枉，到了南京，见了制台尽可分辨的[12]；再不然，还有京里。况且里头有了令岳大人的照应，谅来子翁虽然暂时受点委曲，不久就可明白的。现在时候已经不早了，毛某人明天一早就要动身的，我们一块去罢。"

尹子崇气的无话可说，只得支吾道："兄弟须得到家母跟前禀告一声；还有些家事须得料理料理。准今天晚上一准过去。"知县道："太太跟前，等兄弟派人进去替你说到了就是了。至于府上的事，好在上头还有老太太，况且子翁不久就要回来的，也可以不必费心了。"

尹子崇还要说别的，知县已经仰着头，眼睛望着天，不理他；又拖着嗓子叫："来啊！"跟来的管家齐齐答应一声"喳"[13]。知县道："轿夫可伺候好了？我同尹大人此刻就回衙门去。"底下又一齐答应一声，回称："轿夫早已伺候好了。"知县立刻起身，让尹子崇前头，他自己在后头，陪着他一块儿上轿。这一走，他自己还好；早听得屏门背后他一班家眷，本已得到他不好的消息，如今看他被县里拉了出去，赛如绑赴菜市口一般[14]，早已哭成一片了。尹子崇听着也是伤心，无奈知县毫不容情，只得硬硬心肠跟了就走。

霎时到得县里，与毛委员相见。知县仍旧让他厅上坐，无非多派几个家丁、勇役轮流拿他看守。至于茶饭一切相待，自然与毛委员一样。毕竟他是徐大军机的女婿，地方官总有三分情面，加以毛委员受了江宁藩台的嘱托，公义私情，二者兼尽，所以这尹子崇甚是自在。当天在县衙一宵，仍是自己家里派了管家前来伺候。第二天跟着一同由水路起身。在路晓行夜宿，非止一日，已到南京。毛委员上去请示，奉饬交江宁府经厅看管[15]，另行委员押解进京。搁下不表。

且说毛维新在南京候补，一直是在洋务局当差，本要算得洋务中出色能员。当他未曾奉差之前，他自己常常对人说道："现在吃洋务饭的，有几个能够把一部各国通商条约肚皮里记得滚瓜烂熟呢？但是我们于这种时候出来做官，少不得把本省的事情温习温习，省得办起事情来一无依傍。"于是单检了道光二十二年"江宁条约"抄了一遍[16]，总共不过四五张书，就此埋头用起功来，一念念了好几天，居然可以背诵得出。他就到处向人夸口，说他念熟这个，将来办交涉是不怕的了。后来有位在行朋友拿他考了一考，晓得他能耐不过如此，便驳他道："道光二十二年定的条约是老条约了，单念会了这个是不中用的。"他说："我们在江宁做官，正应该晓得江宁的条约。至于什么'天津条约'[17]、'烟台条约'[18]。且等我兄弟将来改省到那里，或是咨调过去，再去留心不迟。"那位在行朋友晓得他是误会，虽然有心要想告诉他，无奈见他拘墟不化[19]，说了亦未必明白，不如让他糊涂一辈子罢。因此一笑而散。

却不料这毛维新反于此大享其名，竟有两位道台在制台前很替他吹嘘说[20]："毛令不但熟悉洋务，连着各国通商条约都背得出的，实为牧令中不可多得之员。”制台道：“我办交涉也办得多了，洋务人员在我手里提拔出来的也不计其数，办起事情来，一齐都是现查书。不但他们做官的是如此，连着我们老夫子也是如此。所以我气起来，总朝着他们说：‘我老头子记性差了，是不中用的了。你们年轻人很应该拿这些要紧的书念两部在肚子里。’一天念熟一页，一年便是三百六十页，化上三年功夫，那里还有他的对手。无奈我嘴虽说破，他们总是不肯听。宁可空了打麻雀，逛窑子；等到有起事情来，仍然要现翻书起来，真正气人！今天你二位所说的毛令既然肯在这上头用功，很好，就叫他明天来见我。”

原来此时做江南制台的，姓文，名明，虽是在旗，却是个酷慕维新的[21]。只是一样：可惜少年少读了几句书，胸中一点学问没有。这遭总算毛维新官运亨通[22]，第二天上去，制台问了几句话，亏他东扯西拉，居然没有露出马脚，就此委了洋务局的差使。

这番派他到安徽去提人，禀辞的时候，他便回道：“现在安徽那边，听说风气亦很开通了。卑职此番前去，经过的地方，一齐都要留心考察考察。”制台听了，甚以为然。等到回来，把公事交代明白，上院禀见。制台问他考察的如何，他说：“现在安徽官场上很晓得维新了。”制台道：“何以见得？”他说：“听说省城里开了一片大菜馆，三大宪都在那里请过客[23]。”制台道：“但是吃吃大菜，也算不得开通。”毛维新面孔一板，道：“回大人的话：卑职听他们安徽官场上谈起那边中丞的意思说：凡百事情总是上行下效；将来总要做到叫这安徽全省的百姓，无论大家小户，统通都为吃了大菜才好。”制台道：“吃顿大菜，你晓得要几个钱？还要什么香槟酒、啤酒去配他。还有些酒的名字，我亦说不上来。贫民小户可吃得起吗？”

制台的话说到这里，齐巧有个初到省的知县，同毛维新一块进来的，只因初到省，不大懂得官场规矩，因见制台只同毛维新说话，不理他，他坐在一旁难过，便插嘴道：“卑职这回出京，路过天津、上海，很吃过几顿大菜，光吃菜不吃酒亦可以的。”他这话原是帮毛维新的。制台听了，心里老大不高兴，眼睛往上一愣，说：“我问到你再说。上海洋务局、省里洋务局，我请洋人吃饭也请过不止一次了，那回不是好几千块钱！

你晓得！”回头又对毛维新说道：“我兄弟虽亦是富贵出身，然而并非纨绔一流[24]，所谓稼穑之艰难[25]，尚还略知一二。”毛维新连忙恭维道：“这正是大帅关心民瘼[26]，才能想得如此周到。”

文制台道：“你所考察的，还有别的没有？”毛维新又回道：“那边安庆府知府饶守的儿子同着那里抚标参将的儿子，一齐都剪了辫子到外洋去游学[27]。恰巧卑职赶到那里，正是他们剃辫子的那一天。首府饶守晓得卑职是洋务人员，所以特地下帖邀了卑职去同观盛典。这天官场绅士一共请了三百多位客。预先叫阴阳生挑选吉时[28]。阴阳生开了一张单子，挑的是未时剃辫大吉[29]。所请的客，一齐都是午前穿了吉服去的，朝主人道过喜，先开席坐席。等到席散，已经到了吉时了。只见饶守穿着蟒袍补褂，带领着这位游学的儿子，亦穿着靴帽袍套，望空设了祖先的牌位，点了香烛，他父子二人前后拜过，禀告祖先；然后叫家人拿着红毡，领着少爷到客人面前，一一行礼，有的磕头，有的作揖。等到一齐让过了，这才由两个家人在大厅正中摆一把圈身椅，让饶守坐了；再领少爷过来，跪在他父亲面前，听他父亲教训。大帅不晓得；这饶守原本只有这一个儿子；因为上头提倡游学，所以他自告奋勇，情愿自备资斧，叫儿子出洋。所以这天抚宪同藩、臬两司以及首道，一齐委了委员前来贺喜。只可怜他这个儿子今年只有十八岁，上年腊月才做亲，至今未及半年，就送他到外洋去。莫说他小夫妇两口子拆不开，就是饶守自己想想，已经望六之人了，膝下只有一个儿子，怎么舍得他出洋呢。所以一见儿子跪下请训，老头子止不住两泪交流，要想教训两句，也说不出话了。后来众亲友齐说：‘吉时已到，不可错过，世兄改装也是时候了。’只见两个管家上来，把少爷的官衣脱去，除去大帽，只穿着一身便衣；又端过一张椅子，请少爷坐了。方传剃头的上来，拿盆热水，揿住了头，洗了半天，然后举起刀子来剃。谁知这一剃，剃出笑话来了：只见剃头的拿起刀来，磨了几磨，哗擦擦两声响，从辫子后头一刀下去，早已一大片雪白的露出来了。幸亏卑职看得清切，立刻摆手，叫他不要再往下剃，赶上前去同他说：‘再照你这样剃法，不成了个和尚头吗？外国人虽然是没有辫子，何尝是个和尚头呢？’当时在场的众亲朋以及他父亲听卑职这一说，都明白过来，一齐骂剃头的，说他不在行，不会剃。剃头的跪在地下，索索的抖，说：‘小的自小吃的这碗饭，实在没有瞧见过剃辫子是应该怎么样剃的。小的总以为既然不要辫子，自然连着头发一块儿不要，所以才敢下手的。现在既然错了，求求大老爷的示，该怎么样，指教指教小的。’卑职此时早已走到饶守的儿子跟前，拿手撩起他的辫子来一看，幸亏剃去的是前刘海，还不打紧。便叫他们拿过一把剪刀来，由卑职亲自动手，先把他辫子拆开，分作几股。一股一股的替他剪去了，底下还替他留了约摸一寸多光景，再拿刨花水前后刷光，居然也同外国人一样了。大帅请想：他们内地真正可怜，连着出洋游学想要去掉辫子这些小事情，都没有一个在行的。幸亏卑职到那里教给他们，以后只好用剪刀剪，不好用刀子剃，这才大家明白过来，说卑职的法子不错。当天把个安庆省城都传遍。听说参将的儿子就是照着卑职的话用剪刀的。第二天卑职上院见了那边中丞，很蒙奖励，说：‘到底你们江南无辫子游学的人多，这都是制宪的提倡，我们这里还差着远哩。’”

文制台听了别人说他提倡学务，心上非凡高兴。当时只因谈的时候长久了，制台要紧吃饭，便道：“过天空了我们再谈罢。”说完，端茶送客。毛维新只得退出，赶着又上别的司、道衙门，一处处去卖弄他的本领。不在话下。

且说这位制台本是个有脾气的，无论见了什么人，只要官比他小一级，是他管得到的，不论你是实缺藩台，他见了面，一言不合，就拿顶子给人碰，也不管人家脸上过得去过不去。藩台尚且如此，道、府是不消说了，州、县以下更不用说了；至于在他手下当差的人甚多，巡捕[30]、戈什[31]，喝了去，骂了来，轻则脚踢，重则马棒，越发不必问的了。

且说有天为了一件甚么公事，藩台开了一个手折拿上来给他看。他接过手折，顺手往桌上一撩，说道：“我兄弟一个人管了这三省事情，那里还有工夫看这些东西呢！你有什么事情，直截痛快的说两句罢。”藩台无法，只得捺定性子，按照手折上的情节约略择要陈述一遍。无如头绪太多，断非几句话所能了事，制台听到一半，又听得不耐烦了，发狠说道：“你这人真正麻烦！兄弟虽然是三省之主，大小事情都照你这样子要我兄弟管起来，我就是三头六臂也来不及！”说着，掉过头去同别位道台说话，藩台再要分辨两句他也不听了。藩台下来，气的要告病，幸亏被朋友们劝住的。

后来不多两日，又有淮安府知府上省禀见[32]。这位淮安府乃是翰林出身[33]，放过一任学台[34]，后来又考取御史[35]，补授御史，京察一等放出来的[36]。到任还不到一年，齐巧地方上出了两件交涉案件，特地上省见制台请示；恐怕说的不能详细，亦就写了两个节略，预备面递。等到见了面，同制台谈过两句，便将开的手折恭恭敬敬递了上去[37]。制台一看是手折，上面写的都是黄豆大的小字，便觉心上几个不高兴；又明欺他的官不过是个四品职分，比起藩台差远了，索性把手折往地下一摔，说道：“你们晓得我年纪大，眼睛花，故意写了这小字来蒙我！”那淮安府知府受了他这个瘪子，一声也不响。等他把话说完，不慌不忙，从从容容的从地下把那个手折拾了起来；一头拾，一头嘴里说：“卑府自从殿试[38]、朝考以及考差[39]、考御史，一直是恪遵功令，写的是小字；皇上取的亦就是这个小字。如今做了外官，倒不晓得大帅是同皇上相反，一个个是要看大字的，这个只好等卑府慢慢学起来。但是今时这两件事情都是刻不可缓的，所以卑府才赶到省里来面回大帅；若等卑府把大字学好了，那可来不及了。”

制台一听这话，便问：“是两件什么公事？你先说个大概。”淮安府回道：“一件为了地方上的坏人卖了块地基给洋人，开什么玻璃公司，一桩是一个包讨债的洋人到乡下去恐吓百姓，现在闹出人命来了。”

制台一听，大惊失色道：“这两桩都是个关系洋人的，你为什么不早说呢？快把节略拿来我看！”淮安府只得又把手折呈上。制台把老花眼镜带上，看了一遍。淮安府又说道：“卑职因为其中头绪繁多，恐怕说不清楚，所以写好了节略来的。况且洋人在内地开设行栈，有背约章；就是包讨账，亦是不应该的，况且还有人命在里头。所以卑府特地上来请大帅的示，总得禁阻他来才好。”

制台不等他说完，便把手折一放。说：“老哥，你还不晓得外国人的事情是不好弄的么？地方上百姓不拿地卖给他，请问他的公司到那里去开呢？就是包讨账，他要的钱，并非要的是命。他自己寻死，与洋人何干呢？你老兄做知府，既然晓得地方有这些坏人，就该预先禁止他们，拿地不准卖给外国人才是。至于那个欠账的，他那张借纸怎么会到外国人手里？其中必定有个缘故。外国人顶讲情理，决不会恁空诈人的。而且欠钱还债，本是分内之事，难道不是外国人来讨，他就赖着不还不成？既然如此，也不是什么好百姓了。现在凡百事情，总是我们自己的官同百姓都不好，所以才会被人家欺负；等到事情闹糟了，然后往我身上一推，你们算没有事了。好主意！”

原来这制台的意思是：“洋人开公司，等他来开；洋人来讨账，随他来讨。总之：在我手里，决计不肯为了这些小事同他失和的。你们既做我的属员，说不得都要就我范围，断断乎不准多事。”所以他看了淮安府的手折，一直只怪地方官同百姓不好，决不肯批评洋人一个字的。淮安府见他如此，就是再要分辨两句，也气得开不出口了。制台把手折看完，仍旧摔还给他。淮安府拾了，禀辞出去，一肚皮没好气。

正走出来，忽见巡捕拿了一张大字的片子，远望上去，还疑心是位新科的翰林。只听那巡捕嘴里叽哩咕噜的说道：“我的爷！早不来，晚不来，偏偏这时候他老人家吃着饭他来了。到底上去回的好，还是不上去回的好？”旁边一个号房道：“淮安府才见了下来，只怕还在签押房里换衣服(40)，没有进去也论不定。你要回，赶紧上去还来得及。别的客你好叫他在外头等等，这个客是怠慢不得的！”那巡捕听了，拿了片子，飞跑的进去了。这里淮安府自回公馆不题。

且说那巡捕赶到签押房，跟班的说：“大人没有换衣服就往上房去了。”巡捕连连跺脚道：“糟了！糟了！”立刻拿了片子又赶到上房。才走到廊下，只见打杂的正端了饭菜上来。屋里正是文制台一迭连声的骂人，问为什么不开饭。巡捕一听这个声口，只得在廊檐底下站住。心上想回，因为文制台一到任，就有过吩咐的，凡是吃饭的时候，无论什么客人来拜，或是下属禀见，统通不准巡捕上来回，总要等到吃过饭，擦过脸再说；无奈这位客人既非过路官员，亦非本省属员，平时制台见了他还要让他三分，如今叫他在外面老等起来，决计不是个道理；但是违了制台的号令，倘若老头子一翻脸，又不是玩的：因此拿了名帖，只在廊下盘旋，要进又不敢进，要退又不敢退。

正在为难的时候，文制台早已瞧见了，忙问一声；“什么事?”巡捕见问，立刻趋前一步，说了声“回大帅的话：有客来拜。”话言未了，只见拍的一声响，那巡捕脸上早被大帅打了一个耳刮子。接着听制台骂到：“混账王八蛋！我当初怎么吩咐的！凡是我吃着饭，无论什么客来，不准上来回。你没有耳朵，没有听见！”说着，举起腿来又是一脚。那巡捕挨了这顿打骂，索性泼出胆子来，说道：“因为这个客是要紧的，与别的客不同。”制台道：“他要紧，我不要紧！你说他与别的客不同，随你是谁，总不能盖过我！”巡捕道：“回大帅：来的不是别人，是洋人。”那制台一听“洋人”二字，不知为何，顿时气焰矮了大半截，怔在那里半天。后首想了一想，蓦地起来，拍挞一声响，举起手来又打了那巡捕一个耳刮子；接着骂道：“混账王八蛋！我当是谁！原来是洋人！洋人来了，为什么不早回，叫他在外头等了这半天?”巡捕道：“原来赶着上来回的，因见大帅吃饭，所以在廊下等了一回。”制台听完，举起腿来又是一脚，说道：“别的客人不准回，洋人来，是有外国公事的，怎么好叫他在外头老等？糊涂混账！还不快请进来！”

那巡捕得了这句话，立刻三步并做二步，急忙跑了出来。走到外头，拿帽子探了下来，往桌子上一摔，道：“回又不好，不回又不好！不说人头，谁亦没有他大，只要听见‘洋人’两个字，一样吓的六神无主了！但是我们何苦来呢！掉过去，一个巴掌！翻过来，又是一个巴掌！东边一条腿，西边一条腿！老老实实不干了！”正说着，忽然里头又有人赶出来一迭连声的叫唤，说：“怎么还不请进来！……”那巡捕至此方才回醒过来，不由的仍旧拿大帽子合在头上，拿了片子，把洋人引进大厅。此时制台早已穿好衣帽，站在滴水檐前预备迎接了。

原来来拜的洋人非是别人，乃是那一国的领事[41]，你道这领事来拜制台为的什么事？原来制台新近正法了一名亲兵小队。制台杀名兵丁，本不算得大不了的事情；况且那亲兵亦必有可杀之道，所以制台才拿他如此的严办。谁知这一杀，杀的地方不对：既不是在校场上杀的，亦不是在辕门外杀的，偏偏走到这位领事公馆旁边就拿他宰了。所以领事大不答应，前来问罪。

当下见了面，领事气愤愤的把前言述了一遍，问制台为什么在他公馆旁边杀人，是个什么缘故。幸亏制台年纪虽老，阅历却很深，颇有随机应变的本领；当下想了一想，说道："贵领事不是来问我兄弟杀的那个亲兵？他本不是个好人，他原是'拳匪'一党[42]。那年北京'拳匪'闹乱子，同贵国及各国为难，他都有分的。兄弟如今拿他查实在了，所以才拿他正法的。"领事道："他既然通'拳匪'，拿他正法亦不冤枉。但是何必一定要杀在我的公馆旁边呢？"制台想了一想，道："有个原故：不如此，不足以震服人心。贵领事不晓得这'拳匪'乃是扶清灭洋的，将来闹出点子事情来，一定先同各国人及贵国人为难，就是于贵领事亦有所不利。所以兄弟特地想出一条计来，拿这人杀在贵衙署旁边，好教他们同党瞧着或者有些怕惧。俗语说得好，叫做'杀鸡骇猴'，拿鸡子宰了，那猴儿自然害怕。兄弟虽然只杀得一名亲兵，然而所有的'拳匪'见了这个榜样，一定解散，将来自不敢再同贵领及贵国人为难了。"领事听了他如此一番说话，不由得哈哈大笑，奖他有经济，办得好，随又闲谈了几句，告辞而去。

制台送客回来，连要了几把毛巾，把脸上、身上擦了好几把，说道："我可被他骇得我一身大汗了！"坐定之后，又把巡捕、号房统通叫上来，吩咐道："我吃着饭，不准你们来打岔，原说的是中国人。至于外国人，无论什么时候，就是半夜里我睡了觉，亦得喊醒了我，我决计不怪你们的。你们没瞧见刚才领事进来的神气，赛如马上就要同我翻脸的；若不是我这老手三言两语拿他降伏住，还不晓得闹点什么事情出来哩。还搁得住你们再替我得罪人吗！所以凡是洋人来拜，随到随请！记着！"巡捕、号房统通应了一声"是"。

制台正要进去，只见淮安府又拿着手本来禀见，说有要紧公事面回；并有刚刚接到淮安来的电报，直须得当面呈看。制台想了想，肚皮里说道："一定仍旧是那两件事。但不知这个电报来，又出了点什么岔子？"本来是懒怠见他的；不过因内中牵涉了洋人，实在委决不下，只得吩咐说"请"。

霎时淮安府进来，制台气吁吁的问道："你老哥又来见我做什么？你说有什么电报，一定是那班不肖地方官又闹了点什么乱子，可是不是？"淮安府道："回大帅的话：这个电报却是个喜信。"制台一听"喜信"二字，立刻气色舒展许多，忙问道："什么喜信？"淮安府道："卑府刚才蒙大人教训，卑府下去回到寓处，原想照着大人的吩咐，马上打个电报给清河县黄令；谁知他倒先有一个电报给卑府，说玻璃公司一事，外国人虽有此议，但是一时股分不齐，不会成功。现在那洋人接到外洋的电报，想先回本国一走，等到回来再议。"制台道："很好！他这一去，至少一年半载。我们现在的事情，过一天是一天，但愿他一直耽误下去，不要在我手里他出难题目给我做，我就感激他了。那一桩呢？"

淮安府道："那一桩原是洋人的不是，不合到内地来包讨账。"制台一听他说"洋人不是"，口虽不言，心下却老大不以为然，说："你有多大能耐，就敢排揎起洋人来！"于是又听他往下讲道："地方上百姓动了公愤，一哄而起。究竟洋人势孤，……"制台听到这里，急的把桌子一拍道："糟了！一定是把外国人打死了！中国人死了一百个也不要紧；如今打死了外国人，这个处分谁耽得起！前年为了'拳匪'杀了多少官，你们还不害怕吗？"淮安府道："回大帅的话，卑府的话还未说完。"制台道："你快说！"淮安府道："百姓虽然起了一个哄，并没有动手，那洋人自己就软下来了。"

制台绉着眉头，又把头摇了两摇，说道："你们欺负他单身人，他怕吃眼前亏，暂时服软，回去告诉了领事，或者进京告诉了公使，将来仍旧要找咱们倒蛋的。不妥！不妥！"淮安府道："实实在在是他自己晓得自己的错处，所以才肯服软的。"制台道："何以见得？"淮安府道："因为本地有两个出过洋的学生，是他俩听了不服，哄动了许多人，同洋人讲理；洋人说他不过，所以才服软的。"

制台又摇头道："更不妥！这些出洋回来的学生真不安分！于他毫不相干，就出来多事。地方官是昏蛋！难道就随他们吗？"淮安府道："他俩不过找那洋人讲理，并没有滋事。虽然哄动了许多人跟着去看，并非他二人招来的。"制台道："你老哥真不愧为民之父母！你总帮好了百姓，把自己百姓竟看得没有一个不好的，都是他们洋人不好。我生平最恨的就是这班刁民！动不动聚众滋事，挟制官长！如今同洋人也是这样。若不趁早整顿整顿，将来有得缠不清楚哩！你且说那洋人服软之后怎么样？”淮安府道：“洋人被那两个学生一顿批驳，说他不该包讨账，于条约大有违背；如今又逼死了人命；我们一定要到贵国领事那里去告的。”

制台听了，点了点头道：“驳虽驳得有理，难道洋人怕他们告吗？就是告了，外国领事岂有不帮自己人的道理。”淮安府道：“谁知就此三言两语，那洋人竟其顿口无言，反倒托他通事同那苦主讲说，欠的账也不要了，还肯拿出几百银子来抚恤死者的家属，叫他们不要告罢。”制台道：“咦！这也奇了！我只晓得中国人出钱给外国人是出惯的，那里见过外国人出钱给中国人。这话恐怕不确罢？”淮安府道：“卑府不但接着电报是如此说，并有详信亦是刚才到的。”制台道：“奇怪！奇怪！他们肯服软认错，已经是难得了；如今还肯抚恤银子，尤其难得。真正意想不到之事！我看很应该就此同他了结。你马上打个电报回去，叫他们赶紧收篷，千万不可再同他争论别的。所谓‘得风便转’。他们既肯陪话，又肯化钱，已是莫大的面子。我办交涉也办老了，从没有办到这个样子。如今虽然被他们争回这个脸来，然而我心上倒反害怕起来。我总恐怕地方上的百姓不知进退，再有什么话说，弄恼了那洋人，那可万万使不得！俗语说得好，叫做‘得意不可再往’。这个事可得责成你老哥身上。你老哥省里也不必耽搁了，赶紧连夜回去，第一弹压住百姓，还有那什么出洋回来的学生，千万不可再生事端；二则洋人走的时候，仍得好好的护送他出境。他一时为理所屈，不能拿我们怎样，终究是记恨在心的，拿他周旋好了，或者可以解释解释。我说的乃是金玉之言，外交秘诀。老哥，你千万不要当做耳旁风！你可晓得你们在那里得意，我正在这里提心吊胆呢？”淮安府只得连连答应了几声“是”。然后端茶送客。要知后事如何，且听下回分解。

【毛泽东评点】

有些小说如《官场现形记》，光写黑暗，鲁迅称之为谴责小说。只揭露黑暗，人们不喜欢看。

——《毛泽东1962年8月11日在北戴河中央工作会议核心小组会上的谈话》，载龚育之等：《毛泽东的读书生活》，生活、读书、新知三联书店1986年版，第224页。。

《光明日报》批评李伯元《官场现形记》《二十年目睹之怪现状》，批评得好，把大是大非讲清楚了。这是清朝末年的小说，是暴露黑暗的。总之，所谓谴责小说，给人家的印象是不好的，是反对革命的，是反孙中山一派的，赞成保皇的，要地主阶级继续专政，但要修理一下，改良一下，是没落阶级的，是保皇党。

——《毛泽东1966年3月20日在杭州一次小型会议上的讲话》，载见穆欣《办〈光明日报〉十年自述》，中央党史出版社1994年版，第168页。

【注释】

（1）军机，此指军机大臣。清代设有辅佐皇帝处理政务的机构叫军机处，由亲王、大学生、尚书、侍郎或京堂充任军机大臣。

（2）巡抚，官名，清代的巡抚为省级地方政府长官，总揽一省的军事、吏治、刑狱等，地位略次于总督。

（3）小照，肖像。

（4）通事，旧称翻译人员。

（5）偷天换日，比喻暗中改变事物的真相来欺骗、蒙混别人。

（6）撺掇（cuān duō 氽多），劝诱，怂恿。

（7）会馆，旧时同省、同府、同县或同业的人在京城、省城或国内外大商埠设立的机构，主要以馆址的房屋供同乡、同业聚会或寄居。

（8）都察院，官署名，清代以左都御史、左都御副史为主官，右都御史、右都御副史则专作学总督、巡抚的加衔；裁撤佥都御史。

（9）泰山，旧时称妻父为“泰山”，即岳父，俗呼丈人。

（10）寒暄，问候起居寒暖的客套话。

（11）两江总督，江苏、江西总督。总督，官名。清代为地方最高行政长官，综理军民要政，为正二品官。藩司，即布政司，清代专管一省的财赋和人事。

（12）制台，即制军，清代对总督的称呼。

（13）“喳”（zhā 乍），清满族应答的习惯用语。

（14）菜市口，北京街道名，清代行刑之所。

（15）江宁，南京的旧称。

（16）道光二十二年“江宁条约”，即1842年中英签订的不平等的中英《南京条约》。道光，清宣宗旻宁的年号（1821—1850）。

（17）天津条约，指第二次鸦片战争之后，中国与英、法、德、俄四国先后于1858年签订的不平等的《天津条约》。

（18）烟台条约，即《滇案条约》或《芝罘条约》。1876年中国与英国签订的不平等条约。

（19）拘墟不化，比喻孤处一隅，见闻狭隘。

（20）道台，道员的别称。道员，清代为省以下，州、府以上的高级行政长官。

（21）维新，语出《诗经·大雅·文王》：“周虽旧邦，其命维新。”维，助词。维新即新。后称变旧法而行新政为“维新”。

（22）官运亨通，做官十分顺利，不断升迁。运，机遇或所谓运气。亨通，顺利。

（23）三大宪，清代地方官员对抚台（巡抚）、藩台（布政使）、臬台（提刑按察使）的合称。

（24）纨绔之流，贵族子弟。纨绔，古代贵族子弟所穿的细绢裤。

（25）稼穑（sē 啬），播种和收获，泛指农业劳动。

（26）民瘼（mò 莫），民众疾苦。瘼，病，疾苦。

（27）游学，即留学。

（28）阴阳生，又叫阴阳先生。旧指以星相、占卜、相宅、相墓、圆梦等为业的人。

（29）未时，十二时辰之一，十三时至十五时。

（30）巡捕，清代各省督抚衙门有巡捕官，是督军或将军的随从官，分文职和武职，各司传宣或护卫。

（31）戈什，即戈什哈，满语。清代高级官员的侍从护卫。

（32）淮安府，治所在今江苏淮安。

（33）翰林，翰林学士。清代翰林院的属官，如侍读学士、侍讲学士、侍读、诗讲、修撰、编修、检讨等。

（34）学台，清代学政的俗称。

（35）御史，官名，专主纠察，清有监察御史，分道行使纠察。

（36）京察，明清定期考核京官的制度。清代三年考核一次，在京的称“京察”。

（37）手折，又作“手摺”，旧时随手记事或申述意见、禀陈公事的折子。

（38）殿试，科举考试的最高一级。皇帝亲临殿廷测试，也叫廷试。

（39）朝考，清代科举制度。凡新科进士引见前，由皇帝再考试一次，称朝考。朝考后即可授官。

（40）签押房，指旧时官府中主管长官的办公室。

（41）领事，由一国政府派驻外国某一城市或地区的外交官员，其任务是保护本国及其侨民在该领事区内法律权利和经济利益，管理侨民事务等。

（42）“拳匪”一党，对我国清末北方人民自发组织的反对帝国主义侵略的团体义和团的诬蔑性称呼。原名“义和拳”，因初以设厂练拳的方式组织群众而得名。最初的口号是反清灭洋，被清代统治者利用后改为“扶清灭洋”。

【赏析】

在本回中作者集中写了三个人物：尹子崇、毛维新和文明。三人官阶不同，面目各异，各有各的钻营腐败之态，各有各的为官生财之道。作者淋漓尽致地刻画了他们对内欺压人民，对外丧权辱国的卑鄙龌龊的洋奴相。

尹子崇是朝廷重臣徐大军机的三女婿，花银子捐的郎中，连个便条也不会写。但却捣鬼有术，他勾结老和尚、小舅爷以及洋人的翻译，施展偷天换日之术，便把安徽省所有矿产权卖给了洋人，他自己得了十万两银子。惹起公愤，同乡欲递公呈往都察院去告，京城四个御史参他。他从京城溜到上海，后又窜回老家。上边要把他交藩台押解京城治罪，但藩台大人和行捕的洋务委员都受过徐大军机的栽培，自然要给他留“三分情面”。他有恃无恐，说：“横竖我有好靠山，他敢拿我怎样？”看来这个卖国贼还是可以逍遥法外的。

洋务委员毛维新更是一个现世宝。经两位道台替他吹嘘举荐，正二品制台大老爷加以擢用的这位“不可多得之员”，原来只会背诵道光二十二年的《江宁条约》，“说他念熟这个，将来办外交是不怕的了”。原来是他把《江宁条约》《天津条约》《烟台条约》之“江宁”“天津”“烟台”都误认为是条约适用的地域范围。

如果说毛维新不学无术，那到安徽考察的“见识”就更是荒唐了。他发现“安徽官场上级晓得维新了”，其证据是：“省城里开了一片大菜馆，三大宪都在那里请过客。”“吃大菜，下馆子”，就是“维新”，就是这位洋务委员对“维新”的理解。毛维新到底还是露了一手：安庆府知府的儿子和抚标参将的儿子要出国留学，请个师傅剃发辫，差点剃新“和尚头”，幸得毛维新及时制止，并亲自动手，那两个人“居然也同外国人一样了”。毛维新这种无德无能之人被重用，说明了清王朝官场的无人。

至于制台大人文明，两江总督，“酷慕维新”，又是“外交老手”，十分了得。对下属，张口就骂，抬手就打，藩台把事情写成折子呈来，他说是想“累死上司”；知府呈上手折，他干脆摔在地上；最倒霉的是巡捕去汇报，上头一耳光子，下头就是一脚，骂不绝口。他的侍从不听话，被诬为“拳匪”杀掉了，至于“不知进退”的老百姓，当然只有弹压了。

说到洋人，文制台和对待下属及老百姓，简直判若两人。一，敬之若神。洋人来访，马上就见；洋人诘问，千万不能顶撞；凡事先敬他三分，看他还有什么话可说。二，畏之如虎。文制台是深知“中国人出钱给外国人是出惯的”，至于人命，“中国人死了一百个也不要紧，如今打死了外国人，这个处分谁躲得起”？三，温顺如羊。”第一弹压住百姓，还有那什么出洋回来的学生，千万不可要生事端；二则洋人走的时候，仍得好好护送他们出境……”凡事顺着洋人，主动为洋人着想，这就是他的“金玉之言，外交秘诀”。一副崇洋媚外的丑恶嘴脸。

总之，尹子崇、毛维新、文明这三个民族败类形象的塑造。作者笔无藏锋，揭露了官场的黑暗、腐败，抨击了存在着这样一个官场的腐败社会，让这样一个官场出原形，暗示清王朝必将走向灭亡的历史命运。这便是谴责小说的社会效益之所在。

作者笔下的清朝官员，不学无术，作威作福，欺压百姓，草菅人命，丧权辱国，崇洋媚外，真是坏事干绝；“洪洞县是无好人”，整个官场都没落了，腐败了，毫无生气，这样的一群人治理下的中国，还有什么希望呢？所以，正像毛泽东指出的，谴责小说“只揭露黑暗，人们不喜欢看”，因为人总是要有点希望的。

《笑话新谈》 （清）佚名

《笑话新谈》，20世纪70年代，一批国学经典通过细致审定，精心排校，印刷成为线装大字本，专供毛泽东等中央领导同志阅读，其中就包括《笑话新谈》。本书精选民间传统笑话百余篇，语言风趣，文笔简练，配以丰富的插图，以幽默讽刺的视角勾画了一幅从文人百官到市井小贩的清末众生相，展现了民国生活和民间智慧。全书一函四册，后由华龄出版社2013年9月出版。

【原文】

怕老婆

有甲乙二人，素好惧内[(1)]，偏背妻子面好大言。一日，甲乙二人均会宴于某处。甲曰："余回家时，老婆多跪，侍奉起居甚谨，稍一触我，则拳足交加，妻无怨言。"

乙曰："君不过如此。我之夫纲[(2)]，较君尤严。"众问故。曰："非但奉我惟谨惟慎，我外出时，曾代我养三四子也（盖其妻有外遇，乙不敢言故也）。"众称是。酒阑各归。

一日，甲约乙饮于其室，至久不见酒肴出。乙诧异问故。忽见甲妻手举棍叱之曰："米珠薪桂作甚乐[(3)]，还不与我跪下！"甲不觉而膝屈矣。正吵闹间，忽外来一妇，势甚汹汹，劈面与乙两个耳光，拉乙耳曰："还不与老娘滚回去，把老娘马桶倒倒，倘再在此鬼混，老娘一定把你这个乌龟打死呢[(4)]！"

请教令尊

某先生在一乡户人家训蒙。一日，东家走进书房，向先生问道："请问先生，人家说客气话，每每开口便问人家令尊怎样[5]。请教令尊是指的一个甚么人？"

先生一听，好生发笑，暗骂这一个初世为人，连令尊都不知是甚么人称呼。我且拿他取笑取笑，想罢便回道："这个称呼是常用的，就是指的人家儿子。"

东家信以为真。便同先生客气道："请问先生，你家有几个令尊呢？"

先生见问暗恨道：不好，反被他取笑起来了。连忙把脸一沉，回答道："我家没有令尊。"

东家见他有带怒的样子，知道先生嫌烦，便格外亲热道："先生没有令尊，不用作烦。我家儿子多得很呢，过继几个给先生做令尊罢了。"

没上没下

一富翁妻妾两个，妻多财，而富翁反宠妾，家中不许仆婢提一个小字。

时将晚饭，富翁叫一初来的娘姨取只碗来。娘姨不知他家的规矩，便问道："老爷要大碗还是要小碗？"

富翁作色道："你拿一只碗来算了，问甚么大小？我家屋里，不但物件不分大小，连人也没有大小之分的。"

妻子一听，晓得丈夫有心压制自己，心中气他不过，刚刚一把酒壶不曾拿出，富翁便叫妻子到房中去取。其妻想了一个报复的方法。走去将一把尿壶拿来，向桌上一放。富翁道："你这怎么？"妻子道："你说怎么？你既没大没小，我也没上没下。请你将就些喝喝罢。"

先生昼寝

教读先生，白日最爱睡觉。学生功课，日见荒疏。东家忧之。

一日来书房闲谈，问先生现在所讲何书。先生曰："《论语》。"东家曰："请先生讲宰予昼寝一章与学生听[6]。"

先生已知其意。乃讲曰："宰，杀也。予，我也。寝，睡也。"东家曰："先生讲错了。宰予，乃人名。分开讲，岂不是割裂语义吗？"先生曰："东家倒不必如此费心。我就与你说明了罢，你就是要宰了我也是要昼寝的。"

财神不错

一富翁贪心不足，还想发财。心中想道，如今发财的门径，快当不过，是打发财票。但又虑没甚把握。忽生一计，我何不到财神庙里求神问签？菩萨许我买[7]，我就买；菩萨不许我买，我就不买。

这年由正月起，他每月初一，就跑到财神庙去问签[8]。不料都是好签，整整买了一年十二个月，却一次连小彩都不曾得过。心中大忿，走至财神庙去，对着财神，怒骂了一阵。

晚间到了睡觉，见那财神菩萨走来理论道："你这无知的畜生，我不曾见罪于你；你因何到我庙中破口詈骂。"

那人一见，毛骨悚然，只得辩解道："尊神勿怪，小人放肆。只因尊神骗小人买了一年发财票，洋银白白地丢去几百，心中气闷不过，所以才这样无理的。"

财神道："你不要怪人。你流年本上，派有这一笔破财，所以才这样的。"说着便将簿册查出，给他细看。见上面写得清清楚楚，某月派破财若干，某月派破财若干，一些不错。

那人看过，辩道："想来还是尊神无理，既是小人应派破财，尊神何以发些好签，说小人派发财呢？"

财神一听大笑道："痴汉！我不说你派发财，你倒没得财破了。"

王八蛋

某庙和尚善滑稽。邻居一狂生，妻死，便请临庙这和尚斋忏三斋礼七。一应已毕[9]，和尚去讨经钱，不但分文不给，反说怎样草率，怎样不诚，批削了无数的坏话。这和尚一因庵邻，又晓得这人是个狂生，也只得认晦气，由他去了。但心中吃了这个大亏，真是没处叫屈。

到了夏日，这狂生领了几个朋友，到庵中避暑。和尚没法，还要忍住气出来应酬，恭维茶水。狂生向和尚道："我闻汝诙谐入妙，难得避暑无事，可请说一个笑话，给我们听听。"

和尚始不愿说，被他再三缠绕，心中一想，便说道："是凡笑话，难免不得罪人。"和尚招呼在先道："老爷无嫌无疑，小僧才敢说呢。"狂生道："那个自然。"和尚道："某和尚不识草字。有一姓王的施食，当斋的名叫人亘。王家便将名号生年死月，开了个草稿送来，定了焰口。偏偏遇着这不识草字的和尚写文意。他将人亘二字。写成个八旦，到了宣文的时候，那宣文和尚，只晓得照本宣扬，便念道：'皇清显考当斋亡命王八旦[10]。'斋家冲冲大怒，到了过后，斋家也不给经钱，和尚也只得罢了。人常说：'和尚念下经来，不怕少经钱。'那知偏偏有个王八旦，还把经钱赖去呢。"

妙不可言

有某氏女初嫁夫家。三朝日，喜娘至娘家贺喜。其妈妈问姑娘有何主动否？喜娘言："夜间惟闻姑娘言妙。"妈妈会其意，即写一"不可言妙"四字，使喜娘交与姑娘，令其庄重，勿教人看轻了。喜娘诺诺[11]，至夫家即交纸条与姑娘。姑娘仍然曰："妙不可言！"

【毛泽东评点】

《笑话新谈》是毛泽东晚年读过的最后一部重新排印的大字线装本笑话书。

……

1974 年 9 月 3 日上午，我将《笑话新谈》复印件送印。

9 月 18 日晚，《笑话新谈》由北京新华印刷厂先印装好了两分册后，我疾速跑到新华印刷厂将印好的两个分册取回送给主席。张玉凤同志后来告诉我，当时主席收到书后，一边翻看，一边问上海查找的情况。她将上海市委办公室的“情况汇报”向他老家叙说起来。还没等她全部说完，他老人家就被书上的笑话吸引了，边看脸上边渐渐露出笑容直至笑出声来。张玉凤说：“这一次外出以来，我还是第一次看到主席这样高兴。”她走近主席身边，看到主席刚才看的是“怕老婆”这则笑话。

9 月 19 日下午，《笑话新谈》剩下的部分也已印好。印刷厂的同志也还是先装订了两册。当主席收到这两册书时，高兴地说：“送来得正好，我正等着看哩。”说着就将手中正在翻看的《怀素自叙帖真迹》放下，拿起新送来的《笑话新谈》翻看起来。平常，他老人家边翻书有时还能边和你聊上几句，或者就书论书，或者问这问那。这一次，他老人家的注意力都集中到书上去了。边看边笑，不时还情不自禁地笑出声来。后来我才知道，昨天送的《笑话新谈》，他老人家当夜就看完了。看完后，好像意犹未尽，还想往下看，可是书还没印出来。所以，今天，一拿到书，他老人家就这样难以释手，全神贯注。

毛泽东为什么如此爱读《笑话新谈》呢？在通读了本书之后我才知道，《笑话新谈》所收 135 个笑话，确有许多能使人边读边笑。这里笔者特意照原书抄录以下三则（即《请教令尊》《没上没下》《先生昼寝》），愿读者能开笑口。

《笑话新谈》按照原样印件，北京新华印刷厂全印完了。可是尚缺的 19 个笑话，上海、杭州等地查找还没有找到。国家版权局、人民文学出版社的同志不断催问查找的情况，我们当然也很着急。为此，10 月 29 日，我又专为此事给上海市委办公室打了一次电话，询问他们查找的情况。

功夫不负有心人。在上海和浙江两地同志的共同努力下，全本的《笑话新谈》终于找到了。1975 年 1 月 14 日下午，我们收到上海方面新找出来的《笑话新谈》一、二册，李节斋辑，杭州聚元堂（数据）（二字疑为多出）1913 年出版。为不使这部凝结了很多同志辛劳的《笑话新谈》受损，15 日上午，我们特请中共中央档案馆的同志帮助复印了一份。中央档案馆距中南海约有 30 公里，往返途中，我随手翻看了原缺的 19 个笑话。其中有两个笑话至今还留在我的记忆中，这里我也一并把它介绍给读者（即《财神不错》《王八蛋》）。

1 月 15 日下午，我将中央档案馆的复印件送交印厂。

2 月 3 日下午，《笑话新谈》全本印装完毕。我从新华印刷厂取回后，又即送毛主席两部。后来我才知道，主席收到书的当天晚上，后补的"说大书""自大""妙对""禁贴""公愤""夫妇定条规""和尚怕老婆"等 19 个笑话，他老人家就翻看了一遍。这时候，毛泽东的兴趣已转到看历代名人墨迹、手札、字画、碑帖等上面去了。所以，新印的全本《笑话新谈》，他只看了补印的 19 个笑话之后就放下了。

《笑话新谈》是毛泽东晚年比较爱读的一部笑话书，也是他老人家晚年读过的最后一部笑话书。翻开毛泽东读书登记本，从 1975 年 2 月 3 日以后，直到 1976 年 9 月 9 日，他老人家辞世时止，没再向我们要过笑话书，也没有再重新排印过大字线装本笑话书。

读笑话书是毛泽东晚年读书生活的重要内容之一。毛泽东虽然已离开了我们，然而，他读过的种种大字线装本笑话书，还都收藏在中南海丰泽园毛泽东故居里。

——徐中远：《毛泽东晚年读书纪实》，中央文献出版社 2012 年版，第 311—319 页。

【注释】

（1）惧内，怕老婆，旧时妻子有内子之称。

（2）夫纲，旧时"三纲"，指君为臣纲，父为子纲，夫为妻纲。西汉董仲舒宣扬"君臣、父子、夫妻之义"，谓"王道之三纲，可求于天"，认为三纲是天（神）的意思。

（3）米珠薪桂，米贵得像珍珠，柴火贵得像桂木。薪，柴火。桂，肉桂树。

（4）乌龟，本为爬行动物。对其妻有外遇的人的讽刺性称谓。

（5）令尊，称对方父亲的敬词。令，善，美。

（6）宰予昼寝，宰予白天睡觉。宰予，字子我，鲁国人。他曾对孔子的一些主张表示怀疑和反对。

（7）菩萨，佛教名词，梵文菩提萨埵（Bodhi-sattÁa）之省，原为释迦牟尼修成而为成佛时的称号，后泛用为对大乘思想的实行者的称呼。

（8）财神庙，供奉财神的庙宇。财神，旧时指掌管钱财的神。俗称赵公元帅（公明）。

（9）斋忏三斋礼七，即斋七，旧时人死后每隔七日延僧做佛事，至七七止。

（10）王八蛋，骂人的话。

（11）诺诺，连声答应，示顺从。

【赏析】

笑话，是引人发笑的故事。它是民间文学的一个种类。笑话的作者，通过文学艺术形式，把从古到今的，由此及彼的，已经为人们所发现和掌握的生活规律，形象化地表现出来；主要是通过一系列违反生活规律的现象，引人发笑，悟出生活道理，受到启迪，得到愉悦。其艺术特征一是讽刺，二是短小精悍。

毛泽东阅读的这一组笑话，都具有这样的特征。《怕老婆》一则，写两个怕老婆又好说大话的人两人见面互吹，都说老婆怕自己。后来一次，一个被老婆扇耳光，一个被老婆扭住耳朵去倒尿壶；《请教令尊》，写一个自作聪明的教书先生，在学生家长向他请教“令尊”是什么人时，竟说令尊是人家儿子。结果在问他有几个令尊时，他说没有，已输一城，家长要过继给他几个令尊时，更加狼狈不堪；《没上没下》，写一富翁有妻妾，而怕妻宠妾，规定家中不能说“小”字。当他要娘姨拿碗时，旁敲侧击大老婆，当他要酒壶时，大老婆便拿来一个尿壶往桌上一放说，“你既没大没小，我也没上没下。请你将就着喝喝罢。”弄得他哭笑不得；《妙不可言》，写新婚女子行房事时直言“妙”，母亲只写一纸条传给她说“不可言妙”，女子仍然说：“妙不可言。”还有《先生昼寝》坚持昼寝不改，说“你就是宰了我也是要昼寝的”；《财神不错》，写一想发财的人，到庙里去求签，总得好签，结果一年赔了几百两银子，他找财神去理论，才知是财神故意让他破财的；《王八蛋》，写一与庙为邻的狂生，老婆死了和尚斋忏后不给经钱。后到夏天又和朋友一起去叨扰，还要和尚讲故事助兴，和尚就讲了一个赖经钱的“王八蛋”。这些笑话都短小精悍，讽刺尖刻，令人忍俊不住，对于国事繁忙而又百病缠身的晚年的毛泽东，笑一笑，精神得到放松，也是一种极好的休息和调剂，所以受到他的喜爱。

后　记

本书是集体编写，初稿由参与者分别撰写。参与撰写初稿的有：毕桂发、毕国民、东民、应毕英男、王汇涓、张桂芳、巴成士、孙瑾、晓莹、张涛、张豫东、李会平、赵庆华、表湜、颜瑞、魏发展、于颂东、赵悦、范冬冬、范登高、张瑞华、朱东方、许娜、赵玉玲等。资料供应则由刘磊、修兰负责。选题选目和毛泽东评点的确定审阅并修改定稿，则由本人完成。

此外，需要说明的是，在编写过程中，我们还参考了相关的学术专著，未能一一注明。在此我们一并致谢!

由于编者见闻有限，所选篇目自难完备，注释、赏析很难得当，又加上时间紧迫，出自众手，书中难免有错讹、浅薄和不当之处，诚恳地欢迎专家同好和广大读者不吝赐正。

毕桂发

2023 年冬